U0853589

新编21世纪经济学系列教材

投入产出分析
理论、方法与数据

第二版

Input-Output Analysis:
Theories, Methods and Applications

夏 明 张红霞 编著
刘起运 审校

中国人民大学出版社
· 北京 ·

作者简介

夏明，男，1970 年 10 月出生，安徽芜湖人。1992 年于安徽大学经济管理系国民经济计划学专业取得学士学位，毕业后在安徽省芜湖县计划委员会从事经济计划工作。1994 年考入中国人民大学国民经济管理系，师从我国投入产出专家刘起运教授开始研究生学习，分别于 1997 年与 2000 年获得经济学硕士和博士学位，毕业后留校任教。2002—2004 年经教育部选拔赴日本东京大学进行访问研究。现为中国人民大学经济学院国民经济管理系副教授、中国投入产出学会常务理事。主要研究领域为投入产出分析。

张红霞，女，1976 年 2 月出生，河北邢台人。2004 年毕业于中科院数学与系统科学研究院，获管理科学与工程专业博士学位。现为中国人民大学经济学院国民经济管理系副教授、中国投入产出学会常务理事。2010—2011 年在美国伊利诺伊大学香槟分校访学。主要研究领域为投入产出分析、数量经济学，在 *Economic Systems Research*，*Water Resources Management*，《系统工程理论与实践》、《统计研究》等期刊发表多篇论文。

内容简介

投入产出分析与其他数量经济分析方法的不同之处在于它不仅是一个经验研究的分析工具，同时以其多部门线性模型的数理经济学内容成为理论经济学的一个组成部分，以及以投入产出核算作为对生产账户与货物服务账户的细化，成为整个国民核算体系（SNA）的一个组成部分。

本教材在内容上试图全面包括投入产出分析理论、方法与数据这三个方面，这样做的好处在于，不仅要知道每个方法具体怎么用，而且在了解方法性质的基础上，知道在什么情况下用，并对数据含义有充分的理解。本教材首先对基本概念与模型进行了介绍，在数理部分，讨论了静态均衡、动态体系、最优增长与列昂惕夫-斯拉法体系；在方法部分，介绍了产业关联模型，对称分析，人口、资源与环境模型，CGE 模型；在数据部分，介绍了投入产出核算、编表方法与部分国家和国际组织的投入产出数据。通过对内容的选择和安排，本教材适合本科与研究生两个阶段的教学使用，还可以作为统计系统及广大从事投入产出相关工作与研究人员的参考书。

第二版修订说明

本教材自出版以来，在我校的投入产出课程教学中发挥了重要作用。从这些年对本教材的使用来看，由于教材涉及的内容较多，通过不同内容的选择和搭配，让我们能够根据不同教学对象，开展有针对性的教学，满足从本科生到研究生各个层次的教学所需。对于本科生，主要是在教材第二章基本概念与模型的基础上，更多选择一些应用分析和数据部分的内容。对于研究生则通过开设各种前沿专题课程，在数理、方法和数据三个方面各有所侧重，来满足不同专业研究生的需要。这些年结合本教材我们相继开设的投入产出专题研讨包括多部门线性模型、古典生产理论、投入产出中的对偶与对称分析、投入产出乘数分析、资源与环境的投入产出分析、国际经济联系、供给使用表编制等内容，很受学生们欢迎。

在教材的使用过程中，我们也不断发现了一些问题，这些问题既包括一些文字错误，也包括当时在编写时因理解上的不足所造成的内容错误。这些都要求我们对教材及时做出修订。我们也注意到在教材使用的这段时间里，投入产出研究取得了很多新的进展，然而由于时间所限，本次修订的重点仍是教材中存在的问题，对教材整体并没有做大的改动。感谢中国人民大学出版社提供再版的机会，让我们能够对教材中存在的种种问题进行修改。然而，由于编者能力所限，可能仍然存在各种错误和不足。希望广大读者继续给予批评指正，以期在将来能够使教材更加完善。

编者前言

对于投入产出方法，今天的很多经济学学生可能已经有点陌生了。实际上，投入产出核算是当今国际通行的国民核算体系（SNA）的一个重要组成部分。只要指出这一点，那么该方法对于从事经验研究的意义就十分清楚了。因为我们无法想象一个对数据毫无概念的人能够很好地利用这些数据。在很多人的印象中，投入产出方法与计量经济学一样，就是一种经验研究方法，在对众多经济问题的研究中能够发挥重要作用。但是，这样就忽略了投入产出作为多部门线性经济模型、作为经济理论一个重要组成部分的理论意义。投入产出体系集中描述的是一个线性世界中的生产与分配关系，而生产与分配关系及其变化正是经济理论最基本的命题。投入产出分析的学科内容同时包括了理论、方法与数据三个方面，而我们的这本教材就是想努力反映出投入产出的这样一个学科特色。

我国对投入产出最早的研究明确地可以追溯到 1959 年。这一年也正是美国决定重新恢复投入产出研究工作的一年。在这之前，受冷战政治气氛影响，美国在 1954 年停止了投入产出研究工作，但是在其他国家及联合国投入产出研究工作不断取得进展与突破的影响下，美国又不甘其后，在这一短暂的停滞之后恢复了这一研究。我国自 1987 年开始，国家统计部门建立了规范的定期编表制度，形成了具有我国特色的系统的编表方法。此外，实物表、企业表、地区与地区间表、可比价序列表等形式多样的投入产出表被陆续编制，投入占用产出技术等理论方法不断创新，到今天逐步形成了国家统计局、国务院发展研究中心、国家信息中心、中国科学院、中国人民大学、清华大学等一大批集中从事投入产出表编制与应用研究的研究机构和团队，取得了大量编表、理论与应用研究的成果。

我国的投入产出研究除了早年受到的“文化大革命”的冲击之外，在由计划经济向市场经济转轨的改革过程中，产生了一种把投入产出方法看作是计划经济方法，而不适合于市场经济的看法，给投入产出研究带来了另一次冲击。指出这一认识的错误很简单，我们只要看看美国 20 世纪 50 年代中后期经历的这种变化就可以说明。但是，思想与理论上对错误认识的清理要复杂得多。在经济理论史上，20 世纪三四十年代取得了经济思想的诸多突破性进展，从而奠定了现代经济学的重要基础。1936 年凯恩斯《就业、利息和货币通论》出版，这一年也是列昂惕夫《美国经济系统中的投入产出数量关系》一文发表的年份，该论文标志着投入产出方法的诞生；1937 年冯·诺依曼《一般均衡模型》一文发表，并在 1945 年被翻译为英文；斯拉法的《用商品生产商品》出版于 1960 年，但是其中的一些关键命题也是在 20 世纪 30 年代和 40 年代早期才得到解决。[①] 投入产出分析在理论史的演化中代表了从魁奈以来有别于李嘉图的独特的结构分析传统。在这条分析道路上，经过马克思、瓦尔拉斯的发展，进而在 20 世纪三四十年代形成了三个方面的拓展，即斯拉法在理论上对古典理论的复兴、冯·诺依曼等人在数理分析中采用的多部门分析框架，以及列昂惕夫把多部门分析向经验领域的扩展。在对这些重大而基本的理论问题不能从西方长期以来的思想演化的高度有一个深刻的理解，对投入产出方法的性质与特点尚未有深刻的认识，对结构分析在今天淡出主流理论的真正原因还没有深入思考的情况下，就简单地去否定投入产出方法，那么我们对西方的学习就只能停留在一种庸俗主义的简单模仿之中。

列昂惕夫 1970 年对美国经济研究现状所做的批判——其“虚弱而且成长缓慢的经验基础，显然无法支撑纯经济理论激增的上层建筑”——正不断在当今的时代重演。[②] 这是否意味着我们对理论的强调以及本教材中对大量数理模型的介绍也深陷其中？其实，投入产出数理模型更多关注生产，很少像新古典理论那样，把均衡条件与结论建立在极为苛刻而脆弱的抽样行为假定之上。在教材中，我们关注理论问题的目的在于深入探讨投入产出方法的基本性质与理论结构，而对这些基础理论问题的研究始终是高校首先应该做的事情。学生们只有掌握了最基础的理论，才能够在前沿研究中获得真正的创新能力。本教材中对编表与数据的重视则更为清楚地表明了我们对经济研究中这一经验基础的强调。相反，在理论结构与数据内涵都尚不清楚的情况下，仅仅把数据代入模型，就得出研究结论，这种经验研究不仅不能增强脆弱的经验基础，甚至比没有更坏。

对于本书的使用，从第一、二章中可以获得对投入产出的一个初步的了解。尽管第一章的导论对于初学者来说很多概念会有些陌生，但并不妨碍他们从总体上对投入产出方法性质的了解。第二章可以看作是对本科阶段投入产出学习的一个复习。安排这一部分的目的是为在本科阶段没有学习过投入产出的学生们考虑的。长期的教学实践给我们的经验是：从表的基本结构和基本模型的介绍作为起点，是迅速了解投入产出方法的便捷途径。

在后面的内容中，三个部分分别涉及投入产出数理基础、投入产出方法与模型、数据与编表方法。本教材的使用者可以根据自己的习惯和兴趣对这些内容进行选择，或者改变学习的顺序。对于将来主要想利用投入产出方法从事经验研究的读者，在第一和二章之后，可以选择学习应用分析方法和数据这两个部分的内容，对数据部分的学习可以为经验分析提供更好的数据支持。对理论问题更感兴趣的读者，则可以在第一和二章之后，按顺序学习第三章和数理经济学部分。如果想要把数理分析与经验研究结合起来，对数据部分的学习同样必不可少。对于从事核算与社会经济统计工作与研究的读者，则可以在第一、

---

① 斯拉法．用商品生产商品．北京：商务印书馆，1991：7．

② 列昂惕夫．经济学论文集：理论、事实与政策．北京：北京经济学院出版社，1991：23－32．

二章学习之后，直接阅读数据部分的内容。

教材结构图

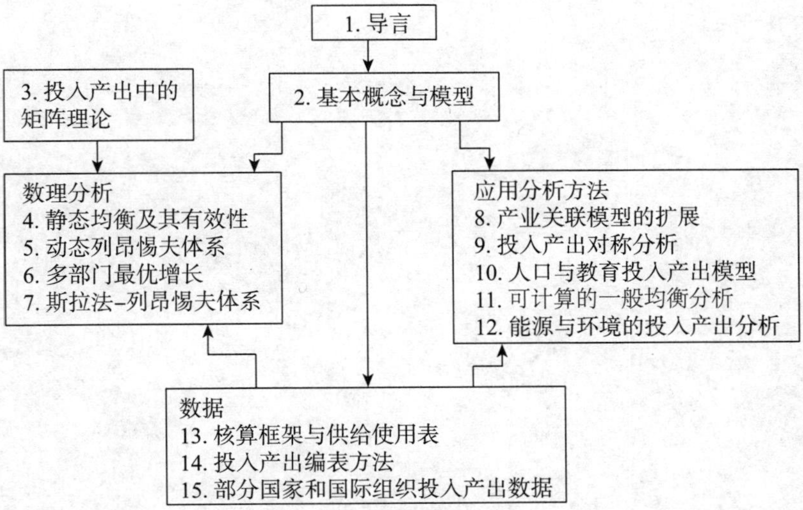

因此，本教材适合本科与研究生两个阶段的教学使用。本科阶段的学习可选择第一、二章，应用分析方法中的第八、十二章，以及数据部分的部分内容，通过学习初步掌握投入产出方法，并能够从事应用研究。研究生阶段的学习，可以把数理部分以及应用分析中的剩余内容作为重点，以对方法的数理结构与性质方面有更多的掌握，提升科研能力。还可以在这些内容的基础上，开设研究生选修课程，结合教材内容和自己的研究领域以专题的方式进行扩展，例如编表与数据、资源与环境、国际经济联系、CGE 与政策分析、生产理论等专题内容。此外，本书还可以作为统计系统及广大从事投入产出相关工作与研究人员的参考书。

本教材的编写由夏明与张红霞合作完成。其中第一至九章、第十三至十五章由夏明负责，第十至十二章由张红霞负责。这中间，第八章第一节的影子价格分析、第四节，第十四章第四节由张红霞编写，第十五章第二节由山东大学林晨编写。全书由刘起运审校。我系一代又一代研究者的努力，为我国投入产出研究做出了重要贡献。本教材的编写是在刘起运教授的指导下完成的，并得到陈璋教授的帮助。书中的很多思想是在他们的帮助和启发下完成的，本教材的编写反映了集体研究的成果。中国人民大学杨斌、中央财经大学张宝军为本书数理分析部分的编写提供了极大帮助，中国人民大学李静萍审阅了核算部分内容，并提出修改意见，中国人民大学博士生黄彪参与了书稿的讨论，并在本书编写过程中提出了很好的建议，在此一并深表谢意！当然，对于教材中存在的一些错误，显然是由于编者自身知识与能力的局限所致，应由编者承担全部责任。希望广大读者不吝赐教，以便我们更好地去修正研究中所存在的错误。

编　者

2012 年 6 月 12 日

目 录

第一章

导言

作为投入产出分析的一本研究生教材，在导言的一开始，我们还是要提一个基本的问题：什么是投入产出分析？对于在本科阶段已经学习过这门课程的学生来说，似乎有些老生常谈。但是，要把这样一个看似简单的问题回答好却并不容易。例如，在学习了投入产出分析与计量经济学之后，你能不能说出这两门学科之间有什么大的区别呢？对这个问题的回答将涉及数理经济学、经验研究方法等基本概念，并取决于如何理解投入产出分析方法这门学科的特点。因此，在一开始我们提出这一问题以及我们的看法，正是在这种看法的基础上对本教材的内容框架做出了现在这种安排。

1.1　投入产出分析的学科范围

《美国经济结构》是投入产出方法的发明者列昂惕夫 1941 年的一部代表作。① 需要注意的是，该书有一个副标题，为“均衡分析的经验应用”。这一副标题给出了两个方面的信息：一方面它表明了投入产出分析与一般均衡理论的联系，另一方面表明了投入产出方法作为经验分析的工具，试图用来填补经济理论这个“空匣”。② 后者正如作者所指出的，主要是针对他那个时代的经济学家“关注想象的、假设的东西，而不关心看得见的现实”，而且“尽可能广泛地利用愈益精巧的统计技术以弥补我们现有数据基础的明显不足”③ 这样一个特定的时代背景。今天在大部分人眼中，投入产出方法就是一种经验④研究方法，

① 列昂惕夫．1919—1939 年美国经济结构：均衡分析的经验应用．北京：商务印书馆，1993.

② 列昂惕夫．投入产出经济学．北京：中国统计出版社，1989：2.

③ 列昂惕夫．经济学论文集：理论、事实与政策．北京：北京经济学院出版社，1991：26.

④ 经验（empirical）而非实证（positive），实证研究相对于规范（normative）研究，经验分析的一个重要特点是使用数据。

正与这一副标题所传达出来的信息一致。从这个意义上说，除了具体方法上的差异之外，投入产出方法与计量经济学并没有什么学科性质上的不同。

但是，与计量经济学不同的是，投入产出方法并不局限于单纯作为一种经验研究方法。一方面，在理论上，投入产出分析遵循一定的经济理论传统，这也正是上述所谈到的副标题中第一个方面的信息，甚至其本身就是经济理论。另一方面，投入产出的经验研究需要以投入产出表为基础，为此，围绕编制投入产出表对数据的处理，成为国民经济核算的一个组成部分。因此，投入产出分析不仅是一种经验研究方法，也与经济理论密不可分，作为一种多部门线性模型成为数理经济学的一个组成部分，同时还是一种国民核算方法，成为国民核算的组成部分。

多夫曼、萨缪尔逊和索洛在其经典的《线性规划与经济分析》① 一书的导言中对投入产出做了这样的介绍："经济学家已从事线性经济学 40 余年而不自知，直到晚近，一块被经济学家所废弃的顽石，忽成为支柱。新的分析方法都靠利用经济问题的线性特性才得以开展。此中最流行的方法就该推线性规划、投入产出分析和对策论了。"但是在这样的介绍之后，却说出了一段很耐人寻味的话："在读完我们对三项技术的简要说明之后，会很奇怪它们之间会有任何关系，而且从历史上看，直到三种个别问题和它们的解答被熟知后，它们之间的关系还是很久没有被看出来。"从投入产出的角度来理解，在三者针对和解决不同问题所形成的方法差异的表象之下，由于三者同样基于多部门框架，内在必然都存在结构与相互联系的内涵。随着经济理论史上对多部门模型研究热情的消退，这种"很久没有被看出来"的联系可能也没有人有兴趣去探讨，这恰恰是经济分析演进史上值得关注的问题。

投入产出表及其核算方法正式纳入国民核算体系（SNA）是 1968 年的新国民核算体系。为了适应核算体系的要求，还对 1966 年出版的技术手册《投入产出表和分析问题》进行了增订。② 此后，随着 SNA 的不断更新和修订，联合国和国际组织一般会相应推出新版本下的投入产出编表和分析手册。在 1968 年的 SNA 中，投入产出核算是五个核算子体系之一。1993 年 SNA 则指出："投入产出表，特别是供给使用表可用于两个目的：统计和分析"③。所谓"分析"就是指作为一种经验分析工具来使用，而"统计"则是指投入产出在核算体系中的作用主要是作为对机构部门账户的补充，为这一体系中产业和产品的分析提供详细的数据基础。同时还特别指出投入产出核算提供了一个框架，可用来验证各种数据来源的产品与服务流量数据的一致性。基于统计和分析这两个目的，也是在 1993 年的这个版本中，供给表与使用表的概念被明确下来，并且建议"具有统计功能的供给和使用表应作为基础，而投入产出分析表应在它们的基础上进行编制。"④ 2008 年 SNA 关于投入产出方面的阐述进一步被分成两个部分，在前一部分中，供给使用表和产品与服务账户更为紧密地结合为一个整体，而后一部分则更侧重于如何构造矩阵形式的对称表，并发

① Dorfman, R., Samuelson, P. A. and Solow, R. M. *Linear programming and economic analysis*, New York: McGraw-Hill, 1958.

② 联合国统计局．投入产出表和分析．北京：中国社会科学出版社，1981：序言．

③ 联合国，等．国民经济核算体系 1993．北京：中国统计出版社，1995：372．

④ 同③373．

挥投入产出的分析功能。因此，在这一新的版本中实际上更进一步强化了投入产出核算关于统计与分析两个方面的不同作用。

通过上述分析我们可以看出，投入产出分析的学科领域并不局限于一种经验研究方法，它同时还是一种数理经济学和经济核算方法。它在自己相对独立的体系中同时涵盖了经济分析最重要的三个要件：理论、数据与方法。从这个角度看，投入产出分析不仅不同于计量经济学，甚至与更多的经济学科相比也是独一无二的。同时，在投入产出分析中，理论、数据与方法这三个方面不是独立不相干的，而是密切关联的。例如，在数据与方法方面，投入产出编表中始终要强调“纯部门”这样一个概念，目的是以此来保证投入产出直接消耗系数的变化纯粹是由技术变化所带来的，进而满足投入产出模型在技术相对稳定的假定下所展开的分析。例如，在理论与方法方面，基于投入产出模型不仅能够开展需求拉动下的产出变化的研究，也能够对收入分配变化对经济系统带来什么样的影响进行分析，而这些模型分析都要以一定的经济理论为基础。理论、数据与方法在一个独立的学科中被整合在一起也为投入产出方法带来了极大的分析优势，既成为这门学科的优点，也成为从事这一领域研究的难点。从上述关于投入产出研究内容的讨论来看，我国理论界关于数量经济学有没有“研究对象”的讨论①，撇开计量经济学不谈，对于投入产出分析，这样的问题是不存在的。但是，要科学而合理地运用投入产出分析方法及其模型，就不仅需要研究者具备核算的理论和知识、理解数据的含义，更要求其具备深厚的经济理论基础。这确实很困难，但由此也理解了列昂惕夫最初提出使经济研究脱离虚构的、假想的和不可观测的现实这一目标为我们所界定的这一研究路径的含义。

1.2 结构方法及其分析传统

在对投入产出分析的学科范围进行了上述讨论之后，现在我们该进一步说说这一方法的性质和特点了。只有明确了投入产出方法的性质和特点，我们才能知道这一方法擅长哪些分析，同时又有哪些局限，以更好地发挥其分析特长。投入产出方法的性质与特点有很多，但是其中最重要的我们认为有两点，即结构性和系统性。这一部分我们主要谈一谈结构性。

我们经常说，投入产出是一种结构方法。但是结构方法的真正含义是什么呢？我们的理解是，投入产出方法通过多部门的一种设计，达到对部门间相互联系的一种反映，而这种相互联系的本质不在于直接联系，而在于完全联系。这种完全联系正是投入产出方法最擅长表现的，成为该方法的一项重要特征。

在这种意义上，结构分析方法与总量分析方法是相对应的。例如 GDP 是经济中一个最重要的总量指标。但是不同产品性质各异。GDP 舍弃了这种差异性，而把所有产品看作是一种单一产品。这对于从总体上把握一国经济是极其重要的，但是牺牲了其他诸方面

① 参见张守一等：《中国数量经济学 30 年》（北京，社会科学文献出版社，2010）一书关于数量经济学问题的讨论。

的信息。仅仅局限于这样一个总量指标，对经济的分析显然是不足的。结构分析则可以包含更多的因素，进行更加全面的分析描述。从数学概念上说，投入产出的结构分析对状态的描述采用的是向量，几何意义上表现为多维空间中的一点，在矩阵变换下可以向空间中任何一个方向变化，而总量只是沿数轴方向的调整。从投入产出角度对结构含义的理解扩展开来，我们应该强调的是，结构含义的重点在于相互联系，而不在于向量多个分量的表现形式。在投入产出分析中，我们可以对投入产出表中的各种系数进行直接的比较，但是这种比较的方法并没有把相互联系的整体性表现出来，因而本质上并不属于结构方法。

总量分析与结构分析的差异不仅表现在定量分析方法上，也在经济理论上表现出不同的理论与分析路径。只不过结构分析路径长期以来被人们所有意无意地忽视，而不愿正视结构因素对经济分析带来的重大影响。

今天，对经济理论的回顾让我们认识到一些关键人物在历史上的贡献。例如，“政治经济学第一人”的称号被赋予威廉·配第，亚当·斯密及其《国民财富的性质和原因的研究》则被认为是古典理论的起点。微观经济学的教科书通篇演绎了斯密“看不见的手”的思想。从供求和市场机制开始，到一般均衡与福利经济学为止，完整说明了经济运行依赖市场机制的作用，而且在这样的作用下经济运行是最优的。但是，在这些评价中忽视了一个重要人物，他就是重农学派的魁奈。马克思则称其为“现代政治经济学的真正鼻祖”①。魁奈的《经济表》蕴涵着两个重要的思想：一个是“剩余”的分析传统，另一个就是结构分析传统。对于前者，我们看到在李嘉图那里，剩余的生产与剩余的分配成为政治经济学的主题，“确立支配这种分配的法则，乃是政治经济学的主要问题。”② 对于后者，魁奈可被称为是开创结构分析传统的早期代表人物，其《经济表》也是投入产出分析重要的理论溯源。

实际上，正是由于结构问题的复杂性，给李嘉图后来的研究带来了困扰。一个典型的问题是李嘉图寻求“不变价值尺度”的难题。③ 使李嘉图感兴趣的价值问题便是怎样找到一种不因产品分配的变化而变化的价值尺度。因为如果工资涨落本身会使社会产品的量值发生变化，那么对利润的影响就很难确定了。④工资与利润之间的收入分配关系依赖于稳定的相对价格才能准确度量，但是，工资与利润之间的收入分配关系的变化本身又会带来相对价格的改变。李嘉图关心的是怎样找到一种不因产品分配的变化而变化的价值尺度。因为如果工资涨落本身会使社会产品的价值量发生变化，那么工资变动对利润的影响就无法确定究竟是由于工资的变动带来的，还是相对价格变动带来的。如果不变的价值尺度不存在，那么将会导致主观效用价值论所认为的，离开了需求，客观的价值标准并不存在。从投入产出的角度看，这一理论问题本质上取决于相对价格的变动机制。随着工资率或利润率的变化，相对价格改变。这正是模拟初始要素价格变化效应的价格影响模型所反映的内容，其间的传递机制正是“完全联系”。由此看来，李嘉图在这里所面对的难题本质上是一个结构问题。这样的问题在总量分析中是不会遇到的，而局限于总量框架内也是无法

---

① 马克思恩格斯全集．中文1版：26卷．北京：人民出版社，1972：15.

② 李嘉图．政治经济学及赋税原理．北京：商务印书馆，1962：3.

③ 伊特韦尔，等．新帕尔格雷夫经济学大辞典．北京：经济科学出版社，1996：1039.

④ 斯拉法．李嘉图著作和通信集：第一卷剑桥版编者序言．北京：商务印书馆，1962：60.

解决的。古典学者作出的一些假定，例如假定资本与劳动的投入比例各部门相等，实际上就是通过这种假定把结构扔掉，还原为总量问题。20 世纪 50 年代以来，剑桥资本论争中资本的度量问题本质上只不过是同一问题在现代理论中的再现。

结构与总量分析差异的另一个例子是，经济分析史上把经济过程看作是“线性流”（linear flow）还是“循环流”（circular flow）的对立观点。奥国学派以及很多新古典理论认为，生产是一个“线性流”，从初始的生产要素到生产出最终产品。但是在“循环流”的观点看来，经济中并不存在这样一种从起点到终点的线性生产流程，而是存在着一种相互需求的普遍联系。生产煤需要铁，而生产铁又需要煤。经济正是以这种相互联系构成一个系统，不仅是直接联系，而且是间接联系。相互联系成为结构方法与总量方法的重要差异。

多夫曼等人感叹于线性规划、投入产出分析和对策论由于缺乏数理结构上的比较研究，三者之间的关系很久没有被看出来。实际上在数理结构的背后，从方法的理论传统和分析路径上看，关于方法性质的争议却更大。我们在学习和应用投入产出方法的时候，对这种争议和分歧尽管可以不专门研究，但不能不了解。因为投入产出方法在“终端”上的应用必然以这种或那种、显性的或隐性的方式与其“底层”的方法性质相联系。对于投入产出方法的基础究竟是古典还是新古典，理论上存在着一定的争议。在这里，有必要对古典（classical）与新古典（neoclassical）理论的分歧这一经济学基本概念先做一个简要的说明。在《哲学的贫困》中，马克思第一次使用了“古典派”这一概念，在 1859 年《政治经济学批判》中给出了经典规定：“古典政治经济学在英国从威廉·配第开始，到李嘉图结束，在法国从布阿吉尔贝尔开始，到西斯蒙第结束。”① 凯恩斯在《就业、利息和货币通论》的第一章对古典学派的注释中写道：“‘古典经济学者’是马克思所首创的名词，用以泛指李嘉图和詹姆斯·穆勒以及他们的前辈们。这就是说，泛指集大成于李嘉图经济学的古典理论的那些创始人。我已经习惯在‘古典学派’中纳入李嘉图的追随者，即那些接受李嘉图经济学并加以完善化的人，包括（例如）J. S. 穆勒、马歇尔、埃奇沃斯、庇古教授。”② 无论是马克思的界定，还是凯恩斯的界定，都有其从自身理论出发的特殊目的，因此经济思想史上甚至有人把凯恩斯对古典的界定称为“凯氏古典”（Klassical）。经济思想史上的主流观点认为，如果把古典经济学看作是一个阶段，那么通常把亚当·斯密《国民财富的性质和原因的研究》出版的 1776 年作为古典经济学时代的开端，而把边际革命发生的 1870 年作为这个阶段的结束，其后则是新古典经济学。

在概念界定之后，现在回到投入产出方法的性质问题上。作为对投入产出方法理论基础的一个讨论，1998 年 5 月在美国纽约召开的第 12 届国际投入产出技术会议的一项议题就是“投入产出可以从古典经济学学到什么?”国际投入产出协会《经济系统研究》杂志为此出了一份专刊（Vol. 12，No. 2，June 2000）对这一问题进行探讨。其中很重要的一个内容就是探讨了投入产出方法的古典传统。从这种争论中我们可以看到这背后古典与新古典分析传统的差异与对立。

---

① 马克思恩格斯全集．中文 1 版：13 卷．北京：人民出版社，1962：41.

② 凯恩斯．就业、利息和货币通论（重译本）．北京：商务印书馆，1999：7.

1.3 投入产出方法的系统性

现实经济本身就是一个相互联系的系统的整体。投入产出分析方法的系统性源于对经济过程的系统描述。投入产出方法的系统性集中表现为两个概念：对偶与对称。

投入产出本身是一个对偶的体系。具体而言，投入产出行向关系表现的是实物产品的分配，反映消费、积累与增长问题，而列向关系表现的是价值分配，反映工资与利润的关系及收入分配问题。投入产出行模型与列模型之间处于数学上的一种对偶关系。尽管其原模型与线性规划的标准模型相比是以等式的形式来表述，没有明确的目标函数，也不存在选择问题。这一体系中既无超额利润，也无过剩资源和要素。但是在经由扩展的一个对偶体系下，可以利用数学上对偶关系的定理和性质，建立起经济增长与收入分配各自内部以及相互间联系的种种性质。例如在投入产出"无替代定理"各种形式的探讨中，在一个技术可选择的分析框架中，最终需求结构的变化及初始投入中工资率与利润率的变化都会带来技术选择的改变。相反，最终需求结构的不变，或者是初始投入要素相对价格的不变都会使无替代性质得以一定程度地维持。与此问题相关的是，为了得到某种"不变价值尺度"，斯拉法没有在统一的资本与劳动投入比例上做文章，而是选择了某种特定比例的产品结构，构成一种复合商品，称之为"标准商品"，使其相对价格不再受工资率与利润率变化的影响。这些理论发展都有赖于投入产出系统的对偶性质。

投入产出的行模型表明一个经济的存在必须再生产出其消耗的全部产品，如果不是在原有的规模而是在扩大的规模上生产，还要有剩余产品。这正是物质层面的内容。列模型则反映了收入分配关系变化如何与技术以及相对价格变化相互影响、相互决定。在今天，GDP 的生产与收入的分配就是这样一个例子。最终行向关系与列向关系通过收入分配与储蓄行为相互联系在一起，经济过程正是在这种相互联系中从静态到动态逐步展开，并展现其阶段性的特征。投入产出方法抓住了经济系统变化过程中的几个关键因素：技术、收入分配与相对价格、需求与增长，来再现经济过程。因此，投入产出方法的系统性特征从本质上正是源于经济过程本身的系统性。

投入产出体系中的"对称"概念不同于对偶概念。列昂惕夫的模型完全基于直接消耗系数，而直接消耗系数是列向构造的，反映的是生产中的投入系数与技术关系。实际上，基于行向构造的分配系数也可以建立相应的模型体系，而分配系数反映的是产品分配使用的状况。前者称之为需求拉动模型，而后者则被称为供给推动模型。国外研究者比较早地提出了基于"分配系数"建模的思想，具有代表性的是 20 世纪 50 年代末的高希（Ghosh）模型[①]，而我国投入产出学者刘起运教授独立开展了这一研究，并基于"分配系数"建立了相对于列昂惕夫"原模型"的完整的"对称模型"体系。[②] 比较有意思的是，提出供给推动模型的印度学者高希早年曾在印度从事计划工作，而刘起运教授所在的中国人民大学

---

① Ghosh, A. Input-output approach in an allocation system, *Economica*, 25, No. 97. 1958: 58 - 64.

② 刘起运．经济系统规划方法和模型．北京：中国统计出版社，1993.

国民经济管理系的前身正是计划经济系，同时也受到我国计划实践的影响。显然这不能简单理解为一种巧合。

这种对称分析极大拓展了投入产出的分析领域，能够更全面地反映经济中内在的系统联系。从性质上来说，基于消耗系数或投入系数反映的是拉动力，而基于分配系数反映的才是推动力。此外，分配系数不受价格影响，从而被用于理论价值的研究。例如，在对计划经济理论和实践中的价格与价值问题的研究过程中，奥地利学者西顿（Francis Seton）利用投入系数把最终产品还原为要素价值，利用分配系数从最终使用贡献角度来度量初始投入的价值，并把两者结合起来，建立起特征价格（eigenprices）模型。①

尽管分配系数模型遭受了很多理论的质疑，但是需求拉动模型与供给推动模型可以看作是处于两个相反极端的假定。在需求拉动模型中，投入间完全不可替代，产出间完全可替代，而供给推动模型则是产出间完全不可替代，而投入间完全可替代。在需求拉动模型中，只存在需求拉动产出的数量调节，而无价格调节，而在供给推动模型作为价格模型的解释中，却只有价格调整，而无数量调整。因此，从两个模型对称的意义上，把投入产出模型上升到经济系统分析的更高层次，使得我们对投入产出方法的性质有了更深入的认识。

综合以上两个方面可以看出，在学习投入产出方法的过程中，对偶和对称是一对需要特别引起注意的概念，它们与完全联系一起，构成了投入产出方法系统性的特点。

1.4 学习投入产出方法的意义与方法

通过上面的说明，我们看到投入产出分析包括理论、方法与数据三个方面的内容，也预示了通过学习投入产出方法能够获得的收获。一是通过数理分析的学习，掌握多部门线性模型的分析技能，进而对于理论经济学的相关领域有更深入的理解；二是通过对投入产出核算与编表方法的学习，加深对于数据的理解，以更好地使用数据；三是通过对方法的学习，在方法的应用上，通过与其他方法结合，对我国经济发展中的众多问题开展定量研究。

从实践的意义上来说，中国改革开放以来 40 年的发展，取得了举世瞩目的成就。伴随经济的快速发展，经济结构也发生了重大变革，而且这种变革远没有停止。在今后相当长的时期内，我国经济将处在结构调整的关键阶段。投入产出方法作为一个结构方法，对中国经济研究将发挥其独特的作用。当前阶段我国经济结构调整中面临一些突出问题。通过利用投入产出技术，结合统计数据进行分析测算，得出对经济政策具有参考意义的结论。例如，对宏观经济政策结构效应的模拟，对我国经济结构变化过程的分析并寻求结构调整的突破口，基础产品价格与工资成本的不断上涨对我国结构调整带来的挑战，节能降耗途径的分析和政策模拟，产业区域间梯度转移问题的研究，等等。

从理论的意义上来说，投入产出方法同其他任何方法一样，存在优点与长处的同时，

---

① Seton, F. *The economics of cost, use and value*, Oxford: Clarendon Press, 1992.

必然也存在着很多局限。例如投入产出方法作为一种结构方法，比较善于揭示一定时期内系统的内在联系，但是在反映动态问题上就不如总量方法那样灵活。投入产出的动态理论还远没有达到静态框架那样完善的程度。但是，从总量分析到结构分析代表了认识上的一种深化，这对于处于结构转变中的中国经济而言尤为重要。除了具体的分析技术之外，投入产出的分析框架也为我们提供了对经济结构调整系统的理解和研究思路。

在西方经济理论发展史上，在凯恩斯国家干预兴起、自由主义相对衰落的思想背景下，二战后一批政治上新独立的国家寻求主权独立和经济发展，形成了这些国家的结构主义经济政策。通过确定并重点发展主导产业的政策，寻求迅速发展经济。与之伴随的是在这一时期兴起了如罗森斯坦-罗丹（Rosenstein-Rodan）的“大推动”（big push）、赫希曼（A. O. Hirschman）的“不平衡增长”，以及克拉克（Colin Clark）三次产业演进等结构主义理论。但是，这些理论往往停留在观念和经验认识层次，使得对于结构转变我们可以很好地从经验方面进行描述，却很难从理论上解释清楚。这种理论深度上的不足导致了政策上的经验主义取向。结构理论和国家干预政策的种种不足，恰恰成为培养新古典自由主义思想的温和土壤。随着世界范围内计划经济实践中矛盾和问题逐步显现，新古典理论再次复兴。新古典理论认为，结构调整是在市场机制的作用下自发实现的，从而更多关注总量问题。对我国而言，虽然市场化改革极大地推动了市场对资源配置起基础性作用，但同时也把对经济结构调整与转变的认识从一个极端推向了另一个极端。认为应该放弃国家的干预，结构调整过程会顺利实现。

但是在古典理论看来，技术选择取决于生产过程及其背后的制度。在这一技术选择的框架中，强调了收入分配关系对技术选择的影响，而较少考虑需求结构变化的影响。正如马克·布劳格在介绍马克思“劳动过程”时指出的：对资本家而言，技术不是给定的，技术选择恰恰是工人和资本家争夺的核心。① 古典理论表面上看好像没有谈结构转变问题，但实际上结构转变仍是其非常关心的问题。例如，亚当·斯密注意到在就业结构的变动中，“生产性”劳动份额相对于“非生产性”劳动上升，并以此解释经济能够持续增长的原因，刘易斯的二元经济理论甚至可以追溯到魁奈与斯密的这种区分；李嘉图认为土地和自然资源的有限带来了收益递减，及收入分配关系下经济增长在长期将趋于停滞；以及马克思认为固定资本相对于总资本的比例上升，资本有机构成提高，并得出了与古典理论一致的关于资本主义经济增长停滞的结论，等等。所有这些都表明，古典理论将结构转变作为一个特定的历史过程加以研究，收入分配关系、技术选择和相对价格的决定以及它们之间的关系都是在资本积累过程中以一种相互联系而系统的方式得以确定，并经历着结构转变。相比新古典理论把要素收入看作是要素生产力的一种回报，古典工资理论是一种生存工资理论，而马克思则更进一步认为收入分配不取决于自然禀赋条件的差异，而内生于资本积累过程，从而与特定社会历史过程紧密相关。这一分析路径对于今天我们探讨结构转变战略和增长方式转变问题提供了一种更为系统的理解。

在投入产出系统看来，结构转变的核心问题是技术转变，但是结构转变又不能在技术

① Blaug, M. Misunderstanding classical economics: the Sraffian interpretation of the surplus approach, *History of Political Economy*, 31.2.1999: 213-236.

自身范围内得到解决，技术对经济的其他方面产生影响，但反过来其本身也是被选择的结果。需求与收入分配也会对技术转变产生影响。投入产出从方法本身来说是中性的，其性质只是取决于你外在所赋予的研究目的及相应的方法设计。投入产出既可以在古典传统的路径上构成斯拉法-列昂惕夫体系，也可以与新古典理论各种方法结合，扩展为多部门线性模型与可计算一般均衡模型。只是我们需要注意的是，对于处在结构转变中的中国经济而言，古典理论传统具有重要价值。在我国今天经济长期增长，同时对资源与环境的压力不断增大，收入分配差距扩大，从而寻求一种可持续发展道路的时候，更多以古典理论为基础将有助于对经济结构调整和增长方式的转变获得更为全面、更为深入的认识。

投入产出方法的运用不在于模型是否新颖与复杂，而在于是否恰当。刚开始学习投入产出方法的学生，对于投入产出的兴趣，主要是他们认为投入产出很有用，能够解决他们手头的那些具体问题。但是，在学习中遇到数理经济学，遇到编表方法，就觉得离他们要解决的问题太遥远了。实际上，没有对理论与方法性质的深刻掌握，你只能解答某个具体问题，而不能解答不断变化的所有问题，而那种解答也往往停留在对方法与数据的简单套用阶段。在投入产出的学习中，忽视经验分析的理论分析固然不可取，但没有理论的经验应用也是毫无价值。在中国很多重大问题的分析中，有时会发现越是抽象的理论，越是接近现实的本质。相反，那种对模型的精致和所谓的精确的追求，却可能在一个错误的方向上离现实越来越远。

下面，我们对投入产出学习中可重点参考的部分文献作简要介绍。首先，从教科书来说，布莱尔与米勒的《投入产出分析：基础与扩展》是一本经典的投入产出教科书，以非常通俗的语言对投入产出方法进行了比较全面的介绍，目前该书的第二版已经出版。① 其次，从基础理论来说，前面所提到的多夫曼、萨缪尔逊与索洛的《线性规划与经济分析》、列昂惕夫的《1919—1939 年美国经济结构：均衡分析的经验应用》都是很基础的学习材料，在这个基础上，如果你对多部门线性模型感兴趣，可以参考二阶堂（H. Nikaido）的《凸结构与经济理论》②，以及介绍多部门线性模型的其他数理经济学教材，如伍兹与高山晟（Akira Takayama）分别编写的《数理经济学》教材③，等等。再次，从论文文献来说，可重点参考两套论文集，一套是库尔兹等人主编的《投入产出经济学》④，另一套是伍德与麦克卢尔主编的《列昂惕夫：对主要经济学家的关键性评论》⑤。此外，也可参考国际投入产出学会（IIOA）的专业期刊《经济系统研究》(*Economic Systems Research*)，从中可以追踪并了解投入产出领域一些新的研究动态。最后，从数据方面来说，对于 SNA 中的投入产出核算方法，联合国统计署网站提供了最新的 SNA 及《投入产出编表与应用手册》，同时也有纸质出版物。美国的投入产出数据可参考美国商务部经济研究局（U. S.

---

① Miller, R. E. and Blair, P. D. *Input-output analysis: foundations and extensions* (second edition), New York: Cambridge University Press, 2009.

② Nikaido, H. *Convex structures and Economic Theory*, New York: Academic Press, 1968.

③ 可参考两本书的中文版，分别由中国展望出版社在 1987 年和中国人民大学出版社在 2009 年出版。

④ Kurz, H. D., Dietzenbacher, E. and Lager, Ch. *Input-output analysis*, Cheltenham: E. Elgar, 1998.

⑤ Wood, J. C. and McLure, M. (ed.). *Wassily Leontief: critical assessments of leading economists*, New York: Routledge, 2001.

Department of Commerce，Bureau of Economic Analysis，BEA）的网站 www. bea. gov，日本的数据可参考日本的经济产业省（Minister of Economy，Trade and Industry，METI）的网站 http：//www. meti. go. jp/，欧盟数据可以参考欧盟统计处（简称 EUROSTAT）的网站 ec. europa. eu/eurostat，OECD 成员的投入产出表可以从 OECD 数字图书馆中的统计数据库 OECD. Stat 获取，其网址为 www. oecd-ilibrary. org/statistics。这些网站同时也提供了投入产出数据及编表方法的详细说明。同时，本教材的数据部分将对这些内容作进一步的介绍。

参考文献

[1] 高山晟．数理经济学．2 版．北京：中国人民大学出版社，2009.

[2] 列昂惕夫．1919—1939 年美国经济结构：均衡分析的经验应用．北京：商务印书馆，1993.

[3] 列昂惕夫．投入产出经济学．北京：中国统计出版社，1989.

[4] 刘起运．经济系统规划方法和模型．北京：中国统计出版社，1993.

[5] 斯拉法．李嘉图著作和通信集．第一卷剑桥版编者序言．北京：商务印书馆，1997.

[6] 伍兹．数理经济学．北京：中国展望出版社，1987.

[7] Dorfman，R.，Samuelson，P. A. and Solow，R. M. *Linear programming and economic analysis*，New York：McGraw-Hill，1958.

[8] Kurz，H. D.，Dietzenbacher，E. and Lager，Ch. *Input-output analysis*，Cheltenham：E. Elgar，1998.

[9] Miller，R. E. and Blair，P. D. *Input-output analysis：foundations and extensions*（second edition），New York：Cambridge University Press，2009.

[10] Wood，J. C. and McLure，M.（ed.）. *Wassily Leontief：critical assessments of leading economists*，New York：Routledge，2001.

第二章

基本概念与模型

为了较好地把握投入产出的基本模型框架，我们需要注意三个环节：一是将产出区分为中间产品与最终产品，投入区分为中间投入与初始投入，进而在这一对概念的基础上掌握投入产出表的基本结构与平衡关系；二是直接消耗系数的引入，以及从直接消耗系数到完全消耗系数；三是基于直接消耗系数与完全消耗系数的建模。我们正是以这样一个思路对投入产出表的基本结构、投入产出分析中的基本概念与模型做简要的介绍。

2.1 投入产出表的基本结构

表 2-1 为我国 2007 年一张 6 个部门的投入产出表。利用这张表，我们来说明一般形式的投入产出表的基本结构。

2.1.1 投入与产出的构成

对投入产出表的基本结构的了解，可以从投入与产出这一对概念开始。生产过程就是以一定的投入，采用某种技术转换为产出的过程。在投入产出表中，列向表示生产过程中的投入及其构成，而行向则表示产品产出及其分配使用去向。投入产出对整个国民经济以不同产品的生产进行部门分类，进而在产业联系之中反映国民经济的全貌。在表 2-1 中，我们把整个国民经济分为农业、采掘业、制造业、电力热力燃气水的生产和供应业、建筑业和服务业 6 个部门。

投入产出中进一步把投入分为中间投入和初始投入，产出分为中间产品与最终产品。首先，中间产品和最终产品是如何区分的呢？区分的标准很简单，就是看在所考察的期间内是否再回到生产过程中去。如果在本期内不再进入生产过程，那么就称这类产品为最终产品。中间产品则是本期生产出来，再次进入生产过程。

表 2-1　　中国 2007 年投入产出表（产品×产品），按当年生产者价格计算　　单位：亿元

投入＼产出		代码	中间使用							最终使用				进口	其他	总产出
			农业	采掘业	制造业	电力热力燃气水的生产和供应业	建筑业	服务业	中间使用合计	消费	资本形成总额	出口	最终使用合计			
代码		—	01	02	03	04	05	06		TC	GCF	EX	TFU	IM	ERR	GO
中间投入	农业	01	6 877	78	24 579	1	259	2 550	34 344	11 498	2 042	666	14 205	2 328	2 672	48 893
	采掘业	02	33	2 188	30 933	4 297	892	430	38 773	148	249	640	1 037	10 339	−290	29 181
	制造业	03	9 746	7 444	248 694	5 100	36 177	43 391	350 551	35 472	42 544	80 494	158 510	55 286	−1 869	451 905
	电力热力燃气水的生产和供应业	04	469	2 458	13 255	11 731	857	3 162	31 933	2 997	5	65	3 067	18	−1 209	33 773
	建筑业	05	11	27	121	12	598	1 231	2 000	932	58 847	409	60 187	221	756	62 722
	服务业	06	3 097	3 185	37 722	3 053	9 425	38 732	95 215	80 697	7 233	13 267	101 197	5 828	1 802	192 385
	中间投入合计	TII	20 234	15 381	355 303	24 193	48 208	89 496	552 815	131 744	110 919	95 541	338 204	74 021	1 860	818 859
初始投入	劳动者报酬	VA001	27 182	4 863	31 290	2 435	7 405	36 871	110 047							
	生产税净额	VA002	48	2 516	21 460	1 234	1 800	11 461	38 519							
	固定资产折旧	VA003	1 430	1 499	11 813	4 074	776	17 664	37 256							
	营业盈余	VA004	0	4 921	32 039	1 837	4 532	36 893	80 222							
	增加值合计	TVA	28 659	13 800	96 602	9 580	14 513	102 889	266 044							
总投入		TI	48 893	29 181	451 905	33 773	62 722	192 385	818 859							

注：本表根据国家统计局公布的中国 2007 年投入产出表整理得到。

一般情况下，一种产品既可以被作为中间产品，也可以作为最终产品。但是，如果不考虑存货的情形，一些产品更多是作为中间产品，而另一些产品则更多是作为最终产品。按照这种区分，我们考虑一下通常接触到或想到的一些产品中哪些是最终产品，哪些是中间产品呢？中间产品主要是用于生产中的各种投入品，既包括各种原材料、燃料，也包括各种服务。最终产品则进一步分为多种类型。首先是消费品，例如我们日常所需吃、穿、用的物品，包括冰箱、电视等耐用消费品，甚至家庭购买的汽车，还包括所消费的各种服务，例如乘坐公共交通工具、快递服务、医疗等等。但是，消费品中不包括我们通常所说的住房。住房属于另一类最终产品，称为资本品。消费品中包含的与住房相关的只是住房装修购买的材料支出，以及住房的租金，而通常所说的住房，其当年形成的部分则大部分是作为建筑业的最终产品，成为资本形成。此外，作为资本品的还包括机器设备、经济林木等有形资本品，计算机软件等无形资本品，等等。还有一些产品，属于还要进一步加工的半成品，看起来应该属于中间消耗，还有未销售的库存品，有些看起来像是消费品，但是由于它们在本期内脱离了生产过程，将不再属于中间产品或是消费品，而把它们统一归为存货，或者准确地说是存货的期初期末变化，即存货变化。它们与固定资本形成一起构成资本形成总额这个概念。最后一类产品是出口品，不管它将来是用于消费品还是资本品，统一称为出口品。全部最终产品就是由消费、资本形成和出口所构成。在我国的投入产出表中，消费又进一步细分为农村消费与城镇消费，资本形成总额分为固定资本形成与存货变化。这些产品永远或暂时地脱离本国加工过程。根据用于中间使用与最终使用，全部产出区分为中间产品与最终产品。

投入被分为中间投入和初始投入。中间投入指的是各种原材料、燃料，也就是各种物耗，而初始投入则是生产中所需的工资、租金和利息等的支出。投入产出表中初始投入具体包括劳动者报酬、生产税净额、营业盈余，它们构成初次分配项目。

中间投入与初始投入两者间区分的标准是什么呢？主要在于中间投入，它们的价值被完全转移到新的产品中去了，而初始投入包括劳动者报酬、营业盈余等则被看作新创造的价值，因此也称之为增加值。

此外，还有一个比较特殊的项目，即固定资产折旧。本质上它与中间投入并没有什么差异，都是属于转移价值。但是，从国民经济核算的角度看，它是增加值和GDP的组成部分。在投入产出表的构造上，一般也把它从中间投入中区别开来，作为初始投入的一个组成部分。

各种物耗一般都有明确的实物形态，甚至是服务，但是初始投入则只能是一种价值量。所有这些投入从生产企业来说，是一种投入，但是从它们的所有者来说，则通过提供出去而获得一种收入。从这个角度来说，中间投入中的物耗给生产它的企业带来销售收入，而初始投入则为其要素所有者带来要素收入。

下面的例子把总产品、中间产品、最终产品，中间投入与初始投入概念作了很好的区分（见图2-1）：

棉花生产的总产出为100个单位，其中20个用于消费，80个用于生产棉纱。假设棉花的生产中只使用劳动与土地，而没有中间物耗投入，因此价值分配或投入中只包含初始投入，其中支付工资70个单位，以及用于支付地租和生产税等的营业盈余30个单位。纺

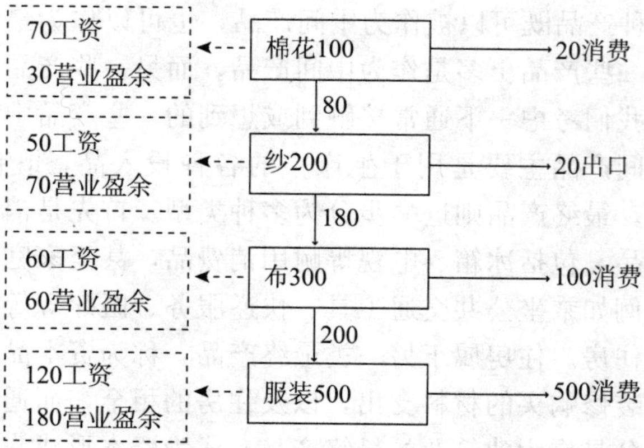

图 2-1　投入与产出概念示例

注：图中实线表示产品实物流，而虚线表示价值分配流。

纱厂利用 80 个单位棉花的中间投入，生产 200 个单位的总产出，其中 20 个单位用于出口，180 个单位进入织布厂，作为织布厂的中间物耗投入。纺纱厂的投入中，除 80 个单位来自棉花生产单位的中间投入外，初始投入价值包括 50 个单位的工资与 70 个单位的营业盈余。织布厂生产的总产出为 300 个单位，其中 100 个单位用于消费，而 200 个单位进入服装厂，成为服装厂的中间投入，同时，织布厂在生产过程中会支付 60 个单位的工资和 60 个单位的营业盈余。服装厂利用 200 个单位的中间投入，此外还包括初始投入 120 个单位的工资与 180 个单位的营业盈余，生产出来的 500 个单位服装全部用于消费。

根据上述例子，投入与产出的主要概念可以计算如下：

中间产品或中间投入：80＋180＋200＝460

最终产品：20＋20＋100＋500＝640

总产品：100＋200＋300＋500＝1 100

初始投入：(70＋30)＋(50＋70)＋(60＋60)＋(120＋180)＝640

最终产品与初始投入在价值量上是相等的。

2.1.2　投入产出表中的分块结构

为了说明上的便利，我们将之前的投入产出表简化为如下的一般形式，其中列向上省略了进口与误差项，行向上省略了折旧与生产税的内容，并以字母来表示其中的元素（见表 2-2）。

投入产出表中行与列交叉，最后构成了投入产出表的三个象限。中间投入为主栏与中间使用为宾栏交叉构成的象限为第Ⅰ象限，根据其反映的内容称为中间产品象限。中间投入为主栏与最终使用为宾栏交叉构成的象限为第Ⅱ象限，称为最终产品象限。初始投入为主栏与中间使用为宾栏交叉构成的象限为第Ⅲ象限，也称为初始投入象限。

第Ⅰ象限每一元素 x_{ij} 从列向看表示 j 产品生产中对 i 产品的消耗量，从行向看则表示 i 产品分配给 j 产品生产的使用量。第Ⅱ象限行向表示某产品作为最终产品使用的各种用途，究竟是用于消费、资本形成还是用于出口，而从每一类最终使用的列向上看，则反映了该类最终使用的结构。例如可以通过消费列向量计算得到对不同产品的消费在总消费中所占的比重。第Ⅲ象限从列向上看构成该部门不同类型初始投入在总投入中所占的比重，包括可以计算出增加值占总投入的比重，而行向上则反映了某种类型的收入在不同部门的分配状况。例如通过劳动者报酬行向量可以计算不同部门劳动者报酬在整个劳动者报酬中所占的比重，以及哪些部门占有的份额大。

表 2-2　　简化的投入产出表

投入 \ 产出		中间使用				最终使用				总产出
		部门 1	部门 2	…	部门 n	消费	资本形成总额	出口	最终使用合计	
中间投入	部门 1	x_{11}	x_{12}	…	x_{1n}	c_1	k_1	e_1	y_1	x_1
	部门 2	x_{21}	x_{22}	…	x_{2n}	c_2	k_2	e_2	y_2	x_2
	⋮	⋮	⋮	⋮ [Ⅰ]	⋮	⋮	⋮ [Ⅱ]	⋮	⋮	⋮
	部门 n	x_{n1}	x_{n2}	…	x_{nn}	c_n	k_n	e_n	y_n	x_n
初始投入	劳动者报酬	w_1	w_2	… [Ⅲ]	w_n					
	营业盈余	m_1	m_2	…	m_n					
	增加值合计	v_1	v_2	…	v_n					
总投入		x_1	x_2	…	x_n					

通过对不同年份和不同国家投入与产出各方面比例关系的变化进行直接比较，就可以得到有价值的结构信息。

在投入产出表中，一个部门投入的合计称为该部门的总投入，产出的总量则称为该部门的总产出。那么，如果一个企业或行业投入量等于产出量，是不是就没有利润了？实际上，从核算的角度看，利润也被看作收入的一个组成部分，已包含在初始投入中了。在投入产出表的这样一种设计中，任何部门的投入与产出的总价值量都是相等的。这意味着可供分配使用的产品价值量等于投入的价值量。这是一种核算上的恒等关系。

正因为投入产出表中每个部门的总投入等于总产出，如果把所有部门加总，这意味着第Ⅰ象限的合计数加上第Ⅱ象限的合计数将等于第Ⅰ象限的合计数加上第Ⅲ象限的合计数。这进一步表明第Ⅱ象限与第Ⅲ象限在合计数上是相等的。但是，需要注意的是，从单个部门来说，第Ⅱ象限与第Ⅲ象限的数值，也就是同一部门的初始投入与最终产品两者的价值量并不相等。

上述投入产出表中的行列关系，以及进一步地不同象限间的数量关系与GDP核算之间密切关联。第Ⅱ象限反映的正是支出法GDP核算的内容，如果把第Ⅲ象限看作是各部门增加值的合计，那么就是生产法GDP核算的内容，如果把第Ⅲ象限看作是各种收入的合计，则是收入法GDP核算的内容。从理论上说，某个年度投入产出表第Ⅱ与第Ⅲ象限的合计应该等于该年份的GDP，但是实际上两者间口径略有差异，数值上不尽相同。第Ⅰ、Ⅱ象限的合计等于第Ⅰ、Ⅲ象限的合计，都等于全社会总产出。那么全社会总产出就等于中间产品价值的合计加上GDP，这也表明总产出概念与增加值或GDP的区别在于生产中存在重复计算。其实，GDP也没有完全剔除重复计算，其中还包含了折旧，只是因为把这部分价值准确地剔除比较困难，这也是GDP之所以被称为国内生产总值而非净值的原因。

2.1.3 投入产出表中的行列关系式

通过上述说明，我们可以很容易地建立投入产出表中的行向和列向关系式。简单地说，行和列将存在如下等式关系：

中间使用＋最终使用＝总产出

中间投入＋初始投入＝总投入

第一式表明的是在行向上，某一部门产品分配使用的去向，各种用项之和等于总产出。第二式表明的是在列向上，产品生产中的各种投入及要素，这些投入的价值量之和即为总投入。对照我国 2007 年真实的投入产出表（见表 2-1），关于上述关系还需要对一些问题做出进一步的说明。

第一个问题是，总产出也好、GDP 也好都是核算期内，通常为一个年度内一国创造的价值总量。但是，在我们的中间投入中，不可能只使用本国产品，也不可能只使用本年度内生产出来的产品，那么也就意味着总投入的价值量中包含了进口品和往年生产的产品，而生产出的总产出又确实是当年一个年度内本国产品的价值量。这中间是不是有矛盾？上述说法都没有问题，但是也不存在矛盾。这就涉及在投入产出表中我们如何对进口品与存货进行处理。在一般形式的投入产出表中，我们对于进口品的处理只是采取了一种最简单的方式。也就是在表中是把各部门的进口作为一个列向量与最终产品象限并列在一起，只是它的数值为负。这样的话，不仅中间投入中的进口品，最终产品中的进口品都被剔除了，只剩下本国生产的产品。对于生产中使用以往年份的产品，则是通过存货变化的方式，也就是期末存货减期初存货的一个净变化，做了类似的处理。如此就解决了我们刚才所谈到的这个矛盾。

第二个问题是，在行向关系上，对于每一个部门而言，都是同一种产品。不管是价值形态还是实物形态上，行向关系都是成立的。但是，对于列向关系而言，每一部门的中间投入都是由不同的产品所构成。列向关系之所以能成立，就需要借助于价格，把不同产品的实物量加总起来。实际上，投入产出表既可以用价值量来编制，也可以用实物量来编制，分别称之为价值表与实物表。实物表的样式见表 2-3。

表 2-3　实物型投入产出表

投入＼产出		中间使用				最终使用				总产出
		粮食	发电量	…	机械设备	消费	资本形成	出口	最终使用	
中间投入	粮食(万吨)	x_{11}	x_{12}	…	x_{1n}	c_1	k_1	e_1	y_1	x_1
	发电量(亿度)	x_{21}	x_{22}	…	x_{2n}	c_2	k_2	e_2	y_2	x_2
	⋮	⋮	⋮	⋮	⋮	⋮	⋮	⋮	⋮	⋮
	机械设备(万台)	x_{n1}	x_{n2}	…	x_{nn}	c_n	k_n	e_n	y_n	x_n
初始投入	劳动者报酬	w_1	w_2	…	w_n					
	营业盈余	m_1	m_2	…	m_n					
	增加值合计	v_1	v_2	…	v_n					
总投入		x_1	x_2	…	x_n					

价值表与实物表在列向关系上存在差异。对于价值表而言，每一部门中间投入与初始投入的所有价值量列向加总就等于该部门的总投入，而对于实物表而言，则需要引入价格把实物量转化为价值量，再获得与价值表相同的列向等式关系。

在上述说明的基础上，我们可以建立如下行向与列向数量关系：

行向关系式：

$$\begin{aligned} &x_{11}+x_{12}+\cdots+x_{1n}+y_1=x_1 \\ &x_{21}+x_{22}+\cdots+x_{2n}+y_2=x_2 \\ &\qquad\vdots \\ &x_{n1}+x_{n2}+\cdots+x_{nn}+y_n=x_n \end{aligned} \tag{2.1}$$

上述行向关系可简写为：

$$\sum_{j=1}^{n} x_{ij}+y_i=x_i \quad (i=1,2,\cdots,n) \tag{2.2}$$

如果以 Z 表示中间流量矩阵，那么上述行向关系可用矩阵表示为：

$$Zi+y=x \tag{2.3}$$

其中，x、y 分别为总产出与最终产品的列向量；i 为元素全部为 1 的列向量。

价值表的列向关系式：

$$\begin{aligned} &x_{11}+x_{21}+\cdots+x_{n1}+v_1=x_1 \\ &x_{12}+x_{22}+\cdots+x_{n2}+v_2=x_2 \\ &\qquad\vdots \\ &x_{1n}+x_{2n}+\cdots+x_{nn}+v_n=x_n \end{aligned} \tag{2.4}$$

上述列向关系可简写为：

$$\sum_{i=1}^{n} x_{ij}+v_j=x_j \quad (j=1,2,\cdots,n) \tag{2.5}$$

同样以 Z 表示中间流量矩阵，那么上述列向关系可用矩阵表示为：

$$i'Z+v=x' \tag{2.6}$$

其中，v 为初始投入行向量；向量 i 与 x 右上角的“′”表示对该向量的转置，使得原来的列向量成为行向量。

实物表的列向关系式（其中各个 x 都表示实物量）：

$$\begin{aligned} &p_1x_{11}+p_2x_{21}+\cdots+p_nx_{n1}+v_1=p_1x_1 \\ &p_1x_{12}+p_2x_{22}+\cdots+p_nx_{n2}+v_2=p_2x_2 \\ &\qquad\vdots \\ &p_1x_{1n}+p_2x_{2n}+\cdots+p_nx_{nn}+v_n=p_nx_n \end{aligned} \tag{2.7}$$

上述列向关系式可以用矩阵表示如下：

$$pZ+v=p\hat{x} \tag{2.8}$$

其中，p 为价格行向量；$\hat{x}$ 为总产出为对角元素的对角矩阵。

2.2 引入系数建立模型

在上一节中，我们根据投入产出表的结构得出了行和列的等式关系。但是，这些等式仅仅是核算关系式。依赖这些关系式是无法展开经济分析的，停留在这个阶段的投入产出分析只是一种核算框架，而不能称其为一种分析工具和方法。列昂惕夫建立起投入产出分析方法的第一步就是从引入系数开始的。通过系数的引入，把核算关系转化为一种经济分析模型。

2.2.1 直接消耗系数的引入

直接消耗系数是投入产出分析中的基本概念之一，国外常称为直接投入系数（direct input coefficient），也称为直接需求系数（direct requirements coefficient）或技术系数（technical coefficient）。其含义是生产单位某种产品对另一种产品的消耗量。公式为：

$$a_{ij}=x_{ij}/x_j \tag{2.9}$$

分子为价值表第Ⅰ象限的元素，表示 j 部门生产中对 i 产品所消耗的价值量，分母 x_j 是价值表列向总计，为 j 部门的总投入量。由于任何一部门的投入量都等于该部门的产出量，因此 a_{ij} 的含义是 j 部门每单位产出中对 i 产品消耗的价值量。

投入产出模型中，直接消耗系数主要反映的是技术水平。对于实物表所计算出的直接消耗系数，就是生产管理中经常使用的生产技术消耗定额。例如，生产一吨钢消耗生铁的数量、生产一吨煤消耗电力的度数，等等。同实物表的直接消耗系数相比，价值表的直接消耗系数除反映技术外，还受不同产品相对价格变化的影响。对于价值表的直接消耗系数，其元素要求满足 $0\leqslant a_{ij}<1$，表明投入不超过产出。但是对于实物表的直接消耗系数，在数值上仅要求它大于或等于 0，并不要求小于 1。这是因为实物表的直接消耗系数的数值大小取决于实物产品采用的计量单位，如一吨煤消耗 28 度电，那么 $a_{ij}=28$ 度/吨，它大于 0，若电的单位以千度为单位，那么 $a_{ij}=0.028$千度/吨。

通过引入直接消耗系数，就可以建立可供分析的模型。

首先我们来考察行模型，对于

$$\sum_{j=1}^{n} x_{ij}+y_i=x_i \quad (i=1,2,\cdots,n)$$

根据直接消耗系数有：

$$x_{ij}=a_{ij}x_j \tag{2.10}$$

引入上述行模型，则有：

$$\sum_{j=1}^{n} a_{ij}x_j + y_i = x_i \quad (i = 1,2,\cdots,n) \tag{2.11}$$

用矩阵形式可以表示为：

$$Ax+y=x \tag{2.12}$$

其中，A 为直接消耗系数矩阵；x 与 y 分别为总产品与最终产品列向量，即：

$$A=\begin{bmatrix} a_{11} & a_{12} & \cdots & a_{1n} \\ a_{21} & a_{22} & \cdots & a_{2n} \\ \vdots & \vdots & & \vdots \\ a_{n1} & a_{n2} & \cdots & a_{nn} \end{bmatrix} \quad x=\begin{bmatrix} x_1 \\ x_2 \\ \vdots \\ x_n \end{bmatrix} \quad y=\begin{bmatrix} y_1 \\ y_2 \\ \vdots \\ y_n \end{bmatrix}$$

上式中 Ax 的部分是中间产品的行向合计，因此该式仍然表示的是中间产品加最终产品等于总产品。但是通过模型变换和推导，上述关系式可以有不同的表现形式：

$$(I-A)x=y \tag{2.13}$$

$$x=(I-A)^{-1}y \tag{2.14}$$

上面的两个式子表现了总产品与最终产品之间的关系。n 阶方阵 $(I-A)$ 与 $(I-A)^{-1}$ 表现了两者间的转换关系。根据前者，我们可以在给定各部门总产出的情况下，推算出各部门的最终产品，而根据后者，我们就可以计算为实现一个给定的最终需求，在现有技术下各部门的总产出应为多少。但是作为转换系数，它们背后的经济含义究竟是什么呢？

首先我们来考察 $(I-A)$ 的经济含义。

我们可以把矩阵 $(I-A)$ 完整地写出来，就是：

$$(I-A)=\begin{bmatrix} 1-a_{11} & -a_{12} & \cdots & -a_{1n} \\ -a_{21} & 1-a_{22} & \cdots & -a_{2n} \\ \vdots & \vdots & & \vdots \\ -a_{n1} & -a_{n2} & \cdots & 1-a_{nn} \end{bmatrix}$$

分布在矩阵主对角线上的元素为 $(1-a_{ii})$。由于 $a_{ii}<1$，故 $(1-a_{ii})>0$，元素均为正值，而主对角线以外的元素均为负数或零。这样一种形式让我们将其同生产集或生产可能性集概念联系起来。生产集是比生产函数更一般的形式。实际上上述矩阵的每一列都表明该列所代表的部门单位活动水平的生产集，只是不包括初始投入。在这样的生产集中，非对角元素的负数表示投入，而对角元素的正数表示扣除自身消耗的净产出。净产出用产出扣除投入，从产出的角度看表现为最终产品，而从投入的角度看表现为新创造价值或增加值。

接下来我们要考察另一个矩阵 $(I-A)^{-1}$ 的经济含义。它被称为列昂惕夫逆阵（Leontief inverse matrix）。对它的说明将引入整个投入产出分析框架中最重要也是最核心的一个概念——完全联系。

2.2.2　完全消耗系数

为了说明完全消耗系数的含义，我们需要引入另一种分析思路。

现在我们结合2007年的投入产出表（表2-1）来思考一个问题：假设某个家庭购买了一辆小汽车，那么这辆小汽车是如何生产出来的呢？

首先，在表2-1中，小汽车生产企业属于制造业。当然如果有更详细的部门分类，把小汽车的生产从整个制造业中分离出来，那么对于我们现在研究的问题将更准确。在这张表中，对小汽车的购买应该计入制造业的最终消费中。这意味着小汽车是由制造业所生产，或者更准确地说是由制造业中的汽车生产企业所生产，并作为消费品被消费者所购买。小汽车的具体生产过程在制造业那一列中表现出来。我们看到，小汽车的生产需要不同部门提供投入品，如需要电力、钢铁、橡胶、电子产品。当然还需要机器设备，但是机器设备作为固定资产将以折旧的形式归入初始投入中。此外还包括初始投入的其他项目。有了上述这些产品和投入，就可以把小汽车生产出来了。前提是上述各种投入是能够得到的。

但是，电力的生产需要煤，橡胶的生产需要农业，钢铁的生产需要铁矿石，钢铁与铁矿石的生产还需要电力。从这个过程中我们发现，小汽车的生产直接地并不需要农业，但是间接需要农业；不仅直接需要电力，而且通过钢铁、橡胶等产品间接需要电力。以小汽车生产中对电力的消耗为例，如图2-2所示：

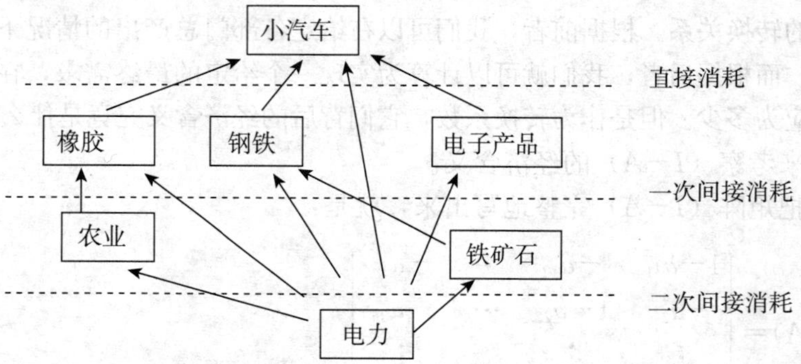

图2-2　小汽车生产对电的完全消耗

小汽车生产直接消耗电力，同时还直接消耗橡胶、钢铁和电子产品，而橡胶、钢铁和电子产品生产都要消耗电力。这些电力对于汽车来说，就是通过钢铁、橡胶、电子产品对电力的一次间接消耗。此外，小汽车所需要的钢铁是来自铁矿石，而铁矿石生产也要消耗电力。那么铁矿石的电力消耗对于小汽车生产来说就是二次间接消耗，如此等等。小汽车生产的直接消耗加上所有间接消耗称为小汽车对电力的完全消耗。

正因为完全消耗的原因，小汽车生产本身可能并不需要农业，却间接需要农业。这一点对于理解完全联系概念是十分重要的。此外，作为对完全联系概念的理解，我们需要注意两点：第一点是我们注意到生产过程中对自身产品的需求，例如电力生产中要消耗电力，农业生产中要消耗农产品，等等。第二点是要注意相互需求的存在，例如电的生产中需要煤来发电，而煤的采掘则需要电力。对于这一点，理论上指出完全联系的特征在于“循环流”，从而区别于“线性流”。无论是对自身产品的需求，还是相互需求，一旦由直接联系扩展到完全联系，在一个普遍联系的世界中，这种现象几乎是必然的。

通过这样几个方面，我们就获得了对完全联系概念比较全面的理解。整个生产就是这样成为一个相互联系的整体。

那么列昂惕夫逆阵又是如何来表现完全联系概念的呢？可以在上述说明的基础上对完全消耗系数进行公式推导。

完全消耗系数是指某产品 j 生产单位最终产品量对另一产品 i 的完全消耗量，记为 b_{ij}。计算关系式应是：

完全消耗系数＝直接消耗系数＋全部间接消耗系数

要计算小汽车 j 对电力 i 的完全消耗系数 b_{ij}，首先要包括小汽车对电的直接消耗系数 a_{ij}，进一步需要计算小汽车对电的全部间接消耗系数。

小汽车在生产中可能直接消耗 1，2，3，…，n 种产品，而这些产品又直接或间接消耗电。小汽车 j 通过 1 号产品对电 i 的全部间接消耗为 $b_{i1} \cdot a_{1j}$。这是因为生产一台小汽车消耗的 1 号产品是 a_{1j}，而每一单位 1 号产品对电的完全消耗系数为 b_{i1}，那么小汽车通过 1 号产品对电的全部间接消耗系数应是 $b_{i1} \cdot a_{1j}$。

通过 2 号产品传递的全部间接消耗系数为 $b_{i2} \cdot a_{2j}$，依此类推，则有 $b_{i3} \cdot a_{3j}$，…，$b_{ii} \cdot a_{ij}$，一直到 $b_{in} \cdot a_{nj}$。最后将各途径传递的间接消耗系数加总起来，则有：

$$b_{ij}=a_{ij}+b_{i1}a_{1j}+b_{i2}a_{2j}+\cdots+b_{ii}a_{ij}+\cdots+b_{in}a_{nj} \tag{2.15}$$

或写成：

$$b_{ij}=a_{ij}+\sum_{k=1}^{n} b_{ik} \cdot a_{kj} \tag{2.16}$$

进一步用矩阵形式表示，即：

$$B=A+BA \tag{2.17}$$

式中，A 为直接消耗系数矩阵；B 为完全消耗系数矩阵，是一个包括 $n \times n$ 个完全消耗系数的 n 阶方阵。

从上式可做进一步推导：

因为 $B(I-A)=A$，所以有：

$$B=A(I-A)^{-1} \tag{2.18}$$

表明直接消耗系数右乘一个列昂惕夫逆阵，得到完全消耗系数。进一步地：

$$B=[I-(I-A)](I-A)^{-1}=(I-A)^{-1}-I$$

所以有：

$$B=(I-A)^{-1}-I \tag{2.19}$$

表明列昂惕夫逆阵与完全消耗系数只是在对角元素上相差 1。此外，我们还应该记住列昂惕夫逆阵和完全消耗系数的另一个表达式：

$$(I-A)^{-1}\approx I+A+A^2+\cdots+A^{p-1} \tag{2.20}$$

$$B=(I-A)^{-1}-I\approx A+A^2+\cdots+A^{p-1} \tag{2.21}$$

上面两式的证明很简单，因为：

$$(I-A)(I+A+A^2+\cdots+A^{p-1})\approx I$$

但是从经济含义上看，式中 A^2 是第一间接消耗系数，A^3 为第二间接消耗系数，(2.21)式表明完全消耗系数等于直接消耗系数，加上第一间接消耗系数，加上第二间接消耗系数，如此下去，各层次的间接消耗系数加总，得到全部间接消耗系数。

至此，我们不仅推导出完全消耗系数的表达式，而且也知道了完全消耗系数 B 与列昂惕夫逆阵 $(I-A)^{-1}$ 之间的关系。两者间实际上只是在对角元素上差一个1。我们用 B 表示完全消耗系数，用 L 表示列昂惕夫逆阵，即：

$$B=\begin{bmatrix} b_{11} & b_{12} & \cdots & b_{1n} \\ b_{21} & b_{22} & \cdots & b_{2n} \\ \vdots & \vdots & & \vdots \\ b_{n1} & b_{n2} & \cdots & b_{nn} \end{bmatrix}$$

$$L=(I-A)^{-1}=(B+I)=\begin{bmatrix} L_{11} & L_{12} & \cdots & L_{1n} \\ L_{21} & L_{22} & \cdots & L_{2n} \\ \vdots & \vdots & & \vdots \\ L_{n1} & L_{n2} & \cdots & L_{nn} \end{bmatrix}=\begin{bmatrix} b_{11}+1 & b_{12} & \cdots & b_{1n} \\ b_{21} & b_{22}+1 & \cdots & b_{2n} \\ \vdots & \vdots & & \vdots \\ b_{n1} & b_{n2} & \cdots & b_{nn}+1 \end{bmatrix}$$

那么这一差异的经济含义是什么呢？我们可以把它们放到模型中去做进一步的理解。

2.2.3 列昂惕夫逆阵与完全消耗系数的区别

通过在行向关系式中引入直接消耗系数，就建立起了行向关系模型，经过推导获得了各种变形的形式。我们将从基本行向关系模型 $x=(I-A)^{-1}y$ 出发，对基于列昂惕夫逆阵的一系列模型及其分析方法逐一进行解析。

首先，我们把该模型写成下面的形式：

$$\begin{bmatrix} x_1 \\ x_2 \\ \vdots \\ x_n \end{bmatrix}=\begin{bmatrix} b_{11}+1 & b_{12} & \cdots & b_{1n} \\ b_{21} & b_{22}+1 & \cdots & b_{2n} \\ \vdots & \vdots & & \vdots \\ b_{n1} & b_{n2} & \cdots & b_{nn}+1 \end{bmatrix}\begin{bmatrix} y_1 \\ y_2 \\ \vdots \\ y_n \end{bmatrix} \tag{2.22}$$

如果要研究的问题是，第一个部门产品最终需求增加一个单位，各部门产出将要达到多少呢？对这一问题的解答很简单，就是把最终需求表示成 $y_1=1$、所有其他最终需求为0的一个列向量，放到模型中进行计算即可。也就是：

$$\begin{bmatrix} x_1 \\ x_2 \\ \vdots \\ x_n \end{bmatrix}=\begin{bmatrix} b_{11}+1 & b_{12} & \cdots & b_{1n} \\ b_{21} & b_{22}+1 & \cdots & b_{2n} \\ \vdots & \vdots & & \vdots \\ b_{n1} & b_{n2} & \cdots & b_{nn}+1 \end{bmatrix}\begin{bmatrix} 1 \\ 0 \\ \vdots \\ 0 \end{bmatrix} \tag{2.23}$$

这时我们发现，各部门所要生产的产出量恰好是列昂惕夫逆阵的第一列。依此类推，我们知道第二个部门生产一个单位最终产品，一直到第 n 个部门生产一个单位最终产品，所需要的各部门产出将分别是列昂惕夫逆阵的第二至第 n 列。最终需求列向量中的第 n 行元素，正好对应列昂惕夫逆阵中的第 n 列。从这里可以看出为什么我们说这个模型很重要，正是因为通过该模型可以计算为了获得某种最终需求的组合，各部门必须达到什么样的产出水平。这正是需求拉动产出所要分析的内容。

在这样一个结论下，从上式中我们要注意两个问题：

一是即使我们只需要某种最终产品，不仅该最终产品的生产部门要进行生产，其他生产部门也要生产。单个部门的最终产品往往需要全社会所有部门的参与才能最终生产出来。也就是说最终需求列向量第一个元素为 1，而其他元素为 0，但是总产出列向量一般情况下其元素却并不会都为 0。这背后的原因很简单，就是因为最终产品的生产要依赖于整个经济系统各部门之间的完全联系。

二是我们注意到列昂惕夫逆阵与完全消耗系数形成差异的那个对角元素 1 的经济含义。实际上这里的 1 表示的是你的总产出中包含了你想要得到的那个最终产品的数量。这个 1 只影响对角元素，也就是因为对于你想要得到的某个部门的最终需求，你首先要在该部门生产出这么多最终产品，然后才是为了生产这么多最终产品所拉动的各部门的产出增加，当然也包括该部门自身。

知道了这一点，我们可以进一步对上述模型进行变形：

因为 $x=[(I-A)^{-1}-I]y+y$，得到：

$$x=By+y \tag{2.24}$$

现在我们把它与（2.12）式放在一起比较一下，直接消耗系数与完全消耗系数之间的区别，含义就很清楚了：

$$Ax+y=x$$
$$By+y=x$$

Ax 与 By 的结果是一样的，都是中间流量矩阵的行向合计。直接消耗系数对应于总产出，其中的元素 a_{ij} 表示的是 j 部门单位总产品生产对 i 部门的直接消耗量，而完全消耗系数对应于最终产品，其元素 b_{ij} 表示的是 j 部门单位最终产品生产对 i 部门的完全消耗量。

在公式 $x=(I-A)^{-1}y$ 中，列昂惕夫逆阵被称为矩阵乘数（matrix multiplier）或直接称为投入产出乘数（input-output multiplier）。因为它就像一个放大器，为了生产一个较小的最终需求，必须要有一个更大的生产量。但是，在上面的公式对比中，我们看到所谓的放大只是在中间产品部分。也就是说，列昂惕夫逆阵这个矩阵乘数的放大实际上是其中的完全消耗系数对最终产品生产所需的中间需求的一种放大效应。By 相对于 Ax，是通过完全消耗系数 B，把一个较小的 y 放大为与 Ax 相等的 By。

列昂惕夫逆阵有时也称为完全需要系数矩阵（total requirements matrix），以区别于完全消耗系数矩阵。其元素 L_{ij} 表示 j 部门生产单位最终产品对 i 产品的完全需要量。这里既包括对中间产品的需要，又包括对最终产品自身的需要，即对总产品的完全需要。

2.2.4 基于列昂惕夫逆阵的其他系数

投入系数除了直接消耗系数外，还可以就初始投入计算相应的系数，包括直接劳动者报酬系数、直接营业盈余系数等。用向量形式可以表示如下：

直接劳动者报酬行向量：$A_w=(a_{w1},a_{w2},\cdots,a_{wn})$

直接营业盈余行向量：$A_m=(a_{m1},a_{m2},\cdots,a_{mn})$

向量中元素 a_{wj}，a_{mj} 分别表示第 j 部门单位产出中的劳动者报酬和营业盈余。如果初始投入只包含这两项，它们的合计将等于增加值系数，表示各部门增加值或初始投入占总产出的比重（通常增加值中还包括生产税净额与固定资产折旧，此处简略）：

$$A_v=A_w+A_m=(a_{v1},a_{v2},\cdots,a_{vn}) \tag{2.25}$$

另外，根据它们的定义我们能够很容易得出，这些直接投入系数与直接消耗系数的列向加总将等于 1，即：

$$i'A+A_w+A_m=i'A+A_v=i' \tag{2.26}$$

其中，i' 表示元素为 1 的行向量。

在前面的分析中，特别是从（2.18）式我们知道，直接消耗系数右乘列昂惕夫逆阵就得到完全消耗系数。利用列昂惕夫逆阵这样一个放大器就可以把直接消耗系数转换为完全消耗系数。上述各项直接的初始投入系数也可以利用这个放大器转换为完全投入系数。分别为：

$$\text{完全劳动者报酬行向量：}B_w=A_w(I-A)^{-1}=(b_{w1},b_{w2},\cdots,b_{wn}) \tag{2.27}$$

$$\text{完全营业盈余行向量：}B_m=A_m(I-A)^{-1}=(b_{m1},b_{m2},\cdots,b_{mn}) \tag{2.28}$$

问题是这样计算出来的各项完全初始投入系数的经济含义是什么呢？我们以完全劳动者报酬系数为例进行分析，其他系数则可以类似给予说明。

$$B_w=A_w(I-A)^{-1}$$

$$(b_{w1},b_{w2},\cdots,b_{wn})=(a_{w1},a_{w2},\cdots,a_{wn})\begin{bmatrix} b_{11}+1 & b_{12} & \cdots & b_{1n} \\ b_{21} & b_{22}+1 & \cdots & b_{2n} \\ \vdots & \vdots & & \vdots \\ b_{n1} & b_{n2} & \cdots & b_{nn}+1 \end{bmatrix}$$

我们看到完全劳动者报酬系数行向量的第一个元素 b_{w1} 实际上是直接劳动者报酬系数行向量与列昂惕夫逆阵第一列相乘所得到的结果。而在前面的分析中，我们已经知道，列昂惕夫逆阵第一列的经济含义是，为生产 1 个单位第一个部门最终产品所需要的各部门产出增加。通过左乘直接劳动者报酬行向量，这进一步意味着这些各部门产出的增加进一步带来了相应部门劳动者报酬的增加。b_{w1} 只不过是由第一部门单位最终产品生产所拉动的所有部门劳动者报酬增加的合计。这就是完全劳动者报酬系数的经济含义。

从这里我们可以看出，完全劳动者报酬系数是最终需求通过列昂惕夫逆阵放大为所需的各部门产出，然后通过单位产出生产过程所能够带来的劳动者报酬，也就是直接劳动者报酬系数，最终换算得到单位最终需求拉动的全社会劳动者报酬的总量。在这种传递关系中，从最终需求到产出的传递是一种完全系数的内生放大，而从产出到劳动者报酬的传递则是以一种外生的方式，以直接系数关联起来，并不存在相互需求的放大效应。实际上，在一般形式的投入产出表之外，通过在第Ⅲ象限下附加各种流量、存量及实物量，如各部门的劳动力、资本存量、污染物排放等，在投入产出框架下都可以把这些变量与最终需求联系起来，用最终需求的变化来解释这些变量变化的原因。按这样的方式所构造的模型，在模型性质上都是一样的。放大效应只存在于最终需求对产出的放大。

上述计算中，向量（b_{w1}，b_{w2}，…，b_{wn}）中的第几个元素分别对应最终需求向量$(y_1, y_2, \cdots, y_n)'$中的第几个最终产品。其拉动的劳动者报酬为全社会所有部门劳动者报酬增加的合计。如果要想得到每个部门由于某个最终需求拉动劳动者报酬增加了多少，则可以通过直接劳动者报酬行向量的对角化，得到各部门受最终需求拉动的完全劳动者报酬矩阵，即：

$$\begin{bmatrix} b_{w\cdot 11} & b_{w\cdot 12} & \cdots & b_{w\cdot 1n} \\ b_{w\cdot 21} & b_{w\cdot 22} & \cdots & b_{w\cdot 2n} \\ \vdots & \vdots & & \vdots \\ b_{w\cdot n1} & b_{w\cdot n2} & \cdots & b_{w\cdot nn} \end{bmatrix} = \begin{bmatrix} a_{w1} & & & \\ & a_{w2} & & \\ & & \cdots & \\ & & & a_{wn} \end{bmatrix} \begin{bmatrix} b_{11}+1 & b_{12} & \cdots & b_{1n} \\ b_{21} & b_{22}+1 & \cdots & b_{2n} \\ \vdots & \vdots & & \vdots \\ b_{n1} & b_{n2} & \cdots & b_{nn}+1 \end{bmatrix}$$

完全劳动者报酬矩阵的第一列表示的是第一个部门单位最终产品带来的第一至第 n 个部门劳动者报酬的增加，第二列则表示的是第二个部门单位最终产品带来的第一至第 n 个部门劳动者报酬的增加，依此类推。该矩阵的第一行则表示所有部门单位最终产品同时增加一个单位带来的对第一个部门劳动者报酬的增加，依此类推。

此外，我们还可以推导如下关系：

$$A_w x = A_w (I-A)^{-1} y = B_w y, \; A_w \hat{x} \neq B_w \hat{y} \tag{2.29}$$

其中，$\hat{x}$ 表示以总产出列向量中的元素作为对角元素展开得到的对角矩阵，而 $\hat{y}$ 则是最终产品列向量的对角化。这背后的含义是什么呢？

它只是表明，同直接消耗系数与完全消耗系数之间的关系一样，直接劳动者报酬系数与总产出相对应，而完全劳动者报酬系数则与最终产品相对应。完全劳动者报酬系数的放大效应表现为在最终产品生产过程中所不断拉动的各部门产出扩大，以及同时所带来的劳动者报酬的增加。完全劳动者报酬系数放大的同时，参照系从总产出缩小为最终产品，最终劳动者报酬在绝对数量上并不改变。但是，同一部门直接劳动者报酬与完全劳动者报酬并不相等。

上面我们得出所有直接投入系数的列向加总为 1 的结论。那么完全系数的列向加总结果是什么呢？答案是，有意义的加总只在于完全初始投入系数的列向加总，而且其合计也为 1。我们首先要推导这一结论：

$$\begin{aligned} B_w + B_m &= (A_w + A_m)(I-A)^{-1} \\ &= (i' - A_c)(I-A)^{-1} \\ &= i'(I-A)(I-A)^{-1} = i' \end{aligned}$$

因此，

$$B_w + B_m = i' \tag{2.30}$$

其中，$A_c = i'A$。A_c 行向量中的元素 a_{cj} 是直接消耗系数矩阵第 j 列元素的合计，称为直接物质消耗系数，其含义是 j 部门生产单位产值对所有物质产品的消耗量。

问题是这一结论的经济含义是什么呢？

实际上，这表示了两种对产品价值的度量。从直接生产和总产品的角度看，直接消耗系数加上直接的要素投入系数等于1，意思是产品的价值由所有投入的价值构成。从最终产品和完全联系的角度看，产品的价值最终还原为初始投入要素的价值，而且是由完全的初始投入要素价值构成。可以用小汽车的例子对此进行说明。作为最终产品的一辆小汽车的价值从直接生产它的企业看，可以直接用生产中的投入价值来度量，包括由橡胶、钢材、电子产品、电力等中间投入，以及初始投入的劳动者报酬和营业盈余构成；但是把这辆小汽车看作是最终产品，从完全联系的角度看，上面所有中间投入中的任何一种产品都是由另一些投入和初始投入价值构成的，这些中间产品的价值可以不断还原下去，整个中间投入完全被转化为初始投入要素的价值，而且这时得到的正是完全的初始投入要素的价值。该过程可用图形表示如下（见图2-3）：

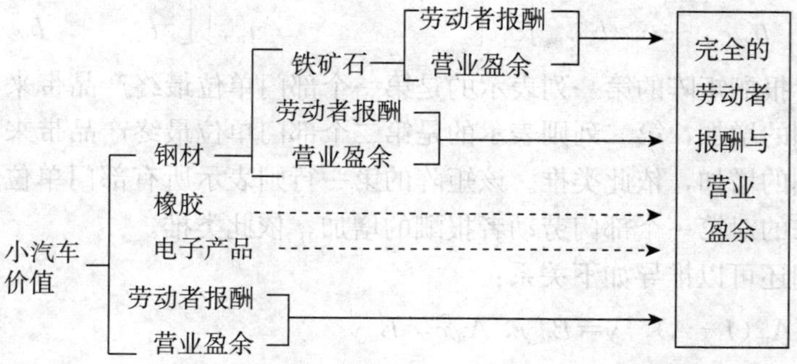

图2-3 产品价值还原为完全的初始投入要素价值

因此，小汽车价值被全部还原为初始投入要素的价值，也就是：

小汽车价值＝完全劳动者报酬＋完全营业盈余

2.3 分配系数与列模型

在上面的介绍中，我们主要集中于建立行模型。现在则要谈一谈列模型的问题了。

2.3.1 利用直接消耗系数建立列模型

首先，依据价值型投入产出表，引入直接消耗系数，可以建立列模型。从之前我们得到的列模型公式开始：

$$\sum_{i=1}^{n} x_{ij} + v_j = x_j \quad (j = 1,2,\cdots,n)$$

引入直接消耗系数后，上式变为：

$$\sum_{i=1}^{n} a_{ij} x_j + v_j = x_j \tag{2.31}$$

利用前面定义的直接物质消耗系数行向量 A_c，上式可写成矩阵形式：

$$x'\hat{A}_c + v = x' \tag{2.32}$$

其中，$\hat{A}_c$ 为行向量 A_c 对角化得到的对角矩阵。矩阵展开则是：

$$[x_1, x_2, \cdots, x_n]\begin{bmatrix} a_{c1} & & & \\ & a_{c2} & & \\ & & \cdots & \\ & & & a_{cn} \end{bmatrix} + [v_1, v_2, \cdots, v_n] = [x_1, x_2, \cdots, x_n]$$

上述公式可以变形为如下形式：

$$x(I - \hat{A}_c) = v \tag{2.33}$$

$$x = v(I - \hat{A}_c)^{-1} \tag{2.34}$$

但是，如果我们把矩阵的具体形式写出来，上述两式将分别是：

$$[x_1, x_2, \cdots, x_n]\begin{bmatrix} 1-a_{c1} & & & \\ & 1-a_{c2} & & \\ & & \cdots & \\ & & & 1-a_{cn} \end{bmatrix} = [v_1, v_2, \cdots, v_n]$$

$$[x_1, x_2, \cdots, x_n] = [v_1, v_2, \cdots, v_n]\begin{bmatrix} \frac{1}{1-a_{c1}} & & & \\ & \frac{1}{1-a_{c2}} & & \\ & & \cdots & \\ & & & \frac{1}{1-a_{cn}} \end{bmatrix}$$

其中，$1-a_{cj}$ 和 $\frac{1}{1-a_{cj}}$ 分别表示增加值或初始投入占总投入的比重，以及该系数的倒数。因此，模型（2.33）与（2.34）也只不过表示的是利用初始投入或增加值占总投入的比重，可以从总产出推算初始投入或增加值，或者相反。

如果上述模型只能起到这样一个作用，显然它的分析能力将是非常有局限性的。我们看到，这样的列模型与之前的行模型相比非常松散。模型性质上只是直接联系，而非完全联系。直接消耗系数被压缩成对角元素，导致丰富的结构信息丧失。导致这一结果背后的原因是什么呢？实际上是因为直接消耗系数是列向构造的，在建立行模型的过程中，列向构造的直接消耗系数与行向关系结合，表现了完整的相互联系，而列向构造的直接消耗系数与列向关系结合，则产生不出这种行列结合的效应。

从上述讨论出发，我们就可以设想如果从一个行向构造的系数出发，就可以利用该系数建立一个紧凑的列向模型。这就是我们要讨论的基于分配系数的列模型。

2.3.2 利用分配系数建立列模型

分配系数是与直接消耗系数相对称的、从行向构造的系数。基于分配系数能够建立起与直接消耗系数相对称的一个完整的分析体系，但是我们在这里只是局限于利用分配系数来构造我们的投入产出列模型。

分配系数的计算公式为：

$$r_{ij}=x_{ij}/x_i \quad (i,j=1,2,\cdots,n) \tag{2.35}$$

直接消耗系数是同列元素与该列所代表的部门的总投入或总产出相除，而分配系数则是同行元素与该行所代表的部门的总产出或总投入相除。分配系数的含义是 i 产品分配给 j 产品的中间消耗使用量在总产出量中所占的比例。

$n\times n$ 个分配系数构成的 n 阶方阵 R 称为分配系数矩阵：

$$R=\begin{bmatrix} r_{11} & r_{12} & \cdots & r_{1n} \\ r_{21} & r_{22} & \cdots & r_{2n} \\ \vdots & \vdots & & \vdots \\ r_{n1} & r_{n2} & \cdots & r_{nn} \end{bmatrix}$$

分配系数由于是同行元素相除，都是同一种产品，因此该系数不受价格变动的影响。因此，从理论上来说，按照相同产品分类的实物表与相应的价值表计算的分配系数应该是相同的。

在分配系数的基础上，我们可以在对称的形式上建立投入产出列模型：

$$xR+v=x \tag{2.36}$$

$$x(I-R)=v \tag{2.37}$$

$$x=v(I-R)^{-1} \tag{2.38}$$

这里的列模型（2.38）与行模型的（2.14）相对称。可以称 $(I-R)^{-1}$ 为完全供给系数。进一步我们还可以推导出与公式（2.24）对称的模型：

$$x=vD+v \tag{2.39}$$

其中，$D=(I-R)^{-1}-I$ 可以称为完全分配系数，而 R 则是直接分配系数。完全分配系数与完全供给系数也是在对角元素上相差 1。

完全分配系数的经济含义是什么呢？把（2.39）式展开可以看得很清楚：

$$[x_1,x_2,\cdots,x_n]=[v_1,v_2,\cdots,v_n]\begin{bmatrix} d_{11} & d_{12} & \cdots & d_{1n} \\ d_{21} & d_{22} & \cdots & d_{2n} \\ \vdots & \vdots & & \vdots \\ d_{n1} & d_{n2} & \cdots & d_{nn} \end{bmatrix}+[v_1,v_2,\cdots,v_n]$$

上式右端的第二项 $[v_1, v_2, \cdots, v_n]$ 是生产中直接的初始要素投入，而右端第一项则是初始投入要素通过产品的分配，直接和间接进入不同部门的生产过程，在价值量上等于各部门中间投入的合计。具体而言，对于完全分配系数矩阵 D，其第 i 行元素 $[d_{i1}, d_{i2}, \cdots, d_{in}]$ 表示的是第 i 部门单位初始投入直接与间接分配给第一直到第 n 个部门的价值量。从列向上看，第 j 列表示的是所有部门初始投入直接与间接分配给第 j 部门的价值量。

通过以分配系数建立的列模型（2.38）或（2.39），我们可以计算不同部门初始投入带来的不同部门产出变化。这样构造的列模型与依据直接消耗系数建立的列模型相比，在模型形式上显然要紧凑，而在经济分析的意义上价值也更大。

值得指出的是，利用分配系数建模，在假定上将与直接消耗系数建模产生差别。直接消耗系数建模假定技术是稳定的，从而直接消耗系数是相对稳定的，而分配系数建模则假定分配结构是稳定的。问题在于分配系数与直接消耗系数，如果假定其中一个是稳定的，那么通常另一个就不是稳定的。因此在假定分配系数为稳定的情况下，技术系数往往是变化的。这带来了理论上对分配系数模型的争议，对此我们将在后面的章节做专门的介绍与分析。

2.3.3 投入产出中的前向效应和后向效应

利用完全消耗系数与完全分配系数，我们对前向效应和后向效应进行测度。什么是前向效应和后向效应呢？例如建高铁，在建筑过程中需要钢材、水泥、电子产品，就会拉动这些部门产出的增长，这被称为后向效应。同时，高铁建成后，其服务要被很多部门使用，例如用于货运、客运，会推动旅游业的发展，从而对很多部门产生影响，这被称为前向效应。

在投入产出分析中，我们用完全消耗系数反映后向联系（backward linkage），而用完全分配系数反映前向联系（forward linkage）。完全消耗系数借助于产品的投入，反映了产品生产过程中对其他部门产品的拉动，而完全分配系数则借助于产品的分配使用，反映了产品分配给其他部门，带来的对不同部门的推动。

作为对上述结论的进一步说明，我们可以比较一下完全消耗系数与完全分配系数行向与列向合计的含义。

$$
B=\begin{bmatrix} b_{11} & b_{12} & \cdots & b_{1n} \\ b_{21} & b_{22} & \cdots & b_{2n} \\ \vdots & \vdots & & \vdots \\ b_{n1} & b_{n2} & \cdots & b_{nn} \end{bmatrix}\begin{matrix} b_{10} \\ b_{20} \\ \\ b_{n0} \end{matrix} \qquad D=\begin{bmatrix} d_{11} & d_{12} & \cdots & d_{1n} \\ d_{21} & d_{22} & \cdots & d_{2n} \\ \vdots & \vdots & & \vdots \\ d_{n1} & d_{n2} & \cdots & d_{nn} \end{bmatrix}\begin{matrix} d_{10} \\ d_{20} \\ \\ d_{n0} \end{matrix}
$$

$$
\begin{matrix} b_{01} & b_{02} & \cdots & b_{0n} \end{matrix} \qquad\qquad \begin{matrix} d_{01} & d_{02} & \cdots & d_{0n} \end{matrix}
$$

对于完全消耗系数 B，其列向合计 b_{0j} 的经济含义是第 j 部门单位最终产品带来的各部门总产出价值增量的合计。通过对不同部门该系数大小的比较，反映了不同部门最终产品拉动能力的大小。影响力系数就是在这一基础上，对计算结果进一步标准化而得到的，也就是通过计算该系数与它们的平均值相除而得到。完全消耗系数行向合计 b_{i0} 的经济含义则是所有部门同时增加一个单位最终产品，带来的对第 i 部门产出增量的合计。有的文献中提出的感应度系数，就是通过该增量合计的标准化而得到的。但要注意的是，如此计算的感应度系数反映的也是拉动力，而非推动力。

推动力的计算可以通过完全分配系数的行向合计而得到。这时得到的 d_{i0} 的经济含义是：第 i 部门单位初始投入的增加，推动的各部门产出增量的合计。通过不同部门行向合计数的比较，可以获得不同部门推动能力大小的比较。完全分配系数的列向合计 d_{0j} 则表示所有部门同时增加一个单位初始投入，带来的对第 j 部门产出增量的合计。

2.3.4 投入产出列向价格模型

在第一部分介绍投入产出表中的行列关系式的时候，我们提到了实物表中的列向关系（2.7）式。在该列向关系式的基础上，我们也可以引入直接消耗系数，建立列模型。

公式（2.7）写成矩阵形式为：

$$p\hat{x}=pA\hat{x}+v \tag{2.40}$$

其中，$\hat{x}$ 为以实物型各部门总产出向量 x 为对角元素的对角矩阵；A 为实物型直接消耗系数。

对上式变形，可得到：

$$p=pA+v\hat{x}^{-1} \tag{2.41}$$

实际上 $v\hat{x}^{-1}$ 正是直接的初始投入系数，用 $A_v=v\hat{x}^{-1}$ 表示。进一步有：

$$p(I-A)=A_v \tag{2.42}$$

$$p=A_v(I-A)^{-1} \tag{2.43}$$

公式（2.43）在投入产出分析中被称为价格形成模型。在实物型投入产出表的基础上可以计算产品的价格。在这里我们可以看到它同时也是一个基于直接消耗系数的投入产出列向关系模型。此外，如果是基于价值型投入产出表，那么公式（2.43）中的价格向量 p 将是一个元素全部为 1 的行向量。这只不过是所有价值型直接投入系数列向合计为 1 的另一种表示。尽管这时基于该模型并不能得到实际产品价格，却可以在它的基础上，进一步分析当某种产品价格或初始投入要素价格变化后，对价格体系的影响，这被称为价格影响模型。对于这部分内容，我们将在后面的价格模型的章节中做专门的分析。

之前我们强调了基于直接消耗系数建立行模型，而基于分配系数建立列模型。但是在这里，我们建立了一个基于直接消耗系数的列模型。对于两种形式的列模型，列向价格模型基于直接消耗系数和列昂惕夫逆阵，反映拉动的关系，而列向数量模型基于直接分配系数和完全供给系数，反映推动的关系。这两个列模型之间是什么关系呢？

我们把两式写在下面：

$$p=pA+A_v\Rightarrow p=A_v(I-A)^{-1}$$

$$x=xR+v\Rightarrow x=v(I-R)^{-1}$$

需要注意的是，上面的第一个式子实际上是针对实物表来说的。我们把两者的比较统一为实物表，针对实物表建立第二个式子的关系，应该是：

$$p\hat{x}=p\hat{x}R+v$$
$$p=p\hat{x}R\hat{x}^{-1}+v\hat{x}^{-1}=pA+A_v$$

其中：

$$\hat{x}R=A\hat{x}\Rightarrow\hat{x}R\hat{x}^{-1}=A$$

这一结果表明，基于直接消耗系数的列向价格模型与基于分配系数的列模型内在是一致的。尽管一个是拉动力系数，一个是推动力系数，只不过是看待问题的角度不同，而基于同一张投入产出表，相互联系的关系是同一的。但需要注意的是，这种一致性只是建立在同一张投入产出表的基础上。在模型的应用中，两个模型依据的假定会不同，一个假定直接消耗系数不变，而另一个假定分配系数不变，采用不同的假定，结果自然会产生差异。对此我们将在后面有关“对称分析”的一章中做进一步的分析介绍。

2.4 投入产出模型的基本假定

前面我们对投入产出表及其模型做了一个基本的介绍。但是，投入产出模型的背后却依赖于一些不同的假定。如果对这些假定没有一个很好的理解，我们对投入产出方法的认识就难以深入。

2.4.1 固定比例生产函数

投入产出表是对生产的一种描述，这种描述还可以从生产函数的角度来理解。在很多微观经济学教科书中，我们常常看到反 L 形等产量线，与新古典平滑的等产量线形成对比。这种反 L 形等产量线背后的生产函数往往被称为固定比例生产函数，实际上指的正是投入产出生产函数，也称为列昂惕夫生产函数（Leontief production function）。

表 2-4 为一个简化的两部门投入产出系统：

表 2-4　简化的两部门投入产出系统

	对产业Ⅰ的投入	对产业Ⅱ的投入	最终使用	总产出
产业Ⅰ	x_{11}	x_{12}	y_1	x_1
产业Ⅱ	x_{21}	x_{22}	y_2	x_2
劳动投入	x_{01}	x_{02}		

投入产出生产函数的一般形式为：

$$x_1=f(x_{11},x_{21},x_{01}) \tag{2.44}$$
$$x_2=g(x_{12},x_{22},x_{02}) \tag{2.45}$$

在固定比例系数假定下，a_{ij} 表示直接消耗系数，即生产每单位 j 产品的产出所需要的 i 产品的投入。那么反 L 形生产函数的形式则为：

$$x_1=\min(\frac{x_{11}}{a_{11}},\frac{x_{21}}{a_{21}},\frac{x_{01}}{a_{01}}) \tag{2.46}$$

$$x_2=\min(\frac{x_{12}}{a_{12}},\frac{x_{22}}{a_{22}},\frac{x_{02}}{a_{02}}) \tag{2.47}$$

对于上述生产函数，多夫曼、萨缪尔逊和索洛的《线性规划与经济分析》一书中指出，列昂惕夫型的生产函数具有规模报酬不变的性质，且等产量线仍然保持凸性，从而广义的边际收益递减的假定依然成立。① 实际上等产量线的凸性只是表明生产函数是拟凹的，而这并不意味着边际收益递减。边际收益递减对应的生产函数是凹的，而非拟凹的。列昂惕夫反L形等产量线对应的生产函数是拟凹的，且因为非平滑而非严格拟凹。

另外，如图2-4所示，我们比较新古典生产函数与固定比例生产函数。需要指出的一点是，对于新古典生产函数而言，投入比例的变化并不必然意味着技术的改变。例如在图2-4中，作为新古典生产函数的柯布-道格拉斯生产函数投入比例从A点变为B点，而背后的技术并没有改变。但是，对于图中的列昂惕夫技术而言，投入比例从A点变为B点，背后的技术也发生了改变。

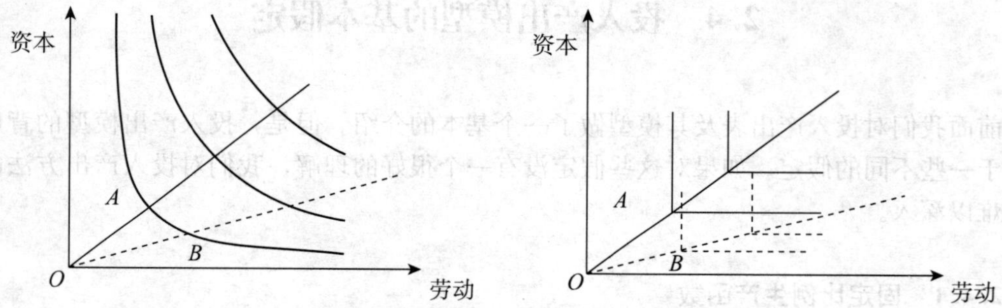

图2-4 柯布-道格拉斯技术和列昂惕夫技术

2.4.2 方阵系统

投入产出模型或投入产出表中，投入与产出具有相同的部门分类，中间流量矩阵与直接消耗系数因而也成为一个方阵。实际上投入产出模型的这一形式是从生产的一般形式中，通过一定的假定得到的。

多部门线性生产模型（multi-sector linear models of production）对于生产体系的描述在一般形式上可以表述如下：

一个生产系统存在n个活动P_1，P_2，…，P_n，作为投入或产出的则是m个产品G_1，G_2，…，G_m。该生产系统可用下面的矩形表来表示（见表2-5）：

表2-5 多部门线性生产系统

	P_1	…	P_n
G_1	a_{11}	…	a_{1n}
⋮	⋮	⋮	⋮
G_m	a_{m1}	…	a_{mn}

① Dorfman, R., Samuelson, P. A. and Solow, R. M. *Linear programming and economic analysis*, New York: McGraw-Hill, 1958: 209.

其中的元素 a_{ij} 表示生产过程 P_j 在单位活动水平上所生产的 G_i 产品的净产出量，如为负则表示净投入量。该系统进一步可以用所有 a_{ij} 构成的生产矩阵 A 来表示。如此，每一列构成的列向量正好对应相应生产过程的生产集。

上述生产过程可以从单位活动水平进一步扩展到某个活动水平，例如对第 j 个生产过程 P_j 扩展到 ξ_j 的水平，就是 $(\xi_j a_{1j}, \xi_j a_{2j}, \cdots, \xi_j a_{mj})'$。在各部门以不同的活动水平 ξ_j $(j=1, \cdots, n)$ 给予扩展的同时，第 i 种产品 G_i 的产出量（如果为正）或投入量（如果为负）就可以表示为 $\xi_1 a_{i1}+\xi_2 a_{i2}+\cdots+\xi_n a_{in}$。

从这种一般形式的多部门模型到投入产出模型需要两个假定：

一是假定每个活动 P_j 只生产一个产品 G_i。也就是假定生产过程不存在联合生产 (joint production)① 和副产品（by-products）。这时矩阵 A 每列有且只有一个正值。

二是假定每一产品 G_i 由一个且唯一的生产过程 P_j 来生产。

基于上述两个假定，生产过程数将等于产品数。每一生产过程都可以由它唯一的产品来表示。生产矩阵 A 称为方阵，生产系统称为方阵系统（square systems of production）。

对于上述方阵系统，如果把产出与投入区别开来，就可以将生产矩阵 A 转化为投入系数矩阵，如果仍以 A 表示，这时 A 的元素 a_{ij} 表示为第 j 个生产过程为生产一个单位总产品所需要的对第 i 种产品的投入需求。这就是投入产出的直接消耗系数。经过这一转换，新的系数矩阵 A 就成为非负矩阵。

2.4.3　纯部门假定

在很多国家公布的投入产出表中，在表的一开始通常会看到注明为产品×产品表。实际上它指的是行和列的部门分类都是产品分类。为什么我们看到的投入产出表明明都是产业的名称，却要说它是产品分类呢？这里就涉及投入产出的一个重要假定——纯部门假定。为了说明这一问题，我们有必要回到投入产出的直接消耗系数那里。

在前面的分析中，我们看到列昂惕夫建立投入产出模型的关键一步是引入了直接消耗系数。那么为什么他引入的是直接消耗系数，而不是分配系数？这是因为直接消耗系数表示的是技术，技术在生产理论中具有更为重要的意义。同时作为技术关系，相比于分配系数所反映的市场联系，也更为稳定。也正是在这个意义上，依据投入产出模型，我们不仅可以对已经经历的经济过程进行一个很好的分析，也能够对未来不太远的时间内一些外生变化对经济系统所可能带来的影响给予预测。

实际上，技术的稳定只是给我们的分析和预测带来了很多便利，投入产出中也完全可以对直接消耗系数特别是其中的重点系数值进行修正，来反映技术变化的情形。另外，在传统的新古典生产理论中也更多强调的是要素替代，而非技术改变。只不过在投入产出模型中，投入变化本身就成为技术变化。

纯部门假定的一个重要目的就是要保证直接消耗系数的变化尽可能只反映技术变化。为了实现这一点，就需要保证投入产出的部门都是一种“纯部门”。如果某一部门不是纯

---

①　联合生产不仅是经验分析中的一个问题，例如编表方法中对于联合产品的处理，而且是一个重要的理论问题。特别是在斯拉法体系中，斯拉法正是试图用联合生产来对资本这样一个核心理论问题进行分析。

部门，假定包含两种产品，那么即使这两种产品的生产技术没有发生任何变化，只是由于两种产品的生产量发生了变化，也会使两种产品组合在一起的这个“混部门”的直接消耗系数发生变化。显然这样的变化与技术没有任何关系。

从这一点而言，核算中通常的产业分类还达不到纯部门的要求，只有按产品分类才能更好地满足这样一种要求。因此，投入产出表中尽管采用了产业分类的名称，但经过调整，成为“纯部门”的产品部门。例如，投入产出表中的建筑业与标准产业分类中的建筑业是存在差异的。标准产业分类中的建筑业更多反映的是建筑企业的活动，而投入产出表中的建筑业则包含了农业、制造业及其他所有产业中所发生的与建筑相关的活动。

参考文献

[1] 刘起运，陈璋，苏汝劼．投入产出分析．2 版．北京：中国人民大学出版社，2011.

[2] 刘起运．经济系统规划方法和模型．北京：中国统计出版社，1993.

[3] 钟契夫．投入产出分析．修订本．北京：中国财政经济出版社，1993.

[4] Miller，R. E. and Blair，P. D. *Input-output analysis：foundations and extensions*（second edition），New York：Cambridge University Press，2009.

第三章

投入产出中的矩阵理论

投入产出模型的数理分析主要是建立在矩阵理论之上的。投入产出基本模型的表达式$(I-A)x=y$，从经济意义上表示的是各部门以 x 的产出量来生产 y 的最终需求。系数矩阵 $B=I-A$ 作为一个线性变换，建立起产出空间与最终需求空间的联系，而且在投入产出中，我们知道矩阵 B 表示的是技术。实际上，投入产出的直接消耗系数矩阵 A 是很特殊的，其中的每个元素都是非负的，进一步来说，系数矩阵 B 在数学上是一个非奇异 M-矩阵。因此，矩阵理论中关于非负矩阵的种种性质与投入产出模型的数理性质之间就存在着极大的联系。高山晟在他的《数理经济学(第 2 版)》一书中写道："经济学家们相继发表了大量讨论非负矩阵 A 性质的论文"，但是，对文献的回顾发现，"花费经济学家极大精力的许多结论其实早就被数学家（特别是俄罗斯数学家）发现了。"① 在某种程度上我们可以说，投入产出模型的数理性质主要是建立在非奇异 M-矩阵性质基础上的。本章主要对投入产出数理分析中使用的矩阵概念进行介绍，对于围绕非奇异 M-矩阵的种种等价条件，则放在下一章中，在广义霍金斯-西蒙（H-S）定理的基础上进行说明。本书后面各章中的定理及证明均引自定理最初提出者的文献或相关数学与数理经济学教材，对此在书中不再一一注明，而统一将参考文献列于各章结尾。

3.1 正矩阵、非负矩阵与半正矩阵

投入产出模型中的系数矩阵一般为实数，而且矩阵中的元素是非负的。为了后面分析的需要，我们首先要对矩阵的符号进行界定。同时需要指出的是，后面很多定理与性质是针对实矩阵的，对此我们不再一一说明。

① 高山晟．数理经济学．2 版．北京：中国人民大学出版社，2009：298.

矩阵与向量的大小与符号和标量不同。一个标量如果不等于 0，那么它或者是大于 0，或者是小于 0。但是对于一个矩阵，如果所有元素不全为 0，那么在非负的情形下将存在两种形式，或者是其中的所有元素都大于 0，或者是在正元素之外存在 0 元素。为此，对于矩阵与向量，我们需要做出如下符号约定：

正矩阵（positive matrix）：如果矩阵 A 中所有元素 a_{ij} 均为正，则 A 为正矩阵，记为 $A>0$，即 $A>0\leftrightarrow a_{ij}>0$；

非负矩阵（nonnegative matrix）：如果 A 中所有元素 a_{ij} 均非负，则 A 为非负矩阵，记为 $A\geqq 0$，即 $A\geqq 0\leftrightarrow a_{ij}\geqslant 0$。

半正矩阵（semi-positive matrix）：如果 A 中所有元素 a_{ij} 均非负，并且至少其中一个元素为正，则 A 为半正矩阵，记为 $A\geqslant 0$，即 $A\geqslant 0\leftrightarrow a_{ij}\geqslant 0$，且至少有一个 $a_{ij}\neq 0$，也就是说，$A\geqslant 0\leftrightarrow A\geqq 0$，且 $A\neq 0$。

所以，正矩阵的所有元素为正，非负矩阵的所有元素非负，包括零矩阵，而半正矩阵的所有元素非负，但不包括零矩阵。同理可以定义负矩阵、半负矩阵、非正矩阵。

3.2 可分解与不可分解矩阵

对于一个方阵 P，如果它的每一行和每一列都只有某个元素为 1，其余元素都为 0，那么矩阵 P 称为一个置换矩阵（permutation matrix）。对矩阵行之间的交换，可以通过左乘一个置换矩阵而得到，对矩阵列之间的交换，则可以通过右乘一个置换矩阵而得到。置换矩阵本身是可逆的，且 $P^{-1}=P'$。

定义 3.1：

n 阶方阵 A，如果存在一个置换矩阵 $P\in R^{n\times n}$，使得

$$P^{-1}AP=\begin{bmatrix} A_{11} & A_{12} \\ 0 & A_{22} \end{bmatrix}$$

其中，A_{11} 和 A_{22} 为子方阵，它们的阶数可以不同。则方阵 A 称为可分解矩阵（decomposable matrix），也称之为可约矩阵（reducible matrix）。如果不能通过矩阵置换成为上述形式，则为不可分解矩阵（indecomposable matrix）或不可约矩阵（irreducible matrix）。

按上述定义，显然正矩阵是不可分解的。

可分解矩阵可以简化线性方程组的求解。对于线性方程组：

$$Ax=b$$

如果系数矩阵 A 为可约矩阵，可以找到置换矩阵 P，对 A，x，b 进行矩阵置换，把原方程转化为：

$$P^{-1}AP(P^{-1}x)=P^{-1}b$$

按上述可分解矩阵的矩阵分块，原方程可转化为两个方程组：

$$A_{11}x_1+A_{12}x_2=b_1$$

$$A_{22}x_2=b_2$$

其中，$P^{-1}x=\begin{pmatrix}x_1\\x_2\end{pmatrix}$ 与 $P^{-1}b=\begin{pmatrix}b_1\\b_2\end{pmatrix}$ 为经过同样置换后的分块向量。同样，A 的特征多项式也可以转化为两个低阶矩阵的特征多项式的乘积。

投入产出分析中对于直接消耗系数矩阵 A，可分解的直观经济解释为：令 I 为 A_{11} 行和列的脚标集，J 为 A_{22} 行和列的脚标集。若 A 可分解，则脚标为 J 中的元素的商品将不进入脚标为 I 中的元素的商品的生产。在某种意义上说，I 中的商品的生产是独立于 J 中的商品的，但是 J 中的商品的生产却有赖于 I 中的商品的投入。

$$P^{-1}AP=\begin{matrix}I\\J\end{matrix}\begin{bmatrix}A_{11} & A_{12}\\0 & A_{22}\end{bmatrix}$$
$$\qquad\qquad\quad I \qquad J$$

在可分解性概念的基础上，还有一个完全可分解性，这时 $A_{12}=0$，实际上我们就有了两个独立的经济子系统。

对于不可分解矩阵 A，如果存在一个置换矩阵 P，使得：

$$B=P^{-1}AP=\begin{bmatrix}0 & A_{12} & 0 & \cdots & 0 & 0\\0 & 0 & A_{23} & \cdots & 0 & 0\\\vdots & \vdots & \vdots & & \vdots & \vdots\\0 & 0 & 0 & \cdots & 0 & A_{k-1,k}\\A_{k1} & 0 & 0 & \cdots & 0 & 0\end{bmatrix}$$

其中，主对角线上的第 i 个零表示阶数为 n_i，$i=1, \cdots, k$ 的零方阵，矩阵 $A_{i,i+1}$ 为 $n_i \times n_{i+1}$，$n_1+n_2+\cdots+n_k=n$。这时，称不可分解方阵 A 为非本原矩阵（imprimitive matrix），也称为循环矩阵（cyclic matrix）。相反，如果 A 无法置换成上述形式，则称为本原矩阵（primitive matrix）或非循环矩阵（acyclic matrix）。

从投入产出的角度看，如果系数矩阵是非本原矩阵，则意味着所有 n 个部门均划分为 $J_1 \sim J_m$ 的指标集，任何属于 J_i 类的部门仅以 J_{i-1} 类部门的产出为投入，其产出则只供 J_{i+1} 类部门使用。

3.3 P-矩阵、Z-矩阵与 M-矩阵

首先给出几类矩阵的定义：

定义 3.2：P-矩阵（P-matrix）

所有主子式为正的方阵为 P-矩阵。

定义 3.3：P_0-矩阵（P_0-matrix）

如果矩阵 A 的所有主子式均非负，称 A 为 P_0-矩阵。

定义 3.4：Z-矩阵（Z-matrix）

如果矩阵非对角元素非正，则称该矩阵为 Z-矩阵。

定义 3.5：M-矩阵（M-matrix）

若 A 为 Z-矩阵，则 A 可表示为 $A=sI-B$，其中 $B\geqslant 0$，当 s 大于等于 B 的谱半径，即 $s\geqslant\rho(B)$ 时，称 A 为 M-矩阵。特别地，当 $s>\rho(B)$ 时，称 A 为非奇异 M-矩阵；当 $s=\rho(B)$ 时，称 A 为奇异 M-矩阵；对称的 M-矩阵称为 S-矩阵。

非奇异 M-矩阵有一个非常重要的性质，就是它的逆矩阵非负，因此我们还经常用下面的方式来定义 M-矩阵：

定义 3.6：非奇异 M-矩阵（nonsingular M-matrix）

设 A 为 Z-矩阵，且 $A^{-1}\geqq 0$，则称 A 为非奇异 M-矩阵。

通常，我们说一个 Z-矩阵，如果它的逆是非负的，那么它就是非奇异 M-矩阵。实际上，因为逆矩阵本身不可能为零矩阵，所以它的逆要求的实际上是半正的，即 $A^{-1}\geqslant 0$。在上面的定义中，矩阵的逆非负本身也是一个很重要的定义。它所界定的这类矩阵被称为逆正的（inverse-positivity），在数理经济学家二阶堂的文献中它被称为逆非负的（non-negatively invertible）。此外，在数学上这一性质也被称为单调性。至于为什么被称为单调性，以及这些概念和性质的证明，我们放到下一章关于 M-矩阵的等价条件中再进行讨论。

Z-矩阵并没有对主对角元素做出限定，那么非奇异 M-矩阵的主对角元素有什么特征呢？下面的定理表明，非奇异 M-矩阵的主对角元素必为正。

定理 3.1：

设 $A=(a_{ij})\in R^{n\times n}$ 为非奇异 M-矩阵，则 A 的主对角元素为正，即 $a_{ii}>0$。

证明：

采用反证法。如果某对角元素 $a_{kk}\leqslant 0$，那么矩阵 A 相应的第 k 列将全部小于等于 0，即 $A_{*k}\leqq 0$。一方面，因为 $A^{-1}\geqq 0$，且 $A_{*k}\leqq 0$，所以 $A^{-1}A_{*k}\leqq 0$。另一方面，由于 $A^{-1}A=A^{-1}(A_{*1},\cdots,A_{*n})=(A^{-1}A_{*1},\cdots,A^{-1}A_{*n})=I$，这意味着 $A^{-1}A_{*k}\geqslant 0$。结论矛盾，所以 $a_{ii}>0$。

定理得证。

从上面的定义可以看出，P-矩阵就是所有主子式为正的方阵，Z-矩阵则是非对角元素小于等于 0 的矩阵。下一章还将看到，如果矩阵 A 既是 Z-矩阵，又是 P-矩阵，那么矩阵 A 就是非奇异 M-矩阵。因此，非奇异 M-矩阵是 Z-矩阵的一个子类（subclass）。投入产出模型 $(I-A)x=y$ 中，系数矩阵 $(I-A)$ 就是非奇异 M-矩阵的一个例子。

尽管奇异 M-矩阵的研究也很重要，但是研究难度大，更多研究集中在非奇异 M-矩阵。如无特殊说明，我们此后谈到的 M-矩阵都指非奇异 M-矩阵。

3.4 对角占优矩阵

对角占优矩阵是一个重要的数学概念，指的就是矩阵的对角元素要大于它所在的行或列其他元素的合计。在这一定义的基础上，对角占优概念不断扩展和延伸，特别是数理经济学家麦肯齐（Lionel McKenzie）提出了他著名的拟对角占优矩阵概念，并在这一概念的基础上进一步提出了与广义 H－S 定理等价的投入产出系统有经济意义解的条件。

定义 3.7：对角占优矩阵

对于方阵 A 的元素 a_{ij}，用 $|a_{ij}|$ 表示 a_{ij} 的模，如果

$$|a_{jj}| \geqslant \sum_{\substack{i=1 \\ i\neq j}}^{n} |a_{ij}| = Q_j \quad (j=1,\cdots,n) \tag{3.1}$$

则方阵 A 为对角占优矩阵（dominant diagonal matrix）。

这里我们定义的是列对角占优。按同样的方式我们也可以定义行对角占优。即如果：

$$|a_{ii}| \geqslant \sum_{\substack{j=1 \\ j\neq i}}^{n} |a_{ij}| = P_i \quad (i=1,\cdots,n) \tag{3.2}$$

则 A 具有行对角占优。

本书中如无特殊说明，都指列对角占优。

如果上述定义中严格不等式成立，则称为严格对角占优矩阵（strictly diagonally dominant）。严格对角占优矩阵具有某些特定的性质。例如，严格对角占优矩阵必为非奇异矩阵。正因为此，数理经济学家更为关注的是这种严格对角占优矩阵，例如在二阶堂等人的数理经济学文献中，直接把严格对角占优矩阵称为对角占优矩阵，简记为 d. d. 。

关于严格对角占优矩阵的非奇异性质可进行如下证明。

定理 3.2：

如果 A 具有严格对角占优，则 A 为非奇异矩阵。

证明：

利用反证法，假设 A 为奇异矩阵，那么存在 $x\neq 0$ 使得 $x'A=0$，即齐次方程存在非零解。

令 $|x_k| = \max\limits_i |x_i|$，则 $x'A=0$ 的第 k 个方程为：

$$\sum_{i=1}^{n} x_i a_{ik} = 0$$

将第 a_{kk} 个元素提出来：

$$-x_k a_{kk} = \sum_{\substack{i=1 \\ i\neq k}}^{n} x_i a_{ik}$$

取绝对值有：

$$|x_k a_{kk}| = |x_k| |a_{kk}| = \left| \sum_{\substack{i=1 \\ i\neq k}}^{n} x_i a_{ik} \right| \leqslant \sum_{\substack{i=1 \\ i\neq k}}^{n} |x_i a_{ik}| = \sum_{\substack{i=1 \\ i\neq k}}^{n} |x_i| |a_{ik}|$$

也就是：

$$|x_k||a_{kk}| \leqslant \sum_{\substack{i=1\\i\neq k}}^{n} |x_i||a_{ik}|$$

再用$|x_k|>0$来除上式，有：

$$|a_{kk}| \leqslant \sum_{i\neq k} \frac{|x_i|}{|x_k|}|a_{ik}| \leqslant \sum_{i\neq k}|a_{ik}| = Q_k$$

这与A具有严格对角占优相矛盾，所以A为非奇异矩阵。

由此得证。

我们看到，严格对角占优矩阵具有非奇异性，而一般的对角占优矩阵并不能保证这一性质。但是对于不可分解矩阵而言，在这些非严格不等式中如果至少有一个严格不等式成立，那么非严格的对角占优矩阵也具有非奇异的性质。

定理 3.3：陶斯基（Taussky）

令A为不可分解矩阵，如果对于所有的j，$|a_{jj}|\geqslant Q_j$，其中至少存在一个严格不等式，则A为非奇异矩阵。

证明：

令$|a_{ss}|>Q_s$。利用反证法，假定A奇异，则存在$x\neq 0$，使得$x'A=0$。同之前的定理，有：

$$-x_s a_{ss} = \sum_{\substack{i=1\\i\neq s}}^{n} x_i a_{is}$$

同样取绝对值：

$$|x_s||a_{ss}| \leqslant \sum_{\substack{i=1\\i\neq s}}^{n} |x_i||a_{is}|$$

对于上述不等式，如果x的所有分量相等，即$|x_i|=|x_j|$，i，$j=1$，…，n，就有：

$$|a_{ss}| \leqslant \sum_{\substack{i=1\\i\neq s}}^{n} |a_{is}| = Q_s$$

这显然与我们最初的设定相矛盾。因此，必然是x的所有分量并不相等。也就是对于$i\neq j$，$|x_i|\neq|x_j|$。我们可以设x_k为x中绝对值最大的，即$|x_k|=\max\limits_i|x_i|$。进一步把所有x的元素分为两类：绝对值等于最大值的一类，用脚标J表示，即$J=\left\{j\,\middle|\,|x_j|=|x_k|\right\}$；以及绝对值不等于也就是小于最大值的一类。

对$x'A=0$的第k个方程取绝对值：

$$|x_k||a_{kk}| \leqslant \sum_{\substack{i=1\\i\neq k}}^{n} |x_i||a_{ik}|$$

再用$|x_k|>0$来除，于是有：

$$|a_{kk}| \leqslant \sum_{i \neq k} \frac{|x_i|}{|x_k|} |a_{ik}|$$

上式右端的求和项中，既包含$i \in J$中的项，即绝对值等于最大值的项，也包括$i \notin J$中的项，即绝对值不等于最大值的项。把它们分开将得到：

$$|a_{kk}| \leqslant \sum_{\substack{i \neq k \\ i \in J}} |a_{ik}| + \sum_{\substack{i \neq k \\ i \notin J}} \frac{|x_i|}{|x_k|} |a_{ik}|$$

基于上式我们的讨论是，如果对于一些$i \notin J$，$|a_{ik}| \neq 0$，那么由于对此 i，$|x_i| < |x_k|$，则必有：

$$|a_{kk}| < \sum_{\substack{i \neq k \\ i \in J}} |a_{ik}| + \sum_{\substack{i \neq k \\ i \notin J}} |a_{ik}| = Q_k$$

显然这与我们最先的假设，即对于所有的 j，$|a_{jj}| \geqslant Q_j$ 相矛盾。因此，对于所有的$i \notin J$，$|a_{ik}| = 0$。实际上，对于所有的$i \notin J$，$k \in J$，$a_{ik} = 0$。这正是 A 为可分解矩阵的定义，从而与 A 为不可分解矩阵相矛盾。因此 A 为奇异阵的假设是不正确的，至此定理得证。

一方面，严格对角占优矩阵向非严格不可约对角占优矩阵的推广在附加某些条件后具有非奇异性质；另一方面，严格对角占优矩阵的另一些推广形式也具有非奇异性质。

定义 3.8：广义对角占优矩阵

如果存在正的对角矩阵 D，使得 DA 为严格对角占优矩阵，则称 A 为广义对角占优矩阵（dominant diagonal in the extended sense，简记为 D. D.）。

这一形式的广义对角占优矩阵在有些文献中也被称为拟对角占优矩阵。显然，广义对角占优矩阵也是非奇异的。因为如果方阵 A 为广义对角占优矩阵，那么 DA 将是严格对角占优矩阵，进而 DA 所构成的矩阵将是非奇异的。由于 D 矩阵是正的对角矩阵，是非奇异的，于是 A 也是非奇异的。

从前面的陶斯基定理我们知道，将严格对角占优矩阵推广到非严格不可约对角占优矩阵，在附加至少存在一个严格不等式的条件之后，非奇异性质得以保持。结合现在的广义对角占优矩阵，类似的结论同样成立。

定理 3.4：

如果 A 为不可分解矩阵，而且存在 $d_i > 0$，$i = 1$，…，n，使得对于所有的 j，有 $d_j |a_{jj}| \geqslant \sum_{i \neq j} d_i |a_{ij}|$，其中至少存在一个严格不等式，则 A 为非奇异矩阵。

上述定理的结论是显而易见的，因为 DA 满足陶斯基定理的假设，为非奇异矩阵，所以 A 也是非奇异矩阵。

麦肯齐提出了一种更为广义的对角占优矩阵，不仅把非奇异性质推广到非严格不等式的情况，同时也推广到可分解矩阵的情形。他也把这种更为广义的对角占优矩阵称为拟对角占优矩阵概念（quasi-dominant diagonal，简记为 q. d. d.）。我们后面使用拟对角占优矩阵这一概念时，都指的是麦肯齐的这一定义。

定义 3.9：拟对角占优矩阵

如果方阵 A 满足如下条件，那么 A 称为拟对角占优矩阵：

（1）当 A 不可分解时，存在 $d_i>0$，$i=1$，…，n，使得对于所有的 j，有 $d_j|a_{jj}|\geqslant\sum_{i\neq j}d_i|a_{ij}|$，其中至少有一个严格不等式成立；

（2）当 A 可分解时（即 $a_{ij}=0$，$i\in I$，$j\in J$，其中 $I\cup J=N=\{1,\cdots,n\}$，$I\cap J=\emptyset$），存在 $d_i>0$，$i=1$，…，n，使得对于所有的 j，有 $d_j|a_{jj}|\geqslant\sum_{i\neq j}d_i|a_{ij}|$，其中对于 $j\in J$，至少有一个严格不等式成立。

上述定义表明：如果 A 是不可分解矩阵，那么上述对 q. d. d. 的定义只是广义对角占优与陶斯基定理的一种结合。当 A 是可分解矩阵时，类似的性质仍然成立，只是对于 $j\in J$ 的那些列（如果对角占优按列来定义），至少存在一个严格不等式。这可以用下列经过置换后的矩阵来说明：

$$P^{-1}AP=\begin{matrix}J\\I\end{matrix}\begin{bmatrix}A_{11} & A_{12}\\0 & A_{22}\end{bmatrix}=\begin{bmatrix}F & G\\0 & H\end{bmatrix}$$
$$\quad J\quad I$$

其中，P 为置换矩阵，$A_{11}=F$ 的行和列用 J 中的元素做脚标，$A_{22}=H$ 的行和列用 I 中的元素做脚标。在属于 J 的那些列中，至少存在一个严格不等式。经过这种推广的矩阵同样具有非奇异性质。

定理 3.5：麦肯齐（McKenzie）

如果 A 具有 q. d. d.，则 A 为非奇异矩阵。

证明：

采用反证法，如果 A 是奇异矩阵，那么对于 $d_{ii}>0$（$i=1,2,\cdots,n$）的对角矩阵 D，矩阵 $B=DA$ 也为奇异矩阵。因此 $q'B=0$ 存在非零解。现在设当 $i\in J$ 时，$|q_j|\geqslant|q_i|$，而当 $i\notin J$ 时，$|q_j|>|q_i|$。

考虑对应于方程 $q'B=0$ 中指标集 $j\in J$ 的那些列的方程，有：

$$q_jb_{jj}+\sum_{i\neq j}q_ib_{ij}=0$$

那么对于这些列，就有不等式：

$$|q_j||b_{jj}|\leqslant\sum_{\substack{i\in J\\i\neq j}}|q_i||b_{ij}|+\sum_{i\notin J}|q_i||b_{ij}|$$

因为 A 为 q. d. d.，因此有：

$$|b_{jj}|\geqslant\sum_{i\neq j}|b_{ij}|$$

那么上面的不等式将变为等式：

$$|q_j||b_{jj}|=\sum_{\substack{i\in J\\i\neq j}}|q_i||b_{ij}|+\sum_{i\notin J}|q_i||b_{ij}|$$

因为根据假设，$i\notin J$ 时 $|q_j|>|q_i|$，因此当 $i\notin J$ 时，$b_{ij}=0$。进一步有：

$$|q_j||b_{jj}|=\sum_{\substack{i\in J\\ i\neq j}}|q_i||b_{ij}|$$

但是，同样因为 A 为 q.d.d.，根据定义，在 $j\in J$ 中必然存在一列，有 $|b_{jj}|>\sum_{i\neq j}|b_{ij}|$。因此对于该列将有 $|q_j||b_{jj}|>\sum_{\substack{i\in J\\ i\neq j}}|q_i||b_{ij}|$。与之前的结论矛盾。因此 A 为非奇异矩阵。

定理由此得证。

3.5　佩龙-弗罗贝尼乌斯定理

1907 年，德国数学家奥斯卡·佩龙（Oskar Perron）发现了关于正矩阵谱的一些有趣性质，格奥尔格·弗罗贝尼乌斯（Ferdinand Georg Frobenius）则将其推广到不可约非负矩阵的情形。数学家们关于佩龙-弗罗贝尼乌斯定理（Perron-Frobenius theorem）的大量文献，引起了数理经济学家们的广泛注意。投入产出模型中因为系数矩阵的特性，使该定理对于投入产出数理性质的分析能够提供重要的分析工具。

佩龙-弗罗贝尼乌斯定理的核心内容如下：

如果 A 是一个不可约非负方阵，则 A 总有正的特征值 $\lambda^*(A)$，它是特征方程的单根，称为 A 的弗罗贝尼乌斯根，所有其他特征值的模都不超过弗罗贝尼乌斯根（这意味着可能存在模与弗罗贝尼乌斯根相等的一个特征值），该特征值对应一个正的特征向量，在标量乘法的意义上，该特征向量是唯一的。

如果放松不可约的假定，A 只是一个非负方阵，那么 A 的弗罗贝尼乌斯根及相应的特征向量符号上也相应放松。其中弗罗贝尼乌斯根非负，且不必是单根。对应于半正的特征向量，其部分（不是全部）元素可能为 0，而且不唯一。因此非负矩阵的弗罗贝尼乌斯根等于它的谱半径，只是在可分解的情况下，$\lambda^*(A)$ 可能为 0，且不能保证为单根。

佩龙-弗罗贝尼乌斯定理有很多种证明。例如德布鲁与埃尔斯坦（G. Debreu and I. N. Herstein）利用布劳沃不动点定理的证明，维兰特（H. Wielandt）与二阶堂利用紧集极值存在性的证明。

维兰特的证明在各种数学与数理经济学教材中被广为介绍。尽管与德布鲁的简洁证明相比要麻烦得多，但维兰特的证明被公认为是一个非常优美的证明。这里我们只是对其中的部分证明进行介绍。对于非负矩阵的其他一些性质，则在下一章讲述基于投入产出模型的广义 H-S 定理之后做进一步的介绍。这里的证明需要关于不可约非负矩阵的一个性质作为引理，而这一引理本身也很重要。

引理 3.1：

令 A 为非负不可分解矩阵，并令 $\sigma>0$，则 $(\sigma I+A)^{n-1}>0$。

证明：

如果我们能够证明对于任意的半正向量 $x\geqslant 0$，有 $(\sigma I+A)^{n-1}x>0$。设 $x=e^i$，表示第 i 行为 1，其他元素为 0 的列向量。我们就得到 $[(\sigma I+A)^{n-1}]^i>0$，即矩阵 $(\sigma I+A)^{n-1}$ 的

第 i 列为正。那么，对原问题的证明可转化为对结论：若 $x\geqslant 0$，有 $(\sigma I+A)^{n-1}x>0$ 的证明。

首先定义：对于任意的 $x\geqslant 0$，设 $x^t=(\sigma I+A)^{t-1}x$。通过一个递推形式，得到：

$$x^{t+1}=(\sigma I+A)^t x=(\sigma I+A)(\sigma I+A)^{t-1}x=(\sigma I+A)x^t=\sigma x^t+Ax^t$$

显然，只有当 x^t 具有一个零分量时，x^{t+1} 才具有一个零分量。也就是说，x^{t+1} 中零向量的个数不多于 x^t 中零向量的个数。下面利用反证法，证明 x^{t+1} 中零向量的个数不是等于而是小于 x^t 中零向量的个数。

假定保留所有的零分量，即如果 $x_i^t=0$，那么 $x_i^{t+1}=0$。在不失一般性的情况下，令 $x^t=(z,\ 0)'$，$z>0$，则：

$$x^{t+1}=\sigma\begin{bmatrix} z \\ 0 \end{bmatrix}+\begin{bmatrix} A_{11} & A_{12} \\ A_{21} & A_{22} \end{bmatrix}\begin{bmatrix} z \\ 0 \end{bmatrix}=\begin{bmatrix} w \\ 0 \end{bmatrix},\ w>0$$

因此有：$\sigma z+A_{11}z=w$，$A_{21}z=0$。

第二个式子意味着 $A_{21}=0$，即 A 为可分解阵。这一矛盾意味着并非所有的零分量都能被保留下来 。实际上，每运用一次 $\sigma I+A$ 对 x 的递推运算，将至少减少一个零分量。因此对于任意的 $x\geqslant 0$，有 $(\sigma I+A)^{n-1}x>0$，进而有 $(\sigma I+A)^{n-1}>0$。

引理得证。

由该引理，我们知道对于非负不可分解矩阵 A，必然有 $(I+A)^{n-1}>0$。同时也可推知，对于非负不可分解矩阵 A，如果其对角元素严格为正，必有 $A^{n-1}>0$。在上述引理的基础上，维兰特的证明如下：

定理 3.6：

对于非负不可分解矩阵 A，存在正的特征根 $\lambda^*(A)$，对应一个正的特征向量。

证明：

首先，我们利用非负不可分解矩阵 A 构造一个函数 $\lambda(x)$。对于 $x\geqslant 0$，Ax 作为一个列向量，它的第 i 行表示为：$(Ax)_i=\sum_{j=1}^{n}a_{ij}x_j$。定义 $\lambda_i(x)$ 如下：

$$\lambda_i(x)=\begin{cases} \dfrac{(Ax)_i}{x_i}，如果\ x_i>0 \\ \infty，如果\ x_i=0，且(Ax)_i\neq 0 \\ 未定，如果\ x_i=0，且(Ax)_i=0 \end{cases}$$

对于一个向量 $x\geqslant 0$，我们定义 $\hat{\lambda}(x)$ 是 $\lambda_i(x)$ 中最小的，即 $\hat{\lambda}(x)=\min\limits_i\lambda_i(x)$。如此对于矩阵 A 所构造的关于向量 x 的函数 $\hat{\lambda}(x)$ 称为矩阵 A 的 Collatz-Wielandt 函数，简称矩阵 A 的 C-W 函数。该函数将具有如下性质：

i. 因为 $A\geqq 0$，$x\geqslant 0$，所以 $\hat{\lambda}\geqslant 0$；

ii. 由于 $\hat{\lambda}=\min\limits_i\lambda_i(x)$，也就是 Ax 的各个分量与 x 的各个分量的倍数关系中，$\hat{\lambda}$ 是最小的，所以经 $\hat{\lambda}$ 对 x 的标量乘，只能是小于并至多等于 Ax，即 $\hat{\lambda}x\leqq Ax$；

iii. 上述 $\hat{\lambda}$ 是所有 $\lambda_i(x)$ 中最小的，同时也是对于该向量 $x\geqslant 0$ 来说，满足不等式 $\alpha x\leqq$

Ax 的所有 α 中最大的，即 $\hat{\lambda}=\max\{\alpha \mid \alpha x \leqq Ax\}$，也就是使得 αx 最接近 Ax；

iv. 从 $\lambda_i(x)$ 的定义可以看出，$\hat{\lambda}$ 不随向量 x 标量乘法的运算而改变，因此对于 $\beta>0$，$\hat{\lambda}(\beta x)=\hat{\lambda}(x)$。

我们最终将说明，对于给定的 A，随着 x 的变化，上述定义的 $\hat{\lambda}$ 将获得一个最大值，而这个最大值正是弗罗贝尼乌斯根 $\lambda^*(A)$。证明的过程主要分为三个部分：第一部分要证明 $\hat{\lambda}$ 在其定义域半正的向量集 R 中存在最大值，这将利用魏尔斯特拉斯存在性定理，但是存在的一个问题是，$\hat{\lambda}$ 不是连续函数，为此对向量的形式及相应的定义域进行变换；第二部分将证明变换前后极大值并不改变，都等于 $\lambda^*(A)$；第三部分最终将证明 $\lambda^*(A)$ 为正，且为 A 的一个根，并对应一个正的特征向量。

根据上述第 iv 条性质，我们可以把 x 的定义域从半正的向量集 R 缩小为如下的单位圆 S 范围内：

$$S=\{x \in R^n \mid \sum_{i=1}^{n} x_i^2=1,\ x \geqslant 0\} \tag{3.3}$$

定义 $\lambda^*(x)=\sup_{x\in S}\hat{\lambda}(x)$，表示 $\lambda^*(x)$ 为函数 $\hat{\lambda}(x)$ 的上确界。

尽管 S 是一个紧集，但 $\hat{\lambda}(x)$ 并不是一个连续函数。实际上，$x>0$ 时是连续的，但是 x 中有分量为 0，$\hat{\lambda}(x)$ 可能不连续。为此，我们就可以利用之前的引理对 x 进行转换：

$$T=\{y \mid y=(I+A)^{n-1}x,\ x\in S\} \tag{3.4}$$

根据之前的引理，对于非负不可约矩阵 A，将有 $(I+A)^{n-1}>0$，进而 $y=(I+A)^{n-1}x>0$。因此，$\hat{\lambda}(y)$ 在 T 上是连续的，而且 S 是一个紧集，T 集作为 S 中元素的一个连续的映射也是紧集。因此，y 在 T 上存在极大值，我们证明这个极大值正是 $\lambda^*(A)$，即：$\lambda^*(A)=\max_{y\in T}\hat{\lambda}(y)$。

$$\hat{\lambda}(x)y=\hat{\lambda}(x)(I+A)^{n-1}x=(I+A)^{n-1}\hat{\lambda}(x)x$$

根据上面的性质 ii，进一步有：

$$\hat{\lambda}(x)y=(I+A)^{n-1}\hat{\lambda}(x)x\leqq(I+A)^{n-1}Ax$$

又因为：

$$\begin{aligned}(I+A)^{n-1}Ax&=(I+A)(I+A)^{n-2}[(I+A)-I]x\\&=(I+A)(I+A)^{n-1}x-(I+A)^{n-1}x\\&=A(I+A)^{n-1}x=Ay\end{aligned}$$

所以有：

$$\hat{\lambda}(x)y\leqq Ay$$

由于 $\hat{\lambda}(y)$ 是所有满足不等式 $\alpha y\leqq Ay$ 的 α 中最大的，即 $\hat{\lambda}(y)=\max_{y\in T}\{\alpha \mid \alpha y\leqq Ay\}$，由刚才的结论可得：

$$\hat{\lambda}(x)\leqq\hat{\lambda}(y)$$

因此：

$$\lambda^*(A)=\sup_{x\in S}\hat{\lambda}(x)\leqq\max_{y\in T}\hat{\lambda}(y)$$

又因为 T 为半正向量集 R 的一个子集，因此有：

$$\max_{y\in T}\hat{\lambda}(y)\leqq\sup_{x\in R}\hat{\lambda}(x)=\sup_{x\in S}\hat{\lambda}(x)$$

则：

$$\lambda^*(A)=\sup_{x\in S}\hat{\lambda}(x)=\max_{y\in T}\hat{\lambda}(y)$$

由此出发，可以证明 $\lambda^*(A)$ 为正，是 A 的一个根，并对应正的特征向量。

首先，取 x 为一个全部为 1 的列向量，$\hat{\lambda}=\min_i\lambda_i(x)=\min_i\sum_j a_{ij}>0$，否则 A 将是可分解阵，由此说明 $\lambda^*(A)$ 为正。

其次，设 $x\in S$ 满足 $\lambda^*(A)x\leqq Ax$。我们的目的是要证明 $\lambda^*(A)x=Ax$。利用反证法，假设 $\lambda^*(A)x\leqslant Ax$，再次利用之前的引理，两边都左乘一个 $(I+A)^{n-1}>0$，于是有：

$$\lambda^*(A)(I+A)^{n-1}x\leqslant(I+A)^{n-1}Ax=A(I+A)^{n-1}x$$

根据之前的 $y=(I+A)^{n-1}x$，有 $\lambda^*(A)y\leqslant Ay$，因此有 $\lambda^*(A)<\hat{\lambda}(y)$。但是，这与前面的 $\lambda^*(A)=\sup_{x\in S}\hat{\lambda}(x)=\max_{y\in T}\hat{\lambda}(y)$ 的结果相矛盾。因此有 $\lambda^*(A)x=Ax$。

最后，利用之前的引理，$y=(I+A)^{n-1}x>0$，再利用刚刚得到的结论，有：

$$(I+A)^{n-1}x=(1+\lambda^*(A))^{n-1}x>0$$

上式中因为 $\lambda^*(A)>0$，必然有 $x>0$。

定理由此得证。

对于一般的非负矩阵而言，佩龙-弗罗贝尼乌斯定理中关于非负不可约矩阵的性质就不再成立，但是因为任何一个非负矩阵 $A\geqq 0$ 都可以表示为不可约正矩阵序列 A_m 的极限，即 $A=\lim_{m\to\infty}A_m$。所以，不可分解矩阵的谱性质以较弱的形式适用于可分解矩阵。①

3.6 动态系统及其稳定性

稳定矩阵（stable matrix）的概念来自动态系统的稳定性。对于动态系统的描述，针对连续时间可以采用微分方程（differential equation），针对离散时间可以采用差分方程（difference equation）。微分方程与差分方程为经济学中动态问题的研究提供了重要的分析工具。

在动态问题中，我们并不知道经济系统在不同时点上所处的具体位置，但是我们知道不同时点上，经济系统的改变量或变动的速度。那么，对于这样的经济系统，我们可以根

① 甘特马赫尔．矩阵论．下卷．北京：高等教育出版社，1955：424.

据已知的条件来研究该系统是否存在均衡解，以及解是否稳定。

3.6.1　差分方程与微分方程及其解的形式

函数 $y=f(t)$ 的一阶差分定义为：

$$\Delta y=f(t+\delta)-f(t) \tag{3.5}$$

为了不失一般性，假定 $\delta=1$，一阶差分可定义为：

$$\Delta y=f(t+1)-f(t) \tag{3.6}$$

基于上式可得到相邻的一阶差分：

$$\Delta y_t=f(t+1)-f(t)=y_{t+1}-y_t$$
$$\Delta y_{t+1}=f(t+2)-f(t+1)=y_{t+2}-y_{t+1}$$

依此类推。

按这种方式，二阶差分则是两个相邻一阶差分之间的差分序列：

$$\Delta^2 y_t=\Delta y_{t+1}-\Delta y_t=y_{t+2}-2y_{t+1}+y_t$$
$$\Delta^2 y_{t+1}=\Delta y_{t+2}-\Delta y_{t+1}=y_{t+3}-2y_{t+2}+y_{t+1}$$

依此类推。

根据上述表达式，我们可以把 n 阶差分方程表述为：

$$F[t,y(t),y(t+1),\cdots,y(t+n-1),y(t+n)]=0 \tag{3.7}$$

如果上述差分方程 F 的形式是线性的，则称为 n 阶线性差分方程。其一般形式可以表示如下：

$$a_n(t)y(t+n)+a_{n-1}(t)y(t+n-1)+\cdots+a_1(t)y(t+1)+a_0(t)y(t)=g(t) \tag{3.8}$$

其中，$a_0(t)$，$a_1(t)$，…，$a_n(t)$，$g(t)$ 都是 t 的已知函数。

上述方程中，如果 $a_0(t)$，$a_1(t)$，…，$a_n(t)$ 为已知的常数，则该方程为常系数线性差分方程。如果 $g(t)=0$，称为齐次线性差分方程。

非齐次方程的通解由相应齐次差分方程的通解与非齐次方程的一个特解相加构成，即：

$$y(t)=y_A(t)+\bar{y}(t) \tag{3.9}$$

对于一阶齐次线性差分方程 $y_{t+1}+ay_t=0$，其解的一般形式为：

$$y_t=A(-a)^t \tag{3.10}$$

但是，其中的 A 只是一个任意的常数。所以，上述解被称为齐次差分方程的通解。如果要确定 A 的值，需要一个定解条件，例如给定一个初始条件：当 $t=0$ 时，$y(0)=y_0$。那么，利用该条件就可以得到齐次方程的特解：

$$y_t=y_0(-a)^t \tag{3.11}$$

这时，对于任意给定的 t，都存在一个确定的值与解对应。实际上，从图形上看，通解只是给出了函数随时间变化的一个相对轨迹，满足这一函数关系的轨迹有无数个。但是在给定一个初始条件后，在空间上的坐标位置则被具体确定下来。

对于非齐次线性差分方程：

$$y_{t+1}+ay_t=b \tag{3.12}$$

如果上述差分方程中的 b 是一个常数，那么可以用待定系数法求解。

设 $\bar{y}_t=\lambda$ 为非齐次差分方程的特解，代入后得到：

$$(1+a)\lambda=b$$

当 $a\neq-1$ 时，非齐次差分方程的特解为 $\bar{y}_t=\dfrac{b}{1+a}$。当 $a=-1$ 时，改设 $\bar{y}_t=\lambda t$ 为非齐次差分方程的特解，代入后得到：

$$(1+a)\lambda t+\lambda=b$$

这时得到：$\lambda=b$。

综上所述，非齐次差分方程的通解为：

$$y_t=A(-a)^t+\frac{b}{1+a}，当\ a\neq-1\ 时$$

$$y_t=A+bt，当\ a=-1\ 时$$

其中，A 为一个任意常数。

如果要确定 A 的具体值，仍需要给定定解条件。如果给定一个初始条件：当 $t=0$ 时，$y(0)=y_0$，可以求得：

$$当\ a\neq-1\ 时，A=y_0-\frac{b}{1+a}$$

$$当\ a=-1\ 时，A=y_0$$

对于经济系统而言，非齐次差分方程右端项 $g(t)$ 还可能为指数函数，或者为 t 的一个多项式。对于这些情形都可以分别讨论，从而获得非齐次方程的特解。

从上述对差分方程解的讨论可知，对于动态系统及其稳定性需要注意以下几点：

一是关于经济文献中通常所定义的均衡解。对于一个差分动态经济系统而言，非齐次差分方程的特解 $\bar{y}(t)$，就是该系统的均衡解。当 $\bar{y}(t)$ 是一个与时间无关的常数时，$\bar{y}(t)$ 被称为稳态均衡，而当 $\bar{y}(t)$ 为一个关于时间 t 的函数时，$\bar{y}(t)$ 被称为移动均衡。

二是系统变化的时间路径及对均衡的偏离。由于非齐次差分方程的通解为 $y(t)=y_A(t)+\bar{y}(t)$，因此 $y_A(t)=y(t)-\bar{y}(t)$。通常称对应齐次方程通解的 $y_A(t)$ 为余函数。既然 $\bar{y}(t)$ 代表了均衡水平，那么余函数就代表了 $y(t)$ 对均衡水平的离差。

三是关于系统的稳定性。系统的稳定性显然取决于余函数。当 $t\rightarrow\infty$ 时，$y_A(t)\rightarrow 0$，则该线性系统是渐进稳定的。对于上述简单的一阶线性差分方程，余函数 $y_A(t)=A(-a)^t$ 为一指数函数，当 $|a|<1$ 时，系统是稳定的。

把上述分析进一步扩展到一般的 n 阶系统，非齐次线性差分方程的通解仍是由相应的齐次线性差分方程的通解与非齐次差分方程的一个特解相加得到，但是在通解的形式上有了改变。如果 $y_1(t)$，$y_2(t)$，…，$y_n(t)$ 是齐次方程的 n 个线性无关的解，那么该齐次方程的通解可以表示为：

$$y_A(t)=A_1y_1(t)+A_2y_2(t)+\cdots+A_ny_n(t) \tag{3.13}$$

其中，A_1，A_2，…，A_n 为 n 个独立的任意常数。

这种改变进一步对解的形式也产生了影响。例如对如下形式的一个二阶差分方程：

$$y(t+2)+c_1y(t+1)+c_0y(t)=g(t)$$

相应的齐次差分方程为：

$$y(t+2)+c_1y(t+1)+c_0y(t)=0$$

仿照一阶形式，假设齐次差分方程仍存在指数型非零特解 $y(t)=\lambda^t$，代入齐次差分方程，有：

$$\lambda^{t+2}+c_1\lambda^{t+1}+c_0\lambda^t=0$$

因此有：

$$\lambda^2+c_1\lambda+c_0=0$$

该方程称为差分方程的特征方程，它的解：

$$\lambda_1,\lambda_2=\frac{-c_1\pm\sqrt{c_1^2-4c_0}}{2}$$

称为差分方程的特征根。这样，齐次差分方程的求解过程转化为求解特征方程的问题。根据特征根中 $\Delta=c_1^2-4c_0$ 大于、等于和小于 0 的不同情形，存在不同的解的形式。

当 $\Delta>0$ 时，有两个相异实根 λ_1，λ_2，而 λ_1^t，λ_2^t 称为齐次差分方程的两个线性无关的特解，而通解则可表示为：$y_A(t)=A_1\lambda_1^t+A_2\lambda_2^t$。解的稳定性则取决于两个特征根中模较大的一个，且它的模小于 1。

当 $\Delta=0$ 时，有一个重实根。只能得到一个特解 λ^t，这时采用一个惯用的方法，用 t 与已有的解相乘，并代入方程，看是否为另一个特解。这里我们得到的另一个特解是 $t\lambda^t$。如此，通解可表示为：$y_A(t)=A_1\lambda^t+A_2t\lambda^t$。这时解的稳定性将取决于唯一的实根 λ，当它的模小于 1 时，解是稳定的。

当 $\Delta<0$ 时，有一对共轭复根 λ_1，$\lambda_2=\alpha\pm i\beta=r(\cos\omega\pm i\sin\omega)$，其中：$\alpha=r\cos\omega$，$\beta=r\sin\omega$，$r=\sqrt{\alpha^2+\beta^2}$，$\mathrm{tg}\omega=\dfrac{\beta}{\alpha}$，$0<\omega<\pi$。这时通解可以表示为：

$$y_A(t)=A'(\alpha+i\beta)^t+A''(\alpha-i\beta)^t$$

或者是

$$y_A(t)=A'[r(\cos\omega+i\sin\omega)]^t+A''[r(\cos\omega-i\sin\omega)]^t$$

其中，A'，A''为两个任意常数，也可以为复数。为了更好地表明上述解的含义，上述通解通常被转换为如下形式：

$$y_A(t)=r^t(A_1\cos\omega t+A_2\sin\omega t)$$

其中，$A_1=A'+A''$，$A_2=(A'-A'')i$。还可以进一步改写为：

$$y_A(t)=Ar^t\cos(\omega t-\theta)$$

其中，A，θ 为任意常数。它们之间的关系是：$A_1=A\cos\theta$，$A_2=A\sin\theta$。

如此，我们可以看出，齐次方程的通解呈三角函数型的震荡运动，其稳定性条件为$r<1$。

在齐次差分方程通解的基础上，求得非齐次方程的一个特解 $\bar{y}(t)$，就获得了非齐次方程的通解 $y(t)=y_A(t)+\bar{y}(t)$。这时，对于二阶差分方程而言，通解中包含了两个任意常数 A_1 和 A_2。为确定这两个任意常数的值，将需要两个定解条件。如果仍采取给定初始条件的方式，也就是如果给定 $y(0)=y_0$，$y(1)=y_1$，就可以代入通解，得到关于 A_1 和 A_2 的两个方程，从而求解得到 A_1 和 A_2 的具体值。

以上是对差分方程的讨论，下面来看微分方程。n 阶常微分方程一般可以表示为如下形式：

$$F(x,y,\frac{\mathrm{d}y}{\mathrm{d}x},\cdots,\frac{\mathrm{d}^n y}{\mathrm{d}x^n})=0 \tag{3.14}$$

其中，F 是已知函数，而 y 是未知函数，x 是自变量。该方程为 n 阶是因为含有 n 阶导数$\frac{\mathrm{d}^n y}{\mathrm{d}x^n}$。

上述微分方程中，自变量个数只有一个，所以称为常微分方程，自变量个数为两个或两个以上，则称为偏微分方程。微分方程中出现的未知函数最高阶导数的阶数，称为微分方程的阶数。如果微分方程 F 的形式是线性的，则称为 n 阶线性微分方程。其一般形式则可以表示如下：

$$\frac{\mathrm{d}^n y}{\mathrm{d}x^n}+a_1(x)\frac{\mathrm{d}^{n-1} y}{\mathrm{d}x^{n-1}}+\cdots+a_{n-1}(x)\frac{\mathrm{d}y}{\mathrm{d}x}+a_n(x)y=f(x) \tag{3.15}$$

其中，$a_1(x)$，…，$a_n(x)$，$f(x)$ 都是 x 的已知函数。

如果上述方程中的系数是固定不变的常数 a_1，…，a_n，则上述微分方程称为常系数线性微分方程。

微分方程解的结构与差分方程类似。对微分方程求解所获得的解 $y=\varphi(x, c_1, c_2, \cdots, c_n)$ 中通常含有 n 个任意常数，称之为通解。如果要把这些常数确定下来，获得一个具体的解，也就是微分方程的特解，往往需要定解条件。以给定初始条件来获得特解的求解问题，称为初值问题。从经济意义上理解，也就是系统的均衡解不仅取决于变化的形式与规律，还取决于最初的状态。

对于一个最简单的一阶齐次微分方程：

$$\frac{\mathrm{d}y}{\mathrm{d}t}+by=0\text{，或简记为：}y'+by=0$$

试探以 $y(t)=e^{\lambda t}$ 为其解的形式，代入方程，得到：

$$\lambda e^{\lambda t}+be^{\lambda t}=e^{\lambda t}(\lambda+b)=0$$

解特征方程 $\lambda+b=0$，得到 $\lambda=-b$。

因此，得到齐次微分方程的通解为：

$$y_A(t)=Ae^{-bt} \tag{3.16}$$

其中，A 为任意常数。

为确定 A 的值，需要定解条件。如果给定初始条件 $y(0)=y_0$，代入通解，得到 A 的具体值，即：$y(0)=A=y_0$，解 $y(t)=y_0e^{-bt}$ 成为在初始条件 $y(0)=y_0$ 条件下，微分方程的解。

从微分方程解的形式可以看出，其解与差分方程一样，也是一个指数函数，但是是以 e 为底。随着 $t\to\infty$，解 $y(t)=e^{\lambda t}$ 是否稳定将取决于特征根 λ 的符号。当特征根为负时，$y(t)\to 0$，解是稳定的。

3.6.2　差分与微分方程组

对于一个复杂的线性系统，还存在多个对象在运动中的相互作用和相互影响，这就需要引入线性差分或微分方程组来描述。

一阶线性差分方程组将具有如下形式：

$$\begin{aligned}
y_1(t+1)&=a_{11}(t)y_1(t)+a_{12}(t)y_2(t)+\cdots+a_{1n}(t)y_n(t)+g_1(t)\\
y_2(t+1)&=a_{21}(t)y_1(t)+a_{22}(t)y_2(t)+\cdots+a_{2n}(t)y_n(t)+g_2(t)\\
&\vdots\\
y_n(t+1)&=a_{n1}(t)y_1(t)+a_{n2}(t)y_2(t)+\cdots+a_{nn}(t)y_n(t)+g_n(t)
\end{aligned}$$

写成矩阵形式：

$$y(t+1)=A(t)y(t)+g(t) \tag{3.17}$$

上述方程组中时点 $t+1$ 处的未知函数在每个方程中都只有一个，被称为正规形式的差分方程组，否则称为不正规形式的差分方程组。当矩阵 $A(t)$ 中的元素为与时间无关的常数时，称为一阶线性常系数差分方程组：

$$y(t+1)=Ay(t)+g(t) \tag{3.18}$$

相应的齐次方程组为：

$$y(t+1)=Ay(t) \tag{3.19}$$

一阶线性微分方程组将具有如下形式：

$$\begin{aligned}
x_1'&=a_{11}(t)x_1+a_{12}(t)x_2+\cdots+a_{1n}(t)x_n+f_1(t)\\
x_2'&=a_{21}(t)x_1+a_{22}(t)x_2+\cdots+a_{2n}(t)x_n+f_2(t)\\
&\vdots\\
x_n'&=a_{n1}(t)x_1+a_{n2}(t)x_2+\cdots+a_{nn}(t)x_n+f_n(t)
\end{aligned}$$

其中，已知函数 $a_{ij}(t)$，$f_i(t)$（i，$j=1$，2，…，n）在区间 $a\leqslant t\leqslant b$ 上是连续的。

表示成矩阵形式：

$$x'=A(t)x+f(t) \tag{3.20}$$

其中，$A(t)$ 是 $n\times n$ 矩阵，x，x'，$f(t)$为 n 维列向量。

当 $f(t)=0$ 时，该线性微分方程组为一齐次方程组，否则为非齐次的。

研究差分与微分方程组的意义还在于，任何一个高阶的线性差分或微分方程还可以转化为 n 个一阶线性差分或微分方程构成的方程组。一个 n 阶差分方程总可以变换为一个含有 n 个未知函数、n 个方程的 n 元一阶差分方程组。如此，高阶线性差分方程组也可以转化为一个一阶的线性差分方程组。基于同样的降阶方式，可以把一个高阶的微分方程转化为一个一阶的微分方程组。因此，我们对于差分方程与微分方程的研究就可以集中于一阶差分与微分方程组。

（一）齐次差分方程组的解

齐次线性差分方程组可以转化为高阶的线性差分方程，并利用高阶差分方程的求解方法进行求解。但是，更方便的做法则是仿照差分方程的求解方式，利用求特征方程根的方式来求解。

对于 n 阶齐次差分方程组：

$$y(t+1)=Ay(t)$$

我们尝试指数型的解：

$$y(t)=\alpha\lambda^t$$

代入方程，需要注意的是，这时 $y(t)=[y_1(t),\ y_2(t),\ \cdots,\ y_n(t)]'$，而 $\alpha=[\alpha_1,\ \alpha_2,\ \cdots,\ \alpha_n]'$是一个元素不全为 0 的常数向量。得到：

$$\alpha\lambda^{t+1}=A\alpha\lambda^t$$
$$\lambda^t[\lambda I-A]\alpha=0$$

因此必有：

$$[\lambda I-A]\alpha=0$$

方程组存在非零解，要求如下特征方程成立：

$$|\lambda I-A|=0$$

上式表明，对于解 $y(t)=\alpha\lambda^t$，其中的 λ 为矩阵 A 的特征值，而 α 则是对应于 λ 的相应的特征向量。针对上述特征方程所求特征根的情形，可以分三种形式讨论：相异实根、重根、复根。

情形一：相异实根

存在 n 个相异实根 λ_1，λ_2，…，λ_n，对应于 n 个特征向量 α^1，α^2，…，α^n，差分方程组的解为：

$$y(t)=A_1\alpha^1\lambda_1^t+A_2\alpha^2\lambda_2^t+\cdots+A_n\alpha^n\lambda_n^t$$

其中，A_1，A_2，…，A_n 为 n 个任意常数。

将上式展开，为：

$$y_1(t)=A_1\alpha_1^1\lambda_1^t+A_2\alpha_1^2\lambda_2^t+\cdots+A_n\alpha_1^n\lambda_n^t$$
$$y_2(t)=A_1\alpha_2^1\lambda_1^t+A_2\alpha_2^2\lambda_2^t+\cdots+A_n\alpha_2^n\lambda_n^t$$
$$\vdots$$
$$y_n(t)=A_1\alpha_n^1\lambda_1^t+A_2\alpha_n^2\lambda_2^t+\cdots+A_n\alpha_n^n\lambda_n^t$$

如果表示为矩阵，则为：

$$y(t)=V\Lambda^t a$$

其中：

$$y(t)=\begin{bmatrix}y_1(t)\\y_2(t)\\\vdots\\y_n(t)\end{bmatrix},V=[\alpha^1,\alpha^2,\cdots,\alpha^n]=\begin{bmatrix}\alpha_1^1&\alpha_1^2&\cdots&\alpha_1^n\\\alpha_2^1&\alpha_2^2&\cdots&\alpha_2^n\\\vdots&\vdots&&\vdots\\\alpha_n^1&\alpha_n^2&\cdots&\alpha_n^n\end{bmatrix}$$

$$\Lambda^t=\begin{bmatrix}\lambda_1^t&&&\\&\lambda_2^t&&\\&&\cdots&\\&&&\lambda_n^t\end{bmatrix},a=\begin{bmatrix}A_1\\A_2\\\vdots\\A_n\end{bmatrix}$$

为确定上述解中 n 个任意常数 A_1，A_2，…，A_n 的值，需要定解条件。如果给定初始条件：当 $t=t_0$ 时，$y(t_0)=y^0$，把它们代入解中，有：

$$y(0)=y^0=V\Lambda^{t_0}a$$

在相异特征根情形下，对应的特征向量是线性无关的，因此 V 非奇异，于是有：

$$a=\Lambda^{-t_0}V^{-1}y^0$$

这时的齐次线性差分方程组的解为：

$$y(t)=V\Lambda^t\Lambda^{-t_0}V^{-1}y^0=V\Lambda^{t-t_0}V^{-1}y^0$$

对于上述结论，实际上我们知道 $V\Lambda^{t-t_0}V^{-1}=A^{t-t_0}$，而解则变为 $y(t)=A^{t-t_0}y^0$。这只不过是 $y(t+1)=Ay(t)$ 在初始条件已知情形下顺向迭代的结果。

另外，当初始条件中 $t=t_0=0$ 时，上述解简化为 $y(t)=V\Lambda^tV^{-1}y^0$。

情形二：重根

在存在重根的情况下，我们就无法像相异根情况下，沿用利用这些相异根的线性组合得出通解的办法。仿照之前差分方程重根情况的处理方式，对于差分方程组的某个 m 重根 λ，可以用 t，t^2，t^3，…，t^{m-1} 乘以该根，最终得到 n 个相异根，进而利用相异实根的通解形式构造出相等实根条件下的解。

如果第 j 个根 λ_j 为重根，重数为 m，那么基于这个根所构造的解为：

$$y(t)=P_j(t)\lambda_j^t=(A_0\alpha^0+A_1\alpha^1t+A_2\alpha^2t^2+\cdots+A_{m-1}\alpha^{m-1}t^{m-1})\lambda_j^t$$

其中，A_j 为任意常数，α^j，$j=0, 1, \cdots, m-1$ 为向量，$P_j(t)$ 是一个 $m-1$ 次多项式。我们可以进一步考察 α^j 与该重根特征向量之间的关系。如果存在上述形式的差分方程组的解，那么应该满足差分方程组：$y(t+1)=Ay(t)$，进而

$$y(t+1)=(A_0\alpha^0+A_1\alpha^1 t+A_2\alpha^2 t^2+\cdots+A_{m-1}\alpha^{m-1}t^{m-1})\lambda_j^{t+1}$$
$$Ay(t)=A(A_0\alpha^0+A_1\alpha^1 t+A_2\alpha^2 t^2+\cdots+A_{m-1}\alpha^{m-1}t^{m-1})\lambda_j^t$$

两式中的对应项应该相等。即：

$$A\alpha^0=\lambda_j\alpha^0,\ A\alpha^1=\lambda_j\alpha^1,\ \cdots,\ A\alpha^{m-1}=\lambda_j\alpha^{m-1}$$

如此，α^j，$j=0, 1, \cdots, m-1$ 只不过是矩阵 A 对应于特征值 λ_j 的特征向量。

最终，在存在重根的情况下，差分方程组通解的一般形式可以表示为：

$$y(t)=\sum_{j=1}^{k}P_j(t)\lambda_j^t$$

其中，$P_j(t)$ 是一个多项式，其中的项取决于对应重根的重数。

情形三：复根

如果特征方程存在复根。设 λ_1，$\lambda_2=\alpha\pm i\beta=r(\cos\omega\pm i\sin\omega)$ 为一对共轭复根。我们仍以 $y(t)=\alpha\lambda^t$ 的形式来构造对应于这一对共轭复根的解。

设 $\alpha^1=w+iz$，$\alpha^2=w-iz$ 为对应的特征向量。因此 $\alpha^1\lambda_1^t+\alpha^2\lambda_2^t$，$\alpha^1\lambda_1^t-\alpha^2\lambda_2^t$ 都是基于该复根的解：

$$\alpha^1\lambda_1^t+\alpha^2\lambda_2^t=(w+iz)r^t(\cos\omega+i\sin\omega)^t+(w-iz)r^t(\cos\omega-i\sin\omega)^t$$

运用棣莫弗定理，上述结果可以进一步转换为：

$$(w+iz)r^t(\cos\omega t+i\sin\omega t)+(w-iz)r^t(\cos\omega t-i\sin\omega t)=2r^t(w\cos\omega t-z\sin\omega t)$$

相应地，有：

$$\alpha^1\lambda_1^t-\alpha^2\lambda_2^t=r^t 2i(z\cos\omega t+w\sin\omega t)$$

由此可见，$r^t(w\cos\omega t-z\sin\omega t)$ 与 $r^t(z\cos\omega t+w\sin\omega t)$ 也是线性差分方程组的解，进而它们的线性组合构成齐次线性差分方程组的通解，即：

$$A_1 r^t(w\cos\omega t-z\sin\omega t)+A_2 r^t(z\cos\omega t+w\sin\omega t)$$
$$=r^t(A_1 w+A_2 z)\cos\omega t+r^t(A_2 w-A_1 z)\sin\omega t$$

其中，A_1，A_2 为两个任意常数。

知道了齐次差分方程组的通解，如果我们能够获得非齐次差分方程组的一个特解，那么就可以得到非齐次差分方程组的通解。对于如下的非齐次差分方程组：

$$y(t+1)=Ay(t)+g(t)$$

通常对于某些特殊形式的 $g(t)$，可以采用待定系数法求非齐次差分方程组的特解，但是有些情形下，例如在甚至不知道 $g(t)$ 具体函数形式的情形下，就无法采用待定系数法，这时可采用被称为运算法（operational method）的另一种方法来求解。

下面先采用待定系数法来求解几种特定情形下的特解。

情形一：$g(t)$ 为一常数向量 g，且 $(I-A)$ 非奇异

以向量 a 为方程组的一个解，代入方程组，有：

$$a=Aa+g$$

因此有：$a=(I-A)^{-1}g$。

情形二：$g(t)=gt+h$ 为线性函数，且 $(I-A)$ 非奇异

这时上述常数向量的形式将不再有效。试取 $at+b$ 为方程组的一个解，代入方程组：

$$a(t+1)+b=A(at+b)+gt+h$$

欲使上式成立，必须满足如下方程组：

$$a=Aa+g$$
$$a+b=Ab+h$$

解得：

$$a=(I-A)^{-1}g,\ b=(I-A)^{-1}[h-(I-A)^{-1}g]$$

情形三：$g(t)=\gamma^t g$ 为指数函数，且 γ 不是 A 的特征根

试取解为 $\gamma^t a$，代入方程组，有：

$$\gamma^{t+1}a=A\gamma^t a+\gamma^t g$$
$$\gamma a=Aa+g$$

因为 γ 不是 A 的特征根，因此有解：

$$a=(\gamma I-A)^{-1}g$$

情形四：$g(t)=\gamma^t g$ 为指数函数，但 γ 是 A 的特征根

这时把试探解的形式改变为：$\gamma^t(at+b)$，代入方程组，得到如下方程组：

$$\gamma a=Aa$$
$$\gamma a+\gamma b=Ab+g$$

由上述第一个方程组可见，a 或者为 0，或者为矩阵 A 的特征向量，把 a 代入第二个方程组，进而可求得向量 b。

下面采用运算法来讨论更一般的特解结果。

首先引入滞后算子 L，其运算规则是使变量滞后一期，如：$Ly(t)=y(t-1)$，$L^n y(t)=y(t-n)$，$L^{-1}y(t)=y(t+1)$，因此有：

$$L^{-1}y(t)=Ay(t)+g(t)$$
$$y(t)=ALy(t)+g(t-1)$$
$$y(t)=(I-AL)^{-1}g(t-1)$$

利用无穷序列展开式：$(I-AL)^{-1}=I+AL+A^2L^2+\cdots$，得到特解：

$$y(t)=\sum_{\tau=0}^{\infty}A^{\tau}L^{\tau}g(t-1)=\sum_{\tau=0}^{\infty}A^{\tau}g(t-\tau-1) \tag{3.21}$$

进一步，非齐次差分方程组的通解可以表示为：

$$y(t)=A^t y^0+\sum_{\tau=0}^{\infty}A^{\tau}g(t-\tau-1) \tag{3.22}$$

其中，$y(0)=y^0$ 为 $t=0$ 时的初始条件。

（二）微分方程组的解

对于线性系统的解是否存在及唯一的问题，有如下的存在唯一性定理来保证。该定理及后续关于微分方程的若干定理的证明，可以从很多微分方程教材中找到。

定理 3.7：存在唯一性定理

如果 $A(t)$ 是 $n\times n$ 矩阵，$f(t)$ 为 n 维列向量，它们都在区间 $a\leqslant t\leqslant b$ 上是连续的，则对于该区间上的任何数 t_0 及任一常向量 $\eta=\begin{bmatrix}\eta_1\\ \eta_2\\ \vdots\\ \eta_n\end{bmatrix}$，方程组

$$x'=A(t)x+f(t)$$

存在唯一解 $\varphi(t)$，定义于整个区间 $a\leqslant t\leqslant b$ 上，且满足初始条件：$\varphi(t_0)=\eta$。

从上述定理可以看出，线性微分方程组的解 $\varphi(t)$ 的定义区间是 $A(t)$ 与 $f(t)$ 在其上连续的整个区间 $a\leqslant t\leqslant b$。由于任何一个高阶线性微分方程都可以转化为一阶线性微分方程组，因此该性质同样适用于不同阶的线性微分方程。

尽管对于一般的线性方程并没有获得一种普遍的解法，但是对于线性方程中的常系数线性方程，则可以通过代数方法进行求解。下面我们所要探讨的是常系数线性微分方程组的求解问题。

对于齐次线性方程组 $x'=A(t)x$，以该方程组的解为列向量构成的矩阵，称为解矩阵，而把在区间 $a\leqslant t\leqslant b$ 上是线性无关的解矩阵，称为 $a\leqslant t\leqslant b$ 上该方程组的基解矩阵，记为 $\Phi(t)$。方程组的任一解 $\varphi(t)$ 都可以用基解矩阵中的解来线性表示。

对于常系数齐次线性微分方程组：

$$x'=Ax$$

可以证明其基解矩阵为 $\Phi(t)=\exp At$，且 $\Phi(0)=I$。其中 $\exp At$ 为矩阵指数。其定义为：

$$\exp A=\sum_{k=0}^{\infty}\frac{A^k}{k!}=I+A+\frac{A^2}{2!}+\cdots+\frac{A^m}{m!}+\cdots \tag{3.23}$$

如此，任一解可以表示为：$\varphi(t)=(\exp At)c$，其中 c 为一个常数向量。通过寻求该方程组形如 $\varphi(t)=e^{\lambda t}c$，$c\neq 0$ 的解，建立起解中待定常数 λ 和向量 c 与系数矩阵 A 的特征值、特征向量之间的关系。实际上，λ 为矩阵 A 的特征值，而 c 则是特征向量。因此，$\Phi(t)=[e^{\lambda_1 t}v_1,\ e^{\lambda_2 t}v_2,\ \cdots,\ e^{\lambda_n t}v_n]$，$t\in(-\infty,\ +\infty)$ 成为常系数线性微分方程的一个基解矩阵。

对于常系数非齐次线性方程组：

$$x'=Ax+f(t)$$

具有如下两个性质：

(1) 如果 $\varphi(t)$ 是上述非齐次线性方程组的解，$\psi(t)$ 是对应的齐次线性方程组的解，那么 $\varphi(t)+\psi(t)$ 也是上述非齐次线性方程组的解；

(2) 如果 $\tilde{\varphi}(t)$ 和 $\bar{\varphi}(t)$ 是上述非齐次线性方程组的解，那么 $\tilde{\varphi}(t)-\bar{\varphi}(t)$是相应的齐次线性方程组的解。

由上面的性质，基于齐次线性方程组的基解矩阵，可以很容易得到非齐次线性方程组的解。

对于上述形式的齐次与非齐次线性方程组，$\Phi(t)$为上述齐次线性方程组的基解矩阵，而 $\bar{\varphi}(t)$是非齐次线性方程组的某个解，那么非齐次线性方程组的任意解 $\varphi(t)$可表示为：

$$\varphi(t)=\Phi(t)c+\bar{\varphi}(t)$$

其中，c 为确定的常数列向量。

利用常数变易法，假设非齐次线性方程组存在形如 $\varphi(t)=\Phi(t)c(t)$的解，代入方程组，得到：

$$\Phi'(t)c(t)+\Phi(t)c'(t)=A\Phi(t)c(t)+f(t)$$

因为 $\Phi(t)$是齐次线性方程组的基解矩阵，所以 $\Phi'(t)=A\Phi(t)$，代入有：$\Phi(t)c'(t)=f(t)$，进一步有 $c'(t)=\Phi(t)^{-1}f(t)$。

最终，我们可以得到上述非齐次线性方程组满足初始条件 $\varphi(t_0)=0$的解为：

$$\varphi(t)=\Phi(t)\int_{t_0}^{t}\Phi^{-1}(s)f(s)\mathrm{d}s$$

以及上述非齐次线性方程组满足初始条件 $\varphi(t_0)=\eta$ 的解为：

$$\varphi(t)=\Phi(t)\Phi^{-1}(t_0)\eta+\Phi(t)\int_{t_0}^{t}\Phi^{-1}(s)f(s)\mathrm{d}s$$

其中，$\Phi(t)$为齐次线性方程组的基解矩阵。$\Phi(t)\Phi^{-1}(t_0)\eta$ 为齐次线性方程组满足初始条件 $\varphi(t_0)=\eta$ 的解。

3.6.3　微分与差分方程解的稳定性

下面我们将引入动态系统稳定性的概念。

(一) 微分方程解的稳定性

如果$\frac{\mathrm{d}\varphi(t)}{\mathrm{d}t}=g(t;\ \varphi(t))$，那么 $\varphi(t)$为方程组的解。

为研究解 $\varphi(t)$的稳定性，我们通过一个变换 $x=y-\varphi(t)$，就把 $y=\varphi(t)$作为原微分方程组的特解转化为如下微分方程组的一个零解，即 $x=0$：

$$\frac{\mathrm{d}x}{\mathrm{d}t}=f(t;x)$$

其中

$$f(t;x)=g(t;y)-\frac{\mathrm{d}\varphi(t)}{\mathrm{d}t}=g(t;x+\varphi(t))-g(t;\varphi(t))$$

对于上述微分方程组，零解在李雅普诺夫意义下的稳定性定义如下：

定义 3.10：稳定性

如果对任意给定的 $\varepsilon>0$，存在 $\delta>0$（δ 一般与 ε 和 t_0 有关），使当任一 x_0 满足 $\|x_0\|\leqslant\delta$ 时，上述方程组由初始条件 $x(t_0)=x_0$ 所确定的解 $x(t)$ 对所有 $t\geqslant t_0$，均有 $\|x(t)\|<\varepsilon$。则称该方程组的零解为稳定的。

如果该方程组存在稳定的零解，同时存在这样的 $\delta_0>0$，使当 $\|x_0\|<\delta_0$ 时，满足初始条件的解 $x(t)$ 均有：$\lim\limits_{t\to+\infty}x(t)=0$，则称零解为渐进稳定的（asymptotic stability）。

如果 $x=0$ 渐进稳定，且存在域 D_0，当且仅当 $x_0\in D_0$ 时满足初始条件的解 $x(t)$ 均有 $\lim\limits_{t\to+\infty}x(t)=0$，则域 D_0 称为（渐进）稳定域。若稳定为全空间，即 $\delta_0=+\infty$，则称零解为全局渐进稳定的（global asymptotic stability），或全局稳定的。

如果对某个给定的 $\varepsilon>0$，不管 $\delta>0$ 怎样小，总有一个 x_0 满足 $\|x_0\|\leqslant\delta$，使得由初始条件所确定的解 $x(t)$，至少存在某个 $t_1>t_0$ 使得 $\|x(t_1)\|=\varepsilon$，则称方程组的零解是不稳定的。

对于 n 阶常系数线性微分方程组 $\dfrac{dx}{dt}=Ax$，零解是否稳定可以按如下方式判断：

定理 3.8：

如果上述微分方程系数矩阵 A 的所有特征根的实部为负，则方程组的零解是渐进稳定的；如果所有特征根的实部为正，则零解是不稳定的。

进一步，对于非齐次线性微分方程组：

$$\frac{dx}{dt}=Ax+R(x)$$

其中 $R(0)=0$，且满足条件 $\dfrac{\|R(x)\|}{\|x\|}\to0$（当 $\|x\|\to0$ 时），显然该方程组存在零解，即 $x=0$。

那么上述非齐次线性微分方程组在什么条件下，零解的稳定性能够由相应的齐次线性微分方程组 $\dfrac{dx}{dt}=Ax$ 的零解稳定性来决定？对此可以按以下方式判断：当系数矩阵 A 的特征根没有零根或零实部的根的情况下，非齐次线性方程组与其对应的齐次线性方程组稳定形态一致。也就是系数矩阵 A 的特征根均具有负实部时，上述非齐次线性方程组的零解是渐进稳定的，而特征根具有正的实部时，其零解是不稳定的。

（二）差分方程解的稳定性

前面对差分方程组的解进行了讨论，对于齐次差分方程组：

$$y(t+1)=Ay(t)$$

在相异实根的情形下，通解为：

$$y(t)=A_1\alpha^1\lambda_1^t+A_2\alpha^2\lambda_2^t+\cdots+A_n\alpha^n\lambda_n^t$$

$$\|y(t)\|=\|A_1\alpha^1\lambda_1^t+A_2\alpha^2\lambda_2^t+\cdots+A_n\alpha^n\lambda_n^t\|\leqslant\|A_1\alpha^1\lambda_1^t\|+\|A_2\alpha^2\lambda_2^t\|+\cdots+\|A_n\alpha^n\lambda_n^t\|$$

设 λ_1 为模最大的特征根，上式右端可变换为：

$$\| A_1\alpha^1\lambda_1^t \| [1+\sum_{j=2}^{n}\frac{\| A_j\alpha^j \|}{\| A_1\alpha^1 \|} |\frac{\lambda_j}{\lambda_1}|^t]$$

因此，随着 $t\to\infty$，$|\frac{\lambda_j}{\lambda_1}|^t\to 0$。因此 $\| y(t) \|\to 0$ 是否成立，将取决于 $\| A_1\alpha^1\lambda_1^t \|$，当 $|\lambda_1|<1$ 时，随着 $t\to\infty$，$\| y(t) \|\to 0$。由此表明，差分系统解渐进稳定的充分必要条件是所有根的模小于 1。

对于更一般情形解的讨论，关于系统稳定性的条件也可得到同样的结论。

由此，我们看到动态系统稳定性与系数矩阵 A 的性质密切相关。为此，我们把稳定的线性系统所对应的矩阵 A 称为稳定矩阵。进一步从矩阵角度做出定义。

对于复矩阵 A，如果其特征根的实部全为负，称 A 为稳定矩阵；相反，如果其特征根的实部全为正，称 A 为正稳定矩阵（positive stable matrix）。

3.7 线性规划与对偶定理

优化问题的最初解决方法是建立在微积分基础之上，利用导数求函数极值问题。这种分析与边际分析很好地结合在一起，基于边际概念获得最优解的均衡条件。求极值问题从最简单的无约束最优化问题，最终发展到不等式约束问题，对于更为复杂的优化问题，微积分方法表现出很多局限性。作为优化问题的一种解决方法，线性规划（linear programming）被发展起来。它的好处在于约束条件不一定要用方程表示，约束的个数可以超过变量的个数，无须求导，等等。康托洛维奇（L. Kantorovich）与库普曼斯（T. C. Koopmans）因为线性规划方面的贡献获得了 1975 年诺贝尔经济学奖。

线性规划问题往往表现为在一个给定的约束条件下，使目标函数达到最大或最小，而其中的目标函数与约束条件都是线性函数。其一般形式可表示如下：

目标函数：$\max z_x = c_1x_1 + c_2x_2 + \cdots + c_nx_n$

约束条件为：

$$\begin{aligned} &a_{11}x_1 + a_{12}x_2 + \cdots + a_{1n}x_n \leqslant b_1 \\ &a_{21}x_1 + a_{22}x_2 + \cdots + a_{2n}x_n \leqslant b_2 \\ &\qquad\vdots \\ &a_{n1}x_1 + a_{n2}x_2 + \cdots + a_{nn}x_n \leqslant b_n \\ &x_i \geqslant 0, i=1,\cdots,n \end{aligned}$$

表示成矩阵形式为：

$$\begin{aligned} &\max z_x = cx \\ &Ax \leqslant b \\ &x \geqslant 0 \end{aligned}$$

把满足约束条件的解 x 称为可行解，使目标函数获得最大的可行解称为最优解。由于满足一个线性不等式的点集称为半空间，半空间是一个凸集。因为凸集的交集仍为凸集，因此线性规划问题所有可行解的集合构成一个凸集。从几何意义上看，就是一个凸多面体。

在约束条件中通过添加松弛变量可以把不等式转化为等式。例如：

目标函数：$\max z = x_1 + x_2$

约束条件为：

$$x_1 + 2x_2 \leqslant 10$$
$$5x_1 + 2x_2 \leqslant 20$$
$$x_i \geqslant 0, i = 1, 2$$

图形表示为（见图 3－1）：

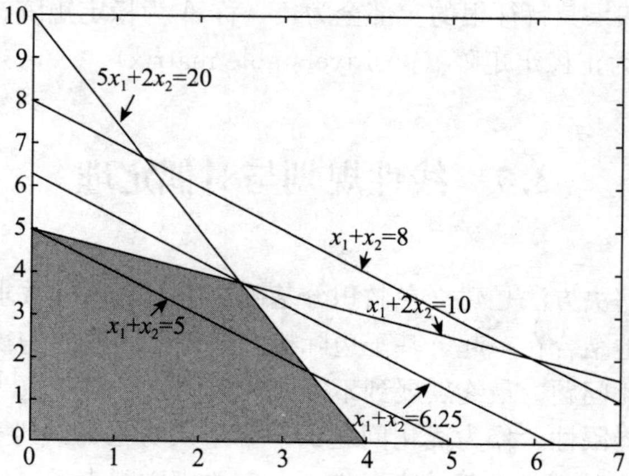

图 3－1　线性规划解的几何意义

加入松弛变量后，线性规划问题转化为：

目标函数：$\max z = x_1 + x_2 + 0x_3 + 0x_4$

约束条件为：

$$x_1 + 2x_2 + x_3 = 10$$
$$5x_1 + 2x_2 + x_4 = 20$$
$$x_i \geqslant 0, i = 1, 2, 3, 4$$

在上述约束条件中，把六个变量中的两个设为 0，就得到约束条件构成的凸多面体的一条边，如果把三个设为 0，则得到两条边的交点，也就是这个凸多面体的顶点。顶点所对应的约束方程组的解称为线性规划问题的基本解；满足非负约束条件的基本解，称为基本可行解。使目标函数达到最优的基本可行解就是最优解。

任何一个线性规划问题都有一个存在对应关系的线性规划问题。例如对于如下线性规划问题：

$$(\text{Ⅰ}): \max z_x = cx$$
$$Ax \leqslant b$$
$$x \geqslant 0$$

必然存在另一个线性规划问题与之对应：

$$(\text{II}): \min z_y = yb$$
$$yA \geqslant c$$
$$y \geqslant 0$$

称其中一个为原问题，另一个为它的对偶问题。原问题与对偶问题的解之间存在一定的联系。这里我们仅给出结论，对于这些结论的证明，请参考相关的线性规划教材。

对偶问题的最优解具有一个非常重要的性质，就是如果存在最优解，那么最优解对应得到的最优值相等。准确地说就是：或者两个线性规划问题（Ⅰ）与（Ⅱ）都存在最优解，且最优值相等，即 $cx^* = y^* b$；或者两个都没有最优解，且至少其中一个没有可行解。

上述性质的另一种表述常被称为对偶定理（duality theorem）：

当且仅当对偶问题有最优解，则原问题存在最优解。当且仅当两个问题都存在最优解，且最优值相等时，原问题和对偶问题都有可行解。

此外，对偶定理中还包含一项性质，即原问题与对偶问题的选择变量与松弛变量之间具有互补松弛关系。也就是说，如果原问题某一选择变量的最优值非零，那么对偶问题对应的松弛变量最优值必为零；相反，如果原问题的某个松弛变量最优值非零，那么对偶问题对应的选择变量最优值必为零。

参考文献

[1] 高山晟．数理经济学．2 版．北京：中国人民大学出版社，2009.

[2] 甘特马赫尔．矩阵论．北京：高等教育出版社，1955.

[3] 霍伊等．经济数学．2 版．北京：中国人民大学出版社，2006.

[4] 韦澄芬，林少宫，李楚霖．优化数学要义．北京：商务印书馆，1985.

[5] 伍兹．数理经济学．北京：中国展望出版社，1987.

[6] 龚德恩，舒辅琪，俞翔华．动态经济学：方法与模型．北京：中国人民大学出版社，1990.

[7] Berman，A. and Plemmons，R. J. *Nonnegative matrices in the mathematical sciences*，SIAM，1994.

[8] Debreu，G. and Herstein，I. N. Nonnegative square matrices，*Econometrica*，21，1953.

[9] McKenzie，L. Matrices with dominant diagonals and economic theory，in Kenneth J. Arrow，etc. *Mathematical methods in the social sciences*，1959，California：Stanford University Press，1960.

[10] Nikaido，H. *Convex structures and economic theory*，New York：Academic Press，1968.

[11] Taussky，O. A recurring theorem on determinants，*The American Mathematical Monthly*，Vol. 56，No. 10 (Dec.，1949)：672 - 676.

第四章 静态均衡及其有效性

本章内容主要集中在三个方面：一是投入产出模型存在有经济意义解的条件；二是对投入产出体系的比较静态分析；三是围绕无替代定理所表明的投入产出静态均衡的有效性。对投入产出静态体系均衡解存在的条件进行的探讨中，H－S 定理是研究的起点，而二阶堂则进一步将其扩展为广义 H－S 定理。以该定理为基础，可以对基于非奇异 M-矩阵的种种等价条件进行说明，同时也表明这些从不同角度展开而得到的投入产出模型有经济意义解的条件相互之间具有内在一致性。

4.1 广义 H－S 定理

封闭经济的静态投入产出模型的基本形式可以表达为：

$$x=Ax+c \tag{4.1}$$

其中，x 为总产出向量，c 为最终需求向量，而 A 为直接消耗系数矩阵。

与上述投入产出行向数量关系模型相对应，还存在一个处于对偶关系的价格体系的列模型：

$$p=pA+v \tag{4.2}$$

其中，p 为价格行向量，v 为初始投入系数行向量，它也等于增加值率（增加值与总产出之比）行向量。

对于行模型，如果定义 $B=I-A$，则有：

$$Bx=c \tag{4.3}$$

对于价值型投入产出表来说，直接消耗系数矩阵 A 不仅全部元素 a_{ij}，i，$j=1$，$\cdots$，n

为非负，而且一般情况下会有 $0\leqslant a_{ij}<1$。因此，上述模型中系数矩阵 B 中的元素一般将具有正的对角元素，以及非正的非对角元素。所谓投入产出模型有经济意义解的条件，就是要探讨在什么样的条件下，从已知的 $c\geqq 0$ 能够得到 $x\geqq 0$。

投入产出静态体系的数理性质可以从三个角度来研究，一是从系数矩阵各个主子式的符号，或者是基于 P-矩阵进行的分析，表现为围绕经典的 H-S 条件，并扩展到广义 H-S条件；二是从拟对角占优矩阵出发来研究；三是从半正矩阵及其谱的性质出发，表现为围绕佩龙-弗罗贝尼乌斯定理进行的研究。

4.1.1　H-S 条件

对于投入产出模型有经济意义解的条件的探讨往往是从系数矩阵主子式的符号开始的。最早对这一问题进行研究的是霍金斯和西蒙。以两人名字命名的霍金斯-西蒙条件（Hawkins-Simon conditions），正是两人于 1949 年发表在《计量经济学》杂志的一篇题为《宏观经济稳定的条件：一个注释》的论文中提出的，简称 H-S 条件。实际上，1949 年的这篇文献主要是要纠正早前霍金斯 1948 年发表在同一杂志上一篇论文中的一个错误，同时附带提出了投入产出模型存在经济意义解的充分必要条件这一著名定理。① 这一研究也成为对投入产出模型数理性质的最初探讨。威廉·鲍莫尔称赞霍伯特·西蒙对数理经济学的一个贡献就是他们的 H-S 定理已成为诸如投入产出分析、比较静态及动态、李嘉图和马克思模型的现代模型解释等众多领域的关键要素。②

定理 4.1：H-S 条件

考虑 $Bx=c$，其中对于所有的 $i\neq j$，都有 $b_{ij}<0$，同时 $b_{ii}>0$，在系数矩阵的行列式不为 0 的条件下，对于给定的正的向量 $c>0$，要得到正的解 x，其充分必要条件是矩阵 B 的所有主子式都是正的。

证明：

把 $Bx=c$ 中的系数矩阵 B 和常数项 c 表示为方程组的增广矩阵，如下所示：

$$\begin{bmatrix} b_{11} & b_{12} & \cdots & b_{1n} & c_1 \\ b_{21} & b_{22} & \cdots & b_{2n} & c_2 \\ \vdots & \vdots & & \vdots & \vdots \\ b_{n1} & b_{n2} & \cdots & b_{nn} & c_n \end{bmatrix}$$

采用矩阵消元法，可以把上述矩阵转换为一个三角矩阵，其中的左下部分为 0。

在这样一种转换过程中，假定在得到第一个对角元素为非正时，例如第 j 行，就停止转换，那么进行的这些转换将不改变方程的解，也不改变这之前的元素构成的主子式的值。

① David Hawkins. Some conditions of macroeconomic stability, *Econometrica*, Vol. 16, 1948: 309-322 and David Hawkins and Simon. Note: some conditions of macroeconomic stability, *Econometrica*, Vol. 17, 1949: 245-248.

② William J. Baumol. On the contributions of Herbert A. Simon to Economics, *The Scandinavian Journal of Economics*, Vol. 81, No. 1, 1979: 74-82.

考虑到上述增广矩阵中元素的符号情况，在第一次转换中将是用第一行乘以某个倍数再加上所有其他行，因此转换后第一列除第一个元素为正外，其他元素全为0。考察经第一次转换后的矩阵符号情况，发现转换后的整个矩阵所有非对角元素将仍为负，而对角元素中，第一个对角元素为正，第二个对角元素则可能为正也可能为负。

如果第二个对角元素仍为正，那么可以继续采用前面的方法对第三行及剩余行的矩阵元素进行转换，结果是第二列中从第三个元素起将为0。在这样的转换中，因为行与行之间始终是加法运算，所以矩阵所有非对角元素仍为负。

相反，如果第二个对角元素为负，那么在上述转换中行与行之间将是减法运算。其结果是正是负则无法确定。

进行上述形式的三角化转换，直到出现第一个非正的对角元素的行才停止转换。最终所得到的矩阵将会有两种形式：三角矩阵中所有对角元素为正，或者主对角元素中至少有一项是非正的。下面分这两种情形分别讨论。

（1）三角矩阵中所有对角元素为正。

在这种形式的转换结果中，对角元素为正，而增广矩阵最右边的常数项因全部是加法运算，经变换后也全为正，其他所有非对角元素则为负。最终得到的矩阵可以表示为如下形式：

$$\begin{bmatrix} b_{11} & b_{12} & \cdots & b_{1n} & c_1 \\ 0 & b_{22}' & \cdots & b_{2n}' & c_2' \\ \vdots & \vdots & & \vdots & \vdots \\ 0 & 0 & \cdots & b_{nn}' & c_n' \end{bmatrix}$$

对这种形式矩阵对应的方程组求解，可以从最后一个方程开始。因为 $c_n'>0$，且相应的对角元素 $b_{nn}'>0$，因此有 $x_n>0$。进一步看倒数第二和第三个方程：

$$b_{(n-1)(n-1)}'x_{n-1}+b_{(n-1)n}'x_n=c_{n-1}'$$

在上面的第二个方程中，因为 $x_n>0$ 且 $c_{n-1}'>0$，$b_{(n-1)(n-1)}'>0$，但是非对角元素 $b_{(n-1)n}'<0$，因此，等式成立必须要求 $x_{n-1}>0$。

对于第三个方程 $b_{(n-2)(n-2)}'x_{n-2}+b_{(n-2)(n-1)}'x_{n-1}+b_{(n-2)n}'x_n=c_{n-2}'$，同理可推知$x_{n-2}>0$。

如此一直推论下去，必然有所有的 x_i（$i=1$，…，n）全为正。

同时，由于上述矩阵变换并不改变系数矩阵行列式的值，而三角矩阵的任何一个主子式均由该主子式的对角元素相乘而得到，因此该系数矩阵的任何主子式均为正。

（2）主对角元素中至少有一项是非正的。

假定第一个非正对角元素出现在第 j 行。那么，该行主对角元素为非正，而其右端的所有非对角元素为负。可以把该行对应的方程写出来，将具有如下形式：

$$b_{jj}'x_j+b_{j(j+1)}'x_{j+1}+\cdots+b_{jn}'x_n=c_j'$$

上式中，根据上面的符号假定 $b_{jj}'\leqslant 0$，而 $b_{j(j+1)}'$ 到 b_{jn}' 则为负，同时 $c_j'>0$。现在假定 x_{j+1} 至 x_n 为正，根据上式必然有 $x_j<0$。与此同时，以前 j 行 j 列构成的子式将为0或负。这就证明了至少有一个主子式非正，同时将至少有一个 x_j 为负。

综合上述两种情形，定理得证。

在霍金斯与西蒙的文献中，还特别对最终需求 c 做出了界定。在他们的定理中证明了给定某个为正的最终需求 c，产出为正的充分必要条件就是系数矩阵的主子式为正。同时，该定理的证明附带也得出了一个推论，那就是该条件同样适用于任何一个给定的为正的最终需求 c。这一结论的经济含义在于：如果某项技术可以生产某个给定结构的消费组合，那么它将能够生产任何一种结构的消费组合。

H－S定理的经济意义可以从两部门的情况给予说明。在两部门的情况下，行模型为：

$$(1-a_{11})x_1-a_{12}x_2=c_1 \tag{4.4}$$

$$-a_{21}x_1+(1-a_{22})x_2=c_2 \tag{4.5}$$

那么H－S条件为：

$$|1-a_{11}|>0,|1-a_{22}|>0,\begin{vmatrix}1-a_{11} & -a_{12}\\ -a_{21} & 1-a_{22}\end{vmatrix}>0$$

其中前两个条件，也就是一阶主子式大于0，要求投入系数 a_{11} 和 a_{22} 必须小于1，从经济上来说就是对本行业内产品的投入需求要小于本行业的产出；而第三个条件，即二阶主子式大于0，其数学形式可变换为：

$$\frac{1-a_{11}}{a_{12}}>\frac{a_{21}}{1-a_{22}}$$

不等式两边正好是行模型两个方程所表示的直线的斜率。从图形上看，$(1-a_{11})$ 和 $(1-a_{22})$ 大于0时，L_1 和 L_2 的截距为正，斜率也为正，从而处于第一象限。第二个条件是不仅要求 L_1 和 L_2 同时处于第一象限，还要求两者相交，即：L_2 的斜率要小于 L_1 的斜率（见图4－1）。

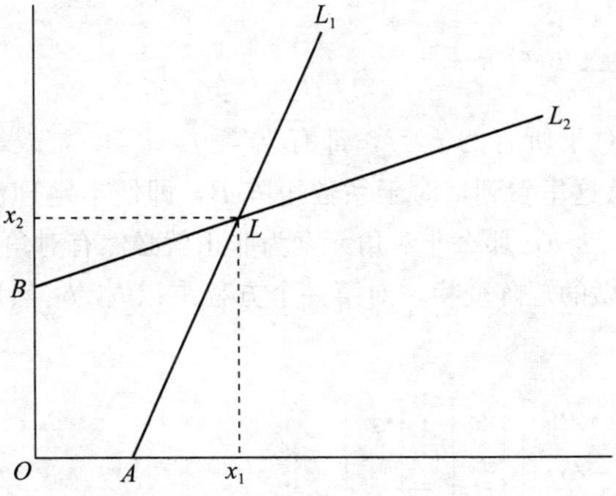

图4－1　投入产出解的几何意义

4.1.2　广义H－S条件

日本学者二阶堂副包（Hukukane Nikaido）把条件做了进一步推广，文献中称其为广义 H－S 定理（generalized Hawkins-Simon theorem）。

定理 4.2：广义 H－S 条件

对于投入产出模型 $Bx=c$，其中对于所有的 $i\neq j$，都有 $b_{ij}\leqslant 0$，即非对角元素非正。下列条件是等价的：

i. 对于某个给定的 $c>0$，存在非负解 $x\geqq 0$；

ii. 对于任意一个非负 $c\geqq 0$，存在非负解 $x\geqq 0$；

iii. B 的顺序主子式为正；

iv. B 的所有主子式为正。

在上面的条件中，条件（ii）隐含条件（i），而条件（iv）隐含条件（iii）。看起来，条件（i）、（iii）与条件（ii）、（iv）并不相同，但该定理表明实际上它们是等价的。

实际上，对于广义 H－S 定理中的这种等价，只是关于非奇异 M-矩阵诸多等价条件中的一项。对于投入产出的系数矩阵 B，显然是一个 Z-矩阵，那么关于 B-矩阵所有主子式为正与所有的顺序主子式为正之间是等价的。二阶堂对定理的证明分四个部分，前三个部分证明条件（i）至条件（iii）的等价性，第四部分证明条件（iv）与条件（i）至条件（iii）的等价性。

证明：

首先证明（i）⇒（iii）：

采用归纳法，当 B 为 1 阶时，有 $b_{11}x_1=c_1$，故由条件（i），即 $c_1>0$ 和 $x_1\geqslant 0$ 有 $b_{11}>0$，条件（iii）满足。进一步，如果从假设的 B 为 $n-1$ 阶时关系（i）⇒（iii）成立，能够证明 n 阶时，关系同样能够成立，就能够证明关系（i）⇒（iii）对于任何阶的矩阵都成立。为此，从给定的 n 阶系统条件（i）出发，假定对于 $n-1$ 阶系统，关系（i）⇒（iii）成立，并证明对于 n 阶系统，条件（iii）成立。

根据条件（i），对于某个 $c>0$，有解 $x\geqq 0$。对于第一个方程：

$$b_{11}x_1 = c_1 - \sum_{j=2}^{n} b_{1j}x_j$$

由于 $c_1>0$，同时对于所有的 $i\neq j$，都有 $b_{ij}\leqslant 0$，$x_j\geqslant 0$，故等式右边为正，所以有 $b_{11}>0$。附带说一点，从这里看到，对于系数矩阵 B，即使本定理没有定义其对角元素为正，但是如果最终需求 $c>0$，那么非对角元素为非正就必然有对角元素为正。

如 H－S 定理中所做的矩阵变换，对第一个方程乘以 b_{i1}/b_{11} 然后加到各行，得到如下方程：

$$\begin{bmatrix} b_{11} & b_{12} & \cdots & b_{1n} \\ 0 & b_{22}' & \cdots & b_{2n}' \\ \vdots & \vdots & & \vdots \\ 0 & b_{n2}' & \cdots & b_{nn}' \end{bmatrix} \begin{bmatrix} x_1 \\ x_2 \\ \vdots \\ x_n \end{bmatrix} = \begin{bmatrix} c_1 \\ c_2' \\ \vdots \\ c_n' \end{bmatrix}$$

对于所有的 $i\neq j$，根据已得到的 $c_1>0$ 和 $b_{11}>0$，必然有 $b_{ij}'\leqslant 0$，$c_i'>0$。这样，下面的方程组

$$\begin{bmatrix} b_{22}' & \cdots & b_{2n}' \\ \vdots & & \vdots \\ b_{n2}' & \cdots & b_{nn}' \end{bmatrix}\begin{bmatrix} x_2 \\ \vdots \\ x_n \end{bmatrix}=\begin{bmatrix} c_2' \\ \vdots \\ c_n' \end{bmatrix}$$

将是一个满足条件（i）的 $n-1$ 阶系统。也就是说，对于所有的 $i\neq j$，$b'_{ij}\leqslant 0$，由条件（i）知，对于某个给定的 $c>0$，有一非负解。

根据所做的假设，$n-1$ 阶系统关系（i）⇒（iii）成立，也就有上式中的矩阵满足顺序主子式为正，即：

$$\begin{vmatrix} b_{22}' & \cdots & b_{2k}' \\ \vdots & & \vdots \\ b_{k2}' & \cdots & b_{kk}' \end{vmatrix}>0 \quad k=2,\cdots,n$$

而

$$\begin{vmatrix} b_{11} & \cdots & b_{1k} \\ \vdots & & \vdots \\ b_{k1} & \cdots & b_{kk} \end{vmatrix}=\begin{vmatrix} b_{11} & b_{12} & \cdots & b_{1k} \\ 0 & b_{22}' & \cdots & b_{2k}' \\ \vdots & \vdots & & \vdots \\ 0 & b_{k2}' & \cdots & b_{kk}' \end{vmatrix}=b_{11}\cdot\begin{vmatrix} b_{22}' & \cdots & b_{2k}' \\ \vdots & & \vdots \\ b_{k2}' & \cdots & b_{kk}' \end{vmatrix}>0$$

也就是 n 阶系统中的矩阵 B 的顺序主子式为正，归纳假设也成立，故原命题得证。

其次证明（iii）⇒（ii）：

仍采用归纳法。B 为 1 阶时，有 $b_{11}x_1=c_1$，根据条件（iii），有 $b_{11}>0$。这时对于任何一个非负向量 $c\geqq 0$，均有非负的产出 $x\geqq 0$，条件（ii）满足。利用归纳法，在 1 阶顺序主子式成立的情况下，如果假设 $n-1$ 阶系统关系（iii）⇒（ii）成立，只要证明对于 n 阶系统，在满足条件（iii）的情况下能够推导出条件（ii）成立。

为了证明在假定的 $n-1$ 阶系统成立的条件下，n 阶系统能够成立，就需要建立 $n-1$ 阶系统与 n 阶系统之间的联系。这正是上面矩阵变换所要达到的目的。这里看到，尽管给定的条件是顺序主子式为正，但得到的对于 1 阶系统的结论是一样的，都是 $b_{11}>0$，进而得到与上面类似的经过变换后矩阵的符号条件。

仍然从上述 $n-1$ 阶系统出发，它将满足条件（iii）。这是因为从下面的关系中表明两个系统的顺序主子式具有同样的符号：

$$\begin{vmatrix} b_{22}' & \cdots & b_{2k}' \\ \vdots & & \vdots \\ b_{k2}' & \cdots & b_{kk}' \end{vmatrix}=\frac{1}{b_{11}}\begin{vmatrix} b_{11} & \cdots & b_{1k} \\ \vdots & & \vdots \\ b_{k1} & \cdots & b_{kk} \end{vmatrix}>0 \quad k=2,\cdots,n$$

同时，在变换过程前后最终需求之间的关系是：对于任意 n 维非负向量 $c\geqslant 0$，变换后得到的 $n-1$ 维向量也非负，即 $c_i'\geqslant 0$，$i=2$，…，n。根据归纳假设，该 $n-1$ 系统将存在非负解，即 $x_i\geqslant 0$，$i=2$，…，n。实际上，该非负解同时也是原方程系统 $Bx=c$ 的解。此外，对于 x_1，因为 $x_1=(1/b_{11})(c_1-\sum_{j=2}^{n}b_{1j}x_j)$，也为非负。如此证明了原方程系统 $Bx=c$ 满足条件（ii）。

证明条件（ii）⇒（i）：

只需要简要说明如果 $c>0$ 则 $x\neq 0$ 即可。利用反证法，如果 x 全为 0，那么 c 全为 0，与假设相矛盾。

如此证明了条件（i）、（ii）、（iii）之间相互等价。

最后证明条件（iv）与前三个条件等价：

条件（iv）隐含条件（iii）是显而易见的。反过来，只需要证明条件（i）至（iii）中的一条隐含条件（iv）。

假设条件（ii）满足，通过矩阵置换可以把一个任意主子阵转换为一个顺序主子阵。利用置换矩阵 S，对 $Bx=c$ 中的矩阵与向量进行相同的位置互换，有：

$$SBx=SBS^{-1}Sx=Sc$$

如此，把 B 的任意主子阵转换为 SBS^{-1} 的一个顺序主子阵的同时，把 x 与 c 也转换为 Sx 与 Sc。如果 B 满足符号条件，即非对角元素非负，那么 SBS^{-1} 也是如此。而且如果 $c\geqslant 0$，则 $Sc\geqslant 0$。条件（ii）与条件（iii）等价，SBS^{-1} 也满足条件（iii），因 S 为任意置换矩阵，因此就有 B 的所有主子式为正。

以上广义的 H－S 条件证明完毕。

尽管定理中条件（i）给出的是正的最终需求 $c>0$，存在非负解的产出 $x\geqq 0$，实际上从现实的生产活动来看，在封闭经济条件下，无联合生产，以及无投入就没有产出的假定下，对于正的最终需求，产出也必然为正。只有当 $c\geqslant 0$，即其中元素不全为 0 的情况下，$x\geqslant 0$，唯有 $c=0$ 时，才可能有 $x=0$。

在 H－S 定理中，对于投入产出系统的系数矩阵 A，除了界定为正矩阵之外，并没有附加其他假定。如果附加假定系数矩阵 A 是不可分解矩阵，那么 H－S 条件会得到进一步强化。

定理 4.3：

考虑 $Bx=c$，其中对于所有的 $i\neq j$，都有 $b_{ij}\leqslant 0$，令 B 为不可分解的 P－矩阵，则已知 $c\geqslant 0$，就有 $x>0$。

上述定理的含义在于当 B 是不可分解 P－矩阵时，即使某个 $c_i=0$，相应的 x_i 也必须为正，即该部门也要进行生产。因为在这种情形下，所有部门之间相互需求，这导致即使该部门本身的最终产品为 0，但为了服务于另一部门最终产品的生产，该部门也要进行生产，而这种生产显然为另一部门最终产品的生产所必需。

证明：

在广义 H－S 定理的基础上，这里只需要证明 x 中不含 0 元素。

如果 A 为不可分解矩阵，则 B 也为不可分解矩阵。采用反证法。假设某些部门产出为 0。用 $I=\{k \mid x_k=0\}$ 表示产出为 0 的部门的指标集，$J=\{k \mid x_k>0\}$ 表示产出大于 0 的部门的指标集。

如果第 r 个部门产出为 0，即 $r\in I$，那么相应的该部门的行向分配方程，即 $Bx=c$ 的第 r 个方程为：

$$b_{r1}x_1+\cdots+b_{rr}x_r+\cdots+b_{rn}x_n=c_r$$

对于上式，如果 $c_r>0$，因为系数矩阵非对角元素 b_{r1}，…，$b_{r(r-1)}$，$b_{r(r+1)}$，…，b_m 全部小于等于 0，而对角元素所在的项 $x_r=0$，因此左边将不可能大于 0。结果矛盾。

对于上式，如果 $c_r=0$，可以根据产出大于 0 和等于 0 分成两个部分，这样上式将转化为：

$$\sum_{j\in I} b_{rj}x_j + \sum_{j\in J} b_{rj}x_j = 0$$

进一步得到：

$$\sum_{j\in J} b_{rj}x_j = 0$$

由于对于所有的 $j\in J$，$x_j>0$，而且因为 $r\in I$，那么对角元素项 $b_{rr}x_r$ 将不包含在 $\sum_{j\in J} b_{rj}x_j$ 中。因此，对于所有的 $r\in I$，$j\in J$，$b_{rj}=0$。这与 B 为不可分解矩阵相矛盾。

综合上述两种情形，定理得证。

4.2　静态体系有经济意义解的等价条件

基于 M-矩阵存在着众多的性质，而这些性质之间又往往具有等价性。也就是说，对于一个 Z-矩阵，在众多的等价条件下，都可以成为一个非奇异 M-矩阵。伯曼（Berman）和普莱蒙斯（Plemmons）在他们的《数学中的非负矩阵》一书中给出了关于非奇异 M-矩阵的 50 个等价条件。① 本节我们将在广义 H－S 定理的基础上，基于非奇异 M-矩阵的等价条件，探讨投入产出有经济意义解的各种等价条件。

4.2.1　主子式为正

基于非奇异 M-矩阵的各种等价条件中，基于主子式的分析表明在 Z-矩阵的前提下，P-矩阵与非奇异 M-矩阵是等价的。也就是说，Z-矩阵如果同时又是 P-矩阵，那么该矩阵就是一个非奇异 M-矩阵。

定理 4.4：

B 为 Z-矩阵，即当 $i\neq j$ 时，其元素 $b_{ij}\leqslant 0$，当且仅当 B 为 P-矩阵时，有 $B^{-1}\geqslant 0$。

证明：

必要性：因为 $B^{-1}\geqslant 0$，由 $Bx=c\geqslant 0$ 有 $x=B^{-1}c\geqslant 0$。这正是广义 H－S 定理的条件（i）。由于条件（i）与条件（iv）等价，因此 B 为 P-矩阵。

充分性：仍利用广义 H－S 定理中条件（i）与条件（iv）的等价性，有：对于任意的 $c\geqslant 0$，有 $x=B^{-1}c\geqslant 0$。由此出发证明 $B^{-1}\geqslant 0$。令 $c=e^i$，其中 e^i 为第 i 个元素为 1、其余为 0 的向量。因此对于所有的 i，$(B^{-1})^i\geqslant 0$，这里，$(B^{-1})^i$ 表示 B^{-1} 的第 i 列。所以有 $B^{-1}\geqslant 0$。上述引理得证。

---

① Abraham Berman，Robert J. Plemmons. *Nonnegative matrices in the mathematical sciences*，New York：Academic Press，1979：134－138.

简单地说，在 B 满足符号条件下，B 为 P -矩阵与 B 为逆非负矩阵等价。由广义 H-S 条件可知，B 为 P -矩阵是存在有经济意义解的条件。现在看到满足这样的条件就能得到 $B^{-1}\geqslant 0$，从而得到有经济意义的解。这个引理表明，如果在投入产出表的计算中发现列昂惕夫逆阵 $(I-A)^{-1}$ 中不存在负数，就说明矩阵 $(I-A)$ 为 P -矩阵，也说明只有这时才能保证给定一个正的最终需求，必然存在一个有经济意义的产出解。

在 Z -矩阵的条件下，不仅 P -矩阵与 M -矩阵是等价的，而且所有顺序主子式为正的矩阵与非奇异 M -矩阵也是等价的。这也表明，在 Z -矩阵的条件下，矩阵所有主子式为正与顺序主子式为正是等价的。

定理 4.5：

A 是 Z -矩阵，A 可逆，且 $A^{-1}\geqslant 0$，当且仅当 A 的所有顺序主子式都大于 0。

证明：

必要性：由定理 4.4 可知，在 A 是 Z -矩阵的条件下，A 可逆，且 $A^{-1}\geqslant 0$ 与 A 的所有主子式都大于 0 是等价的，因此由条件知 A 的所有主子式为正，进而必然有所有顺序主子式为正。

充分性：利用归纳法。当 $n=1$ 时，$a_{11}>0$，显然结论成立。假设结论对 $n-1$ 阶 Z -矩阵成立，并假定条件成立，即 n 阶 Z -矩阵 A 的顺序主子式都大于 0。对矩阵 A 进行分块并记为：

$$A=\begin{bmatrix} A_{n-1} & x \\ y' & a \end{bmatrix}$$

同时构造一个具有相同分块的矩阵 G：

$$G=\begin{bmatrix} A_{n-1}^{-1} & 0 \\ -y'A_{n-1}^{-1} & 1 \end{bmatrix}$$

因此有：

$$GA=\begin{bmatrix} I_{n-1} & A_{n-1}^{-1}x \\ 0 & w \end{bmatrix}$$

其中 $w=a-y'A_{n-1}^{-1}x=\det(GA)=\det A_{n-1}^{-1}\det A>0$。设：

$$F=\begin{bmatrix} I_{n-1} & -w^{-1}A_{n-1}^{-1}x \\ 0 & w^{-1} \end{bmatrix}$$

由此表明 $FGA=I_n$，所以 $A^{-1}=FG$。因为 $x\leqslant 0$，$y\leqslant 0$，$w>0$，以及由归纳法假设 $A_{n-1}^{-1}\geqslant 0$，可知 $G\geqslant 0$，$F\geqslant 0$，所以 $A^{-1}=FG\geqslant 0$。

定理由此得证。

主子式的符号与矩阵特征值的符号之间具有联系。

定理 4.6：

当且仅当 A 的每一个实根，以及 A 的每一个主子矩阵的实根为正时，A 才是 P -矩阵。

证明：

对于必要性，A 的特征方程可表示为：

$$f_A(\lambda)=\det(A-\lambda I)=(-\lambda)^n+b_{n-1}(-\lambda)^{n-1}+\cdots+b_1(-\lambda)+b_0=0 \quad (4.6)$$

其中，b_r 等于 A 的所有 $(n-r)$ 阶主子式的和。

假设 A 为 P-矩阵。对于所有的 $r=0$，1，…，$n-1$，有 $b_r>0$。

利用反证法，如果假定 A 具有一零根。设 $\lambda=0$，则有 $f_A(0)=b_0=0$。这与 $b_0>0$ 矛盾。因此 A 不具有零根。如果假定 A 具有一负实根，设 $\lambda=-\beta$，$\beta>0$，则

$$f_A(-\beta)=\beta^n+b_{n-1}(\beta)^{n-1}+\cdots+b_1(\beta)+b_0=0$$

但是，对于所有的 $r=0$，1，…，$n-1$，$\beta^n>0$ 且 $b_r\beta^r>0$。这将使上式等于 0 不成立。

因此，A 不具有负实根，而只能具有正实根。

相似地，通过讨论 A 的各主子矩阵的特征方程，就能证明各主子矩阵的实根均为正。

充分条件比较容易得出。利用矩阵行列式等于其根的乘积，必然得出 A 的所有主子式为正，即 A 为 P-矩阵。

定理由此得证。

在 Z-矩阵的条件下，非奇异 M-矩阵与 P-矩阵是等价的。在 A 为 Z-矩阵的条件下，A 为非奇异 M-矩阵的充要条件是在 A 存在实特征值的条件下，其所有实特征值都是正的。此外，对于复数根的情形，下面的定理给出了进一步的说明。

定理 4.7：

A 是 Z-矩阵，A 为非奇异 M-矩阵的充分必要条件是 A 的每个特征值的实部都为正。

证明：

充分性：假设 A 为 Z-矩阵，且所有特征值都有正的实部。取 A 矩阵中对角元素最大的值 $\alpha=\max_i(a_{ii})$，将得到一个非负矩阵 $B=\alpha I-A$。根据佩龙-弗罗贝尼乌斯定理，非负矩阵 B 的最大特征值为 $\rho(B)$，且为一实数。因为 $A=\alpha I-B$，所以 $\alpha-\rho(B)$ 是 A 的一个实特征值，根据假设条件，$\alpha-\rho(B)$ 为正，即 $\alpha>\rho(B)$。

必要性：假设 A 为非奇异 M-矩阵，因此 A 可以表示为：$A=cI-B$，其中 $B\geqq 0$，且 $\rho(B)<c$。利用反证法，假设 A 的一个特征值 λ_t 具有非正的实部 $\mathrm{Re}(\lambda_t)$。那么有：

$$0=\det(\lambda_t I-A)=\det(\lambda_t I-cI+B)=\det[(c-\lambda_t)I-B]$$

由此推出 $c-\lambda_t$ 是 B 的特征值。非奇异 M-矩阵的主对角元素为正，因此 c 非负，$-\mathrm{Re}(\lambda_t)$为正，所以：

$$|c-\lambda_t|\geqslant c-\mathrm{Re}(\lambda_t)>c>\rho(B)$$

这与 $\rho(B)$ 为最大矛盾。因此必有正的实部。

定理由此得证。

4.2.2 单调矩阵

单调矩阵就是逆非负的矩阵。

定义 4.1：单调矩阵（monotone matrix）

设 $A=(a_{ij})\in R^{n\times n}$，如果 $A^{-1}\geqq 0$，则称 A 为单调矩阵。

与非奇异 M-矩阵定义中的情况类似，既然 A 可逆，那么 A 及其逆阵 A^{-1} 必然不为 0，因此逆非负矩阵必然是半正矩阵，即 $A^{-1}\geqslant 0$。

Collatz 提出了判断矩阵是否为单调矩阵的一个充分必要条件：

定理 4.8：

矩阵 A 为单调矩阵的充分必要条件是可以从 $Ax\geqq 0$ 推出 $x\geqq 0$。

证明：

对于必要性，因为 A 是单调矩阵，$A^{-1}\geqslant 0$，如果 $Ax\geqq 0$，则必有 $A^{-1}Ax=x\geqq 0$。

对于充分性，首先证明如果可以从 $Ax\geqq 0$ 推出 $x\geqq 0$，那么 A 非奇异。设 $\tilde{x}$ 为齐次方程 $Ax=0$ 的解，即 $A\tilde{x}=0$。因其满足条件 $A\tilde{x}\geqq 0$，因而 $\tilde{x}\geqq 0$。因为 $A(-\tilde{x})=-A\tilde{x}=0$，那么 $-\tilde{x}$ 也满足条件，因而 $-\tilde{x}\geqq 0$。因此，$Ax=0$ 只有零解，说明 A 非奇异。为进一步证明 $A^{-1}\geqslant 0$，取 A^{-1} 的第 j 列 A^{-1}_{*j}，根据 $AA^{-1}=I$，有 $AA^{-1}_{*j}=e_j\geqslant 0$，其中 e_j 为第 j 行为 1、其余为 0 的列向量。根据条件有 $A^{-1}_{*j}\geqq 0$。A^{-1} 的所有列依此得到同样的结论，也就是说 $A^{-1}\geqq 0$。定理得证。

对上述性质做进一步推广，得到如下性质：

定理 4.9：

如果 A 为单调矩阵，那么由 $Ax\geqq Ay$，必知 $x\geqq y$。

证明：

由 $Ax\geqq Ay$，得到 $A(x-y)\geqq 0$。又因为 A 为单调矩阵，$A^{-1}\geqq 0$，所以有：

$$A^{-1}A(x-y)\geqq 0$$

得到 $x\geqq y$。

定理由此得证。

上述性质表明了逆非负矩阵之所以称为单调矩阵的原因。从非奇异 M-矩阵与单调矩阵的定义，我们知道非奇异 M-矩阵为单调矩阵，但是单调矩阵未必为非奇异 M-矩阵。因为非奇异 M-矩阵除逆非负（nonnegatively invertible）这一性质外，还需要满足作为 Z-矩阵的符号条件。因此，在 Z-矩阵的条件下，上述满足投入产出模型有经济意义解的广义 H－S 条件与 B-矩阵为单调矩阵也是等价的。或者从更一般的意义上说，投入产出模型中的系数矩阵 B 作为一个 Z-矩阵，广义 H－S 定理中的诸条件、单调矩阵，以及下面将要分析的若干性质与非奇异 M-矩阵之间是等价的。

此外，对于上述性质，在系数矩阵 B 为 Z-矩阵，且为单调矩阵的条件下，广义 H－S 定理中对于给定的 $c>0$，存在严格为正的解 $x>0$，而当且仅当 $c=0$ 时，$x=0$。同时，对于 $c\geqslant 0$，也就是最终需求不全为 0，存在半正的解 $x\geqslant 0$。在系数矩阵 A，进而 B 为不可分解矩阵的条件下，对于 $c\geqslant 0$，存在严格为正的解 $x>0$。从经济意义上说，在某些产品的最终需求为 0 的情况下，才有可能某些行业产出为 0，但是如果系数矩阵是不可分解矩阵，那么即使某些产品的最终需求为 0，只要有一个产品的最终需求不为 0，那么所有行业的产出都不为 0。

4.2.3 弗罗贝尼乌斯根

我们在上一章中已经了解了非负矩阵特征值与特征向量的佩龙-弗罗贝尼乌斯定理。那么，非负矩阵谱的性质与投入产出模型有经济意义解的条件之间又有什么联系呢？对这一问题的分析提供了考察投入产出模型解的另一种路径，也就是从投入产出矩阵 A 的根的角度进行考察。①

根据定义，Z-矩阵 B 可以利用非负矩阵 A 表示成 $B=\alpha I-A$ 的形式。当 $\rho(A)<\alpha$ 时，B 成为非奇异 M-矩阵。现在通过研究 $\alpha I-A$ 形式的非奇异 M-矩阵，建立起非负矩阵弗罗贝尼乌斯根与有经济意义解之间的联系。

从非奇异 M-矩阵的定义我们知道，对于投入产出模型：

$$(I-A)x=c \text{ 或者 } Bx=c$$

其中，系数矩阵 B 是 Z-矩阵。因为它能够表示为 $B=\alpha I-A$，其中 A 非负，且 $\alpha=1$。那么，如果 $\rho(A)<1$，那么 B 就是非奇异 M-矩阵。一旦 B 是非奇异 M-矩阵，那么关于非奇异 M-矩阵的种种等价性质都将成立。我们将看到，使 $\alpha I-A$ 成为非奇异 M-矩阵的所有 α 构成一个集合，A 的弗罗贝尼乌斯根不属于该集合，却成为该集合的下确界。进而从这一性质出发，针对投入产出系数矩阵 $B=I-A$，显然 A 的弗罗贝尼乌斯根小于 1。

引理 4.1：

对于非负方阵 A，定义一个集合 $M(A)=\{\alpha \mid \alpha I-A \text{ 是逆非负的}\}$。那么，$M(A)$ 构成一个半区间（semi-interval）$(\lambda^*(A), +\infty)$，其中 $\lambda^*(A)$ 为非负数。

证明：

对于任何正的向量 $x>0$，例如取一个足够大的数 α，使得 $\alpha x>Ax$。所以，对于这些 x，α，存在 $(\alpha I-A)x>0$，$x>0$。根据广义 H-S 定理，这意味着 $\alpha I-A$ 为 P-矩阵，进而有 $(\alpha I-A)^{-1}\geqslant 0$。由此也说明 $M(A)$ 非空。

其次，如果 $\alpha\in M(A)$，对于任何大于 α 的 β，也属于该集合，即对于 $\beta\geqslant\alpha$，$\beta\in M(A)$。这是因为对于 $\beta\geqslant\alpha$，得到 $(\beta I-A)x\geqslant(\alpha I-A)x>0$，因而对于同一个 $x>0$，$\beta\in M(A)$。

最后，如果 $\alpha\in M(A)$，那么 $\alpha>0$。因为对于 $c>0$，$(\alpha I-A)x=c>0$ 具有解 $x\geqslant 0$。如果 $\alpha\leqslant 0$，将与等式两边的符号矛盾。因此 $\alpha>0$。

由此得出结论：满足 $(\alpha I-A)^{-1}\geqslant 0$ 的集合 $M(A)$ 中的 α 有一个非负的下限，但无上限。定义 $\lambda^*(A)$ 为集合 $M(A)$ 的下确界，即 $\lambda^*((A)=\inf\{\alpha \mid \alpha\in M(A)\}$，那么必然有 $\lambda^*(A)\geqslant 0$。

最后，还发现 $\lambda^*(A)\notin M(A)$，利用反证法，假定 $\lambda^*(A)\in M(A)$。根据 H-S 定理，存在 $x\geqslant 0$ 使得 $[\lambda^*(A)I-A]x>0$。对于同样的 x，存在 $\gamma<\lambda^*(A)$ 使得 $(\gamma I-A)x\geqslant 0$。这意味着 $\gamma\in M(A)$。这就与 $\lambda^*(A)$ 的定义相矛盾。

引理由此得证。

---

① 本小节的介绍主要参考二阶堂的《凸结构与经济理论》，以及伍兹的《数理经济学（第 2 版）》。

实际上，$M(A)$ 其实也是使 $\alpha I-A$ 满足广义 H－S 定理的标量 α 的集合。为什么这么说呢？因为按照上面的定义，$\alpha I-A$ 满足 H－S 定理的符号条件，同时，根据上面的引理，由 $(\alpha I-A)^{-1}\geqslant 0$ 得知它为 P－矩阵。所以说，集合 $M(A)$ 是使 $\alpha I-A$ 满足广义H－S定理的标量 α 的集合。

利用上述集合 $M(A)$ 及其性质，二阶堂对弗罗贝尼乌斯定理给出了另一种形式的证明。证明的基本思路是：对于 $\alpha\in M(A)$，构造一个函数 $y(\alpha)$：

$$y(\alpha)=(\alpha I-A)^{-1}c$$

该函数有两个特点：一是该函数是关于变量 α 的一个减函数，二是在 α 趋近于极小值的情形下，向量 $y(\alpha)$的元素趋于无穷大。这样，根据这个方程得到：

$$(\alpha I-A)y(\alpha)=c$$

当 α 趋近于它所在集合 $M(A)$ 的下确界 $\lambda^*(A)$ 时，上式两边除以 $y(\alpha)$ 中所有元素的合计之后，上式右端为 0，而左端 $y(\alpha)$ 将被替换为一个新的非负变量 x，且 $(\lambda^*(A)I-A)x=0$。这正证明了 A 存在一个正的特征值，且对应存在一个非负特征向量。具体证明过程如下：

引理 4.2：

令 $c>0$，α，$\beta\in M(A)$，定义 $y(\alpha)=(\alpha I-A)^{-1}c$，那么对于 $\beta>\alpha$，有 $y(\alpha)\geqslant y(\beta)$。

证明：

$$(\beta I-A)y(\beta)=c;\ (\alpha I-A)y(\alpha)=c$$

两式相减：

$$\alpha y(\alpha)-Ay(\alpha)-\beta y(\beta)+Ay(\beta)=0$$

或者

$$(\alpha I-A)(y(\alpha)-y(\beta))=(\beta-\alpha)y(\beta)$$

因此，

$$y(\alpha)-y(\beta)=(\beta-\alpha)(\alpha I-A)^{-1}y(\beta)\geqslant 0$$

引理由此得证。

引理 4.3：

令 $\{\alpha_v\}$ 为 $M(A)$ 中一递减的标量序列，使得 $\lim\limits_{v\to\infty}\alpha_v=\lambda^*(A)$。令 $\{y(\alpha_v)\}$ 为相应的向量序列，令 $s(v)=\sum\limits_{i=1}^{n}y_i(\alpha_v)$。那么 $\{s(v)\}$ 为一递增序列，且 $\lim\limits_{v\to\infty}s(v)=+\infty$。

证明：

根据之前的引理，如果 $\{\alpha_v\}$ 为 $M(A)$ 中一递减的标量序列，那么 $\{y(\alpha_v)\}$ 为递增的向量序列，进而 $\{s(v)\}$ 为递增序列。

利用反证法，假设该序列有一上限。那么由于 $y(\alpha_v)\geqslant 0$，$y_i(\alpha_v)$ 也有上限，且趋近于 $\bar{y}_i\geqslant 0$。因此，$\lim\limits_{v\to\infty}y(\alpha_v)=\bar{y}\geqslant 0$。

考察 $(\alpha_v I-A)y(\alpha_v)=c$，随着 $v\to\infty$，有：

$$(\lambda^*(A)I-A)\bar{y}=c, c>0, \bar{y}\geqslant 0$$

这意味着 $\lambda^*(A)\in M(A)$，与之前的性质相矛盾。

引理由此得证。

定理 4.10:

$M(A)$ 的下确界 $\lambda^*(A)$ 是矩阵 A 的非负特征值，且对应一个半正的特征向量。

证明：

在上述引理的基础上，现在令 $x(v)=y(\alpha_v)/s(v), x(v)\in S=\{z\geqslant 0 \mid \sum_{i=1}^{n} z_i=1\}$。$S$ 为一闭集。在不失一般性的前提下，假设 $\{x(v)\}$ 收敛于某个 $x\in S$。

对于方程 $(\alpha_v I-A)y(\alpha_v)=c$，用 $s(v)$ 除，便有：$(\alpha_v I-A)x(v)=c/s(v)$。由于随着 $v\to\infty$，$\alpha_v\to\lambda^*(A)$，$s(v)$ 无限增大，$c/s(v)\to 0$，取极限有：

$$(\lambda^*(A)I-A)x=0, x\geqslant 0$$

这意味着 $Ax=\lambda^*(A)x$，$\lambda^*(A)\geqslant 0$，$x\geqslant 0$。就是说这个 $M(A)$ 的下确界正是弗罗贝尼乌斯根。

定理由此得证。

围绕非负矩阵的弗罗贝尼乌斯根，存在诸多重要的性质，特别是弗罗贝尼乌斯根大于其他任意根的模。二阶堂在他的证明中对这些性质做了进一步的分析。

引理 4.4:

如果对于 $y\geqslant 0$ 和非负方阵 A，有 $Ay\geqslant uy$，则 $\lambda^*(A)\geqslant u$。

证明：

假定 $u>\lambda^*(A)$。根据 $M(A)$ 的结构有：

$$(uI-A)^{-1}\geqslant 0$$

由条件有：

$(uI-A)y\leqslant 0$，左乘 $(uI-A)^{-1}\geqslant 0$，有 $y\leqslant 0$。

因此矛盾。定理由此得证。

定理 4.11:

非负矩阵 A 的所有特征值的模都不超过弗罗贝尼乌斯根 $\lambda^*(A)$。即 $\lambda^*(A)\geqslant |\lambda_i(A)|$，$\lambda_i(A)$ 表示除 $\lambda^*(A)$ 之外 A 的其他任意根。

证明：

对于非负矩阵 A，某一特征值 λ 存在特征向量 z，因此有 $Az=\lambda z$。得到 n 个方程：

$$\lambda z_r=\sum_{j=1}^{n} a_{rj}z_j,\quad r=1,\cdots,n$$

取绝对值：$|\lambda||z_r|\leqslant \sum_{j=1}^{n}|a_{rj}||z_j|=\sum_{i=1}^{n}a_{rj}|z_j|$

令 $|z_j|=y_j$，$j=1$，$\cdots$，n，则 $y\geqslant 0$。因此对于 $y\geqslant 0$，上述 n 个方程又可以写成矩阵

形式，有：$|\lambda| y \leqq Ay$。

根据之前的引理便有：$\lambda^*(A) \geqslant |\lambda| = |\lambda_i(A)|$。

定理由此得证。

定理 4.12：

如果 $A \geqslant B \geqq 0$，则 $\lambda^*(A) \geqslant \lambda^*(B)$。

证明：

只要证明 $M(A) \subseteq M(B)$ 即可。如果 $\alpha \in M(A)$，则存在 $x \geqslant 0$ 使得 $\alpha x \geqslant Ax$。

由于 $A \geqslant B \geqq 0$，因此有 $\alpha x \geqslant Bx$ 或 $(\alpha I - B)x \geqslant 0$，即 $\alpha \in M(B)$，就有：

$$\lambda^*(A) = \inf_{\alpha \in M(A)} \alpha \geqslant \inf_{\alpha \in M(B)} \alpha = \lambda^*(B)$$

定理由此得证。

定理 4.13：

$\lambda^*(A) \geqslant \lambda^*(C)$，$C$ 为 A 的任意主子阵。

证明：

通过将 A 阵的某些行和列换成 0，并进行矩阵置换，构成矩阵 $B = \begin{bmatrix} C & 0 \\ 0 & 0 \end{bmatrix}$。显然 $\lambda^*(B) = \lambda^*(C)$。根据定理 4.12，有 $\lambda^*(A) \geqslant \lambda^*(B)$。

定理由此得证。

上述有关非负矩阵特征值与特征向量的性质，在矩阵不可约的情形下，得到了进一步的强化。这时，弗罗贝尼乌斯根严格为正，且为单根，对应的特征向量也为正，且为唯一可能为正的特征向量。

引理 4.5：

$Ax \leqq ux$，$u \geqslant 0$，当且仅当 $x \geqslant 0$ 而非严格大于 0 的情况下，非负矩阵 A 为可分解的。也就是说，在上述条件下，当 $x > 0$ 时，非负矩阵 A 是不可分解矩阵。

证明：

必要性：令

$$B = P^{-1}AP = \begin{bmatrix} A_{11} & A_{12} \\ 0 & A_{22} \end{bmatrix}$$

根据佩龙-弗罗贝尼乌斯定理，$A_{11} y_1 = \lambda^*(A_{11}) y_1$，$\lambda^*(A_{11}) \geqslant 0$，$y_1 \geqslant 0$。

因此，$\begin{bmatrix} A_{11} & A_{12} \\ 0 & A_{22} \end{bmatrix} \begin{bmatrix} y_1 \\ 0 \end{bmatrix} = \lambda^*(A_{11}) \begin{bmatrix} y_1 \\ 0 \end{bmatrix}$。

或者 $P^{-1}APz = uz$，其中 $z = \begin{bmatrix} y_1 \\ 0 \end{bmatrix}$，$u = \lambda^*(A_{11})$。

令 $Pz = x$，由于 P 为置换矩阵，$x \geqslant 0$，其中的元素不全为正。因此有 $Ax = ux$，表明 $Ax \leqq ux$ 成立。

充分性：令 $I = \{i \mid x_i = 0\}$，$J = \{j \mid x_j > 0\}$，分别表示向量 x 中等于 0 和大于 0 的指标集。

当 $Ax \leqq ux$ 时，其中 $u \geqslant 0$，$x \geqslant 0$，但 x 中的元素不全为正。对于 $i \in I$，有：

$$\sum_{j=1}^{n} a_{ij} x_j \leqslant u x_i = 0$$

或者

$$\sum_{j \in J} a_{ij} x_j \leqslant 0$$

由于对于所有 i，j，$a_{ij} \geqslant 0$，对于所有 $j \in J$，$x_j > 0$，因此有对于所有 $i \in I$，$j \in J$，$a_{ij} = 0$。这正是 A 为可分解矩阵的定义。

引理由此得证。

定理 4.14：

如果 $A \geqslant 0$ 为不可分解矩阵，那么 $\lambda^*(A) > 0$，且其相应的特征向量为正。

证明：

考虑 $Ax = \lambda^*(A)x$。根据佩龙-弗罗贝尼乌斯定理有 $\lambda^*(A) \geqslant 0$，$x \geqslant 0$。由于 A 不可分解，由刚才的性质可直接得出 $x > 0$ 的结论。

对于 $\lambda^*(A) \geqslant 0$，假定 $\lambda^*(A) = 0$，则对于所有 i，有：

$$\sum_{j=1}^{n} a_{ij} x_j = 0$$

由于对于所有 j，$x_j > 0$，则有对于所有 i，j，$a_{ij} = 0$。这与 $A \geqslant 0$ 相矛盾。因此，$\lambda^*(A) > 0$。定理由此得证。

定理 4.15：

$A \geqslant 0$ 为不可分解矩阵，$\lambda^*(A)$ 为 A 的一个单根。

证明：

首先证明如果 A 为不可分解矩阵，作为上述定理 4.12 的一个强化形式，从 $A \geqslant B \geqq 0$ 可推知 $\lambda^*(A) > \lambda^*(B)$。

令 $C = \frac{1}{2}(A + B)$，C 为不可分解矩阵。令 $Cz = \lambda^*(C)z$，由于不可分解矩阵的弗罗贝尼乌斯根及特征向量为正，于是有 $\lambda^*(C) > 0$，$z > 0$。由于 $A \geqslant C$，因此

$$Az \geqslant Cz = \lambda^*(C)z \qquad [1]$$

令

$$y'A = \lambda^*(A)y' \qquad [2]$$

有 $\lambda^*(A) > 0$，$y > 0$。将式 [1] 左乘 y' 得：

$$y'Az > y'Cz = \lambda^*(C)y'z$$

由式 [2] 有 $y'Az = \lambda^*(A)y'z$，因此：

$$\lambda^*(A)y'z > \lambda^*(C)y'z$$

由于$y'z>0$，有$\lambda^*(A)>\lambda^*(C)$。同时由于$C\geqslant B$，有$\lambda^*(C)\geqslant\lambda^*(B)$。因此$\lambda^*(A)>\lambda^*(B)$。

其次，将证明$(\lambda^*(A)I-A)$的所有主子式，除其行列式之外，均为正。

同样对矩阵A作变换，得到$B=\begin{bmatrix} C & 0 \\ 0 & 0 \end{bmatrix}$，这里$C$为$A$的主子矩阵。$A\geqslant B$意味着$\lambda^*(A)>\lambda^*(B)=\lambda^*(C)$。因此，$\lambda^*(A)\in M(C)$，这又意味着$(\lambda^*(A)I-C)$为$P$-矩阵。这对于$A$的所有非平凡主子阵都是如此，因此上述结论成立。

最后在上述两个性质的基础上，可以推导定理的结论。

对矩阵A的特征多项式求导：

$$f'_A(\lambda)=\frac{\mathrm{d}}{\mathrm{d}\lambda}\mid\lambda I-A\mid=\sum_{i=1}^{n}\det(\lambda I-A_{ii})$$

其中，$\det(\lambda I-A_{ii})$表示对$(\lambda I-A)$的第i行对λ求导得到的行列式，即：

$$\det(\lambda I-A_{ii})=\begin{vmatrix} \lambda-a_{11} & -a_{12} & \cdots & \overset{i}{\cdots} & \cdots & -a_{1n} \\ 0 & 0 & \cdots & 1 & \cdots & 0 \\ -a_{n1} & -a_{n2} & \cdots & \cdots & \cdots & \lambda-a_{nn} \end{vmatrix} i$$

由于$f'(\lambda)=\sum_{i=1}^{n}\frac{f(\lambda)}{\lambda-\lambda_i}$，因此就会有结论：如果$\lambda=\lambda_j$为矩阵$A$的单根，那么$f'(\lambda_j)\neq0$，如果$\lambda=\lambda_j$为矩阵$A$的多重根，那么$f'(\lambda_j)=0$。因此，如果$\lambda^*(A)$为重根，就必有$f'_A(\lambda^*(A))=0$。但是根据上面的性质，对于所有$i$，$\det(\lambda I-A_{ii})>0$，因此$\lambda=\lambda^*(A)$为单根。

定理由此得证。

定理 4.16：

对于非负不可分解矩阵A，令$Ax=\lambda^*(A)x$，x为A的唯一可能正特征向量。

证明：

首先将证明相异根的两个特征向量内积为0。

令λ与u为任意方阵A的相异根，$Ax=\lambda x$，$y'A=uy'$。

用y'左乘$Ax=\lambda x$，再用x右乘$y'A=uy'$，得到：

$$y'Ax=\lambda y'x$$
$$y'Ax=uy'x$$

由于$\lambda\neq u$，所以得出$x'y=0$。

接下来注意到$\lambda^*(A)$为单根。由于一个根的几何重数小于或等于其代数重数，因此与$\lambda^*(A)$相对应的只有一个特征向量，而且根据弗罗贝尼乌斯定理，此向量为正。

令$y'A=\lambda^*(A)y'$，$y>0$。令$Ax^i=\lambda_i(A)x^i$，$\lambda_i(A)$表示弗罗贝尼乌斯根$\lambda^*(A)$之外的其他任意根。由于上述表明的两个相异根的特征向量内积为0，对于所有i，有$x^iy=0$。由于$y>0$，因此所有的x^i不可能全部为正。

定理由此得证。

如果矩阵是非负不可分解的，其弗罗贝尼乌斯根是一个单根，且不小于该矩阵的任何其他特征值，但是可能存在绝对值与该弗罗贝尼乌斯根相等的一个特征根。进一步地，如果矩阵是本原的，那么就不可能存在这样的根。本原矩阵的弗罗贝尼乌斯根是唯一的，且不存在其他绝对值大于等于弗罗贝尼乌斯根的特征值。关于这一性质的证明，可进一步参考二阶堂的文献。①

上述分析表明，非负矩阵所对应的弗罗贝尼乌斯根，实际上是所有特征值模中最大的。因此，佩龙-弗罗贝尼乌斯定理可以用非负矩阵谱半径的形式来表述：

n 阶非负不可约矩阵 A 的谱半径 $\rho(A)$ 是 A 的特征值；且对应一个正的特征向量。

如果 A 是 n 阶非负矩阵，则矩阵 A 的谱半径 $\rho(A)$ 是 A 的一个特征值；且对应一个非负特征向量。

基于非负矩阵谱的性质，可以得到投入产出模型有经济意义解所需要的条件。对于投入产出模型的系数矩阵，将满足如下定理：

定理 4.17：

设 A 为非负方阵 $A\in R^{n\times n}$，那么逆矩阵 $(I-A)^{-1}$ 存在且为非负矩阵的充要条件是 A 的谱半径小于 1，即 $\rho(A)<1$。

证明：

充分性：在条件 $A\geqslant 0$ 与 $\rho(A)<1$ 下，先证明 $(I-A)$ 非奇异。

设 λ 为 $(I-A)$ 的任意特征值，那么 $1-\lambda$ 将是 A 的特征值。因为对于相应的特征向量 x，有 $(I-A)x=\lambda x$，由此可推知 $Ax=(1-\lambda)x$。

因为 A 的谱半径小于 1，所以 $|1-\lambda|<1$，从而有 $\lambda\neq 0$，所以 $(I-A)$ 非奇异。

进一步证明 $(I-A)^{-1}$ 非负。因为

$$(I-A)(I+A+A^2+\cdots+A^{n-1})=I-A^n$$

因为 $\rho(A)<1$，所以 $\lim\limits_{n\to\infty}A^n=0$，即 A 为收敛矩阵。② 因此对于上式，当 $n\to\infty$ 时有：

$$(I-A)\sum_{i=0}^{\infty}A^i=I$$

$$(I-A)^{-1}=\sum_{i=0}^{\infty}A^i$$

因为 $A\geqslant 0$，所以 $(I-A)^{-1}\geqslant 0$。

必要性：设 λ 为 A 的任一特征值，存在相应的特征向量 x，使得 $Ax=\lambda x$。由此，不等式：

$$|\lambda\|x|=|Ax|\leqslant|A\|x|=A|x|$$

这里 $|A|$ 的含义是对 A 矩阵的元素取绝对值得到的矩阵。

① Nikaido. *Convex structures and economic theory*, New York: Academic Press, 1968: 120 - 121.

② 方阵 A 为收敛矩阵的充要条件是 $\rho(A)<1$，该性质的证明可参考相关矩阵分析教材。

进一步有：

$$(1-|\lambda|)|x|\geqslant(I-A)|x|$$

因为 $(I-A)^{-1}\geqslant0$，所以：

$$(1-|\lambda|)(I-A)^{-1}|x|\geqslant|x|\geqslant0$$

由上式可知 $1-|\lambda|\geqslant0$，有 $|\lambda|\leqslant1$，而且 $|\lambda|\neq1$。因为如果 $|\lambda|=1$，从上式两边可知 $0\leqslant|x|\leqslant0$，会有 $x=0$，这与 x 作为特征向量不等于 0 矛盾，从而有 $\rho(A)<1$。

定理由此得证。

4.2.4 对角占优矩阵

对投入产出有经济意义解条件分析的第三条路径就是基于对角占优矩阵的分析。

为证明严格对角占优矩阵特征值的性质，引入界定矩阵特征值变动区间的一个定理，即矩阵特征值的圆盘定理。以 A 的去心绝对值的行和为半径、以对角元素为圆心构成一个圆盘。A 的所有特征值都位于所有这些圆盘的并集中。

定理 4.18：格斯戈林（Gersgorin）

矩阵 A 的每个特征值至少在圆 $|z-a_{jj}|\leqslant Q_j$，$j=1$，…，n 之一内，而且至少在圆 $|z-a_{ii}|\leqslant P_i, i=1,2,\cdots,n$ 之一内。其中 $Q_j=\sum\limits_{\substack{i=1\\i\neq j}}^{n}|a_{ij}|, P_i=\sum\limits_{\substack{j=1\\j\neq i}}^{n}|a_{ij}|$。

证明：

令 λ 为 A 的一个根，则 $\det(\lambda I-A)=0$。采用反证法，设对于所有的 j，有 $|\lambda-a_{jj}|>Q_j$，由此出发将得到：

$$|\lambda\delta_{jj}-a_{jj}|>\sum_{i\neq j}|a_{ij}|=\sum_{i\neq j}|\lambda\delta_{ij}-a_{ij}|$$

能够转化为上式的关键是引入了一个系数 δ_{ij}，被称为克罗内克尔 δ。当 $i\neq j$ 时，则 $\delta_{ij}=0$，当 $i=j$ 时，则 $\delta_{ij}=1$。

从经过转化后的式子可以看出，$(\lambda I-A)$ 具有严格对角占优。根据之前的定理，$(\lambda I-A)$ 为非奇异矩阵。这与 λ 为 A 的根的事实相矛盾。因此，对于某些 j，有 $|\lambda-a_{jj}|\leqslant Q_j$。

利用行和定义的 d. d.，可以用类似的方式证明矩阵 A 的每个特征值至少在圆 $|z-a_{ii}|\leqslant P_i$，$i=1, 2, \cdots, n$ 之一内。

定理由此得证。

严格对角占优矩阵在矩阵特征值方面的一个重要性质就是，正的严格对角占优矩阵的所有特征根的实部为正，而负的严格对角占优矩阵的所有特征根的实部为负。在此我们证明正的对角占优，所有特征根的实部为正，而负对角占优的情形可以用类似的方式给予证明。

定理 4.19：

如果 A 具有严格正的对角占优，则 A 的每个根的实部为正。

证明：

令 A 具有严格正对角占优。采用反证法，假设 A 的根 λ 的实部 $\mathrm{Re}(\lambda)\leqslant 0$，则

$$|a_{jj}-\lambda| = |a_{jj}-\lambda\delta_{jj}| \geqslant |a_{jj}| > \sum_{i\neq j}|a_{ij}| = \sum_{i\neq j}|a_{ij}-\lambda\delta_{ij}|$$

也就是：

$$|\lambda-a_{jj}| = |a_{jj}-\lambda| > Q_j$$

这与格斯戈林定理相矛盾。定理由此得证。

从上述定理可进一步推知，具有严格正的对角占优矩阵就是 P-矩阵。因为根据上述定理，严格正的对角占优矩阵的特征根都具有正的实部，而矩阵的行列式等于特征根的乘积，因此该矩阵的行列式为正。严格正的对角占优矩阵的任意一个主子阵也是严格正对角占优的，因此任意一个主子式的行列式也为正。这也就是说严格正对角占优矩阵就是 P-矩阵。

此外，严格正对角占优矩阵还有一项重要的性质，就是以对角元素构成的余子式要大于等于非对角元素构成的余子式。

定理 4.20：

A 为一个 Z-矩阵。如果 A 具有严格正的对角占优，那么对角元素 a_{jj} 的代数余子式 A_{jj} 要大于等于非对角元素 a_{ij} 的代数余子式 A_{ij}，其中 $i\neq j$。

证明：

任取 A 的两列：第 k 列与第 l 列，根据一列元素与另一列相应元素的代数余子式乘积和为 0，且根据假设，A 的非对角元素非正，而对角元素为正。因此有：

$$A_{kl}a_{kk} = A_{1l}|a_{1k}| + A_{2l}|a_{2k}| + \cdots + A_{(k-1)l}|a_{(k-1)k}| + A_{(k+1)l}|a_{(k+1)k}| + \cdots + A_{nl}|a_{nk}|$$

利用反证法，设 A_{kl} 为第 l 列元素的代数余子式中最大的。因为 A 具有正的对角占优，因此有：

$$a_{kk} > |a_{1k}| + |a_{2k}| + \cdots + |a_{(k-1)k}| + |a_{(k+1)k}| + \cdots + |a_{nk}|$$

那么上述等式的左端将必然大于右端。因此 A_{kl} 不是第 l 列元素的代数余子式中最大的。这对于所有非对角元素的代数余子式具有同样的结论。

定理由此得证。

严格对角占优矩阵特征根的性质可进一步扩展到 q. d. d.。

定理 4.21：

如果 A 具有正的 q. d. d.，则 A 的各个根的实部为正。

证明：

采用反证法，假设 A 的根 λ 的实部 $\mathrm{Re}(\lambda)\leqslant 0$，则：

$$|a_{jj}-\lambda| \geqslant |a_{jj}|$$

因此，

$$d_j|a_{jj}-\lambda\delta_{jj}| \geqslant d_j|a_{jj}|$$

由于 A 具有 q. d. d.，则对于所有的 j，$d_j \mid a_{jj} \mid \geqslant \sum_{i\neq j} d_i \mid a_{ij} \mid$，其中至少一个严格不等式成立。把上面的式子结合在一起，有：

$$d_j |a_{jj} - \lambda\delta_{jj}| \geqslant d_j |a_{jj}| \geqslant \sum_{i\neq j} d_i |a_{ij}| = \sum_{i\neq j} d_i |a_{ij} - \lambda\delta_{ij}|$$

也就是对所有的 j，$d_j |a_{jj} - \lambda\delta_{jj}| \geqslant \sum_{i\neq j} d_i |a_{ij} - \lambda\delta_{ij}|$，其中至少有一个严格不等式成立。因此，$(A-\lambda I)$ 具有 q. d. d.，根据之前的定理，该矩阵非奇异。这就与 λ 为 A 的根的事实相矛盾。由此，$Re(\lambda)>0$。

定理由此得证。

上述性质表明，严格对角占优矩阵与 q. d. d. 在 Z-矩阵的条件下，进一步成为非奇异 M-矩阵。因此，q. d. d. 必然与广义 H－S 定理中的条件等价。麦肯齐对这一结论进行了证明。

定理 4.22：麦肯齐（McKenzie）

令 B 为方阵，其中对于所有的 i，有 $b_{ii}>0$，而对于所有的 $i\neq j$，有 $b_{ij}\leqslant 0$。在已知 $c\geqq 0$ 时，当且仅当 B 具有 q. d. d. 时，$Bx=c$ 才有唯一解 $x\geqq 0$。

证明：

首先将看到在唯一解的情况下，$c=0$ 时，$x=0$；$c>0$ 时，$x>0$；而 $c\geqslant 0$ 时，$x\geqslant 0$。这一结论证明如下：

当 $c=0$ 时，$Bx=0$，则 $B(ax)=0$，如果解是唯一的，则 $x=0$。

当 $Bx=c>0$ 时，令 x 半正，$x\geqslant 0$，其中存在着 0 元素。令 $x_k=0$。看 $Bx=c$ 的第 k 个方程：

$$\sum_{j=1}^{n} b_{kj}x_j = c_k > 0$$

或者因为 $x_k=0$，可写为：

$$\sum_{\substack{j=1\\ j\neq k}}^{n} b_{kj}x_j = c_k > 0$$

由于对于所有 $j\neq k$，$b_{kj}\leqslant 0$，同时 $x_j\geqslant 0$，所以上式左端非正。这个矛盾意味着 $x>0$。

因此，$Bx>0$ 意味着 $x>0$。同时，也可以看到，上式能够成立的唯一可能是 $c_k=0$，这意味着 $c\geqslant 0$，必有 $x\geqslant 0$。

其次证明其充分性与必要性。

充分性：假设 B 具有 q. d. d.，根据之前的定理，B 为非奇异矩阵。$Bx=c$ 有唯一解：$x=B^{-1}c$。如果 $c=0$，则 $x=0$。满足上述条件。对于 $c\geqslant 0$ 时，$x\geqslant 0$ 的证明则采用反证法。

假设对于 $c\geqslant 0$，解 x 中存在负的元素。令这些负元素的下标集为 J，令 $J=\{j \mid x_j<0\}\subseteq N$，$N=1，\cdots，n$。对于 $j\notin J$，$x_j\geqslant 0$。把向量 x 经过置换分成两个部分，其中 $x_1，\cdots,x_r$ 属于脚标为$i\in J$的部分，按照假设这些 x 分量值都小于 0；剩下的部分属于脚标 $i\notin J$的部分，按照假设大于等于 0。矩阵 B 与向量 c 也按此置换：

$$\begin{bmatrix} b_{11} & \cdots & b_{1r} & b_{1(r+1)} & \cdots & b_{1n} \\ \vdots & \vdots & \vdots & \vdots & \vdots & \vdots \\ b_{r1} & \cdots & b_{rr} & b_{r(r+1)} & \cdots & b_{rn} \\ b_{(r+1)1} & \cdots & b_{(r+1)r} & b_{(r+1)(r+1)} & \cdots & b_{(r+1)n} \\ \vdots & \vdots & \vdots & \vdots & \vdots & \vdots \\ b_{n1} & \cdots & b_{nr} & b_{n(r+1)} & \cdots & b_{nn} \end{bmatrix} \begin{bmatrix} x_1 \\ \vdots \\ x_r \\ x_{r+1} \\ \vdots \\ x_n \end{bmatrix} = \begin{bmatrix} c_1 \\ \vdots \\ c_r \\ c_{r+1} \\ \vdots \\ c_n \end{bmatrix}$$

（前 r 列为 $j\in J$，后 $n-r$ 列为 $j\notin J$；前 r 行为 $i\in J$，后 $n-r$ 行为 $i\notin J$）

考虑 $Bx=c$ 的第 i 个方程，当$i\in J$时：

$$\sum_{j\notin J} b_{ij}x_j + \sum_{j\in J} b_{ij}x_j = c_i \geqslant 0$$

用 $d_i>0$ 乘以公式两边，再对所有$i\in J$求和：

$$\sum_{i\in J}\sum_{j\notin J} d_i b_{ij}x_j + \sum_{i\in J}\sum_{j\in J} d_i b_{ij}x_j = \sum_{i\in J} d_i c_i \geqslant 0$$

考察上式左边第一项是 B 矩阵中$i\in J$，$j\notin J$ 的分块矩阵与向量 x 中$i\notin J$的分块相乘。另外还要左乘一个元素 d_i 为正的对角矩阵。显然这部分的结果非正。因为对于$i\in J$，$j\notin J$，作为 B 矩阵中的非对角元素 $b_{ij}\leqslant 0$；对于 $j\notin J$，$x_j\geqslant 0$，同时对于所有的 i，$d_i>0$。

对于第二项，则是 B 矩阵的$i\in J$，$j\in J$ 的分块矩阵与向量 x 中$i\in J$的分块相乘，再左乘一个正的对角矩阵。其中的分块矩阵主对角元素为正，而非对角元素非正，对应的分块向量根据假定元素为负。对于这两者的相乘，最终可以说明结果为负。如此，上式中左边为负，而右边为非负，两者矛盾，从而说明解 x 将不存在负的元素，即 $x\geqslant 0$。

现在来说明为什么第二项为负。为此，对该项变形：

$$\sum_{i\in J}\sum_{j\in J} d_i b_{ij}x_j = \sum_{j\in J}\Big[\sum_{i\in J} d_i b_{ij}\Big]x_j$$

该式表明，矩阵与向量相乘，然后对所得到的向量元素进行合计，将等于矩阵列项相加所得到的行向量与向量相乘。经过这样的变换，就可以利用列向定义的拟对角占优矩阵 q. d. d. 所定义的不等式了。

根据假定，B 为拟对角占优矩阵，在给定的符号条件下，把任何一列分成$i\in J$和$i\notin J$两部分，将有：$\sum_{i\in J} d_i b_{ij} + \sum_{i\notin J} d_i b_{ij} \geqslant 0$，对于所有的列，其中至少有一个严格不等式成立。

现在考察 $j\in J$ 中的列，$\sum_{i\notin J} d_i b_{ij}$ 中的 $b_{ij}\leqslant 0$，因此，$\sum_{i\notin J} d_i b_{ij}\leqslant 0$，进而有$\sum_{i\in J} d_i b_{ij}\geqslant 0$。

进一步将证明其中的某些列 $j\in J$，$\sum_{i\in J} d_i b_{ij}>0$。为推导这一论断，采用反证法，假定对于所有的$j\in J$，$\sum_{i\in J} d_i b_{ij}=0$。这意味着 B 为可分解矩阵，且对于$j\in J$，至少有一个严格不等式$\sum_{i=1}^{n} d_i b_{ij}>0$成立。因为根据刚才的假定$\sum_{i\in J} d_i b_{ij}=0$，所以$\sum_{i\notin J} d_i b_{ij}>0$。但是，这就与 B 矩阵中非对角元素是非正的相矛盾。也就是说，必然有一些 $j\in J$，严格不等式$\sum_{i\in J} d_i b_{ij}>0$成立。这进而说明整个第二项为负。充分性由此得证。

必要性：能够从后一个关系，即 $Bx>0$ 有唯一解 $x>0$，推导出矩阵为 q. d. d. 。

由于 $Bx>0$，意味着 $x>0$，经过转置有：$x'B'>0$，这表明 B' 为 q. d. d. 。

既然 B' 具有 q. d. d.，根据定理第一部分，有：$B'z=f>0$ 具有唯一解 $z>0$。也就是说 $B'z>0$。经过转置有：$z'B>0$，也就是说，B 具有 q. d. d. 。

整个定理由此得证。

在 H－S 条件的讨论中，条件（i）说的是对于某个给定的为正的最终需求，存在非负解，是一个弱条件，而条件（ii）说的是对于任意一个非负的最终需求，存在非负解，是一个强条件。上述定理表明，在相应的符号条件下，拟对角占优矩阵与广义 H－S 的强条件是等价的。

4.2.5 静态体系的解与弗罗贝尼乌斯根的经济含义

至此完成了对于投入产出模型有经济意义解的各种等价条件的考察。经过这些考察，我们知道这些条件能够成立完全是建立在非奇异 M－矩阵的各种等价条件基础上的。这里我们对得到的投入产出静态体系下有经济意义解的各种等价条件综合如下。

对于静态模型：

$$Ax+c=x$$

令 $B=(I-A)$，简记为：$Bx=c$。

上述模型中，A 为非负矩阵，而 $B=I-A$ 为 Z－矩阵。H－S 定理表明，在满足有经济意义解的条件下，B 为 P－矩阵。也就是说，在满足有经济意义解的条件下，B 为非奇异 M－矩阵。

根据非奇异 M－矩阵的等价条件，投入产出模型有经济意义解在系数矩阵 B 为 Z－矩阵的条件下，如下性质是相互等价的：

（1）对于某个给定的 $c>0$，存在非负解 $x\geqq 0$；

（2）对于任意一个非负 $c\geqq 0$，存在非负解 $x\geqq 0$；

（3）B 为非奇异 M－矩阵；

（4）B 为 P－矩阵；

（5）B 为严格对角占优矩阵；

（6）B 为拟对角占优矩阵 q. d. d.；

（7）B 的顺序主子式为正；

（8）A 矩阵的弗罗贝尼乌斯根小于 1，即 $\lambda^*(A)=\rho(A)<1$；

（9）B 为单调矩阵，即 $B^{-1}\geqslant 0$；

（10）B 的所有实根为正；

（11）B 的所有根的实部为正。

投入产出模型体系中，与行向数量模型同时存在的是一个列向价格模型。价格模型表明的是一种成本价格，一种商品的价格等于其单位生产成本。用矩阵表示为：

$$p=pA+v$$

或者：

$$pB=v \tag{4.7}$$

其中，p 为产品价格行向量，v 为产品单位产出的增加值或初始投入价值。系数矩阵 A 和 B 的含义与数量模型的相同。

显然之前对行向数量关系模型有经济意义解的分析完全适用于对价格模型的分析。对于 Z-矩阵 B，所有数量体系下有经济意义解的等价条件都能保证对于某个给定的 $v>0$，存在有经济意义的非负价格 $p\geqq 0$，以及对于任意一个非负 $v\geqq 0$，存在非负价格 $p\geqq 0$。因此，对于价格模型可以得到与数量体系完全类似的有经济意义解的一组等价条件。也就是说，当且仅当 $pB=v$ 的解有意义时，$Bx=c$ 的解有意义。

既然在投入产出数量与价格这样一个对偶的经济系统中，有经济意义解的条件是一致的，都取决于系数矩阵的性质。那么作为具有系数矩阵最重要的性质的弗罗贝尼乌斯根，其经济含义又是如何呢?

在投入产出行向数量模型 $Ax+c=x$ 与列向价格模型 $p=pA+v$ 中，系数矩阵 A 为非负矩阵。根据弗罗贝尼乌斯定理，存在非负的弗罗贝尼乌斯根 $\lambda^*(A)$，以及非负且不全为 0 的特征向量。

对于价格模型，假定各部门中间投入价值与初始投入价值的比例相同，定义 β 为初始投入价值或增加值与中间投入价值之比，因此有：

$$v=\beta pA$$

进一步，价格模型可变换为：

$$\frac{1}{1+\beta}p=pA$$

因此，对于非负矩阵 A，弗罗贝尼乌斯定理保证了价格向量为半正的，而特征根 $\lambda^*(A)=\frac{1}{1+\beta}\geqslant 0$。

此外，如果增加值部分为正，也就是经济中要有剩余产品，从而保证经济系统为可行的（workable，profitable），即 $\beta>0$，那么就要求 $0<\lambda^*(A)<1$。

从经济意义的角度看，如果 β 是增加值与中间投入的比值，那么 $\lambda^*(A)$ 就是中间投入占总投入的比重。因此，非负矩阵 A 的弗罗贝尼乌斯根的经济含义是，在各部门中间投入与增加值具有相同比例的一个经济系统中，$\lambda^*(A)$ 正是这样一个中间投入占总投入的比重，而相应的左特征向量成为价格向量。

对于与价格模型对偶的数量模型，可以做类似的分析。这时对应于非负矩阵 A 的弗罗贝尼乌斯根的经济含义为，在一个各部门中间产品与最终产品具有相同比例的经济系统中，$\lambda^*(A)$ 成为这样一个中间产品占总产品的比重，而相应的右特征向量成为总产出向量。无论是对于价格模型还是数量模型，弗罗贝尼乌斯定理保证了有经济意义的产出与价格。

然而，所有部门中间产品与总产品，或者是中间投入与增加值两者的比例都相等的假定过于严格而难以符合经济实际。在一个竞争的经济中，一个更为符合经济意义的假定是各部门的利润率相等，而这样一个经济系统的存在也可以建立在非负系数矩阵与弗罗贝尼乌斯定理之上。为此，将增加值向量分解为利润与工资：

$$v=q+wl$$

其中，q 为各部门单位产出的利润行向量，l 为各部门单位产出的劳动投入系数行向量，w 为各部门相同的一个工资率。

把利润看作是中间投入与工资投入带来的一个剩余，定义各部门具有一个相同的利润率 r，于是有：

$$q=r(pA+wl)$$

进一步有：

$$p=pA+r(pA+wl)+wl$$

$$p=(1+r)(pA+wl)$$

或者

$$p(\frac{1}{1+r}I-A)=wl$$

当且仅当 $(\frac{1}{1+r}I-A)^{-1}\geqq 0$ 时，对于 $wl\geqslant 0$，有 $p\geqslant 0$。对于非负矩阵 A，$(\frac{1}{1+r}I-A)$ 为 Z-矩阵，因此 $(\frac{1}{1+r}I-A)^{-1}\geqq 0$ 或者 $(\frac{1}{1+r}I-A)$ 为非奇异 M-矩阵的条件是 $\lambda^*(A)<\frac{1}{1+r}$。这意味着 $r<\frac{1}{\lambda^*(A)}-1$，同时考虑 $r>0$，那么各部门具有相同利润率的一个经济系统有经济意义解的条件，也即存在非负价格向量的条件是：$0<r<\frac{1}{\lambda^*(A)}-1$。这样就保证了一个各部门具有相同利润率的经济系统的存在性。

4.3 比较静态分析

在静态均衡的基础上，可以研究在外生冲击下，均衡的比较静态变化。下面将分别研究在行向数量模型中，最终需求变化对产出的影响，以及在列向价格模型中，收入分配改变对价格的影响。

4.3.1 最终需求对产出的影响

首先讨论投入产出模型中系数矩阵为可分解矩阵的情形。

对于可分解的系数矩阵 A，可以通过行列置换转化为 $A=\begin{bmatrix}A_{11} & A_{12}\\ 0 & A_{22}\end{bmatrix}$。相应地，产出与最终需求根据系数矩阵做相应的分块，有：

$$\begin{bmatrix}x_1\\ x_2\end{bmatrix}=\begin{bmatrix}A_{11} & A_{12}\\ 0 & A_{22}\end{bmatrix}\begin{bmatrix}x_1\\ x_2\end{bmatrix}+\begin{bmatrix}y_1\\ y_2\end{bmatrix}$$

这样，称 x_1 对应的部门为第一类部门，而把 x_2 对应的部门称为第二类部门。第一类部门的生产无须第二类部门提供投入，因而独立于第二类部门，但是，第二类部门的生产却离不开第一类部门。

对于上述方程，可求解为：

$$x_2=(I-A_{22})^{-1}y_2$$
$$x_1=(I-A_{11})^{-1}[A_{12}(I-A_{22})^{-1}y_2+y_1]$$

结果表明，尽管第一类部门的产出 x_1 的变化会受 y_1 与 y_2 的影响，但是第二类部门的产出 x_2 的变化只受 y_2 的影响。或者反过来说，最终需求 y_2 的变动会影响所有部门的产出，但是 y_1 的变动不会对 x_2 的产出产生影响。

这一结论的经济含义是：如果第一类部门的生产独立于第二类部门，那么对第一类部门产品的最终需求将不会对第二类部门的产出产生影响。第二类部门的产出只会受对本部门产品最终需求的影响。

与可分解技术条件下的最终需求变化的产出影响不同的是，在不可分解技术条件下，某种产品最终需求变化对产出的影响将导致所有部门产出都增长，而且将证明，该产品对应部门的产出增长幅度最大。

定理 4.23：

假定满足有经济意义解条件的投入产出系统中仅有第 k 种产品的最终需求增加。在技术不可分解的条件下，所有部门产品的产出将增加，且第 k 种产品的产出增加幅度最大。

证明：

用 y'，x'表示新的最终需求和产出向量。其中 $y_k{}'=\alpha y_k$，且 $\alpha>1$，而对于所有的 $i\neq k$，$y_i{}'=y_i$。因此有：

$$(I-A)\Delta x=\Delta y=(\alpha-1)e^k$$

其中，e^k 表示第 k 个元素为 1、其他元素为 0 的列向量。进一步有：

$$\Delta x=(I-A)^{-1}(\alpha-1)e^k$$

因为对于不可分解矩阵，满足有经济意义解的条件下，对于非负不可分解矩阵 A，在对角元素严格为正的条件下，$(I-A)^{-1}=\sum_{i=0}^{\infty}A^i>0$，又 $\alpha-1>0$，因此 $\Delta x>0$。

进一步设 $x_j{}'=\beta_j x_j$，显然根据上面的结论，对于所有的 j，有 $\beta_j>1$。

采用反证法，设产出增加幅度最大的部门不是第 k 个部门，即：$\beta_r=\max\beta_j$，但 $r\neq k$。

考察 $(I-A)\Delta x=\Delta y$ 中的第 r 个方程：

$$\sum_{j=1}^{n}(\delta_{rj}-a_{rj})(\beta_j-1)x_j=0$$

其中，δ_{rj} 表示当 $r=j$ 时为 1，而当 $r\neq j$ 时为 0。上式可改写成：

$$(1-a_{rr})(\beta_r-1)x_r=\sum_{j=1,j\neq r}^{n}a_{rj}(\beta_j-1)x_j$$

$$(1-a_{rr})x_r=\sum_{j=1,j\neq r}^{n}a_{rj}\frac{(\beta_j-1)}{(\beta_r-1)}x_j<\sum_{j=1,j\neq r}^{n}a_{rj}x_j$$

对于不可分解矩阵，H－S定理表明，对于任意的 $y\geqslant 0$，有 $x>0$。这意味着 $I-A$ 不是拟对角占优矩阵（q. d. d.）。显然这一结论与有经济意义解的条件相矛盾。定理由此得证。

下面将要证明的是最终需求增加所带来的产出增加的幅度不大于最终需求本身增加的幅度。

定理 4.24：

定义对产品 k 最终需求变动带来产品 i 产出变动的弹性系数为 $\varepsilon_{ik}=\dfrac{\Delta x_i/x_i}{\Delta y_k/y_k}$，假定只是产品 k 最终需求发生变化的情况下，必有 $\varepsilon_{ik}\leqslant 1$。

证明：

采用之前的符号，需求的产出弹性可以变换为：

$$\varepsilon_{ik}=\frac{\Delta x_i/x_i}{\Delta y_k/y_k}=\frac{y_k(\beta_i-1)x_i}{x_i(\alpha-1)y_k}=\frac{\beta_i-1}{\alpha-1}$$

利用反证法，对于所有的 i，假设 $\beta_i>\alpha$，考察第 k 个方程：

$$x_k=\sum_{j=1}^{n}a_{kj}x_j+y_k$$

在需求变化后的情形下，该方程则变为：

$$x_k{}'=\sum_{j=1}^{n}a_{kj}x_j{}'+y_k{}'$$

进一步可改写为：

$$\beta_k x_k=\sum_{j=1}^{n}a_{kj}\beta_j x_j+\alpha y_k$$

因为根据之前的定理及上面的假定，有：$\beta_k\geqslant\beta_j>\alpha$，因此由上式得到：

$$x_k=\sum_{j=1}^{n}a_{kj}\frac{\beta_j}{\beta_k}x_j+\frac{\alpha}{\beta_k}y_k<\sum_{j=1}^{n}a_{kj}x_j+y_k$$

这与上面的第 k 个方程相矛盾。因此必有 $\beta_i<\alpha$。定理由此得证。

4.3.2 收入调整对相对价格的影响

税收和补贴对不同部门的收入调整会对相对价格带来影响。具体地，对一个部门增税的同时，把收取的税收转换为对另一个部门的补贴。在投入产出的成本价格体系下，将带来所有产品相对价格的改变。下面的分析中所表明的是，尽管其他部门产品的价格变化无法确定，但是至少增税部门的产品价格只会上升，而获得补贴部门的产品价格只会下降。

为了对商品价格变化进行分析，对于价格模型：

$$p = pA + v$$

其中，A 为直接消耗系数，p 为价格行向量，v 为初始投入行向量。

假设对一个部门增税，并对第二个部门提供补贴，因此有：

$$\begin{aligned} p_1 &= \sum p_i a_{i1} + v_1 + \tau \\ p_2 &= \sum p_i a_{i2} + v_2 - \tau \\ &\vdots \\ p_j &= \sum p_i a_{ij} + v_j, j = 3, \cdots, n \end{aligned}$$

对上述模型求关于税收 τ 的导数，并写成矩阵形式：

$$\frac{dp}{d\tau} = \frac{dp}{d\tau}A + (1, -1, 0, \cdots, 0)$$

$$\frac{dp}{d\tau} = (1, -1, 0, \cdots, 0)(I-A)^{-1}$$

定义 $G=I-A$，并用代数余子式展开 $(I-A)^{-1}$，将得到：

$$\frac{dp_1}{d\tau} = \frac{1}{\det G}(G_{11} - G_{12})$$

$$\frac{dp_2}{d\tau} = \frac{1}{\det G}(G_{21} - G_{22})$$

$$\vdots$$

$$\frac{dp_i}{d\tau} = \frac{1}{\det G}(G_{i1} - G_{i2}), i = 3, \cdots, n$$

投入产出模型中，$G=I-A$ 是一个具有正对角占优的 Z-矩阵。根据之前的定理，矩阵 G 对角元素的代数余子式将大于等于非对角元素的代数余子式，即对于所有的 $j \neq i$，$G_{ii} \geqslant G_{ij}$。因此可以得出结论 $\frac{dp_1}{d\tau} \geqslant 0$，而 $\frac{dp_2}{d\tau} \leqslant 0$，但 $\frac{dp_i}{d\tau}$ 的符号则无法确定。

4.4　静态均衡的有效性

一般看来，技术选择将受到初始资源禀赋状况和需求结构的影响，比如人们往往认为对资本密集型产品需求的上升，同时对劳动密集产品需求的下降将带来生产技术上对资本密集技术的偏向。但是在形如列昂惕夫模型的生产体系中，被证明这一点并不成立。所谓的无替代定理（non-substitution theorem）表明需求结构的改变并不会带来投入间的替代，从而也就不影响技术。

萨缪尔逊最早在《生产与配置的活动分析》一书中提出了无替代定理，并给出了相应的证明。该书中同时还给出了库普曼斯和阿罗对这一定理的证明。从那时起至今这一理论问题反复被人们研究，成为投入产出静态体系中的一个关键性质。它表明了投入产出静态均衡的技术有效性并不受外生的最终需求冲击而改变。

无替代定理强调的是单一技术可以作为对技术的充分表述，而不管是否存在多个可替代的过程。从这一性质出发，将表明竞争均衡价格的确定不受需求面的影响，同时需求水平和结构的变化将只是影响经济活动水平，而不会影响技术本身。

在这一部分将首先介绍约翰森（Leif Johansen）对无替代定理的数学证明，然后介绍多夫曼、萨缪尔逊和索洛所给出的替代性含义的说明。

4.4.1 技术选择与无替代定理

分别用 x_i 和 y_i 表示第 i 产品或部门的总产出和最终需求。劳动是唯一的初始投入，且是有限的。投入产出模型的条件可表示为净产出不小于最终需求，劳动需求小于现有劳动供给量。因此我们所要分析的投入产出模型可以表示如下：

$$y_i \leqslant x_i - \sum_{j=1}^{n} a_{ij} x_j \quad (i = 1, \cdots, n) \tag{4.8}$$

$$\sum_{j=1}^{n} b_j x_j \leqslant L \tag{4.9}$$

此外还要求非负约束：$x_i \geqslant 0$，$y_i \geqslant 0 (i = 1, \cdots, n)$。其中，$a_{ij}$ 和 b_j 是直接投入和劳动投入系数，$a_{ij} \geqslant 0$，$b_j > 0$，表明劳动是生产所必需。L 是有限的劳动供给量。

上述模型表示成矩阵形式为：

$$y \leqq x - Ax \tag{4.10}$$

$$bx \leqslant L \tag{4.11}$$

其中，x 与 y 是总产出与最终产品列向量，而 A 为直接消耗系数矩阵，b 为劳动投入系数行向量。

第 j 部门的投入系数可以写为（a_{1j}，…，a_{nj}，b_j）=（a_j，b_j），称其为第 j 部门的活动（activity）。每个部门有一个投入系数，把所有部门投入系数合起来写成（A，b），构成的矩阵称为技术（technology）。用集合 T_j 表示第 j 个部门所有可能的投入系数或活动（a_j，b_j）的集合，或者说是第 j 个部门所有可能选择的活动集，那么：

$$(a_j, b_j) \in T_j \quad (j = 1, \cdots, n)$$

进一步引入最终需求向量 y 的可行域，称 $U(A, b)$ 为使用技术（A，b）生产所能达到的 y 的可行域，即：

$$U(A,b) = \{y \mid y \geqslant 0, \text{且存在 } x \geqslant 0 \text{ 使 } x, y \text{ 满足投入产出模型}\}$$

也就是说，对于任何一个给定的技术（A，b），在满足给定约束的条件下，所能够提供的最终产品构成了一个最终产品或净产出的可行的集合 $U(A, b)$。对于另一组技术（A^*，b^*），则存在另一个最终产品的可行集合 $U(A^*, b^*)$。无替代定理指的是对于某个最优的技术（A^*，b^*），使用任何其他技术（A，b）所能得到的可行域 $U(A, b)$ 都包含于 $U(A^*, b^*)$。

具体从上述投入产出模型所给出的一个生产系统来说，最终产品的生产需要满足三个方面的约束：技术约束、资源约束与经济约束。在投入产出模型中，同样的资源条件下，不同技术能够得到的最终产品量多少有些不同，这就是不同技术能力带来的差异；对于同一技术，在投入产出模型中，如果资源不受任何约束，可以生产出任何想要的最终产品，而资源的约束为最终产品的生产提出了制约，在上述模型中劳动就是唯一的制约因素；经济约束指的是要符合经济意义，负的产出没有意义。从这样的角度理解无替代定理，也就是说如果（A^*，b^*）是最优技术，那么生产同样的最终产品 y，它不会比其他任何一种技术使用更多的劳动。这样不管最终需求如何变化，都可以通过这一技术得到，而无须变换技术，或者是采取某种替代。把满足这些条件的一组活动（a_1^*，b_1^*），…，（a_n^*，b_n^*），以及由它们所构成的技术（A^*，b^*）称为优势技术（dominant technology)，也称为在技术上是有效的（efficient)。

优势技术就是成本最小化的技术。如果设劳动的价格为 1，把其他商品的价格表示为相对于劳动的价格为 $p=(p_1, \cdots, p_n)$，用一个行向量表示。现在假定存在某个特定的正的价格向量 $p^*=(p_1^*, \cdots, p_n^*)$，相应地存在某个技术（$A^*$，$b^*$），使得这一技术下的各部门生产成本最低，由这些最低成本所决定的价格正是竞争均衡价格 $p^*=(p_1^*, \cdots, p_n^*)$。在均衡价格下，任何一个部门在该部门所有活动 T_j 中具有最低成本，同时最小成本的活动具有零利润。这一条件可表述如下：

$$\sum_{i=1}^{n} p_i^* a_{ij} + b_j \geqslant \sum_{i=1}^{n} p_i^* a_{ij}^* + b_j^* \quad \text{对于所有}(a_j, b_j) \in T_j \quad (j=1,\cdots,n) \tag{4.12}$$

$$p_j^* = \sum_{i=1}^{n} p_i^* a_{ij}^* + b_j^* \quad (j=1,\cdots,n) \tag{4.13}$$

表示成矩阵形式为：

$$p^* A + b \geqq p^* A^* + b^* \tag{4.14}$$

$$p^* = p^* A^* + b^* \tag{4.15}$$

为什么有效的技术就是成本最小化的技术？对于两者的一致性可以用一个简单的反证法来说明。

如果（A^*，b^*）是成本最小化的技术，那么该技术就是有效的技术。现在假设（A^*，b^*）不是有效的技术，存在另一个技术（$\bar{A}$，$\bar{b}$）更为有效。也就是说能够以更小的投入生产同样的产出，即（$\bar{A}$，$\bar{b}$）$\leqslant$（A^*，b^*）。那么对于非负的价格（p，1），有 $(p, 1)(\bar{A}, \bar{b})' < (p, 1)(A^*, b^*)'$。这意味着（$A^*$，$b^*$）不再是成本最小化的技术。

在上述讨论的基础上，无替代定理可以表述如下：

定理 4.25：无替代定理（non-substitution）

如果存在一组满足成本最小化的正的价格 $p^*=(p_1^*, \cdots, p_n^*)$ 以及优势技术（A^*，b^*），任何其他技术（A，b）的所有最终产品可行域 $U(A, b)$ 都包含于 $U(A^*, b^*)$。

证明：

如果 $\bar{y}$ 可以由某个技术（A，b）生产，现在要证明 $\bar{y}$ 可以由（A^*，b^*）生产，而它所使用的劳动量并不比技术（A，b）多。

设 $\bar{y}$ 可以由某个技术（A，b）来生产，其产出为 $\bar{x}$。因此有：

$\bar{y} \leqq \bar{x} - A\bar{x}$

$b\bar{x} \leqslant L$

现在采用（A^*，b^*）来生产 $\bar{y}$。在恰好生产 $\bar{y}$ 的最终产品的情况下，产出为 x^*，而使用的劳动量为 L^*。于是有：

$\bar{y} = x^* - A^* x^*$

$b^* x^* = L^*$

利用两个模型之间的关系有：

$$x^* - A^* x^* = \bar{y} \leqq \bar{x} - A\bar{x}$$

对上式两端左乘价格向量 $p^* > 0$，得到：

$$p^* x^* - p^* A^* x^* \leqslant p^* \bar{x} - p^* A\bar{x}$$

根据零利润的公式：$p^* - p^* A^* = b^*$，因此上式可变换为：

$$L^* = b^* x^* \leqslant p^* \bar{x} - p^* A\bar{x}$$

另外，根据均衡价格成本最小化的定义：$p^* A + b \geqq p^* A^* + b^*$，两边右乘 $\bar{x}$，得到：

$$p^* A\bar{x} + b\bar{x} \geqslant p^* A^* \bar{x} + b^* \bar{x}$$

根据零利润的公式，上式的右端为：

$$p^* A^* \bar{x} + b^* \bar{x} = p^* \bar{x}$$

因此有：

$$p^* A\bar{x} + b\bar{x} \geqslant p^* \bar{x}$$

或者：

$$b\bar{x} \geqslant p^* \bar{x} - p^* A\bar{x}$$

结合之前的不等式：

$$L^* = b^* x^* \leqslant p^* \bar{x} - p^* A\bar{x} \leqslant b\bar{x} \leqslant L$$

这表明（A^*，b^*）技术使用的劳动量并不大于技术（A，b）所使用的劳动量，进而任何其他技术（A，b）的所有最终产品可行域 $U(A, b)$ 都包含于 $U(A^*, b^*)$。定理由此得证。

4.4.2　无替代定理的含义

一般认为，列昂惕夫体系之所以排除了替代的可能，是因为相对于一般均衡理论要素间存在替代的情形，列昂惕夫体系采取固定系数假定，然而这正是经常被误解的地方。

列昂惕夫体系替代性的有无问题不在于固定系数，而根本问题在于列昂惕夫体系假定劳动是唯一的初始投入要素。在经济是“循环流”的观点下，所有产品的生产都相互需要，没有一种产品只作为投入而存在，只有劳动，或者说初始投入是例外。所以不同产品最终都还原为劳动，或者说对任何产品最终需求的扩大都可以通过劳动投入的增加来实现。那么在这样一种假定下，劳动成为唯一的成本，商品的价格将取决于其直接和间接的劳动含量，工资率的变化只是等比地增加所有商品的价格，从而相对价格不会变化。

因此，列昂惕夫体系的固定系数并不是说要素不存在替代性，每个商品只有一个固定的投入比率，实际上即使每个产业有多个生产过程，但只有一个过程被采用，而且这一过程将不受最终消费需求变化的影响，将始终保持这样一种生产过程及相应的投入比率。固定系数并不是没有选择，而是选择的结果总是固定的。这就是萨缪尔逊等人最早在《生产与配置的活动分析》一书中所提出的“替代定理”所要阐述的内容。

萨缪尔逊等人在《线性规划和经济分析》一书中，进一步采用活动分析对投入产出体系中的技术进行了表述，从而直观地表达了无替代定理的含义。在图 4-2 中，在二维坐标上把生产的最终产品和净结果表示出来，负数表示投入，正数表示产出。

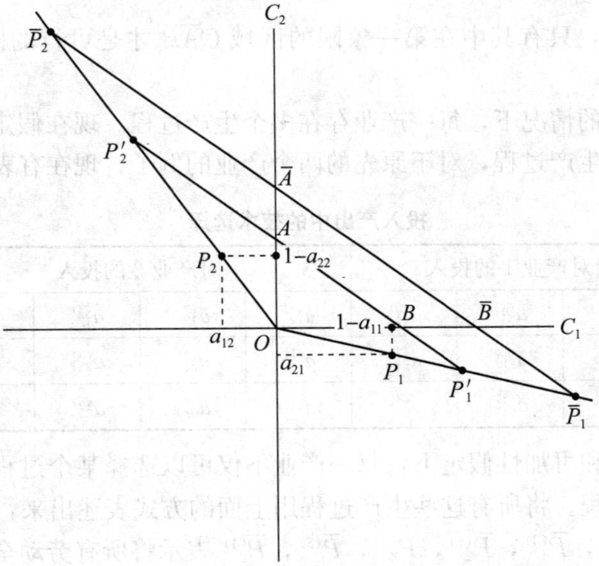

图 4-2 净产出前沿

资料来源：Dorfman，R.，Samuelson，P. A. and Solow，R. M. *Linear programming and economic analysis*，New York：McGraw-Hill，1958：220.

图 4-2 中横轴表示商品 1，纵轴表示商品 2。从原点出发的两条射线 OP_1 和 OP_2 分别表示产业 1 和产业 2 的生产。

对产业 1 来说，P_1 点的坐标（$(1-a_{11})$，a_{21}）表示的生产活动是：投入 a_{11} 的商品 1 和 a_{21} 的商品 2，生产活动的结果是（$1-a_{11}$）单位商品 1 的净产出；对于产业 2 来说，P_2 点的坐标（$(1-a_{22})$，a_{12}）表示的生产活动是：投入 a_{22} 的商品 2 和 a_{12} 的商品 1，该产业活动的结果是（$1-a_{22}$）单位商品 2 的净产出。

在规模报酬不变的假定下，总产出增加或减少多少，净产出和投入也变动相应的倍数，结果就表现为从原点出发的两条射线 OP_1 和 OP_2 分别表示产业 1 和产业 2 的生产在不同活动水平下的生产结果。这种活动水平的扩展最终受到初始投入要素的限制，因此进一步引入作为初始投入要素的劳动投入。在 P_1 点，投入产业 1 的劳动是 a_{01} 个单位，那么沿着产业 1 的射线 OP_1，劳动投入为 1 个单位时的产出应该是在总产出为 $\frac{1}{a_{01}}$ 单位处（因为 a_{01} 个单位劳动投入生产 1 个单位商品 1），这时净产出为 $P'_1(\frac{1-a_{11}}{a_{01}},-\frac{a_{21}}{a_{01}})$。同样 P'_2 表示产业 2 劳动投入为 1 个单位时的净产出。因此，射线 OP_1 和 OP_2 上的不同点分别表示总劳动供给量按不同比例投入产业 1 或产业 2 的净产出水平，$P'_1P'_2$ 上的点则表示 1 个单位的总劳动投入按不同比例投入两个产业所得到的净产出的所有可能结果。考虑到负的净产出没有经济意义，因此，可行的净产出是 OAB 的三角区域，在生产前沿线 AB 线上是最有效率的点。当劳动投入不是 1 个单位而是 X_0 个单位时，得到 $\overline{P}_1((\frac{1-a_{11}}{a_{01}})X_0,-(\frac{a_{21}}{a_{01}})X_0)$ 和 $\overline{P}_2(-(\frac{a_{12}}{a_{01}})X_0,(\frac{1-a_{22}}{a_{01}})X_0)$，线段 $\overline{P}_1\overline{P}_2$ 表示劳动 X_0 按不同比例分配用于两个产业所得到的净产出。同样，只有其中在第一象限的区域 $O\overline{A}\overline{B}$ 才是可行的区域，$\overline{A}\overline{B}$ 线上是最有效率的点。

在存在技术选择的情况下，每一产业存在多个生产过程。现在假定产业 1 有 3 个生产过程，产业 2 有 4 个生产过程，对于原先的两个产业的例子，现在有表 4-1：

表 4-1　投入产出中的技术选择

	对产业 1 的投入			对产业 2 的投入				最终消费
产业 1	$a_{11}^{(1)}$	$a_{11}^{(2)}$	$a_{11}^{(3)}$	$a_{12}^{(1)}$	$a_{12}^{(2)}$	$a_{12}^{(3)}$	$a_{12}^{(4)}$	C_1
产业 2	$a_{21}^{(1)}$	$a_{21}^{(2)}$	$a_{21}^{(3)}$	$a_{22}^{(1)}$	$a_{22}^{(2)}$	$a_{22}^{(3)}$	$a_{22}^{(4)}$	C_2
劳动投入	$a_{01}^{(1)}$	$a_{01}^{(2)}$	$a_{01}^{(3)}$	$a_{02}^{(1)}$	$a_{02}^{(2)}$	$a_{02}^{(3)}$	$a_{02}^{(4)}$	

在规模报酬不变和可加性假定下，每一产业不仅可以选择某个过程，还可以采用其中的部分或全部生产过程。将所有这些生产过程用上面的方式表述出来，可见图 4-3。

图中点 $\overline{P}_1^{(1)}$，$\overline{P}_1^{(2)}$，$\overline{P}_1^{(3)}$，$\overline{P}_2^{(1)}$，$\overline{P}_2^{(2)}$，$\overline{P}_2^{(3)}$，$\overline{P}_2^{(4)}$ 表示将所有劳动全部用于某一生产过程的净结果，由这些点构成的凸集 $O\overline{P}_2^{(1)}\overline{P}_2^{(3)}\overline{P}_2^{(2)}\overline{P}_2^{(4)}\ \overline{P}_1^{(1)}\overline{P}_1^{(2)}\overline{P}_1^{(3)}$ 就是生产可行性区域。其中的任何一点表示由两个产业已知的 7 个生产过程，加上原点所代表的生产过程，共 8 个生产过程结合生产的净产出结果。同样，这些点在生产前沿线 AB 上是最有效率的点。

从这个例子和图 4-3 中可以看出，在产业 1 中，$\overline{P}_1^{(1)}$ 是优先的生产过程，而在产业 2 中 $\overline{P}_2^{(2)}$ 和 $\overline{P}_2^{(4)}$ 以及它们的所有组合都是优先的生产过程。但产业 2 也会像产业 1 一样，锁定于某个技术和投入比例，这就表明了无替代定理的基本思想：尽管每个产业有多个生产过程可以选择，但是每个产业只会选择其中一个生产过程，而且如此选择的生产过程将不受净产出结构和总劳动量变化的影响。

技术的无替代性质需要三项假定：一是唯一的初始投入要素，例如劳动；二是规模报酬不变；三是无联合生产。但是在这三个假定条件中，唯一初始投入要素的假定最为关键。生产商品的相对价格取决于直接和间接地所需要的初始要素的数量，而最低成本技术进一步决定了相对价格，当需求的变化不改变最低成本技术时，它将无法改变相对价格。或者反过来说，技术之所以不存在替代正源于相对价格的不变。帕西内蒂进一步强调，在

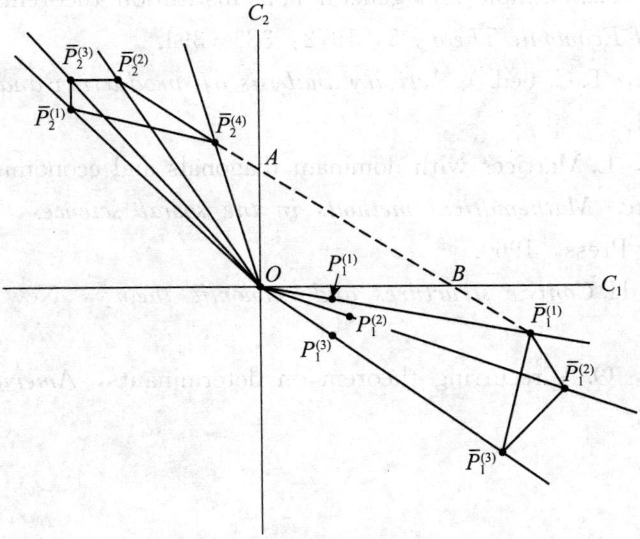

图 4－3　技术选择与无替代定理

资料来源：Dorfman，R.，Samuelson，P. A. and Solow，R. M. *Linear programming and economic analysis*，New York：McGraw-Hill，1958：225.

无替代性质的认识上往往会产生一种误解，认为所谓无替代性只是特定假定下的结果。实际上，放弃联合生产以及固定系数不变的假定只是使技术选择问题更为复杂，而并不简单意味着就带来替代。① 萨尔瓦多里（Salvadori）进一步指出，"如果最低成本技术的确随需求变化而变化，比如说是由于规模报酬递增，那么价格将会变化，但这将不是由于任何替代。由于只有一种生产要素，不可能有任何替代。同样，在那些联合生产的情况中，需求构成的一个变化的确导致了相对价格的一个变化，这个变化不是由于替代，而是产生于生产过程的最低成本结合发生的变化。"②

参考文献

［1］高山晟．数理经济学．2 版．北京：中国人民大学出版社，2009.

［2］伍兹．数理经济学．北京：中国展望出版社，1987.

［3］Berman，A. and Plemmons，R. J. *Nonnegative matrices in the mathematical sciences*，SIAM，1994.

［4］Dorfman，R.，Samuelson，P. A. and Solow，R. M. *Linear programming and economic analysis*，New York：McGraw-Hill，1958.

［5］Hawkins，D. and H. A. Simon. Note：some conditions of macroeconomic stability，*Econometrica*，1949：17.

---

① Pasinetti. L. L. *Lectures on the theory of production*，New York：Columbia University Press，1977：168－169.

② 伊特韦尔，等．新帕尔格雷夫经济学大辞典．北京：经济科学出版社，1996：729，730.

［6］Johansen，Leif. Simple and general nonsubstitution theorems for input-output models，*Journal of Economic Theory* 5，1972：383－394.

［7］Koopmans，T. C.（ed.）. *Activity analysis of production and allocation*，New York：Wiley，1951.

［8］McKenzie，L. Matrices with dominant diagonals and economic theory，in Kenneth J. Arrow，etc. *Mathematical methods in the social sciences*，1959，California：Stanford University Press，1960.

［9］Nikaido，H. *Convex structures and economic theory*，New York：Academic Press，1968.

［10］Taussky，O. A recurring theorem on determinants，*American Mathematical Monthly*，1949：56.

第五章

动态列昂惕夫体系

投入产出模型从静态扩展为动态主要通过两种路线：一种是在静态模型基础上引入时间因素，在这一方向上我们看到理论上的乘数概念，以及向多部门模型的推广；另一种则是存量—流量关系，在理论上则是加速原理，以及引入这一因素后投入产出动态模型的建立。列昂惕夫最早沿后一路线在静态模型的基础上引入了资本系数，作为联系前后两个时期产出的系数，从而把他的静态投入产出模型扩展为动态模型。投入产出的某些特殊假定，尽管在静态体系中并没有给投入产出模型带来困扰，却给投入产出动态体系带来了一些理论上的难题。对这些问题的研究成为投入产出动态模型研究的一项重要内容。

5.1 支出滞后与生产滞后

在静态模型中引入时间因素建立动态投入产出模型，数学上的模型形式就是矩阵差分方程与微分方程。但是，一般的前向差分方程在经济意义上表示的并不是一种生产滞后的投入产出联系，而更多是一种支出系统，只是后项差分方程才可以表示为生产滞后的投入产出关系。

5.1.1 支出滞后

如果我们对于静态投入产出模型 $x=Ax+y$ 引入时间因素，表示成差分方程的形式，我们将有如下形式的动态模型：

$$x(t+1)=Ax(t)+y \tag{5.1}$$

那么这种形式的动态模型该如何解释呢？文献中并不把这种模型解释为一种生产行为，而更多解释为一种支出行为，表示的是 t 期的需求引发了 $(t+1)$ 期的收入增加。从收入与支出的角度来理解，A 并不是一个技术矩阵。

在这样的解释下，上述支出滞后（expenditure lag）的投入产出模型可以看作是结构化的动态乘数，区别于总量形式的凯恩斯乘数，也可以称为分量形式的凯恩斯动态乘数（disaggregation of the dynamic multiplier of Keynes）。相应的，投入产出静态模型被理解为分量形式的静态凯恩斯乘数。对于如下的投入产出静态模型：

$$(I-A)x=y$$

其中，x 被看作是各部门的收入，y 被看作是各部门的自发需求，Ax 则称为引致需求。矩阵 A 的元素 a_{ij} 现在则被看作是第 j 个部门单位收入对第 i 部门产品的边际或平均消费倾向。进一步，当模型被转换为

$$x=(I-A)^{-1}y$$

可以看出，原来的列昂惕夫逆阵 $(I-A)^{-1}$ 现在成为结构化的凯恩斯乘数。当引入时间因素之后，我们所讨论的支出滞后模型则成为动态的结构化凯恩斯乘数模型。

为分析上述动态系统解的性质，我们可以写出如下的迭代过程：

$$\begin{aligned}
&x(1)=Ax(0)+y\\
&x(2)=Ax(1)+y=A^2x(0)+(I+A)y\\
&x(3)=Ax(2)+y=A^3x(0)+(I+A+A^2)y\\
&\quad\vdots\\
&x(t)=Ax(t-1)+y=A^tx(0)+(I+A+A^2+\cdots+A^{t-1})y
\end{aligned}$$

对于上述结果，将取决于矩阵 A 是否收敛。对于矩阵 A，如果 $t\to\infty$ 时，$A^t\to 0$，那么我们称矩阵 A 为收敛矩阵。在数学上，矩阵 A 为收敛矩阵的充要条件是矩阵 A 的谱半径 $\rho(A)<1$，对于投入产出系数也就是 A 的弗罗贝尼乌斯根小于 1。因此，从上述迭代过程可以看出，如果矩阵 A 的弗罗贝尼乌斯根小于 1，那么当 $t\to\infty$ 时，$A^t\to 0$。同时，$I+A+A^2+\cdots=(I-A)^{-1}$。此时随着 $t\to\infty$，$x(t)\to(I-A)^{-1}y$。

由此可见，对于上述动态系统，当系数矩阵 $I-A$ 作为一个 Z-矩阵，同时满足 A 的弗罗贝尼乌斯根小于 1 的条件，那么 $I-A$ 可逆，且 $(I-A)^{-1}\geqslant 0$。同时，上面的分析也表明，这一动态系统是稳定的。有经济意义解的存在性与稳定性的条件是等价的。

如何理解这一结论呢？在投入产出静态体系中，我们往往把均衡的产出解理解为是在一个年度内实现的，当然在这样的理解下，并不涉及时间前后关系。但是，如果我们不是把一个年度理解为瞬间的一个时点，而是一个时段，产出实际上是在这个时段内陆续实现的。上述动态体系表现的正是这一个年度内前后供求联系，最终实现最终需求的过程。基于这样的理解，静态与动态是相互转化的，而不是严格对立的。其区别只在于人们看待问题的视角不同。由此我们自然可以得出静态体系与这一差分系统之所以一致的原因。同时，我们也看出这一动态系统区别于我们下面要介绍的后向差分系统，是一种前向差分系统。

对于上述动态模型有经济意义解的条件，还可以从另一种形式上进行讨论。无论是在静态还是动态经济系统中，有经济意义的解都要求解的非负性。对于如下形式的线性差分方程组：

$$x(t+1)=Ax(t)+g(t),$$

对于所有的 t，$g(t)\geqq 0$，且 $x(0)\geqslant 0$。

如下定理给出了有非负解的条件。

定理 5.1：

以 A^i 表示 A 的第 i 列向量，上述差分方程组有非负解的充要条件是：对于所有的 $i=1, \cdots, n$，$A^i\geqslant 0$，即任何一列至少有一个元素为正。

证明：

对于上述非齐次差分方程组，考虑其如下形式的通解：

$$x(t)=A^t x(0)+\sum_{\tau=0}^{\infty} A^\tau g(t-\tau-1)$$

因为对于所有的 t，$g(t)\geqq 0$，且 $x(0)\geqslant 0$，所以要获得非负解，从上述通解的形式中可以看出，关键是 A 乘以一个非负向量得到的仍是一个非负向量。因此，我们首先要探讨的是在什么条件下，将具有这样一个性质。

实际上，对于 $x\geqslant 0$，使得 $Ax\geqslant 0$ 的充要条件是：A 矩阵的所有列向量都是半正的，即对于所有的 $i=1, \cdots, n$，$A^i\geqslant 0$，即 A^i 中至少有一个正的元素。其中的充分性显而易见。对于必要性，通过取 $x=e^i$，$i=1, \cdots, n$，即第 i 个元素为 1、其余全为 0 的列向量，代入 $Ax\geqslant 0$，可见必要性也成立。

现在来证明定理。对于充分性，因为对于所有的 $i=1, \cdots, n$，τ 为任意正整数，$A^i\geqslant 0$ 与 $(A^\tau)^i\geqslant 0$ 是等价的，即两者互为充要条件。因为 $A^\tau=AA^{\tau-1}$，运用归纳法，如果结论对于 $\tau-1$ 成立，则根据上面的结论，由 $x\geqslant 0$ 得到 $Ax\geqslant 0$，可知 $(A^\tau)^i\geqslant 0$。反过来，对于 $(A^\tau)^i\geqslant 0$，取 $\tau=1$ 即得到 $A^i\geqslant 0$。如此，对于上述形式的通解，由 $A^i\geqslant 0$ 可知 $x(t)\geqslant 0$。

对于必要性，我们令对所有的 t，$g(t)=0$。方程组简化为：$x(t)=A^t x(0)$。必要性要求如果存在非负解 $x(t)\geqslant 0$，对于所有的 $i=1, \cdots, n$，$(A^t)^i\geqslant 0$，进而 $A^i\geqslant 0$ 必然成立。

综上，定理得证。

上面的分析表明，对于动态差分方程的支出系统，非负解的条件取决于矩阵 A 的所有列为非负。对于微分方程的线性系统，以常系数线性系统 $x'=Ax+f(t)$ 为例，下面的定理给出了有非负解的条件。

引理 5.1：

对于所有的 t，$\exp(At)\geqslant 0$ 的充要条件是：存在 $\alpha\geqslant 0$ 使得 $\alpha I+A\geqslant 0$。

证明：

充分性：由于 $-\alpha It$ 为对角元素相同的一个对角矩阵，有：

$$\exp(At)=\exp(-\alpha It)\exp(\alpha It)\exp(At)=\exp(-\alpha It)\exp[(\alpha I+A)t]$$

如果存在 $\alpha\geqslant 0$ 使得 $\alpha I+A\geqslant 0$，将有 $\exp[(\alpha I+A)t]\geqslant 0$。同时，对于所有的 α，都有 $e^{-\alpha t}>0$，因此 $\exp(-\alpha It)=e^{-\alpha t}I\geqslant 0$。由此可知 $\exp(At)\geqslant 0$。

必要性：必要条件的关键是 A 的非对角元素符号是否非负。对于一个足够小的 t，有：

$$\exp(At)\approx I+At=t(\frac{1}{t}I+A)$$

这样，作为一个矩阵 $\exp(At)$ 中元素的符号会与矩阵 A 的符号相同。我们知道对于所有的 t，$\exp(At)\geqslant 0$。因此对于 $r\neq s$，$a_{rs}\geqslant 0$。

引理由此得证。

定理 5.2：

常系数线性系统 $x'=Ax+f(t)$ 对所有 t 有非负解的充要条件是：存在 $\alpha\geqslant 0$ 使得 $\alpha I+A\geqslant 0$。

证明：

常系数非齐次线性方程组的解可以表示为：

$$x(t)=\exp(At)x(0)+\exp(At)\int_0^t \exp(-As)f(s)\mathrm{d}s$$

充分性：方程组的解可变形为：

$$x(t)=\exp(At)x(0)+\int_0^t \exp[A(t-s)]f(s)\mathrm{d}s$$

根据假定与引理 5.1，可知 $\exp(At)\geqslant 0$，且对于所有的 $t\geqslant s$，$\exp[A(t-s)]\geqslant 0$，同时对所有的 s 有 $f(s)\geqslant 0$，由此可知，解对所有的 t 是非负的。

必要性：对所有的 t，取 $f(t)=0$，根据解的形式可知：$x(t)=\exp(At)x(0)$。

取 $x(0)=e^i$，$i=1，2，\cdots，n$。用 $[\exp(At)]^i$ 表示 $\exp(At)$ 的第 i 列，可得到：$[\exp(At)]^i\geqslant 0$，进而有：$\exp(At)\geqslant 0$。如此，根据引理 5.1，将存在 $\alpha\geqslant 0$ 使得 $\alpha I+A\geqslant 0$。

定理由此得证。

5.1.2 生产滞后

前向差分系统描述的是需求及其满足，后向差分方程基础上的动态模型解释的则是一种滞后生产系统，其模型形式为：

$$x(t)=Ax(t+1)+c(t+1) \tag{5.2}$$

模型的滞后形式则表明了所有产品的生产都需要相同的一个时期段。为了把下一年度的产出 $x(t+1)$ 和最终需求 $c(t+1)$ 生产出来，需要本年度的各部门总的投入 $x(t)$。相比于支出滞后，t 期的需求决定 $t+1$ 期的产出，而这里强调的是生产技术上所要求的时间。因而，与静态模型一样，A 可以看作是技术矩阵，只不过是含时间滞后的技术矩阵。

基于上述生产滞后（production lag）模型的一个很重要的讨论是关于动态体系是否存在平衡增长解的问题。

所谓平衡增长（balanced growth）指的是整个经济系统的所有部门按同一增长比率增长。对于上述模型，就是指对于 $t=1，2，\cdots，x(t+1)=\alpha x(t)$，且 $c(t+1)=\alpha c(t)$。增长因子 α 大于 1 时，表明的是增长，而小于 1 时则表明的是衰退。

把平衡增长关系代入模型，有：

$$x(t)=A\alpha x(t)+\alpha c(t)$$

$$(\frac{1}{\alpha}I-A)x(t)=c(t)$$

其中，$t=0$ 时，$(\frac{1}{\alpha}I-A)x(0)=c(0)$。此后，该经济系统按平衡增长路径增长，并有：$x(t)=\alpha^t x(0)$，$c(t)=\alpha^t c(0)$。

这一体系存在有经济意义解的条件，即对于任意给定的 $c(0)\geqslant 0$，存在 $x(0)\geqslant 0$，实际上是要求系数矩阵 $(\frac{1}{\alpha}I-A)$ 为非奇异 M-矩阵。此时 $(\frac{1}{\alpha}I-A)$ 非奇异，且 $(\frac{1}{\alpha}I-A)^{-1}\geqslant 0$。因为 A 为非负矩阵，$(\frac{1}{\alpha}I-A)$ 是 Z-矩阵，$(\frac{1}{\alpha}I-A)$ 为非奇异 M-矩阵的条件是 $\rho(A)<\frac{1}{\alpha}$。

根据佩龙-弗罗贝尼乌斯定理，对于非负矩阵 A，矩阵 A 的谱半径 $\rho(A)$ 正是 A 的弗罗贝尼乌斯根 $\lambda^*(A)$。因此，有经济意义解的条件是 $\lambda^*(A)<\frac{1}{\alpha}$，或者当 A 是非负不可分解矩阵时，$\lambda^*(A)$ 为正，不为 0，也可以写成 $\alpha<\frac{1}{\lambda^*(A)}$。这意味着，为保证经济系统获得一个有意义的平衡增长解，增长率 α 必须小于矩阵 A 的弗罗贝尼乌斯根 $\lambda^*(A)$ 的倒数。

进一步，我们考察生产滞后模型解的形式。对于一般形式的齐次差分方程组：

$$x(t+1)=Ax(t)$$

我们曾以 $y(t)=\alpha\lambda^t$ 作为试探解，并证明其中的 λ 为特征方程的根，而 α 为其所对应的特征向量。现在，对于如下形式的差分方程组：

$$x(t)=Ax(t+1)$$

我们则尝试以 $x(t)=\alpha(\frac{1}{\lambda})^t$ 作为解的形式，代入上述差分方程组，有：

$$\alpha(\frac{1}{\lambda})^t=A\alpha(\frac{1}{\lambda})^{t+1}$$

$$(\frac{1}{\lambda})^{t+1}[\lambda I-A]\alpha=0$$

对于上式要求：$[\lambda I-A]\ \alpha=0$。

因此，当且仅当特征方程 $|\lambda I-A|=0$ 时，才有非平凡解。

由此表明，$x(t)=\alpha(\frac{1}{\lambda})^t$ 的确是解的形式，且其中的 λ 为矩阵 A 的特征值，而 α 为相应的特征向量。

上述齐次差分方程组可以看作是一个动态闭模型，劳动等初始投入与消费等最终需求都被看作是生产系统的中间投入与中间使用。由于矩阵 A 的特征根可能为 0，而使得按上述形式设定的解无法成立。考虑到经济系统中的 A 一般是非负矩阵，如果再附加不可分解的性质，那么根据佩龙-弗罗贝尼乌斯定理，A 的特征根以及与之对应的特征向量均为正，而且该特征向量在标量乘法的意义上是唯一的。如此，对于矩阵 A 为非负不可分解的一个生产滞后的差分动态系统，存在有经济意义的解 $x(t)=\alpha^*(\frac{1}{\lambda^*(A)})^t$，其中 $\lambda^*(A)$ 为矩阵 A 的弗罗贝尼乌斯根，而 α^* 为对应的特征向量。而且，这一有经济意义的解是唯一的。

为分析开模型，我们还必须对非齐次差分方程进行讨论。考虑如下形式的非齐次差分方程：

$$x(t)=Ax(t+1)+c(t+1)$$

为获得非齐次差分方程组的一个特解，引入滞后算子 L，变换为：

$$x(t)=AL^{-1}x(t)+c(t+1)$$

$$x(t)=(I-AL^{-1})^{-1}c(t+1)=\sum_{\tau=0}^{\infty}A^{\tau}(L^{-1})^{\tau}c(t+1)$$

进一步简化，得到一个特解：

$$x(t)=\sum_{\tau=0}^{\infty}A^{\tau}c(t+\tau+1) \tag{5.3}$$

由于该特解是向量序列累加的形式，因此解存在的关键在于上述特解是否收敛。那么该式在什么条件下是收敛的呢？对此，我们需作进一步的探讨。

首先我们要说明的是 $\sum_{\tau=0}^{\infty}A^{\tau}c(\tau+1)$ 的收敛等价于 $\sum_{\tau=0}^{\infty}\lambda^{\tau}c(\tau+1)$ 的收敛，也就是说两者的收敛是一致的。其中，λ 为 A 的弗罗贝尼乌斯根。其次，我们将看到，在上述两个式子收敛的条件下，$\sum_{\tau=0}^{\infty}A^{\tau}c(t+\tau+1)$ 也收敛，从而动态系统获得有经济意义的解。

对于 $\sum_{\tau=0}^{\infty}A^{\tau}c(\tau+1)$ 和 $\sum_{\tau=0}^{\infty}\lambda^{\tau}c(\tau+1)$ 收敛的一致性，利用矩阵 A 对应于 λ 的左特征向量 p 左乘 $\sum_{\tau=0}^{\infty}A^{\tau}c(\tau+1)$，得到：

$$p\sum_{\tau=0}^{\infty}A^{\tau}c(\tau+1)=p\sum_{\tau=0}^{\infty}\lambda^{\tau}c(\tau+1)$$

由于根据佩龙-弗罗贝尼乌斯定理，$p>0$，因此两者的收敛是一致的。

进一步，如果上面两式是收敛的，因为

$$p\sum_{\tau=0}^{\infty}A^{\tau}c(\tau+s)=p\lambda^{1-s}\sum_{\tau=s-1}^{\infty}\lambda^{\tau}c(\tau+1)$$

根据假设，右端 $\sum_{\tau=s-1}^{\infty}\lambda^{\tau}c(\tau+1)$ 的收敛意味着左端 $\sum_{\tau=0}^{\infty}A^{\tau}c(\tau+s)$ 的收敛。

取 $s=t+1$，就有 $\sum_{\tau=0}^{\infty}A^{\tau}c(t+\tau+1)$ 是收敛的。实际上，该条件不仅是充分的，也是必

要的。因为通过对差分方程组的迭代，可以得到：

$$x(t)=A^{s}x(t+s)+\sum_{\tau=0}^{s-1}A^{\tau}c(\tau+t+1)$$

上述方程即使 $s\to\infty$，无限迭代下去仍然成立。因此，如果方程组存在有经济意义的解，那么由 $\sum_{\tau=0}^{s-1}A^{\tau}c(\tau+t+1)\leqslant x(t)$ 可知，$\sum_{\tau=0}^{s-1}A^{\tau}c(\tau+t+1)$ 对于 s 有上界，进而 $\sum_{\tau=0}^{\infty}A^{\tau}c(\tau+t+1)$ 收敛。

由此表明，在 $\sum_{\tau=0}^{\infty}A^{\tau}c(\tau+1)$ 和 $\sum_{\tau=0}^{\infty}\lambda^{\tau}c(\tau+1)$ 收敛的条件下，生产滞后的动态系统存在有意义的解。

从上面的结论可以看出，对于一个形如 $x(t)=Ax(t+1)+c(t+1)$ 的非齐次差分方程系统有经济意义的解取决于无穷系列的一个累加项 $\sum_{\tau=0}^{\infty}\lambda^{\tau}c(\tau+1)$ 是否收敛，而该项收敛与否不仅受到 λ 的影响，还要受到非齐次方程右端项 $c(\tau+1)$ 的影响。如果 $c(t+1)=\alpha^{t}c$，根据我们所得到的收敛性条件，也就是要求 $c\sum_{\tau=0}^{\infty}(\alpha\lambda)^{\tau}$ 收敛。当 $\alpha\lambda<1$，也就是 $\alpha<\frac{1}{\lambda}$ 时，有经济意义的解成立。这一结论与之前的分析是一致的。

5.2　动态投入产出模型

上面讨论了把时间因素引入投入产出静态体系进而实现描述动态过程的两种情形，而且这其中一般差分与微分方程所描述的更多被认为是一种支出滞后，而后向差分方程描述的动态过程才与投入产出模型相一致，被看作是一种生产滞后。但是一般所称的动态投入产出模型是列昂惕夫通过引入资本系数最初提出来的，通常被称为动态列昂惕夫模型(dynamic Leontief model)。正是在这个方向上，动态投入产出模型与很多多部门数理模型存在着联系。

5.2.1　资本系数与存量—流量关系

一个时期内生产的所有产品或者是作为中间产品，或者是作为最终产品。现在把资本品从最终产品中分离出来，也就是说最终产品将分为两个部分：一部分是资本品，而另一部分是除资本品外的剩余部分，包括消费、出口等。

资本品的部分从性质上来说区别于中间产品与消费品，如果不考虑用于替换废弃设备之外，主要是对未来生产扩大的一种准备。相反，中间产品与消费品都是当期生产出来、当期被使用掉。如果一个经济的产出只存在中间产品和消费品，那么在没有任何积淀的情况下，下一时期的生产将在原有规模上重复进行。

尽管资本品本身作为一个阶段内的产出是一种流量，但是作为对于未来时期的生产条件则成为一种存量。资本品中既包括固定资本的机械和建筑物存量，也包括原材料、在制品和产成品的库存。针对这些存量，我们仿照现期投入的直接消耗系数，构造出资本系数。直接消耗系数是单位总产出生产中对某部门产品作为原材料等中间消耗的投入，而资本系数则是单位总产品生产中对某部门产品作为存量资本的需要量。具体地，资本系数 b_{ij} 表示生产第 j 个部门单位总产品对第 i 个部门产品作为存量资本的需要量。资本系数正是表明了一种存量—流量关系，因此也被称为存量—流量矩阵（stock-flow matrix）。

这意味着，产出的增加要求存量也按比例地增加，而产出的下降将导致所需存量按比例地减少。如此，我们则可以进一步把一个时期的资本品产出流量看作是由于两个时期产出变化所要求的资本存量的改变。因此，资本系数存量—流量关系的引入，也就引入了前后两个时期产出变化的动态因素。

列昂惕夫最初提出并加以分析的动态模型是以微分方程形式给出的，可以表述为：

$$x_i = \sum_{j=1}^{n} a_{ij} x_j + \sum_{j=1}^{n} b_{ij} \dot{x}_j + c_i \tag{5.4}$$

其中，c_i 表示对产品 i 的最终需求，b_{ij} 是资本系数。但在经验应用中更倾向于另一种作为流量的解释，即 j 部门为增加单位产出对第 i 部门产品的投资需求，称为投资系数，a_{ij} 是 j 部门单位产出对产品 i 的投入需求。写成矩阵形式为：

$$x = Ax + B\dot{x} + c \tag{5.5}$$

在动态模型的分析中，一般我们可以假定系数矩阵 A 与 B 为常数，这意味着随时间推移不存在技术进步。

相应的，其差分方程的形式则可以表示为：

$$x_i(t) = \sum_{j=1}^{n} a_{ij} x_j(t) + \sum_{j=1}^{n} b_{ij}[x_j(t+1) - x_j(t)] + c_i(t) \quad (i=1,\cdots,n) \tag{5.6}$$

其中，$X_i(t)$ 是 t 年第 i 部门的产出。写成矩阵形式为：

$$x(t) = Ax(t) + B[x(t+1) - x(t)] + c(t) \tag{5.7}$$

一般认为，列昂惕夫基于存量—流量关系所提出的动态模型其思想来源于哈罗德模型的加速原理。哈罗德模型首先基于凯恩斯国民收入决定的均衡条件——收入等于支出：

$$Y_t = C_t + I_t$$

引入消费函数：$C_t = \beta Y_{t-1}$。

基于加速原理，投资被视为产出或收入增长所需，即 $I_t = k(Y_t - Y_{t-1})$。其中 k 为加速系数。由此得到如下形式的差分方程：

$$Y_t = \frac{\beta - k}{1-k} Y_{t-1}$$

如此，当我们把 $x(t)$ 不是理解为总产出，而是凯恩斯的国民收入时，那么 $Ax(t)$ 则是消费，而 $B[x(t+1) - x(t)]$ 则是投资。

由此可以看出，当我们把静态投入产出模型与静态凯恩斯国民收入决定模型给予一致性理解的时候，列昂惕夫的动态投入产出模型与哈罗德模型，在模型形式上具有内在一致性。

5.2.2　动态投入产出模型的解

首先考虑如下微分方程形式的闭模型：

$$x=Ax+B\dot{x} \tag{5.8}$$

如果假定资本系数矩阵 B 是非奇异的，那么上述闭模型可以变换为：

$$\frac{\mathrm{d}x}{\mathrm{d}t}=B^{-1}(I-A)x \tag{5.9}$$

对于上述常系数齐次线性微分方程，在比较简单的情形下，如果系数矩阵 $B^{-1}(I-A)$ 存在 n 个相异实根，那么该系数矩阵任意一个特征值 λ_i 与相应的特征向量 k_i 构成微分方程的一个特解：

$$x(t)=k_i\mathrm{e}^{\lambda_i t}$$

由 n 个特征值与其相应的特征向量构成的 n 个特解的线性组合，成为上述微分方程的通解：

$$x(t)=c_1k_1\mathrm{e}^{\lambda_1 t}+c_2k_2\mathrm{e}^{\lambda_2 t}+\cdots+c_nk_n\mathrm{e}^{\lambda_n t}$$

如果要获得其中 c_1，c_2，…，c_n 的具体值，则需要给定一个初始条件。

如果上述系数矩阵 $B^{-1}(I-A)$ 存在重根，那么根据微分方程的知识，如果第 j 个相异实根 λ_j 的重数为 m_j，那么基于这个根所构造的解为：

$$x(t)=P_j(t)\mathrm{e}^{\lambda_j t}=(A_0\alpha^0+A_1\alpha^1t+A_2\alpha^2t^2+\cdots+A_{m-1}\alpha^{m-1}t^{m-1})\mathrm{e}^{\lambda_j t}$$

其中，A 为任意常数，α^j，$j=0$，1，…，$m-1$ 为向量，$P_j(t)$ 是一个 $m-1$ 次多项式。

进一步，由特解的线性组合构成的通解则可以表示为：

$$x(t)=c_1\mathrm{e}^{\lambda_1 t}p_1(t)+c_2\mathrm{e}^{\lambda_2 t}p_2(t)+\cdots+c_n\mathrm{e}^{\lambda_k t}p_k(t)$$

其中，k 为相异实根的个数，$\sum_{j=1}^{k}m_j=n$。

如果系数矩阵 $B^{-1}(I-A)$ 存在复根，因为动态投入产出模型中的系数矩阵 A 与 B 均为实数，进而复根必然成对出现。由每对复根 $\lambda_{1,2}=\alpha\pm\beta i=r(\cos\omega\pm i\sin\omega)$ 构成的微分方程组的特解为：

$$x(t)=c_1\mathrm{e}^{rt}\cos\omega t+c_2\mathrm{e}^{rt}\sin\omega t$$

如果复根与重根同时存在，那么通解将由下面的项构成：

$$\mathrm{e}^{r_jt}[p_{1j}(t)\cos\omega t+p_{2j}(t)\sin\omega t]$$

其中，$\lambda_j=\alpha_j\pm\beta_j i$ 为第 j 个相异复根，重数为 m_j。$p_{1j}(t)$ 与 $p_{2j}(t)$ 为 t 的两个 m_j-1 次多项式，其系数为任意常数。

其次，对于差分方程形式的动态模型：

$$x(t)=Ax(t)+B[x(t+1)-x(t)] \tag{5.10}$$

变形得到：

$$x(t+1)=[I+B^{-1}(I-A)]x(t) \tag{5.11}$$

上述模型解的形式也取决于系数矩阵 $[I+B^{-1}(I-A)]$ 特征根的情形。

如果系数矩阵特征根为相异实根，那么由特征值与特征向量构成的通解为：

$$x(t)=c_1k_1\lambda_1^t+c_2k_2\lambda_2^t+\cdots+c_nk_n\lambda_n^t$$

其中，λ_1，λ_2，…，λ_n 为 n 个相异特征值，而 k_1，k_2，…，k_n 为相应的特征向量。

如果存在重根，第 j 个相异实根 λ_j 的重数为 m_j，那么其通解可以表示为：

$$x(t)=c_1\lambda_1^t p_1(t)+c_2\lambda_2^t p_2(t)+\cdots+c_n\lambda_k^t p_k(t)$$

其中，$p_j(t)$ 是一个 $m-1$ 次多项式。k 为相异实根的个数，$\sum_{j=1}^{k}m_j=n$。

如果存在复根，由每对复根 $\lambda_{1,2}=\alpha\pm\beta i=r(\cos\omega\pm i\sin\omega)$ 构成的微分方程组的特解为：

$$x(t)=c_1r^t\cos\omega t+c_2r^t\sin\omega t$$

接下来，我们考虑开模型。

首先考虑微分方程形式的开模型。

对模型 $x=Ax+B\dot{x}+c$ 变形：

$$\frac{\mathrm{d}x}{\mathrm{d}t}=B^{-1}(I-A)x-B^{-1}c \tag{5.12}$$

因此，在上述对闭模型讨论的基础上，我们将要讨论的是如何获得非齐次线性系统的特解。

从闭模型到开模型，实际上引入了最终需求 c 对系统动态过程的影响。实际上，针对某些特殊函数形式最终需求的讨论，可以简化对非齐次系统解的研究。

较为简单的一种情形是最终需求以指数形式增长的动态系统的特解：

$$c(t)=g\mathrm{e}^{ut}$$

其中，g 是一个常向量。因此，微分方程可进一步表示为：

$$\frac{\mathrm{d}x}{\mathrm{d}t}=B^{-1}(I-A)x-B^{-1}g\mathrm{e}^{ut}$$

假定 $x(t)=k\mathrm{e}^{ut}$ 是微分方程的一个特解，其中 k 也是常数向量。代入微分方程，得到：

$$ku\mathrm{e}^{ut}=B^{-1}(I-A)k\mathrm{e}^{ut}-B^{-1}g\mathrm{e}^{ut}$$

上式成立要求：

$$[B^{-1}(I-A)-uI]k=B^{-1}g$$

如果 u 不是矩阵 $B^{-1}(I-A)$ 的特征根，那么 $[B^{-1}(I-A)-uI]$ 非奇异，于是有：

$$k=[B^{-1}(I-A)-uI]^{-1}B^{-1}g=(I-A-Bu)^{-1}g$$

如果 u 是矩阵 $B^{-1}(I-A)$ 的特征根，我们需要对特解稍作变形，设 $x(t)=(kt+m)e^{ut}$。同样代入微分方程，求解下列方程组即可得到特解的具体形式：

$$uk=B^{-1}(I-A)k$$
$$k+um=B^{-1}(I-A)m-B^{-1}g$$

列昂惕夫在《美国经济结构研究》(*Studies in the Structure of the American Economy*) 一书中讨论了如下形式最终需求的特解：

$$c(t)=g_1e^{u_1t}+g_2e^{u_2t}+\cdots+g_ve^{u_vt}$$

关于这一指数多项式的最终需求的特解可以通过对其作类似于上述指数最终需求形式的分析而得到。在系数矩阵 $[I-A-u_iB]$ 可逆的情形下，其特解的形式将是：

$$x(t)=w_1e^{u_1t}+w_2e^{u_2t}+\cdots+w_ve^{u_vt}$$

其中，w_i 可以通过求解方程 $w_i=[I-A-u_iB]^{-1}g_i$ 而得到。

其次，我们再讨论差分方程形式动态投入产出开模型的特解。

对于开模型：

$$x(t)=Ax(t)+B[x(t+1)-x(t)]+c(t) \tag{5.13}$$

变形为标准形式的差分方程：

$$x(t+1)=[I+B^{-1}(I-A)]x(t)-B^{-1}c(t) \tag{5.14}$$

根据非齐次差分方程特解的迭代求解结果，我们令 $M=[I+B^{-1}(I-A)]$，上述差分方程的特解可以表示为：

$$x(t)=M^tx(0)+\sum_{\tau=0}^{t-1}M^{\tau}B^{-1}c(t-1-\tau) \tag{5.15}$$

5.2.3 动态逆阵

对于差分方程形式的动态投入产出模型，需要对此展开进一步的探讨：

$$x(t)=Ax(t)+B[x(t+1)-x(t)]+c(t)$$

经过变形为：

$$Gx(t)-Bx(t+1)=c(t) \tag{5.16}$$

其中，$G=I-A+B$。

动态关系的形成在于投资或对资本品需求的内生化，资本品被看作是未来时期生产扩大的准备。在时期 t 与 $t+1$ 之间表明的是 t 年生产的生产资料，将在 $t+1$ 年投入运行并带来这一年度产出的扩大。这种动态关系表明了下一年度产量的扩大是建立在本年度资本品积累的基础上的，从而建立起前后两个年度间产出之间的联系。如此，投资内生化之后就使得某个年度的最终需求不再单纯取决于当年的生产，而与之前各个时期的生产相联系。为描述围绕某一最终需求的不同时期生产之间的连锁关系，列昂惕夫提出了动态逆阵（dynamic inverse）的概念。

对某一年度的关系，我们表述如下：

$$Gx(0)-Bx(1)=c(0)$$

对前一年度的关系，则有：

$$Gx(-1)-Bx(0)=c(-1)$$

如此，递推到之前第 m 年度，有：

$$Gx(-m)-Bx(-m+1)=c(-m)$$

上述 $m+1$ 个线性方程组用矩阵形式可表示为：

$$\begin{bmatrix} G & -B & & & \\ & G & -B & & \\ & & \cdots & \cdots & \\ & & & G & -B \\ & & & & G \end{bmatrix}\begin{bmatrix} x(-m) \\ x(-m+1) \\ \vdots \\ x(-1) \\ x(0) \end{bmatrix}=\begin{bmatrix} c(-m) \\ c(-m+1) \\ \vdots \\ c(-1) \\ \tilde{c}(0) \end{bmatrix} \tag{5.17}$$

其中，$\tilde{c}(0)=c(0)+Bx(1)$。

通过把最后一个方程求得的解

$$x(0)=G^{-1}\tilde{c}(0)$$

代入倒数第二个方程，得到：

$$x(-1)=G^{-1}BG^{-1}\tilde{c}(0)+G^{-1}c(-1)=RG^{-1}\tilde{c}(0)+G^{-1}c(-1)$$

其中，$R=G^{-1}B$。

依次有：

$$\begin{aligned} x(-2)&=G^{-1}Bx(-1)+G^{-1}c(-2) \\ &=R^2G^{-1}\tilde{c}(0)+RG^{-1}c(-1)+G^{-1}c(-2) \\ x(-3)&=G^{-1}Bx(-2)+G^{-1}c(-3) \\ &=R^3G^{-1}\tilde{c}(0)+R^2G^{-1}c(-1)+RG^{-1}c(-2)+G^{-1}c(-3) \end{aligned}$$

如此动态模型的解表示成矩阵形式为：

$$\begin{bmatrix} x(-m) \\ x(-m+1) \\ \vdots \\ x(-1) \\ x(0) \end{bmatrix}=\begin{bmatrix} G^{-1} & RG^{-1} & R^2G^{-1} & \cdots & R^mG^{-1} \\ & G^{-1} & RG^{-1} & \cdots & R^{m-1}G^{-1} \\ & & \cdots & \cdots & \cdots \\ & & & G^{-1} & RG^{-1} \\ & & & & G^{-1} \end{bmatrix}\begin{bmatrix} c(-m) \\ c(-m+1) \\ \vdots \\ c(-1) \\ \tilde{c}(0) \end{bmatrix} \tag{5.18}$$

模型中的系数矩阵就是动态逆阵。模型表现了为获得不同时期的一组最终需求，所需要的各时期的产出。

动态逆阵从列向上看，对应的是为实现相应年度的最终需求，对该年度及之前若干年度产出的需求。例如对于最后一列，有如下关系：

$$\begin{bmatrix} x(-m) \\ x(-m+1) \\ \vdots \\ x(-1) \\ x(0) \end{bmatrix} = \begin{bmatrix} G^{-1} & RG^{-1} & R^2G^{-1} & \cdots & R^mG^{-1} \\ & G^{-1} & RG^{-1} & \cdots & R^{m-1}G^{-1} \\ & & \cdots & \cdots & \cdots \\ & & & G^{-1} & RG^{-1} \\ & & & & G^{-1} \end{bmatrix} \begin{bmatrix} 0 \\ 0 \\ \vdots \\ 0 \\ \tilde{c}(0) \end{bmatrix} \tag{5.19}$$

计算得到的是为生产 $\tilde{c}(0)$ 对应的最终需求一个单位，需要的各年度的产出 $x(0)$，$x(-1)$，…，$x(-m)$。为实现该最终产品的生产，由于前一年度要为现年度的生产扩大做准备，从而使得各年度产出之间联系起来。

对于动态逆阵的行来说，则是为生产不同年度的单位最终产品，对某一年度的产出需求。例如上面动态逆阵中第一行表示的是为生产各年度单位最终产品，对之前第 m 年度的产出需求。

对于动态逆阵，我们也可以对行和列进行合计。有趣的是，对于同一数目的第 k 行和倒数第 k 列，动态逆阵中的元素是一样的。但是，其经济含义则显然不同。例如，对于上述动态逆阵的第一行和最后一列，元素都为：

$$G^{-1}，RG^{-1}，R^2G^{-1}，\cdots，R^mG^{-1}$$

行向合计的含义是，从当年到之前的第 m 年，每个年度各部门都增加一个单位最终需求，那么对前第 m 年的总投入需求的合计。列向合计的含义则是，仅仅是当年增加一个单位最终需求，对之前 m 个年度总投入需求的合计。

若当 $m\to\infty$ 时，R^m 是一收敛序列，将得到如下结果：

$$\begin{aligned} x &= (I+R+R^2+\cdots+R^m)G^{-1}c \\ &= (I-R)^{-1}G^{-1}c = (G-B)^{-1}c = (I-A)^{-1}c \end{aligned}$$

在这一结论中，再次发现动态体系与静态体系竟然取得了一致。这是一个值得思考的结果，由此提出一个问题：该如何认识这种形式动态模型的含义？

首先，我们以列合计的形式来理解。为生产当年的最终需求 c，静态模型 $(I-A)^{-1}c$ 表示的是所有的中间投入品都是当年生产、当年使用，最终所需要的各部门产出，尽管所有产出的获得还需要存量资本的使用，但是在静态模型中，作为外生因素而不加以考虑。但是，对于动态模型，产出对资本存量形成需求，而存量的改变又必须依赖之前的生产。也就是说，为了本年度扩大的产出 $x(0)$，在上一年度的产出中除全部消化掉的之外，还要有一个资本品的部分 $B[x(0)-x(-1)]$，以增加资本存量。这样对于当年新增加的 c，我们可以看作是一个新的外部冲击。在这一冲击之下，首先当年的产出要扩大。其次，当年产出的扩大会对上一年的产出产生一个资本品的需求，进而要求上一年的产出也要扩大。如此下去，对之前若干年的产出都会形成一个冲击，而所有这些产出的增加都源于开始的当年最终需求的增加。公式 $(I+R+R^2+\cdots+R^m)G^{-1}c$ 作为列向合计表明的正是在当年最终需求 c 的冲击下，所有年度产出增加的合计。表面上看，由于静态模型与动态模型对资本品的不同处理，带来了公式上的明显差异。但是，对于同样的最终需求 c 的外部冲击，如果我们抛开日历年份的划分，把动态中受外部冲击影响的所有年度看作是一个年份，那么动态问题就转化为一个静态问题。同样地，动态模型也可以看作是静态模型中一个年度内无限细分下的动态行为。

其次，以行合计的形式来理解。任一某个年度的产出 x 不仅要用于生产当年的最终需求 c，还要为未来若干年中每年增加的最终需求 c 做扩大生产的准备。公式 $(I+R+R^2+\cdots+R^m)G^{-1}c$ 被看作是在若干年度内，每年面临同样一种外部冲击，也就是每年都增加最终需求 c，对某个年度产出影响的合计。这样某个年度的投入或者说产出，不仅用于生产本年度最终需求，也用于该年度之后若干年度最终需求的生产。尽管每年都存在一个新的冲击，但是冲击的量相同，这使得动态过程保持在一个相对稳定的水平上。从这个角度理解，对于我们所考察的某个年度，例如 $x(-m)$，将受到当年以及之后若干年最终需求冲击的影响，所有这些冲击叠加，在量上将保持在静态产出水平 $(I-A)^{-1}c$。

在上述讨论的基础上，有必要对如下问题作出进一步的说明：

第一个问题是系数 R 的收敛性。

上述分析中等式 $(I+R+R^2+\cdots+R^m)G^{-1}c=(I-A)^{-1}c$ 成立的条件是系数 R 是收敛的。在收敛的情况下，当年的最终需求所产生的影响，离现期越久远，影响就越小。对 R 进行变换，得到：

$$R=(I-A+B)^{-1}B=[I+(I-A)^{-1}B]^{-1}(I-A)^{-1}B$$

令 $U=(I-A)^{-1}B$，有：

$$R=(I+U)^{-1}U$$

进一步还可以得到：

$$R=[U^{-1}(I+U)]^{-1}=(I+U^{-1})^{-1}$$

因为 $(I-A)^{-1}>0$，B 为非负不可约矩阵，所以 $U>0$。根据弗罗贝尼乌斯定理，矩阵 U 存在一个正的单根，并对应一个正的特征向量。令该弗罗贝尼乌斯根为 λ_1，与之对应，U^{-1} 与 $I+U^{-1}$ 相应的根为 $\frac{1}{\lambda_1}$ 和 $1+\frac{1}{\lambda_1}$，而 R 对应的根为 $u_1=\frac{\lambda_1}{1+\lambda_1}$。正因为 U 必存在一个正根，R 总有一个小于 1 的正根 u_1，并存在一个正的特征向量。

在数学上，R 收敛的条件是其谱半径小于 1。因此，由 $\left|\frac{\lambda_i}{1+\lambda_i}\right|<1$，得到：$\lambda_i>-0.5$。这表明，如果 U 存在 $\lambda_i\leqslant-0.5$ 的特征值，那么 R 的谱半径将不再小于 1，而矩阵 R 将发散，从而所讨论的动态与静态等式条件不再满足。

第二个问题是投资时滞的问题。

在上述模型中，公式 $B[x(t+1)-x(t)]$ 代表的资本品被看作是产出比上个年度扩大带来的资本需求，因此其隐含的从投资品生产出来到投资形成生产能力之间的时滞为1年。由此，投资时滞为 n 年的动态方程为：

$$x(t)=Ax(t)+B[x(t+n)-x(t)]+c(t)$$

此外，时滞也会对系统的收敛产生影响。例如，如果原先的度量是以年为单位，现在改为以月份为单位，对技术系数的影响主要表现在资本系数矩阵的改变，而直接消耗系数矩阵都是当期的活动，不受这种改变的影响。如果原先的资本系数矩阵为 B，其中的元素 $b_{ij}=\dfrac{K_{ij}}{X_j}$，现在以月度为单位度量，资本系数为 $b_{ij}^*=\dfrac{K_{ij}}{X_j/12}=12b_{ij}$。因此以月度度量的资本系数矩阵是 αB，其中 $\alpha=12$。这时有：

$$R^*=(I-A+\alpha B)^{-1}\alpha B=[I+(I-A)^{-1}\alpha B]^{-1}(I-A)^{-1}\alpha B$$

令 $U^*=(I-A)^{-1}\alpha B=\alpha U$，有：

$$R^*=[U^{*-1}(I+U^*)]^{-1}=(I+U^{*-1})^{-1}=(I+\frac{1}{\alpha}U^{-1})^{-1}$$

进一步，R^* 的特征值与 U 的特征值之间的关系为：

$$u_i^*=\frac{\lambda_i/\alpha}{1+\lambda_i/\alpha}$$

这时 R^* 收敛的条件是 $\dfrac{\lambda_i}{\alpha}>-0.5$。因此，如果对于原系统矩阵 U 的特征值 $\lambda_i\leqslant-0.5$，从而是发散的，但是通过时滞的缩短，相应地 α 增大，使得最终 $\dfrac{\lambda_i}{\alpha}>-0.5$，那么对于系统将成为收敛的。

第三个问题是资本积累的不可逆性。实际上，动态模型认为资本品的生产是因为产出扩大带来的资本存量扩充的要求。但是这一存量—流量关系需要一定的假设条件。首先是生产能力被充分使用，如果生产能力没有被充分使用，产出的扩大只是带来生产能力更充分的发挥，而无须新的资本设备。其次，产出增长带来投资需求，那么产出相比上年下降呢？现有的资本存量不会减少，只是表现为生产能力的闲置。与此相关的问题就是列昂惕夫所讨论的“资本积累的不可逆”问题。这正是我们在下一部分将要讨论的问题。

5.3 动态投入产出模型解的性质

在这一部分我们对动态模型解的性质展开进一步的讨论。列昂惕夫最早提出了动态投入产出模型中资本积累不可逆性（irreversibility of capital accumulation）的问题，并提出了一种阶段转换的非线性解决方式，同时也指出了这种方式内在的逻辑问题。依据萨缪尔逊的说法，“如果一个系统依据初始构型能决定它自己在实践过程中的行为，我们就说这个系统是因果的。”① 那么动态投入产出模型正是这样一种因果系统。在这样一个系统中，很有可能出现在作为初始条件时正的产出与存货，系统最终却出现了负的产出与负的存货。这就是所谓的因果不确定性（causal indeterminacy）问题。相对稳定性概念的引入提出了避免出现这一问题的条件。

5.3.1 资本积累的不可逆性

动态模型中利用资本系数的存量—流量关系建立起产出变化与资本品需求之间的联系。但是，资本存量与产出，一个是存量一个是流量，存量的改变总是不如流量的变化那样迅速，进而产出的扩大与存量改变之间的关系可能并非是线性的如此简单。

在静态投入产出模型中，在一个既定的期间，随着最终需求的变化，产出改变并最终生产出所需的最终需求。但是，在这样一个静态的体系内并不是所有的最终需求都可以生产出来，因为产出进而最终需求要受到技术与初始要素的限制。当我们假定在技术不变的情况下，也就是直接消耗系数 A 以及资本系数 B 是一个与时间无关的常数，这时，产出与最终需求的进一步扩大必须要求初始要素也能随之改变。初始要素包括例如土地、自然资源等非生产资产，也包括厂房与设备等生产资产，共同构成了对于静态体系的限制因素。动态体系要求在静态体系中这些外生的，特别是可再生的初始要素，在动态体系中不断增长与扩大，并带来经济周期的变化与增长。

投入产出动态模型中的 $B[x(t+1)-x(t)]$ 所表示的资本品部分需要做进一步的细分。一部分是原材料和产成品库存，另一部分是作为固定资本的设备与建筑物。对于前者往往随着产出的增加而按比例增加，随着产出的下降，通过转化为投入而逐步减少，直至使用完。产出下降时的情形只不过是产出增长时资本积累过程的一个反向过程。但是对于后者，产出下降时，存量无法通过投入的吸收过程向下调节，已经积累形成的固定设备、建筑物并不会因为产出下降而减少，而只是表现为闲置的生产能力。同时，随着产出再次增长，首先表现出的也只是原有生产能力的充分利用，并非需要新的资本设备。

列昂惕夫在最初提出动态投入产出模型时，就已经意识到资本积累的不可逆问题，并提出了一个分阶段的模型。首先把闲置资本定义为：

$$\overline{S}_{ik}(t)=S_{ik}(t)-b_{ik}x_{ik}(t) \tag{5.20}$$

上式表明了第 k 个部门资本存量的闲置状况。第 k 个部门拥有的第 i 种产品的现有资本存量 $S_{ik}(t)$ 与所需资本存量 $b_{ik}x_{ik}(t)$ 的差额等于闲置资本 $\overline{S}_{ik}(t)$。

第一阶段，$\overline{S}_{ik}(t)=0$，表明生产能力充分利用。假设到 t_1 的时间点，产出由扩张转为收缩。这时部门 k 的状况可描述为：

$$\overline{S}_{ik}(t_1)=0,\ {}_1\ddot{x}_{ik}(t_1)<0,\ {}_1\dot{x}_{ik}(t_1)=0$$

上式左边的下标 1 表示 $\overline{S}_{ik}(t)=0$ 条件下的第一阶段。在这个时点上的产出水平 $x_1(t_1)$，$x_2(t_1)$，…既是阶段一的终点，也是下一个阶段——阶段二的初始条件。

---

① 萨缪尔逊．经济分析基础．大连：东北财经大学出版社，2006.

随着 $\overline{S}_{ik}(t_1)>0$，部门 k 进入第二阶段。在整个第二阶段，始终伴随着生产能力的闲置，在开始阶段产出下降，而之后产出上升，一直到闲置生产能力全部为产出回升所吸收。假定到时间点 t_2 第二阶段结束，那么此时有：

$$\overline{S}_{ik}(t_2)=0,\ {}_2\dot{x}_{ik}(t_2)>0$$

尽管在整个第二阶段始终存在闲置生产能力，即 $\overline{S}_{ik}(t_1)>0$，但闲置生产能力的全部吸收作为第二阶段的结束，此时 $\overline{S}_{ik}(t_2)=0$，部门 k 再次回到原来的第一阶段。

在上述变化过程中，如果部门 k 的资本如机器设备和厂房等完全不可逆，那么上述第二阶段的资本系数将为 0，即 $b_{ik}=0$。不管产出如何改变，对新增资本品的需求均为 0。

综上所述，分阶段的动态闭模型可以表示如下：

$$x_i-\sum_{k=1}^{n}a_{ik}x_k=\sum_{k=1}^{n}\dot{S}_{ik}\quad(i=1,\cdots,n)$$

当 $S_{ik}=b_{ik}x_k$，且 $\dot{x}_k>0$ 时，$\dot{S}_{ik}=b_{ik}\dot{x}_k$；

当 $S_{ik}=b_{ik}x_k$，且 $\dot{x}_k\leqslant 0$ 时，$\dot{S}_{ik}=0$；

当 $S_{ik}>b_{ik}x_k$ 时，$\dot{S}_{ik}=0$。

其中，$a_{ik}\geqslant 0$，$b_{ik}\geqslant 0$，i，$k=1$，…，n。

上式表明在生产能力充分利用的情况下，产出增加，资本存量增加，产出下降，资本存量不变；在生产能力未充分利用的情况下，资本存量的变化始终为 0。

如果部门 k 的资本包含产成品等存货，产出的下降将使得存货转为现期投入，直到全部被现期投入所吸收，这期间产出的增长不会带来该部门资本品的任何新的需求的增加，而且，过剩的资本存量将转换为现期投入而下降。但是现期投入的吸收能力是有限度的，在这种所谓的部分不可逆的情形下，产出下降带来的闲置资本一旦超过了现期投入量，不仅资本系数 b_{ik}，而且直接消耗系数 a_{ik} 都将为 0。

列昂惕夫进一步指出，上述模型尽管可以作为经验分析的一个很好的工具，但是内在存在逻辑上的缺陷。

设 ${}_1x_k(t_1)$ 是第一阶段时点 t_1 商品 k 的产出，${}_2x_k(t_1+\Delta)$ 为紧接其后的时点 $t_1+\Delta$ 的产出，由于处于 t_1 时点之后，属于第二阶段，并且可以做如下展开：

$${}_2x_k(t_1+\Delta)={}_2x_k(t_1)+{}_2\dot{x}_k(t_1)\Delta+{}_2\ddot{x}_k(t_1)\Delta^2+\cdots$$

其中由定义知，${}_2x_k(t_1)={}_1x_k(t_1)$。

式中的 ${}_2\dot{x}_k(t_1)$ 可以通过基本动态模型求解：

$$x_i-\sum_{k=1}^{m}a_{ik}x_k-\sum_{k=1}^{m}b_{ik}\dot{x}_k=y_i$$

令 $f_i(x)=x_i-y_i-\sum_{l=1}^{m}a_{il}x_l$，对于任意一个 $\dot{x}_k$ 有：

$$
{}_1\dot{x}_k=\frac{\begin{vmatrix} b_{11} & \cdots & f_1(x) & \cdots & b_{1m} \\ \vdots & & \vdots & & \vdots \\ b_{i1} & \cdots & f_i(x) & \cdots & b_{im} \\ \vdots & & \vdots & & \vdots \\ b_{m1} & \cdots & f_m(x) & \cdots & b_{mm} \end{vmatrix}}{\begin{vmatrix} b_{11} & \cdots & b_{1k} & \cdots & b_{1m} \\ \vdots & & \vdots & & \vdots \\ b_{i1} & \cdots & b_{ik} & \cdots & b_{im} \\ \vdots & & \vdots & & \vdots \\ b_{m1} & \cdots & b_{mk} & \cdots & b_{mm} \end{vmatrix}}
$$

上式中${}_1\dot{x}_k$表示的是第一阶段生产能力充分利用时的情形。为决定${}_2\dot{x}_k(t)$ 在同一时点 t_1 处于第二阶段的值，我们只需要把上式中处于分母的行列式的第 k 列用 0 来替换，即 $b_{ik}=0$，而其余保持不变。

根据前面的说明，在第一阶段中${}_1\dot{x}_k(t_1)=0$，这意味着 $t=t_1$ 时上式中作为分子的行列式为 0。不考虑分母行列式第 k 列为 0 带来的求解复杂情况，当${}_1\dot{x}_k(t_1)=0$ 时，${}_2\dot{x}_k(t_1)=0$。这样，根据上面对${}_2x_k(t_1+\Delta)$ 的分解式，在 $t=t_1$ 时刻两个阶段转换的时点前后，第二阶段的产出${}_2x_k(t_1+\Delta)$相对于第一阶段的产出${}_1x_k(t_1)$ 究竟是上升还是下降将取决于${}_2\ddot{x}_k(t_1)$ 的符号。也就有：

如果${}_2\ddot{x}_k(t_1)<0$，那么${}_2x_k(t_1+\Delta)<{}_1x_k(t_1)$；

如果${}_2\ddot{x}_k(t_1)>0$，那么${}_2x_k(t_1+\Delta)>{}_1x_k(t_1)$。

如果${}_2\ddot{x}_k(t_1)<0$，从第一阶段到第二阶段的转换自然没有问题，但是如果${}_2\ddot{x}_k(t_1)>0$，就会出现矛盾。如果${}_2\ddot{x}_k(t_1)=0$，则进一步要取决于三阶导数${}_2\dddot{x}_k(t_1)$ 的符号。

对于动态投入产出模型中的资本积累不可逆问题，以及列昂惕夫所提出的动态投入产出扩展模型的解决办法，在列昂惕夫之后引起了很多学者的研究。例如，麻省理工学院的 M. McManus 对其中内在一致性的逻辑矛盾做了进一步分析，Hirofumi Uzawa 则讨论了列昂惕夫动态系统为求解，对直接消耗系数与资本系数所必须附加的条件。但是，对于资本积累的不可逆问题仍然无法获得一种一般性的解决框架。

5.3.2 相对稳定性与因果不确定性

除资本积累的不可逆之外，“因果不确定性”是动态投入产出模型面临的另一个理论问题。因果不确定性指的是，除非初始产出向量和库存向量保持相同的结构，否则随着时间的推移，可能会出现至少有一种产品的产出和库存为负的情况。从一个正的初始库存开始，最终却变成一些商品负的库存。对这一问题的研究主要是围绕平衡增长概念而展开的。我们将以差分动态投入产出模型对此做出说明。

对于如下形式的动态投入产出模型：

$$x(t)=Ax(t)+B[x(t+1)-x(t)]+c(t)$$

假定 B 为非奇异，上式可变换为：

$$x(t+1)=[I+B^{-1}(I-A)]x(t)-B^{-1}c(t)$$

对于动态投入产出闭模型，模型变换为：

$$x(t+1)=[I+B^{-1}(I-A)]x(t)$$

令 $M=I+B^{-1}(I-A)$，上式可进一步简化为：

$$x(t+1)=Mx(t) \tag{5.21}$$

对于上述常系数差分方程系统，其特解为：

$$\tilde{x}(t)=\lambda_i^t x^i \tag{5.22}$$

其中，λ_i 为 M 的特征值，而 x^i 是对应的特征向量。考虑解的简单形式，如果 M 存在相异实根，则通解可以表示为：

$$x(t)=\alpha_1\lambda_1^t x^1+\alpha_2\lambda_2^t x^2+\cdots+\alpha_n\lambda_n^t x^n \tag{5.23}$$

其中，α_1，α_2，…，α_n 可由初始条件确定。

如果解 $\lambda_i^t x^i$ 中特征值 λ_i 为复数，或者特征向量 x^i 中包含负元素，得到的解都将没有经济意义。因此，要研究的问题是，在什么条件下动态投入产出模型的系数矩阵 M 能够获得正的特征值，以及相应的正的特征向量。

如果我们能够获得这样一个有经济意义的解：

$$x^*(t)=\lambda_1^t x^1$$

那么表明如果经济的初始条件保持与 x^1 相同的比例，随着时间的推移，经济系统将始终沿着向量 x^1 的方向变化。这一方向构成了经济的平衡增长路径，而这时的解则称为平衡增长解。特别地，当 $\lambda_1>1$ 时，经济增长，而当 $0<\lambda_1<1$ 时则经济衰退。

如何确保系数矩阵 M 存在一个正的特征值与特征向量？很容易想到弗罗贝尼乌斯定理。如果矩阵 M 为非负不可约矩阵，那么必然存在一个正的特征值，以及相应的元素全为正的特征向量。但是，通常情况下我们无法保证矩阵 M 为非负矩阵。尽管如此，我们却能试图把矩阵 $(I-A)^{-1}B$ 限定为非负矩阵。

如果我们假定 $(I-A)$ 满足静态均衡有经济意义解的条件，那么 $(I-A)$ 必然非奇异，且 $(I-A)^{-1}\geqslant 0$。因为资本系数矩阵 B 一般也为非负矩阵，即 $B\geqslant 0$，因此 $(I-A)^{-1}B\geqslant 0$ 为非负矩阵。如果进一步我们假设 $(I-A)^{-1}B$ 为不可约矩阵，那么根据弗罗贝尼乌斯定理，矩阵 $(I-A)^{-1}B$ 存在一个正的特征值，且对应一个正的特征向量，即：

$$(I-A)^{-1}B\bar{x}=\lambda\bar{x}$$

上式可变换为：

$$[I+B^{-1}(I-A)]\bar{x}=(1+\frac{1}{\lambda})\bar{x}=M\bar{x}$$

这样就能够得到 M-矩阵的一个正的特征值 $(1+\frac{1}{\lambda})$，及相应的正的特征向量 $\bar{x}$。由此构成动态投入产出模型的一个平衡增长解：

$$x^*(t)=(1+\frac{1}{\lambda})^t\bar{x}$$

但是，需要注意的是，如果系数矩阵 M 是非负不可约矩阵，那么得到的正的特征值必然是所有特征值中绝对值最大的，通解的经济意义毫无疑问将得到满足。但是，正如前所述，这里的 M 并不能保证是非负矩阵，因此可能出现在绝对值上比 $(1+\frac{1}{\lambda})$ 更大的负的特征值。如果考虑到系统的通解 $x(t)=\alpha_1\lambda_1^t x^1+\alpha_2\lambda_2^t x^2+\cdots+\alpha_n\lambda_n^t x^n$ 的各组成元素中，恰恰是绝对值最大的特征根及相应的特征向量构成的元素，随着时间的无限延长，最终决定通解的值。因此，从全局的意义上来说，如果 M-矩阵存在负的特征值，其绝对值比 $(1+\frac{1}{\lambda})$ 还要大，那么在这种情况下，通解将是一个无经济意义的解。

那么在什么样的条件下，上述形式的平衡增长解 $x^*(t)=(1+\frac{1}{\lambda})^t\bar{x}$ 在全局的意义上也是一个有经济意义的解呢？为此引入了相对稳定性（relative stability）的概念。尽管相对稳定性的概念并不局限于我们这里所讨论的方程形式及解的形式，而可以作为一个更一般性的定义。

定义 5.1：相对稳定性

设 $x(t+1)=Mx(t)$ 为一常系数差分方程系统。假设 $x^*(t)=\lambda^t\bar{x}>0$ 为该方程系统的一个特解。设 $\hat{x}(t)$ 为从任意初始向量 $\hat{x}(0)\geqslant 0$ 开始的该系统的一个解，则平衡增长被称为相对稳定的，如果

$$\lim_{t\to\infty}\frac{\hat{x}_i(t)}{x_i^*(t)}=\sigma$$

存在，使得 $0<\sigma<\infty$，且 σ 与 i 无关，其中 i 为第 i 个元素。

在相对稳定性条件下，使得特解 $x^*(t)=(1+\frac{1}{\lambda})^t\bar{x}$ 作为平衡增长解是一个有经济意义的解。实际上，在满足相对稳定性条件下，就排除了绝对值比 $(1+\frac{1}{\lambda})$ 更大的负的特征根的存在。

因果不确定性的问题在于特征向量中存在负的元素，且特征根的绝对值较大，这时增长轨迹将取决于这一特征向量，从而最终导致由一个正的初始条件，在若干年度之后最终得到负的产出结果。因果不确定性的产生在很大程度上来自投入产出模型的特殊假定。不仅是固定技术假定下投入之间缺乏替代，需求作为外生化的处理方式也造成了投入产出模型无法像新古典模型那样在价格机制下需求能灵活变化和相互替代。在静态体系下，无替代性质尚能保证模型体系静态均衡的有效性，对于动态体系而言，矛盾的结果再也无法避免。因此在因果不确性问题的解决方式上，替代性的引入是解决问题的关键。例如森岛模型引入投入要素相互替代的非线性解决方式，而萨缪尔逊、索洛等人则直接把模型中的等式转换为不等式，并引入非负约束，从而将投入产出的确定性模型转换为一个线性规划的

多部门最优增长模型。

5.4　森岛模型

在列昂惕夫体系中，在固定系数的假定下，价格对产出的影响只是通过影响最终需求，进一步带来产出的改变。所以价格决定方程几乎不起什么作用，两者处于相互独立的位置上。森岛通夫（Michio Morishima）则假定投入系数 a_{ij} 和资本系数 b_{ij} 是价格和工资率的函数，从而把价格决定方程与基本方程结合起来。一方面，与索洛整个抛弃原有的价格决定体系重建价格变动方程相比，森岛通夫则是在形式上保留原列昂惕夫价格决定方程的前提下探讨均衡产出和平衡增长。① 另一方面，作为对因果不确定性的一种解决方式，森岛模型通过引入技术选择，建立了另一种形式的动态模型。

5.4.1　价格决定方程以及生产系数的决定

按瓦尔拉斯把资本品生产和非资本品生产独立开来的做法，假定 n 个部门中，用 $i=1, 2, \cdots, m$ 表示 1 到 m 个非资本品生产部门，用 $k=m+1, \cdots, n$ 表示 $m+1$ 到 n 个资本品生产部门。同时假定生产中的规模报酬不变，也就是生产函数为一次齐次。

x_i 和 x_k 分别表示非资本品生产部门和资本品生产部门的产出，x_{ji} 和 x_{jk}（$j=1, 2, \cdots, n+1$）分别表示部门 i 和部门 k 生产中对第 j 种非资本品、资本品或要素的投入量。其中，$j=1, \cdots, m$ 为非资本品投入，$j=m+1, \cdots, n$ 为资本品投入，第（$n+1$）个投入代表唯一的初始投入要素——劳动。进一步用 $a_{ji}=x_{ji}/x_i$ 和 $b_{jk}=x_{jk}/x_k$ 表示非资本品生产部门和资本品生产部门的投入系数。

投入系数 a_{ji} 和 b_{jk} 是由下面的最优化问题来决定的：

求成本函数最小化：

$$\min\sum_{j=1}^{n+1}a_{ji}p_j(\text{或}\min\sum_{j=1}^{n+1}b_{jk}p_j)$$

约束条件为：

$$\text{非资本品生产函数 } F^i(a_{1i},a_{2i},\cdots,a_{n+1,i})=1\quad(i=1,2,\cdots,m)\tag{5.24a}$$

$$\text{资本品生产函数 } F^k(b_{1k},b_{2k},\cdots,b_{n+1,k})=1\quad(k=m+1,\cdots,n)\tag{5.24b}$$

$$a_{ji}\left(\frac{p_1}{p_i},\frac{p_2}{p_i},\cdots,\frac{p_{n+1}}{p_i}\right)\geqslant 0\quad(\sum_{j=1}^{n+1}a_{ji}>0)\tag{5.25a}$$

$$b_{jk}\left(\frac{p_1}{p_k},\frac{p_2}{p_k},\cdots,\frac{p_{n+1}}{p_k}\right)\geqslant 0\quad(\sum_{j=1}^{n+1}b_{jk}>0)\tag{5.25b}$$

上述非负约束的含义是：系数 a_{ji} 和 b_{jk} 非负，且是价格 p_1，p_2，…，p_{n+1} 的零次齐次

① 以下对森岛通夫模型的介绍可参考他于 1958 年发表的文章，“Prices, interest and profits in a dynamic leontief system”以及 1964 年出版的专著 *Equilibrium, stability and growth*（Oxford: Clarendon Press）。

函数；每一部门生产中至少有一项投入，即生产函数的各项投入中至少有一个为正。

由此，我们可以考察两者的成本和价格，并进一步把两者合并成一个价格方程。为明确起见，这一过程用表 5-1 的形式给出：

表 5-1　　资本品与非资本品部门的成本与价格

	非资本品部门 $i=1,2,\cdots,m$	资本品部门 $k=m+1,\cdots,n$
投入系数	$\begin{bmatrix} a_{11} & \cdots & a_{1m} \\ a_{21} & \cdots & a_{2m} \\ \vdots & & \vdots \\ a_{n+1,1} & \cdots & a_{n+1,m} \end{bmatrix}, a_{ji}$	$\begin{bmatrix} b_{1,m+1} & \cdots & b_{1n} \\ b_{2,m+1} & \cdots & b_{2n} \\ \vdots & & \vdots \\ b_{n+1,m+1} & \cdots & b_{n+1,n} \end{bmatrix}, b_{jk}$
单位成本	$\sum_{j=1}^{n+1} a_{ji} p_j$	$\sum_{j=1}^{n+1} b_{jk} p_j$
价格	$p_i=(1+\pi)\sum_{j=1}^{n+1} a_{ji} p_j$　(5.26a)	$P_k=(1+\pi)\sum_{j=1}^{n+1} b_{jk} p_j$　(5.26b)

生产过程中，资本品所提供的服务的价格只是资本品的价格中被转移到生产过程中的价值，所以新的资本品价格 P_k 与它所提供的服务的价格 p_k 之间具有下面的关系：

$$p_k=P_k(r+u_k+v_k) \tag{5.27}$$

其中，r 表示利息率，u_k 和 v_k 分别表示折旧和保险费的份额。令 $q_k=u_k+v_k$，这样用资本品服务的价格 p_k 替换资本品价格 P_k，得到资本品服务的价格为：

$$p_k=(1+\pi)\left(\sum_{j=1}^{n+1} q_k b_{jk} p_j+r\sum_{j=1}^{n+1} b_{jk} p_j\right) \tag{5.28}$$

用 a_{jk} 替换 $q_k b_{jk}$，把（5.26a）式非资本品的价格 p_i 和（5.28）式资本品服务的价格 p_k 合并成一个式子，并写成矩阵形式，有：

$$p=(1+\pi)(pA+rpB+p_{n+1}C) \tag{5.29}$$

其中，

$$A=\begin{bmatrix} a_{11} & \cdots & a_{1n} \\ a_{21} & \cdots & a_{2n} \\ \vdots & & \vdots \\ a_{n1} & \cdots & a_{nn} \end{bmatrix},\ B=\begin{bmatrix} 0 & \cdots & 0 & b_{1,m+1} & \cdots & b_{1n} \\ 0 & \cdots & 0 & b_{2,m+1} & \cdots & b_{2n} \\ \vdots & & & \vdots & & \vdots \\ 0 & \cdots & 0 & b_{n,m+1} & \cdots & b_{nn} \end{bmatrix}$$

$$p=(p_1,p_2,\cdots,p_n),\ C=[a_{n+1,1},\cdots,a_{n+1,m},a_{n+1,m+1}+rb_{n+1,m+1},\cdots,a_{n+1,n}+rb_{n+1,n}]$$

其中，A 是现期投入系数，B 是资本投入系数，C 是劳动投入系数。也就是说，在均衡利润下，价格表示为现期投入、资本投入和劳动投入以及相应的均衡利润的合计。

假定劳动是必不可少的投入要素（C 为正），以及每一非资本品生产中至少要有一种资本品投入（即非资本品 a_{ji} 的资本品投入 $a_{m+1,i}$，$a_{m+2,i}$，…，a_{ni} 至少有一个为正）。由于系数 A，B，C 对价格是零次齐次的，可以把所有价格合计为 1，从而把价格表示为一种标准化的价格。从这一投入产出动态价格方程可以看出，该方程解存在的前提是：必须要在利息率、工资率和利润率三者中对其中的任何两个进行外生设定。由此出发，森岛通夫首先探讨了投入产出系统均衡价格及与工资率、利息率和利润率间的关系。例如，在给定某个利息率和工资率（r^0，p_{n+1}^0）的情况下，将获得一组均衡的价格（p_1，p_2，…，p_n）和利润率。在长期均衡的条件下，利润率趋近于0，在给定的名义工资 p_{n+1}^0 下，将获得长期均衡价格（p_1^*，p_2^*，…，p_n^*）和利息率 r^* 的解。名义工资与实际工资的关系是：可以通过均衡价格测算的生活费用指数把名义工资转化为实际工资。

5.4.2 均衡价格与产出决定

在静态列昂惕夫体系中，均衡价格取决于单位成本。在规模报酬不变的假定下，单位成本与生产规模无关，也就是价格与生产规模无关。最终需求的变化带来产出的变化，但并不影响价格，进而在静态列昂惕夫体系中，生产系数与价格无关。但是，对于动态体系的投入产出模型而言，在上面所讨论的价格变动的情况下，技术将在最优选择中发生改变。例如最终需求的变化影响到名义工资率，那么就会进一步影响价格，并对技术选择产生影响。因此，在对价格进行讨论的基础上，进一步讨论相对价格影响下的技术的最优选择，以及产出的均衡增长。也就是说在价格模型的基础上，进一步讨论产出增长的动态模型。

用 $X_i(t)(i=1,2,\cdots,m)$ 表示 t 期非资本品 i 的产出比率，$X_k(t)(k=m+1,\cdots,n)$ 表示 t 期新的资本品 k 的产出比率，c_i 表示非资本品 i 的最终需求。用 $Y_k(t)$ 表示 t 期资本品 k 的现有数量。在长期均衡价格下，非资本品的供求均衡并假定资本可以在部门间相互转移，现有资本被充分利用，于是有：

$$X_j(t)=\sum_{i=1}^{n}a_{ji}^*X_i(t)+c_j\quad(j=1,2,\cdots,m)\tag{5.30}$$

$$Y_k(t)=\sum_{i=1}^{n}b_{ki}^*X_i(t)\quad(k=m+1,\cdots,n)\tag{5.31}$$

其中，a_{ji}^* 和 b_{ki}^* 分别为价格模型的均衡价格（p_1^*，p_2^*，…，p_n^*，p_{n+1}^0）下所决定的最优现期投入系数和最优资本系数。

假定资本品被用于弥补生产中的各种资本损耗和新增资本，那么有：

$$X_k(t)=q_kY_k(t)+Y_k(t+1)-Y_k(t)$$

用 a_{ki}^* 代替 $q_kb_{ki}^*$，有：

$$X_k(t)=\sum_{i=1}^{n}a_{ki}^*X_i(t)+\sum_{i=1}^{n}b_{ki}^*[X_i(t+1)-X_i(t)]\quad(k=m+1,\cdots,n)\tag{5.32}$$

在形式上，资本品与非资本品的产出模型同一般形式的列昂惕夫动态模型并没有什么差异，只不过现在的技术系数是均衡价格下最优选择的结果。

进一步，把非资本品产出方程中的消费内生化。假定全部消费需求来自工人，并把对不同产品的人均需求看作是所有商品相对价格和名义工资率的函数，即：

$$d_j=d_j(p_1,\cdots,p_{n+1})$$

因此消费可以表示为：

$$c_j = d_j(p_1, \cdots, p_{n+1})E(t)$$

其中，$E(t)=\sum_{i=1}^{n} a_{n+1,i}X_i(t)$ 为总就业量。

在长期均衡价格和某个给定的工资率（p_1^*，p_2^*，…，p_n^*，p_{n+1}^0）下，d_j 处于长期均衡位置 d_j^*。这时，

$$c_j = d_j^* \left[\sum_{i=1}^{n} a_{n+1,i}^* X_i(t) \right]$$

假定全部最终需求合计不超过工人的收入，即 $p_{n+1}^0 E(t) \geqslant \sum_{i=1}^{m} p_i^* c_i$，进一步就有：$\sum_{i=1}^{m} p_i^* d_i^* \leqslant p_{n+1}^0$。这意味着工人的平均消费倾向小于等于 1。

在消费内生化的基础上，我们把非资本品与资本品产出方程合并，得到：

$$X_j(t) = \sum_{i=1}^{n} \left[a_{ji}^* + (1-\delta_j) d_j^* a_{n+1,i}^* \right] X_i(t) + \sum_{i=1}^{n} \delta_j b_{ji}^* \left[X_i(t+1) - X_i(t) \right]$$
$$(j = 1, 2, \cdots, n) \tag{5.33}$$

其中，当 $j \leqslant m$ 时，$\delta_j = 0$；当 $j > m$ 时，$\delta_j = 1$。

写成矩阵形式，即：

$$X_t = [A^* + D^* L^*] X_t + B^* [X_{t+1} - X_t] \tag{5.34}$$

其中，$A^* = \begin{bmatrix} a_{11}^* & a_{12}^* & \cdots & a_{1n}^* \\ a_{21}^* & a_{22}^* & \cdots & a_{2n}^* \\ \vdots & \vdots & & \vdots \\ a_{n1}^* & a_{n2}^* & \cdots & a_{nn}^* \end{bmatrix}$，$B^* = \begin{bmatrix} 0 & \cdots & 0 \\ \vdots & & \vdots \\ 0 & \cdots & 0 \\ b_{m+1,1}^* & \cdots & b_{m+1,n}^* \\ \vdots & & \vdots \\ b_{n1}^* & \cdots & b_{nn}^* \end{bmatrix}$

$L^* = (a_{n+1,1}^*,\ a_{n+1,2}^*,\ \cdots,\ a_{n+1,n}^*)$，$D^* = \begin{bmatrix} d_1^* \\ \vdots \\ d_m^* \\ 0 \\ \vdots \\ 0 \end{bmatrix}$，$X_t = \begin{bmatrix} X_1(t) \\ X_2(t) \\ \vdots \\ X_n(t) \end{bmatrix}$

A^* 为现期投入系数矩阵，B^* 为资本系数矩阵，L^* 为劳动投入系数向量，D^* 为长期均衡价格的最终需求，X_t 为非资本品与资本品的产出。

森岛证明了如下引理和定理①：

---

① 证明参见 Morishima，M. *Equilibrium，stability and growth*，Oxford：Clarendon Press，1964。

引理 5.2：

假定 $A^*+D^*L^*$ 是不可约矩阵，如果工人的平均消费倾向不大于 1，那么对于 (5.34) 式的列昂惕夫系统，$A^*+D^*L^*$ 满足 H-S 条件。

对于该系统而言，H-S 条件就是矩阵 $(I-A^*-D^*L^*)$ 的行列式大于 0。或者更完整地表述为：行列式 $|I-A^*-D^*L^*|$ 的顺序主子式大于 0，$(I-A^*-D^*L^*)^{-1}>0$，且矩阵 $(A^*+D^*L^*)$ 的绝对值最大的实的、正的特征根 $\xi_1<1$。

引理 5.3：

如果工人的平均消费倾向不大于 1，$A^*+D^*L^*$ 是不可约矩阵，那么方程 (5.34) 有且只有一个平衡增长解。

定理 5.3：

如果工人的平均消费倾向小于 1，那么平衡增长率大于利息率，如果利息率为 1，那么两者相等。

5.5　索洛动态价格模型

在静态投入产出体系中，对应于行向关系的数量模型，存在一个对偶的价格模型。从列昂惕夫本人最早提出动态投入产出模型开始，理论界对基于行向数量关系的动态模型进行了大量的讨论，但是，正如罗伯特·索洛所认为的，动态列昂惕夫体系的价格方面却被极大地忽视了。在索洛看来，最值得关注的是尼古拉斯·乔治斯库-罗金 (Nicholas Georgescu-Roegen) 在《生产与配置的活动分析》论文集中所提出的观点，即认为产品的价格应该包括现期成本和来自资本设备价值的利息构成。实际上，资本获得利息也正是索洛动态价格模型处理的一个关键。①

在产出体系的动态投入产出模型中，投资品被内生化，并引入了资本系数。如果我们在价格模型中引入资本系数，将得到：

$$p=pA+rpB+p_0a_0 \tag{5.35}$$

其中，p_0a_0 表示的是工资率的部分。相应的闭模型为：

$$p=pA+rpB \tag{5.36}$$

由此我们看到，上述模型中即使引入了资本系数，但是仍然没有建立起价格前后之间的联系。它只反映了价格变化的一种长期趋势，或者说是一种"稳态均衡" (stationary equilibrium)，但是对于竞争性资本理论所表达的价格变化却无法得到反映。在索洛看来，真正意义上的动态模型必然要包含某种形式的资本理论。

索洛所建立的动态方程假定企业主从期初开始生产到期末获得的收益应该等于他把资本设备不用于自己生产而是租用给别人所获得的收益，于是有：

---

① Robert M. Solow. Competitive valuation in a dynamic input-output system, *Econometrica*, 27, 1959: 1.

$$p_j(t+1)-\sum_{i=0}^{n}a_{ij}p_i(t+1)+\sum_{i=1}^{n}b_{ij}p_i(t+1)=(1+r(t))\sum_{i=1}^{n}b_{ij}p_i(t)$$
$$(j=1,\cdots,n)$$

其中，左边表示生产所获得的利润，加上资本品的价值构成生产获得的总资产，而右边则表示把资金租借给别人使用获得的增加值。

写成矩阵形式为：

$$p(t+1)-p(t+1)A+p(t+1)B=(1+r)p(t)B \tag{5.37}$$

相应的开模型则可以表示为：

$$p(t+1)(I-A+B)=(1+r_t)p_tB+p_0(t+1)a_0 \tag{5.38}$$

其中，$p_0(t+1)a_0$ 表示工资率。

作为对上式的理解，我们把 $p(t)b_j$ 的背后看作是存在一笔资金 $v_j(t)$，因此 $v_j(t)=p(t)b_j$。这笔资金可以自己购买设备 $p(t)b_j$ 进行生产，得到的收益就是利润 $\pi_j(t)$。同时，这些设备本身的价值随着价格体系的变化也在改变，新的资本价值为 $v_j(t+1)=p(t+1)b_j$。这样，投资于生产的收益率将是 $v_j(t+1)+\pi_j(t)$，它应该等于这笔资金的价值加上租借给他人使用获得的利息 $[1+r(t)]\ v_j(t)$，因此存在如下等式关系：

$$\frac{v_j(t+1)}{v_j(t)}+\frac{\pi_j(t)}{v_j(t)}=1+r(t)$$

或者变形为：

$$\frac{v_j(t+1)-v_j(t)}{v_j(t)}+\frac{\pi_j(t)}{v_j(t)}=r(t) \tag{5.39}$$

该式就是资本理论中著名的均衡条件。

如果用 C 表示 $(I-A)$，W 表示直接劳动投入向量 p_0a_0，D 表示最终需求向量。索洛动态价格模型可写成：

$$(B+C)'p_{t+1}=(1+r_t)B'p_t+W \tag{5.40}$$

产出系统为：

$$Bx_{t+1}=(B+C)x_t-D \tag{5.41}$$

经过变换，进一步有：

$$p_{t+1}=(1+r_t)[I+(B^{-1})'C']^{-1}p_t+(B'+C')^{-1}W \tag{5.42}$$
$$x_{t+1}=(I+B^{-1}C)x_t-B^{-1}D \tag{5.43}$$

首先对于产出方程 (5.43)，解的稳定性取决于向量 $B^{-1}C$ 及其特征根。以 Λ 表示 n 个特征根组成的对角矩阵，X 表示特征向量组成的 $n\times n$ 矩阵，其中的第 k 列为第 k 个特征根的特征向量。于是有：

$$B^{-1}CX=X\Lambda$$

$$(I+B^{-1}C)X=X(I+\Lambda)$$

用 x_0 表示初始的产出向量，为 n 维向量。那么可以求出差分方程（5.43）的唯一解：

$$x_t=X(I+\Lambda)^tX^{-1}(x_0-C^{-1}D)+C^{-1}D \tag{5.44}$$

可见，长期产出变动取决于（$1+\lambda_k$）。当其中的任何一个 $\lambda>0$ 时产出递增，当 $-1<\lambda<0$ 时产出递减，复数 λ 带来了产出振荡。同时，可以看出当满足 H－S 条件的时候，也就是在产出方程（5.43）中，考虑到非负矩阵 $C^{-1}B=(I-A)^{-1}B$，存在一个最大的实的正根，这里用 ρ 表示，与它对应的特征向量为正。那么 $\frac{1}{\rho}$ 就是 $B^{-1}C$ 的特征根，用 λ_1 表示，那么产出系统将以 $(1+\lambda_1)^t=(1+\frac{1}{\rho})^t$ 增长。

从这一结果我们并不能得出产出系统的动态稳定性质，因为我们只是知道如果 $|1+\lambda_i|>|1+\lambda_1|$，产出均衡存在问题，最终将导致产出为负，但我们所知道的 $|\lambda_i|\geqslant|\lambda_1|$ 却并不能导出有关前面那种关系的判断，所以从产出方程本身是无法判断其动态稳定性的。

其次考察价格方程（5.42），包括工资率和利息率在内有 $n+2$ 个变量、n 个方程。用价格除工资率变成相对价格，可以减少一个自由度，还需要对利息率作外生给定。所以价格方程只是提出了价格和利息率、工资率等变量间的关系，而不是一个直接求解的方程。

比较产出体系方程和价格体系方程，价格方程中 $[I+(B^{-1})'C']^{-1}$ 的特征根为 $\frac{1}{1+\lambda_i}$，而 λ_i 又是产出数量方程中矩阵 $B^{-1}C$ 的特征根。

根据 $X^{-1}B^{-1}CX=\Lambda$，可以推导：

$$I+X^{-1}B^{-1}CX=I+\Lambda$$
$$(CX)^{-1}(I+CB^{-1})CX=I+\Lambda$$
$$(CX)^{-1}(I+CB^{-1})^{-1}CX=(I+\Lambda)^{-1}$$

进一步得到：

$$X'C'[I+(B^{-1})'C']^{-1}(X'C')^{-1}=(I+\Lambda)^{-1}$$

利用上述结果对价格方程进行变换：

$$X'C'p_{t+1}=(1+r_t)X'C'[I+(B^{-1})'C']^{-1}(X'C')^{-1}(X'C')p_t+X'C'(B'+C')^{-1}W$$

令 $z_t=X'C'p_t$，有：

$$z_{t+1}=(1+r_t)(I+\Lambda)^{-1}z_t+\text{某个常数向量}$$

假定利息率不变，对上式进行简化，同时解上式 n 个一阶差分方程，有：

$$z_t=(1+r)^t(I+\Lambda)^{-t}z_0+\text{某个常数向量}$$

并有：

$$p_t=(1+r)^t(X'C')^{-1}(I+\Lambda)^{-t}X'C'(p_0-p^*)+p^* \tag{5.45}$$

其中，p^*是稳态均衡价格向量，它是森岛静态均衡价格方程的解。森岛的分析表明，利息率和平衡增长率之间的关系是：利息率r不会超过产出方程所决定的平衡增长率λ_1。现在从（5.45）式我们看到，p_t能否收敛于均衡价格p^*，将取决于$(1+r)(1+\lambda_i)^{-1}$。如果其中的每个模都小于1，p_t将是收敛的。但是，我们只知道λ_i的若干情况，而对于上面的式子却没有充分信息。

我们首先需要肯定的是利息率不超过平衡增长率λ_1，否则均衡价格p^*不存在，这也是森岛稳态均衡分析的结论。对于其他根，产出平衡增长要求$|\lambda_i|\geqslant|\lambda_1|$。

如果用图形表示，每个根λ_i应该位于复平面上以原点为中心、经过λ_1的小圈外，而前面的分析同时表明，这些根又必须在以（-1，0）为中心、经过λ_1的大圈内，平衡增长才是稳定的，只要有一个根在它的外部，产出系统就将失去稳定性。所以我们的条件只表明这些根在小圈外，而无法知道这些根是否在大圈内（见图5-1）。

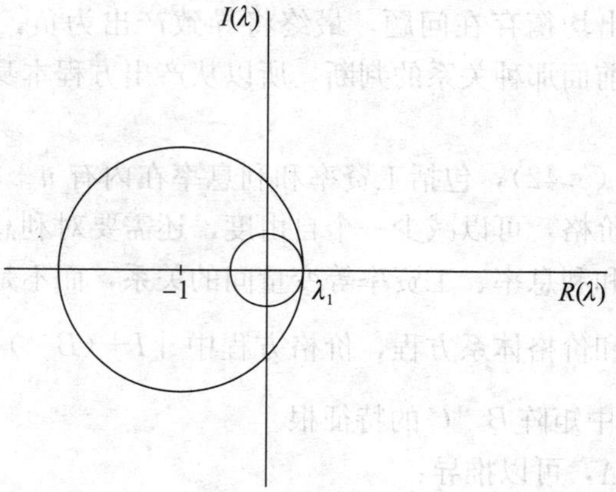

图5-1　特征根与平衡增长的稳定性

资料来源：Solow. Competitive valuation in a dynamic input-output systems，*Econometrica*，1959：XXⅦ.

但是，我们知道如果所有这些λ_i都在大圈外，也就是$|1+\lambda_i|>|1+\lambda_1|$（$i=2$，…，$n$），平衡增长肯定是不稳定的，但是同时我们看到，因为$(1+r)|1+\lambda_i|^{-1}<(1+r)|1+\lambda_1|^{-1}<1$，价格模型肯定会收敛于均衡价格$p^*$。反过来看，如果$|1+\lambda_i|<|1+\lambda_1|$，平衡增长是稳定的，如果$r$非常接近于$\lambda_1$，那么价格模型可能是不稳定的。

5.6　对偶稳定性定理

在索洛对列昂惕夫体系的价格和产出的动态稳定性进行分析的时候，它指出了如果产出的平衡增长路径肯定是不稳定的，同时利息率低于均衡增长率，那么价格体系是稳定的，也就是会收敛于均衡价格。他同时提到了如果平衡增长路径是稳定的，那么可能价格体系就是不稳定的。对于后面这一点，戴尔·乔根森（Jorgenson，Dale W.）给出了进一步的分析和说明，并提出了对偶稳定性定理（dual stability theorem）。

对于动态列昂惕夫体系，我们所要验证的对偶稳定性定理是：如果产出系统是相对稳定的，价格系统就不是稳定的，反之亦然。

对于动态投入产出的产出体系，价格体系成为其对偶体系。我们的价格方程为：

$$p=(1+\pi)(pA+rpB-\dot{p}B+wa_0) \tag{5.46}$$

其中，p 为价格向量，π 为利润率，A 为现期投入系数矩阵，B 为存量流量矩阵，r 为利息率，$\dot{p}$ 为价格水平的导数构成的向量，w 为工资率，a_0 为劳动投入向量。

由此，价格由现期成本 pA、利息支付 rpB、价格变化带来的资本损失或收益 $\dot{p}B$、工资成本 wa_0 以及相应的利润构成。

长期均衡假定 $\pi=0$，此外，为简便起见，我们设利息率为常数，特别是在封闭模型中利息率对价格的相对稳定性没有影响，我们可进一步设 $r=0$。

对闭模型中的对偶稳定性，可以进行如下的讨论：

对于闭模型，在上面简化的基础上，对偶的价格体系可进一步写成：

$$p=pA-\dot{p}B \tag{5.47}$$

所以有：

$$\dot{p}=-p(I-A)B^{-1}=-pD \tag{5.48}$$

对于产出系统：

$$x=Ax+B\dot{x} \tag{5.49}$$

于是有：

$$\dot{x}=B^{-1}(I-A)x=Cx \tag{5.50}$$

在上述对偶系统中，因为 B^{-1} 是可逆矩阵，$(I-A)B^{-1}$ 与 $B^{-1}(I-A)$ 是相似的。因此，D 和 C 存在相同的根。如果假设 $C^{-1}=(I-A)^{-1}B$ 为非负不可约矩阵，那么：

$$C^{-1}>0,\ C^{-1}x^*=\lambda^*(C^{-1})x^*,\ p^*C^{-1}=\lambda^*(C^{-1})p^*$$

也就是说，存在 $x^*>0$ 和 $p^*>0$，是 C^{-1} 唯一可能的非负右特征向量和左特征向量。

如果产出系统方程（5.50）是相对稳定的，那么 $\mu^*(C)=\frac{1}{\lambda^*(C^{-1})}$ 是 C 中有最大实部的根。因为 D 与 C 有相同的根，如果用 $\mu_j(C)$ 表示 C 的所有根，那么 $-D$ 的根就由 $-\mu_j(C)$ 给出。显然，$-\mu^*(C)$ 将不是 $-D$ 中有最大实部的根。由于对应于 $-\mu^*(C)$ 的特征向量 $p^*>0$ 是唯一可能的非负特征解，所以，价格系统不具有相对稳定性。

同样，如果价格系统方程（5.48）是相对稳定的，也就是 $-D$ 的有最大实部的根是 $-\mu^*(C)$，那么，这个 $-\mu^*(C)$ 将不可能是 C 的有最大实部的根，所以产出系统不具有相对稳定性。因此，动态列昂惕夫模型的价格和产出系统不能同时是相对稳定的。

对于开模型中的对偶稳定性条件，乔根森也同样给出了结论。假定开模型的产出和价格系统方程为：

$$x=Ax+B\dot{x}+f \tag{5.51}$$

$$p=pA+rpB-\dot{p}B+a_0w \tag{5.52}$$

进一步有：

$$\dot{x}=B^{-1}(I-A)x-B^{-1}f \tag{5.53}$$

$$\dot{p}=p(rI-(I-A)B^{-1})-a_0wB^{-1} \tag{5.54}$$

用 $\alpha+i\beta$ 表示 C 的除 $\mu^*(C)$ 外的任何根。设 $0\leqslant r<\alpha<\mu^*(C)$，这时产出系统（5.53）是相对稳定的。但是，对于价格系统（5.54），$rI-(I-A)B^{-1}$ 的所有根的实部都是负的。对于齐次方程 $\dot{p}=p(rI-(I-A)B^{-1})$，当 t 趋于无穷大时，它的解为零向量。令某个不变的价格向量 $p=\bar{p}$ 为价格系统方程（5.54）的一个特解，于是有：

$$\bar{p}(I-A-rB)=a_0w \tag{5.55}$$

$$\bar{p}=a_0w(I-A-rB)^{-1} \tag{5.56}$$

对于价格系统（5.54）的相对稳定性，我们要求 $(I-A-rB)^{-1}>0$。

因为：

$$\begin{aligned}(I-A-rB)^{-1}&=(I-A)(I-r(I-A)^{-1}B)^{-1}\\&=[(I-r(I-A)^{-1}B]^{-1}(I-A)^{-1}\\&=[(1/r)I-(I-A)^{-1}B]^{-1}r^{-1}(I-A)^{-1}\end{aligned}$$

$(I-A)^{-1}>0$，所以当且仅当 $[(1/r)I-(I-A)^{-1}B]^{-1}>0$ 时，$(I-A-rB)^{-1}>0$。也就要求 $(I-A)^{-1}B$ 的特征根小于 $\frac{1}{r}$，即：$1/r>\lambda^*[(I-A)^{-1}B]=\lambda^*(C^{-1})=1/\mu^*(C)$，即 $r<\mu^*(C)$。一方面，根据前面所设的条件，这一点是成立的，因此方程（5.56）中的 $\bar{p}>0$，价格系统（5.54）是相对稳定的。另一方面，如果产出系统和价格系统是相对稳定的，那么由产出系统有 $\alpha<\mu^*(C)$，而由价格系统有 $\alpha>r$，所以有 $0\leqslant r<\alpha<\mu^*(C)$。因此对于开模型存在下列稳定性条件：动态列昂惕夫开模型和它的价格系统是相对稳定的，当且仅当 $0\leqslant r<\alpha<\mu^*(C)$ 时，其中 $\mu^*(C)=\dfrac{1}{\lambda^*(C^{-1})}$，$\alpha$ 是 C 的任意根的实部。

参考文献

[1] 伍兹．数理经济学．北京：中国展望出版社，1987.

[2] 高山晟．数理经济学．2 版．北京：中国人民大学出版社，2009.

[3] Dorfman，R.，Samuelson，P. A. and Solow，R. M. *Linear programming and economic analysis*，New York：McGraw-Hill，1958.

[4] Jorgenson，Dale W. A dual stability theorem，*Econometrica*，Vol. 28，no. 4（1960）：892 - 899.

[5] Koopmans，T. C.（ed.）. *Activity analysis of production and allocation*，New York：Wiley，1951.

[6] Leontief，W. W. Dynamic analysis，ch. 3，in *Studies in the structure of American economy*，ed. W. W. Leontief，New York：Oxford University Press，1953.

［7］Uzawa，H. Note on Leontief's dynamic input-output system，Proceedings on the Japan academy，32（2），1956.

［8］MCMANUS，M. Self-contradiction in Leontief's Dynamic Model，*Bulletin of Economic Research*，9（1），1957.

［9］Morishima，M. *Equilibrium*，*stability and growth*，Oxford：Clarendon Press，1964.

［10］Solow，R. M. Competitive valuation in a dynamic input-output systems，*Econometrica*，1959：XXVII.

第六章

多部门最优增长

冯·诺依曼的一般均衡提出了经济系统存在一个具有最大增长率的平衡增长路径，激发了动态投入产出模型研究进一步扩展到最优增长路径的研究。把投入产出模型中的等式转换为不等式的约束，并附加一定的目标函数，使得作为一个求确定解的投入产出模型转变为满足约束条件的可行解与最优解的线性规划问题。这种扩展在寻求最优增长路径的同时，也自然解决了投入产出动态模型“因果不确性”的内在逻辑矛盾。今天，随着多部门模型研究兴趣的衰退，这些理论已经较少被人研究。作为重要理论成果的大道定理甚至被人为地与中央计划经济联系在一起，被贴上“过时”的标签。但是，建立在冯·诺依曼的一般均衡、经济活动分析等理论之上的多部门模型与理论标志着一个阶段理论研究的顶点，这些研究所揭示的多部门经济的内在数理结构为我们认识复杂经济世界提供了分析工具，在一个复杂的现实世界中不仅不会过时，反而越来越显示出其价值。

6.1 冯·诺依曼的平衡增长

冯·诺依曼 1937 年的经典文献《一般均衡模型》可以毫无争议地被列入数理经济学的典范，而围绕该模型的解释所存在的广泛争议也成为经济理论史上的一个事件。

冯·诺依曼的论文最初以德文出版，在卡尔多的极力推崇与帮助下，由摩根斯特恩（G. Morgenstern）翻译，配以钱珀努恩（D. G. Champernowne）的解释，发表在 1945 年的《经济研究评论》上。① 冯·诺依曼把联合生产作为模型的一般形式，用不等式取代等式，同时引入技术选择，把给定技术下的静态系统发展到一种增长率外生确定条件下的

① J. V. Neumann. A model of general economic equilibrium, translated in *Review of Economic Studies*, XIII, 1945, 1937: 1-9.

"准静态体系"(quasi-stationary system)。新古典学者则不满意钱珀努恩等人对冯·诺依曼理论的解释。包括麦肯齐、阿罗等人认为冯·诺依曼增长模型(von Neumann growth model)只不过是对卡塞尔模型在联合生产上的一种扩展。这种争论背后反映的是古典与新古典分析传统之间性质上的差异。

不管怎样,人们对于冯·诺依曼的这一研究以如此少的篇幅却引发了经济学重大的理论创新仍然充满了惊叹。尽管看起来冯·诺依曼的模型存在很多局限性,包括技术不变假定、没有考虑消费、比例增长等,但是该模型被认为开启了三个方面理论的先河:生产的经济活动分析模型(activity analysis model of production)、竞争均衡模型(model of competitive equilibrium)、非总量的资本理论模型(model in non-aggregative capital theory)。[①]

冯·诺依曼模型被认为是对扩展的多部门经济模型的第一个现代分析。[②] 该模型的基本思想是证明了它所假定的经济系统中存在一个最大增长率的平衡增长路径,且伴随着一个相应的固定价格与利息率。

6.1.1 冯·诺依曼模型的含义

冯·诺依曼模型在两个方向上扩展了投入产出模型:一是从单一生产到联合生产,二是从每个产业只存在一个技术到存在多个可选择的技术。

在冯·诺依曼模型中,对投入与产出进行了区分,在以向量 (x, y) 表示的生产过程中,x 表示投入,y 表示产出,都以正数来表示。用 $A=[a_{ij}]$ 表示单位活动水平的投入集,而 $B=[b_{ij}]$ 表示单位活动水平的产出集。A 与 B 都是 $n\times m$ 的非负实数矩阵。A 矩阵的第 j 列 a^j 表示第 j 个单位活动水平的生产过程中的投入,而 B 矩阵中的第 j 列 b^j 表示第 j 个单位活动水平的生产过程中的产出。

联合生产的引入不仅是为了考虑诸如"养羊不仅有羊毛,还有羊肉"这样的多种产出的情形,还有其特定的理论重要性。联合生产在斯拉法的体系中被用于解决资本理论问题,而这里更多是出于对生产周期不同步问题的现实考虑。因为现实中的生产往往并不是直接从投入到最终的产出,而是会有很多中间产品。如果我们以某种这样的商品的完整生产周期作为生产时期的界定,那么必然会有很多其他类似的产品存在跨期生产。因此,对于我们所设定的时期,把中间品作为把它生产出来的那个时期的产出,同时又作为下一个时期的投入。那么在生产的很多阶段中,就会存在中间产品与最终产品共存的现象,这正需要利用联合生产来处理。这样,对于不同产品的不同生产周期,我们仍然可以利用生产集来对某一阶段的所有产品生产过程进行描述。

用 $z(t)$ 表示 t 期的活动水平,$z_j(t)\geqslant 0$。那么所有生产过程不同投入品的合计可以表示为:

---

① Tjalling C. Koopmans. Economic growth at a maximal rate, *The Quarterly Journal of Economics*, No. 3, 1964. 高山晟在《数理经济学(第2版)》一书中给出了类似的说明,参见该书第407页。

② Edwin Burmeister. *Mathematical theories of economic growth*, New York: Macmillan Publishing Co., Inc., 1970.

$$x(t)=\sum_{j=1}^{m}a^j z_j(t)$$

类似地，所有生产过程不同产出品的合计可以表示为：

$$y(t)=\sum_{j=1}^{m}b^j z_j(t)$$

因此，对于一个存在 m 个活动、n 种产品的经济，我们假设第 j 个活动，单位活动水平上的投入为 $(a_{1j}, \cdots, a_{nj})$，产出为 $(b_{1j}, \cdots, b_{nj})$。冯·诺依曼技术集 T 被定义为：

$$T=\{(x,y)\mid x\geqslant Az,\ y\leqslant Bz,\ z\geqslant 0,\ z=(z_1,\cdots,z_m)\}$$

这一投入到产出转换集是所有技术上可行的投入产出对 (x, y) 的集合。对于投入 $x=(x_1, \cdots, x_n)$，产出 $y=(y_1, \cdots, y_n)$ 在技术上是可行的，当且仅当 (x, y) 属于 T。上述技术集中，技术系数 A、B 为常系数，表明技术不随时间变化。

冯·诺依曼的技术假定为：

(1) $a_{ij}\geqslant 0$，$b_{ij}\geqslant 0(i=1, \cdots, n;\ j=1, \cdots, m)$；

(2) 任何活动中投入都是必需的，即对于任何一个 j，至少存在一个正的 $a_{ij}>0$；

(3) 任何产品都能够被某个活动所生产，即对于任何一个 i，至少存在一个 j，使得 $b_{ij}>0$。

在上述假定条件下，冯·诺依曼定理表明存在一个活动水平 z^*，以及一个价格水平 p^*，使得：

$$z^*\geqslant 0,\ p^*\geqslant 0,\ Bz^*\geqslant\lambda^* Az^*$$
$$p^* B\leqslant\lambda^* p^* A$$

进一步，如果 $b^i z^*>\lambda^* a^i z^*$，那么 $p_i^*=0$；如果 $p^* b^j<\lambda^* p^* a^j$，那么 $z_j^*=0$。且

$$p^* Bz^*>0$$

其中，λ^*-1 为最大平衡增长率，在均衡条件下也等于利息率。

上述定理表明，该系统存在一个均衡的活动水平和价格水平，使得各产品产出能够以最大平衡增长率增长。这就是冯·诺依曼系统中最大平衡增长的存在性。剩下的结论则表明，该系统中没有活动能够获得正利润，对于过度供给的商品，价格降为 0，而负利润的活动将不被采用。此外，一定的价值将被生产出来。

下面我们以库普曼斯所举的一个两部门商品例子对此进行说明。①

为了用图形表示定理的含义，我们必须把变量限制在三个以内，但是例如在两种商品的情况下，$(x, y)=(x_1, x_2, y_1, y_2)$ 却有四个变量。库普曼斯的处理方式是把投入合计限制为 1，将投入用一个比例数来表示，从而将活动向量标准化。例如 $(x_1, x_2, y_1,$

① 对冯·诺依曼定理比较通俗的解说，常被提及的是希克斯的《资本与增长》(*Capital and Growth*)，以及库普曼斯在 "Economic growth at a maximal rate" 一文中结合图形所作的更为简单的说明。参见 Tjalling C. Koopmans, Economic growth at a maximal rate, *The Quarterly Journal of Economics*, Vol. 78, No. 3, 1964: 355-394。

y_2)=(20，80，10，130）可以标准化为（0.2，0.8，0.1，1.3)。进而就可以用标准化后的向量（0.2，0.1，1.3）来表示之前的向量（x_1，x_2，y_1，y_2）=(20，80，10，130)，一般地可以表示为 z=(x_1，y_1，y_2)。表 6-1 中是投入经过标准化之后的一个冯·诺依曼生产模型的例子。

表 6-1　　单位活动水平下的基本活动

	食品生产				工具生产	
	(1)	(2)	(3)	(4)	(5)	(6)
产出						
1. 工具		0.1	0.3	0.5	0.5	0.6
2. 食品	1	1.3	1.5	1.55		
投入						
1. 工具		0.2	0.5	0.8		0.1
2. 食品=劳动	1	0.8	0.5	0.2	1	0.9

资料来源：Tjalling C. Koopmans. Economic growth at a maximal rate, *The Quarterly Journal of Economics*, Vol. 78, No. 3, 1964: 366.

其次是关于比例增长。比例增长的图形见图 6-1：

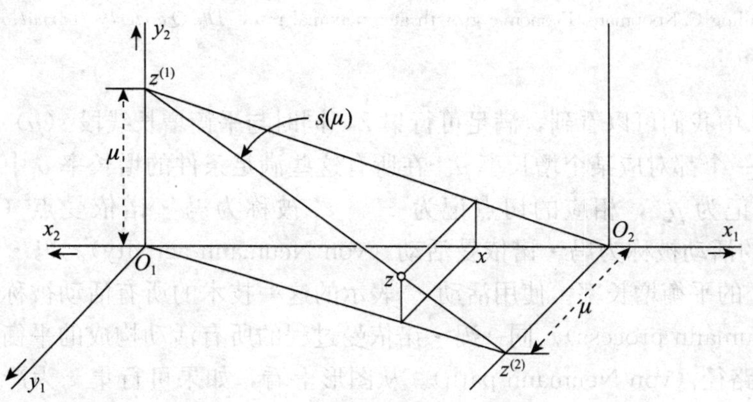

图 6-1　比例增长的图形表示

资料来源：Tjalling C. Koopmans. Economic growth at a maximal rate, *The Quarterly Journal of Economics*, Vol. 78, No. 3, 1964: 367.

从原点来看，对于 O_1 点的投入（0，1)，如果按 μ 比例增长，则产出为（0，μ)，因此该活动的点为 $z^{(1)}$=(0，0，μ)。类似地，O_2 投入对应的点为 $z^{(2)}$=(1，μ，0)。对于 O_1 与 O_2 之间的任何一种投入组合 x=(x_1，x_2)，产出为 y=(μx_1，μx_2)，相应的活动的点为（x_1，μx_1，μx_2)。从图 6-1 上看，如果 z 点对应的正好是投入 x_1，它在 y_1 轴上的坐标正好是 μx_1，而在 y_2 轴上的坐标正好是 μx_2。所以，z 点正好是对应于 x 点且

满足平衡增长的点。进而，$z^{(1)}$，$z^{(2)}$ 连线上所有的点正好是对应于 O_1O_2 所有投入组合满足平衡增长的点。我们以 $s(\mu)$ 来表示这条满足平衡增长率始终为 μ 的所有点的集合。

在一定的技术假定下，表 6－1 中技术的活动集合构成可行集 Z，同时附加上比例增长，可以用图形表示（见图 6－2）：

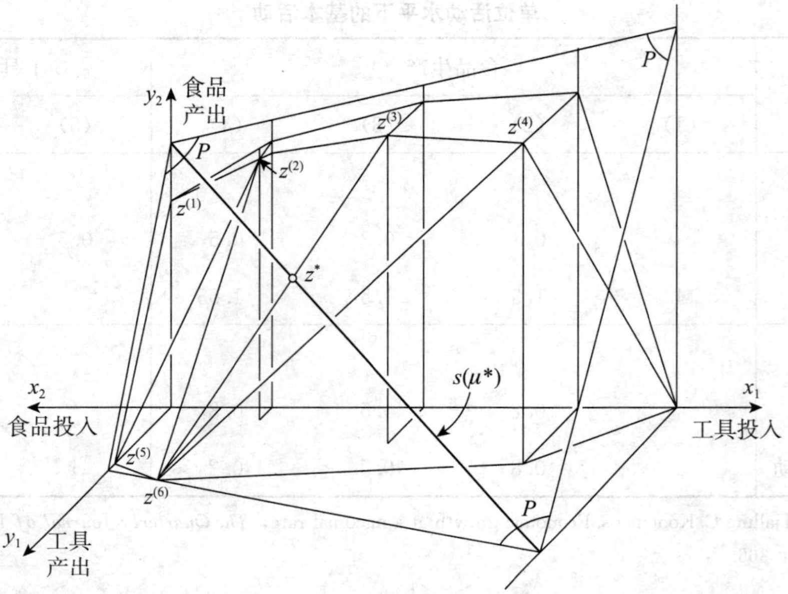

图 6－2　冯·诺依曼活动

资料来源：Tjalling C. Koopmans. Economic growth at a maximal rate, *The Quarterly Journal of Economics*, Vol. 78, No. 3, 1964: 375.

从图 6－2 中我们可以看到，满足可行集 Z，同时与平衡增长线段 $s(\mu)$ 相切的点可能有多个，而每一个都对应某个增长率 μ。在所有这些满足条件的增长率 μ 中我们能够找到一个最大的，记为 μ^*，相应的切点记为 z^*。z^* 被称为冯·诺依曼点（von Neumann point)，相应的活动被称为冯·诺依曼活动（von Neumann activity)。冯·诺依曼活动获得最大比率 μ^* 的平衡增长率。使用活动 z^* 表示的这一技术的所有活动被称为冯·诺依曼过程（von Neumann process)。同一冯·诺依曼过程的所有活动构成的平衡增长路径被称为冯·诺依曼路径（von Neumann path)。从图形上看，如果可行集 z 为严格凸的，那么这一具有最大平衡增长率的冯·诺依曼点将是唯一的。

进一步，我们将说明在集合 $s(\mu^*)$ 与 Z 之间存在一个超平面 P，而该平面的法线构成我们的价格向量。由此说明，对应于平衡增长路径，存在一个相应的价格体系。

我们把可行集 Z 不含边界的内部区域构成的集合表示为 $\mathring{Z}$，同时把平衡增长集 $s(\mu^*)$ 看作是另一个集合，那么这两个集合将没有切点。根据分离定理，存在一个超平面 P 将两个集合分离。$\mathring{Z}$ 中的点将位于 P 上部或其下部，而 Z 的边界本身没有厚度，因此 Z 中的所有点也位于超平面 P 上部或其下部。所以，P 也使得集合 $s(\mu^*)$ 与 Z 分离。因为 z^* 是 $s(\mu^*)$ 与 Z 的切点，因此 z^* 必在 P 上。因为作为另一个集合直线 $s(\mu^*)$ 中的所有点必定位于超平面 P 上或其上部，又因为 $s(\mu^*)$ 中的一点 z^* 在超平面 P 上，因此整个直线

$s(\mu^*)$ 将位于超平面 P 上。

我们以（q_1，p_1，p_2）作为超平面的法线。由此超平面 P 的方程可以表示如下：

$$q_1x_1+p_1y_1+p_2y_2=q_2$$

因为 $z^{(1)*}=(0,\ 0,\ \mu^*)$ 与 $z^{(2)*}=(1,\ \mu^*,\ 0)$ 在超平面上，代入方程，得到：

$$\mu^*p_2=q_2, q_1+\mu^*p_1=q_2$$

把上述关系代入 P 的方程，同时考虑到 $x_2=1-x_1$，得到如下超平面 P 的方程：

$$p_1y_1+p_2y_2-\mu^*(p_1x_1+p_2x_2)=0$$

定义函数 $\pi(x,\ y)=p_1y_1+p_2y_2-\mu^*(p_1x_1+p_2x_2)$，可见把 p_1，p_2 理解为两种商品的价格，而 $\mu^*-1=r$ 则可理解为利息率，那么上述函数正好定义了活动（x，y）的利润函数。超平面上所有点的利润正好等于 0，如果我们定义价格是非负的，那么超平面之下的点利润将为负，之上的点则利润为正。

如此表明了存在一个不变的价格体系 p_1，p_2，r 支持冯·诺依曼的最优平衡增长。

针对具体的数值例子，我们假设可行集 Z 中与比例增长线 $s(u^*)$ 相交的是 $z^{(3)}z^{(6)}$。那么交点 z^* 的坐标为：

$$z^*=(x_1^*, y_1^*, y_2^*)=\lambda z^3+(1-\lambda)z^6$$

且该点满足比例增长的条件，于是有：

工具的生产：$0.3\lambda+0.6(1-\lambda)=u^*(0.5\lambda+0.1(1-\lambda))$。

食品的生产：$1.5\lambda=u^*(0.5\lambda+0.9(1-\lambda))$。

解得 $u^*=1.292$，$\lambda=0.577$。

表明平衡增长的最大增长率为29.2%，而平衡增长技术为$0.577z^3+0.423z^6$ 组合技术，进而冯·诺依曼活动为：

$$(x^*, y^*)=((0.331, 0.669), (0.427, 0.865))$$

相应的均衡价格为：

$$(p_1, p_2)=(2.48, 1)$$

6.1.2　技术假定及定理的证明

冯·诺依曼模型提出后，很多学者对该定理进行了证明，例如凯梅尼、摩根斯特恩和汤普森（Kemeny，J. G.，O. Morgenstern and G. L. Thompson）利用对策论的证明①，豪（Howe，C. W.）利用线性规划和对偶定理的证明②，卡林（Karlin，S.）利用集合论

① Kemeny，J. G.，O. Morgenstern and G. L. Thompson. A generalization of the von Neumann model of an expanding economy，*Econometrica*，24，1956：2.

② Howe，C. W. An alternative proof of the existence of general equilibrium in a von Neumann model，*Econometrica*，28，1960：4.

的证明①，森岛通夫利用弗罗贝尼乌斯定理的证明②。其中，卡林的证明被认为具有最为广义的形式（the most general formulation）。③ 此外，人们认为冯·诺依曼模型中把消费等同于一种生产行为，而没有给予专门的考虑，森岛通夫通过引入消费从而扩展了冯·诺依曼模型。④

这里，我们引述卡林这一广义条件下对定理的证明。通过把技术定义为一个具有某些特定性质的生产集，把任何一个满足这些技术性质的投入产出生产活动看作是该生产集中的一个元素。

冯·诺依曼技术集 T 满足如下假定：

（A－1）T 是 $2n$ 维实数空间 R^{2n} 中非负象限 Ω^{2n} 中的闭的凸锥。

闭的含义是：边界点是可行的，凸集的含义是：任意两个可行活动的凸组合也是可行的；锥的性质表明规模报酬不变。如果 T 是一个闭的凸锥，那么它满足三个条件：T 是闭集，可加性，规模报酬不变。可加性指的是如果 $(x, y)\in T$，$(x', y')\in T$，那么 $(x+x', y+y')\in T$，而规模报酬不变指的是如果 $(x, y)\in T$，$\alpha\geqslant 0$，那么 $\alpha(x, y)\in T$。

（A－2）免费处置（free disposal）。

所谓免费处置指的是多余的投入与产出都可以毫无成本地处理掉。即 $(x, y)\in T$，$x'\geqslant x$，$0\leqslant y'\leqslant y$，则 $(x', y')\in T$。

（A－3）天下没有免费的午餐，没有投入就没有产出，即 $(0, y)\in T$，必然有 $y=0$。

（A－4）对任何 i，存在一个 $(x, y)\in T$，满足 $y_i>0$，表明任何产品都可以生产出来。

由（A－1）和（A－4）将等价地得到：

（A－4′）存在一个 $(x, y)\in T$，满足 $y>0$。

定义 6.1：扩展率（coefficient of expansion）

对于一个非零的投入产出关系 $(x, y)\in T$，扩展率 $\lambda(x, y)$ 被定义如下：

$$\lambda(x,y)=\max\{c\,|\,y\geqslant cx\}$$

这实际上定义了一个实值函数，随着过程 (x, y) 不同，扩展率 $\lambda(x, y)$ 也会发生改变。在这些假定下，冯·诺依曼定理可叙述如下：

定理 6.1：卡林（Karlin）

（1）存在一对技术 $(x^*, y^*)\in T$，使得

$$y^*=\lambda^* x^*,\ \lambda^*=\lambda(x^*, y^*),\ x^*\geqslant 0$$

且对于每个 $(x, y)\in T$，$x\geqslant 0$，有 $\lambda^*\geqslant\lambda(x, y)$。

① Karlin, S. *Mathematical methods and theory in games, progamming and economics*, Mass: Addison-wesley, 1959.

② Morishima, M. *Equilibrium, stability and growth*, Oxford: Clarendon Press, 1964.

③ Burmeister, E. and Dobell, A. R. *Mathematical theories of economic growth*, New York: Macmillan Publishing Co., Inc., 1970: 207.

④ Morishima, M. Economic expansion and the interest rate in generalized von Neumann models, *Econometrica* 28, 1960.

向量 (x^*, y^*) 描述的是平衡增长路径，在这一路径上经济获得最大的增长率 λ^*-1。与这一平衡增长路径对应，存在如下一个均衡价格系统。

(2) 存在一个向量 p^* 使得 $p^*\geqslant 0$，且

$$p^* y\leqslant \lambda^* p^* x, (x,y)\in T$$

对于 (x^*, y^*)，上式为等式，并且意味着在完全竞争假定下，没有技术能够带来正的利润。

证明：

因为 T 是一个闭的凸锥，存在一个向量对 $(\tilde{x}, \tilde{y})\in T$，存在极值 $\lambda^*=\lambda(\tilde{x}, \tilde{y})$，而且 $\lambda^*=\sup\{\lambda(x, y)\mid (x, y)\in T, x\geqslant 0\}$。根据免费处置的假定，我们能够找到一个 (x^*, y^*)，满足定理第 (1) 部分中的两个条件，获得一个平衡增长路径 $y^*=\lambda^* x^*$，且 $\lambda^*\geqslant \lambda(x, y)$。由此，定理的第 (1) 部分得证。

同时，还将表明 $0<\lambda^*<\infty$。因为根据假定 (A－4′)，存在 $(x^0, y^0)\in T$，使得 $y^0>0$，因此扩展率不可能为 0，必然有：

$$\lambda^*\geqslant \lambda(x^0, y^0)>0$$

利用反证法，如果 λ^* 不是有限的，那么存在一个序列 $(x^v, y^v)\in T$，使得 $y^v\geqslant 0$，$y^v\geqslant \lambda^v x^v$，且 $\lim\lambda^v=\infty$。对 y^v 标准化，使得 $\sum_{i=1}^{n} y_i^v=1$。

取 $\{y^v\}$ 的极限点 $\bar{y}$，随着 $y^v\to\bar{y}$，$\lambda^v\to\infty$，这时 x^v 只要是任意有限数，不等式都不成立，因此必然有 $(0, \bar{y})\in T$，其中 $\bar{y}\geqslant 0$，而这又与假定 (A－3) 矛盾。如此就有 $0<\lambda^*<\infty$。

我们证明定理的第 (2) 部分。定义如下集合：

$$V=\{(y-\lambda^* x)\mid (x,y)\in T, \sum_{i=1}^{n}(x_i+y_i)\leqslant 1\}$$

因为 T 是闭的凸集，而 V 也是。根据 λ^* 的定义，V 不会与正的象限重合，所以存在一个经过原点的超平面，分离正的象限与 V。因此，存在一个非零向量 p^*，使得

$$p^*(y-\lambda^* x)\leqslant 0$$

对于所有的 $(x, y)\in T$，有

对于所有的 $z>0$，$p^* z\geqslant 0$

由此，得到 $p^*\geqslant 0$，而上面的 $p^*(y-\lambda^* x)\leqslant 0$ 正好表明了定理中第 (2) 部分的结论。定理由此得证。

上述证明中极值存在取决于 $\lambda(x, y)$ 为连续函数，但实际上可能不连续。对于这一问题可以通过对定义域 T 中的各个连续区域求局部极值，进而获得全局极值的存在性。①

---

① 高山晟．数理经济学．2 版．北京：中国人民大学出版社，2009：412－413.

冯·诺依曼模型只是上述卡林模型的一个特例。因此，卡林定理的一般结论在冯·诺依曼模型中同样成立。与卡林模型相比，冯·诺依曼模型假定了线性生产函数，以及含联合生产的投入矩阵与产出矩阵。这时，$y \leqq Bz$，$x \geqq Az$。在卡林定理的基础上，冯·诺依曼定理可以很容易得到证明。

定理 6.2：冯·诺依曼

冯·诺依曼技术下的投入 A 与产出矩阵 B，在假定（A－1）至（A－4）下，存在 $\lambda^* > 0$，$z^* \geqq 0$，$p^* \geqq 0$，其中 $\lambda^* \in \mathbf{R}$，$z^* \in \mathbf{R}^m$，$p^* \in \mathbf{R}^n$，使得：

(1) $(B-\lambda^* A)z^* \geqq 0$；

(2) $p^*(B-\lambda^* A) \leqq 0$；

(3) $p^*(B-\lambda^* A)z^* = 0$。

证明：

(1) 设（x^*，y^*）为卡林定理中具有最大扩张率 λ^* 的过程，必然存在一个 $x^* \geqq 0$，使得 $y^* = \lambda^* x^*$，代入关系式 $y^* \leqq Bz^*$，$x^* \geqq Az^*$，于是有 $Bz^* \geqq \lambda^* Az^*$，因此 $(B-\lambda^* A)z^* \geqq 0$。

(2) 对于所有的 $z \geqq 0$，有 $p^*(B-\lambda^* A)z \leqq 0$，以及 $p^* \geqq 0$，因此 $p^*(B-\lambda^* A) \leqq 0$，且 $p^* \geqq 0$。

(3) 由于 $p^* \geqq 0$，从（1）的证明中我们得到 $p^*(B-\lambda^* A)z^* \geqq 0$，而从（2）的证明中我们又有 $p^*(B-\lambda^* A)z^* \leqq 0$。因此有 $p^*(B-\lambda^* A)z^* = 0$。

定理由此得证。

实际上，冯·诺依曼定理首先提供了对竞争均衡经济的一个描述。在这样一个状态下，净产出大于 0，而利润小于等于 0，第三个结论表明，如果某个活动的利润为负，则相应的活动水平为 0，如果某种商品的扩张率大于 λ^*，出现供给过剩，那么它的价格为 0。其次，这样一种经济将以最大的扩张率 λ^* 增长，从而上述结论也表达了竞争均衡经济的一种最优状态。

6.2 动态列昂惕夫体系的效率路径

冯·诺依曼模型的最优增长路径要求所有商品按相同的增长率增长，对于现实经济而言，如果产品的比例不符合最优增长的路径，显然最优增长的结论就失去了意义。但是，多夫曼、萨缪尔逊和索洛在《线性规划与经济分析》中提出了大道定理，指出不管初始的商品存量如何，只要在大部分时间里足够接近冯·诺依曼路径，就成为经济增长的最优路径。大道定理的提出在于多夫曼等人把线性规划的思想引入投入产出模型中，源于对动态列昂惕夫体系效率路径（efficient path）的讨论。

正如多夫曼等人所评价的那样，列昂惕夫体系具有“锁定”的（lock）性质。任何特定的商品都只有一种生产方法，也不存在求极大的问题。如果这种“锁定”的性质在静态体系中还可以维持，那么在列昂惕夫的动态模型中，“引入了时间因素和资本存量，便不可避免打开了模型的锁，将不可避免面临明确的选择和求最优行为。”[①] 这样一种开锁后的列昂惕夫动态模型成为一种随时间变化进行最优规划分析框架的一个特例。

6.2.1　动态投入产出优化模型

列昂惕夫模型假定了不存在过剩生产能力，但这并不是现实经济的常态。一旦取消这一假定，特别是在动态过程中，就为最优资本积累的确定带来了可能。索洛由此分析了动态列昂惕夫体系的动态最优路径问题。[②]

将一般动态投入产出模型写成矩阵形式，有：

$$x_t = Ax_t + B(x_{t+1} - x_t) + C_t$$

表示每期总产出用于中间投入、最终需求和下一期生产的净资本形成。如果资本存量用向量 S_t 表示，净投资 $\Delta S_t = S_{t+1} - S_t$。上述动态投入产出模型可表示为：

$$x_t = Ax_t + \Delta S_t + C_t$$

其中，$S_t = Bx_t$。

这表明了资本存量随产出的变化而改变，同时它假定了现有资本存量所代表的生产能力被充分利用。如果考虑到生产能力未被充分利用，就有：

$$S_t \geqslant Bx_t$$

这样使得资本存量的改变与产出变化之间不再具有联系。正是在不等式的情况下，我们面临如何进行最优选择，并获得效率轨迹。

对于不等式的情形，考虑只存在两种产品的情形。我们可以把等式的列昂惕夫体系转换为一个最优化问题：

$$X_1 \geqslant a_{11}X_1 + a_{12}X_2 + \Delta S_1 + C_1$$
$$X_2 \geqslant a_{21}X_1 + a_{22}X_2 + \Delta S_2 + C_2$$
$$S_1 \geqslant b_{11}X_1 + b_{12}X_2$$
$$S_2 \geqslant b_{21}X_1 + b_{22}X_2$$
$$\Delta S_1, \Delta S_2, X_1, X_2 \geqslant 0$$

把时间因素考虑进来，则是在如下的约束下：

$$\Delta S_1 + C_1 - (1-a_{11})X_1(t) + a_{12}X_2(t) \leqslant 0$$
$$\Delta S_2 + C_2 - (1-a_{22})X_2(t) + a_{21}X_1(t) \leqslant 0$$
$$b_{11}X_1(t) + b_{12}X_2(t) \leqslant S_1(t)$$
$$b_{21}X_1(t) + b_{22}X_2(t) \leqslant S_2(t)$$

求 $K_1(\Delta S_1 + C_1) + K_2(\Delta S_2 + C_2)$ 的极大值，并得到关于 X_1，X_2，$\Delta S_1 + C_1$，$\Delta S_2 + C_2$ 的解。

---

① Dorfman，R.，Samuelson，P. A. and Solow，R. M. *Linear programming and economic analysis*，New York：McGraw-Hill，1958：266.

② Dorfman，R.，Samuelson，P. A. and Solow，R. M. *Linear programming and economic analysis*，New York：McGraw-Hill，1958. Solow，R. Competitive valuation in a dynamic input-output system，*Econometrica*，Vol. 27，1959.

在这里，K_1，K_2 起着对最终产品估价的作用。整个目标函数表明，我们最终达到最终产品总量最大化的目标。同时，我们对不同部门的最终产品给予相应的权数，随着权数的改变，也就是评价标准或人们偏好的改变。最大化问题给我们提供的正是在既定技术下的生产可能性前沿面（production possibility frontier），也称为转换轨迹（transformation locus）或效率轨迹（efficient locus）。

上述分析框架与静态体系的优化分析相比，仍表现出很大的类似性。在静态体系中，初始投入要素是唯一的限制条件，静态优化是要在这种初始条件的约束下，寻求最大的最终产品。现在，资本存量成为一个新的约束条件，不是由本期的生产，而是由之前的生产所决定，因此是要在资本存量及其他初始条件的约束下，寻求能够满足的最大的最终需求，包括资本品的需求。同时，因为资本品的生产对未来生产的影响，决定了不同时期优化分析之间的联系，进而构成资本积累与增长的最优路径。

在上述优化模型中，我们可以利用投入产出的完全消耗系数把所有的中间产品都还原为初始要素，或者这里的资本存量。用矩阵形式分析这一过程，就是：

$$\begin{bmatrix} a_{11} & a_{12} \\ a_{21} & a_{22} \end{bmatrix}\begin{bmatrix} x_1 \\ x_2 \end{bmatrix}+\begin{bmatrix} \Delta S_1+C_1 \\ \Delta S_2+C_2 \end{bmatrix}\leqslant\begin{bmatrix} x_1 \\ x_2 \end{bmatrix}$$

$$\begin{bmatrix} 1-a_{11} & -a_{12} \\ -a_{21} & 1-a_{22} \end{bmatrix}^{-1}\begin{bmatrix} \Delta S_1+C_1 \\ \Delta S_2+C_2 \end{bmatrix}\leqslant\begin{bmatrix} x_1 \\ x_2 \end{bmatrix}$$

令$\begin{bmatrix} 1-a_{11} & -a_{12} \\ -a_{21} & 1-a_{22} \end{bmatrix}^{-1}=\begin{bmatrix} A_{11} & A_{12} \\ A_{21} & A_{22} \end{bmatrix}$，用来表示列昂惕夫逆阵，于是有：

$$\begin{bmatrix} A_{11} & A_{12} \\ A_{21} & A_{22} \end{bmatrix}\begin{bmatrix} \Delta S_1+C_1 \\ \Delta S_2+C_2 \end{bmatrix}\leqslant\begin{bmatrix} x_1 \\ x_2 \end{bmatrix}$$

把上述关系代入资本存量的约束条件中，得到：

$$\begin{bmatrix} b_{11} & b_{12} \\ b_{21} & b_{22} \end{bmatrix}\begin{bmatrix} A_{11} & A_{12} \\ A_{21} & A_{22} \end{bmatrix}\begin{bmatrix} \Delta S_1+C_1 \\ \Delta S_2+C_2 \end{bmatrix}\leqslant\begin{bmatrix} S_1 \\ S_2 \end{bmatrix}$$

进一步令$\begin{bmatrix} B_{11} & B_{12} \\ B_{21} & B_{22} \end{bmatrix}=\begin{bmatrix} b_{11} & b_{12} \\ b_{21} & b_{22} \end{bmatrix}\begin{bmatrix} A_{11} & A_{12} \\ A_{21} & A_{22} \end{bmatrix}$，得到：

$$S_1\geqslant B_{11}(\Delta S_1+C_1)+B_{12}(\Delta S_2+C_2)$$
$$S_2\geqslant B_{21}(\Delta S_1+C_1)+B_{22}(\Delta S_2+C_2)$$

利用列昂惕夫逆阵把资本存量对总产出的限制转换为资本存量对最终产品的限制。其图形表示见图 6－3。

投入产出原模型中，所有的条件都是以等式形式出现，因此模型的唯一解为 L 点，但是，在改变为不等式约束的情况下，图 6－3 中折线上以及折线内的区域都成为可行解，而这些可行解中哪一个是最优解，则取决于目标函数。在我们的模型中，则取决于对两种最终产品估价的比率 K_1/K_2。

与上述最大化模型形成对偶关系的是一个成本最小化模型：

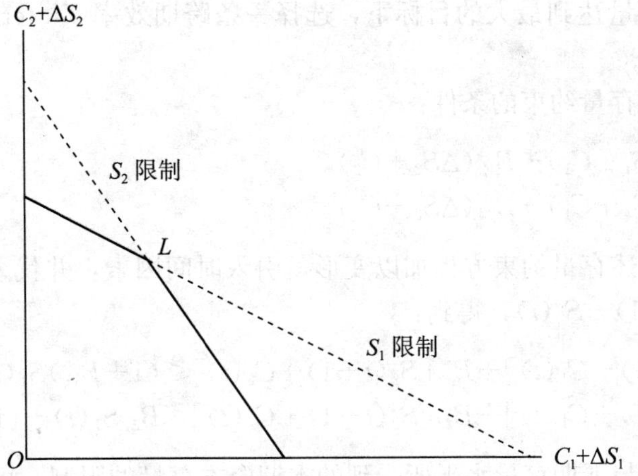

图 6-3 一个时期内的生产可能性前沿面

资料来源：Dorfman，R.，Samuelson，P. A. and Solow，R. M. *Linear programming and economic analysis*，New York：McGraw-Hill，1958：293.

$$\min[r_1 S_1(t)+r_2 S_2(t)]$$

约束条件为：

$$p_1 \geqslant K_1$$
$$p_2 \geqslant K_2$$
$$-(1-a_{11})p_1+a_{21}p_2+b_{11}r_1+b_{21}r_2 \geqslant 0$$
$$a_{12}p_1-(1-a_{22})p_2++b_{12}r_1+b_{22}r_2 \geqslant 0$$

前两个约束条件表明产品的影子价格至少等于相应的最终需求的估价。如果最终需求为正，就有 $p_i=K_i$。对于后两个约束，经过变形可以得到：

$$p_1 \leqslant r_1 B_{11}+r_2 B_{21}$$
$$p_2 \leqslant r_1 B_{12}+r_2 B_{22}$$

如果产品的产量 X_1，X_1 为正，那么上述两式将为等式。这两个约束条件表明的是产品的价格将不超过其要素成本。

6.2.2 列昂惕夫体系的跨期效率

上面的优化模型尽管依据动态投入产出模型引入了不同时期的资本，但总体上只考虑单个时期的问题，从而属于静态分析。如果我们考虑初期存量［$S_1(0)$，$S_2(0)$］是事先确定的，那么在［$C_1(1)$，$C_2(1)$］给定的条件下，第二期结束时 $S_2(2)+C_2(2)$ 能够达到的最大值是多少呢？以及能否进一步获得各个时期的最大值，从而让我们能够获得跨时期有效率的增长路径呢？当考虑这类问题的时候，我们知道一旦确定约束为不等式，那么在每个阶段的最优选择将有很多，其效率水平也存在着差异。例如在我们的问题中，提供［$C_1(1)$，$C_2(1)$］的每一种方法所带来的资本存量［$S_1(1)$，$S_2(1)$］的结构都存在不同。这些资本存量结构中，有很多可能并不符合未来对于 $C_1(2)$ 和 $C_2(2)$ 的生产所需。因此，我们需要在使最终存量达到最大的目标下，选择一条跨期效率（intertemporal efficiency）路径。

之前我们得到了存量约束的条件：

$$S_1 \geqslant B_{11}(\Delta S_1 + C_1) + B_{12}(\Delta S_2 + C_2)$$
$$S_2 \geqslant B_{21}(\Delta S_1 + C_1) + B_{22}(\Delta S_2 + C_2)$$

现在，我们对上述存量约束方程加以变形，引入时间因素，并代入 $\Delta S_1 = S_1(t+1) - S_1(t)$，$\Delta S_2 = S_2(t+1) - S_2(t)$，得到：

$$B_{11}[S_1(t+1) + C_1(t)] + B_{12}[S_2(t+1) + C_2(t)] \leqslant (1+B_{11})S_1(t) + B_{12}S_2(t)$$
$$B_{21}[S_1(t+1) + C_1(t)] + B_{22}[S_2(t+1) + C_2(t)] \leqslant B_{21}S_1(t) + (1+B_{22})S_2(t)$$

表示为实现本期消费与下期存量水平所受到的本期资本存量的限制。可以看到，在消费外生给定的情况下，未来存量水平与本期存量之间的转换关系。

进一步可变形为：

$$B_{11}S_1(t+1) + B_{12}S_2(t+1) \leqslant (1+B_{11})S_1(t) + B_{12}S_2(t) - B_{11}C_1(t) - B_{12}C_2(t)$$
$$B_{21}S_1(t+1) + B_{22}S_2(t+1) \leqslant B_{21}S_1(t) + (1+B_{22})S_2(t) - B_{21}C_1(t) - B_{22}C_2(t)$$

该式可用图形表示如下（见图 6－4）：

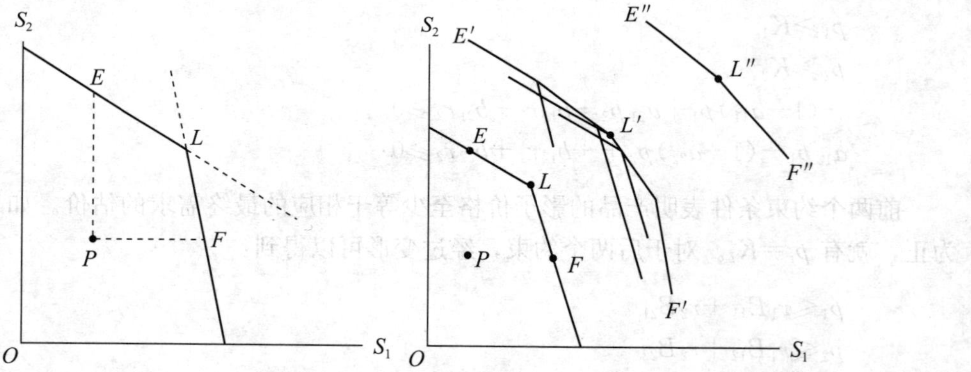

图 6－4　列昂惕夫体系的跨期效率

资料来源：Dorfman，R.，Samuelson，P. A. and Solow，R. M. *Linear programming and economic analysis*，New York：McGraw-Hill，1958：336.

P 点是从原点扣除消费而达到的。这样，以 P 点所表示的一个初始存量 $[S_1(t), S_2(t)]$ 为起点，ELF 轨迹上的任意一点都是一个有效率的计划，进而也成为 $t+2$ 期生产的起点。因此，对于 ELF 上的任一点，应用上述约束条件，也就是用 $t+2$ 和 $t+1$ 来代替 $t+1$和 t，原约束中的 $[S_1(t), S_2(t)]$ 则被 ELF 上新的 $[S_1(t+1), S_2(t+1)]$ 所替代，就能够获得对应于 ELF 上该点的一个新的效率转换曲线。例如，对于 ELF 上的 E，得到效率轨迹 E'，对于 L，得到效率轨迹 L'，对于 F，得到效率轨迹 F'。E'，L'，F' 以及更多的效率轨迹形成的包络曲线 $E'L'F'$，构成第二期的效率轨迹。依此类推，得到第三期的效率轨迹 $E''L''F''$，等等。从 P 点出发，经由这些不同时期效率轨迹的所有可能路径构成资本跨期效率的资本积累路径。

从公式的角度看，上述过程就是把上面的最优问题扩展到 T 期，用矩阵形式可以表示为：

$$\max 0\cdot S_1(1)+0\cdot S_2(1)+\cdots+K_1S_1(T)+K_2S_2(T)$$

约束条件为：

$$\begin{bmatrix} B & & & & \\ -(I+B) & B & & & \\ & -(I+B) & B & & \\ & & \cdots & \cdots & \\ & & & -(I+B) & B \end{bmatrix}\begin{bmatrix} S(1)\\ S(2)\\ S(3)\\ \vdots\\ S(T)\end{bmatrix}\leqslant\begin{bmatrix} (I+B)S(0)-B & C(0)\\ -B & C(1)\\ -B & C(2)\\ \vdots & \\ -B & C(T-1)\end{bmatrix}$$

$$S(t)\geqslant 0,\ t=1,2,\cdots,T$$

在上面所讨论的两部门情况下，其中：

$$B=\begin{bmatrix} B_{11} & B_{12}\\ B_{21} & B_{22}\end{bmatrix},\ S(t)=\begin{bmatrix} S_1(t)\\ S_2(t)\end{bmatrix},\ C(t)=\begin{bmatrix} C_1(t)\\ C_2(t)\end{bmatrix}$$

与上述模型对应，存在一个求极小值的对偶模型，表示产品与资本存量的影子价格。这一对偶模型可以表示如下：

$$\begin{aligned}\min & u_1(1)[(I+B_{11})S_1(0)+B_{12}S_2(0)]+u_2(1)[B_{21}S_1(0)+(I+B_{22})S_2(0)]\\ & -u_1(1)[B_{11}C_1(1)+B_{12}C_2(1)]-u_2(1)[B_{21}C_1(1)+B_{22}C_2(1)]\\ & -u_1(2)[B_{11}C_1(2)+B_{12}C_2(2)]-u_2(2)[B_{21}C_1(2)+B_{22}C_2(2)]\\ & -\cdots\\ & -u_1(T)[B_{11}C_1(T)+B_{12}C_2(T)]-u_2(T)[B_{21}C_1(T)+B_{22}C_2(T)]\end{aligned}$$

约束条件为：

$$\begin{bmatrix} B' & -(I+B)' & & & \\ & B' & -(I+B)' & & \\ & & \cdots & \cdots & \\ & & & B' & -(I+B)'\\ & & & & B' \end{bmatrix}\begin{bmatrix} u(1)\\ u(2)\\ \vdots\\ u(T-1)\\ u(T)\end{bmatrix}\geqslant\begin{bmatrix} 0\\ 0\\ \vdots\\ 0\\ K\end{bmatrix}$$

$$u(t)\geqslant 0,\ t=1,2,\cdots,T$$

这里的目标函数是，从期初存量的应有价值中，扣除生产消费品所需资本的影子价值，使得期初资本存量净值的影子价值最小。对偶定理告诉我们，这一最小价值正好等于期末资本存量的最大价值。其含义在于，期初资本存量的价值正好等于在今后时期内对于最终产品生产的全部贡献。在无效率的路径上，最终这一期初价值将会高于期末存量的价值。同时，如果某一资本存量在某一阶段内供给过剩，那么在该阶段其影子价值将为0。

6.2.3　列昂惕夫路径

与上述优化模型不同的是，传统的投入产出动态模型仍坚持采用等式约束的形式，这意味着所有资源和资产存量的充分利用，而不存在过剩的资源，进而也导致了最优选择只会在效率转换曲线的顶点达到。例如，在图 6-5 中列昂惕夫的经济只会沿着从 P 到 L、到 L' 再到 L'' 的跨期路径变化。多夫曼等人把这条路径称为列昂惕夫路径（Leontief trajectories，或 path）。

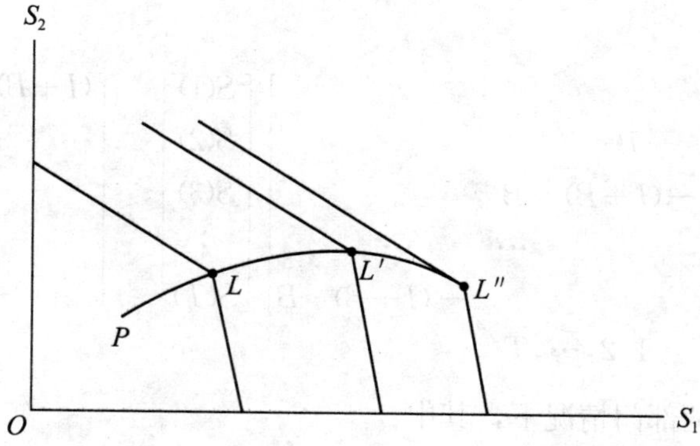

图 6-5 列昂惕夫路径

资料来源：Dorfman，R.，Samuelson，P. A. and Solow，R. M. *Linear programming and economic analysis*，New York：McGraw-Hill，1958：341.

但是，这样的路径可能面临动态投入产出模型的“因果不确定性”问题，而在现实中并不存在。例如在图 6-5 中，随着从 L' 变换到 L''，资本存量 S_2 的绝对量是下降的，即 $S_2(3)<S_2(2)$。

进一步，多夫曼等人还证明了，如果列昂惕夫路径是可行的，那么它必然是有效率的。这一性质的证明如下。

为了使证明简化，假定所有消费为 0，考虑闭模型的情形，我们的优化模型为：

$$\max K'S(T)$$

约束条件为：

$$\begin{bmatrix} B & & & & \\ -(I+B) & B & & & \\ & -(I+B) & B & & \\ & & \cdots & \cdots & \\ & & & -(I+B) & B \end{bmatrix} \begin{bmatrix} S(1) \\ S(2) \\ S(3) \\ \vdots \\ S(T) \end{bmatrix} \leqslant \begin{bmatrix} (I+B)S(0) \\ 0 \\ 0 \\ \vdots \\ 0 \end{bmatrix}$$

$$S(t)\geqslant 0,\ t=1,2,\cdots,T$$

假定允许资本缩减，设对于初始资本存量 $S(0)$，存在一个列昂惕夫路径。也就是存在非负向量 $S(1)$，$S(2)$，…，$S(T)$，满足上述约束条件中的等式约束。

为证明上述性质，我们只需要证明，至少存在一个估价向量 K，使得对于 $S(1)$，$S(2)$，…，$S(T)$ 的确定的值，能够使 $K'S(T)$ 最大。

上述模型的对偶模型是：

$$\min S(0)'(I+B)'u(1)$$

约束条件为：

$$\begin{bmatrix} B' & -(I+B)' & & & \\ & B' & -(I+B)' & & \\ & & \cdots & \cdots & \\ & & & B' & -(I+B)' \\ & & & & B' \end{bmatrix}\begin{bmatrix} u(1) \\ u(2) \\ \vdots \\ u(T-1) \\ u(T) \end{bmatrix} \geqslant \begin{bmatrix} 0 \\ 0 \\ \vdots \\ 0 \\ K \end{bmatrix}$$

$u(t)\geqslant 0$，$t=1$，2，…，T

根据对偶定理，如果存在一个 K，使得对偶问题获得最小解，且所有的 u 均为正，那么原问题将有一个等式约束解。

进一步，我们设对偶问题的约束条件为等式，得到：

$$B'u(1)=(I+B)'u(2)$$
$$B'u(2)=(I+B)'u(3)$$
$$\vdots$$
$$B'u(T)=K$$

对于这组方程，至少存在一个正的解。由于 B' 是一个正矩阵，存在一个正的特征根 ρ 及正的特征向量 $\bar{u}$。

可以设 $u(t)=(\frac{\rho}{1+\rho})^t\bar{u}$，代入约束条件，表明满足约束条件：

$$\begin{aligned} B'u(t) &= (\frac{\rho}{1+\rho})^t B'\bar{u}=\frac{\rho^{t+1}}{(1+\rho)^t}\bar{u} \\ &= (\frac{\rho}{1+\rho})^{t+1}(1+\rho)\bar{u} \\ &= (\frac{\rho}{1+\rho})^{t+1}(I+B)'\bar{u} \\ &= (I+B)'u(t+1) \end{aligned}$$

选择 $B'u(T)=K$，那么我们需要证明对于这个 K，这些向量 u 使得对偶问题目标函数达到最小值。由于原问题中也是等式约束，所以有：

$$\begin{aligned} K'S(T) &= u(T)'BS(T)=u(T)'(I+B)S(T-1)=u(T-1)'BS(T-1) \\ &= u(T-1)'(I+B)S(T-2)=\cdots=u(1)'(I+B)S(0) \end{aligned}$$

因此，对于 K 以及正的 u 和 S，最小值等于最大值。所以对于正的 u，我们得到两个问题的解。定理由此得证。

由此，考虑列昂惕夫路径与冯·诺依曼的平衡增长之间的关系（见图 6-6）。对于一个闭模型，消费为 0。在这样的条件下，冯·诺依曼的平衡增长表现为从原点出发的一条射线。在这条射线上，资本与产出都保持一个固定的比率。因此，当列昂惕夫路径保持平衡增长时，列昂惕夫路径同时也是冯·诺依曼路径。因为在冯·诺依曼的模型中，我们已经证明了这一路径具有最大的增长率，因此这时的列昂惕夫路径或者是冯·诺依曼路径不仅是有效率的路径，而且是具有最大增长率的路径。

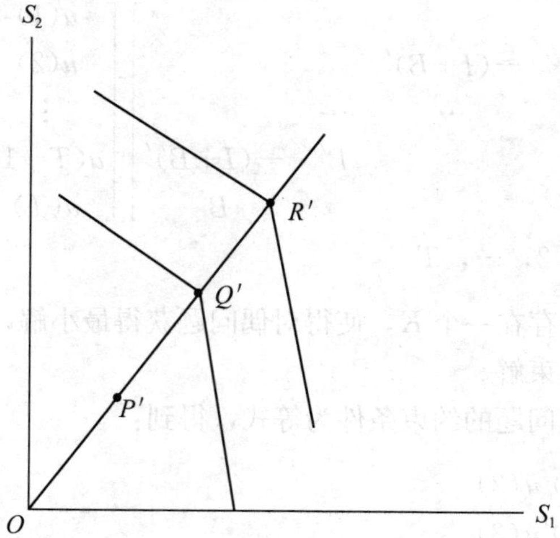

图 6-6　列昂惕夫路径与平衡增长

资料来源：Dorfman，R.，Samuelson，P. A. and Solow，R. M. *Linear programming and economic analysis*，New York：McGraw-Hill，1958：344.

我们在下面将要讨论的大道定理指出，长期经济增长即使由于初始存量资本结构的差异不能处于最快的平衡增长路径上，如果能够在很长时间内接近这一路径，也将获得最优长期增长。

6.3　大道定理

在动态投入产出模型中，我们提出了相对稳定性概念。提出这一概念的原因是因为在动态投入产出系统中，给定技术系数和相应的假定下，存在一个有经济意义的平衡增长路径。但是，这样的平衡增长路径要求部门产出结构始终保持一个固定的比例，甚至对于初始的产出向量也是如此，而相对稳定性概念讨论了在不同于平衡增长起始条件的情况下，能够足够接近这一可行路径，从而避免因果不确定性。但是，在那样的框架下，并不涉及不同路径的比较，因而也不存在最优效率路径的问题。现在，在跨期最优决策的研究中，存在多个可行路径，进而就会存在一个最优效率的跨期路径。本来对于给定的初始条件，存在一个平衡增长的冯·诺依曼路径为最优路径，但是由于主观预设的最优目标往往与冯·诺依曼平衡增长路径的目标并不一致，平衡增长路径似乎变得没有意义。但是，可以证明对于这些不符合平衡增长路径起点与目标的任务来说，跨期最优路径具有一个很重要的性质，那就是在大部分时间内足够接近平衡增长路径，并在接近终点处离开，进而转向预先设定的最优目标。这就是大道定理（turnpike theorem）所要表明的含义。

6.3.1　跨期效率路径与冯·诺依曼路径

在对大道定理进行证明之前，我们有必要对在动态技术效率分析上的概念间的关系作进一步的探讨，对可行路径、效率路径、平衡增长路径等概念作进一步的澄清。

如冯·诺依曼模型，考虑 n 种商品的经济，用 x 和 y 分别表示投入和产出向量，则 (x_t, y_t) 表示时期 t 的生产过程。设 T 为可行的生产集。在一个可行的生产集内，当前期的所有产出成为下期的投入时，那么前后联系的向量序列构成一个增长路径。

可行的增长路径定义如下：

定义 6.2：可行路径（feasible path）

对于给定的计划期间 N，序列 (x_1, y_1)，(x_2, y_2)，…，(x_n, y_n) 被称为期界为 N、以 $x_0=\bar{x}_0$ 为起点的可行路径，如果其中的活动技术上是可行的，且前期的产出全部成为下期的投入，即 $(x_i, y_i)\in T$，且 $x_{i+1}=y_i$。记该可行路径为 $(x_1, y_N)\in T$ 或 $\{x_t\}_{n=0}^{N}\in T$。

对于不同路径的效率比较，通常针对期末能达到的存量的多少。在可行路径中，从同一初始存量出发的所有其他路径，在 N 期末都无法得到比该路径更大的存量，那么该路径称为有效率的路径。跨期效率路径可以定义如下：

定义 6.3：有效率的路径（efficient path）

从初始向量 $\bar{x}_0$ 开始的所有可行路径 $\{x_t\}$ $(t=0, 1, \cdots, N)$ 中，如果没有其他可行路径 $(x_1, \hat{y}_N)\in T$，使得能够得到 $\hat{y}_N\geqslant y_N$，则称该路径为有效率的路径。也就是说，最大化 y_N 的路径被称为有效率的路径。

很显然，平衡增长路径是可行路径，只不过在所考察的期间内，所有部门投入与产出之间保持一个不变的增长率 λ，即 $y^{(t)}=\lambda x^{(t-1)}$。在一定的假定下，冯·诺依曼路径不仅是唯一的，也是有效率的。

在前面冯·诺依曼平衡增长路径存在性的证明中，我们得到其存在所需要的条件，复述如下：

（A－1）T 是 $2n$ 维实数空间 R^{2n} 中非负象限 Ω^{2n} 内的闭的凸锥；

（A－2）免费处置，即 $(x, y)\in T$，$x'\geqslant x$，$0\leqslant y'\leqslant y$，则 $(x', y')\in T$；

（A－3）天下没有免费的午餐，没有投入就没有产出，即 $(0, y)\in T$，必然有 $y=0$；

（A－4）存在一个 $(x, y)\in T$，满足 $y>0$。

在上述条件下，冯·诺依曼定理证明了冯·诺依曼路径的存在性。在此，进一步定义冯·诺依曼路径如下：

定义 6.4：冯·诺依曼路径（von Neumann path）

对于向量 $(\hat{x}, p, \lambda)$，其中 $\hat{x}$ 和 p 为 R^n 中非负象限的非零元素，$\lambda\in\mathbf{R}$，且 $\lambda>0$，如果：

（1）$(\hat{x}, \lambda\hat{x})\in T$；

（2）对所有的 $(x, y)\in T$，$p(y-\lambda x)\leqslant 0$。

称向量 $(\hat{x}, p, \lambda)$ 为冯·诺依曼向量或冯·诺依曼均衡。称过程 $(\hat{x}, \lambda\hat{x})$ 为一个冯·诺依曼过程。过原点和 $\hat{x}$ 的射线 $\{X \mid X\in\mathbf{R}^n, X=\alpha\hat{x}, \alpha\geqslant 0, \alpha\in\mathbf{R}\}$ 称为关于 $\hat{x}$ 的冯·诺依曼射线（von Neumann ray）或冯·诺依曼路径。λ 称为增长因子（growth factor）。$p(y-\lambda x)$ 表示的是冯·诺依曼利润，因此 λ 也称为利息因子（interest factor）。对于冯·诺依曼平衡增长路径 $\hat{y}=\lambda\hat{x}$，$p(y-\lambda x)=0$。

古谷弘（Hiroshi Furuya）和稻田献一（Kenichi Inada）进一步给出了超可加性和强超可加性的定义，并在这些条件基础上证明了冯·诺依曼路径的性质。

定义 6.5：超可加性（superadditivity）

如果 $(a^{(1)}, b^{(1)}) \in T$ 且 $(a^{(2)}, b^{(2)}) \in T$，存在 $(\alpha_1 a^{(1)} + \alpha_2 a^{(2)}, b) \in T$，满足 $b \geqq \alpha_1 b^{(1)} + \alpha_2 b^{(2)}$，其中 $\alpha_1 \geqslant 0$，$\alpha_2 \geqslant 0$，且 $\alpha_1 + \alpha_2 = 1$。

定义 6.6：强超可加性（strongly superadditivity）

设 $a^{(1)} \neq 0$，$a^{(2)} \neq 0$，且对于任何正的 α，$a^{(1)} \neq \alpha a^{(2)}$。如果 $(a^{(1)}, b^{(1)}) \in T$ 且 $(a^{(2)}, b^{(2)}) \in T$，存在 $(a^{(1)} + a^{(2)}, b^{*}) \in T$，满足 $b^{*} \geqslant b^{(1)} + b^{(2)}$。

在这些附加性质的基础上，首先证明最大增长率的路径必为平衡增长路径。以下定理的证明选自古谷弘和稻田献一的文献，读者可参考该文献更详细的说明。

定理 6.3：

如果 $(\bar{a}, \bar{b}) \in T$ 是具有最大增长率 λ_0 的过程，那么它有平衡增长路径，即 $\bar{b} = \lambda_0 \bar{a}$。

证明：

根据定义，$\bar{b} \geqq \lambda_0 \bar{a}$。假设 $\bar{b} \geqslant \lambda_0 \bar{a}$，可以表示为 $\bar{b} = \lambda_0 \bar{a} + a^{*}$，其中 $a^{*} \geqslant 0$。对于投入 $\bar{a}$，经过 S 个期间的增长，有 $(\bar{a}, \bar{b}^{(s)}) \in T^{(s)}$，表示从 $\bar{a}$ 开始至 s 期末 $\bar{b}^{(s)}$ 的一个可行路径，且 $\bar{b}^{(s)} \geqslant \lambda_0^s \bar{a}$。同时，附加本原技术的假定，对于一定的投入 a^{*}，也必有一个正的产出，即 $(a^{*}, b^{(s)}) \in T^{(s)}$，且 $b^{(s)} > 0$。在可加性的条件下，存在过程 $(\lambda_0 a + a^{*}, b) \in T^{(s)}$，满足 $b \geqq \lambda_0 \bar{b}^{(s)} + b^{(s)}$。因此，$(\bar{a}, b) \in T^{(s+1)}$。因为 $b \geqq \lambda_0 \bar{b}^{(s)} + b^{(s)} > \lambda_0 \bar{b}^{(s)} \geqslant \lambda_0^{s+1} \bar{a}$，可以选择 $\theta > 0$，满足 $b \geqq (\lambda_0 + \theta)^{s+1} \bar{a}$。因此，存在一个过程，其增长率不小于 $\lambda_0 + \theta$。这与 λ_0 为最大增长率相矛盾，所以 $\bar{b} = \lambda_0 \bar{a}$。

定理由此得证。

进一步再证明冯·诺依曼路径的唯一性。

定理 6.4：

如果 T 是强超可加的，那么冯·诺依曼路径是唯一的。

证明：

假设对应于最大增长率 λ_0，存在两个过程 $(\bar{a}^{(1)}, \bar{b}^{(1)})$ 与 $(\bar{a}^{(2)}, \bar{b}^{(2)})$，其中 $\bar{a}^{(1)} \neq \alpha \bar{a}^{(2)}$。根据强超可加性假定，存在一个过程 $(\bar{a}^{(1)} + \bar{a}^{(2)}, b^{*}) \in T$，满足 $b^{*} \geqslant \bar{b}^{(1)} + \bar{b}^{(2)} = \lambda_0 (\bar{a}^{(1)} + \bar{a}^{(2)})$。这与定理 6.3 相矛盾。

定理由此得证。

最后，我们可以证明具有最大增长率的平衡增长路径是有效率的。

定理 6.5：

任何期间 m 内最大增长率的平衡增长路径是有效率的。

证明：

假设平衡增长路径 $(\bar{a}, \bar{b}^{(m)}) = (\bar{a}, \lambda_0^m \bar{a}) \in T^{(m)}$ 是无效率的。那么存在一个可行的路径 $(\bar{a}, b^{(m)}) \in T^{(m)}$，满足 $b^{(m)} \geqslant \bar{b}^{(m)} = \lambda_0^m \bar{a}$。因此，我们能得到一个过程 $(a^{*}, b^{*}) \in T$，满足 $b^{*} \geqslant \lambda_0 a^{*}$。这同样与定理 6.3 相矛盾。

定理由此得证。

6.3.2　大道定理的证明

大道定理最初是由多夫曼、萨缪尔逊和索洛在《线性规划与经济分析》一书中提出的，但并没有给出明确的证明。之后大量学者进行研究，进而提出了很多证明。托洛维斯基（Stephen J. Turnovsky）根据证明方法的不同分为三种类型①：

一是雷德纳（R. Radner）型，主要利用集合论方法，得到对冯·诺依曼路径的收敛，并用两个向量之间的距离来定义这种收敛。

二是森岛通夫型，首先得到价格射线对于冯·诺依曼价格射线的收敛，然后利用这一结论得到产出射线对于冯·诺依曼产出射线的收敛，并利用了索洛和萨缪尔逊在相对稳定性定理中使用的收敛概念。

三是萨缪尔逊型，处理的是平滑的一次齐次生产函数，定理的证明使用了变分法，但是依赖线性近似而只能在最大增长路径的一个邻域内成立。

这里我们给出的是雷德纳大道定理及其证明。② 他的证明被认为是所有这些证明中最精彩的。

雷德纳考虑的是一个闭模型，并延续了冯·诺依曼模型的大部分基本假定和定义。

用投入产出对（x，y）的集合来表示技术集 T。对于可行路径 $\{x_t\}_{t=0}^{N}$，如果（x，ρx）$\in T$，ρ 为实数，$\{x_t\}_{t=0}^{N}$ 描述的将是一个平衡增长路径，ρ 为增长因子。扩张率则被定义为 $\lambda(x, y)=\max\{c \mid y\geqq cx\}$。冯·诺依曼定理告诉我们，对于（$x$，$y$）$\in T$，最大的扩张率将等于冯·诺依曼平衡增长因子，即 $\rho=\max\limits_{(x,y)\in T}\lambda(x, y)$。

在冯·诺依曼技术下，A 表示投入系数，B 表示产出系数，那么冯·诺依曼的技术集为：

$$T=\{(x,y)\mid y=Ba, x=Aa, a\geqq 0\}$$

其中，a 为生产过程的水平（levels）或密度（intensities）。这样定义的冯·诺依曼技术集 T 将是一个多面锥。雷德纳对大道定理的证明在技术集的假定上只是强调了如下两个条件：

A1. T 是 R^{2n} 空间中非负象限内的一个闭的锥（closed cone）。

A2. 如果（0，y）$\in T$，那么 $y=0$，无投入即无产出。

关于目标函数，要在给定的期间 N 和初始条件 x_0 下，在所有可行序列 $\{x_t\}_{t=0}^{N}$ 中寻找最大化 $u(x_N)$ 的路径。这里的目标函数为关于期末或最终状态产出 x_N 的一个函数，也称为关于 x_N 的一个偏好函数。如果是一个中央计划经济，它体现了计划者对于不同最终状态的一种偏好。雷德纳所讨论的大道定理的最优目标只是关注于最终状态，因此这类大道理论也称为最终状态大道理论（final-state turnpike theory）。

雷德纳关于该偏好函数的假定如下：

---

① Turnovsky，S. J. Turnpike theorems and efficient economic growth，in Burmeister，E. and Dobell，A. R (ed.)，*Mathematical theories of economic growth*，New York：Macmillan Publishing Co.，Inc.，1970：318 - 319.

② Radner，R. Paths of economic growth that are optimal with regard only to final states：a turnpike theorem，*Review of Economic Studies*，Vol. XXVIII (2)，1961.

A3. u 为连续、非负的，且存在 x，使得 $u(x)>0$。

A4. u 是“拟齐次的”（quasi-homogeneous），含义是：对于所有非负向量 x' 和 x''，以及所有的数 $k>0$，当且仅当 $u(kx')\geqq u(kx'')$ 时，$u(x')\geqq u(x'')$。

为了不失一般性，可以取 u 为一次齐次。这样定义的目标函数，例如 $u(x)=\sum_{i=1}^{n} w_i x_i$，如果 w_i 是产品 i 的价格，那么目标函数就是所有产出价值的合计。

因此，大道定理的问题将是，在给定的初始条件 x_0 和规划时期 N 内，寻找能够最大化 $u(x_N)$ 的序列或者说路径。这一序列称为最优路径（u-optimal）。

雷德纳对大道定理的证明利用了影子价格，相比于可行路径，最优增长路径存在着“影子利润”（shadow profit）。可以将利润函数定义为：

$$p(y-\mu x)$$

其中，p 为产品价格向量，μ 为利息因子。

在投入产出对 (x, y) 之外，存在一个均衡的价格—利息对 (p, μ)，且满足如下条件：

(1) 对于所有的 $(x, y)\in T$，$p(y-\mu x)\leqq 0$；

(2) $p\geqslant 0$，$\mu>0$。

对于技术集 T 中的冯·诺依曼平衡增长路径 $\hat{x}$，即 $(\hat{x}, \rho\hat{x})\in T$，$\rho$ 为增长因子，而 (p, ρ) 为一个均衡的价格—利息对。经过 $\hat{x}$ 的射线也称为冯·诺依曼射线，从而获得一个由 $(\hat{x}, p, \rho)$ 所表示的冯·诺依曼均衡。

在保证冯·诺依曼路径存在性的假设条件之外，雷德纳引入了关于冯·诺依曼路径唯一性的一条新的假定：

A5. 设 $(\hat{x}, p, \rho)$ 为冯·诺依曼向量，则对 T 中所有满足 $p(y-\rho x)<0$ 的 (x, y)，与 $(\hat{x}, \rho\hat{x})$ 不成比例。

对于这条假定，在前面的分析中给出了另一个形式，即 T 有非空的内部，且是一个严格的凸锥。雷德纳认为在这一严格的假定下，唯一性自然能够得到保证。

为证明大道定理，首先定义距离的概念。

定义 6.7：雷德纳

两个向量 x，z 之间的距离定义为：

$$d(x,z)=\left\| \frac{x}{\|x\|}-\frac{z}{\|z\|} \right\|$$

其中，$\|z\|=\sqrt{<z\cdot z>}$。

为证明大道定理，雷德纳提出了一个重要的引理。当过程 $(x, y)\in T$ 到冯·诺依曼路径的距离超过某个给定的 ε，与冯·诺依曼路径的 $py=\rho px$ 相比，必然存在一定的价值损失。

引理 6.1：雷德纳

设 $(\hat{x}, p, \rho)$ 为一个冯·诺依曼向量，且满足冯·诺依曼路径是唯一性的假定。在假设条件 A1、A2 的情况下，则对于任意 $\varepsilon>0$，存在一个 $\delta>0$，使得对于任意的

$(x, y)\in T$，且 $d(x, \hat{x})\geqq\varepsilon$，有 $py\leqq(\rho-\delta)px$。

证明：

因为对于所有 $(x, y)\in T$，有 $p(y-\rho x)\leqq 0$，如果 $px=0$ 就意味着 $py=0$。因此，当 $px=0$ 时，雷德纳引理成立。我们下面将要证明的是 $px\neq 0$ 或者 $px>0$ 的情形下，引理成立。

定义如下一个集合：

$$T_1=\{y\mid(x,y)\in T,\ \|x\|=1\}$$

根据假设，可以证明 T_1 是有界的。因为如果无界，可以假设存在一个序列 $(x^s, y^s)\in T$，当 $s\to\infty$ 时，满足 $\|x^s\|=1$ 和 $\|y^s\|\to\infty$。因为 $x^s\neq 0$，可以选择 y^s，使得 $y^s\neq 0$。由此可以构造序列：

$$\left(\frac{x^s}{\|y^s\|},\frac{y^s}{\|y^s\|}\right)$$

这显然是一个有界序列，而且根据锥的定义，$\left(\frac{x^s}{\|y^s\|}, \frac{y^s}{\|y^s\|}\right)\in T$，又由于根据假定，$T$ 是有界的，因此该序列存在一个极限点 $(\bar{x}, \bar{y})\in T$，而 $\bar{x}=\lim\limits_{s\to\infty}\frac{x^s}{\|y^s\|}=0$，$\bar{y}=\lim\limits_{s\to\infty}\frac{y^s}{\|y^s\|}\neq 0$。这一结论与假设 A2 矛盾。因此 T_1 有界。

为证明引理，假设有一个 $\varepsilon>0$ 和集合 T 中的一个序列 $\{(x^q, y^q)\}$，满足 $px^q>0$ 和 $d(x^q, \hat{x})\geqq\varepsilon>0$，且当 $q\to\infty$ 时，有：

$$\frac{py^q}{px^q}\to\rho$$

如果能够证明 $\frac{py^q}{px^q}\to\rho$，而不等于 ρ，也就意味着 $\frac{py}{px}=\rho-\delta$，从而存在价值损失。

为了利用刚才的结论，且不失一般性，假设该序列已经经过标准化了，我们可以取 $\|x^q\|=1$，所以序列 $\{(x^q, y^q)\}$ 有界，因而存在极限点 $(\bar{x}, \bar{y})$。因为序列 px^q 也是有界的，根据上面 $\frac{py^q}{px^q}\to\rho$，那么 $p(\bar{y}-\rho\bar{x})=0$。但是根据假定 $d(x^q,\hat{x})\geqq\varepsilon>0$，显然 $(\bar{x}, \bar{y})$ 不可能与 $(\hat{x}, \rho\hat{x})$ 成比例，将与假设条件 A5 矛盾。因此，$\frac{py^q}{px^q}$ 只是接近于而不可能等于 ρ。

引理由此得证。

下面来证明大道定理，对于定理中的一些假设条件的含义，在定理证明之后再给予进一步的说明。

定理 6.6：雷德纳大道定理

设 $(\hat{x}, p, \rho)$ 为一个冯·诺依曼向量，并满足冯·诺依曼路径唯一性的假定。在假设条件 A1～A5 之下，如果：

(1) 存在一个实数 $K>0$，满足对所有商品向量 x，有 $u(x)\leqq Kpx$；

(2) 给定一个初始商品向量 x_0，对于某个数 $L>0$，满足 $(x_0, L\hat{x})\in T$；

(3) $u(\hat{x})>0$。

那么，对于任何 $\varepsilon>0$，存在一个数 S，对于任何 N 和最优序列 $\{x_t\}_{t=0}^{N}$，其中 $d(x_t,\hat{x})\geqq\varepsilon$ 的时期数不超过 S。

证明：

首先定义一条可行路径 $\{\tilde{x}_t\}_{t=0}^{N}$ 作为参考路径：

$$\tilde{x}_0=\bar{x}_0,\ \tilde{x}_1=L\hat{x}$$

以及 $\tilde{x}_t=L\rho^{t-1}\hat{x}$，$t=1$，…，$N$。

设 $\{x_t\}_{t=0}^{N}$ 为从给定起点 $\bar{x}_0$ 开始的任意一个可行路径。对于该路径中与冯·诺依曼路径距离大于 $\varepsilon>0$ 的阶段内，也就是对于任意 $\varepsilon>0$，且满足 $d(x_t,\hat{x})\geqq\varepsilon$ 的 t，由上述已经证明的雷德纳引理，对于 $\delta>0$，有：

$$px_{t+1}\leqq(\rho-\delta)px_t$$

同时，根据冯·诺依曼均衡的定义，对于所有的时期 t，对任意 $(x_t, x_{t+1})\in T$，有

$$px_{t+1}\leqq\rho px_t$$

假设 $d(x_t,\hat{x})\geqslant\varepsilon$ 的时期数为 N'，那么利用上面得到的两式，分别对于阶段 N' 和阶段 $N-N'$ 进行迭代，得到：

$$px_N\leqq(\rho-\delta)^{N'}\rho^{N-N'}p\bar{x}_0$$

由定理中的第一个假设条件，存在一个 $K>0$，满足

$$u(x_N)\leqq Kpx_N\leqq K(\lambda-\delta)^{N'}\lambda^{N-N'}p\bar{x}_0$$

另外，由 u 的齐次性假定，有：

$$u(\tilde{x}_N)=L\rho^{N-1}u(\hat{x})>0$$

将上两式两边分别相除，得到：

$$\frac{u(x_N)}{u(\tilde{x}_N)}\leqq C\left(\frac{\rho-\delta}{\rho}\right)^{N'},\ 其中\ C=\frac{K\rho p\bar{x}_0}{Lu(\hat{x})}$$

又由于 $\{x_t\}_0^N$ 为关于 $\bar{x}_0$ 的最优可行路径，则必然有：

$$C\left(\frac{\rho-\delta}{\rho}\right)^{N'}\geqq1$$

或者

$$N'\leqq\frac{\log C}{\log\left(\frac{\rho}{\rho-\delta}\right)}$$

定义

$$S=\max\left\{1,\frac{\log C}{\log\left(\frac{\rho}{\rho-\delta}\right)}\right\}$$

定理由此得证。

对于定理中条件的含义，我们还有必要稍作说明。

定理中的条件1是有关大道最优目标的偏好函数的一个限定。由于可行路径的评价完全取决于最终状态，因此，偏好函数就是要反映最终状态的优劣。从这一假定的具体形式上来看，如果我们考虑偏好函数为 $u(x)=q'x$，其中 q 为单位单形，即 $q\geqq 0$ 且 $\sum_{i=1}^{n} q_i=1$。在 $p>0$ 的情况下，取 $K=\max(\frac{1}{p_i})$，$i=1, \cdots, n$。于是有：$q_i\leqq 1\leqq Kp_i$，进一步则有，对于 q 与 x 的任一种情形，$q'x\leqq Kp'x$ 成立。另外，平衡增长由于比例不变，平衡增长的产出可以直接用总量进行衡量，但是对于不平衡增长必须借助于偏好函数来衡量。在冯·诺依曼均衡的背后都有一个冯·诺依曼价格，这一价格可以提供对不平衡增长中产出的一个很好的度量。用冯·诺依曼价格来度量的商品价值，即 $p'x_N$，被库普曼斯称为商品的冯·诺依曼价值。① 因此，偏好函数不管如何设计，都应该受冯·诺依曼价值的控制或主导。同时，我们看到如果用 μ^* 表示均衡的利息率，那么任何可行的活动应该满足如下条件：

$$p'y\leqq\mu^* p'x$$

对于最优平衡增长将无利润，而非平衡增长则利润为负。因此，当我们考虑大道定理问题时，在沿大道路径增长时，将是 $p'y=\mu^* p'x$，而沿非大道路径增长时，则是 $p'y<\mu^* p'x$。因此，关于产出的偏好函数应该受到 $p'x$ 主导。

假设条件2与假设条件3只不过是要让证明过程简单化。定理中的条件2是要确保从一个初始商品向量 x_0 开始，能够进入大道路径。例如如果初始向量 x_0 中不包含大道路径中的某种商品，那么就无法进入大道路径。进一步在证明中，雷德纳所给出的参考路径假设了从初始阶段开始，紧接着的下一个阶段就进入大道的平衡增长路径，这一点显然可以放松为经过若干阶段再进入平衡增长路径，而不影响定理的证明。例如，从给定的初始向量 x_0，存在某个正数 $L>0$ 和某个正数 $N_0\geqslant 1$，存在一个可行序列，从 x_0 经过 N_0 到达 $L\hat{x}$。另外，假设条件3也可以放松为存在一个可行路径，从 $\hat{x}$ 经过 $N_1\geqslant 0$ 的阶段到达 y，而 $u(y)>0$。只不过在上述两种情形下，证明中最后所得到的 S 将修正为如下形式：

$$S=\max\left[N_0+N_1, \frac{\log C}{\log(\frac{\rho}{\rho-\delta})}\right]$$

雷德纳大道定理被认为存在很多需要完善的地方。其中一个方面就是它只是证明了不在大道上的阶段数不超过 S，并不能保证有效率的路径在其中间阶段能够连续而不间断地在大道路径某个邻域内前行。也就是，可能会出现在中途偏离冯·诺依曼路径某个邻域之外，或者多次进入和离开冯·诺依曼路径的某个邻域。后来的研究者为此提出了排除这一情形的定理。其中二阶堂通过提出附加的假定，证明了处于冯·诺依曼路径某个邻域之外

① Koopmans, T. C. Economic growth at a maximal rate, *Quarterly Journal of Economics*, LXXVIII, 3, 1964.

的路径的阶段，只出现在路径的开始和结束阶段的大道性质。通常把排除这一情形的大道定理称为强大道定理，而把之前的大道定理称为弱大道定理。

另一个不足就是它基于一个封闭的体系。大道定理中的偏好函数被定义为最终状态的产品的函数，而与中间时期的产品无关。在大道定理早期研究的基础上，20 世纪 60 年代中期以后的研究开始讨论开系统中的最优增长，这时劳动被看作是来自外部的流入，而消费则被看作是从系统中的流出。这一方面的研究同样很多，例如 Hiroshi Atsumi（1965）、盖尔（David Gale）、筑井甚吉（Jinkichi Tsukui）等人在闭系统大道定理基础上进行的讨论。① 为了对消费进行研究，首先引入劳动投入，生产过程则从原来的（x，y）转而用一个有序三元组（l，x，y）来表示。其中，劳动投入 l 为一个实数，x 与 y 仍表示投入与产出 n 维的向量。所有可行活动过程构成技术集 T。劳动力以外生给定的一个既定的增长率增长，即 $l(t)=\lambda^t l_0$。其中，$l_0>0$ 为期初阶段的工人数。效用函数定义为关于消费的函数 $u(c)$，且满足连续的、凹的和严格递增的假定。在这样一个生产系统中，如果牺牲当期的消费，进而减少了当期的效用，就可以增加未来的消费，从而增加未来的效用。为了最大化整个阶段的效用，就面临着最优储蓄的决定这样一个优化问题。

从优化问题的数学结构来看，如果所有可行的人均消费流是一个非空的子集，同时效用函数 $u(c)$ 是连续的，那么如果一个可行的人均消费流能够使整个阶段的效用合计达到最大，那么相应的可行路径将是一个最优路径。与闭系统类似，在一个含有消费的开系统中，如果投入、产出与消费之间保持一个固定的比例，从而构成一个平衡增长路径，而这样的平衡增长路径是否也是最优路径呢？在关于技术集 T 为一闭的凸锥，具有免费处置，以及满足投入与产出严格凸性假定等条件下，可以证明最大化效用函数的三元组构成了平衡增长路径 $\{\lambda^t\hat{x}, \lambda^t\hat{y}, \lambda^t\hat{c}\}_0^\infty$。在平衡增长路径上，经济中人均国民收入 $\hat{y}$ 中人均消费量为 $\hat{c}$，而储蓄 $\hat{x}$ 则转化为投资，与所有其他增长率为 λ^t 的平衡增长路径相比，达到人均消费效用水平的最大值。类似于增长理论中的黄金积累法则，这一三元组（$\hat{x}$，$\hat{y}$，$\hat{c}$）也被称为黄金三元组，而由它所产生的射线和路径，则称为黄金射线和黄金路径。与此同时，关于这一黄金路径，大道定理成立。也就是说，对于一个事先给定的初始存量 x^0，尽管不在黄金路径上，却可以在一个有限的阶段内进入黄金路径。

6.3.3 投入产出模型与大道定理

基于冯·诺依曼模型的大道定理的讨论显然适用于投入产出模型，因为投入产出模型本身就是冯·诺依曼模型的一个特例。通过引入多种技术选择，以及联合生产的假定，在广义列昂惕夫体系下对大道定理的讨论与冯·诺依曼模型并没有本质区别。但是，动态投入产出模型中把现期投入品与资本品区别开来，在模型形式上将带来差别。基于投入产出模型的理论分析则有助于把这一抽象的理论性质将来用于经验分析。以下对投入产出模型

① Atsumi，H. Neoclassical growth and the efficient program of capital accumulation，*Review of Economic Studies*，32 (2)，1965. Gale，D. On optimal development in a multi-sector economy，*Review of Economic Studies*，34，No. 1，1967. Tsukui，J. The consumption and the output turnpike theorems in a von Neumann type model：a finite term problem，*Review of Economic Studies*，34 (1)，1967.

下大道定理的简要说明主要参见筑井甚吉的文献。① 在这方面，筑井甚吉不仅在理论上进行分析，甚至对日本经济展开了大道性质的经验研究。② 高山晟在他的《数理经济学》一书中也特别提到他在这一领域的贡献。③

假设有 n 个部门，产品数也是 n，对于其中的第 j 个部门，存在 m_j 种可能的生产过程，而整个经济将有 m 种生产过程，$\sum_{j=1}^{n} m_j = m$。这一广义投入产出模型的投入系数可以表示为：

$$
\begin{aligned}
A &= [a_1(1),\cdots,a_1(m_1),a_2(1),\cdots,a_2(m_2),\cdots,a_n(1),\cdots,a_n(m_n)]\\
&= [a_{i1}(1),\cdots,a_{i1}(m_1),a_{i2}(1),\cdots,a_{i2}(m_2),\cdots,a_{in}(1),\cdots,a_{in}(m_n)]\\
i&=1,\cdots,n
\end{aligned}
$$

可以简记为：

$$A=[a_{ij}(q_j)]$$

其中，$i,j = 1,\cdots,n,\sum_{j=1}^{n} m_j = m, 1 \leqslant q_j \leqslant m_j$。

按相同产品部门排序的资本系数可以表示为：

$$B=[b_{ij}(q_j)]=[b_1(1),\cdots,b_1(m_1),b_2(1),\cdots,b_2(m_2),\cdots,b_n(1),\cdots,b_n(m_n)]$$

其中，$a_{ij}(q_j)\geqslant 0$，$b_{ij}(q_j)\geqslant 0$。

如果时间期间为 $1\sim T$ 期，$x(t)$ 表示阶段 t 的产出水平。那么有如下投入产出闭模型：

$$
\begin{aligned}
&x(t)=Ax(t)+B[x(t+1)-x(t)]\\
&(I-A+B)x(t)=Bx(t+1)
\end{aligned}
$$

其含义为：本期的存量资本加上本期的新增流量等于下期的存量资本。

由此扩展为优化模型，把上述条件转化为不等式，并作为约束条件，即：

$$(I-A+B)x(t)-Bx(t+1)\geqslant 0$$

表示 $t+1$ 期开始的资本存量 $Bx(t+1)$ 必须以该期期初可获得的存量资本 $(I-A+B)x(t)$ 为限。如果考虑一个阶段的存量资本可以无成本地转化为下一个阶段的存量资本，资本存量参与的生产相当于一种联合生产，那么上面的约束可以写成等式的形式。基于此的优化模型原模型为：

$$\max\ pBx(T)$$

① Tsukui, J. Turnpike theorem in a generalized dynamic input-output system, *Econometrica*, Vol. 34, No. 2, 1966.

② Tsukui, J. Application of a turnpike theorem to planning for efficient accumulation: an example for Japan, *Econometrica*, Vol. 36, No. 1, 1968.

③ 高山晟．数理经济学．2 版．北京：中国人民大学出版社，2009：479－480，注释 [4].

约束条件为：

$$(I-A+B)x(t)-Bx(t+1)=0 \quad (t=0,\cdots,T-1)$$
$$x(t)\geqslant 0 \quad (t=0,\cdots,T)$$

与原模型对应的对偶问题为：

$$\min u(1)(A+B)x(0)$$

约束条件为：

$$u(t+1)(A+B)-u(t)B\leqslant 0$$
$$pB-u(T)B\leqslant 0$$
$$u(t)\geqslant 0$$

模型中 $u(t)$ 的含义是资本存量的影子价格，或者是利息率。因此，目标函数的含义是要让期初的成本最小，第一个约束条件是所有活动的利润是小于等于 0 的，而第二个约束条件的含义则是期初投入价值要小于期末资产收益。

对于给定的初始存量，以及未来计划时期希望达到的存量结构，上述线性规划模型提供了跨期最优决策形成的最优增长路径。大道定理的性质则表明，在一个较长的时期内，最优增长路径会改变存量结构，沿冯·诺依曼平衡增长路径的方向，以最大的增长率增长，并在接近计划期末改变存量结构，达到预定的目标。在上述模型中，平衡增长路径主要取决于动态投入产出模型 $(I-A+B)x(t)-Bx(t+1)=0$，而规划期末的最终目标则取决于目标函数的外在偏好。

对于上述动态投入产出模型的解的情形，我们在平衡增长与相对稳定性的讨论中已经熟知了。现在对于跨期最优决策的线性规划模型，基于此将获得一个具有最大增值率的平衡增长路径。具体而言，在非负的投入系数 $I-A$ 与资本系数 B 中选择一组投入技术 $I-A_\sigma$，以及相应的资本系数 B_σ，如果假定 $I-A_\sigma$ 非奇异，且 $(I-A_\sigma)^{-1}\geqslant 0$，设 ρ_1^σ 为非负矩阵 $(I-A_\sigma)^{-1}B_\sigma$ 的弗罗贝尼乌斯根。在所有的技术矩阵的弗罗贝尼乌斯根中，设 ρ_1^1 是其中最小的单根。在 $(I-A_1)^{-1}>0$ 且 B_1 非奇异的条件下，$I+(I-A_1)B_1^{-1}$ 也是非奇异的，且其最大的特征根为 $\eta_1^1=1+\frac{1}{\rho_1^1}$，且是单根。在上述条件下，存在原问题与对偶问题的唯一正的向量 z_1^* 与 u_1^*，使得：

$$(I-A_1+B_1-\eta_1^1B_1)z_1^*=0$$
$$u^*(I-A_1+B_1-\eta_1^1B_1)=0$$
$$u^*(I-\bar{A}_1+\bar{B}_1-\eta_1^1\bar{B}_1)\leqslant -\alpha e<0,\text{对于 }\alpha>0$$

也就是说，获得一个具有最大增长率的技术 $(I-A_1)$、B_1，满足投入与产出间转换的约束条件，且具有零利润，而任何其他的技术只能获得负的利润。据此得到沿 z_1^* 方向的冯·诺依曼路径，也就是具有最大增长率 $\eta_1^1-1=\frac{1}{\rho_1^1}$ 的平衡增长的大道。与之对应，存在一个冯·诺依曼价格向量 u_1^*，在这样一个价格下，$\eta_1^1-1=\frac{1}{\rho_1^1}$ 成为这一最优技术所带来的最大利润率。围绕这一最大增长率的平衡增长的大道性质表明，在一个相当长的时期内，最优产出在大部分时期内非常接近平衡增长的大道，即存在一个小于 T 的 N，至少在 $T-N$ 的时期内，最优解与相应时期的冯·诺依曼路径之间的距离小于某个任意给定的正数。如果处于冯·诺依曼路径某个领域之外的路径的阶段，只出现在路径的开始和结束阶段，那么强的大道性质亦将成立。

参考文献

[1] 高山晟．数理经济学．2 版．北京：中国人民大学出版社，2009.

[2] 伍兹．数理经济学．北京：中国展望出版社，1987.

[3] Atsumi，H. Neoclassical growth and the efficient program of capital accumulation，*Review of Economic Studies*，32 (2)，1965.

[4] Burmeister，E. *Mathematical theories of economic growth*，New York：Macmillan Publishing Co.，Inc.，1970.

[5] Dorfman，R.，Samuelson，P. A. and Solow，R. M. *Linear programming and economic analysis*，New York：McGraw-Hill，1958.

[6] Furuya，H. and Inada，K. Balanced growth and intertemporal efficiency in capital accumulation，*International Economic Review*，vol. 3，No. 1，1962.

[7] Gale，D. On optimal development in a multi-sector economy，*Review of Economic Studies*，34，No. 1，1967.

[8] Morishima，M. *Equilibrium，stability and growth*，Oxford：Clarendon Press，1964.

[9] Solow，R. Competitive valuation in a dynamic input-output system，*Econometrica*，Vol. 27，1959.

[10] Tsukui，J. and Murakami，Y. *Turnpike optimality in input-output systems：theory and application for planning*，Amsterdam：North-Holland Publishing Company，1979.

[11] Tsukui，J. The consumption and the output turnpike theorems in a von Neumann type model：a finite term problem，*Review of Economic Studies*，34 (1)，1967.

第七章

斯拉法-列昂惕夫体系

在多夫曼、萨缪尔逊与索洛的《线性规划与经济分析》一书中，我们已经很好地了解了投入产出作为一种特定类型的多部门线性模型，它的基本的数理结构及模型特点。在这本书中，投入产出模型只不过与线性规划和对策论一起被看作是当时最为流行的线性经济学的三个分支学科之一，但是并未涉及这一方法的理论传统。斯拉法被人提及的除了他与多布编撰的《李嘉图著作和通信集》，就是那本不到100页的《用商品生产商品》，但是他在经济理论发展史上掀起了一场古典分析传统的复兴。列昂惕夫与斯拉法虽然在自己的作品中几乎没有提及对方，后来的研究者却把两者的理论结合起来，并冠之以斯拉法-列昂惕夫体系（Sraffa-Leontief system）的名称。

7.1 斯拉法-列昂惕夫体系的古典分析传统

除了两者理论目的上的差异，以及假定不同之外，两者的理论模型在有一点上是共同的，那就是都是有关生产的。沿着这一分析路线，我们可以考察斯拉法-列昂惕夫体系背后的古典分析传统。

7.1.1 重农学派的遗产

在今天大部分经济思想史著作中，都把亚当·斯密的《国富论》作为古典经济理论的起点，这样的界定忽略了古典理论时期的一个关键人物：法国重农学派（physiocrats）经济学家魁奈。关于魁奈的《经济表》（*Tableau Economique*），斯密引用了米拉波的赞誉，称其为文字与货币之外，“我们这个时代的大发现”①。但是斯密本人对于重农学

① 亚当·斯密．国民财富的性质和原因的研究．下卷．北京：商务印书馆，1974：245.

派，则认为“没有必要详细说明”①，然而马克思则认为“重农学派的重大功绩在于，他们在资产阶级视野以内对资本进行了分析。正是这个功绩，使他们成为现代政治经济学的真正鼻祖”②。因此，马克·布劳格评述认为：“亚当·斯密提到过，但没有对《经济表》做过多的解释，它很快地被遗忘了，但马克思于19世纪中叶将其重新发现。”③那么，现在我们所关心的问题是从列昂惕夫-斯拉法体系的角度看，重农学派为经济学带来了哪些遗产？

第一个方面，关于财富的性质。

亚当·斯密认为，“这一学说虽有许多缺点，但在政治经济学这个题目下发表的许多学术文章中，要以这一学说最接近真理”④。那么，是重农学派中的什么内容让斯密认为它最接近真理呢？斯密紧接着给出的答案是，“这一学说认为，国民财富非由不可消费的货币财富构成，而由社会劳动每年所再生产的可消费的货物构成，并认为，完全自由是使这种每年再生产能以最大程度增进的唯一有效方策，这种说明无论从哪一点来说，都是公正而又毫无偏见的。”⑤由此可见，斯密所赞扬的是重农学派中关于财富性质的观点，以及贸易自由政策。对于前者，斯密认为只有讨论国民财富的性质与原因的理论，才是真正的政治经济学。对此，帕西内蒂给出了进一步明确的说明，指出了重农学派的这一看法，标志着对此前财富观念的一个转变。在这之前，“居主导地位的思想是整个世界的财富存量是既定的，一个国家财富的增加只能意味着其他国家财富的减少。”⑥ 而此后，人们看待国民财富的性质从存量转变为流量。

第二个方面，就是《经济表》的分析框架及其背后的思想。

在魁奈的分析框架中，国民被分为三个阶级：生产阶级、土地所有者阶级和不生产阶级。生产阶级“耕种土地、逐年再生产国民财富，他们预付农业劳动上的开支，并为土地所有者提供每年的收入。土地所有者阶级包括君主、土地所有者及什一税的征收者。这个阶级依靠收入，即纯产品来生活。不生产阶级由从事农业以外的其他工作和别种劳动的人组成，他们的支出，是从生产阶级和从生产阶级取得收入的土地所有者阶级取得的。”⑦ 对于三个阶级的生产及收入分配关系，魁奈以“经济表”的形式来表现。图7-1摘自《经济表的分析》一文，被认为是最简明形式的经济表。这里为了说明的需要，我们只是给该表加上方向箭头，表示货币的流向。与货币流向相反，则存在一个实物的流向。

---

① 亚当·斯密．国民财富的性质和原因的研究．下卷．北京：商务印书馆，1974：229.

② 马克思恩格斯全集．中文1版：26卷．第一册．北京：人民出版社，1972：15.

③ 马克·布劳格．经济理论的回顾．北京：中国人民大学出版社，2009：14.

④ 亚当·斯密．国民财富的性质和原因的研究．下卷．北京：商务印书馆，1974：244.

⑤ 同④245.

⑥ Pasinetti. L. L. *Lectures on the theory of production*, New York: Columbia University Press, 1977: 2.

⑦ 魁奈经济著作选集．北京：商务印书馆，1979：308-311.

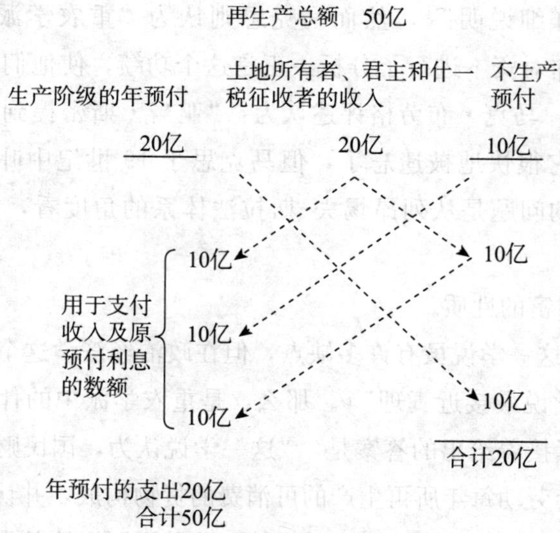

图 7-1 经济表的图式

资料来源：魁奈经济著作选集．北京：商务印书馆，1979：319.

从图 7-1 的经济表来理解，生产阶级对不生产阶级的一笔支付表现为固定资本更新设备工具的 10 亿购买额，生产阶级从不生产阶级得到的两笔收入则表现为向不生产阶级提供农产品作为食品与原料的 20 亿销售额，生产阶级从土地所有者得到的一笔收入则是向土地所有者销售农产品的 10 亿销售额；不生产阶级的一笔收入来自向生产阶级提供固定设备工具的销售额 10 亿，一笔来自土地所有者的收入则是工业品 10 亿的销售额，向生产阶级的支付则是购买农产品共 20 亿。土地所有者分别向生产阶级与不生产阶级购买农产品与工业品各 10 亿。

实际上，图 7-1 中经济表的内容可以用投入产出表的形式给予重新表述（见表 7-1）：

表 7-1　　经济表转换为投入产出表式

		生产阶级	不生产阶级	土地所有者	总产出
中间投入	生产阶级	20	20	10	50
	不生产阶级	10	0	10	20
初始投入	土地所有者	20	0	0	
总投入		50	20		70

资料来源：Pasinetti，L. L. *Lectures on the theory of production*，New York：Columbia University Press，1977：6-7.

生产阶级在农业生产中首先以自身的产品，包括农业劳动的工资、种子等形式作出“年预付”20 亿。所谓年预付指的是为了取得本年的收获，而在前一年所支出的预付额。此外还需要为建筑物和工具等的固定资本的更新维护支付费用 10 亿，这被看作是“原预付”，魁奈称之为“利息”。假定建筑物和工具是由不生产阶级生产的，那么这 10 亿将支付给不生产阶级。农业产出的总价值是 50 亿，其中 30 亿是各种生产费用，而 20 亿是净产品，也就是剩余。由于土地为地主所有，20 亿净产品将全部用于向地主缴纳地租。

这样生产阶级生产的结果是 50 亿的产出，形成土地所有者 20 亿的地租收入和不生产阶级出售工具而获得的10亿收入，以及生产阶级自己留下来用于重置年预付的20亿收入。

不生产阶级通过为生产阶级和土地所有者提供产品获得20亿的收入，而这部分收入正好弥补生产中的投入，即向生产阶级购买农产品作为食物和原料的20亿。土地所有者从农业生产中获得的20亿地租将分别用来购买生产阶级和不生产阶级的产出各10亿，用于自己的消费。

在魁奈看来，不生产阶级虽然最初提供了10亿的年预付，作为向生产阶级购买加工品原料支出的预付，但是，又从生产阶级向不生产阶级购买加工品的10亿支付中获得了补偿。因此，"这个预付并未生产任何东西，不生产阶级不过把它支付出去，又把它收回来，而不生产阶级向生产阶级购买中的另外10亿则是为该阶级的人们的生活而支出，这里只有消费，即产品的消失，并没有什么再生产。"[①] 从整个社会来看，生产阶级作出的年预付20亿，以及不生产阶级的年预付10亿，共30亿的年预付，生产出50亿的产出。也就是说，整个社会一年运转的结果是以30亿的预付，生产出50亿的农产品。整个社会的净产品20亿是由生产阶级创造的，全部以地租的形式归土地所有者所有。按照投入产出方式的理解，生产阶级与不生产阶级的中间投入为50亿，而总产出为70亿，净产品或增加值为20亿，只是在魁奈看来，不生产阶级的产出是服务于生产阶级的生产，真正的产出只是农产品50亿的产出，而预付的部分则是生产阶级与不生产阶级的预付合计30亿。

一般认为经济表背后表达了两个理解经济过程的重要思想[②]：一是"剩余"（surplus）或"净产品"（net product），生产的产出要超过生产中的所有消耗，从而存在经济剩余；二是把经济活动看作是循环过程的看法。

《经济表》中的净产品概念很明确，指的是生产阶级总的产出中扣除各种预付之后的剩余项。由于整个经济中只有生产阶级创造剩余，因此它也是整个社会的净产品。剩余分析传统被一些人认为是古典理论的一个重要特色。至少在李嘉图那里，"确立支配这种分配的法则，乃是政治经济学的主要问题。"[③] 剩余的生产与剩余的分配成为政治经济学的主题，并以是否创造剩余引入生产性劳动与非生产性劳动（productive and unproductive labour）的区分。这也是之所以把非农部门劳动者称为不生产阶级的原因。魁奈的这种分类不仅影响到他之后的斯密，甚至从20世纪刘易斯的二元理论中都能看到它对现代理论的影响。在重农学派看来，生产性劳动创造剩余，而非生产性劳动并不创造剩余，只是转移生产性劳动所创造的剩余，地租作为唯一的经济剩余的形式，被土地所有者阶级所占有。尽管重农学派认定只有农业生产才是生产性劳动被斯密认为是"学说的谬误"，但是，马克思则透过重农学派的封建主义外观，从他们的学说中把农业部门看作是唯一创造经济剩余的部门，深刻地指出重农学派所分析的生产本质上是资本主义生产，认为重农学派把农业解释成进行资本主义生产的唯一部门，只不过使得重农主义体系"成为在封建社会的框子里为自己开辟道路的新的资本主义社会的表现"。马克思认为重农学派的封建外观

---

① 魁奈经济著作选集．北京：商务印书馆，1979：313.

② Pasinetti. L. L. *Lectures on the theory of production*, New York: Columbia University Press, 1977: 5.

③ 李嘉图．政治经济学及赋税原理．北京：商务印书馆，1962：原序，3.

“迷惑了”很多像“守旧怪人老米拉波”这样的贵族，但是“在那些眼光比较远大的重农主义体系代表者那里，特别是在杜尔哥那里，这个外观完全消失了。”“这个体系是同刚从封建主义中孵化出来的资产阶级社会相适应的。所以出发点是在法国这个以农业为主的国家，而不是在英国这个以工业、商业和航海业为主的国家。在英国，目光自然集中到流通过程，看到的是产品只有作为一般社会劳动的表现，作为货币，才取得价值，变成商品。”“但是，如果要证明剩余价值是在生产领域本身创造的，那么必须从剩余价值不依赖流通过程就能表现出来的劳动部门即农业着手。”①

如果说《经济表》中“剩余”的思想很好地被李嘉图所继承，那么《经济表》中另一重要思想，即把经济活动看作是相互联系的循环过程的看法，则只是在列昂惕夫的投入产出与马克思再生产图示等少数理论分析中得以继承。投入产出对经济循环过程思想的继承，从魁奈的《经济表》经常被当代的研究者以投入产出表的形式再现这一点就可以得到很好的说明。只是在经济表中所表现的三个阶级的生产与分配关系，到了列昂惕夫的投入产出表那里，研究的重点从阶级关系转化为产业间联系。

第三个方面，把生产作为经济分析的起点。

马克思把重农学派称为现代政治经济学的真正鼻祖，认为“重农学派把关于剩余价值起源的研究从流通领域转到直接生产领域，这样就为分析资本主义生产奠定了基础。”②如果我们不是仅仅强调剩余价值的起源这一点，而是从经济学研究的起点这一问题看来，不仅是与之前的重商主义的研究相比，重农学派第一次把分析的重点确立为生产，更重要的是，与之后的新古典理论把对效用的研究作为出发点相比，表明了古典理论鲜明的分析特色。正如马克思在《政治经济学批判导言》的第一句话中所表明的，摆在面前的对象，首先是物质生产……这些个人的一定社会性质的生产，当然是出发点。今天读起来，让我们感到古典传统如此鲜明的特色。对于重农学派的评价，如马克思所言：“在重农学派的前辈老作家中，已经可以零星地看到近似重农学派的思想，例如在法国的布阿吉尔贝尔那里就可以部分地看到。但是这些思想只有在重农学派那里，才成为标志着科学新阶段的体系。”③ 正是从这个意义上，虽然马克思把布阿吉尔贝尔作为他所定义的古典理论在法国的第一人，却把魁奈称作现代政治经济学的真正鼻祖。

7.1.2 从李嘉图到斯拉法

马克思政治经济学的主要来源是英国古典政治经济学，而一般认为他更多吸收与借鉴的是李嘉图。马克思把 1830 年作为一个重要年份的划分，其中一个很重要的目的是要把李嘉图放到“清白的位置上”④。在经济思想史上，除马克思外，对李嘉图理论给予特别重视与研究的还有另外一个人，他就是斯拉法。从斯拉法编撰《李嘉图著作与通信集》，以及后人把斯拉法及其后继者的研究冠之以“新李嘉图（Neo-Ricardian）主义”，可以想见两者之间的联系。同样地，作为对李嘉图理论的继承与发展，马克思与斯拉法的理论既

① 马克思恩格斯全集．中文 1 版：26 卷．第一册．北京：人民出版社，1972：24.

② 同①19.

③ 同①24.

④ 哈奇逊．经济学的革命与发展．北京：北京大学出版社，1992：291.

存在一致性，也存在差异，并进而构成了基于李嘉图的两种不同分析路径。从整体特色看，同样是作为对生产体系的分析描述，斯拉法的理论更多表现出对理论逻辑一致性的关注与偏爱，就像列昂惕夫更关注于其经验应用一样。

按现代理论的理解，李嘉图体系有两个很重要的理论问题，即李嘉图陷阱和谷物模型（corn model）。李嘉图陷阱表达了对于资本主义未来发展所持的悲观结论，而谷物模型则是得到这一结论的分析体系。所谓的李嘉图陷阱是认为由于自然资源的稀缺性，资本主义经济增长迟早会陷于停滞；而在作为一个分析体系的谷物模型中，李嘉图理论通过对最核心的地主、工人和资本家三个阶级在经济活动中的作用以及分配关系的分析，得出在资源有限性条件下，资本积累最终趋于停滞的必然过程。

李嘉图的谷物模型是一个特殊假定下的抽象模型。首先它是一个单一部门模型（one-sector model），假定整个经济中只生产一种产品，即谷物。同时，又假定所有的投入与产出都可以用谷物来度量，这样就排除了相对价格变动的影响。利用这种特殊的假定，李嘉图理论的基本思想可以从谷物模型中得到清楚的说明（见图 7-2）。同时，我们也将看到在这种单一生产模型扩展到两部门模型的情况下，相对价格的变动是如何给李嘉图理论原本清晰的分配论带来困扰，以及在一百多年之后我们还将看到，这种单一产品是如何演化为斯拉法的“标准商品”的。

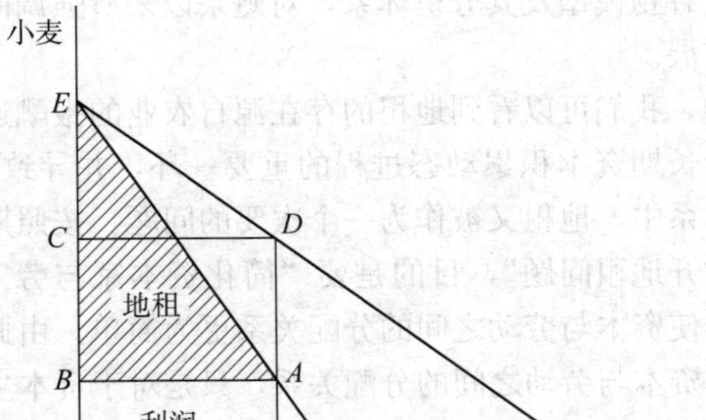

图 7-2　李嘉图单一生产模型

资料来源：马克·布劳格．经济理论的回顾．北京：中国人民大学出版社，2009：66.

在这样一种简单的单一部门模型中，首先作为一个静态体系，从生产来说，资本全部用来购买劳动，预付的工资成为工资基金。以谷物度量的劳动作为唯一的投入，生产谷物作为产出。

从分配来看，劳动作为唯一的投入获得相应的工资，而产出扣除工资的部分成为经济体系从生产中获得的“剩余”，或称之为“净产品”，这部分净产品将要在资本与土地两个要素间进行分配。在具体的分配机制上，工资份额遵循“生存工资”（subsistence wage）假定，而土地有限性带来的边际产出与平均产出之间的差额部分，决定了其成为地租并为地主所有，利润则成为扣除地租与工资后的剩余部分。从这里我们可以看到，“剩余”或

“净产品”概念作为产出超过投入的部分在魁奈那里指的仅仅是地租，而在李嘉图这里则包含了地租与利润。但是，作为工资基金的工资与“年预付”并没有什么实质上的不同。

静态体系的单一生产模型通常用图 7-2 来表示，其中由于土地的有限性，引入现代经济学的概念，假定生产中存在边际收益递减，进而用边际收益与平均收益之间的差异来解释地租。

其次，从这一体系的动态面来看，如果地租和利润的部分全部被消费，那么生产将在原有的规模上进行，但如果经济剩余（实际上是其中的利润部分）被用作积累和扩大再生产，经济将处于什么样的长期动态过程呢？在李嘉图看来，资本积累与生产的扩张在生产方面将面临使用劣等土地带来的报酬递减，以及劳动需求的增加。在分配方面，报酬递减导致分配中地租份额的增加，及利润与工资份额的下降；尽管生产扩张中劳动需求上升，带来工资率的上升，但是高工资率会带来人口的增长，最终工资率仍处于生存工资水平。在工资率保持稳定的条件下，地租份额的上升必然带来利润份额的下降。从长期看，当生产扩张到 OM' 的劳动投入时，全部净产品转化为地租，利润率下降为零。在这一趋势下，资本主义长期增长将趋于停滞。

可见，在这样一个体系中，作为分析起点的是经济剩余的产生，以随后的收入在各经济主体间的分配为核心来展开，由此揭示资本主义经济发展规律。从这一点来说，可以认为李嘉图理论正是通过谷物模型及其分析体系，对魁奈以来所强调的经济剩余的古典观念进行了极大的分析性扩展。

在李嘉图的分析中，我们可以看到地租的存在源自农业的报酬递减，利润与地租之间的关系成为李嘉图分析长期资本积累动态过程的重要一环，并导致他提倡谷物自由贸易。但是在他的经济分析体系中，地租又被作为一个次要的问题。按照斯拉法的说法，李嘉图试图在他的分析中“撇开地租问题”，目的是要“简化资本家与劳工之间的分配问题”①，也就是说扔掉地租，以使资本与劳动之间的分配关系更为简单。由此可以看出，李嘉图在静态条件下更关心的是资本与劳动之间的分配关系，只是对于资本主义的未来增长情景上才考虑资源稀缺带来的影响。

如果不考虑地租，也就是假定经济中所有土地是同质的，地租为 0。谷物模型可以表述如下：

投入中包括劳动 L 和作为种子的谷物 c，如果以 w 表示以谷物度量的工资率，投入价值为 $wL+c$ 的谷物，生产 Q 的谷物产出。生产过程表述为：

$$wL+c \rightarrow Q$$

那么，利润率 r 与工资率 w 之间的关系可表示为：

$$r=\frac{Q-(wL+c)}{wL+c}=\frac{Q}{wL+c}-1 \tag{7.1}$$

可见两者表现出明确的反向关系。

但是，谷物模型中只有一种产品，从而不涉及价格，如果扩展到存在两种商品的生

① 斯拉法．李嘉图著作和通信集．北京：商务印书馆，1962：序言，36.

产，那么相对价格的变化就会使得原本在谷物模型中得以清晰表现出来的收入分配关系变得不再确定了。工资率的变化会带来相对价格的变化，这样的话，“用另外一种商品作为标准（这种商品是任意选择的）来表示一种商品的价格的必要性，使对于伴随分配改变而来的价格变动的研究复杂起来。任何特殊的价格变动，究竟是起于被计量的商品的特殊性，还是起于计量标准的特殊性，无法说定。”① 这其中的关键问题在于，工资与利润之间的收入分配关系依赖于稳定的相对价格才能准确度量，但是，工资与利润之间分配关系的变化本身又会带来相对价格的改变。斯拉法认为，在李嘉图看来，“‘政治经济学的主要问题’是国民产品在各阶级之间的分配问题。在这一研究过程中，他感到麻烦的是这种产品量的大小似乎会随着分配的变化而发生变化……因此，当时使李嘉图感兴趣的价值问题，便是怎样找到一种不因产品分配的变化而变化的价值尺度。因为如果工资涨落本身会使社会产品的价值量值发生变化，那么对利润的影响就很难确定了。”② 这些也表明，李嘉图对价值理论的关注实际上是要以解决分配过程上遇到的问题作为出发点的，而“寻求所谓‘不变价值标准这一怪物’乃是李嘉图毕生全神贯注的问题”。③ 斯拉法认为，在这种“不变价值尺度”（invariable measure of value）的寻找中需要解决两个方面的难题：“资本不同比率或耐久性在价值上的影响可以从两个明显的方面去查找。第一，由相同数量劳动生产的两种商品在相对价值上引出的差别。第二，工资上升在引起其相对价格变化上所具有的影响。”④ 李嘉图研究的重点是分配问题，因此，在这两类问题中，他更关注工资上升的影响。工资的上升将引起劳动密集商品相对价格的上升和资本密集商品相对价格的下降。这一效应在李嘉图那里作为收入分配关系研究中的一个干扰因素，但是这一效应被哈耶克冠之以“李嘉图效应”（Ricardo effect），却改造成为奥地利周期理论中的一种机制。⑤

古典理论家们需要表明收入分配关系不受相对价格的影响，也就是收入分配关系在逻辑上先于且独立于相对价格的决定。谷物模型中的谷物可以很好地作为这样一个尺子，但是在单一产品谷物之外的现实世界中，则需要一种新的尺度。李嘉图找到的是劳动。在斯密理论中用于描绘早期原始的经济交换关系的劳动价值论被发展起来，成为李嘉图度量价值的标准。进而，斯拉法所寻找的所谓的“标准商品”（standard commodity），实际上是一组商品构成的复合商品，以它作为价值尺度，工资率与利润率之间将再现一种与相对价格无关的简单关系。

在斯拉法的分析体系中，首先从无剩余的经济开始，生产的产出只是刚好弥补各种投入。分析了这种体系下相对价格的决定，也就是对于任一“生产方法”，存在“唯一的一套交换价值，如果市场采用这些交换价值，会使产品的原来分配复原，使生产过程能够反复进行；这些价值直接产生于生产方法。”⑥ 斯拉法的目的当然不是这种经济，而是有剩

① 斯拉法．用商品生产商品．北京：商务印书馆，1963：23.
② 斯拉法．李嘉图著作和通信集．北京：商务印书馆，1962：序言，59－60.
③ 同②50－51.
④ 同②59.
⑤ 马克·布劳格．经济理论的回顾．第12章，北京：中国人民大学出版社，2009.
⑥ 斯拉法．用商品生产商品．北京：商务印书馆，1963：10.

余的经济。如果产出超过投入，就会带来剩余，也就是“净产品”，随之而来的是净产品的分配。斯拉法认为，净产品需要在劳动和资本之间进行分配，同时把无剩余经济中的劳动部门从生产资料中独立出来。按照列昂惕夫体系的语言，也就是从中间投入或中间消耗中独立出来，这时对劳动分配不仅包括古典意义的“生存工资”，还包括对剩余的分享。这时，对劳动的分配包括两部分：一部分表现为劳动对各种商品的消费，实际上是“生存工资”的部分，与其他生产资料合在一起；另一部分则表现为对剩余的分享，被单独分离出来，表现为劳动投入与工资率的乘积。

如此，斯拉法体系的生产价格可以表述为如下形式，同时我们可以看到李嘉图最初在谷物模型中所考虑的工资与利润之间的分配关系已经变换为一种新的形式，即“用商品生产商品”的形式。

$$p=(1+r)pA+wl \tag{7.2}$$

表示价格 p 等于生产资料价格 pA、利润 rpA 加上工资 wl。其中，r 为利润率，而 w 为工资率，l 为劳动量。

如果以这种分析框架来看待谷物模型，那么可以表述为：

$$(1+r)c+wL=Q$$

因此，利润率 r 与工资率 w 之间为一个线性函数关系，

$$r=\frac{Q}{c}-\frac{L}{c}w-1$$

其斜率为 $\frac{dr}{dw}=-\frac{L}{c}$，呈反向线性关系，明确表现出工资率的上升带来利润率的下降这一反向关系。

谷物模型中单一生产过程不涉及相对价格。为研究相对价格对收入分配关系的影响，可以在上面谷物模型的基础上引入一种新的商品生产来进行分析。① 如果我们引入一种奢侈品丝绸的生产，并假定其生产需要谷物，但是谷物生产并不需要丝绸。因此存在两个生产过程，并均以单位产出的形式来表示：

$$\text{丝绸生产：}(1+r)c_s+wL_s=p_s \tag{7.3}$$

$$\text{谷物生产：}(1+r)c_c+wL_c=1 \tag{7.4}$$

其中，我们假定由于竞争，两个部门的利润率与工资率都相等，同时以谷物作为计价单位，并设为 1。这样谷物生产方程与单一产品的谷物模型并没有什么不同，而丝绸的产出则需要用以谷物为计价单位表示的丝绸的价格 p_s 来度量。

求解上述方程组，利润率 r 与工资率 w 之间的关系实际上仍然与谷物模型中的形式相同，同时这一关系只是取决于谷物生产，而与丝绸生产无关。另外，从上述生产方程求解，可获得相对价格变化的方程：

---

① Kurz，H. D. and Salvadori，N. *Theory of production*，Cambridge：Cambridge University Press，1965.

$$\frac{dp_s}{dw}=\frac{L_sc_c-c_sL_c}{c_c}$$

由此可以看出，一般情况下，相对价格会随工资率以及相应的利润率的变化而变化，但是，会保持线性关系。如果 $L_sc_c-c_sL_c$ 等于 0，即$\frac{c_s}{L_s}=\frac{c_c}{L_c}$，也就是两部门资本有机构成相同的情况下，相对价格则不会随工资率与利润率之间分配关系的变化而变化。

在上述的谷绸模型中，虽然由于存在两种商品而必须引入价格问题，但是我们看到工资率与利润率之间的关系在谷物生产方程中仍可以明确表现出来。也就是说，工资与利润之间的分配关系并没有受到相对价格变化的影响。

造成相对价格改变，却并不影响收入分配关系的原因是我们所引入的商品丝绸的特殊性质。这类商品不进入其他商品的生产过程，它们被斯拉法称为“非基本商品”（non-basic commodity），而把进入所有商品生产过程的商品称为“基本商品”（basic commodity）。

因此，在两种或两种以上商品的情况下，如果只有一种基本商品，那么即使相对价格受收入分配关系变化的影响而改变，但这种改变并没有影响收入分配间明确的反向关系。一旦放松这一假定，存在多个基本商品，相对价格的变动就会影响到收入分配关系。但是，上面的相对价格变化方程以及后面的分析将要表明，即使存在多个基本商品，只要所有部门资本有机构成相同，那么对于工资率与利润率之间收入分配关系的变化，相对价格将保持不变，继而收入分配将不受相对价格变化的影响。

在如下建立的谷铁模型中，我们引入的另一种商品钢铁也是基本商品。模型中仍然以谷物为计价单位，并设为 1，以谷物表示的钢铁的价格表示为 p_2，w 与 r 分别为工资率与利润率。矩阵形式的生产方程为：

$$(1,p_2)=(1+r)(1,p_2)\begin{bmatrix}a_{11} & a_{12}\\ a_{21} & a_{22}\end{bmatrix}+w(l_1,l_2)$$

求解两个部门的生产方程：

$$\text{钢铁生产：}(1+r)(a_{12}+a_{22}p_2)+wl_2=p_2 \quad (7.5)$$

$$\text{谷物生产：}(1+r)(a_{11}+a_{21}p_2)+wl_1=1 \quad (7.6)$$

结果为：

$$w=\frac{1-(1+r)(a_{11}+a_{22})+(1+r)^2(a_{22}a_{11}-a_{12}a_{21})}{l_1+(1+r)(a_{21}l_2-a_{22}l_1)} \quad (7.7)$$

对于上述关于工资率与利润率之间关系的表达式，如果 $a_{11}:a_{21}:l_1=a_{12}:a_{22}:l_2$，也就是两个部门的资本有机构成相同，那么上述关系可简化为线性关系，即：

$$1-wl_1=(1+r)(a_{11}+a_{22})$$

否则，两者将不再呈线性关系。

此外，求解相对价格方程：

$$p_2=\frac{1-wl_1-(1+r)a_{11}}{(1+r)a_{21}}$$

在两部门资本有机构成相同的条件下，进一步有：

$$p_2=\frac{a_{22}}{a_{21}}$$

上述结论表明，在两部门资本有机构成相同的条件下，不仅收入分配存在明确的反向关系，而且相对价格也不受收入分配关系变化的影响。实际上正是因为收入分配关系的变化不影响相对价格，才使得明确的收入分配关系得以表现出来。同时相对价格的上述表达式也告诉我们，在这种情形下，相对价格只取决于投入系数，也就是技术关系。

上述结论可以在斯拉法体系的一般形式中给予扩展。斯拉法体系的价格方程的一般形式如下：

$$p=(1+r)pA+wl$$

其中，p 为价格行向量，l 为单位产出的劳动投入行向量，r 为利润率，A 为直接消耗系数矩阵。

如果各部门资本有机构成相同，那么整个中间投入价值与劳动投入价值之比，各部门相等。也就是说，向量 pA 与向量 l 是线性相关的。因此可以表述为：

$$pA=\alpha l，\alpha \text{ 为一实数}$$

多部门价格方程可转化为：

$$p=(1+r)\alpha l+wl$$

设存在一个商品组合列向量 d，作为计价物，使得 $pd=1$，那么进一步有：

$$pd=(1+r)\alpha ld+wld=1$$

$$(1+r)\alpha=\frac{1-wld}{ld}$$

如此，w 与 r 之间呈明确的反向线性关系。

把上述 w 与 r 之间的关系式代入多部门价格方程，进一步求解相对价格表达式，有

$$p=\frac{l}{ld}$$

其中，ld 是一个实数，而 l 为劳动投入向量。

这表明，相对价格取决于劳动投入系数，而与 w 和 r 无关。

正如斯拉法所指出的："工资变动造成相对价格变动的关键，在于生产部门中使用的劳动和生产资料的比例不相等。"[①] 任何商品的价值如果是由生产资料和初始投入要素的价值所构成，生产资料的价值作为中间消耗，可以最终还原为初始投入要素价值。如果生产资料与劳动投入的价值进而也与利润在各个部门间保持一个相同的比例，那么一种商品与另一种商品相比，不管它们之间的中间消耗有多么不同，也不管它们之间生产中最终还原为劳动所需要的间接联系的次数有多大地不同，都不影响两者的相对价

① 斯拉法．用商品生产商品．北京：商务印书馆，1963：18.

格。相对价格不变，就不会表现出由于工资率的上升，一种商品的价格相对于另一种商品的价格变得更为昂贵。

上述结论从数学性质来看，恰恰是技术矩阵 A 是导致相对价格变动的关键，各部门资本有机构成相同，等于把矩阵 A 变换为一个向量，中间的传递保持一个与劳动固定的比率来进行。实际上，当我们假定各部门资本有机构成相同时，就是把一个结构问题简化为总量问题。从上述分析中我们所得出的一个结论是：李嘉图所受到的相对价格变化的困扰本质上是经济结构问题复杂性所带来的困扰。

7.1.3　经济是一个循环流

斯拉法的著作为什么以“用商品生产商品”这样一个颇令人费解的话作为标题，是很耐人寻味的。实际上，这样一个标题无非表明了作者对于经济过程看法的基本观点。如果我们理解了经济分析史上关于经济过程的两种不同看法，那么斯拉法使用这一标题背后的含义也就不言自明了。①

奥国学派以及大量的新古典理论认为，生产是一个“线性流”（linear flow），从初始的生产要素到生产出最终产品。另一种观点则认为生产是一个“循环流”（circular flow），其思想可以追溯到早期古典政治经济学。库尔兹与萨尔瓦多里在《生产理论》一书中认为，生产是一个“循环流”的明确提法来自冯·诺依曼和斯拉法。冯·诺依曼在《一般均衡理论》一文的开始就提出，他所研究的经济系统具有的一个特征是“产品不单纯是由自然的生产要素生产出来的，首先是相互依赖而生产出来的”②。斯拉法更是在其附录中对“在重农主义和李嘉图著作中作为一种循环过程的生产”进行了说明，认为“生产和消费体系作为一种循环过程的最初图示，当然是在魁奈的《经济表》中发现的，这种循环过程不是一种单行道，从‘生产要素’引到‘消费品’，它和近代经济学说提出的观点形成显著对比。”③ 在对李嘉图的说明中，“循环流”与“剩余”概念结合在一起，认为李嘉图体系中农业资本家的利润规定所有其他行业的利润，“似乎和重农主义的‘纯产品’学说有接触点”，而且与马克思从再生产角度对纯产品的理解相一致。无独有偶的是，列昂惕夫博士论文的英译版正是以“经济是一个循环流”为标题。④

在“经济是一个循环流”的分析体系中，有两个核心的问题：一是经济系统中为满足生产和生活的需要，各部门应该达到的产出水平和产出结构这样一个量的问题；二是在自由竞争条件下，为实现产品的分配，保证经济循环过程的顺利进行，所需要的价格体系问题。关于这两个方面，今天我们可以看到它们是如何在投入产出体系中得以很好表现的，而这一分析体系的形成和发展成为斯拉法-列昂惕夫体系的思想基础。

经过前面的分析，对魁奈的《经济表》中的经济循环过程已经做了很好的说明。到了李嘉图那里，当研究的重点转为收入分配关系时，李嘉图试图表明在一个相互联系的经济

---

① 本节主要参见 Kurz，H. D. and Salvadori，N. *Theory of production*，Cambridge：Cambridge University Press，1995.

② Von Neumann. A model of general economic equilibrium，translated in *Review of Economic Studies*，xiii，1945：1.

③ 斯拉法．用商品生产商品．北京：商务印书馆，1963：93－94.

④ Leontief. The economy as a circular flow，*Structural Change and Economic Dynamics*，2(1)，1928：181－212.

中，以实物形式表现的农业部门的利润率决定制造业的利润率。但是，农业生产中谷物同时作为投入与产出的假定是如此特殊，所以马尔萨斯认为，资本投入与部门产出往往并不相同，因此将很难找到一个实物的比率，也不存在某种特殊部门的利润率决定整个社会的一般利润率。

我们看到，经过了魁奈的《经济表》和李嘉图的理论，当马克思提出再生产图式时，经济循环过程的看法得到进一步深化，而且对后来的研究产生了重大影响，特别是那些不同时期在柏林大学学习和工作的学者，如博特基威茨（Ladislaus von Bortkiewiez）、查洛索夫（George von Charasoff）、列昂惕夫、冯·诺依曼、雷马克（Robert Remark）等人。所以森岛通夫说："很奇怪冯·诺依曼的很多天才思想在《资本论》中已经有清楚的表述"①，当他发出这样的感慨的时候，我们就不会感到奇怪了。

博特基威茨的研究受到被认为是俄罗斯第一位数理经济学家德米特里耶夫（Vladimir K. Dmitriev）的很大启发。他以数学形式研究了价格方程，证实了德米特里耶夫提出的利润率和生产价格必须同时决定的看法，而这一点也同样成为斯拉法理论的基本结论。但是，博特基威茨主要关注的是价格模型，数量和增长模型则少有注意。同时对两个模型进行研究，并揭示其对偶关系的是查洛索夫。此外，在他的分析体系中有一个很重要的概念，就是"生产层次"（series of production），其含义正是投入产出分析中列昂惕夫逆阵所表达的完全联系概念中的一次间接、二次间接等等不同层次的生产联系。

列昂惕夫在柏林大学读博士期间的导师就是博特基威茨，而且他们两人还是同乡，都来自圣彼得堡。在经济是"线性流"还是"循环流"上，投入产出分析显然保留了经济是"循环流"的看法。实际上，投入产出模型的理论传统尽管没能在列昂惕夫20世纪三四十年代的作品中得到明确的显现，因为在这些作品中强调的重点是提出一种经验方法来对现实经济给予很好的度量与分析，但是在列昂惕夫1928年的论文《经济是一个循环流》中早已经做出了很好的说明。多夫曼等人在《线性规划与经济分析》一书中也多次对两者进行过比较说明。例如在第九章的一开始对投入产出做最初介绍的时候，就指出了两者的差异。"列昂惕夫反对一定有任何产业，例如农业，可以只有东西出售给别的产业，例如制造业，而不向它购买东西。他不相信一片面包从初级下来，往下追溯一连串的产业，把各产业所用的原始要素价值加到面包上去。反之，列昂惕夫发现，现实世界要你承认产业关系的'旋涡'，这是一般关联模型的特性。生产煤，必需铁，生产铁，必需煤。"② 另外，在说明成本与价格关系时，写道："这一'凝结'在第 j 个商品中的总劳动量并不能简单分割成一笔笔的劳动量，分藏在全部前期的生产里，仿佛最简单的奥国学派生产结构，各个商品都是由直接劳动加'前期生产'的产出生产出来的。"③

---

① Morishima，M. *Marx's economics，a dual theory of value and growth*，Cambridge：Cambridge University Press，1973：8.

② Dorfman，R.，Samuelson，P. A. and Solow，R. M. *Linear programming and economic analysis*，New York：McGraw-Hill，1958：204－205.

③ Dorfman，R.，Samuelson，P. A. and Solow，R. M. *Linear programming and economic analysis*，New York：McGraw-Hill，1958：234－235.

冯·诺依曼1937年的经典文献《一般均衡模型》最初是以德文出版的。在卡尔多的极力推崇与帮助下，由摩根斯特恩翻译，配以钱珀努恩的解释，发表在1945年第13期的《经济研究评论》（*Review of Economic Studies*）上。在把经济作为一个“循环流”来表现和分析方面，冯·诺依曼的进展除了把联合生产作为模型的一般形式之外，采用了用不等式取代等式，同时引入技术选择，把给定技术下的静态系统发展到一种增长率外生确定条件下的“准静态体系”（quasi-stationary system）。新古典学者则不满意钱珀努恩等人对冯·诺依曼理论的解释。包括麦肯齐、阿罗等人认为冯·诺依曼模型只不过是对卡塞尔模型在联合生产上的一种扩展。

古典与新古典理论可以很好地以边际革命为分期，但是分期之后留下来的是经济理论的演进与发展史上长期的争论。这种争论在大众所关注的程度上可能不及宏观经济学的革命，以及革命之后的再革命，但是从经济分析的性质上看，这种差异可以认为是有史以来最为基础的，其对于深刻理解与认识西方经济的长期演化过程，以及处于结构转变中的中国经济未来发展道路的探索都具有重要的理论价值。在这样一个理论背景下来认识投入产出方法，必然会对方法的理解和方法的应用产生影响。

7.2　生产理论：一个对偶的体系

斯拉法-列昂惕夫体系作为对经济系统的描述，是以生产理论为核心的。生产理论把经济系统看作是围绕生产过程两个方面的综合：一方面是价值形成与收入分配过程，另一方面则是产品的分配与经济增长过程。这两个方面并不是互相独立的，而是互相联系的。实际上只不过是同一个生产过程的两个侧面，两者相互联系构成对生产过程的一个完整描述，进而在数理结构上，这两个方面正好构成一个对偶的体系。

7.2.1　生产体系的描述

从最简单的理论模型到可经验应用于现实经济的模型，借助于若干古典理论概念，可以揭示出这一体系的基本框架。在谷物模型中，使用劳动与种子作为投入，生产谷物作为产出。但是在把经济看作是一个“循环流”的观点下，作为产出的谷物又重新成为生产过程中的投入。其中，劳动的提供需要以一定的谷物作为维持生存的资料，这部分作为“工资基金”（wage fund），与作为种子的谷物一起，构成资本。

谷物模型描绘的经济正是一种斯密的“早期原始社会”。从抽象的谷物模型出发，可以从两个方面作进一步的扩展，一是从一个产品生产过程的模型向两部门或多部门模型的扩展；二是从无剩余的“生存经济”向有剩余的经济扩展。

1. 生存经济

假定经济由生产谷物和衣服的两个部门构成。我们先舍弃掉生产资料，假定投入只是劳动。那么由于存在两种商品，因此涉及相对价格，分别用 p_1 与 p_2 表示谷物与衣服的价格，用 w 表示单位人员工资，即工资率，且假定两个部门工资率相同。把工资率表示为对两种产品的人均消费，即：$w=p_1m_1+p_2m_2$。生产过程进一步可以用模型表示如下：

实物形式：

谷物生产：$L_1 \to c_1$

衣服生产：$L_2 \to c_2$

价值形式：

谷物生产：$wL_1 \to p_1 c_1 \Rightarrow p_1 = w\dfrac{L_1}{c_1} = wl_1 = (p_1 m_1 + p_2 m_2) l_1$

衣服生产：$wL_2 \to p_2 c_2 \Rightarrow p_2 = w\dfrac{L_2}{c_2} = wl_2 = (p_1 m_1 + p_2 m_2) l_2$

其中，l_1 与 l_2 表示谷物与衣服两个部门单位产出所需的直接劳动投入，即两个部门的直接劳动投入系数。

在上述体系中可以看到，劳动是唯一的投入。在这种情况下，两种商品的相对价格将取决于直接的劳动投入系数，即$\dfrac{p_1}{p_2} = \dfrac{l_1}{l_2}$。

上述闭模型系统可表示为如下实物形式的投入产出表（见表 7-2）：

表 7-2　生存经济的实物型投入产出表

	谷物	衣服	总产出
谷物	$m_1 L_1$	$m_1 L_2$	c_1
衣服	$m_2 L_1$	$m_2 L_2$	c_2
总投入	c_1	c_2	

相应的价值形式表如下（见表 7-3）：

表 7-3　生存经济的价值型投入产出表

	谷物	衣服	总产出
谷物	$p_1 m_1 L_1$	$p_1 m_1 L_2$	$p_1 c_1$
衣服	$p_2 m_2 L_1$	$p_2 m_2 L_2$	$p_2 c_2$
总投入	$wL_1 = p_1 c_1$	$wL_2 = p_2 c_2$	

两部门的行模型表示为：

$$m_1 L_1 + m_1 L_2 = c_1$$
$$m_2 L_1 + m_2 L_2 = c_2$$

对于生存经济而言，所有净产出全部用于生产中的投入（实际上上述模型中是用于再生产劳动力）而没有剩余。也就是两部门之间保持如下平衡关系：

$$m_1 L_2 = c_1 - m_1 L_1$$
$$m_2 L_1 = c_2 - m_2 L_2$$

两个部门的列模型（价格模型）表示为：

$$(p_1, p_2)\begin{bmatrix} c_1 & 0 \\ 0 & c_2 \end{bmatrix} = (p_1, p_2)\begin{bmatrix} m_1 L_1 & m_1 L_2 \\ m_2 L_1 & m_2 L_2 \end{bmatrix}$$

$$(p_1, p_2) = (p_1, p_2)\begin{bmatrix} m_1 l_1 & m_1 l_2 \\ m_2 l_1 & m_2 l_2 \end{bmatrix}$$

其中，$\begin{bmatrix} m_1 l_1 & m_1 l_2 \\ m_2 l_1 & m_2 l_2 \end{bmatrix}$就是直接消耗系数。

如果用生产集的概念来表示，两个部门的技术可表示为：

谷物生产过程：$(c_1 - m_1 L_1, -m_2 L_1)$

衣服生产过程：$(-m_1 L_2, c_2 - m_2 L_2)$

进一步用图形表示如下（见图 7－3）：

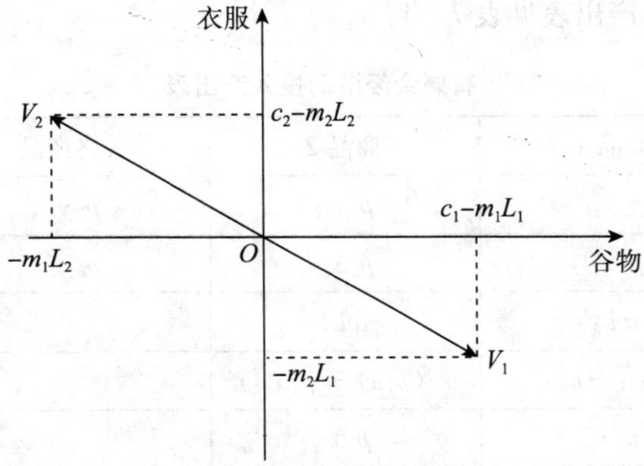

图 7－3 生存经济的生产可能性前沿面

由于生存经济中投入与产出相等，净产出为 0，因此，经过 V_1 和 V_2 构造的净产出前沿面经过原点。

对于上述模型，如果投入中除劳动外，产出品本身也直接作为生产资料（means of production)，那么模型形式并没有什么变化，只不过在上述投入产出表中的每一个流量数据中包含了两个部分，一部分是用于劳动力的再生产需要，另一部分则是用于再生产中的各种物耗。

2. 有剩余的经济

如果生产的产出超过投入，就会给经济带来剩余，称之为剩余产品或净产品。在实物上生产出剩余产品的同时，在价值上将带来产品价格超过劳动与生产资料投入的价值增值，这部分价值增值对应剩余产品的价值。

在剩余产品价值的分配上，古典学者认为在资本主义经济条件下，这部分价值增值归资本家所有。认为生产中的所有投入，包括生产资料，以及劳动者用于支付购买生活资料的工资都是由资本家预付的。但是，斯拉法关于剩余的分配则认为工人会分享一部分剩余产品的价值。斯拉法认为工资不是预付的，而是后付的（post-factum wages)，并可能分享一部分剩余。[①] 这样，在斯拉法的假定中，工资不再是资本的一部分，所带来的模型的

① 斯拉法．用商品生产商品．北京：商务印书馆，1963：15－16.

相应变化在于：

在产品的价格构成上，由各种生产资料投入、工资和利润三个部分构成。工资的部分从各种生产资料投入中独立出来，其中既包含了维持劳动力生存的生活资料价值，也包含了工人对剩余产品价值的分享；在产品的实物分配上，用于维持劳动力生产的生活资料产品，从各种生产资料中剥离出来，与剩余产品一起构成最终产品。

同时，在资本主义竞争经济的假定下，资本在各个部门之间可以自由进入或退出，由此引出利润率与工资率所有部门相同的假定。

如此斯拉法体系的一般形式与我们通常所见的投入产出表除了一些假定上的不同之外，并无太大的差异。

有剩余经济的投入产出表见表 7-4：

表 7-4　　有剩余经济的投入产出表

	商品 1	商品 2	最终产品	总产出
商品 1	p_1x_{11}	p_1x_{12}	p_1y_1	p_1x_1
商品 2	p_2x_{21}	p_2x_{22}	p_2y_2	p_2x_2
工资	wL_1	wL_2		
利润	$r(p_1x_{11}+p_2x_{21})$	$r(p_1x_{12}+p_2x_{22})$		
总投入	p_1x_1	p_2x_2		

列向价格模型表示为：

$$(p_1,p_2)\begin{bmatrix}x_1 & 0\\ 0 & x_2\end{bmatrix}=(1+r)(p_1,p_2)\begin{bmatrix}x_{11} & x_{12}\\ x_{21} & x_{22}\end{bmatrix}+w(L_1,L_2)$$

$$(p_1,p_2)=(1+r)(p_1,p_2)\begin{bmatrix}a_{11} & a_{12}\\ a_{21} & a_{22}\end{bmatrix}+w(l_1,l_2)$$

表示成矩阵形式为：

$$p=(1+r)pA+wl$$

其中，$A=\begin{bmatrix}a_{11} & a_{12}\\ a_{21} & a_{22}\end{bmatrix}$是直接消耗系数，$l=(l_1,\ l_2)$ 为直接劳动投入系数。

行模型表示为：

$$x_{11}+x_{12}+y_1=x_1$$
$$x_{21}+x_{22}+y_2=x_2$$

用矩阵形式表示为：

$$Ax+y=x$$

用生产集的概念来表示，两个部门的技术可表示为：

商品 1 生产过程：$(x_1-x_{11},-x_{21},-L_1)$

商品 2 生产过程：$(-x_{12}, x_2-x_{22}, -L_2)$

如果我们把两部门的劳动投入都设为 1，两部门生产过程表示为：

商品 1 生产过程：$(x_1-x_{11}, -x_{21})$

商品 2 生产过程：$(-x_{12}, x_2-x_{22})$

从而去掉一个变量，就可以用如下图形表示（见图 7-4）：

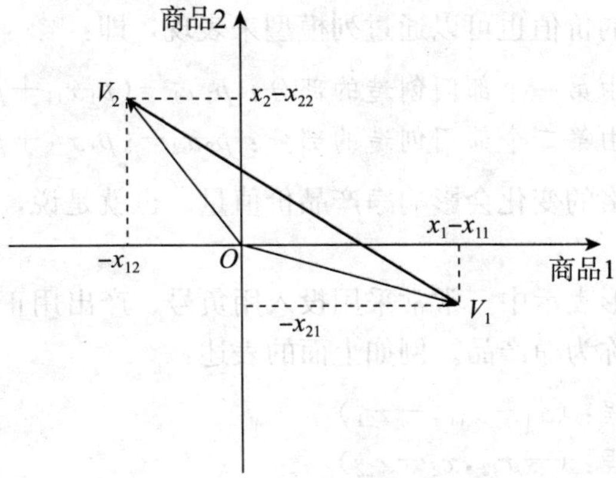

图 7-4 有剩余经济的生产可能性前沿面

图 7-4 中，V_1 与 V_2 的连线在第一象限的部分构成净产出前沿面。

3. 关于净产品的进一步说明

《新帕尔格雷夫经济学大辞典》中关于净产品概念的词条指出，净产品的法语原意是“纯产品”，“最初在法国重农学派中出现，魁奈第一个在其《经济表》中对它加以评价。”① 关于净产品概念的理论意义，我们需要注意的是两点：一是净产品中是否包括工资。早期净产品概念中并不包含工资，工资只是再生产各种预付的一个组成部分，而现在的净产品概念则包含了工资；二是净产品与古典理论的剩余分析和经济循环过程的看法联系在一起，而剩余分析的核心是解释分配规律，这被李嘉图看作是经济学的基本问题。

从实物上看，产出超过投入的部分构成净产品，它相当于今天的最终产品概念，也就是国内生产总值（GDP）的概念，或者更准确地说是国内生产净值（NDP）的概念。整个社会的净产品可用于消费或积累。但是，这些实物形式的整个社会的净产品的分配却要通过价值形式来实现，在理论上将分配为工资与利润。每个部门在利用各种投入品生产新产品的同时，在价值上就获得了一种增值，这一增值正对应于该部门新创造的价值，也正是将要分配为工资与利润的价值。

因此，净产品一方面表现为整个社会满足弥补生产中投入之后的剩余产品，并且有具体的实物形态；另一方面又表现为产出超过投入之后的一种价值增加，尽管各个部门的价值增加不仅没有实物形态，而且与该部门创造的作为最终产品的产品价值也往往不相等，但是由各个部门的增加值加总起来正好等于实物上净产品的价值。这正是现代核算中

① 伊特韦尔，等．新帕尔格雷夫经济学大辞典．北京：经济科学出版社，1996：683.

GDP 的含义。

在数学形式上，以两部门情形为例，净产品一方面可以通过行模型中的最终产品来表现，即：

第一个部门生产出的净产品：$y_1 = x_1 - x_{11} - x_{12}$

第二个部门生产出的净产品：$y_2 = x_2 - x_{21} - x_{22}$

由于同一部门的产出为同一产品，所以上面表示的净产品价值不受价格变动的影响。另一方面，净产品的价值也可以通过列模型来表现，即：

净产品价值中由第一个部门创造的部分：$p_1 x_1 - (p_1 x_{11} + p_2 x_{21})$

净产品价值中由第二个部门创造的部分：$p_2 x_2 - (p_1 x_{12} + p_2 x_{22})$

可以看出，相对价格的变化会影响净产品价值量。也就是说，净产品这一总量概念还需要用价格来加总。

此外，在模型和图形表示中，常常采用投入用负号、产出用正号的形式来表现生产过程，并把这种表现方式称为净产品。例如上面的表述：

商品 1 生产过程：$(x_1 - x_{11}, -x_{21})$

商品 2 生产过程：$(-x_{12}, x_2 - x_{22})$

实际上，这里的净产品针对每一生产过程正是采用产出减去投入的形式来表现。在单位活动水平上，这只不过是生产集概念，表示的是一种生产方法或某个部门的技术。

7.2.2 价格与分配

上述斯拉法-列昂惕夫框架下对生产体系的描述中，列向模型给出了对价格的表述，而这样表述的价格是一种成本价格。其一般形式如下：

$$p = (1+r) pA + wl$$

进一步表示为：

$$p = wl[I - (1+r)A]^{-1}$$

在这一价格模型中，表明相对价格将受直接消耗系数矩阵 A、工资率 w 和利润率 r 变动的影响。这进一步表明了技术、收入分配与相对价格三者间变化的关系。①

对于生存经济，既无剩余产品，也无剩余的价值可供分配。因此，从行模型上看，生产出的所有产品全部在生产过程中被使用掉，而从列模型上看，则是产品的价值只由所有投入品的价值构成，而无任何增加。

如此，按上述模型形式，生存经济下的价格与分配关系可表述为：

$$p = pA \quad 或 \quad p(I - A) = 0$$

$p(I-A)$ 表示各部门净产品的价值量，那么对于生存经济而言，各部门净产品的价

① 下面的图形及说明参见 Mainwaring, L. *Value and distribution in capitalist economies*, Cambridge: Cambridge University Press, 1984。

值量为0。

为了在二维图形中表示上述关系，我们假定生存体系中只存在两种商品的生产。这样有：

$$p=(p_1,p_2),\ (I-A)=\begin{bmatrix}1-a_{11} & -a_{12}\\ -a_{21} & 1-a_{22}\end{bmatrix}=(\beta_1,\beta_2)$$

也就是用向量 β_1 和 β_2 表示两部门的生产集。如此有：$p\beta_1=p\beta_2=0$。表示两个部门的净产出为0。这样一个体系可用图形表示如下：对于生存经济来说，无经济剩余，净产出前沿线经过原点。另外，$p_1\beta_1=p_2\beta_2=0$ 表明价格向量 p 与净产出向量 β_1 和 β_2 正交（见图7-5）。这时，价格比率等于净产出前沿的斜率。在这种情形下，我们将看到，相对价格只取决于矩阵 A，也就是说，这时相对价格将不再受收入分配关系的影响，而只取决于技术。

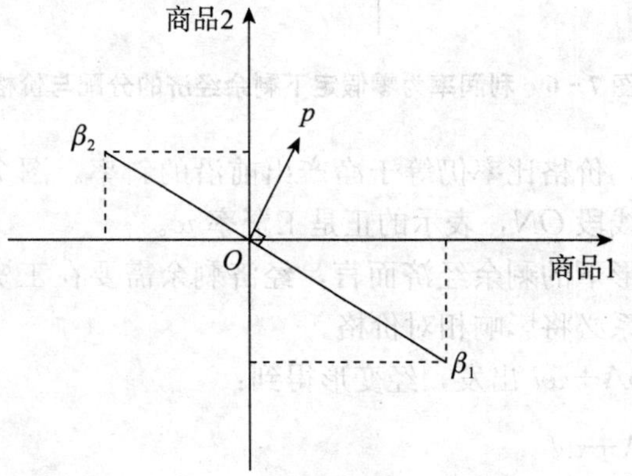

图7-5 生存经济中的分配与价格

对于有剩余的经济而言，净产出为正，剩余价值将在工资与利润之间分配。

首先，我们考虑一种极端情形，假定利润为0，全部剩余都成为工资。从模型上看，将表述为如下形式：

$$p=pA+wl$$
$$p(I-A)=wl$$

实际上，在上述这种特例中，我们看到的仍然是相对价格将不受工资率的影响，而只取决于技术关系。为了在二维图形中表示上述关系，我们把两部门劳动投入系数都调整到1，因此，在两部门情形下，上述模型变化为：

$$p(I-A)=w(1,1)$$

同样设：

$$(I-A)=(\beta_1,\beta_2)$$

那么有：

$$p\beta_1=p\beta_2=w$$

在数学上，这意味着向量 β_1 和 β_2 在价格向量 p 上的投影相等，且都等于 w。如图 7-6 所示，这表明价格向量与净产出前沿垂直。

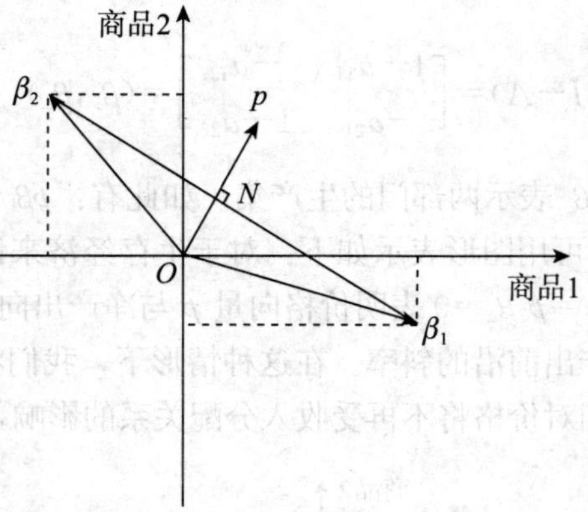

图 7-6　利润率为零假定下剩余经济的分配与价格

因此在这种特例中，价格比率仍等于净产出前沿的斜率。图 7-6 中原点到价格向量与净产出前沿的交点的线段 ON，表示的正是工资率 w。

但是，对于一般情形下的剩余经济而言，经济剩余需要在工资与利润之间进行分配，工资与利润间的分配关系必将影响相对价格。

从模型 $p=(1+r)pA+wl$ 出发，经变形得到：

$$p(I-A)=rpA+wl$$

表明净产品的价值需要在利润与工资两者间分配。如果我们把两部门劳动投入系数都调整为1，那么上式简化为：

$$p(I-A)=rpA+w(1,1)$$

其中，假定由于竞争，各部门利润率 r 和工资率 w 相同。

为了在二维图形中表示出来，采取类似上面的做法，假设一个两部门经济。进一步变形，可得到：

$$p(I-A-rA)=w(1,1)$$

如果仍然用 β_1 和 β_2 表示两个部门的生产集，而用 $A=\begin{bmatrix} a_{11} & a_{12} \\ a_{21} & a_{22} \end{bmatrix}=(\alpha_1,\ \alpha_2)$ 表示两个部门的投入集。从上式得到：

$$p(\beta_1-r\alpha_1)=p(\beta_2-r\alpha_2)=w$$

可见，在一般情形下，价格不再与净产出前沿线 $\beta_1\beta_2$ 正交，而是与向量（$\beta_1-r\alpha_1$）和（$\beta_2-r\alpha_2$）的连线正交，且原点到交点的距离正是 w。我们可以把向量（$\beta_1-r\alpha_1$）与（$\beta_2-r\alpha_2$）的连线 $\gamma_1\gamma_2$ 称为工资前沿线。其在第一象限的部分，不管净产出组合如何变化，其中的工资率都相同，都等于工资向量在价格线上的投影。

从图 7－7 中我们可以看到，即使对于相同的净产出组合，即净产出前沿线 $\beta_1\beta_2$ 不变，但收入分配关系改变，工资前沿线变动，都将带来相对价格的改变。

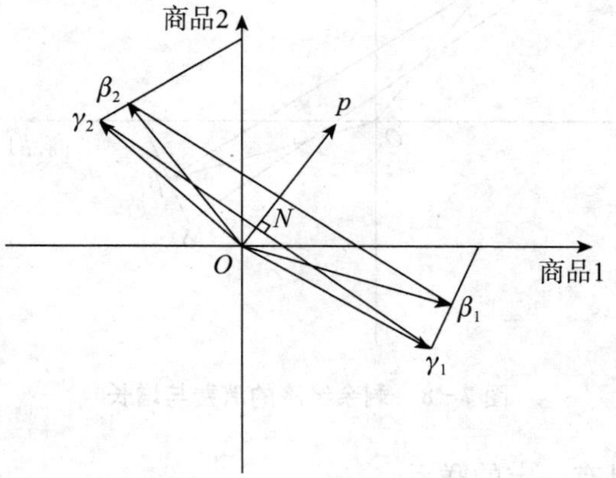

图 7－7　剩余经济的分配与价格

7.2.3　消费与增长

斯拉法-列昂惕夫体系一方面从列向关系上表达了价格与收入分配问题，另一方面在行向关系上，则表达了积累过程中的消费与增长问题。收入分配考虑的是如何使净产品在工资与利润之间进行分割，而积累过程分析则需要考虑净产品如何在消费与积累之间进行分割。因此，对于消费与增长问题可以做与收入分配类似的分析。

净产品主要用于消费和增加生产中的投入。如果假定各部门保持同样的增长速度，也就是平衡增长。那么从模型上看，可表示如下：

$$(I-A)x=gAx+cdL \tag{7.8}$$

其中，L 表示总劳动投入量，c 为人均消费量，d 为消费结构，g 表示各部门平衡增长率。

进一步假定总的劳动投入量为 1 个单位，那么模型简化为：

$$(I-A)x=gAx+cd$$

按上述价格与分配的关系可做类似的分析：

$$(I-A-gA)x=cd$$

$$(\beta_1-g\alpha_1)x_1+(\beta_2-g\alpha_2)x_2=cd$$

由此表明，消费向量可以由向量（$\beta_1-g\alpha_1$）与向量（$\beta_2-g\alpha_2$）构造出来，在图 7－8 中，与收入分配分析中的工资前沿相对应，这两个向量的连线构成的则是消费前沿面 $\delta_1\delta_2$。

7.2.4　分配与增长

在行向关系与列向关系各自的模型中，分别决定了收入分配的 $w—r$ 关系和增长的 $c—g$ 关系。但是，收入会转化为消费与投资，使得收入分配与经济增长联系在一起，也

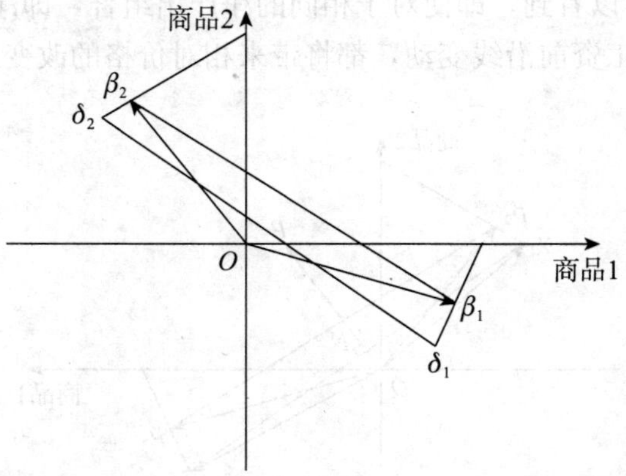

图 7-8 剩余经济的消费与增长

就是 w，r，c，g 之间具有一定的联系。

在古典理论中，通常的假定是工人的工资全部用于消费，而资本家把利润的一部分用于储蓄。那么，在宏观经济储蓄全部转化为投资的均衡条件下，增长与分配之间具有如下关系：

$$gK=srK \tag{7.9}$$

其中，K 为资本存量，gK 表明资本存量的变化等于投资，s 为资本家的储蓄率，rK 则为利润。

进一步则存在关系：

$$g=sr \tag{7.10}$$

也就是说，经济增长率等于储蓄率与利润率的乘积。

在 $c—g$ 关系中，如果消费为 0，经济增长率将达到最大值 G，相反在增长率为 0 的情况下，消费将达到最大值。对于 $w—r$ 的关系而言，只要相对价格不变，工资前沿面的斜率将不变，不管如何配置工资所购买的商品组合，工资率本身不变，工资率 w 和利润率 r 之间存在着反向的关系。那么现在消费与增长之间是否同样存在着这种反向关系呢？我们注意到实际消费的组合取决于 cd，从而受到两方面因素的影响：一个是消费结构 d，另一个是人均消费 c。但是，人均消费是不同商品的加总，需要用价格作为权数。因此 cd 将受到相对价格的影响。所以消费与增长之间虽然也存在着反向关系，但是这种反向关系受到消费结构与相对价格两个方面的影响。对于工资前沿面来说，给定一个工资前沿面，相对价格就确定下来，$w—r$ 之间的反向关系由此确定。在给定消费结构 d 与相对价格的条件下，$c—g$ 之间确实存在着与 $w—r$ 类似的反向关系。但是，一旦放弃这一假定，这种固定的反向关系将难以成立。对于消费前沿面来说，相对价格并不固定，相对价格一旦变化，即使消费结构不变，增长率不变，c 也会由于相对价格变化而改变，$c—g$ 之间的关系并不确定。或者，价格比率不变，但消费结构改变，同一增长率 g 也可能对应不同的人均消费 c。最终，在 $w—r$ 与 $c—g$ 之间并不必然存在着某种固定的关系。

图 7-9 将工资前沿面和消费前沿面放在一幅图中，可以看出两者间的联系。

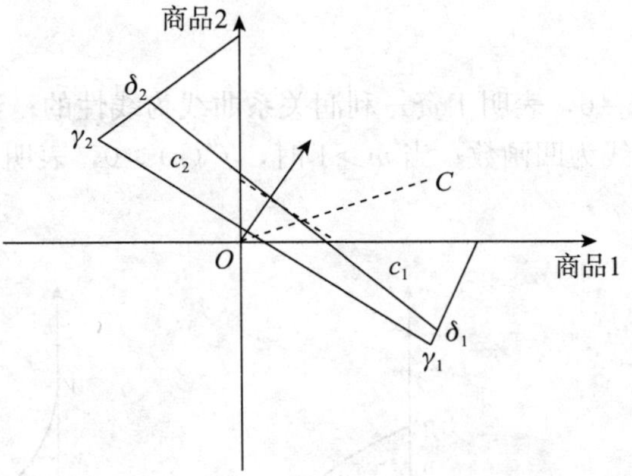

图 7-9　工资前沿面与消费前沿面之间的关系

上述分析表明，工资前沿面与相对价格是正交的，两者存在联系，而最佳消费组合是消费前沿面上与现有相对价格相吻合的点，即消费前沿面与相对价格线（用于消费的预算线）c_1c_2 的交点。如果工资前沿面改变，相对价格改变，最优消费组合也将变化。或者，最优消费结构固定下来，那么相对价格的改变就会影响到购买能力，消费前沿面就会变化。

7.2.5　工资曲线与消费曲线的构造

在前面的分析中，我们已经发现行模型与列模型之间在分析上存在着某种对应。作为行模型，反映净产品使用中多少用于消费、多少用于积累，并决定未来时期的增长；作为列模型，反映国民收入分配中多少分配为利润、多少分配为工资。

考虑一个两部门的生产体系：第一个部门用劳动与资本品生产消费品，第二个部门用劳动与资本品生产该资本品本身。

价格模型如下：

$$1=pa_{21}(1+r+\delta)+wl_1$$

$$p=pa_{22}(1+r+\delta)+wl_2$$

其中，p 表示以消费品为计价商品的资本品价格，w 为工资率，r 为利润率，而 δ 为折旧系数。

解上述方程，可得到工资率与利润率关系的曲线：

$$w=\frac{1-a_{22}(1+r+\delta)}{l_1+(l_2a_{21}-l_1a_{22})(1+r+\delta)}$$

对于上述工资率与利润率关系的函数 $w=f(r)$，具有如下性质：

(1) $f'(r)<0$，曲线是右下方倾斜的；

(2) 两部门资本与劳动投入比例的相对大小决定工资—利润关系曲线的弯曲程度。

定义两部门资本劳动投入比的比例系数为：

$$m=\frac{a_{21}/l_1}{a_{22}/l_2}$$

当 $m=1$ 时，$f''(r)=0$，表明工资—利润关系曲线为线性的；当 $m<1$ 时，$f''(r)<0$，表明工资—利润关系曲线为凹函数；当 $m>1$ 时，$f''(r)>0$，表明工资—利润关系曲线为凸函数（见图 7－10）。

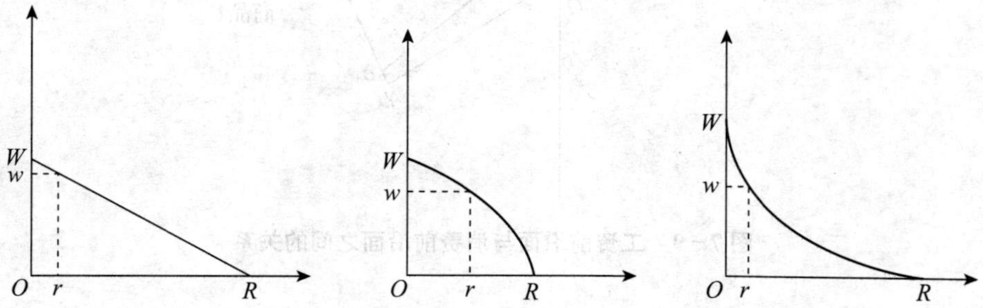

图 7－10　工资—利润关系曲线

因为当 $m=1$ 时，设 $\frac{a_{21}}{l_1}=\frac{a_{22}}{l_2}=q$，方程变换为：

$$1=[pq(1+r+\delta)+w]l_1$$
$$p=[pq(1+r+\delta)+w]l_2$$

两式相除，得到：

$$p=\frac{l_2}{l_1}$$

表明相对价格等于两者劳动投入之比。因此对于线性的工资—利润关系曲线，相对价格将不受利润率变动的影响，而在非线性的情况下，相对价格将随着利润率的变化而变化。

进一步我们考虑行向数量关系模型。假定经济以稳定的速度 g 增长。我们用 K 表示人均机器存量，I 表示人均投资。那么根据流量与存量的关系，有：

$$I=(g+\delta)K$$

用 c 表示人均消费。可以用与价格模型完全对应的方式建立起数量关系模型：

$$1=l_2(1+g+\delta)K+l_1c$$
$$K=a_{22}(1+g+\delta)K+a_{21}c$$

分别表示资本品生产和消费品生产对劳动和资本的需求。由于采用人均的概念，总劳动使用量为 1。

同样解上述方程，可得到消费与增长关系的曲线：

$$c=\frac{1-a_{22}(1+g+\delta)}{l_1+(l_2a_{21}-l_1a_{22})(1+g+\delta)}$$

可见消费—增长关系曲线 $c=f(g)$（见图 7－11）与工资—利润关系曲线 $w=f(r)$ 具

有同样的函数形式。因此，两者间也具有类似的特征。

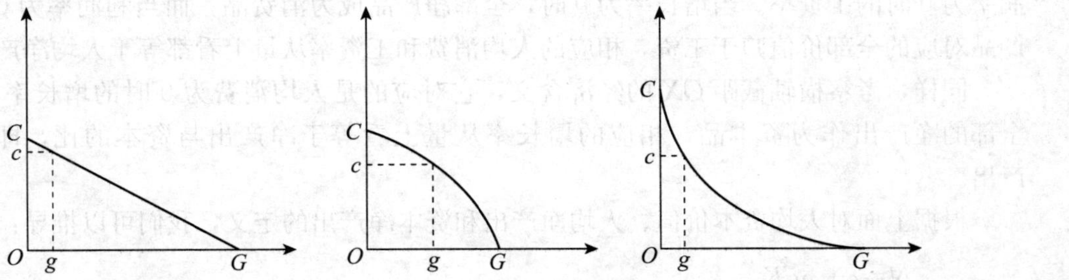

图 7-11　消费—增长关系曲线

7.2.6　w—r 与 c—g 之间的关系

从上面 w—r 曲线与 c—g 曲线方程的推导得出形式完全一样的两个方程，由此与两个方程对应的两条曲线也是完全一样的。我们可以用图 7-12，在两个象限中表现 w—r 曲线与 c—g 曲线。其中左边为 c—g 关系，右边为 w—r 关系。

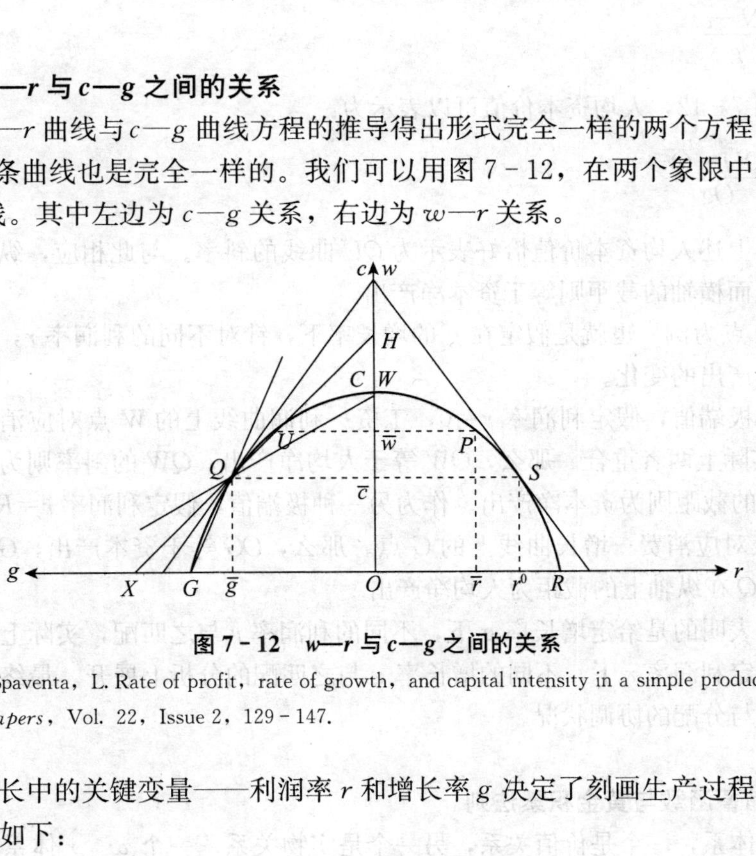

图 7-12　w—r 与 c—g 之间的关系

资料来源：Spaventa，L. Rate of profit，rate of growth，and capital intensity in a simple production model，*Oxford Economic Papers*，Vol. 22，Issue 2，129-147.

分配与增长中的关键变量——利润率 r 和增长率 g 决定了刻画生产过程的三个重要变量，分别表示如下：

$$\text{人均资本价值：} k=pK \tag{7.11}$$

$$\text{人均净产出：} N=c+pgK \tag{7.12}$$

$$\text{资本净产出：} M=\frac{N}{k}=\frac{c+pgK}{pK}=\frac{c}{k}+g \tag{7.13}$$

不同的利润率 r 和增长率 g 的组合决定了上述三个变量的具体值。

具体来看，对于给定的增长率 $\bar{g}$，如果利润率为 $\bar{r}$，如图 7-12 所示，对于 $\bar{g}$ 和 $\bar{r}$ 这样一个组合，在消费—增长曲线上对应于 Q 点，而在工资—利润曲线上对应于 P 点。U 点是消费—增长曲线上与 P 点对应的点。QU 的连线与纵轴相交于 H 点，与横轴相交于 X 点。

我们考察纵轴截距 OH 的经济含义，它对应的是增长率为 0 时的人均消费，或者是利润率为 0 时的工资率。当增长率为 0 时，全部净产品成为消费品，而当利润率为 0 时，净产品对应的全部价值归于工资，相应的人均消费和工资率从量上看都等于人均净产品。

同样，考察横轴截距 OX 的经济含义，它对应的是人均消费为 0 时的增长率。这时，全部的净产出作为资本品，相应的增长率从量上看等于净产出与资本的比，即资本净产出。

根据上面对人均资本价值、人均净产出和资本净产出的定义，我们可以推导：

$$N=c+pgK$$

$$N-c=pgK$$

$$k=\frac{N-c}{g}$$

对应于图 7-12，人均资本价值可以表示为：

$$k=\frac{OH-O\bar{c}}{O\bar{g}}$$

可以看出上述人均资本价值恰好表示为 QU 曲线的斜率。与此相应，纵轴的截距等于人均净产品，而横轴的截距则等于资本净产出。

我们以 Q 点为例，也就是假定在 $\bar{g}$ 的增长率下，针对不同的利润率 $\bar{r}$，人均资本、人均产出和资本产出的变化。

作为一种极端值，假定利润率 $\bar{r}=0$，工资—利润曲线上的 W 点对应消费—增长曲线上的 C 点，实际上两者重合。那么，OW 等于人均净产出，QW 的斜率则为人均资本，而 QW 在横轴上的截距则为资本净产出。作为另一种极端值，假定利润率 $\bar{r}=R$，工资—利润曲线上的 R 点对应消费—增长曲线上的 G 点。那么，OG 等于资本产出，GQ 的斜率为人均资本，而 GQ 在纵轴上的截距为人均净产出。

上述分析表明的是给定增长率 g 下，不同的利润率 r 与之匹配，实际上这种相互影响同样可以在给定利润率 r 下，不同的增长率 g 与之匹配的分析上展开。最终都是说明了生产体系中增长与分配的协调状况。

7.2.7 储蓄函数与黄金积累法则

上述两个体系，一个是价值关系，另一个是实物关系。一个 w—r 体系究竟有一个什么样的 c—g 体系与之相匹配，或者说对于一个给定的增长率 g，究竟是什么样的利润率 r 与之配合，则取决于储蓄与投资关系的确立。正是储蓄函数建立起两个体系间的联系。

关于储蓄函数，作为一般情形，可以假定工资中也存在部分储蓄。储蓄转化为投资，从而存在如下关系：

$$pgK=s_r prK+s_w w$$

$$g=s_r r+s_w\frac{w}{k}$$

其中，s_r 与 s_w 分别表示对应于利润和工资部分的储蓄率。

通常为简化分析，我们可以假定工资全部用于消费，那么增长率与利润率之间只取决于利润部分的储蓄率，从而保持一种相对简单的关系，也就是：

$$g=s_r r$$

如此，增长率与利润率之间的函数关系在图 7－13 中表示为一条从原点出发的射线。相反，如果没有工资全部用于消费的假定，增长率与利润率之间的函数关系将不是简单的线性关系，因为利润率或增长率的变化将同时影响到人均资本 k，整个生产条件将发生改变。

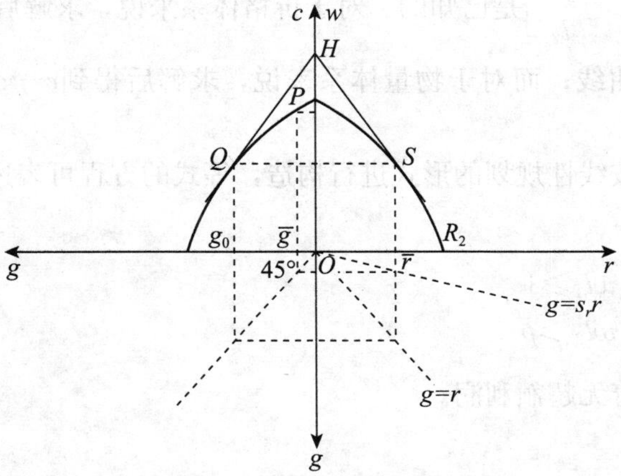

图 7－13 储蓄函数与黄金积累法则

正是通过储蓄函数，增长率与利润率之间建立起联系。在图 7－13 中，对于分配关系曲线中的 S 点，存在某个利润率水平 $\bar{r}$，当储蓄率为 s_r 时，增长率为 $\bar{g}$。这时分配关系曲线中的 S 点对应于消费—增长曲线中的 P 点。

上述说明中，我们可以看到，在 S 点与 P 点的组合中，增长率不等于利润率，同时人均工资也不等于人均消费。进一步，在增长理论中，人们提出了黄金积累法则（golden rule of accumulation）。它指的是增长率等于利润率，同时人均消费等于人均工资的积累状态。在图 7－13 中，这意味着 S 点与 Q 点的一组对应关系。这时，与某个利润率 $\bar{r}$ 对应的增长率不再是 $\bar{g}$，而是 Q 点所对应的 g_0 点。这时的储蓄函数 $s_r=1$。

另外，在黄金积累法则下，我们发现无论是 HS 还是 HQ 都是与相应的工资—利润曲线和消费—增长曲线相切。也就是说，过 S 点与 Q 点存在无数条直线，与此对应，存在无数个人均资本 k，但是这中间只有过这两点的切点，以及对应的人均资本 k 与黄金积累法则对应。

7.2.8 生产体系的对偶性质

在前面的分析中，我们已经反复看到投入产出行向与列向、实物使用与价值分配之间表现出一种对偶体系。这种体系不仅让我们在形式上往往可以采取一种对应的分析，而且对偶关系在数学上提供了对实物使用与价值分配之间的内在联系进行深入分析的工具。进一步我们考察投入产出体系中的对偶性质。

我们仍然从上面的例子出发，对于价格体系：

$$1=pa_{21}(r+\delta)+wl_1 \tag{7.14}$$

$$p=pa_{22}(r+\delta)+wl_2 \tag{7.15}$$

以及物量体系：

$$1=l_2(g+\delta)K+l_1c \tag{7.16}$$

$$K=a_{22}(g+\delta)K+a_{21}c \tag{7.17}$$

假定投入系数 $M=\begin{bmatrix} a_{21} & a_{22} \\ l_1 & l_2 \end{bmatrix}$ 是已知的。对于价格体系来说，求解后可以得到 w—r 关系，构成工资—利润关系曲线；而对于物量体系来说，求解后得到 c—g 关系，构成消费—增长关系曲线。

如果把上述问题按线性规划的形式进行构造，等式的方程可表述为一种约束的形式：

价格体系为：

$$pa_{21}(r+\delta)+wl_1\geqslant 1$$

$$pa_{22}(r+\delta)+wl_2\geqslant p$$

在等式的情形下意味着无超额利润。

物量体系为：

$$l_2(g+\delta)K+l_1c\leqslant 1$$

$$a_{22}(g+\delta)K+a_{21}c\leqslant K$$

在等式的情形下意味着要素的充分使用，没有过剩劳动力。

进一步，对于列向模型的一般形式：

$$p=(1+r)pA+wl$$

考虑 $w=0$ 的极端情形，这时利润率达到最大水平 $r=R$，或者把工资与消费放到中间投入，一起看作是一个闭模型系统。因此有：

$$p=(1+R)pA$$

$$\frac{1}{1+R}p=pA$$

同时，对于行向模型的一般形式：

$$x=Ax+gAx+cd$$

考虑 $c=0$ 的极端情形，这时增长率达到最大水平 $g=G$，因此有：

$$x=(1+G)Ax$$

$$\frac{1}{1+G}x=Ax$$

对比以上两个体系下的情形，可以看出对于技术矩阵 A，价格向量成为其左特征向量，相应的特征值为$\frac{1}{1+R}$，产出向量成为其右特征向量，相应的特征值为$\frac{1}{1+G}$。因而有$R=G$。

从本节的分析可以看出，斯拉法-列昂惕夫体系作为一个对偶的体系，表现出两者分析上的一种对应性。一方面，列向关系上表现为围绕收入分配问题的工资、利润与价格问题，而行向关系上则表现为围绕积累问题的消费与增长问题，并表现出分析形式上的类似性。不仅如此，还表现出两者间的对偶关系。投入产出方法的一个重要特点是对经济的一种系统描述，这种系统性就表现在对经济系统的理解中，抓住技术、收入分配与经济增长三个关键环节，其相互影响、相互制约，构成经济系统变化过程在现实中的展开。这又正是斯拉法体系坚持李嘉图传统所要表明的主题，投入产出方法与斯拉法体系结合，数理性质的分析和投入产出的经验研究相互印证。

7.3　相对价格变化与标准商品

在上述分析所表明的生产体系内在联系的基础上，我们就可以开始讨论李嘉图“不变价值尺度标准”问题产生的原因，以及斯拉法是如何试图解决这样一个逻辑问题的。

如果一个经济系统存在唯一的初始投入要素，例如劳动，那么价格方程为：

$$p=pA+wl$$

变形得到：

$$p=wl(I-A)^{-1}$$

这样在技术系数A与劳动投入系数l不变的情况下，工资率w的变化并不会带来相对价格的改变。但问题是在上述特殊假定下，并不存在收入分配问题，而一般情形则是增加值要在劳动与资本之间进行分配。对于一般形式的价格模型：

$$p=(1+r)pA+wl$$

变形得到：

$$p=wl[I-(1+r)A]^{-1}$$

由此看到，r与w关系的变化必将带来相对价格的改变。在古典分析体系中，人们始终认为分配的决定合乎逻辑地先于且独立于价格，而如果不能寻求到一种不变的价值尺度，那么分配事先确定的性质也就无从谈起。

同时我们注意到在唯一初始投入条件下，技术选择的无替代定理成立，而一旦增加值中存在劳动与资本两个要素，无替代性质也将不再成立。从这里开始我们可以看出无替代定理与李嘉图难题之间的内在联系。这种内在联系就是相对价格的变化。

一般认为，列昂惕夫体系为什么排除了替代的可能，是因为相对于一般均衡理论要素间存在替代的情形，列昂惕夫体系采取固定系数假定，然而一般认为这正是经常被误解的地方。列昂惕夫体系替代性的有无问题不在于固定系数，根本问题在于列昂惕夫体系假定劳动是唯一的最初投入要素。在这一假定下，任何产品最终需求的扩大都可以通过直接与间接劳动投入的增加来实现。在这一过程中，中间产品只是根据需要的量被生产出来。那么在这样一种假定下，商品的价格将取决于其直接和间接的劳动含量。在这种情况下，比如工资提高，也等比地提高了其他要素的成本，要素的相对价格没有变化，从而不会出现其他要素对劳动的替代。因此，列昂惕夫体系的固定系数实际上指的是即使每个产业有多个生产过程，但只有一个过程将被采用，而且这一过程将不受最终消费需求变化的影响。固定系数并不是没有选择，而是选择的结果总是固定的。这就是萨缪尔逊等人最早所提出的“替代定理”所要阐述的内容。萨缪尔逊等人所要强调的是，单一技术可以作为对技术的充分表述，而不论是否存在多个可替代的过程。从这一性质出发，将表明竞争均衡价格的确定不受需求面的影响，需求水平和结构的变化将只是影响经济活动水平，而不会影响技术本身。

在古典传统的斯拉法研究者看来，无替代定理恰恰强调了他们所想要阐明的一种受分配影响的技术选择观。但是在新古典学者看来，所谓的无替代性只是列昂惕夫体系下特定假定条件的结果，如果违背了这些假定，这一性质将无法成立。也就是说，古典理论所坚持的脱离供求关系的技术决定路线只是需要诸多假定的特例。

对于李嘉图寻求不变价值尺度的难题，帕西内蒂分析并解释了古典体系中提出类似李嘉图所做的所有部门单一的资本密度（uniform capital intensity）或者是马克思的所有部门单一的资本有机构成的假定的原因。① 在这样的假定下，工资率和利润率之间就可以保持明确的关系。对于任何一个给定的技术矩阵 A，它的特征值与特征向量决定了 p 和 λ，从经济含义上看，p 只是相对价格，而 λ 则是中间投入占总投入的比例，相应的，$1-\lambda$ 将是增加值占总投入的比例。技术矩阵 A 所决定的是当各部门中间投入占投入的比例或增加值率相同时，这样一个体系的相对价格以及增加值率。因此，我们将看到古典学者所谓的资本有机构成不变，或者我们这里作为相对价格不变条件的资本有机构成不变，指的就是 $pA=\lambda p$ 的性质。基于这一数学性质，资本有机构成不变的假定使工资率和利润率之间保持一种简单的关系。帕西内蒂对这一问题进行说明的基本思想如下：

根据前面的分析，当各资本有机构成或资本与劳动的比例不变时，对于投入系数矩阵 A，对应于最大特征值 λ_m，存在某个直接劳动系数向量 a_n^*，以及一体化劳动系数向量 v^* 为其特征向量。

对于价格决定系统，有：

$$pA(1+\pi)+a_n w=p \tag{7.18}$$

根据定义，对于矩阵 A，存在一个价格向量 p^* 为其特征向量，即 $p^*A=\lambda_m p^*$，所以：

$$p^*=a_n^*\frac{w}{1-(1+\pi)\lambda_m} \tag{7.19}$$

也就是，当价格向量为 A 的特征向量时，直接劳动投入系数 a_n 与特征价格向量 p^* 成比例，因而也是 A 的特征向量，这一劳动投入系数即 a_n^*。

另外，根据一体化劳动系数 v^* 与直接劳动系数之间的关系：

---

① Pasinetti. L. L. *Lectures on the theory of production*，New York：Columbia University Press，1977：86.

$$a_n^* A = \lambda_m a_n^*$$
$$a_n^* (I - A) = (1 - \lambda_m) a_n^*$$
$$a_n^* = (1 - \lambda_m) v^* \tag{7.20}$$

当设定一体化劳动为价格标准时，有 $p^* = v^*$。结合（7.18）式与（7.20）式，有：

$$\frac{w}{1-(1+\pi)\lambda_m} = \frac{1}{1-\lambda_m} \tag{7.21}$$

进一步，有反向关系 $\pi = \Pi(1-w)$ 成立。

所有部门的资本有机构成或者是资本与劳动的比例相等是一个极为严格，甚至是不切实际的假定。斯拉法正是从这一点开始，提出了“标准体系”与“标准商品”，能够在一种更为一般的体系中展示工资率和利润率间明确的关系，而且“标准体系”与“标准商品”之所以能够解决这一问题，关键仍然是要解决其中的核心问题，即相对价格变化问题。

在上面所讨论的古典以来的分析中，主要是从列向模型 $pA = \lambda p$ 的框架中说明在所有部门的增加值率相同的情况下，相对价格只取决于技术矩阵 A。只要技术矩阵 A 不变，相对价格也将保持不变。实际上，投入产出体系作为一个对偶的体系，同样在行的方向上存在类似的联系，即：

$$Ax = \delta x$$

这个时候我们的假定实际上变成了各部门中间产品与总产品的比例关系不变。同时，从数学形式上看，对于某个给定的技术矩阵 A，p 和 x 分别是它们的左右特征向量，而两者的特征值相等，即 $\lambda = \delta$。也就是说，对于给定的技术矩阵，如果所有部门具有相同的中间投入与初始投入的比例，那么左特征向量成为价格向量，同时，如果所有部门的中间使用与最终使用的比例相同，那么右特征向量成为总产出向量，而且这时中间使用与最终使用的比例将等于中间投入与初始投入的比例，即两者特征值相等。

进一步，从投入产出行向关系来看，$Ax + y = x$，定义各部门最终使用与中间使用的比率为：

$$R_i = \frac{y_i}{x_i - y_i} \tag{7.22}$$

这一比率被斯拉法称为“剩余率”。如果各部门剩余率相同，都为 R，那么有：

$$Ax + RAx = x$$
$$(1+R)Ax = x$$
$$Ax = \frac{1}{(1+R)} x$$

如此我们可以看到，斯拉法假定各部门的剩余率相同，实际上就是假定了各部门中间使用与总使用存在一个相同的比率，而这个比率就是 $\frac{1}{1+R}$。斯拉法把这种具有比例性质的经济体系称为“标准体系”。在各部门最终使用与中间使用具有相同比率 R 的情况下，不仅向量 x 为矩阵 A 的右特征向量，同时因为 $y = \frac{R}{1+R} x$，表明向量 y 也是矩阵 A 的右特征向量。斯拉法正是称向量 y 所代表的这样一种复合商品为“标准商品”。

设标准体系的最终产品与总产品向量分别为 y^* 和 x^* 。我们可以将标准净产品作为价值尺度，也就是设 $p(I-A)x^*=1$，并以之对真实经济的分配关系进行度量。对价格方程两边右乘 x^*，有：

$$px^*=(1+\pi)pAx^*+a_n x^* w$$

假定总劳动使用量为 1，即 $a_n x^*=1$，有

$$\pi pAx^*=1-w$$

因为 $x^*=(1+R)Ax^*$ ，两边左乘 p，得到

$$px^*=pAx^*+RpAx^*$$

因此，$pAx^*=\dfrac{1}{R}$。结合前式，有 $\pi=R(1-w)$。

由此，我们看到所谓的标准商品无非是技术矩阵 A 的右特征向量，而由于同一矩阵左右特征向量的数学性质，通过“标准商品”所做出的各部门中间使用与最终使用比率相同的假定，必然对应于行向方面存在一个各部门中间投入和初始投入比率相同的体系与标准商品的体系相一致。看起来，斯拉法绕开了各部门有机构成相同的假定，实际上斯拉法只不过利用了数学性质，把从列向关系所做的假定改换为从行向关系做出的假定。

从上述分析中可以看出，一方面，相对价格的变化带来分配关系的不确定性，而另一方面，分配关系的变化将导致技术选择。从投入产出的角度来理解，我们可以看到相对价格变化源于列昂惕夫逆阵及其性质，初始投入要素的价值正是通过中间产品的相互需求把要素成本的变化传递到整个经济系统中。因此，相对价格变化源于列昂惕夫逆阵，而列昂惕夫逆阵所表达的是相互需求的完全联系，这就是经济结构问题的本质。不同的经济具有不同的相互联系的性质、特点与方式，因而也具有不同的经济结构。

如此说来，李嘉图所面对的难题本质上是一个结构问题，这样的问题在总量分析中是不会遇到的。从李嘉图寻找不变价值尺度难题以及无替代定理中我们看到的是结构问题给经济分析所带来的巨大困难。与斯拉法坚持古典立场相比，新古典理论放弃在纯生产体系中对分配关系进行说明的分析路径，而引入效用与需求，以解决相对价格与分配关系相互影响的循环悖论。

7.4 收入分配与技术选择

无替代定理表明投入产出体系中，技术独立于需求，同时相对价格独立于需求而取决于生产结构。但是，这一性质的成立需要某些条件，在这些条件不能满足的情况下，技术选择将不可避免。这里我们将重点考察的是一旦放松唯一初始投入的假定，收入分配将如何对技术选择产生影响。

古典理论的技术选择是在市场竞争条件下以一套成本最小化的“规则”，从多个技术的比较中进行选择。具体分析中一般简化为假定其他生产过程的生产方法（method）既

定，只是某一生产过程面临多种生产方法的选择。

现有价格（p_i，w_i）由成本最小化技术（cost-minimizing technique）或优势技术（dominant technique）i 决定，即 $(1+r)a_ip_i+w_il_i=b_ip_i$，其中 r 为利息率或古典意义上的利润率。在现有价格（p_i，w_i）下任何其他生产方法 j 的成本都不低于 b_jp_i。如果存在某个方法 j，其成本小于市场价值 b_jp_i，存在超额利润，从而成为新的技术选择。随着技术被模仿，该技术在成为优势技术的同时，超额利润消失，利润率回到长期水平，但价格体系对应的新的生产方法 j 发生改变，成为（p_j，w_j），即 $(1+r)a_jp_j+w_jl_j=b_jp_j$，由此构成技术选择不断改变的过程。

在前面的分析中，我们在一个消费品和资本品两部门经济的例子中，构造了工资—利润关系曲线。现在我们可以在一般的形式上对工资—利润关系进行讨论。

对于单一生产模型：

$$p=(1+r)pA+wl$$
$$p=wl[I-(1+r)A]^{-1}$$

通过引入表示消费结构的一组商品 d 作为计价物，使得 $pd=1$，实现对上述体系标准化的同时，消除求解未知数中的一个自由度。对上式两边同时右乘列向量 d，变形得到：

$$w=\frac{1}{l[I-(1+r)A]^{-1}d}$$

上述多项式所表明的工资率与利润率之间的关系如果以图形表示，我们所知道的只是①：一是横轴截距表示工资率为0时的最大利润率，二是曲线在第一象限是严格递减的，因为矩阵 $[I-(1+r)A]^{-1}$ 的所有元素是利润率 r 的严格递增函数。

随着利润率的变化，最优技术选择相应改变，进而对应新的技术形成一条新的工资—利润关系曲线。所有的最优技术组合就是由这些不同技术的工资—利润曲线的包络曲线所代表，并把这一包络曲线称为工资—利润前沿（wage-profit frontier）。

以两种商品生产的情形作为例子②，第一种商品的生产方法为（a_{11}，a_{21}，l_1），但是第二种商品的生产存在两种方法：方法 a 为（a_{12}，a_{22}，l_2^a），方法 b 为（b_{12}，b_{22}，l_2^b）。这样整体经济将存在两种技术：第一种技术 α 由第一种商品的生产方法（a_{11}，a_{21}，l_1）与第二种商品的生产方法 a 所构成，第二种技术 β 则由第一种商品的生产方法（a_{11}，a_{21}，l_1）与第二种商品的生产方法 b 所构成。两种技术的方程如下：

技术 α：

$$p_1^s=(1+r^s)(p_1^sa_{11}+a_{21})+w_2^sl_1 \tag{7.23}$$
$$1=(1+r^s)(p_1^sa_{12}+a_{22})+w_2^sl_2^a \tag{7.24}$$

技术 β：

$$\pi_1^s=(1+r^s)(\pi_1^sa_{11}+a_{21})+w_2^sl_1 \tag{7.25}$$

① Pasinetti. L. L. *Lectures on the theory of production*，New York：Columbia University Press，1977：88.

② Lynn Mainwaring. *Value and distribution in capitalist economics*，Cambridge：Cambridge University Press，1984：81-82.

$$1=(1+r^s)(\pi_1^s b_{12}+b_{22})+w_2^s l_2^b \tag{7.26}$$

求解技术 α 的方程，我们得到一个关于 r^s 和 w_2^s 之间关系的方程，以及 p_1^s 关于 r^s 和 w_2^s 的函数，对每一 r^s 和 w_2^s 的取值，存在一个 p_1^s 的取值与之相对应。同样，求解技术 β 的方程，我们也得到一个关于 r^s 和 w_2^s 之间关系的方程，以及 π_1^s 关于 r^s 和 w_2^s 的函数，对每一 r^s 和 w_2^s 的取值，存在一个 π_1^s 的取值与之相对应。

如图 7－14 所示，曲线 α 对应的是技术 α 的工资—利润前沿，而曲线 β 对应的则是技术 β 的工资—利润前沿。相应的，技术 α 对应的相对价格曲线为 $p_1(\alpha)$，而技术 β 对应的相对价格曲线为 $\pi_1(\beta)$。

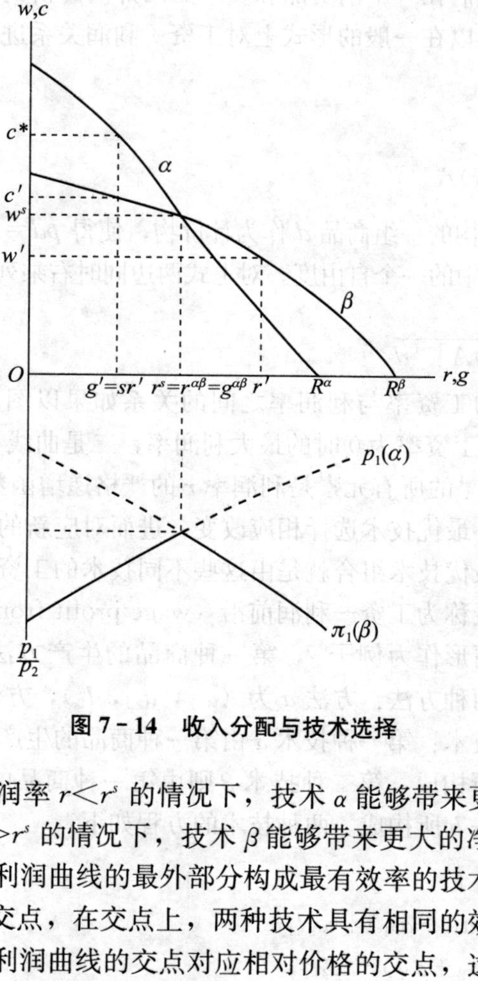

图 7－14　收入分配与技术选择

图 7－14 表明，在利润率 $r<r^s$ 的情况下，技术 α 能够带来更大的净产出，相应具有更低的成本；在利润率 $r>r^s$ 的情况下，技术 β 能够带来更大的净产出，从而具有更低的成本。因此，两条工资—利润曲线的最外部分构成最有效率的技术前沿面。

曲线 α 与 β 存在一个交点，在交点上，两种技术具有相同的效率，选择何种技术并没有差异。相应的，工资—利润曲线的交点对应相对价格的交点，这意味着具有相同效率的技术具有相同的相对价格。

进一步，我们引入行向关系模型及增长问题。可以以收入分配和相对价格关系模型类似的形式建立消费与增长关系模型：

$$x=(1+g)Ax+cd$$

其中，g 为各部门相同的增长率，d 为消费结构，c 为消费总量。

经过同样的变形得到：

$$x=[I-(1+g)A]^{-1}cd$$

引入劳动投入系数 l，使得总劳动使用量为1，即 $lx=1$。对上式两边同时左乘行向量 l，变形得到：

$$c=\frac{1}{l[B-(1+g)A]^{-1}d}$$

这就是消费—增长曲线的函数形式。其形式与工资—利润曲线的函数形式完全一样。因此如果在同一个象限内引入工资—利润曲线和消费—增长曲线，那么这两条曲线是重合的。

下面我们采用剑桥方程的假设，也就是 $g'=sr'$。如图7-14所示，对于某个利润率 r'，存在相应的工资率 w'，同时，根据方程有 $g'=sr'$，这时对应的消费在原有技术下为 c'，但它并不是最大的消费，最大的消费是技术 α 条件下的 c^*。这表明了一个结论：在给定利润率 r 条件下最大化工资率 w 的技术选择标准，与给定增长率 g 下最大化消费 c 的技术选择标准，这两个最优技术的选择标准是不一致的。但是，在有一种情况下，两者是一致的，就是当技术 α 与技术 β 对应的工资—利润曲线，或增长—消费曲线相交的时候，此时这两个标准的最优选择结果是一致的。这时必然有 $r=g$，而这一条件正是黄金积累准则。

对于一个给定的工资率（或者是给定的利润率），长期内选择的技术是能够带来最大利润率（工资率）的技术。我们可以把技术选择扩展至多种商品生产和多种技术选择的一般情形。

工资—利润前沿 $w=F(r)$ 可以表示为如下最优化问题的解：

目标函数：

$$\min w$$

约束条件为：

$$\text{对于所有的 } j,\ \frac{1-(1+r)a_j}{l_j}\leqslant w$$

对于这一最小化问题，以图7-14的 α 技术为例，对于任意的 $r^*\in(0,R_{\max}^{\alpha})$，$w$—$r$ 曲线左下方的区域都会产生额外利润，但不会产生额外的成本，曲线右上方的区域（包括曲线本身）都不会支付额外利润，却可能产生额外的成本。成本最小化要求在长期内任意的生产方法都不会支付额外的利润，也就是上述最优化问题约束所表达的内容。满足约束的是曲线右上方（包括曲线本身）的区域，在该区域内寻找产生成本最小的生产技术，对应的正是 w—r 曲线本身。

同时，还可以看作是如下最大化问题的解：

目标函数：

$$\max w$$

约束条件为：

$$\text{对于所有的 } j,\ \frac{1-(1+r)a_j}{l_j}=w$$

也就是说，工资—利润前沿可以看作是在给定利润率下，通过技术选择最大化工资率的利润率与工资率的组合。

7.5 围绕总量生产函数的争论

新古典增长理论作为最基本的形式是基于总量生产函数而展开的。资本作为连接不同时期生产过程的纽带，成为增长理论的核心，这一点无论是对于古典理论还是新古典理论都是一样的。正是在这个意义上，古典理论更是以资本积累问题来取代增长问题，相应地，也赋予了资本积累更多的内涵。同时，技术再转轨的出现加剧了对总量生产函数的质疑。围绕总量生产函数的争论成为剑桥资本论争中的一个核心问题。

7.5.1 索洛-斯旺模型

索洛在 1956 年的《增长理论》文献中提出了著名的总量生产函数。在同一年，斯旺也在他的论文中对经济增长与资本积累问题进行了分析。因此，理论上将他们利用总量生产函数对经济动态行为的模型分析统一称为索洛-斯旺模型（Solow-Swan model）。

在他们的增长模型中，劳动力的增长是外生的：

$$\dot{L}=gL$$

资本存量的变化则取决于产出中用于储蓄的比例，即储蓄率：

$$\dot{K}=sY$$

生产则取决于一定资本和劳动要素供给条件下的技术状况，可以用总量生产函数来表现：

$$Y=F(K,L)$$

上述体系中，在劳动增长率和储蓄率给定的条件下，模型成为一个封闭的体系。

为了使分析简化，引入规模报酬不变的假定，这样可以把上述生产函数转化为：

$$y=f(k)=F(k,1)=F(K,L)/L \tag{7.27}$$

其中，$y=Y/L$，$k=K/L$。

变形后得到的 $f(k)$ 仍满足如下性质：

(1) $f(0)=0$，函数经过原点；

(2) $f'(k)>0$，$k\geqslant 0$，函数是递增的；

(3) $f''(k)<0$，$k\geqslant 0$，函数是凹的。

对上述函数求微分，得到：

$$\dot{k}=(\dot{K}/K-\dot{L}/L)(K/L)=\dot{K}/L-gk=sf(k)-gk$$

上式的含义在于，产出中用于储蓄的部分，在扣除劳动力增长需要的资本之外，剩下的用于投资，形成资本存量的增加。

上式表明了，人均资本变动可以定义为关于 k 的函数：

$$\varphi(k)=\dot{k}=sf(k)-gk \tag{7.28}$$

这一人均资本的变动存在一个重要的特性。经过证明，在 g 和 s 大于 0 的情况下，如

果满足 $0<g/s<f'(0)$，那么必然存在唯一的正的 k^*，使得 $\varphi(k^*)=0$。①

上述结论意味着在图 7-15 中，当 $k<k^*$ 时，$\dot{k}>0$，当 $k>k^*$ 时，$\dot{k}<0$。也就是说，当 $k<k^*$ 时，人均资本上升，而当 $k>k^*$ 时，人均资本下降，从而当人均资本为 k^* 时，经济处于稳定状态。在稳定状态下，不仅资本与劳动之间保持一个固定的比率，人均产出也保持不变。

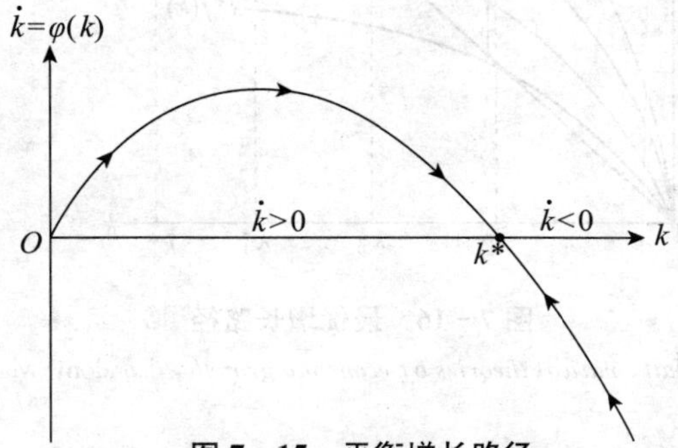

图 7-15　平衡增长路径

资料来源：Burmeister，E. *Mathematical theories of economic growth*，London：Macmillan Publishing Co.，Inc.，1970：26.

理论上把人均资本上升称为资本深化（capital deepening），而把随着劳动力的增长，保持现有的资本—劳动比率称为资本广化（capital widening）。在均衡状态，在资本—劳动比率稳定不变的情况下，资本、劳动与产出，以及消费和投资都保持相同的增长率，这一增长被称为平衡增长路径（balanced growth path）、稳态增长路径（steady growth path），也称为黄金时期增长（golden age growth）。

在稳态增长中，存在一个均衡的资本—劳动比率 $k^*=K/L$，其条件就是：

$$\varphi(k^*)=sf(k^*)-gk^*=0 \tag{7.29}$$

但是，在上述条件中，k^* 将随参数 s 和 g 的变化而变化。如图 7-16 所示，对于不同的储蓄率 s_0 和 s_1，储蓄与消费的关系也在发生变化，而满足均衡条件的 k^* 也相应改变。

那么在这些满足均衡条件的 k^* 中，以及相应的均衡增长路径中，哪一个更可取呢？如果我们的标准是在所有增长路径中，能够让人均消费最大，我们可以构造人均消费函数，并对该函数关于储蓄率求导，在导数为 0 的点上，人均消费将达到最大化。具体如下：

$$c=(1-s)f[k^*(s)]=\left[1-\frac{gk^*}{f(k^*)}\right]f(k^*)=f(k^*)-gk^*$$

$$\frac{dc}{ds}=[f'(k^*)-g]\frac{dk^*}{ds}=0$$

由于 $dk^*/ds>0$，因此人均消费最大化的条件是：

$$f'(k^*)=g \tag{7.30}$$

① Koopmans，T. On the concept of optimal growth，in *The Econometric Approach to Development Planning*. Chicago：Nand McNally，1965：225-287.

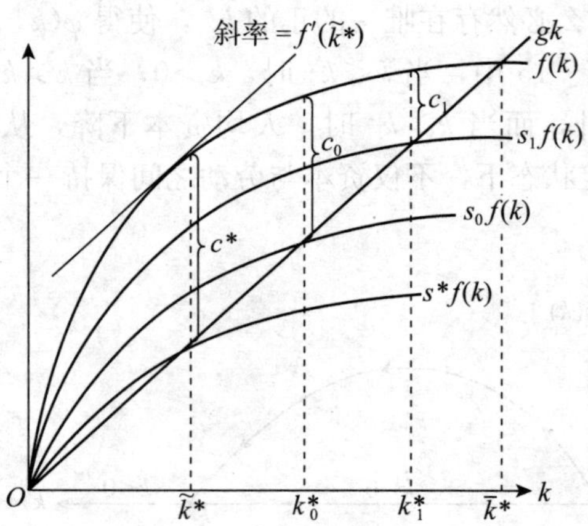

图 7-16 最优增长路径

资料来源：Burmeister，E. *Mathematical theories of economic growth*，London：Macmillan Publishing Co.，Inc.，1970：51.

因为 $r=f'(k)$，因此上述条件的含义是利润率等于劳动力增长率。进一步有：

$$s=\frac{gk^*}{f(k^*)}=\frac{k^*f'(k^*)}{f(k^*)} \tag{7.31}$$

也就是说，同时意味着储蓄率等于产出中的利润份额。这一条件常被人们称为资本积累的"黄金律"（golden rule）。

从图 7-16 上看，消费最大化的 k^* 对应的函数 $f(k)$上的切线平行于直线 gk，因为两者的斜率相等，即 $f'(k^*)=g$。

7.5.2 实际与价格魏克赛尔效应

在经济增长过程中，资本存在的原因是什么？新古典的通常解释是，采用迂回的生产方法要比直接的生产方法具有更高的生产效率。荒岛上的鲁滨孙可以直接去抓鱼，但是他可以先花一定的时间织网，然后可以抓到更多的鱼。萨缪尔逊举例说存在 A 与 B 两个小岛，A 岛直接使用劳动与土地等初级生产要素生产消费品，而 B 岛在开始时牺牲一些消费品，并生产出一些资本品。B 岛采用这种迂回的生产方法最终将获得比 A 岛更多的消费品。① 但是，由于收益递减，当人口与自然资源不变时，资本积累越多，生产越迂回和消费更多的时间，产品虽然也在增加，但增加的幅度是递减的，也就是说资本的生产率是下降的，其回报利息率是递减的。进一步，在技术不变的两要素情况下，随着资本深化，利息率下降的同时，相对稀缺的劳动的收益，也就是工资率会上升。对于新古典生产函数，就有资本—劳动比率上升，利息率或利润率下降，而工资率上升，同时资本—产量比率也上升。

但是，斯拉法指出，在技术转换过程中存在一种技术再转轨（reswitching of technique）的可能，即对于最初的技术 α，随着利润率的上升，β 成为最优技术，但随着利润率的进一步上升，α 又重新成为最优技术。在整体技术选择中，两个前沿线的交点构成了

① 萨缪尔逊．经济学．十版．中册．北京：商务印书馆，1981：308.

技术转轨点（switch points），在这一点上两种技术同时成为最优技术，两种技术前后出现的两个交点表明了技术的再转轨。

技术再转轨带来了资本度量的逻辑难题，而且随着利息率或利润率下降，资本密度不一定上升，从而加剧了对总量生产函数的质疑。

在图 7－17 中，当利润率为 r^{γ} 时，选择 γ 技术，对于一个既定的平衡增长率 g，这时对应的人均消费为 c^{γ}，而当利润率为 r^{β} 时，选择 β 技术，这时对应的人均消费为 c^{β}。这意味着随着利润率的降低，人均消费也下降。一个低的利息率可能不是与一个高的人均消费，而是与一个低的人均消费相对应，从而导致资本积累的新古典寓言并不存在。① 在存在技术再转轨的情况下，随着收入分配的改变，资本本身的价值也将改变，从而将不存在以价值度量的资本概念，同时，就可能出现随着利润率的增加，劳动并不必然会替代资本。

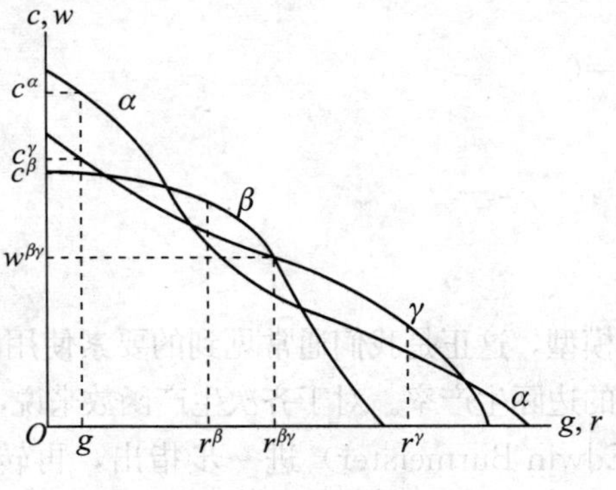

图 7－17　技术再转轨

为了说明收入分配对要素使用的影响，考虑一个简化的经济系统。假定土地免费使用，从而不存在地租，不考虑折旧。谷物作为产出，构成净产品，其价值将在资本与劳动之间进行分配：

$$Y=Kr+Lw$$

其中，Y 为谷物产出，K 为资本价值，L 为劳动量，r 和 w 为利润率和工资率。

以人均形式表示为：

$$y=kr+w$$

因此，人均资本为：

$$k=\frac{y-w}{r}$$

一般地可以表示为：$k=\varphi(y,\ r,\ w)$。

人均资本的变化为：

$$dk=\frac{\partial\varphi}{\partial y}dy+[\frac{\partial\varphi}{\partial r}dr+\frac{\partial\varphi}{\partial w}dw] \tag{7.32}$$

① “新古典寓言”这一称谓最早来自萨缪尔逊《经济学（第六版）》。萨缪尔逊．经济学．十版．中册．北京：商务印书馆，1981：331－334.

右边第一项为人均产出的变化带来的人均资本变化，表明资本价值受技术变化的影响；第二项为收入分配变化带来的人均资本变化。在理论上，前者被称为“实际魏克赛尔效应”（real Wicksell effect），而后者被称为“价格魏克赛尔效应”（price Wicksell effect）。

对于上述具体形式的人均资本，实际与价格魏克赛尔效应分别为：

$$\text{实际魏克赛尔效应：}\frac{\partial\varphi}{\partial y}\mathrm{d}y=\frac{1}{r}\mathrm{d}y \tag{7.33}$$

$$\text{价格魏克赛尔效应：}\frac{\partial\varphi}{\partial r}\mathrm{d}r+\frac{\partial\varphi}{\partial w}\mathrm{d}w=-\left[\frac{k}{r}\mathrm{d}r+\frac{1}{r}\mathrm{d}w\right] \tag{7.34}$$

上述结论中，如果利润率和工资率保持不变，那么只存在实际魏克赛尔效应，而实际魏克赛尔效应不是别的，正是资本的边际生产率条件。此外，我们设

$$-\left[\frac{k}{r}\mathrm{d}r+\frac{1}{r}\mathrm{d}w\right]=0$$

得到：

$$-\frac{\mathrm{d}w}{\mathrm{d}r}=k$$

那么，对于单一产品的生产模型，这正是我们通常见到的要素使用的均衡条件：要素的收益率或者要素的价格取决于要素的边际生产率。对于齐次生产函数来说，这一结论自然成立。

埃德温·伯迈斯特（Edwin Burmeister）进一步指出，再转轨其实并不是这一悖论产生的必要条件，也就是说，在没有再转轨的情况下，也会出现这一悖论，并指出产生这一问题的根本原因其实在于总量模型在同质资本品的条件下并不会遇到麻烦，但是在一个结构模型中，在面临异质资本品的情况下，总量模型中的这一结论就难以成立。

伯迈斯特基于一个满足规模报酬不变技术的生产可能性前沿讨论了避免出现悖论的条件①：

$$T(c_1+\dot{k}_1,\cdots,c_n+\dot{k}_n;k_1,\cdots,k_n)=0$$

其中，c_i 为商品 i 的人均消费，$\dot{k}_i$ 为第 i 种机器的人均净资本形成，k_i 表示第 i 种机器的人均资本存量，$i=1$，…，n。

在稳态增长条件下，$\dot{k}_i=0$。求关于上式的微分，得到：

$$\sum_{i=1}^{n}T_i\frac{\mathrm{d}c_i}{\mathrm{d}r}+\sum_{i=1}^{n}T_{n+i}\frac{\mathrm{d}k_i}{\mathrm{d}r}=0$$

其中，

$$T_i=\frac{\partial T(c_1+\dot{k}_1,\cdots,c_n+\dot{k}_n;k_1,\cdots,k_n)}{\partial(c_i+\dot{k}_i)}$$

$$T_{n+i}=\frac{\partial T(c_1+\dot{k}_1,\cdots,c_n+\dot{k}_n;k_1,\cdots,k_n)}{\partial k_i}$$

① Burmeister, E. *Capital theory and dynamics*, Cambridge: Cambridge University Press, 1980: 119-121.

在竞争条件下，要求在稳态均衡中：

$$T_i = -P_i \text{ 且 } T_{n+i} = rP_i$$

其中，P_i 是商品 i 的价格，r 为利息率或利润率。因此，在稳态均衡下有：

$$\sum_{i=1}^{n} P_i \frac{\mathrm{d}c_i}{\mathrm{d}r} = r\sum_{i=1}^{n} P_i \frac{\mathrm{d}k_i}{\mathrm{d}r}$$

如果目标仅仅是对第一种产品的人均消费 c_1 最大化，那么就有：

$$P_1 \frac{\mathrm{d}c_1}{\mathrm{d}r} = r\sum_{i=1}^{n} P_i \frac{\mathrm{d}k_i}{\mathrm{d}r}$$

变形得到：

$$\frac{\mathrm{d}c_1}{\mathrm{d}r} = r\sum_{i=1}^{n} \frac{P_i}{P_1} \frac{\mathrm{d}k_i}{\mathrm{d}r} \tag{7.35}$$

如果对于所有的 $r>0$，要使$\frac{\mathrm{d}c_1}{\mathrm{d}r}<0$，必须有 $\sum_{i=1}^{n} \frac{P_i}{P_1} \frac{\mathrm{d}k_i}{\mathrm{d}r}<0$。满足这一条件的经济，伯迈斯特称之为正则经济（regular economies）。① 因为在这样的条件下，利润率与人均消费必然成反比。

正则经济的图形可表示为图 7－18，这一条件下显然也排除了技术的再转轨。

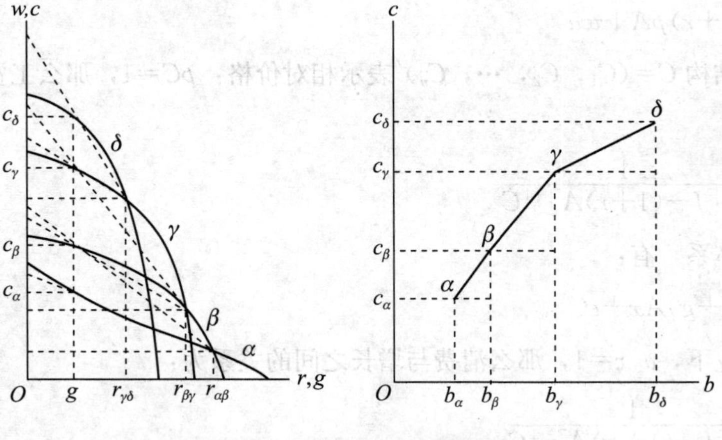

图 7－18 正则经济的分配与增长

资料来源：Salvatore Baldone. From surrogate to pseudo production functions, *Cambridge Journal of Economics*, 8, 1984: 280.

但是，即使在没有再转轨的情况下，随着利润率的下降，对应的资本价值也并不必然上升。为了对这一问题进行分析，设资本的价值为：

---

① Bumeister, Edwin, and Turnovsky, Stephen J. Capital deepening response in a model with many capital goods, *American Economic Review*, December 1972.

$$v=\sum_{i=1}^{n} P_i k_i$$

随着利润率变化，资本价值变化可以表示为：

$$\frac{\mathrm{d}v}{\mathrm{d}r}=\sum_{i=1}^{n}\frac{\mathrm{d}P_i}{\mathrm{d}r}k_i+\sum_{i=1}^{n}P_i\frac{\mathrm{d}k_i}{\mathrm{d}r} \tag{7.36}$$

(7.36) 式中前者正是价格魏克赛尔效应，而后者则是实际魏克赛尔效应。可以看出，当 $\sum_{i=1}^{n}\frac{P_i}{P_1}\frac{\mathrm{d}k_i}{\mathrm{d}r}<0$ 时，也就是实际魏克赛尔效应是小于 0 的，但通常 $\frac{\mathrm{d}P_i}{\mathrm{d}r}$ 是大于 0 的。因此，$\frac{\mathrm{d}v}{\mathrm{d}r}$ 的符号取决于两者的相对大小。由此看来，$\frac{\mathrm{d}v}{\mathrm{d}r}<0$ 是实际魏克赛尔效应为负的充分条件，而非必要条件。也就是说，要确保悖论不存在，必然有 $\sum_{i=1}^{n}\frac{P_i}{P_1}\frac{\mathrm{d}k_i}{\mathrm{d}r}<0$，但反过来该条件仍不能保证悖论不出现。

7.5.3 代用生产函数

作为对总量生产函数质疑的一种回答，萨缪尔逊提出了代用生产函数（surrogate production function）。[①] 用特殊形式的生产函数说明了收入分配与技术选择变化条件下，"新古典寓言"仍然能够成立。

对于多部门生产，价格系统为：

$$p=(1+r)pA+wa_0$$

利用消费结构 $C=(C_1, C_2, \cdots, C_n)'$ 表示相对价格：$pC=1$，那么工资与利润之间的关系为：

$$w=\frac{1}{a_0[I-(1+r)A]^{-1}C}$$

对于数量体系，有：

$$x=(1+g)Ax+cC$$

在充分就业下，$a_0x=1$，那么消费与增长之间的关系为：

$$c=\frac{1}{a_0[I-(1+g)A]^{-1}C}$$

由于收入等于产出，就有：

$$cpC+gpAx=wa_0x+rpAx$$

人均资本可以表示为（区别于存量资本，我们用 v 表示）：

$$v=\frac{pAx}{a_0x}=\frac{w-c}{g-r}$$

---

① Samuelson, P. A. Parable and realism in capital theory: the surrogate production function, *Review of Economic Studies*, 29, 1962: 193-206.

在 $w—r$ 与 $c—g$ 的坐标体系中，由于价格魏克赛尔效应，随着收入分配变化，人均资本也相应改变。

如果假定所有部门生产资料价值与劳动之比都相同，也就是各部门人均资本相同，那么有：

$$pA=va_0$$

在上述假定下就得到萨缪尔逊的代用生产函数。在这一条件下，相对价格将不受收入分配的影响。

$$\frac{\mathrm{d}p(r)}{\mathrm{d}r}=\frac{\mathrm{d}w}{\mathrm{d}r}a_0[I-(1+r)A]^{-1}+wa_0[I-(1+r)A]^{-1}A[I-(1+r)A]^{-1}$$

$$=[\frac{\mathrm{d}w}{\mathrm{d}r}a_0+pA][I-(1+r)A]^{-1}$$

当且仅当 $\frac{\mathrm{d}w}{\mathrm{d}r}a_0+pA=0$ 时，$\frac{\mathrm{d}p(r)}{\mathrm{d}r}=0$，也就是各部门人均资本等于 $-\frac{\mathrm{d}w}{\mathrm{d}r}$。

满足这一条件下，价格方程为：

$$p=(1+r+\frac{w}{v})pA$$

因而有：

$$1+r+\frac{w}{v}=\frac{1}{\lambda^*(A)}$$

其中，$\lambda^*(A)$ 为矩阵 A 的最大特征值。

另外，我们知道 $\frac{1}{\lambda^*(A)}=1+R$，其中 R 为最大利润率。那么上述关系变为：

$$w=(R-r)v$$

至此，结论就是分配变量之间呈线性关系，相对价格不随分配的变化而变化。

如果所有部门的资本—劳动比率都相同，那么随着技术的改变，资本—劳动比率将发生变化，但是再转轨绝不可能出现。这样，利润率的提高必然与资本—劳动比率的下降相对应。图 7-19 就是萨缪尔逊代用生产函数的图形表示。

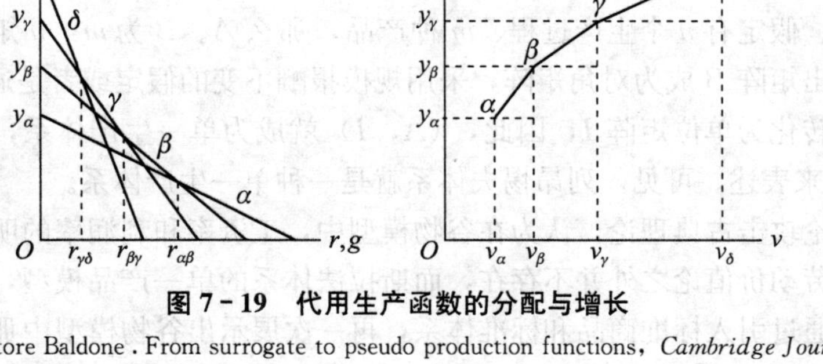

图 7-19　代用生产函数的分配与增长

资料来源：Salvatore Baldone. From surrogate to pseudo production functions, *Cambridge Journal of Economics*, 8, 1984: 276.

在这一条件下，人均资本与人均净产出之间将保持一种新古典所描述的函数关系 $y=$

$f(v)=c+gv$。相应地，人均消费 $c=f(v)-gv=c(v)$ 也是人均资本的函数。

与代用生产函数相比，正则经济尽管放松了所有部门人均资本相同的假设，从而更接近实现经济，但是其结论相比于代用生产函数则存在更多的局限。在代用生产函数中，人均净产出与人均消费都可以表示为人均资本的函数。在正则经济中，对于不同的技术，我们只是能够定义一个相应的资本密度。如果我们以 b 来表示，人均消费与这样的资本密度可以建立一个函数关系 $c=c(b)$，但是所定义的资本密度并不等于人均资本。相反，在代用生产函数中，每一技术的人均资本则是固定的。这样就存在一种可能：在技术转换中，尽管人均净产出与人均消费都满足正则经济的要求，但是人均净产出价值量的下降可能对应于资本密度的上升，从而人均净产出不是利润率的减函数。正如萨尔瓦多·鲍多尼（Salvatore Baldone）给出的结论性评述中所说的："只有在价格魏克赛尔效应不存在的条件下，边际产品和分配变量之间的对应关系才能够成立，而这就需要所定义的资本密度指数等于人均资本，也就是回到代用生产函数的情形下才成立。"①

7.6 联合生产与技术选择

在冯·诺依曼的一般均衡模型中引入了联合生产来解决现实生产中生产周期不同步的问题，斯拉法在《用商品生产商品》一书的第二部分引入联合生产有着类似的目的，主要是来解决资本品的问题。除此之外，把同一种产品由多种生产过程来生产看作是另一种形式的联合生产，由此来解决土地等不可再生资源的使用问题。由于土地的稀缺性，最优等土地的谷物生产无法满足全部需求，这时就需要劣等土地加入生产，优等地与劣等地的谷物生产可以看作是两种完全不同的生产过程。地租问题的引入提出了不同于新古典学派解决稀缺资源问题的研究思路，强调了收入分配对于不可再生资源配置问题的影响。

7.6.1 联合生产问题的性质

一个标准的联合生产体系由投入矩阵 A、劳动投入向量 l 以及产出矩阵 B 构成。其中，投入矩阵 A 的列表示某个生产过程的各个投入，产出矩阵 B 的列表示多种产品的联合产品构成。因此，这一体系可以表述为（A，l）$\rightarrow B$，或者直接由（A，B）表示生产体系或技术体系。假定有 n 个生产过程、m 种产品，那么 A、B 为 $m\times n$ 矩阵。在单一产品的情况下，产出矩阵 B 成为对角矩阵，采用规模报酬不变的假定或者是通过计量单位的选择可以进一步转化为单位矩阵 I，因此，（A，I）就成为单一生产体系，单一生产的技术直接由矩阵 A 来表述。可见，列昂惕夫体系就是一种单一生产体系。

新古典理论攻击古典理论，认为在谷物模型中，工资率和利润率的明确关系在抽象的谷物模型以及劳动价值论之外并不存在，而斯拉法体系的单一产品模型，在只考虑流动资本的情况下，通过引入标准商品和标准体系，再一次展示出谷物模型中那种明确的收入分

① Salvatore Baldone. From surrogate to pseudo production functions, *Cambridge Journal of Economics*, 8, 1984: 271-288. 关于人均净产出与资本密度之间的变动关系，可进一步参考该文图 4 及相关说明。

配关系，针对包含固定资本生产的情形，斯拉法则是通过引入联合生产来加以研究。斯拉法“把耐久的生产工具视为一种过程的年度使用量的一部分，和在一年中全部用完了的那些生产资料（例如原料）同样看待；而在年终这些工具余留的部分，将视为这个生产部门年度联合产品的一部分”①，把不同年龄的机器视为不同的产品。这样，固定资本既是作为一种生产要素投入，又被看作为一种与最终产品一起的联合产品被生产出来，把使用固定资产的生产过程作为联合生产的一种形式。但是，联合生产的引入在提出解决固定资本问题的一个新路径的同时，也带来了众多分析上的困难。

在单一生产体系中，工资率或利润率外生给定的情况下可以求解相对价格，但联合生产中产品数可能会大于生产过程的数目，从而相对价格将无法确定。这正是杰文斯 1971 年的《政治经济学原理》对古典生产成本理论进行批判的地方。库尔兹（Heinz D. Kurz）对古典与新古典在这一问题的解决方式上所存在的不同进行了比较②：在古典体系中，联合生产的某一生产过程其产出结构如果与现有的需求结构存在差异，那么自然会寻求并引入新的生产过程，使得生产数目与产品数目相等的同时，不同生产过程加以组合，从而达到对需求结构的满足，也就是说，生产过程数小于产品数的现象不会长期存在；在新古典体系下，则是通过引入新的解释变量——对价格的需求弹性，消费结构以及生产技术并未改变，相对价格的变化使市场出清。斯拉法正是在古典传统下，把研究的对象进一步具体化为方阵系统（square systems of production），也就是假定产品数会等于过程数。因此，对斯拉法体系的研究一般是以方阵系统作为研究对象。

对于单一生产系统：

$$(I-A)x=y$$

存在有经济意义解的条件是 $(I-A)^{-1}$ 为非负。称满足这一条件的非负系数矩阵 A 所表示的技术为生产性的（productive）。③ 如果单一生产的某一技术满足生产性，也就是如果可以生产单位净产出，那么该技术就可以生产任何需要数量的净产出。这一性质也称为调节性质（property of adjustment）。在单一生产的情况下，非负矩阵 A 使得 $(I-A)$ 成为 Z-矩阵，有经济意义解的条件比较容易得到满足。

对于联合生产的数量体系：

$$(B-A)x=d$$

其中，d 为净产出列向量，x 为活动水平。

同单一生产相比，联合生产的问题在于：广义列昂惕夫逆阵 $(B-A)^{-1}$ 可能不存在，从而无法在给定最终净产品的条件下，求出所需的活动水平 x；或者 $(B-A)$ 可逆但可能为负，从而导致出现负的活动水平。类似地，对于价格体系 $(1+r)Ap+wl=Bp$，为求解相对价格，不能保证价格为正，即使在价格为正的情况下，还可能出现利润率和工资率的同向变动。由此使斯拉法体系中单一生产所具有的经济性质，在联合生产的情形下显得

① 斯拉法．用商品生产商品．北京：商务印书馆，1963：66.

② Kurz，H. Classical and early neoclassical economists on joint production，*Metroeconomica*，38，1986：1-37.

③ Gale，D. *The theory of linear economic models*，New York：McGraw-Hill，296-297.

很不确定，其中的大部分性质将难以成立。① 研究在什么条件下单一生产的主要性质在联合生产中依然成立，成为斯拉法体系下联合生产研究中的一项分析任务。

对于联合生产的方阵系统（A，B），如果矩阵（$B-A$）是满秩的，而且其逆阵为半正或正的，那么该联合生产体系也存在调节性质。由此表明在一定的条件下，联合生产是可以展示与单一生产类似的性质的。这导致了all-engaging和all-productive概念的引入。如果矩阵（$B-A$）是正的，且有正的逆阵，就是all-engaging系统；如果矩阵（$B-A$）是正的，且有半正的逆阵，就是all-productive系统。这一概念最早是由施弗尔德（Bertram Schefold）于1971年在他的博士论文中提出的，并在他于1978年发表的一篇英文文献中作了进一步阐述②，对这一概念加以进一步扩展的是比达尔（Christian Bidard）③。

这一对概念的含义在于：尽管在联合生产中每一生产过程存在多个产出，但是从产出的角度，所有净产品都具有可分散生产的性质（separately producible），也就是在非负活动水平下可以生产只含一种产品的单位净产出，这就是all-productive所表明的意思。也就是说任何产品的某个净产出都可以独立（即可分散）生产出来。如果在这一产品的生产中所有生产过程都是必需的，那么这一体系就是all-engaging体系。这两种联合生产体系尽管不是单一生产，却具有单一生产的性质。

进一步地，对于存在多个生产过程的最优技术选择问题，首先需要考虑的是技术选择的一致性问题。在成本最小化规则（algorithm of cost-minimizing）的技术选择规则之下，当且仅当技术 i 在技术 j 的价格下需要付出更高的成本时，技术 j 在技术 i 的价格下存在超额利润，这就是技术选择的一致性。否则就会出现一种悖论：在现有技术 i 下，如果技术 j 因为存在超额利润成为最优技术选择，则存在相应的价格体系。但是一旦技术 j 成为优势技术，带来新的价格体系，而在这一新的价格体系下，技术 i 却可能优于技术 j。这种技术选择的一致性尽管在单一生产体系中能够很好地具备，但是在联合生产中难以保证，由此进一步导致联合生产体系中无法得到明确的工资—利润曲线。

其次需要考虑技术选择与无替代定理之间的关系。单一生产中，在利润率既定时，唯一的最优技术的存在得到了无替代定理的很好支持。对于单一生产的列昂惕夫体系，萨缪尔逊等人证明了在一定条件下，对应于某个利润率水平，经济系统存在一个相应的与最终需求无关的特定价格结构。它表明从长期来看，利润率决定了技术选择和价格，而需求调节活动水平，成本最小化的技术只取决于利润率，而与需求无关。无替代性表明了列昂惕夫的单一生产体系所具有的利润率与最优技术间的必然联系，在这种最优技术下，工资—利润前沿线表现出工资率与利润率间存在明确的关系。但是在联合生产条件下，技术选择的无替代性质不再成立。

---

① 施弗尔德指出了具有可生产性的单一生产六个方面的性质，而这些性质在一般联合生产中无一成立。

② Schefold, B. Multiple product techniques with properties of single product systems, 1978. In Salvadori, N. and Steedman, I. (ed.), *Joint production of commodities*, Aldershot: Edward Elgar, 1990.

③ Bidard, C. All-engaging systems, *Economic systems research*, 8, 1996: 323-340; Bidard, C. *Prices, reproduction, scarcity*, Cambridge: Cambridge University Press, 2004.

对于联合生产中的技术选择问题，斯拉法的研究者们所研究的主要是探讨在什么条件下，市场规则能够保证成本最小化系统的形成。施弗尔德证明了在 all-engaging 系统中存在的与单一生产体系下技术选择所带来的同样性质：在既定利润率下，较优技术的工资率要高，而较次的技术，如果能达到这一较高的实际工资，必然是在一个较低的利润率下。① 同时，作为联合生产的 all-engaging 系统和 all-productive 系统，以及后面将要说明的纵向一体化系统，因为具有可分散生产的性质，同时也具有替代性。

比达尔进一步在 all-engaging 概念的基础上，引入"部门"（sector）概念来解决联合生产中的技术选择问题。所谓"部门经济"就是指：对于 n 个产品、m 个过程、$m>n$ 的体系（A，B），如果能够把生产过程集合 m 分成 n 个部门，对于任何具有生产性的技术（A_α，B_α），能保证每个部门至少有一个过程属于（A_α，B_α），把具有这种性质的体系（A，B）称为"部门"经济。比达尔给出并证明了这一"部门"经济所具有的无替代性质。单一生产下每个行业对应一种产品，并且每个行业只选择一种技术，这里正是通过部门经济的概念从而在联合生产中保留单一生产的分析结构。

此外，对于联合生产的技术选择，萨尔瓦多里在另外一个方向上提出把斯拉法所隐含提到的需求概念明确地引入他的联合生产体系中，并定义了"成本最小化体系"②，而这一方向的研究因同时放弃了方阵系统，以及不等式的引入使得其更多偏离斯拉法而转向冯·诺依曼的一般均衡。

7.6.2　子体系和纵向一体化

为了对每种商品生产中所消耗的直接和间接劳动进行度量，斯拉法在《用商品生产商品》一书中提出了"转化为有时期的劳动"（reduction to dated quantities of labour）这一概念，尽管它能够在单一生产中起作用，但在联合生产条件下面临失效。正是在这种情况下，斯拉法提出了"子体系"（sub-system）以解决联合生产中劳动的度量问题。"这一体系可以按纯净产品中所包括的商品细分为同样多的部分，使每一部分成为一个较小的自行更新体系，其纯产品的组成仅有一种商品。"斯拉法正是把这些部分称为"子体系"。③ 子体系是以 $(B-A)^{-1}$ 的存在为前提的，因而与前面的 all-engaging 和 all-productive 系统从本质上看表达了相同的内容。

帕西内蒂进一步把"子体系"的概念与列昂惕夫体系结合起来，用列昂惕夫逆阵来解释直接和间接劳动需求。④ 从列昂惕夫体系的线性生产模型出发，直接消耗系数和直接劳动系数反映的是投入列昂惕夫体系中的产业概念，而通过列昂惕夫逆阵，得到完全的劳动消耗和完全的资本消耗，从而构成一种纵向一体化（vertical integration）的部门，也就是斯拉法的"子体系"。

---

① Schefold, B. Multiple product techniques with properties of single product systems, 1978. In Salvadori, N. and Steedman, I., *Joint production of commodities*, Aldershot: Edward Elgar, 1990.

② Salvadori, N. Existence of cost-minimizing systems within the Sraffa framework, 1982. In Steedman, I. (ed.), *Sraffa Economics*, Vol. 2, 1988: 33-51.

③ 斯拉法．用商品生产商品．北京：商务印书馆，1963．"子体系"在中译本中被译成"次体系"。

④ Pasinetti, L. L. The notion of vertical integration in economic analysis, *Metroeconomica*, 25, 1973: 1-29.

实际上子体系与可分散生产两个概念之间存在内在的联系。帕西内蒂把中间投入看作是流动资本，对固定资本按折旧的不同分别处理：在固定折旧率下，固定资本存量以折旧部分投入生产过程；在变动折旧率下，按斯拉法的做法，把固定资本作为联合生产进行处理，通过对存量资本的流量化处理，使生产成为一种用商品生产商品的过程。为简单表明其思想，这里我们只是从一个标准的列昂惕夫生产系统出发对此进行说明（隐含地假定固定资本被以一定的比例结合到直接消耗系数中），并揭示它与可分散生产概念的联系。

投入产出的行向模型所表明的生产的数量体系为：

$$(I-A)X=Y$$

表示在一定的产出水平下，我们可以获得所需的最终需求。此外还需要劳动投入，我们定义劳动投入系数如下：

$$a_nX=L$$

其中，L 为总劳动量，因此 a_n 表示各产业劳动投入系数。

定义各产业资本存量 S 和资本存量占用系数 K 如下：

$$KX=S$$

对应于某个需求，所需要达到的产出水平就是：

$$X=(I-A)^{-1}Y$$

其中，$(I-A)^{-1}$ 为列昂惕夫逆阵。由此出发，如果我们要得到第 i 个产业的最终产品 Y_i，可以以 Y 向量的第 i 个元素，即 Y_i，而其他元素为 0 构成一个列向量，记为 $Y^{(i)}$，代入上式，相应的产出水平或投入水平为：

$$X^{(i)}=(I-A)^{-1}Y^{(i)}$$

实际上，上式的结果也就是列昂惕夫逆阵的第 i 列，它的含义就是为生产第 i 个产业的最终产品 Y_i 的完全需求，即所有直接和间接的消耗。

相应的，为生产第 i 个产业的最终产品 Y_i 的完全需求所需要的劳动投入和资本存量为：

$$L^{(i)}=a_n(I-A)^{-1}Y^{(i)} \tag{7.37}$$

$$S^{(i)}=K(I-A)^{-1}Y^{(i)} \tag{7.38}$$

$v=a_n(I-A)^{-1}$ 和 $H=K(I-A)^{-1}$ 被帕西内蒂称为商品 i 的纵向一体化劳动系数（vertically integrated labour coefficient）和纵向一体化生产能力（a unit of vertically integrated productive capacity），后者被看作是一种复合商品。对应于 m 个最终商品存在 m 个子体系。

$$\sum_i^m Y^{(i)}=Y,\ \sum_i^m X^{(i)}=X,\ \sum_i^m L^{(i)}=L,\ \sum_i^m S^{(i)}=S$$

所以可以看出，子系统与可分散生产从本质上具有同样的内涵。可分散生产能保证联合生产具有单一生产的性质，而通过对上述纵向一体化概念向联合生产的推广表明，联合生产中子体系的存在同样保证了该体系具有与单一生产相同的性质，这时需要的是把其中的列昂惕夫逆阵转换为广义的形式，即 $(B-A)^{-1}$。

附带指出的是，对于以列昂惕夫体系列向表达的价格体系

$$p=a_n w+pA+pA\pi$$

表示产品的价格由各种投入组成，包括劳动投入的工资、中间要素或流动资本投入，以及对资本的回报利润。如果以子系统的概念来表达：

$$p(I-A)=a_n w+pA\pi$$
$$p=a_n(I-A)^{-1}w+pA(I-A)^{-1}\pi$$
$$p=vw+pH\pi \tag{7.39}$$

它表明价格由两部分组成，即工资和利润，这就是斯密所说的“每个商品都最终可转化为工资、利润和地租”。

由此我们看到帕西内蒂的纵向一体化概念借由投入产出列昂惕夫逆阵成为斯拉法“子体系”的一种表述。

帕西内蒂在 1973 年的一篇论文中写道：“在经济分析中很少有像纵向一体化概念这样被如此广泛地使用，却未能明确提出这一概念”。例如，古典价值理论中产品价值还原为劳动、新古典理论中瓦尔拉斯从生产分析中消除中间产品的逻辑推理过程，以及凯恩斯建立在最终需求概念上的宏观经济分析，等等。帕西内蒂最早是在 1965 年发表的一篇论文中提出这一概念的，并被收录于 1965 年出版的《发展计划中的经济计量方法》一书中。帕西内蒂提出这一概念的目的主要不是为了经验分析，而是为了理论探讨的需要，尽管帕西内蒂在《结构转变与经济增长》一书中也谈到了纵向一体化概念在投入产出中经验分析的问题，但是今天随着现实经济发展产生的分析上的需要，纵向一体化概念结合投入产出方法在经验研究中发挥着重要的作用。

7.6.3　不可再生资源与地租问题

在李嘉图看来，地租是一种边际内的剩余，不进入价格的决定。相应地，商品的价格将由无地租土地上使用的可变投入决定。斯拉法在李嘉图理论的基础上，区分两类情形对地租进行了分析：一类是不同土质土地的级差地租，另一类是单一土质土地的地租。①

首先讨论级差地租的情形。假设经济中存在 n 个工业部门，生产中不需要土地，以及农业部门生产谷物，用 g 表示。农业部门的谷物生产中，总共有 s 个土质不同的地块，其中 k 种被利用。对于每一个地块，我们认为存在一种方法及生产过程。这样，整个经济将由 $n+k$ 个生产过程组成（见表 7-5）。

---

① 下面对斯拉法地租理论的图形及解释参见 Kurz，H. D. Rent problem in multiple sector，*Oxford Economic Papers*，30，1978：16-37。

表 7-5　　工业与农业投入系数

	工业 1	…	工业 n	农业 1	…	农业 k
工业 1	a_{11}	…	a_{1n}	a_{11}^g	…	a_{1n}^g
⋮	⋮	⋮	⋮	⋮	⋮	⋮
工业 n	a_{n1}	…	a_{nn}	a_{n1}^g	…	a_{nn}^g
农业 g	a_{g1}	…	a_{gn}	a_{g1}^g	…	a_{gn}^g
劳动	l_1	…	l_n	l_1^g	…	l_k^g
土地				Λ_1	…	Λ_k

如此，该体系中工业品生产的第 1 个到第 n 个方程为：

$$(1+r)(a_{11}p_1+\cdots+a_{n1}p_n+a_{g1}p_g)+wl_1=b_1p_1$$
$$(1+r)(a_{12}p_1+\cdots+a_{n2}p_n+a_{g2}p_g)+wl_2=b_2p_2$$
$$\vdots$$
$$(1+r)(a_{1n}p_1+\cdots+a_{nn}p_n+a_{gn}p_g)+wl_n=b_np_n$$

农产品第 1 个地块到第 k 个地块的生产方程为：

$$(1+r)(a_{11}^g p_1+\cdots+a_{n1}^g p_n+a_{g1}^g p_g)+wl_1^g+\rho_1\Lambda_1=b_1^g p_g$$
$$(1+r)(a_{12}^g p_1+\cdots+a_{n2}^g p_n+a_{g2}^g p_g)+wl_2^g+\rho_2\Lambda_2=b_2^g p_g$$
$$\vdots$$
$$(1+r)(a_{1k}^g p_1+\cdots+a_{nk}^g p_n+a_{gk}^g p_g)+wl_k^g+\rho_k\Lambda_k=b_k^g p_g$$

其中，n 种工业品价格为 p_1，…，p_n，谷物的价格为 p_g，工资率为 w，利润率为 r，ρ_1，…，ρ_k 为不同地块的地租，b_1，…，b_n 与 b_1^g，…，b_k^g 为各工业与农业部门的产出系数。

假定在上述地块中，最劣等地块没有地租，也就是 $\rho_k=0$。上述农产品生产方程中最后一个方程，也就是最劣等地的生产方程变为：

$$(1+r)(a_{1k}^g p_1+\cdots+a_{nk}^g p_n+a_{gk}^g p_g)+wl_k^g=b_k^g p_g$$

这样的话，最劣等地的方程与工业品生产的 n 个方程一起作为方程组将决定相对价格。存在 $n+1$ 个方程和 $n+3$ 个未知数。如果假定工资率外生给定，我们将获得该体系相对价格的解。

当我们把相对价格代入农业生产的前 $k-1$ 个方程，我们将得到某种价格标准下的地租 ρ_1，ρ_2，…，ρ_{k-1}。至于地块的土质差异的区分，可以通过把其他地块也看作是 0 地租，得到价格，比较最大化利润的大小来确定。

在对地租进行了上述处理之后，就把稀缺资源问题纳入斯拉法分析框架中。在这样一个框架中，斯拉法认为，不同地块生产率上的差异将受收入分配关系，即工资率与利润率之间关系变动的影响。也就是说，在某个工资率下的不同地块土质的排序，当工资率变化之后，这种排序也会变化。这意味着，不同地块土质的差异在需求固定的情况下，并不能事先确定，不同地块的稀缺程度也难以确定。从这一结论中我们可以看到：从单一生产到联合生产，从可再生资源到不可再生资源，相对价格的变化与回报率的差异同样受到收入分配的影响。

其次是单一土质土地的地租问题。如果我们面对的土地都是同质的，在土地数量有限的情况下，需求的不断上升将迫使对现有土地的改良，提高单位土地的产出，这同时也带来了投入的增加和成本的上升。由于土地同质，因此地租相同。为简化起见，我们只考虑存在两个相同肥沃土质的地块：Λ^1 和 Λ^2。但是，这时的分析需要对谷物是否为基本商品进行区分。

(1) 谷物作为非基本商品。

在谷物作为非基本商品的情形下，工业品生产方程为：

$$
\begin{aligned}
&(1+r)(a_{11}p_1+\cdots+a_{n1}p_n)+wl_1=b_1p_1\\
&(1+r)(a_{12}p_1+\cdots+a_{n2}p_n)+wl_2=b_2p_2\\
&\qquad\vdots\\
&(1+r)(a_{1n}p_1+\cdots+a_{nn}p_n)+wl_n=b_np_n
\end{aligned}
$$

两个地块的农业生产方程为：

$$
\begin{aligned}
&(1+r)(a_{11}^g p_1+\cdots+a_{n1}^g p_n)+wl_1^g+\rho\Lambda_1=b_1^g p_g\\
&(1+r)(a_{12}^g p_1+\cdots+a_{n2}^g p_n)+wl_2^g+\rho\Lambda_2=b_2^g p_g
\end{aligned}
$$

在上述情形下，我们可以对工业品生产过程求解，得到工业品价格和利润，然后代入农业生产过程，得到谷物价格和地租。

对于谷物生产方程，我们可以计算两个地块的谷物单位成本：

$$
q_1=\frac{(1+r)(a_{11}^g p_1+\cdots+a_{n1}^g p_n)+wl_1^g}{b_1^g}=\frac{p_g b_1^g-\rho\Lambda_1}{b_1^g}
$$

$$
q_2=\frac{(1+r)(a_{12}^g p_1+\cdots+a_{n2}^g p_n)+wl_2^g}{b_2^g}=\frac{p_g b_2^g-\rho\Lambda_2}{b_2^g}
$$

求解后得到：

$$
\rho=\frac{q_1-q_2}{(\Lambda_2/b_2^g)-(\Lambda_1/b_1^g)}
$$

地租 ρ 大于 0 的条件是地块 1 的单位成本大于地块 2，即 $q_1>q_2$，那么 $(\Lambda_2/b_2^g)>(\Lambda_1/b_1^g)$，这意味着地块 2 单位产出所需的土地面积更大，进而在回报率上，地块 1 则更高，即 $(b_g^2/\Lambda_2)<(b_g^1/\Lambda_1)$。

两个地块的地租可以表示为农产品价格的函数：

$$
\begin{aligned}
&\rho=u_1p_g-u_1q_1\\
&\rho=u_2p_g-u_2q_2
\end{aligned}
$$

其中，$u_1=\frac{b_1^g}{\Lambda_1}$，$u_2=\frac{b_2^g}{\Lambda_2}$。

可见，上述每一个地租都表示为农产品价格的线性函数 $\rho(p_g)$。以图形表示上述线性方程，以纵轴表示地租，横轴表示农产品价格（见图 7-20）。那么，不同的方程表示为不同的线段，斜率为回报率，即 $\mathrm{tg}\alpha=\frac{b_1^g}{\Lambda_1}$，$\mathrm{tg}\beta=\frac{b_2^g}{\Lambda_2}$，而横轴上的截距则表示单位成本，即 $OA=q_1$，$OB=q_2$。在交点 P 和 Q 处，两种生产过程同时生产来满足需求，而在交点之间则由单个生产过程来实现，图中 A 点表示的则是无地租的情形。同时可以看出，更高的单位成本（OA，OB，OC）对应更高的回报率（$\mathrm{tg}\alpha$，$\mathrm{tg}\beta$，$\mathrm{tg}\gamma$）。

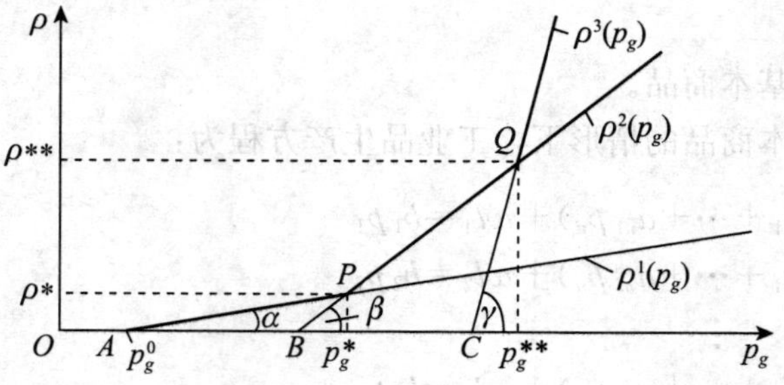

图 7-20　谷物作为非基本商品时的技术选择

（2）谷物作为基本商品。

谷物作为基本商品，工业生产与农业生产的方程都将有变化：

$$
\begin{aligned}
&(1+r)(a_{11}p_1+\cdots+a_{n1}p_n+a_{g1}p_g)+wl_1=b_1p_1\\
&(1+r)(a_{12}p_1+\cdots+a_{n2}p_n+a_{g2}p_g)+wl_2=b_2p_2\\
&\qquad\vdots\\
&(1+r)(a_{1n}p_1+\cdots+a_{nn}p_n+a_{gn}p_g)+wl_n=b_np_n
\end{aligned}
$$

同时两个地块的农业生产方程为：

$$
\begin{aligned}
&(1+r)(a_{11}^gp_1+\cdots+a_{n1}^gp_n+a_{g1}^gp_g)+wl_1^g+\rho\Lambda_1=b_1^gp_g\\
&(1+r)(a_{12}^gp_1+\cdots+a_{n2}^gp_n+a_{g2}^gp_g)+wl_2^g+\rho\Lambda_2=b_2^gp_g
\end{aligned}
$$

上述方程与级差地租的情形相比，差异在于两个地块单位土地的地租相同。与农产品作为非基本商品时的方程相比，差异在于：一是工业品价格不再只是取决于工业生产，同时也取决于农业生产；二是地租与农产品价格之间的关系 $\rho(p_g)$ 一般情况下将是非线性的。其方程形式为：

$$\rho^i(p_g)=u_ip_g-u_iq_i(p_g)$$

在两种地块同时使用的情况下，由于考虑到农产品价格与单位地块的地租两种地块都相等，这意味着在两者的地租—价格曲线的交点上获得均衡解。但是对于非线性曲线，可能存在多个交点。这些交点同时满足农产品价格与单位地租相同的条件。如图 7-21 中的例子所示。

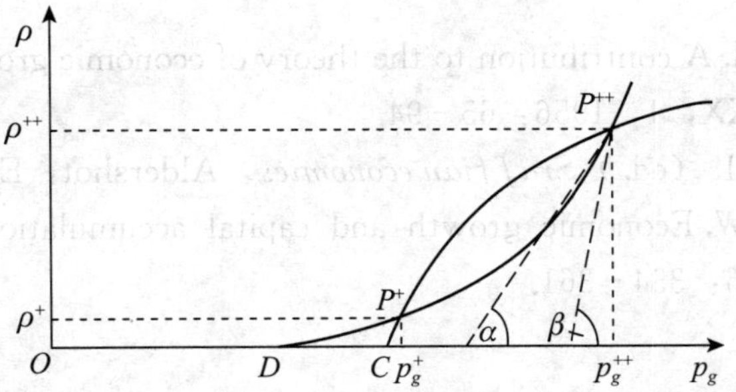

图 7-21 谷物作为基本商品时的技术选择

那么这些交点背后所存在的差异究竟是什么，以及如何进一步选择呢？实际上，从 P^+ 到 P^{++}，农产品价格提高的同时，地租也将提高。这种变化当然有利于地主，但是由于农产品价格提高，工人的实际工资下降。李嘉图认为工人的实际工资下降足以弥补地租上涨，而不会影响到利润。但是，如果农产品价格上涨，在农产品作为基本商品的情况下，所有商品的价格都将上涨，这也意味着工业生产成本要全面上升。利润是否受到影响最终将取决于产品涨价的幅度是否大于成本上升的幅度。现实中，工业品市场面对较大弹性的需求，往往会导致利润下降的结果。但是，地租、资本家与工人三者间的关系并不是在技术范围内所能调节的，而取决于三者间权力的一种平衡。

从上述分析可以看出，斯拉法研究中把地租问题纳入他已有的分析体系中，认为地租的大小、稀缺程度的判定，进而不可再生资源的使用都要受到收入分配的影响，同时地租的引入也为工资与利润之间的分配关系带来了更多不确定性。这一分析框架为不可再生资源的使用提出了一种不同于新古典的分析路线。

参考文献

［1］马克·布劳格．经济理论的回顾．北京：中国人民大学出版社，2009.

［2］斯拉法．用商品生产商品．北京：商务印书馆，1963.

［3］Bidard，Ch. *Prices*，*reproduction*，*scarcity*，Cambridge：Cambridge University Press，2004.

［4］Burmeister，E. *Mathematical theories of economic growth*，London：Macmillan Publishing Co.，Inc.，1970.

［5］Kurz，H. D. and Salvadori，N. *Theory of production*，Cambridge：Cambridge University Press，1995.

［6］Mainwaring，L. *Value and distribution in capitalist economies*，Cambridge：Cambridge University Press，1984.

［7］Pasinetti. L. L. *Lectures on the theory of production*，New York：Columbia University Press，1977.

［8］Schefold，B. *Normal prices*，*technical change and accumulation*，London：

Macmillan，1997.

［9］Solow，R. M. A contribution to the theory of economic growth，*Quarterly Journal of Economics*，LXX，1，1956：65－94.

［10］Steedman，I.（ed.）*Sraffian economics*，Aldershot：E. Elgar，1988.

［11］Swan，T. W. Economic growth and capital accumulation，*Economic Record*，Vol. 32，issue 2，1956：334－361.

第八章

产业关联模型的扩展

利用价格模型，我们可以对外部冲击下价格体系的变化进行模拟，还可以对反映稀缺程度的影子价格进行分析。利用进出口数据可以对一国的对外贸易联系进行分析，从而把之前一国封闭经济条件下的产业联系分析拓展为开放经济条件下的产业联系分析。乘数分析是投入产出需求拉动分析的一个重要工具，投入产出乘数的性质以及与凯恩斯乘数之间的关系是我们重点讨论的内容。上述这些方法与模型的扩展都是以列向的投入系数为核心，从而区别于下一章基于行向分配系数的模型。两者从各自的角度揭示出经济中产业间的关联效应。

8.1 投入产出价格模型

在理论模型中，价格模型是作为行向数量模型的一个对偶模型来研究的。现在，我们则是从经验分析的意义上来对价格模型进行探讨。对列向成本价格关系进行扩展，从而建立起价格影响模型，可以对经济系统在外部冲击下的相对价格变化效应进行模拟。

8.1.1 投入产出框架下的不同价格概念

从投入产出方法最初提出开始，有关投入产出体系下的价格问题，留下了大量理论与经验方面的讨论文献。从这些所讨论的问题的发展与演化过程中，我们可以看到理论问题常常与特定历史阶段中现实经济政策的争论密切相关。对这些文献的分析回顾有助于我们对投入产出价格模型的优点与不足获得更深入的认识。

布尔默-托马斯（V. Bulmer-Thomas）把投入产出的价格模型区分为两类：一类是“基于西方经济实际而发展起来的，立足于更好解释诸如部门间价格传递过程这样一些问题”，主要基于成本的定价模型，他称之为“价格决定模型”（price determination model）；

另外一类则是由东欧经济学者发展起来的“效率价格模型”（efficiency price model），其目的主要是为这些国家价格改革与计划实践提供一个理想的价格基础。

1. 劳动价值论、成本价格与效率价格

尽管劳动价值论区别于新古典的效用论而成为古典理论传统的一项重要特色，但是，我们看到，不仅在斯密与李嘉图理论中对于劳动价值论的强调表现出差异，而且在马克思经济学与斯拉法及剑桥经济学之间也存在着诸多重大分歧。① 马克思的商品价值用社会必要劳动时间来定义，并赋予了劳动价值论更为充分的逻辑与历史内涵。这里，我们抛开这些理论问题，单纯从商品的价值都等于在商品生产中直接和间接消耗的劳动量这一角度和含义出发，利用投入产出的完全消耗系数这一概念来表述，也就是：

$$\tilde{l} = l(I-A)^{-1} \tag{8.1}$$

其中，l 表示直接劳动投入系数行向量，$\tilde{l}$ 表示完全劳动投入系数行向量。(8.1) 式表明直接劳动投入 l 经过列昂惕夫逆阵的放大，成为完全劳动投入系数。这正是商品生产中所直接和间接消耗的劳动量。

在投入产出研究中，我们通常所说的价格模型往往指的是从列向关系，也就是成本角度建立起来的价格决定模型。

$$p = pA + A_v \tag{8.2}$$

其中，p 为价格行向量，A_v 为初始投入系数行向量。模型中的 A 应为实物型的直接消耗系数。但是，现实中实物型投入产出表往往无法获得，可获得的一般都是价值型投入产出表。对于价值型直接消耗系数，我们可以通过选择合适的单位使得价格向量 p 正好为元素全为 1 的行向量，也就是：

$$i = iA + A_v$$
$$i = A_v(I-A)^{-1}$$

尽管上述模型本身并没有多大的分析意义，但是在未来时期要素成本变化的情况下，我们就可以据此得到一种受要素成本变化影响的价格变化指数：

$$\Delta p = \Delta A_v(I-A)^{-1} \tag{8.3}$$

效率价格更多反映了古典理论对经济剩余的一种看法。在新古典理论看来，收入被看作是所有要素的回报，地租对应于土地，工资对应于劳动，利息对应于资本，利润则对应于企业家才能。但是在古典理论看来，利润只是一种剩余，对剩余的分配正是政治经济学的主题。效率价格模型中“效率”的含义正是在于将利润看作是经济中的一种剩余，而这种剩余来自物质要素、劳动和资本的使用效率。价格既然包含利润，因而也取决于这种效率。根据初始成本（prime costs）与剩余价值或利润之间划分的不同，以及对于利润处理方式的不同，形成了不同形式的效率价格。斯科尔卡等人（Sekerka, Kyn, and Hejl, 1970）提出了多渠价格模型，包括三渠价格、单渠价格和双渠价格，而单渠价格和双渠价

① 弗兰克·罗斯福．剑桥经济学派——商品拜物教//现代国外经济学论文选（第一辑）．北京：商务印书馆，1979：351-414.

格只是三渠价格不同的变形。①

首先，价格由初始物耗投入与利润构成：

$$p = pA + \pi$$

进一步把单位产出的利润看作是物耗成本、劳动成本与资本成本的函数，或者简单表示为上述成本的一个线性组合：

$$\pi = \beta_1 pA + \beta_2 pcl + \beta_3 pK$$

其中，K 为单位产出的资本品存量系数矩阵，而劳动成本，也就是工资用它所购买的消费品来表示，定义单位劳动消费的消费品结构列向量为 c。代入价格方程，得到：

$$p = p(\beta_1 A + \beta_2 cl + \beta_3 K)(I - A)^{-1} \tag{8.4}$$

为分析价格向量与系数矩阵的关系，定义 $v = pAx/py$，$\rho = pclx/py$，$\mu = pKx/py$ 为物耗、资本和劳动占总收入的比率。

对于某个 y_0，有：

$$py_0 = p(\beta_1 A + \beta_2 cl + \beta_3 K)(I - A)^{-1} y_0 = (\beta_1 pA + \beta_2 pcl + \beta_3 pK)x_0$$

因此有：

$$v\beta_1 + \rho\beta_2 + \mu\beta_3 = 1$$

由此可知，对于满足上述系数条件的矩阵 $(\beta_1 A + \beta_2 cl + \beta_3 K)(I - A)^{-1}$，$p$ 为其特征向量。

上述方程中，效率价格取决于物耗成本、劳动成本和资本成本，称为“三渠价格”。如果利润仅仅按某类成本进行分配则是单渠价格，如果按两类成本进行分配则是双渠价格。

2. 系数矩阵的数字特征及特征体系

在现实经济中，各部门工资率和利息率等分配变量的比率往往是不相等的，但是基于竞争均衡的假定，在理想的经济条件下，这些分配率在各部门趋于一致。当经济处于这种理想状态时，与一致的分配率相应的价格又如何呢？对于这一问题，我们可以通过考察系数矩阵的特征值与特征向量来回答。

在价格决定模型中，如果我们以各部门的中间投入占总投入的比率为元素，构造一个对角矩阵 $\hat{\delta}$，就可以把价格决定模型转化为如下形式：

$$p\hat{\delta} = pA$$

当各部门的中间投入比率相等，相应的具有统一的增加值率，都等于 δ 时，价格向量就成为矩阵 A 的左特征向量。

由此，我们就得出投入产出表中的技术系数矩阵 A，以及它的特征值与特征向量所表示的经济含义。也就是当我们假定了各部门具有相同的中间投入占总投入的比，相应地，也就是假定了相同的增加值率。或者在假定工资率各部门相同的情况下，就等同于各部门

① Sekerka, B., Kyn, O. and Hejl, L. Price systems computable from input-output coefficients, in Carter, A. and Brody, A. (eds.), *Contributions to Input-Output Analysis*, Vol. Ⅰ, Amsterdam: North-Holland, 1970.

具有相同的利润率。按照佩龙-弗罗贝尼乌斯定理，对于投入产出这种特殊的系数矩阵 A 来说，各部门统一的比率成为矩阵 A 的正的最大特征值，同时，左特征向量成为相对价格。很明显，这样的价格只是一个理想中的价格，如果把各部门统一的利润率的形成看作是完全竞争的结果，那么作为矩阵 A 特征向量的价格表达的就是完全竞争下的理想价格。

如果从行向数量关系来考察，定义一个各部门统一的中间使用与总产出的比率 η，就存在一个对偶体系：

$$Ax = \eta x$$

因此 $\delta = \eta$，且 p 与 x 分别为 A 的左特征向量和右特征向量。如果对数量关系中的特征系统稍作变换，定义一个"剩余率"的概念，即最终使用与中间使用的比率 μ，对于行向关系：

$$Ax + \mu Ax = x$$

有

$$Ax = \frac{1}{1+\mu}x$$

这时我们得到最终产品向量：

$$y = \frac{\mu}{1+\mu}x$$

最终产品向量 y 代表一种复合商品，其中的商品保持固定比例，这正是斯拉法体系中的"标准商品"，单一的剩余率称为"标准率"。

8.1.2 实物表与价值表下的价格模型

给定一张实物表，就可以从中计算出所有产品的价格。在价值表下，列向关系仅仅表达的是产品的价值等于产品各项投入的成本，并不能通过模型求解得到产品的绝对价格，却可以对一个外部冲击下产品相对价格的变化做出模拟。例如，农业部门劳动者报酬的上升会对整个价格带来什么样的影响。诸如此类的价格模型被称为价格影响模型。因此，基于价值型投入产出表构建的投入产出价格模型，反映的是外生变化冲击下的价格变化，进而可计算得到价格变化的指数。但是，对价格影响模型中相对价格变化过程最好的理解，是把原有的价格体系看作是一个实物体系，外部冲击并没有对经济实体产生任何影响，而只有相对价格的变化。

表 8-1 是一个简单的实物表：

表 8-1　　实物型投入产出表

部门	部门				最终需求	总产出
	1	2	…	n		
1	q_{11}	q_{21}	…	q_{n1}	d_1	q_1
2	q_{12}	q_{22}	…	q_{n2}	d_2	q_2
⋮	⋮	⋮	⋮	⋮	⋮	⋮
n	q_{1n}	q_{2n}	…	q_{nn}	d_n	q_n

基于实物投入产出表，引入实物单位的投入系数：

$$a_{ij}^{*} = q_{ij}/q_j \tag{8.5}$$

表示为矩阵形式为：

$$A^{*} = Q\hat{q}^{-1} \tag{8.6}$$

其中，Q 为实物型中间流量矩阵。

为计算价格，需引入各部门初始投入价值行向量：

$$v = (v_1, v_2, \cdots, v_n)$$

用 p 表示各部门价格行向量，价格模型可以表示为：

$$p\hat{q} = pQ + v$$

变换得到：

$$p = pA^{*} + v\hat{q}^{-1} \tag{8.7}$$

令 $A_v^{*} = v\hat{q}^{-1}$ 为除以实物产出量的初始投入系数行向量，进一步有：

$$p = A_v^{*}(I - A^{*})^{-1} \tag{8.8}$$

这里得到的价格向量是各部门的实际价格。

基于实物表或者价值表的数据，我们可以建立价格影响模型，分析初始投入变化带来的价格水平变化。当一个或几个部门的某种初始投入发生变化后，首先会引起本部门成本变化，从而本部门价格水平发生变化。本部门价格水平变化进一步引起其他部门投入成本的提高，从而其他部门价格水平发生变化。这样，初始投入价值量的变化，引起所有部门产品相对价格的改变。例如，农业部门的劳动者报酬提高，农业部门成本提高，从而农产品价格提高，工业部门在生产中使用农产品，因而工业部门成本提高，从而工业部门价格提高，农业部门在生产中使用工业部门产品，因而农产品生产成本和价格进一步提高，等等。

这种初始投入变化引起的各部门价格水平变化可推导如下：

$$p = pA + A_v$$
$$\Delta p = \Delta pA + \Delta A_v$$
$$\Delta p = \Delta A_v(I - A)^{-1}$$

例如，第 s 部门工资提高到原有工资的 α 倍，而其他部门工资不变，即：

$$\Delta a_{vs} = \alpha a_{vs}, \Delta a_{vj} = 0, j = 1, \cdots, s-1, s+1, \cdots, n$$

根据价格影响模型，有：

$$\Delta p = \Delta A_v(I - A)^{-1} = (0, \cdots, \alpha a_{vs}, \cdots, 0)(I - A)^{-1}$$

这样一个外部冲击下相对价格的变化过程往往基于如下假定条件：

(1) 实行固定价格制，产品价格随成本提高而提高，不存在内部消化；

(2) 其他初始投入要素等均不变；

（3）技术系数保持不变。

初始投入的改变会使得原有的直接消耗系数发生改变，因为初始投入系数的变化必然伴随着直接消耗系数的变化。那么初始投入的变化真的对技术不产生影响吗？或者说，技术系数还能保持不变吗？实际上，初始投入的改变影响的只是相对价格，价值型的直接消耗系数虽然变化，但是变化前后所反映的技术关系没有任何改变，变化纯粹是一种价格现象，而无任何实质性的改变。对于这一点，我们以实物表为例可以得到清楚的说明。

假定如表 8－2 所示的实物表中初始投入变化，例如部门 2 收入减少了 5 个单位，而部门 1 收入增加了 5 个单位。对于前后的变化，实物体系没有发生任何改变，只是收入分配发生了变化。这时，实物型的直接消耗系数不变，但是在收入分配变化前后存在两套价格体系。因此，对于同一个实物表，由于初始投入的改变，存在两个价值表。两个价值表之间的关系，正好对应于两个价格体系下的同一个实物体系。

表 8－2　　两部门实物表例子

	部门 1	部门 2	最终使用	总产出
部门 1（实物单位）	100	400	200	700
部门 2（实物单位）	25	10	15	50
初始投入	20	20		
新的初始投入	25	15		

价格模型为：

$$p\hat{q} = pA^{*}\hat{q} + v$$
$$p = v\hat{q}^{-1}(I - A^{*})^{-1}$$

其中，p 为价格向量，v 为初始投入，q 为实物型产出向量，A^{*} 为实物型直接消耗系数。

求解得到原表与新表下的价格（见表 8－3）：

表 8－3　　原表与新表下的价格

原表下的价格	0.093	1.429
新表下的价格	0.098	1.357

进一步有原价值表与新价值表（见表 8－4 和表 8－5）：

表 8－4　　原价值表

	部门 1	部门 2	最终使用	总产出
部门 1	9.29	37.14	18.57	65
部门 2	35.71	14.29	21.43	71.43
初始投入	20	20		
总投入	65	71.43		

表 8-5　　新价值表

	部门 1	部门 2	最终使用	总产出
部门 1	9.82	39.29	19.64	68.75
部门 2	33.93	13.57	20.36	67.86
新的初始投入	25	15		
总投入	68.75	67.86		

初始投入改变后，实物型技术系数没有改变，但是相对价格改变导致价值型的技术系数改变了。

8.1.3　价格变动的相互影响

价格影响模型反映的外生冲击一类是来自利润、工资等初始投入变化引起的价格水平变化，对此已在上一部分进行了说明。另一类是一个或者某几个部门产品价格变化对其他部门产品价格带来的影响。

在一个经济系统中，各种商品的价格之间有着密切的联系，一种商品价格的变化会引起其他商品价格的变化，这种变化在很大程度上是通过成本的变动传导的。通过成本变动引起的价格变化既有直接的，也有间接的，例如，当煤炭价格升高时会引起煤电生产成本的变化，从而导致煤电价格的上升，这是煤炭价格上升的直接影响；进一步，煤电价格的上升会导致钢铁生产成本的上升，从而使得钢铁价格上升，这是煤炭价格变化的间接影响。当要考察一种商品价格上升对经济系统整体价格的影响时，需要全面考虑这种连锁反应。投入产出价格模型是研究价格变化连锁影响最为合适的方法。

这一类反映价格变化相互影响的价格影响模型可以推导如下：

$$p = pA + v$$

$$(p_{n-k}, p_k) = (p_{n-k}, p_k)\begin{bmatrix} A_{11} & A_{12} \\ A_{21} & A_{22} \end{bmatrix} + (v_1, v_2)$$

$$(p_{n-k}, p_k) = (p_{n-k}A_{11} + p_kA_{21}, p_{n-k}A_{12} + p_kA_{22}) + (v_1, v_2)$$

$$p_{n-k} = p_{n-k}A_{11} + p_kA_{21} + v_1$$

$$p_{n-k} = p_kA_{21}(I - A_{11})^{-1} + v_1(I - A_{11})^{-1}$$

因此有：

$$\Delta p_{n-k} = \Delta p_k \cdot A_{21}(I - A_{11})^{-1} \tag{8.9}$$

这就是反映价格变动相互影响的价格影响模型，表明第 k 种产品价格变化 Δp_k，对其他产品价格的影响为 Δp_{n-k}。这一价格模型表面上看与前面要素变动的价格影响模型不同，实际上在模型结构上是一致的。这里的最后一种商品即第 k 种商品在模型中被外生化了，而 A_{21} 就相当于前面模型中的初始投入系数。

对上述结果还可以变形，因为：

$$(I - A)^{-1}(I - A) = I$$

$$\begin{bmatrix} \overline{B}_{11} & \overline{B}_{12} \\ \overline{B}_{21} & \overline{B}_{22} \end{bmatrix} \begin{bmatrix} I-A_{11} & -A_{12} \\ -A_{21} & I-A_{22} \end{bmatrix} = I$$

所以，

$$\overline{B}_{21}(I-A_{11}) - \overline{B}_{22}A_{21} = 0$$

进一步有：

$$A_{21}(I-A_{11})^{-1} = \overline{B}_{22}^{-1}\overline{B}_{21}$$

利用上述结果可以将价格影响模型转换为：

$$\Delta P_{n-k} = \Delta P_k \cdot \overline{B}_{22}^{-1}\overline{B}_{21} \tag{8.10}$$

这样做的好处是在已知列昂惕夫逆阵的情况下，可以比较简便地进行计算。如果研究最后一种，即第 n 种商品涨价 ΔP_n 对其他商品价格的影响 ΔP_{n-1}，就有：

$$\Delta P_{n-1} = \Delta P_n \left(\frac{\overline{b}_{n1}}{\overline{b}_{nn}}, \frac{\overline{b}_{n2}}{\overline{b}_{nn}}, \cdots, \frac{\overline{b}_{n,n-1}}{\overline{b}_{nn}} \right)$$

这时的 $\overline{B}_{22}$ 是整个矩阵 $(I-A)^{-1}$ 中最右下角的一个元素 $\overline{b}_{nn}$ 。因此，$\overline{B}_{22}^{-1}$就成为 $\frac{1}{\overline{b}_{nn}}$。如果分析的外生的价格变化中，不是仅有一种商品，而是多种商品的价格发生改变，例如两种商品价格变化，那么模型不变，只是 $\overline{B}_{22}$ 成为矩阵 $(I-A)^{-1}$ 中最右下角的一个 2×2 矩阵，$\overline{B}_{22}^{-1}$则是这个矩阵的逆矩阵。

需要注意的是，我们一般计算使用的数据是价值型投入产出表，因此，计算的结果并不是价格变动的绝对量，而只能是一种相对量。例如，某种商品价格上涨 1%，其他所有商品价格将因此上涨多少。

上述模型通常需要如下一些假定：

(1) 假定商品价格的变动都是由于成本中物质或服务消耗费用的变化而引起的，不考虑由工资或者利税变化对价格带来的影响；不考虑折旧的变化；

(2) 不考虑在原材料、燃料、动力价格提高后，企业可能采取的各种降低成本的措施；

(3) 假设不考虑供求对价格的影响。

投入产出价格影响模型的优点在于：投入产出方法的特点就是能够全面反映经济中的相互联系和相互影响，不仅是直接联系，而且是完全的联系。所以，利用投入产出价格模型分析价格变动的影响时，其特点就在于不仅可以体现价格变动的直接影响，还可以反映价格变动的间接影响。这是其他分析方法所不具备的。但是不足在于它无法对需求变动作出反应，因此，投入产出计算的价格影响是一种最大的影响，而这种影响会多大程度上在现实中反映出来，则需要结合需求和市场条件的分析，才能作出更为准确的说明。

为了在价格影响模型中引入需求条件，马瑟（P. N. Mathur）把希克斯关于固定价格和弹性价格商品（fix-and flex-price commodities）的区分引入投入产出模型中来。① 其具

① Mathur, P. N. A study of sectoral prices and their movement in the British economy in an input-output framework, in Leontief, W. (ed.), *Structure, systems and economic policy*, Cambridge: Cambridge University Press, 1977.

体的做法是对价格向量和相应的系数矩阵进行分块，区分为只是由生产成本确定的价格（p_1），以及同时与需求相关的价格（p_2）。模型的具体形式可表示为：

$$p_1 = p_1 A_{11} + p_2 A_{21} + v_1 \tag{8.11}$$

$$p_1 = p_2 A_{21}(I - A_{11})^{-1} + v_1(I - A_{11})^{-1} \tag{8.12}$$

其中，A_{ij} 为矩阵 A 的第 i 、j 分块矩阵，v_1 是固定价格商品增加值系数行向量。

在需求相关价格 p_2 及其变化外生给定的情况下，就可以测算成本价格 p_1 及其变化。需求变化导致了价格成本传递过程的中断。在上述处理方式中，这些价格是以外生的方式来确定的。

8.1.4　影子价格分析

前面的内容中介绍了线性规划的基本概念与对偶问题。这里我们讨论对偶问题的一个重要应用，就是影子价格（shadow price）问题。影子价格是反映资源稀缺程度的重要指标。从经济学的意义上讲，影子价格不是价格，是某种资源投入且每增加一个单位所带来的追加效益，实际上是资源投入的潜在边际效益。影子价格反映了产品的供求状况和资源的稀缺程度，资源越丰富，其影子价格越低，反之亦然。资源的数量和产品的价格影响着影子价格的大小，因此影子价格与价格含义不同。影子价格反映了某种资源对社会经济发展的制约程度，也可以用来分析环境问题，例如减少排放的代价等。

影子价格的概念是 20 世纪 50 年代荷兰数理经济学家、计量经济学家詹恩·丁伯根（Jan Tinbergen）和苏联经济学家、数学家康托罗维奇（Kantorovitch）提出的。在数学规划中，影子价格实际上是线性规划对偶问题的最优解，或者是最优化的线性拉格朗日函数的拉氏乘子，即目标函数发生的增值。本节中我们将首先从线性规划入手，介绍影子价格的含义，然后介绍如何将投入产出技术与线性规划相结合，分析资源的影子价格。

这里需要指出的是，除了数学规划模型外，还有其他计算影子价格的方法。例如，支付意愿法和边际成本法，以及产出距离函数法（output distance function）。

一个标准形式的线性规划问题为：

$$\max z = c_1 x_1 + c_2 x_2 + \cdots + c_n x_n$$

$$\text{s.t.} \begin{cases} a_{11}x_1 + a_{12}x_2 + \cdots + a_{1n}x_n \leqslant b_1 \\ a_{21}x_1 + a_{22}x_2 + \cdots + a_{2n}x_n \leqslant b_2 \\ \qquad\qquad \vdots \\ a_{m1}x_1 + a_{m2}x_2 + \cdots + a_{mn}x_n \leqslant b_m \\ \qquad x_j \geqslant 0 (j = 1, \cdots, n) \end{cases} \tag{8.13}$$

为了解释问题的方便，我们设想这是一家企业在进行生产，其可以生产的产品有 n 种，生产数量用 x_i 来表示，$i=1$，2，…，n，可以使用的资源有 m 种；其目标函数是利润最大化，c_i 可视为第 i 种产品的单位利润；我们可以将约束条件解释为资源约束，每一个约束条件都对应该企业对某一种资源的使用约束，即使用量不能高于对该种资源的拥有量（或最大可使用量）。其中，约束条件中的系数 a_{ij} 表示生产单位第 j 种产品需要使用的第 i 种资源的量，b_i 表示企业对第 i 种资源的拥有量。此时，这个线性规划的含义可解释为：企业在资源约束条件下最大化自己的利润。

假设有另一家公司想要购买（或者租赁）上述企业的所有资源，那么它至少应该付出多大代价才能使这个企业放弃生产活动、出让自己的资源呢？显然，条件是出让获得的收益不能低于企业自己组织生产活动时所获取的利润，这是企业对自己所拥有的资源的合理估价，是机会成本的概念。现在，我们用 y_i 来表示企业对第 i 种资源的估价，则生产单位第 j 种产品需要使用资源的价格合计（或者机会成本的合计）为

$$a_{1j}y_1+a_{2j}y_2+\cdots+a_{mj}y_m$$

这个代价不能低于企业生产单位第 j 种产品的利润 c_j，否则企业不会出让资源。即

$$a_{1j}y_1+a_{2j}y_2+\cdots+a_{mj}y_m\geqslant c_j \quad j=1,\cdots,n$$

购买者需要在满足上述约束的条件下最小化自己的购买成本，$b_1y_1+b_2y_2+\cdots+b_my_m$。我们把这个问题称为原线性规划问题的对偶问题，如下：

$$\min w=b_1y_1+b_2y_2+\cdots+b_my_m$$
$$\text{s. t.}\begin{cases}a_{11}y_1+a_{21}y_2+\cdots+a_{m1}y_m\geqslant c_1\\ a_{12}y_1+a_{22}y_2+\cdots+a_{m2}y_m\geqslant c_2\\ \vdots\\ a_{1n}y_1+a_{2n}y_2+\cdots+a_{mn}y_m\geqslant c_n\\ y_i\geqslant 0(i=1,\cdots,m)\end{cases} \tag{8.14}$$

用矩阵形式表示，线性规划问题的原问题为

$$\max z=cX$$
$$\text{s. t.}\begin{cases}AX\leqslant b\\ X\geqslant 0\end{cases} \tag{8.15}$$

其对偶问题为

$$\min w=Y'b$$
$$\text{s. t.}\begin{cases}A'Y\geqslant c'\\ Y\geqslant 0\end{cases} \tag{8.16}$$

根据对偶问题的基本性质，当线性规划原问题有最优解 X^* 时，其对偶问题也得到最优解 Y^*，且代入各自的目标函数后有

$$z^*=\sum_{j=1}^{n}c_jx_j^*=\sum_{i=1}^{m}b_iy_i^*=w^*$$

b_i 为线性规划原问题约束条件的右端项，表示第 i 种资源的拥有量，y_i^* 表示资源最优利用条件下对单位第 i 种资源的估价。这种估价不是资源的市场价格，而是根据资源在生产中做出的贡献而作的估价，称为资源的影子价格。

首先，影子价格是一种边际价格，在上式中对 z^* 求 b_i 的偏导数，得到 $\frac{\partial z^*}{\partial b_i}=y_i^*$。说

明影子价格 y_i^* 的值相当于在资源得到最优利用的生产条件下，第 i 种资源拥有量 b_i 每增加一个单位时所带来的目标函数 z 的增加量。

其次，资源的影子价格实际上又是一种机会成本。从前面的解释我们可以知道，如果购买者给出的价格低于企业自己生产的利润，则企业不会出让资源；而如果价格高于影子价格，则购买者不会购买资源。对于企业来讲，当市场价格高于影子价格时，企业卖出资源，而当市场价格低于影子价格时，企业买进资源。随着资源的买进和卖出，其影子价格也会发生改变，直到影子价格与市场价格保持同等水平，处于平衡状态。

一般来说，对线性规划原问题的求解是确定资源的最优分配方案，而对于其对偶问题的求解则是确定对资源的恰当估价，这种估价直接涉及资源的最有效利用。

在最优解的情况下，影子价格所起的作用与古典最优化问题中拉格朗日乘数所起的作用是相同的。拉格朗日乘数也可以解释为某种资源的影子价格。

对于拉格朗日函数

$$Z = z(x_1, x_2, \cdots, x_n) + \sum_{i=1}^{m} \lambda_i (b_i - \sum_{j=1}^{n} a_{ij} x_j)$$

在最优解时，

$$\frac{\partial Z^*}{\partial b_i} = \lambda_i \tag{8.17}$$

拉格朗日乘数表示的正是资源的影子价格，表示资源拥有量每增加一个单位时所带来的目标函数的增加量。

投入产出模型与线性规划相结合，综合了线性规划方法和投入产出技术的优点，并且通过投入产出的直接消耗系数矩阵考虑了各个产业技术经济特征的影响，是计算资源影子价格的较理想的方法。

以下我们将以煤炭和原油为例，说明如何利用投入产出模型和线性规划模型求解资源的影子价格。在利用投入产出模型和数学规划模型计算资源影子价格时，通常会构建一个优化模型，将目标函数设定为最大化收入水平，或者最大化居民的效用，而约束条件则主要包含投入产出方程和资源约束。在这个例子中，我们简单地将目标函数设定为最大化GDP。模型设定的环境为：在一定的需求和产出水平及国民经济各部门相互作用、协调发展的条件下，分析煤炭和石油的影子价格，进而反映资源的稀缺程度。模型考虑了对外贸易约束，如下所示：

$$\max \text{GDP} = A_v X - (i^T s^+ + i^T s^-) \tag{8.18a}$$

$$\text{s. t.} \begin{cases} AX + Y + U - V + s^- - s^+ = X & (8.18\text{b}) \\ A_c X + Y_c \leqslant C + V_c - U_c & (8.18\text{c}) \\ A_o X + Y_o \leqslant O + V_o - U_o & (8.18\text{d}) \\ X^L \leqslant X \leqslant X^U & (8.18\text{e}) \\ Y^L \leqslant Y \leqslant Y^U & (8.18\text{f}) \\ 0 \leqslant U \leqslant U^U & (8.18\text{g}) \\ 0 \leqslant V \leqslant V^U & (8.18\text{h}) \end{cases}$$

$$i^TU-i^TV\geqslant N_U \tag{8.18i}$$

$$s^+\geqslant 0, s^-\geqslant 0 \tag{8.18j}$$

其中，

X——生产部门的产出列向量；　Y——部门的最终需求列向量；

U——出口列向量；　V——进口列向量；

s^+——正偏差向量；　s^-——负偏差向量；

A——直接消耗系数矩阵；　A_v——增加值率行向量；

A_c——煤炭消耗强度行向量；　A_o——石油消耗强度行向量；

C——煤炭国内生产能力；　O——石油国内生产能力；

Y_c——煤炭居民消费量；　Y_o——石油居民消费量；

U_c——煤炭出口规模；　U_o——石油出口规模；

V_c——煤炭进口规模；　V_o——石油进口规模；

X^L——生产规模下界向量；　X^U——生产规模上界向量；

Y^L——国内最终需求下界向量；　Y^U——国内最终需求上界向量；

U^U——出口上界向量；　V^U——进口上界向量；

N_U——净出口。

（8.18a）式为目标函数，最大化国内生产总值，同时最小化正负偏差变量，也就是保证各部门平衡协调发展，并最大化GDP；（8.18b）式为投入产出约束；（8.18c）式为煤炭资源使用约束；（8.18d）式为石油资源使用约束；（8.18e）式为生产规模约束；（8.18f）式为最终需求规模约束；（8.18g）式为出口规模约束；（8.18h）式为进口规模约束；（8.18i）式为对外贸易状况约束；（8.18j）式为非负约束。

投入产出约束反映了经济系统内各个生产部门之间的相互作用和相互联系。煤炭和石油资源使用约束考虑了国内生产能力的限制和对外贸易的限制（进口和出口的限制）。在投入产出约束中，包含了煤炭和原油生产与其他部门生产之间的联系，但无法体现生产系统对这两种能源在实物量上的使用情况（而实物量更能反映对能源的消耗情况），因而也无法完整体现资源约束，因此需要特别引入煤炭和石油的资源使用约束。生产规模限制使得各部门的产出在合理的范围内变动，以得到具有合理经济意义的解，也就是使得各部门的产出对当时实际的产出规模和产出结构的偏离在可接受的范围内。最终需求规模约束和进出口约束用以保证符合生产系统内需求领域的实际情况，也就是使得模型中的最终需求和进出口规模对当时实际情况的偏离在合理范围内。模型中所涉及的参数，例如生产规模上界、生产规模下界、最终需求下界、最终需求上界等，都是根据报告期实际值确定的（做一定程度的浮动）。

总体来讲，模型的目的就是计算当时（也即报告期）的经济运行状态下（包括经济规模、产业结构、需求规模和结构、贸易水平和结构及技术特征）煤炭和石油的影子价格，以反映这两种能源当时情况下的稀缺程度。约束条件保证了模型能够体现报告期的经济运行状态，在这种前提下对产出水平（GDP）求最优，才能够计算出符合报告期实际情况的资源影子价格（也就是模型对偶规划的解）。

模型通过投入产出约束考虑了各个部门的技术经济特征，因此可以分析各部门技术变化对资源稀缺程度的影响；考虑了对外贸易变量以及相关约束，从而可以分析对外贸易变量对资源稀缺程度的影响。

8.2 进出口与贸易联系分析

投入产出表的某些部分往往成为各种扩展分析的接口。例如通过对于投资的分析，使静态模型扩展为动态模型，通过政府消费与居民消费部分，为引入各种外部消费行为模型提供了接口。同样，对于进口部分的分析，为开放经济研究提供了接口。在一般形式的投入产出表中，进口与出口只是简单的两列。为了更好地分析对外贸易联系，还需要对进口乃至出口进行细化。

8.2.1 投入产出表中的进口和出口

一般投入产出表对于进口与出口的处理，是把出口作为最终需求的一个组成部分，作为一列与最终消费、资本形成并列。对于进口也作为一列，列于第二象限，但取负值。因此，在行向上获得如下平衡关系：

总产出＋进口＝中间使用＋最终使用(消费＋资本形成＋出口)

也就是总供给等于总使用。同时，也就有：

总产出＝中间使用＋最终使用(消费＋资本形成＋出口)－进口

我们知道无论是GDP还是总产出，都是对一国一定时期内生产成果的度量。因此，总供给量等于本国的产出加上进口量。由于表的中间产品和最终产品使用中包含了对进口产品的使用量，本国产品与进口产品未加区分混在一起，因此，表中进口产品量为负，抵消了同行中各用项的进口产品使用量，最终使得同行元素的合计仍是本国的产品生产量。

正是因为中间使用中包含了进口品，因此利用需求拉动模型分析最终需求对本国产出拉动作用的时候，即对于 $x=(I-A)^{-1}y$，最终需求 y 所拉动的产出 x 中，就不仅包含国内的产出，也包含对国外产出的拉动。因此，为得到只是对本国产出的拉动，需要把中间产品中的进口品予以剔除。理想的方式是在知道进口品在各部门投入状况，也就是进口矩阵的情况下，把各部门所使用的进口品直接剔除，计算只含国内产品的直接消耗系数。但是，在进口简化处理的投入产出表中，并没有进口矩阵所提供的详细的进口品中间投入信息。在此情况下，实际分析中往往需要采用一种简化的进口剔除方法。通常按照各部门进口产品占该部门国内总使用的比例来剔除进口量。

首先按如下公式计算国内总使用量：

国内总使用＝总产出－出口＋进口
＝中间使用＋国内最终使用
＝中间使用＋消费＋资本形成

我们可以设：

$$\alpha_i = \frac{i\text{ 部门总产出} - i\text{ 部门出口}}{i\text{ 部门的国内总使用}}$$

表示国内总使用中由国内生产的部分所占的比例。这时用系数 α_i 对中间投入部分进行扣除，得到不包含进口的流量。以此计算的完全需要系数矩阵为：

$$\overline{B} = (I - A^D)^{-1} = (I - \hat{\alpha}A)^{-1} \tag{8.19}$$

其中，A^D 为只是来自国内产品的中间投入系数矩阵，$\hat{\alpha}$ 为国内满足率对角矩阵。

$$\hat{\alpha} = \begin{bmatrix} \alpha_1 & 0 & \cdots & 0 \\ 0 & \alpha_2 & \cdots & 0 \\ \vdots & \vdots & & \vdots \\ 0 & 0 & \cdots & \alpha_n \end{bmatrix}$$

上述剔除方法不仅可以剔除中间使用中的进口，也可以剔除最终使用中的消费、资本形成中的进口。但是，这种处理方法只是一种简化处理方式，存在很大的误差。这就需要对进口更为细化处理的投入产出表。

8.2.2 进口矩阵对进口的细化

在对进口的进一步细化处理上，一种处理方式是对进口做竞争性进口与非竞争性进口的区分。把国内同时生产的商品的进口，称为竞争性进口（competitive imports），而把国内不生产的商品的进口，称为非竞争性进口（noncompetitive imports）。采用这种处理方式往往是因为无法获得全部进口品详细的使用去向，为此只是把本国不生产而完全依靠进口的那些产品的使用去向详细地列出，而把本国同时生产的那些进口品，也就是竞争性进口品仍然与本国产品的使用量合并在一起。

在列出主要进口产品使用去向的投入产出表中，竞争性进口产品与本国产品仍合在一起。其行向关系如同进口简化处理的投入产出表，通过从各项使用合计中减去进口，得到总产出。对于非竞争性产品，中间使用的进口矩阵与最终使用的进口列向量，对每一类非竞争进口品，在行向上给出了详细的使用去向，在列向上则给出了各生产部门非竞争性进口品的中间投入结构，以及非竞争性进口品的各最终使用结构（见表 8-6）。

表 8-6　列出主要进口产品使用去向的投入产出表

<table>
<tr><th colspan="3" rowspan="2"></th><th>中间使用</th><th colspan="3">最终使用</th><th rowspan="2">进口</th><th rowspan="2">总产出</th></tr>
<tr><th>1，2，…，n</th><th>消费</th><th>资本形成</th><th>出口</th></tr>
<tr><td rowspan="2">中间投入</td><td>竞争性产品</td><td>部门 1
部门 2
⋮
部门 n</td><td></td><td></td><td></td><td></td><td></td><td></td></tr>
<tr><td>非竞争性产品</td><td>部门 1
部门 2
⋮
部门 k</td><td></td><td></td><td></td><td></td><td></td><td></td></tr>
</table>

续前表

		中间使用	最终使用			进口	总产出
		1，2，…，n	消费	资本形成	出口		
初始投入	劳动者报酬 产品税减补贴 营业盈余						
总投入							

在所有进口品使用去向数据资料完备的情况下，就可以编制列出全部进口产品使用情况的投入产出表。习惯上将这种列出全部进口产品使用去向的投入产出表称为非竞争型投入产出表（noncompetitive input-output table）。在行向上区分为本国产品与进口品。中间使用的进口矩阵与进口品最终使用的各列向量完整表现出所有进口品的投入状况与使用状况。由于所有进口都与本国产品相分离，因此在第二象限，将不再需要进口这一列，具体形式见表 8－7：

表 8－7　　列出全部进口产品使用去向的投入产出表

			中间使用	最终使用			总产出
			1，2，…，n	消费	资本形成	出口	
中间投入	本国生产	部门 1 部门 2 ⋮ 部门 n					
	进口产品	部门 1 部门 2 ⋮ 部门 k					
初始投入	劳动者报酬 产品税减补贴 营业盈余						
总投入							

利用列出全部进口的投入产出表，就可以在需求拉动模型中，直接使用仅含本国产品的直接消耗系数，来取代之前在没有进口矩阵的情况下以各部门相同的使用比例为假定进行进口剔除所得到的直接消耗系数，从而使需求拉动产出的分析结论更为精确。

此外，假定各部门进口的各投入品与总投入比例不变，我们可以用一种进口外生化的处理方式把进口与需求拉动产出的投入产出模型结合起来，由此可以用最终需求来解释进口变化的原因。具体可以模型表示如下：

首先，对于本地生产的产品与使用，建立平衡关系方程：

$$\sum_{j=1}^{n} z_{ij}^{D} + y_i^D = x_i$$

引入本国产品的直接消耗系数：

$$a_{ij}^{D} = z_{ij}^{D}/x_j$$

$$\sum_{j=1}^{n} a_{ij}^{D} x_j + y_i^D = x_i$$

表示成矩阵形式：

$$A^D x + y^D = x \tag{8.20}$$

$$x = (I - A^D)^{-1} y^D$$

其次，对于进口产品的使用间的平衡方程，有：

$$\sum_{j=1}^{n} z_{ij}^{M} + y_i^M = M_i$$

引入对进口品的投入系数：

$$a_{ij}^{M} = z_{ij}^{M}/x_j$$

$$\sum_{j=1}^{n} a_{ij}^{M} x_j + y_i^M = M_i$$

表示成矩阵形式：

$$A^M x + y^M = M \tag{8.21}$$

把本国产品与进口品的使用平衡关系联系起来：

$$A^M x + y^M = A^M (I - A^D)^{-1} y^D + y^M = M$$

$$y^D = C + K + E$$

进一步可表示为：

$$A^M (I - A^D)^{-1} Y^D + Y^M = A^M (I - A^D)^{-1} (C + K + E) + Y^M = M \tag{8.22}$$

因此，进口是以下几个部分的合计：

国内消费品生产拉动的进口量：$A^M (I - A^D)^{-1} C$

国内投资品生产拉动的进口量：$A^M (I - A^D)^{-1} K$

国内出口品生产拉动的进口量：$A^M (I - A^D)^{-1} E$

直接用于最终需求的进口量：Y^M

由此表明进口如何受最终需求的影响。

此外，在投入产出分析中涉及进口问题时，在核算上需要注意一个问题。我们在按支出法计算一国 GDP 时，主要计算三个部分：消费、资本形成和净出口。也就是用一国的最终需求减进口。其中，最终需求包含了进口品的最终需求，而进口既包括中间使用中的进口，也包括最终使用中的进口。结果，GDP 包含的是本国生产的最终产品减去中间使用中的进口。那么为什么还要减去中间使用中的进口？从非竞争型投入产出表来看，生产法的 GDP 核算应该是：

$$\mathrm{GDP} = i'x - i'z^D i - i'z^m i$$

根据国内产品的供求平衡关系：

$$x = y^D + z^D i$$

代入生产法 GDP 公式中，得到：

$$\mathrm{GDP} = i'y^D + i'z^D i - i'z^D i - i'z^m i = i'y^D - i'z^m i$$

也就是说，要从本国最终产品价值中减去中间使用的进口品价值，由此可见，生产法与支出法的 GDP 核算具有一致性。其背后的原因在于 GDP 支出法中的最终使用是最终产品的总价值，包含了生产这些最终产品过程中所使用的中间产品的价值，其中既有本国生产的中间产品，也有从国外进口的中间产品，而从国外进口的中间产品不属于本国常住单位的生产成果，因此不能计算在 GDP 之内。在支出法中扣除全部进口才能扣除最终产品所包含的所有进口价值量。

8.2.3　国际投入产出表

通过两国间进出口联系的细化，并把两国投入产出表合并成一张投入产出表，就得到国际投入产出表。如果把多个国家合并在一张表上，则得到多国的国际投入产出表。下面仅以两国表为例，进行模型分析。

两国的国际投入产出表形式如下（见表 8-8）：

表 8-8　两国国际投入产出表

		中间使用		最终使用	总产出
		国家 r	国家 s		
中间使用	国家 r	z^{rr}	z^{rs}	y^r	x^r
	国家 s	z^{sr}	z^{ss}	y^s	x^s
ROW（Rest of World）					
初始投入（增加值）		V^r	V^s		
总投入		x^r	x^s		

这时，模型的行向关系为：

$$Zi + y = x \tag{8.23}$$

其中，$Z = \begin{bmatrix} z^{rr} & z^{rs} \\ z^{sr} & z^{ss} \end{bmatrix}$，$y = \begin{bmatrix} y^r \\ y^s \end{bmatrix}$，$x = \begin{bmatrix} x^r \\ x^s \end{bmatrix}$。

引入直接消耗系数矩阵：

$$A = \begin{bmatrix} A^{rr} & A^{rs} \\ A^{sr} & A^{ss} \end{bmatrix}$$

其中，$A^{rr}=z^{rr}(\hat{x}^r)^{-1}$，$A^{sr}=z^{sr}(\hat{x}^r)^{-1}$，$A^{rs}=z^{rs}(\hat{x}^s)^{-1}$，$A^{ss}=z^{ss}(\hat{x}^s)^{-1}$。

于是有：

$$x=(I-A)^{-1}y \tag{8.24}$$

从上述模型中可以看出，本来 z^{rs} 与 z^{sr} 是两国的出口部分，属于最终需求，但现在国际投入产出表把两国经济看作一个整体，这些本来外生的部分成为两国结合在一起的经济整体中的内生因素。在此基础上，就像进行一国的模型分析一样，研究两国产业间的完全联系。

我们以 $B=(I-A)^{-1}-I=\begin{bmatrix}B^{rr} & B^{rs}\\ B^{sr} & B^{ss}\end{bmatrix}$ 表示国际投入产出表的完全消耗系数矩阵。因此，有：

$$\begin{bmatrix}B^{rr} & B^{rs}\\ B^{sr} & B^{ss}\end{bmatrix}\begin{bmatrix}y^r\\ y^s\end{bmatrix}+\begin{bmatrix}y^r\\ y^s\end{bmatrix}=\begin{bmatrix}x^r\\ x^s\end{bmatrix}$$

那么，模型可以表示为：

$$B^{rr}y^r+B^{rs}y^s+y^r=x^r$$
$$B^{sr}y^r+B^{ss}y^s+y^s=x^s$$

表明 r 国的产出中中间产品的部分，一部分用于生产本国的最终需求，即 $B^{rr}y^r$，另一部分用于生产 s 国的最终需求 $B^{rs}y^s$。同样，s 国的产出中中间产品的部分，一部分用于生产 r 国的最终需求 $B^{sr}y^r$，另一部分用于生产本国的最终需求，即 $B^{ss}y^s$。因此，r 国的最终需求 y^r 对两国产出的影响，不仅包括拉动本国的产出 $B^{rr}y^r$，而且包括拉动 s 国的产出 $B^{sr}y^r$。同样，s 国的最终需求 y^s 不仅拉动本国的产出 $B^{ss}y^s$，也拉动 r 国的产出 $B^{rs}y^s$。投入产出分析中，把一国最终需求对另一国产出的拉动效应称为扩散效应（spillover effect）。也就是分别对应 $B^{sr}y^r$ 与 $B^{rs}y^s$ 的部分。

为进一步分析，我们引入 A 矩阵分块矩阵的表示形式：

$$\begin{bmatrix}A^{rr} & A^{rs}\\ A^{sr} & A^{ss}\end{bmatrix}\begin{bmatrix}x^r\\ x^s\end{bmatrix}+\begin{bmatrix}y^r\\ y^s\end{bmatrix}=\begin{bmatrix}x^r\\ x^s\end{bmatrix}$$

于是有联立方程：

$$(I-A^{rr})x^r-A^{rs}x^s=y^r$$
$$-A^{sr}x^r+(I-A^{ss})x^s=y^s$$

上述方程组是用总产品来表示最终产品，而之前的联立方程则是用最终产品来表示总产品。两者的区别还在于前者是以内生的方式处理两国间的进出口，而这里则是采用一种外生的方式。

通过上述方程组的第一式，可以得到：

$$x^r=(I-A^{rr})^{-1}A^{rs}x^s+(I-A^{rr})^{-1}y^r$$

代入第二式，整理得到：

$$x^s = A^{ss}x^s + A^{sr}(I - A^{rr})^{-1}(A^{rs}x^s + y^r) + y^s \quad (8.25)$$

同理，通过求解也可以得到 x^r 的表达式：

$$x^r = A^{rr}x^r + A^{rs}(I - A^{ss})^{-1}(A^{sr}x^r + y^s) + y^r \quad (8.26)$$

上述两式正是行向基本方程 $Zi + y = x$ 的一个变形，表示的是两国产出的使用去向。其中第一个方程表示 s 国的产出 x^s 由三个部分构成：

用于本国中间使用的部分：$A^{ss}x^s$，这部分相当于 z^{ss}。

用于 r 国中间使用的部分：$A^{sr}(I-A^{rr})^{-1}(A^{rs}x^s+y^r)$，这部分相当于 z^{sr}，也就是 s 国产出用于出口 r 国的部分，这部分出口被看作是 r 国最终需求拉动的结果。在进口外生化的模型中，r 国的最终需求包括本国的最终需求 y^r，以及出口 s 国的出口品 $A^{rs}x^s$。

用于本国最终使用的部分：y^s。

对第二个方程的分析相同。

在上述构成项目中，$A^{sr}(I-A^{rr})^{-1}A^{rs}x^s$ 的部分反映了 s 国的进口（即 $z^{rs}=A^{rs}x^s$，也就是 r 国的出口）又反过来拉动了 s 国的出口 z^{sr}。这被称为反馈效应（feedback effect）。

最后，我们需要注意两组表达式之间的关系：

$$B^{sr}y^r + B^{ss}y^s + y^s = x^s$$
$$x^s = A^{ss}x^s + A^{sr}(I - A^{rr})^{-1}(A^{rs}x^s + y^r) + y^s$$

因此，

$$A^{ss}x^s + A^{sr}(I - A^{rr})^{-1}(A^{rs}x^s + y^r) + y^s = B^{sr}y^r + B^{ss}y^s + y^s$$

说明上述两个部分总量相同，但是两者的相应项目之间并不存在相等的关系。即：$A^{ss}x^s \neq B^{ss}y^s$，且 $A^{sr}(I-A^{rr})^{-1}(A^{rs}x^s+y^r) \neq B^{sr}y^r$。直接系数中对应的是进出口关系，而完全系数对应的不是进出口关系，而是用于生产不同国家的最终产品。在 s 国的产品用于生产 s 国最终需求的中间使用 $B^{ss}y^s$ 中，这些产品既可能在 s 国参与生产过程，也可能作为出口品在 r 国参与生产过程。直接系数的表达式与利用进口矩阵建立的模型之间并没有根本区别，本质上都是把进口外生化的处理方式。

8.2.4　垂直专业化与国际价值链

在前面的介绍中，纵向一体化概念可以追溯到斯拉法的“子体系”，但这一概念在现今的流行更多源于近年来随着跨国公司的发展，生产过程跨国分散化（fragmentation of production processes），与此相伴随的是企业外包（outsourcing）的现象越来越突出。从企业的角度看，外包一般指的是与外部企业签订协议，把本来由自己企业承担的产品与服务生产转而由外部企业来提供。但是随着跨国企业的兴起，很多这种外包行为不仅发生在本国，也发生在不同国家之间。因此往往用离岸外包（off-shoring）来进一步指部分生产过程转移到国外的情形（见图 8-1）。

理论上，针对国家之间的纵向一体化生产活动，更多采用“垂直专业化”（vertical specialization）这一概念。专业化概念本身指的是一个“水平的”现象，例如某个企业或国家具有某种产品的生产优势，进而占有国内国际市场一个比较大的份额。但是，随着跨国公司的发展，很多产品的生产不再局限于某个国家或某个企业，其整个生产过程被分散为不同的生产阶段，并由不同的具有某个阶段生产优势的国家或地区来完成。因此在垂直专业化生产过程中，从某个国家的角度看，往往是处在对进口产品进行再加工并出口的整个生产过程的某个环节或阶段。与加工过程分散化相伴随的是，不同国家在整个产品生产的价值创造过程中，占有不同的份额或比例。对这一问题的分析，带来了围绕垂直专业化与外包而产生的价值链问题。例如美国在全球销售的 iPhone 手机，由美国设计、日本提供硬盘、韩国提供内存、美国提供处理器等等，再到中国进行装配，由美国销售，最终进入消费者手中。在整个手机的价值创造过程中，中国的增加值可能只占整个手机价值的不到 2%。

	国内	国际
企业间外包（outsourcing）	国内外包	国际外包
企业内内包（insourcing）	国内供给	国际内包
	一国内	国家间

→离岸外包（国际外包、国际内包）

图 8-1　外包的分类

在对垂直专业化的研究中，投入产出作为一个经验研究方法发挥了重要作用。投入产出方法提供了看待生产过程的两个视角：一个是大家通常所见的直接生产过程的视角，某个产品直接由某个产业来生产；另一个是人们无法直接看到的完全联系的视角，围绕某个最终产品，不同的产业联系在一起，最终把这一最终产品生产出来。这一视角如果不利用投入产出方法是无法展现出来的。垂直专业化概念的核心是围绕最终产品的生产，不同国家之间联系起来，也就是说，把不同国家看作封闭经济中的不同产业，一项最终产品不是由一国来完成，而是要由不同国家在相互联系中来完成。因此需要注意的是，垂直专业化不仅是一个不同国家前后继起的生产链，而且是相互联系的一个生产链。也就是说，不是一个线性流，而是一个循环流。例如在前面的手机例子中，尽管硬盘是由日本提供的，却是在中国装配的，并使用了来自日本和美国的元器件。

对于一国的垂直专业化，可以通过计算出口中的进口价值含量来度量。[①] 例如，在某一国家 B，从 A 国进口中间产品，在本国加工成最终产品并出口到 C 国。那么 B 国的垂直专业化的价值量可以计算为：

$$VS = \frac{M}{X} \times Z$$

其中，M 为中间产品进口，X 为总产出，而 Z 为总出口。上式经过变形也可以计算为：

① David Hummels, Jun Ishii, Kei-Mu Yi. The nature and growth of vertical specialization in world trade (original research article), *Journal of International Economics*, Volume 54, Issue 1, June 2001: 75-96.

$$VS = \frac{Z}{X} \times M$$

前者的含义是出口品中所包含的进口价值，而后者的含义为进口中用于生产出口品的价值，两者是一致的。

上述垂直专业化指标可以分别以每个产业来计算，也可以按整个国家来计算，而一国所有产业垂直专业化价值量的合计等于一国的垂直专业化价值量。即：$VS = \sum VS_i$。

此外，为了进行国家之间垂直专业化程度的比较，可以计算单位出口的垂直专业化价值量，也就是用计算的垂直专业化价值量除以出口而得到 VS 出口份额。实际上，我们注意到，VS 除以出口 Z 进行标准化所计算的 VS 出口份额就等于中间产品进口占总产出的比重。可以分别针对投入产出的各个产业和一国整体经济进行计算。对于一国 VS 出口份额与各产业 VS 出口份额之间的关系，因为：

$$\frac{VS}{Z} = \frac{\sum VS_i}{\sum E_i} = \frac{\sum \frac{VS_i}{E_i} E_i}{\sum E_i} = \sum \frac{VS_i}{E_i} \frac{E_i}{Z}$$

其中，E_i 为产业 i 的出口，$Z = \sum_i E_i$。

由此可见，一国的 VS 出口份额不是简单地对各产业份额的加总，而是要受到不同产业出口比重大小的影响。以各产业出口比重为权数，对各产业 VS 出口份额加总，得到一国的 VS 出口份额。

利用投入产出数据计算一国 VS 出口份额时，已知进口系数矩阵 A^m，用一个都为 1 的行向量 $i = (1, \cdots, 1)$ 左乘 A^m，就得到各部门中间投入进口占该部门总投入或总产出的比重。进一步得到各产业的垂直专业化价值（VS）：

$$(VS_1, VS_2, \cdots, VS_n) = i \cdot A^m \cdot \hat{E}$$

其中，$\hat{E}$ 为各部门出口为对角元素构成的对角矩阵。

各部门 VS 出口份额为：

$$(VS_1, VS_2, \cdots, VS_n)\hat{E}^{-1} = i \cdot A^m \cdot \hat{E}\hat{E}^{-1} = i \cdot A^m$$

即各部门 VS 出口份额就等于直接进口系数的列向合计，也就等于该部门中间产品进口占总产出的比重。

一国的垂直专业化价值（VS）是各部门垂直专业化价值的加总，也就是：

$$VS = \sum_i VS_i = i \cdot A^m \cdot E$$

其中，E 为出口列向量。

进一步，一国的 VS 出口份额可以计算为：

$$\frac{VS}{Z} = \frac{\sum VS_i}{Z} = i \cdot A^m \cdot E \cdot \frac{1}{Z}$$

也称为一国的垂直专业化率。

利用投入产出模型把直接进口系数转换为完全进口系数，就可以按完全进口系数来计算一国的 VS 出口份额。因为对于一国总体经济而言，VS 计算的是一国出口中包含的进口含量。利用直接进口系数计算的是出口中包含的直接进口价值，而利用完全进口系数则计算的是出口中包含的完全进口价值。完全进口量中包含了间接用于出口品生产的进口。用公式可以表示为：

$$VS = i \cdot A^m (I - A^D)^{-1} \cdot E$$

其中，A^D 为国内直接消耗系数矩阵。

进一步，利用完全进口系数计算 VS 出口份额，就有：

$$\frac{VS}{Z} = i \cdot A^m (I - A^D)^{-1} \cdot E \cdot \frac{1}{Z}$$

也称为完全垂直专业化率。

利用完全进口系数计算的各部门 VS 出口份额则是：

$$(VS_1, VS_2, \cdots, VS_n)\hat{E}^{-1} = i \cdot A^m \cdot (I - A^D)^{-1} \cdot \hat{E}\hat{E}^{-1} = i \cdot A^m \cdot (I - A^D)^{-1}$$

直接系数与完全系数计算得到同一部门不同的 VS 份额，差异就在于同一出口产品的生产不仅直接需要进口品，而且通过其他投入品间接需要进口品。利用直接系数计算的进口含量并不高的产品，有可能利用完全系数计算则会有很高的进口含量，这意味着该出口品通过其他投入品消耗了更多的进口。

上述对于垂直专业化程度的计算可以依据一国投入产出来进行，但是对于价值链问题的分析则需要依赖国际投入产出表。对于任何一个最终产品的生产，只要有不同的国家参与其中，那么产品的总价值，或者是出售所得到的总收入就要在不同的参与国之间进行分派。这种分派或者说是参与生产所得到的收入，在投入产出分析方法看来其实很简单，就是要分析与计算这一最终产品的需求如何拉动不同国家的增加值。

例如一个包含 r 国与 s 国的两国国际投入产出表，最终需求拉动增加值的公式可以表示如下：

$$\begin{bmatrix} V^{rr} & V^{rs} \\ V^{sr} & V^{ss} \end{bmatrix} = \begin{bmatrix} v^r & \\ & v^s \end{bmatrix} \begin{bmatrix} B^{rr} & B^{rs} \\ B^{sr} & B^{ss} \end{bmatrix} \begin{bmatrix} y^{rr} & y^{rs} \\ y^{sr} & y^{ss} \end{bmatrix}$$

其中，$\begin{bmatrix} y^{rr} & y^{rs} \\ y^{sr} & y^{ss} \end{bmatrix}$ 的第一列分别为 r 国对本国与 s 国产品的最终需求，第二列分别为 s 国对 r 国与本国产品的最终需求；$\begin{bmatrix} B^{rr} & B^{rs} \\ B^{sr} & B^{ss} \end{bmatrix}$ 为列昂惕夫逆阵；$\begin{bmatrix} v^r & \\ & v^s \end{bmatrix}$ 为两国的增加值率对角矩阵；$\begin{bmatrix} V^{rr} & V^{rs} \\ V^{sr} & V^{ss} \end{bmatrix}$ 的第一列为 r 国最终需求拉动本国与 s 国的增加值，而第二列则是 s 国最终需求拉动 r 国与本国的增加值。用大写字母 V 表示增加值的绝对量，而用小写字母 v 表示增加值率。

展开为方程形式，有：

r 国最终需求拉动本国增加值：$V^{rr}=v^{r}(B^{rr}y^{rr}+B^{rs}y^{sr})$

r 国最终需求拉动 s 国增加值：$V^{sr}=v^{s}(B^{sr}y^{rr}+B^{ss}y^{sr})$

s 国最终需求拉动 r 国增加值：$V^{rs}=v^{r}(B^{rr}y^{rs}+B^{rs}y^{ss})$

s 国最终需求拉动本国增加值：$V^{ss}=v^{s}(B^{sr}y^{rs}+B^{ss}y^{ss})$

以 r 国最终需求 y^{r} 为例，引发的两国增加值的情况可见图 8－2：

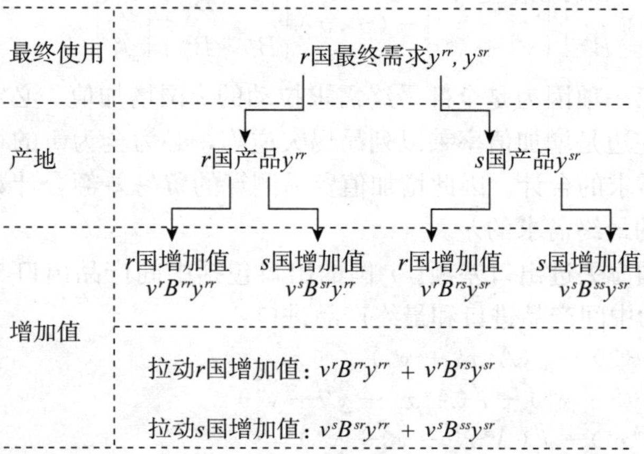

图 8－2　产品新增价值在两国间的分配

跨国生产以及由此所带来的中间产品贸易的增长使得一国出口与这一出口给该国所带来的收入或增加值之间产生了背离。为了更好反映一国进出口背后的实际增加值的变化，人们提出了增加值贸易（Trade in Value Added，TiVA）概念。从最终需求出发来重新界定增加值的进口与出口，把国外最终需求拉动的国内增加值称为增加值出口，而把国内最终需求拉动的国外增加值称为增加值进口。基于上述以两国为例的国际投入产出表，r 国对 s 国的增加值出口可以表示为：

$$(v^{r},0)\begin{pmatrix}B^{rr} & B^{rs}\\ B^{sr} & B^{ss}\end{pmatrix}\begin{pmatrix}y^{rs}\\ y^{ss}\end{pmatrix}=v^{r}B^{rr}y^{rs}+v^{r}B^{rs}y^{ss}$$

相应的，r 国从 s 国的增加值进口则表示为：

$$(0,v^{s})\begin{pmatrix}B^{rr} & B^{rs}\\ B^{sr} & B^{ss}\end{pmatrix}\begin{pmatrix}y^{rr}\\ y^{sr}\end{pmatrix}=v^{s}B^{sr}y^{rr}+v^{s}B^{ss}y^{sr}$$

因此，按增加值贸易口径计算的 r 国对 s 国的净出口为：

$$(v^{r},0)\begin{pmatrix}B^{rr} & B^{rs}\\ B^{sr} & B^{ss}\end{pmatrix}\begin{pmatrix}y^{rs}\\ y^{ss}\end{pmatrix}-(0,v^{s})\begin{pmatrix}B^{rr} & B^{rs}\\ B^{sr} & B^{ss}\end{pmatrix}\begin{pmatrix}y^{rr}\\ y^{sr}\end{pmatrix}$$

通常，在多国的经济系统中，一国按增加值贸易口径计算的对另一国的净出口不会等于按海关口径计算的净出口，但是可以证明，用两种口径计算的一国对所有国家总的贸易差额结果却相等。这对于增加值贸易概念而言是一个很好的性质。

为了说明两者的一致性，仍以上述两国国际投入产出表为例，而且我们假设整个国际经济只包含这两个国家。如果是这样，两国表中来自世界其他国家的进口部分将不存在，相应的，也不存在两国对世界其他国家的最终产品出口。所有国家构成相互联系的整体，而不存在外生于这一多国生产系统的其他国家。

以 r 国贸易差额的计算为例，首先计算 r 国增加值贸易口径的总的进出口差额，并进行公式变换，可得到：

$$
\begin{aligned}
&(v^r,0)\begin{pmatrix}B^{rr} & B^{rs}\\ B^{sr} & B^{ss}\end{pmatrix}\begin{pmatrix}y^{rs}\\ y^{ss}\end{pmatrix}-(0,v^s)\begin{pmatrix}B^{rr} & B^{rs}\\ B^{sr} & B^{ss}\end{pmatrix}\begin{pmatrix}y^{rr}\\ y^{sr}\end{pmatrix}\\
&=(v^r,0)\begin{pmatrix}B^{rr} & B^{rs}\\ B^{sr} & B^{ss}\end{pmatrix}\begin{pmatrix}y^{rs}+y^{rr}\\ y^{ss}+y^{sr}\end{pmatrix}-(v^r,v^s)\begin{pmatrix}B^{rr} & B^{rs}\\ B^{sr} & B^{ss}\end{pmatrix}\begin{pmatrix}y^{rr}\\ y^{sr}\end{pmatrix}
\end{aligned}
$$

上式结果中的第一项因为是全部最终需求拉动的 r 国增加值，必定等于 r 国的全部增加值，第二项因为左边是增加值率乘以列昂惕夫逆阵，必为全为 1 的行向量，因此这部分的结果为 r 国最终需求的合计。因此增加值贸易测算的贸易差额合计数为该国收入或增加值与该国支出形成的最终需求的差。

其次，考察 r 国海关进出口差额。r 国的出口包括中间产品出口与最终产品出口，进口则包括来自 s 国的中间产品进口和最终产品进口：

$$
\begin{aligned}
&i'(A^{rs}x^s+y^{rs})-i'(A^{sr}x^r+y^{sr})\\
&=i'(A^{rs}x^s+y^{rs}+y^{rr})-i'(A^{sr}x^r+y^{sr}+y^{rr})\\
&=(V^ri+i'A^{sr}x^r)-i'(A^{sr}x^r+y^{sr}+y^{rr})\\
&=V^ri-i'(y^{sr}+y^{rr})
\end{aligned}
$$

其中 i' 为全为 1 的行向量。第二式中第一项为 r 国的全部最终需求，根据表的平衡关系，应该等于该国的中间产品进口加上该国的增加值。最终结果表明，海关进出口差额也等于该国增加值与该国最终需求的差。

这两种度量下的贸易差额的一致性表明，按增加值贸易测算得到的双边贸易差额是对实际海关贸易差额的一个调整，这种调整对于该国与它的不同双边贸易伙伴的贸易差额而言，有增加也有减少，但所有增加与减少总的结果一定为 0，也就是说调整前后对于一国的总贸易差额并不产生影响。增加值贸易测算的目的就是试图反映贸易图景背后各国的实际收入。世界贸易组织的一项研究报告表明，“2005 年按贸易量计算的美中贸易逆差 2 180 亿美元，如果按增加值计算将减少到 1 010 亿美元，缩减了 53%，而 2008 年则在 2 850 亿美元逆差的基础上缩减了 42%，而这些缩减了的收入本应该属于像日本、韩国、马来西亚等国家。”①

8.3 矩阵乘数

8.3.1 投入产出乘数与凯恩斯乘数

凯恩斯乘数（Keynes multiplier）指的是任何外生的最终需求的增加，例如投资的增

① WTO & IDE－JETRO，2011，Trade patterns and global value chains in east Asia：from trade in goods to trade in tasks，http://www.wto.org/english/res_e/booksp_e/stat_tradepat_globvalchains_e.pdf.

加，将引起收入的增加，而收入的增加又进一步以一定比例引起消费的增加，消费需求的增加又引起新一轮收入的增加，如此下去，使得社会在具有闲置资源与过剩生产能力的条件下，获得数倍于最初外生需求增量的收入增量。

投入产出基本模型 $x=(I-A)^{-1}y$ 中，如果给定某个或若干个部门最终需求的增量，最终会带来各部门总产出若干倍的增加，产生这种倍数关系的列昂惕夫逆阵 $(I-A)^{-1}$ 就是投入产出乘数。

作为对投入产出基本模型的进一步扩展，各种要素的直接投入系数 A_v 可以通过投入产出乘数放大为完全投入系数 B_v，即：

$$B_v=A_v(I-A)^{-1}$$

直接系数 A_v 中的元素表明的是第 j 个部门单位总产品增加需要增加要素投入，并进一步带来的要素收入增加，而完全系数 B_v 表明的则是 j 部门单位最终产品增加不仅直接需要各种要素的增加，还间接需要其他部门的物耗投入，而为生产这些产品也需要投入要素，进而增加这些部门的要素收入，从而放大了这种收入创造过程。实际上，这也正是在投入产出体系中表现了最终需求扩大带来国民收入或 GDP 扩大的一种倍数关系。

但是，我们知道在上述关系式中，系数 A_v 中的每个元素是小于 1 的，表明对产品的需求会带来收入的直接扩大，但不会超过产品价值量本身，那么完全收入的增加呢？投入产出的系数关系表明 B_v 中的每个元素是等于 1 的，这意味着 1 个单位的最终需求只会增加 1 个单位的国民收入，两者不存在倍数关系。

因此，我们认识到投入产出乘数的性质，表明的是 1 个单位最终需求的扩大会带来中间投入的直接增加，而为生产这些中间产品又会同样带来相应的中间投入的增加，如此相互需求不断放大，从而最终使总产出数倍于最终需求的增加，带来投入产出乘数的倍数关系。但是这种放大只是针对中间产品的，从最终需求与初始投入的关系来看，两者是对等的，也就是上面所说的，1 个单位的最终需求只是带来 1 个单位的国民收入的增加。

凯恩斯乘数效应则是引入了收入对消费的反馈效应。用 Y 表示总收入，I 表示总投资，c 表示消费倾向，那么由 $Y=cY+I$，有 $Y=(1-c)^{-1}I$，其中 $(1-c)^{-1}$ 就是凯恩斯乘数。

戈德温（R. M. Goodwin）明确地把投入产出乘数称为矩阵乘数（matrix multiplier），并用一个闭模型系统来表现凯恩斯乘数与投入产出乘数之间的区别与联系。这里所谓闭模型指的是在多部门的生产系统之外，引入居民部门，从而构成一个在理论性质上的两部门经济系统。戈德温对此进行了如下说明：①

在下面的模型中，Y_{ij} 表示第 i 部门产品销售给第 j 部门的价值量。行表示销售，并从第 j 种产品的销售中获得总收入 $_RY_j$；列表示购买，并从第 i 部门的购买中形成总支出 $_eY_i$。用第 n 个部门表示居民部门，既是生产要素的提供者，同时产生最终需求，实际上就是凯恩斯总量分析中与企业所对应的居民，它的全部收入就是国民收入。所有这些行的合计，也就是销售合计相加，同时所有这些列的合计，也就是支出合计相加，两者相等，都等于 $\overline{PT}$。

① Goodwin，R. M. The multiplier as matrix，*Economic Journal*，LIX (236)，December，1949：537－555.

$$
\begin{array}{ccccccccc}
\cdot & + & Y_{12} & + & \cdots & + & Y_{1n} & = & {}_RY_1 \\
+ & & + & & & & + & & \\
Y_{21} & + & \cdot & + & \cdots & + & Y_{2n} & = & {}_RY_2 \\
+ & & + & & & & + & & \\
\vdots & & \vdots & & \ddots & & \vdots & & \vdots \\
+ & & + & & & & Y_{n-1,n} & & \\
+ & & + & & & & + & & \\
Y_{n1} & + & Y_{n2} & + & \cdots & + Y_{n,n-1} + & \cdot & = & {}_RY_n \\
\| & & \| & & & & \| & & \| \\
{}_eY_1 & + & {}_eY_2 & + & \cdots & + & {}_eY_n & = & \overline{PT}
\end{array}
$$

在上面的模型中，因为所有的列向合计的和等于行向合计的和，都等于 $\overline{PT}$，所以，可以写出下面的公式：

$$ {}_RY_n - {}_eY_n = ({}_eY_1 - {}_RY_1) + ({}_eY_2 - {}_RY_2) + \cdots + ({}_eY_{n-1} - {}_RY_{n-1}) \tag{8.27} $$

在上面的公式中，左边表示的是居民收入减去居民支出，其净额就是储蓄，右边表示各部门支出减去收入的合计，实际上是投资。因此公式本身表示的是企业的投资等于住户的储蓄。

在一个封闭系统中，所有支出与收入之间的差额为 0，即：

$$ \sum_{i=1}^{n} ({}_eY_i - {}_RY_i) = 0 $$

定义居民消费是其收入的线性函数：

$$ {}_eY_n = b + \alpha_R Y_n $$

其中，α 表示边际消费倾向，b 为与收入无关的支出。上式经过变换，有：

$$ {}_RY_n = \frac{1}{1-\alpha}\left[b + ({}_eY_1 - {}_RY_1) + \cdots + ({}_eY_{n-1} - {}_RY_{n-1})\right] \tag{8.28} $$

表示各企业部门支出超过收入的部分给居民总收入带来的乘数效应，而其中的系数 $\dfrac{1}{1-\alpha}$ 就是乘数。

如果以投入产出形式来描述该经济系统，用每一列对不同部门产品的购买除以该部门的产出，以此计算出投入系数，并进一步有如下模型：

$$
\begin{bmatrix}
-1 & a_{12} & \cdots & a_{1n} \\
a_{21} & -1 & \cdots & a_{2n} \\
\vdots & \vdots & & \vdots \\
a_{n-1,1} & a_{n-1,2} & \cdots & a_{n-1,n} \\
a_{n1} & a_{n2} & \cdots & -1
\end{bmatrix}
\begin{bmatrix} y_1 \\ y_2 \\ \vdots \\ y_{n-1} \\ y_n \end{bmatrix} = 0 \tag{8.29}
$$

其中，a 表示投入系数，y 表示部门产出或销售收入，对角元素则表示部门产出系数，实际上除以自身等于 1。用矩阵表示这一闭模型系统就是：

$$ Ay = y $$

或者是

$$(A-I)y=0$$

其中，A 是对角元素为 0 的投入系数矩阵，y 表示部门产出，也就是收入向量。

系数矩阵 $(A-I)$ 的列向合计为 0，表明每一部门的收入等于每一部门的支出，每个部门恰好花费掉它的收入。对于最后一个部门即居民部门而言，有：

$$-(1-\sum_{i=1}^{n-1}a_{in})y_n=0$$

表示居民收入 y_n 被用于购买各种消费品支出 $a_{1n}y_n, a_{2n}y_n, \cdots, a_{n-1,n}y_n$。那么这时所有居民部门的 a 系数的合计，即 $\alpha=\sum_{i=1}^{n-1}a_{in}$ 实际上就是边际消费倾向，而且这时的边际消费倾向等于 1。

在持萨伊定律的"古典"学者看来，尽管总收入并不一定等于总支出，但假定一个完善的资本市场能够实现两者的相等。而这一点恰恰是凯恩斯所要攻击的。在凯恩斯看来，家庭部门并不把所有的收入都花掉，其边际消费倾向小于 1，即把其收入的一部分用于消费，另一部分用于储蓄。假定消费的部分与收入有关，这时对于矩阵中的最后一列，可以表示为：

$$\begin{matrix} a_{1n}y_n+ & b_{1n} \\ \vdots & \vdots \\ a_{n-1,n}y_n+ & b_{n-1,n} \\ -1 & \end{matrix}$$

列向合计，有：

$$-(1-\alpha_n)y_n+\sum_{i=1}^{n-1}b_{in}$$

表示收入分别用于消费和储蓄。同样对于企业来说，除弥补现期生产的各项投入外，往往要注入资金，这样企业的任何一列都可以表示为：

$$\begin{matrix} a_{1j}y_j+ & b_{1j} \\ \vdots & \vdots \\ a_{nj}y_j+ & b_{nj} \end{matrix}$$

其中，系数 b 表示资金的净注入。所有系数 b 的列向合计称为这一部门的净投资。如此把企业部门所有的净投资独立出来，并移到方程右边，这时有：

$$\begin{bmatrix} -1 & a_{12} & \cdots & a_{1n} \\ a_{21} & -1 & \cdots & a_{2n} \\ \vdots & \vdots & & \vdots \\ a_{n-1,1} & a_{n-1,2} & \cdots & a_{n-1,n} \\ a_{n1} & a_{n2} & \cdots & -1 \end{bmatrix}\begin{bmatrix} y_1 \\ y_2 \\ \vdots \\ y_{n-1} \\ y_n \end{bmatrix}=-\begin{bmatrix} \sum_j b_{1j} \\ \sum_j b_{2j} \\ \vdots \\ \sum_j b_{n-1,j} \\ \sum_j b_{nj} \end{bmatrix}$$

需要注意的是，这时系数矩阵中的投入系数 a 与前面的公式相比含义已经改变了，不包括净投资。从投入产出的关系来看，上式只是把闭模型中的投资独立出来。用矩阵表述为：

$$Ay-y=-B$$

或者是

$$(A-I)y=-B$$

其中，B 表示净投资列向量。

如果把前 $n-1$ 行加到最后一行上，有：

$$\begin{bmatrix} -1 & a_{12} & \cdots & a_{1n} \\ a_{21} & -1 & \cdots & a_{2n} \\ \vdots & \vdots & & \vdots \\ a_{n-1,1} & a_{n-1,2} & \cdots & a_{n-1,n} \\ 0 & 0 & \cdots & -(1-\alpha_n) \end{bmatrix} \begin{bmatrix} y_1 \\ y_2 \\ \vdots \\ y_{n-1} \\ y_n \end{bmatrix} = - \begin{bmatrix} \sum_j b_{1j} \\ \sum_j b_{2j} \\ \vdots \\ \sum_j b_{n-1,j} \\ \sum_i \sum_j b_{ij} \end{bmatrix}$$

其中，$\alpha_n = a_{1n}+a_{2n}+\cdots+a_{n-1,n}$，$\sum_i \sum_j b_{ij} = b_{1j}+b_{2j}+\cdots b_{nj}$，其最后一行的关系为：$y_n = \dfrac{\sum_{ij} b_{ij}}{1-\alpha_n}$。

这正好表明了居民收入，即国民收入与净投资的一个倍数关系，其中 $\dfrac{1}{1-\alpha_n}$ 就是凯恩斯乘数。在模型中，由

$$(I-A)y=B$$

得到：

$$y=(I-A)^{-1}B \tag{8.30}$$

其中系数 $(I-A)^{-1}$ 就是矩阵乘数，或者说是投入产出乘数，实际上正是列昂惕夫逆阵。

8.3.2 局部闭模型

在投入产出基本行模型中：

$$x=(I-A)^{-1}y$$

我们往往把中间使用与最终使用区别开来，并把最终需求，包括消费、投资或出口看作外生变量，由此分析最终需求 y 的变化，在技术系数 A 不变的情形下，将带来产出 x 多大程度的改变。这种在投入产出分析模型中一部分变量作为外生变量的分析框架，称为

投入产出开模型（open model）。

如果把全部最终需求都包含到中间流量矩阵中，这时在 $y=0$ 的同时得到一个扩大的系数矩阵 A^*，行向平衡关系就从 $Ax+y=x$ 转化为 $A^*x^*=x^*$，也就有 $(I-A^*)x^*=0$。这时模型中所有变量都是内生的，称为投入产出闭模型（closed model）。上节中的模型 $(A-I)y=0$ 就是闭模型的一个例子。列昂惕夫在最初提出投入产出模型时，恰恰是投入产出闭模型。

闭模型尽管具有重要的理论价值，但是在实际应用中面临的很多问题往往是外生的。例如一些偶然的外部因素的冲击、一项主动的政策改变，以及由其他国家决定的出口，等等。因此，随着对现实经济问题研究和政策分析的需要，逐渐把投入产出开模型作为投入产出模型的一般形式。

开模型一般把最终需求的所有部分都作为外生变量，但是为了分析的需要，投入产出研究中提出了把最终需求的一部分放到中间流量中加以内生化，称为局部闭模型。实际分析中，最常用的做法是把住户部门增加到中间产品象限中。住户部门的行表示住户部门对各部门的投入，为各部门支付的劳动者报酬形成的住户的收入，即住户从各部门得到的收入。住户部门的列则是住户部门对消费品和服务的购买。住户劳动者报酬增加后，住户对各部门产品和服务的需求必然随之扩大，从而刺激各部门生产的发展。引入住户部门的局部闭模型可以对收入与消费之间的关系，以及这种关系在生产中所产生的连锁反应加以反映。不仅反映最终需求通过中间投入而引起的各部门产品的直接和间接需要，而且反映由于住户的收入增加，从而引起的对各部门产品的需求。

局部闭模型的直接消耗系数可以表示为：

$$A^*=\begin{bmatrix} a_{11} & \cdots & a_{1n} & a_{1,n+1} \\ \vdots & & \vdots & \vdots \\ a_{n1} & \cdots & a_{m} & a_{n,n+1} \\ a_{n+1,1} & \cdots & a_{n+1,n} & a_{n+1,n+1} \end{bmatrix}=\begin{bmatrix} A & H_c \\ H_r & h \end{bmatrix}$$

其中，$H_r=(a_{n+1,1}, a_{n+1,2}, \cdots, a_{n+1,n})$ 为住户从各部门所得到的收入系数行向量，$H_c=(a_{1,n+1}, a_{2,n+1}, \cdots, a_{n,n+1})'$ 为住户收入中各部门产品的消费额比例列向量。h 为住户对住户的支付系数。实际数据分析中，可能住户收入与消费支出合计数并不相等，为保持投入产出表的行列平衡关系，如果住户收入大于消费支出可以对所有部门采用同一的折扣比率，把多出的部分扣减出来仍留在第三象限。

在扩展的直接消耗系数 A^* 的基础上，可计算扩展的完全消耗系数矩阵和扩展的完全需求系数矩阵。通过完全需求系数，还可以进一步把各种直接投入系数转换为完全投入系数，如完全的就业系数、完全的资源占用系数等。

8.3.3　投入产出的收入乘数效应

从前面的分析中我们知道，投入产出乘数与凯恩斯乘数表达了不同的含义，但是如何把两者结合起来，以弥补投入产出乘数收入放大效应的不足，以及凯恩斯乘数结构效应的不足，在理论上如何结构化凯恩斯乘数仍然是一个值得关注的问题。这一部分我们对结构化凯恩斯乘数方法中存在的理论问题进行说明，在下一部分则对这方面的某些尝试进行介绍说明。

我们从投入产出的收入乘数分析开始，给出如下定义：

对非负方阵 A 和增加值系数（部门增加值与部门总产出的比率）行向量 v，定义生产收入乘数（production income multipliers）为 $v\sum_{k=0}^{\infty}A^k = v + vA + vA^2 + vA^3 + \cdots$。

如此定义的生产收入乘数是一个行向量，其中，第 j 个元素表示对商品 j 的最终需求增加 1 个单位为整个经济所带来的收入的增加。这中间 v 是直接收入效应，而 vA 是直接物耗投入生产所带来的收入效应，此后的各项 $vA^2 + vA^3 + \cdots$ 则是间接物耗生产所带来的收入效应。

正如上面所分析的，如果定义中 A 为直接消耗系数，而 v 为增加值系数，则从投入产出的系数关系中我们知道，上述生产收入乘数的各元素，在实物表的基础上计算出来正好等于各部门的价格，而在价值表的基础上计算出来则为 1。

有了投入产出的收入乘数的概念，再来考虑如何引入凯恩斯乘数。

首先把最终需求分为消费与其他项两个部分，即：

$$x - Ax = avx + z$$

其中，v 为各部门增加值系数的行向量，其元素为单位总产出的增加值比率，x 为总产出列向量，因此 vx 为各部门收入的合计，即为总收入，a 为单位收入用于消费的消费列向量，实际上可看作是结构性的消费倾向。

那么结构性的消费倾向与总量性的消费倾向关系如何表现呢？这里的结构性的消费倾向 a，表示 1 个单位的收入中用于消费的部分，即在各种商品上消费的量。结构性的消费倾向 a 与总量性的消费倾向 c 之间的关系是 $c = vBa$。其中，如果利用投入产出实物表，a 向量中的元素为消费的实物量，相应的 vB 就是各部门产品的价格；如果利用价值表，就是消费价值量，而相应的 vB 就是元素为 1 的向量，无论何种情况，a 只不过是 c 的一种结构性表述。

对于上述模型，avx 只不过是把生产中形成的总收入 vx 转换为最终需求的消费列向量，而 z 则为最终需求中除消费外的其他项（如投资等）。

由上式，有：

$$x - (A + av)x = z$$

$$x = [I - (A + av)]^{-1} z \tag{8.31}$$

这时，我们如何理解 av 这一项的含义呢？

av 是一个由 n 维列向量与 n 维行向量相乘得到的 $n \times n$ 矩阵。其中第 (i,j) 位置的元素为 $a_i v_j$，表示由单位商品 j 生产所带来的收入引致的对商品 i 的消费。整个矩阵 $(A + av)$ 中第 (i,j) 位置的元素的含义则是单位商品 j 生产所需要的第 i 种商品的投入，以及生产所带来的收入引致的对商品 i 的消费。由此可以清楚地看到，消费被内生化到投入产出乘数中。

把消费内生化以后，生产收入乘数相应地改变，称为总收入乘数：

$$v\sum_{k=0}^{\infty}(A+av)^k = v[I-(A+av)]^{-1} \tag{8.32}$$

为了对总收入乘数的含义做进一步的理解，首先考察含消费的广义列昂惕夫逆阵，然后再进一步考察总收入乘数。

我们将上式中含消费的列昂惕夫逆矩阵变形为：

$$[I-(A+av)]^{-1} = B+BavB\sum_{k=0}^{\infty}c^k = B+BavB(1-c)^{-1}$$

其中，$B=(I-A)^{-1}$ 为一般形式的列昂惕夫逆阵，a 与 v 的含义如上，c 为消费倾向，$\sum_{k=0}^{\infty}c^k=(1-c)^{-1}$ 也就是凯恩斯乘数。

广义的列昂惕夫逆阵经过上述形式的转换以后，可以看出由两部分组成：一部分是标准形式的列昂惕夫逆阵 B，而另一部分是两个要素 $BavB$ 和 $\sum_{k=0}^{\infty}c^k=(1-c)^{-1}$ 的乘积。其中后者只是凯恩斯乘数，也就是非居民消费的最终需求项，如投资增加带来的收入乘数效应。$BavB$ 的含义是：对商品 j 的单位最终需求增加带来收入增加 $(vB)_j$（表示行向量 vB 中的第 j 个元素），增加的这部分收入形成对各部门商品的消费需求矩阵 avB，其中的第 j 列 $(avB)_j$ 为收入增量 $(vB)_j$ 所带来的对各部门商品消费的列向量。再通过左乘标准形式的列昂惕夫逆阵放大为增加的总产出矩阵 $BavB$，其中的第 j 列为消费需求 $(vB)_j$ 所拉动的各部门总产出增量的列向量。

可以证明：$[I-(A+av)]^{-1}=B+BavB\sum_{k=0}^{\infty}c^k=B+BavB(1-c)^{-1}$。由于 a 为结构化消费倾向，用收入 vB 加权得到总量消费倾向，即 $c=vBa=v\sum_{k=0}^{\infty}A^k a$。代入上式，同时因为 $\sum_{k=0}^{\infty}c^k=(1-c)^{-1}$ 是一个标量，可以在上式中变换其位置，有：

$$[I-(A+av)]^{-1}=B+Ba\sum_{k=0}^{\infty}(vBa)^k vB = B\sum_{l=0}^{\infty}(avB)^l$$

上式成立是因为左边的第一、二直至 m 项为 B，$BavB$，$Ba(vBa)^{m-2}vB$，右边的各项为 B，$BavB$，$B(avB)^m$，两者是一致的。因此有：

$$\begin{aligned}(I-A-av)[I-(A+av)]^{-1} &= (I-A-av)B\sum_{l=0}^{\infty}(avB)^l \\ &= (I-A)B\sum_{l=0}^{\infty}(avB)^l - avB\sum_{l=0}^{\infty}(avB)^l \\ &= \sum_{l=0}^{\infty}(avB)^l - \sum_{l=1}^{\infty}(avB)^l = (avB)^0 = I\end{aligned}$$

由此上述等式关系成立。①

进一步利用广义列昂惕夫逆阵，总收入乘数可变化为：

$$
\begin{aligned}
v\sum_{k=0}^{\infty}(A+av)^k &= v[I-(A+av)]^{-1} \\
&= vB + vBavB\sum_{k=0}^{\infty}c^k = vB + cvB\sum_{k=0}^{\infty}c^k \\
&= vB + vB\sum_{k=1}^{\infty}c^k = vB\sum_{k=0}^{\infty}c^k \qquad (8.33)
\end{aligned}
$$

其中利用了结构性的消费倾向与总量性的消费倾向之间的关系，即 $c = vBa$。

结果表明，在总收入乘数中没有必要考虑居民消费的结构效应，居民消费行为无须模型化，也就是说起作用的只是 c，而无须考虑 a。

我们在研究通过不同的投资构成来促进收入增长时，只需要考虑利用列昂惕夫逆阵来使收入乘数效应最大化就可以了。如果以为这样的政策设计没有考虑到居民消费结构上差异的作用，上述结论表明，引入居民消费效应并不改变投资的收入效应的排序。这一结论也意味着凯恩斯乘数效应确实无须考虑消费结构，而纯粹是一个宏观总量问题。②

至此，我们看到了投入产出乘数与凯恩斯乘数在概念性质上的差异。投入产出乘数是对总产品的放大，而最终产品不变，凯恩斯乘数是研究最终产品内部消费与投资的关系，即所表现出来的乘数关系，主要是针对最终产品的变化，所以投入产出乘数同凯恩斯乘数是截然不同的两个概念，在投入产出原模型的基础上，怎么放大也得不出 GDP 乘数。利用局部闭模型技术来计算投入产出乘数的做法，可以得到放大的最终产品，但实际上是通过把最终产品的一部分放到中间产品象限，使这一部分得以放大而得到的，其实质是通过相应缩小最终产品而得到放大的最终产品，这样一种乘数与凯恩斯乘数概念仍然存在差别，可以看作是对凯恩斯乘数概念的一种并不彻底的转化。

8.3.4 收入分配结构与乘数效应

在前面投入产出的收入乘数效应分析中，我们引入了结构性的消费倾向，但是结构性的消费倾向并不对乘数效应产生影响。实际上，结构化凯恩斯乘数的前提不是结构性的消费倾向，而是不同收入群体的划分。正是由于不同收入群体消费倾向的不同，带来了乘数效应的差异。这一分析路径的起点是卡莱斯基（Michal Kalecki），而宫泽健一（Kenichi Miyazawa）则进一步把卡莱斯基结构化的凯恩斯乘数概念引入投入产出框架中。

为了使三种乘数能够结合在一起进行分析，首先我们将把投入产出系统以一种简略的形式表现出来（见表 8－9）：

---

① Ten Raa. *The economics of input-output analysis*, Cambridge: Cambridge University Press, 2005: 29.

② 有关这部分的说明，请参见 Ten Raa. *The economics of input-output analysis*, Cambridge: Cambridge University Press, 2005。

表 8-9　　一个部门的投入产出表

R		C	I	F
30		8	2	
Y	W 6			
	P 4			

从上面的投入产出体系中，有 $aX+F=X$，投入系数为 $a=R/X=3/4$，有：

$$X=(I-a)^{-1}F=\frac{1}{1-a}F=\frac{1}{1-3/4}\cdot 10=40$$

其中，$\frac{1}{1-a}$ 就是投入产出乘数，只不过现在是总量化了的。

如果假定消费系数为 $c=C/Y=8/10$，那么凯恩斯乘数效应为：

$$Y=\frac{1}{1-c}I=\frac{1}{1-8/10}\cdot 2=10$$

其中，$\frac{1}{1-c}$ 就是凯恩斯乘数。如果把最终需求用凯恩斯乘数关系表现出来，那么投入产出乘数与凯恩斯乘数的关系可以表现为：

$$X=(I-a)^{-1}F=\frac{1}{1-a}F=\frac{1}{1-a}\cdot\frac{1}{1-c}\cdot I$$

进一步考虑收入分配关系，$d_1=W/Y$，$d_2=P/Y$ 表示工资和利润的相对份额，用 $c_1=C_W/W$ 和 $c_2=C_P/P$ 分别表示工人和资本家的消费倾向。我们就有卡莱斯基乘数(Kalecki multiplier)：

$$\frac{1}{1-c}=\frac{1}{1-(c_1d_1+c_2d_2)}$$

如果用 $v=Y/X=1-a$ 表示增加值比率，用 $v_1=W/X$，$v_2=P/X$ 表示工资和利润部分的增加值比率，那么投入产出系统中的产出决定可以表示为：

$$X=\frac{1}{1-a}F=\frac{1}{1-a}\cdot\frac{1}{1-(c_1d_1+c_2d_2)}\cdot I=\frac{1}{1-a}\cdot\frac{1}{1-\dfrac{c_1v_1+c_2v_2}{1-a}}\cdot I \tag{8.34}$$

现在我们的问题是：如何将上面的这一投入产出乘数再恢复到含多部门的矩阵形式？为此，将把表 8-9 中的中间流量划分为 n 个部门，同时把第三象限的收入划分为 r 个收入群体，这样使第一象限成为一个 $n\times n$ 矩阵，第三象限成为一个 $r\times n$ 矩阵。

如果用 A 表示 a_{ij} 所构成的 $n\times n$ 投入系数矩阵，V 表示初始投入部分不同群体收入比率 $v_{kj}=Y_{kj}/X_j$ 构成的 $r\times n$ 矩阵，C 表示消费系数 $c_{jk}=E_{ik}/Y_k$ 所构成的 $n\times r$ 矩阵，其中 X_j 是第 j 部门的产出，Y_k 是第 k 个收入群体的收入。X 是产出列向量，f_c 是消费需求列向量，f 表示不包括消费的最终需求，有：

$$X = AX + f_c + f$$

消费等于收入乘以消费系数，即：

$$f_c = CVX = \sum_{k=1}^{r} c^{(k)} v^{(k)} X = \sum_{k=1}^{r} c_{ik} v_{kj} X_j$$

其中，$c^{(k)} = (c_{1k}, c_{2k}, \cdots, c_{nk})'$，$v^{(k)} = (v_{k1}, v_{k2}, \cdots, v_{kn})$。

写成矩阵形式，有：

$$[I - A - CV]X = f$$

$$X = [I - A - CV]^{-1} f \tag{8.35}$$

如果令列昂惕夫逆阵 $[I - A]^{-1} = B$，那么

$$X = B[I - CVB]^{-1} f \tag{8.36}$$

而（8.36）式正是矩阵形式的带有乘数效应的产出决定方程（8.34）。实际上，上式中的两个逆阵分别反映了产出决定中的总产出乘数效应 $B = [I - A]^{-1}$ 和包含收入分配因素在内的消费乘数效应 $[I - CVB]^{-1}$。

既然把收入所有者分成若干收入群体，就可以进一步分析这些收入群体相互间所存在的收入分配的影响，也就是收入群体间的传递效应。这一传递效应的主要性质是：不同收入群体的收入形成消费需求，消费需求带来产出的增长，产出增长则又带来各收入群体的收入增长。对这一传递效应的分析是建立在一个关键的系数——收入群体系数之上的。

如果用 l 表示收入群体系数，则将第 k 个收入群体消费支出带来的第 v 个收入群体收入的增加 l_{kv} 写成矩阵形式，有：

$$L = (l_{vk}) = VBC \tag{8.37}$$

其含义是第 k 个收入群体的消费系数列向量经过列昂惕夫逆阵 B 的放大，成为这些消费所带来的总产出，而这些总产出增加左乘收入产出比率，得到产出增加所相应带来的各收入群体的收入增加。因为最初的 C 本身是一个系数，表示第 k 个收入群体对不同消费品的消费支出，因此 L 也是一个系数，表示第 k 个收入群体对第 v 个收入群体的收入传递。可以看出，L 的列的和就是各收入群体的总消费系数。

如果考虑传递的时滞关系，对于前后时期的产出关系有：

$$X_m = BCVX_{m-1}$$

而

$$X_1 = Bf$$

所以

$$X_m = (BCV)^{m-1} Bf = BC(VBC)^{m-2} VBf = BCL^{m-2} VBf$$

考虑传递的收敛性质：

$$\sum_{m=1}^{\infty} X_m = Bf + BC(\sum_{m=2}^{\infty} L^{m-2})VBf$$

当其中的 $\sum_{m=2}^{\infty} L^{m-2}$ 具有收敛性质的时候，仿造投入产出直接消耗系数同完全消耗间的关系，$\sum_{m=2}^{\infty} L^{m-2}$ 或者是 $\sum_{m=0}^{\infty} L^{m}$ 可以表述为 $(I-L)^{-1}$，令 $K=(I-L)^{-1}=(k_{kv})$，也就是有：

$$X = Bf + BC(I-L)^{-1}VBf = B[I+C(I-L)^{-1}VB]f = B[I+CKVB]f \tag{8.38}$$

上面的乘数不管是考虑收入分配效应，还是直接的投入产出乘数，都只是一种产出乘数，反映最终需求变化带来的总产出的变动，而凯恩斯乘数则是对收入所带来的效应。但是我们可以在上面分析的基础上进一步得到矩阵形式的收入乘数。

用 Y 表示不同收入群体的收入列向量，其中的元素表示第 r 个收入群体的收入，于是有：

$$Y = VX = VB(I+CKVB)f = (I+VBCK)VBf = (I+LK)VBf \tag{8.39}$$

因为 $I=[I-L]K=K-LK$，所以 $I+LK=K$，那么

$$Y = KVBf \tag{8.40}$$

其中，KVB 就可以看作是一种多部门收入乘数，表示的是最终需求所带来的各收入群体的收入乘数效应。

如果我们不考虑收入群体的划分，那么 V 成为一个收入产出比率行向量，而 C 则还原为消费系数列向量。分别用小写的 v 和 c 表示，那么：

$$L = VBC = vBc = i'(I-A)Bc = i' = c$$

其中，i' 为元素为 1 的行向量。也就是收入群体系数还原为消费倾向，同时 K 还原为凯恩斯乘数：

$$K = (I-L)^{-1} = \frac{1}{1-c}$$

我国的投入产出研究者刘起运教授则进一步提出了“二阶段投入产出技术”。① 相比于宫泽的模型，二阶段模型的处理更为彻底，把投入产出表中的中间产品完全拿掉，取而代之的一种方法是，把原来的最终消费矩阵化，也就是把原投入产出表的消费列向量与劳动者报酬行向量交叉扩展为一个矩阵表，其结果必然是原模型的列昂惕夫逆阵，或者说是投入产出乘数，自然转化成为结构化凯恩斯乘数。另一种方法是将投资产品列向量扩展为投资方阵，从而建立结构化的消费乘数模型。这一研究成为把投入产出结构化分析体系同凯恩斯的总量乘数分析相结合的又一有益尝试。

① 刘起运．结构式凯恩斯乘数模型研究．统计研究，2004 (11).

8.4　投入占用产出技术

投入占用产出分析（input-occupancy-output analysis）是我国投入产出技术领域的著名学者陈锡康教授于 1989 年在国际上首先提出的一种对投入产出技术的扩展分析方法。该方法提出之后，获得了国外很多著名科学家的好评。列昂惕夫称“投入占用产出及完全消耗系数计算方法是我们领域的一个非常重要的发明和创造”，美国国家科学院院士艾萨德（Walter Isard）则认为是“非常有价值的发现”，是“先驱性研究”。投入占用产出技术是对投入产出技术的重要发展，其特点是不仅研究部门间产品的投入与产出的关系，而且研究占用与产出、占用与投入之间的数量关系。占用包括各部门在某个时点所拥有的不同熟练程度和受教育程度的劳动力、各种固定资产、流动资金和各种自然资源等。从国民经济核算的角度看，投入产出分析研究流量与流量之间的关系，而投入占用产出不仅研究流量与流量之间的关系，还研究存量与流量之间的关系。

8.4.1　投入占用产出表基本表式

1. 占用的科学概念及其重要性

首先界定占用的概念。投入占用产出技术中的占用是指对生产中长期使用的物品，如固定资产、流动资产、劳动力、自然资源等的拥有状况。

占用与投入是两个不同的概念。投入产出分析中的投入是指生产过程中的消耗。投入产出表中的中间投入是指生产过程对系统各部门产出的消耗，如材料、动力和劳务等的消耗，最初投入是指生产过程对初始要素，如固定资产、劳动等的消耗，表现为固定资产折旧、劳动者报酬等。所以投入产出分析实际上是研究生产过程中各种初始要素和中间要素的消耗与系统中各部门产出之间的数量关系。从国民经济核算和统计学角度来看，投入与占用是两类性质不同的统计量。投入属于流量范畴，而占用属于存量范畴。流量与存量的性质是完全不相同的。存量是产生流量的前提和基础。一个企业只有具有一定数量的存量，才能有流量。存量的数量和质量决定了流量的规模和状态，但存量的增加和损耗的补充依靠流量，两者之间存在辩证关系。

投入产出分析的不足之处是，没有反映占用与产出之间的联系和占用对产出的制约。在投入产出分析中，当给定最终需求向量以后，就可以计算出各部门的总产出向量 X，但是如果占用的自然资源、生产能力和劳动力等得不到保证，计算出来的各部门总产出就无法实现。

占用、投入与产出三者之间存在辩证关系：

第一，占用是投入与产出的前提和基础。投入与产出的规模、数量和质量取决于占用品的数量和质量。在现代生产活动中，企业拥有的管理人员、技术人员和工人的素质，占有的固定资产等的状况，占有的矿藏的自然条件等对投入和产出的数量及质量有非常密切的甚至是决定性的影响。

第二，占用品的数量增加及损耗补充、占用品的质量提高均依赖于产出。部分产出以固定资本形成、新增人力资本以及增加储备等形式，增加各部门占用的数量并改进其质量。

第三，占用对投入有密切的甚至是决定性的影响。例如，现代农业由于拥有高素质的劳动者、先进的农业机械和化肥等，其投入系数与传统的依靠手工劳动的农业的投入系数有重大差别。

2. 投入占用产出表基本表式

投入占用产出技术的主要特点是：不仅研究部门间产品的投入与产出的数量关系，而且研究占用与产出、占用与投入之间的数量关系。表 8－10 为投入占用产出表的表式。

表 8－10　　投入占用产出表

<table>
<tr><th colspan="3" rowspan="2"></th><th colspan="4">中间使用与中间占用</th><th colspan="5">最终使用与最终占用</th><th rowspan="2">总产出
与
总占用</th></tr>
<tr><th>部门 1</th><th>部门 2</th><th>…</th><th>部门 n</th><th>消费</th><th>固定资本形成
1，2，…，n</th><th>增加存货
1，2，…，n</th><th>出口</th><th>进口</th></tr>
<tr><td rowspan="3">投入部分</td><td>中间投入</td><td>部门 1
部门 2
⋮
部门 n</td><td colspan="4">X_{ij}</td><td colspan="5">Y_i</td><td>X_i</td></tr>
<tr><td>最初投入</td><td>固定资产折旧
劳动者报酬
生产税净额
营业盈余</td><td colspan="4"></td><td colspan="5"></td><td></td></tr>
<tr><td colspan="2">总投入</td><td colspan="4">X_j</td><td colspan="5"></td><td></td></tr>
<tr><td rowspan="6">占用部分</td><td>固定资产</td><td>部门 1
部门 2
⋮
部门 n</td><td colspan="4">R_{ij}</td><td colspan="5">Y_i^R</td><td>R_i</td></tr>
<tr><td>存货</td><td></td><td colspan="4"></td><td colspan="5"></td><td></td></tr>
<tr><td>金融资产</td><td>通货
存款
债券
股票
其他</td><td colspan="4"></td><td colspan="5"></td><td></td></tr>
<tr><td>劳动力</td><td>未上过学
小学
中学
大学以上</td><td colspan="4"></td><td colspan="5"></td><td></td></tr>
<tr><td>自然资源</td><td>土地资源
水资源
矿产资源
森林资源</td><td colspan="4"></td><td colspan="5"></td><td></td></tr>
<tr><td>其他</td><td>商标
专利
其他</td><td colspan="4"></td><td colspan="5"></td><td></td></tr>
</table>

与投入产出表相比，投入占用产出表的主要特点和优点有：

第一，投入产出表在垂直方向只包括投入部分，而投入占用产出表在垂直方向包括两个部分，即投入部分和占用部分。占用部分包括：

（1）固定资产，是指使用期限较长（一年以上）、单位价值较高，并且在使用过程中保持原有实物形态的资产。在表 8-10 中固定资产分解为 n 阶矩阵，即不仅按占用的部门进行划分，而且按固定资产的产品属性分组。为了模型建立和计算上的方便，固定资产的分类采用投入产出表中部门的分类。

（2）流动资产，是指可以在一年或者超过一年的一个营业周期内变现或者耗用的资产，包括存货、现金及各种存款、短期投资、应收及预付款项等。在表 8-10 中分为存货及金融资产两项。存货同样分解为 n 阶矩阵；金融资产包括通货、存款、债券、股票、应收及预付款项等。

（3）劳动力，按受教育程度或熟练程度分类，表 8-10 中给出了各部门占用的各类劳动力数量。

（4）自然资源，可分为土地资源（耕地、水面、草地等）、水资源、森林资源、矿产资源等。

（5）其他（无形资产），分为商标、专利、其他等。

在现有国民经济核算体系中，虽然有资本账户、资产负债账户、人力资源表和自然资源核算表等，但其中只有总量指标，而未按生产部门划分，没有把各部门的占用与产出联系起来。投入占用产出表要求清晰地列出各部门在生产过程中占用的各类资源和资产的数量，把各部门的产出与各部门的占用联系起来。在拥有更多信息的基础上可进行一系列计算和分析，如研究和计算各部门生产率，分析资本和劳动对各部门产出及对消耗系数变动的影响等。

第二，在投入产出表水平方向的资本形成部分中，固定资本形成和增加存货分别是两个列向量。固定资本形成和增加存货只按所形成资本的实物属性分类，如固定资本形成列反映整个国民经济所有部门的固定资本形成总额中属于建筑业、机械电子工业、交通运输设备制造业等部门产品的数额，而没有分部门反映出固定资本形成及其实物构成情况。在投入占用产出表中，为了与占用部分相对应，要求把固定资本形成和增加存货不仅按产品属性分组，而且按所属部门分类，即固定资本形成和增加存货都是 n 阶矩阵，与占用部分中的固定资本和存货建立对应关系。其优点有：

（1）能清晰地反映出该时期各部门的固定资本形成和存货增加的数额，克服了通常的投入产出表只能反映整个国民经济固定资本形成和存货增加的数额，而不能按生产部门反映本期固定资本形成额和存货增减额的缺点。

（2）建立投入占用产出模型中投入部分与占用部分的联系，即建立最终需求中固定资本形成与占用部分中固定资本的联系，以及存货增加与存货占用数量的联系。假设在投入占用产出表中各部门固定资产的数额均为该年度的期初数额，则下一年度固定资产数额应当等于本年度固定资产数额加上本期固定资本形成额，再减去本年度损耗数（报废数）及资产重估变动值，即有：

下年度固定资产数额＝本年度固定资产数额＋本期固定资本形成－本期损耗数等

下年度存货数额＝本年度存货数额＋本期存货增加(减少)额

（3）资本系数矩阵是研究和应用动态投入产出模型的基础。在列昂惕夫投入产出模型中如何计算资本系数矩阵（资本系数等于新增单位产出所需要的资本数值）一直是一个重要而困难的问题。利用上述投入占用产出表可以比较容易地计算出资本系数矩阵，为进行动态研究提供有利条件。

8.4.2 投入占用产出静态模型及其主要特点

投入占用产出模型从水平方向看有如下两类平衡关系式：

（1）各部门总产出等于中间使用（中间需求）与最终使用（最终需求）之和：

$$\sum_{j=1}^{n} X_{ij} + Y_i = X_i \qquad (i = 1,2,\cdots,n)$$

其中，X_{ij} 表示中间使用量；X_i 和 Y_i 分别表示第 i 部门的总产出和最终使用合计数。由上式可以得到：

$$\sum_{i=1}^{n} a_{ij} X_j + Y_i = X_i \qquad (i = 1,2,\cdots,n)$$

（2）各类占用品的总占用量等于中间占用（生产领域占用）与最终占用（最终需求领域占用）之和：

$$\sum_{j=1}^{n} R_{ij} + Y_i^R = R_i \qquad (i = 1,2,\cdots,m)$$

其中，R_{ij} 表示第 j 生产部门占用的第 i 种资源数量，R_i 和 Y_i^R 分别表示第 i 种资源的总占用量和最终需求领域的占用量。令 r_{ij} 表示第 j 生产部门对第 i 种资源的直接占用系数，直接占用系数反映各生产部门单位产出对某种资源的直接占用量，有

$$r_{ij} = R_{ij}/X_j \qquad (i = 1,2,\cdots,m;\ j = 1,2,\cdots,n)$$

代入上式，可以得到

$$\sum_{j=1}^{n} r_{ij} X_j + Y_i^R = R_i \qquad (i = 1,2,\cdots,m)$$

把投入产出分析扩展为投入占用产出分析以后，我们就可以得到一系列新的概念、模型和计算方法，如新的考虑占用的完全消耗系数计算方法，产品完全劳动量的计算方法，各种产品对水、能源和各种资源的完全消耗量计算公式，对固定资本、流动资本、劳动力的完全占用系数的概念和计算方法等。

8.4.3 基于占用的完全消耗系数计算方法

1. 考虑固定资产的完全消耗系数计算方法

在投入产出分析中，完全消耗系数的计算公式为

$$B = (I-A)^{-1} - I$$

其中，A、B 分别表示直接消耗系数矩阵和完全消耗系数矩阵，I 为单位矩阵。上述公式的主要缺点是没有包括固定资产所产生的消耗。以化学工业产品对煤炭的完全消耗为例。上述公式包含了在中间投入范围内的化工产品对煤炭的直接消耗和间接消耗，如生产中直接消耗的煤炭，以及所消耗的石油和电力等对煤炭的间接消耗，但没有包括在化工产品生产过程中消耗的机器设备和厂房中所包含的对煤炭的使用，以及生产机器设备和厂房所消耗的各种产品所使用的煤炭。利用投入占用产出技术计算，可得到完全消耗系数的公式

$$b_{ij}^* = a_{ij} + \sum_{k=1}^{n} b_{ik}^* a_{kj} + \alpha_i d_{ij} + \sum_{s=1}^{n} b_{is}^* \alpha_s d_{sj} \qquad (i,j=1,2,\cdots,n)$$

其中，b_{ij}^* 为包含固定资产消耗的完全消耗系数，α_i 为第 i 种固定资产的折旧率，d_{sj} 为第 j 部门对第 s 种固定资产的直接占用系数。上式右端第三项和第四项分别表示通过固定资产产生的直接消耗和间接消耗，如化工产品生产中所消耗的设备对煤炭的直接消耗和间接消耗。由此可得到

$$B^* = A + B^* A + \alpha D + B^* \alpha D \tag{8.41}$$

其中，B^*，D，α 分别表示包含固定资产消耗的完全消耗系数矩阵、固定资产直接占用系数矩阵和固定资产折旧率对角矩阵。由此得出

$$B^*(I - A - \alpha D) = A + \alpha D$$

从数学上看，矩阵 $(A+\alpha D)$ 有以下两个性质：

(1) 元素均为非负，即 $(a_{ij} + \alpha_i d_{ij}) \geqslant 0 \ (i,j=1,2,\cdots,n)$；

(2) 列和小于 1，即 $\sum_{i=1}^{n}(a_{ij} + \alpha_i d_{ij}) < 1 \ (j=1,2,\cdots,n)$。

利用这两个性质，从数学上可以证明矩阵 $(I-A-\alpha D)$ 为非奇异矩阵，其逆矩阵存在。由此可以得到：

$$B^* = (A + \alpha D)(I - A - \alpha D)^{-1}$$

$$B^* = \{I - (I - A - \alpha D)\}(I - A - \alpha D)^{-1}$$

$$B^* = (I - A - \alpha D)^{-1} - I \tag{8.42}$$

按照 (8.42) 式计算的完全消耗系数数值显然大于或等于利用原有方法计算的数值。利用 1987 年中国城乡经济投入占用产出表的资料，按原有方法计算的稻谷、煤炭、金属冶炼业每元产值对电力的完全消耗分别为 0.018 10 元、0.080 19 元和 0.086 26 元，而利用新的 (8.42) 式所计算的数值分别为 0.020 45 元、0.093 34 元和 0.094 75 元。

目前实际工作中提取固定资产折旧不是按固定资产种类，而是按各部门规定的折旧率进行。令 β_j 表示第 j 部门固定资产折旧率，则

$$b_{ij}^* = a_{ij} + \sum_{k=1}^{n} b_{ik}^* a_{kj} + d_{ij}\beta_j + \sum_{s=1}^{n} b_{is}^* d_{sj}\beta_j \quad (i,j=1,2,\cdots,n)$$

令 β 表示各部门固定资产折旧率对角矩阵，则可得到如下完全消耗系数的计算公式：

$$B^* = (I - A - D\beta)^{-1} - I \tag{8.43}$$

2. 基于各类占用的完全消耗系数计算方法

除固定资产以外，各种占用品，如劳动力、自然资源和存货等在使用过程中也会发生不同程度的损耗。如果这些损耗在中间投入部分中没有被计算进去，则应列入完全消耗之中。如果在中间投入部分已经包括在内，则不必另行计算。例如培养熟练劳动力需要大量投入，但劳动力的工作年数有限，存在一个人力资本损耗的补充问题。我们也可采用类似方法加以计算。在原材料、燃料和成品储备过程中也有损耗，但在中间投入中往往已包含在内，就不必再另行计算了。原则上说，新的完全消耗系数的特点是，不仅包括在中间投入中的直接消耗和间接消耗，而且包括在占用过程中的直接消耗和间接消耗。固定资产损耗是未被列入的一个最明显的例子。把包含固定资产损耗的完全消耗计算方法扩展到所有占用品损耗，我们得出一般性的包括占用品使用过程中损耗的新的完全消耗系数的计算公式如下：

$$B^* = (I - A - M\alpha^* R)^{-1} - I \tag{8.44}$$

其中，$R=\{r_{ij}\}_{m\times n}$ 是 $m\times n$ 阶直接占用系数矩阵，其元素 r_{ij} 表示第 j 个生产部门对第 i 种占用品的直接占用系数。$M=\{m_{ij}\}_{n\times m}$ 为 $n\times m$ 阶补偿系数矩阵，其元素 m_{ij} 表示为补偿单位第 j 种占用品的损耗所需第 i 部门产品的数量（如该类占用品为生产部门的产出，则 M 为单位矩阵）。$\alpha^*=diag\{\alpha_1^*,\alpha_2^*,\cdots,\alpha_m^*\}$ 为 m 阶占用品的损耗系数对角矩阵。对于固定资产，(8.44) 式中 M 的对应部分为单位矩阵，R 的对应部分为 D，α^* 的对应部分为 α。

如果采用按部门规定占用品损耗系数的方式，即采用 β，则一般性的包括占用品损耗的新的完全消耗系数的计算公式如下：

$$B^* = (I - A - MR\beta^*)^{-1} - I \tag{8.45}$$

其中，$\beta^*=diag\{\beta_1^*,\beta_2^*,\cdots,\beta_n^*\}$ 为各部门占用品的损耗系数对角矩阵。

此外，基于投入占用产出模型，还可以计算对初始生产要素的完全消耗系数和完全占用系数，例如：

(1) 对劳动者报酬的完全消耗系数：

$$B_V = A_V(I - A - \alpha D)^{-1} \tag{8.46}$$

其中，B_V，A_V 分别表示各部门对劳动者报酬的完全消耗系数行向量和直接消耗系数行向量。

(2) 对纯收入（利润、税收）的完全发生系数：

$$B_M = A_M(I - A - \alpha D)^{-1} \tag{8.47}$$

其中，B_M，A_M 分别表示纯收入的完全发生系数行向量和直接发生系数行向量。

(3) 对固定资产的完全占用系数：

$$B_D = R_D(I - A - \alpha D)^{-1} \tag{8.48}$$

其中，B_D，R_D 分别表示固定资产的完全占用系数行向量和直接占用系数行向量。

(4) 对劳动力的完全占用系数：

$$B_L = R_L(I - A - \alpha D)^{-1} \tag{8.49}$$

其中，B_L，R_L 分别表示对劳动力的完全占用系数矩阵和直接占用系数矩阵。同样可得到对自然资源的完全占用系数的计算公式。

最终产品反映生产领域的最终成果，它等于最终消费、资本形成总额（固定资本形成总额与增加的库存）和净出口三者之和。本期生产过程中耗用了固定资产，所以固定资本形成总额中的一部分应当弥补本期固定资本的消耗。固定资本形成净额反映扣除固定资本损耗后的固定资本净增加额。最终净产品（最终净需求）反映生产领域的最终净成果，它等于消费、资本形成净额（固定资本形成净额与增加的库存）和净出口之和。上述利用投入占用产出方法计算的完全消耗系数反映单位最终净产品对各部门产出的完全消耗。

除了静态投入占用产出模型以外，动态投入占用产出模型以及非线性投入占用产出模型也得到了很大的发展。投入占用产出技术提出以后，在粮食产量预测、对外贸易、水资源和水利、污染和环境、教育等许多方面的研究中得到了成功的应用，有兴趣的读者请参考相关文献。

参考文献

[1] 陈锡康．中国城乡经济投入占用产出分析．北京：科学出版社，1992.

[2] 钟契夫．投入产出分析（修订本）．北京：中国财政经济出版社，1993.

[3] Bulmer-Thomas, V. *Input-output analysis in less-developed countries*, New York: Wiley, 1982.

[4] Ten Raa, Thijs. *The economics of input-output analysis*, Cambridge: Cambridge University Press, 2005.

[5] Miyazawa, K. *Input-output analysis and the structure of income distribution*, Heidelberg: Springer, 1976.

[6] Xikang Chen, Ju-e Guo & Cuihong Yang. Extending the input-output model with assets, *Economic Systems Research*, Vol. 17, 2005: 211 - 225.

第九章

投入产出对称分析

从模型的性质上看，基于分配系数的模型区别于列昂惕夫型的需求拉动模型，而被称为供给驱动模型。该模型由印度学者高希在他 1958 年发表的一篇文献中最先提出，因此也称为高希模型。我国投入产出学者刘起运对于分配系数模型给出了较为完整的分析，并称之为对称模型。这一称谓的意义在于从理论上把分配系数的模型看作是一个与投入系数模型对称的分析系统。这不仅扩展了投入产出模型的应用领域，更重要的是，把投入产出模型上升到经济系统分析的更高层次，使得我们对投入产出方法的性质有了更深入的认识。尽管对于分配系数模型在理论上至今仍然存在着一些争论未决的话题，但是包括争论本身在内的这些内容为我们深入理解投入产出方法提供了很好的路径。这就是为什么我们将这部分内容作为单独的一章进行介绍的原因。

9.1 投入产出对称模型

投入产出的行向关系为：

$$x = Zi + y$$

引入直接消耗系数 A，得到：

$$x = Ax + y$$

经变形，得到列昂惕夫所提出的需求拉动模型：

$$x = (I - A)^{-1} y \tag{9.1}$$

$L = (I - A)^{-1}$ 被称为列昂惕夫逆阵或完全需求系数，表示最终需求 y 作为经济系统的一个外生的拉动力，在它的影响下带来各部门产出的增长。这一需求拉动模型是建立在直接消耗系数之下的列昂惕夫数量模型（Leontief quantity model）。

对应于列昂惕夫逆阵 L，我们定义完全消耗系数 $B=(I-A)^{-1}-I$。可以推导出列昂惕夫型的直接系数与完全系数之间的关系：

$$B=A(I-A)^{-1} \tag{9.2}$$

表明直接消耗系数经过列昂惕夫逆阵的放大，成为完全消耗系数。同时，完全消耗系数还可以表示为：

$$B=A+A^2+\cdots+A^p$$

表示完全消耗系数等于直接消耗加上第一间接、第二间接乃至全部间接消耗系数。

此外，我们还可以得到：

$$A(I-A)^{-1}=(I-A)^{-1}A=A+A^2+\cdots+A^{p+1}$$

对于初始投入，则可以从直接初始投入系数 A_v 来定义完全的初始投入系数 B_v，且

$$B_v=A_v(I-A)^{-1} \tag{9.3}$$

表示直接初始投入系数经过列昂惕夫逆阵的放大，得到完全的初始投入系数，而且与所有直接消耗系数与初始投入系数列向合计为 1 相对应，完全初始投入系数矩阵的列向合计为 1。

投入产出的列向关系为：

$$x'=i'Z+v$$

引入分配系数 R，得到：

$$x'=x'R+v$$

经变形，得到供给驱动模型：

$$x'=v(I-R)^{-1} \tag{9.4}$$

$G=(I-R)^{-1}$ 称为高希逆阵（Ghosh inverse matrix）或完全供给系数矩阵（total supply matrix），表示在外生的初始投入 v 的供给推动之下，各部门产出的增长。这一供给推动模型是建立在分配系数基础上的高希数量模型（Ghoshian quantity model）。

类似于列昂惕夫的完全消耗系数，我们可以定义与分配系数对应的完全分配系数：

$$D=(I-R)^{-1}-I$$

可以进一步推导出分配系数与完全分配系数之间的关系：

$$D=(I-R)^{-1}R \tag{9.5}$$

表明分配系数经过高希逆阵的放大，成为完全分配系数，而且类似地，可以表示为：

$$D=R+R^2+\cdots+R^p$$

表示完全分配系数等于分配系数加上第一间接、第二间接乃至全部间接分配系数。同样，

我们有：

$$R(I-R)^{-1}=(I-R)^{-1}R=R+R^2+\cdots+R^{p+1}$$

与列昂惕夫数量模型初始投入系数关系对应的是，可以从直接的最终产出系数 R_y 定义完全的最终产出系数 D_y：

$$D_y=(I-R)^{-1}R_y \tag{9.6}$$

也就是直接最终产出系数 R_y 经过高希逆阵的放大，成为完全最终产出系数 D_y。

因为 $(I-R)^{-1}(I-R)=I$，对两边同时右乘元素为 1 的列向量：

$$(I-R)^{-1}(I-R)i=i$$

又因为

$$(I-R)i=R_y$$

因此有：

$$(I-R)^{-1}R_y=i$$

也就是说，与所有直接分配系数与最终产出系数行向合计为 1 相对应，完全的最终产出系数的行向合计为 1。

与列昂惕夫数量模型对应，还存在一个对偶的价格模型：

$$p\hat{x}=pZ+p_vV \tag{9.7}$$

其中，$\hat{x}$ 与 Z 为实物型产出对角矩阵与中间流量矩阵。V 是一个包括 g 个种类的初始投入要素的 $g\times n$ 矩阵，p_v 是不同种类初始投入要素价格向量。因此变形得到价格模型：

$$p=pZ\hat{x}^{-1}+p_vV\hat{x}^{-1}$$

$$p=pA+p_vA_v$$

其中，A_v 为初始投入系数矩阵。

进一步有：

$$p=p_vA_v(I-A)^{-1} \tag{9.8}$$

表示初始投入价格 p_v 的变化首先会按照初始投入系数 A_v 直接推动单位成本的变化，并影响到该部门产出价格的变化。其次，该产品价格的变化会影响到所有以该产品为中间投入的产品的成本，并进一步影响其价格。这些产品价格的改变又会进一步改变相关的中间投入，并推动产品成本以及价格的进一步改变。因此，由于初始投入要素价格变化直接和间接推动产品价格变化，形成与列昂惕夫需求拉动数量模型相对应的一种成本推动的投入产出价格模型。当 A 为价值型直接消耗系数时，受初始投入要素价格变化带来的产品价格 p 的变化则表现为一种相对价格变化。

仿照列昂惕夫数量模型与价格模型的关系，有研究者提出了与高希供给推动模型相对应的价格模型。① 与列昂惕夫价格模型从列向着手相反，需要从行向出发，存在如下关系：

① 例如 Oosterhaven，J. Leontief versus Ghoshian price and quantity models，*Southern Economic Journal*，62 (3)，1996：750-759。

$$\hat{x}p = Zp + Yp_y \tag{9.9}$$

其展开形式为：

$$\begin{bmatrix} x_1 & & & \\ & x_2 & & \\ & & \cdots & \\ & & & x_n \end{bmatrix}\begin{bmatrix} p_1 \\ p_2 \\ \vdots \\ p_n \end{bmatrix} = \begin{bmatrix} Z_{11} & Z_{12} & \cdots & Z_{1n} \\ Z_{21} & Z_{22} & \cdots & Z_{2n} \\ \vdots & \vdots & & \vdots \\ Z_{n1} & Z_{n2} & \cdots & Z_{nn} \end{bmatrix}\begin{bmatrix} p_1 \\ p_2 \\ \vdots \\ p_n \end{bmatrix} + \begin{bmatrix} Y_{11} & Y_{12} & \cdots & Y_{1h} \\ Y_{21} & Y_{22} & \cdots & Y_{2h} \\ \vdots & \vdots & & \vdots \\ Y_{n1} & Y_{n2} & \cdots & Y_{nh} \end{bmatrix}\begin{bmatrix} p_{y1} \\ p_{y2} \\ \vdots \\ p_{yh} \end{bmatrix}$$

其中，Y 为 h 个类别的最终产品矩阵，p_y 为不同类别的最终产品价格向量。

在成本推动的价格模型中，同一种产品具有相同的价格，但是在需求拉动的价格模型中，同一种产品具有不同的价格，也就是说，同一种产品以不同的价格销售给不同的购买者，而同一部门的不同投入却具有相同的价格。类似地，在成本推动的价格模型中，初始投入在行向上是同质的，而在需求拉动的价格模型中，最终需求在列向上是同质的。

引入分配系数后，有：

$$p = \hat{x}^{-1}Zp + \hat{x}^{-1}Yp_y$$
$$p = Rp + R_yp_y$$
$$p = (I - R)^{-1}R_yp_y \tag{9.10}$$

其中，R_y 为最终产品需求系数。

模型的经济含义为最终需求价格的变化如何直接以及间接地拉动各种产品价格的变化。因此，这一价格模型被称为需求拉动的投入产出价格模型。这时，每一行应该更好地理解为这一部门的收入。最终产品价格的外生改变，首先直接影响该部门的收入，这些收入的增长或下降就会相应推高或降低这一部门所有投入品的价格变化。这些投入品的价格变化又会进一步影响生产这些产品的部门的投入品价格的变化。需求拉动价格模型利用完全供给系数，模拟了所有直接和间接的需求拉动价格变化的传递过程。在这种情况下，假定了投入产出表每一列所有中间投入价格保持与总投入价格相同幅度的改变。

9.2 原模型与对称模型的关系

由于直接消耗系数 A 与直接分配系数 R 都源于投入产出表的中间流量，因此由同一张投入产出表所计算的这两个系数之间将存在相互转化的关系。

首先来看直接系数之间的关系：

由 $A = Z\hat{x}^{-1}$，得到 $A\hat{x} = Z$，代入 $R = \hat{x}^{-1}Z$，得到：

$$R = \hat{x}^{-1}A\hat{x} \tag{9.11}$$

同时，也就有 $A=\hat{x}R\hat{x}^{-1}$。

其次来看完全系数之间的关系：

由 $G=(I-R)^{-1}$，得到：

$$(I-R)G=I$$

代入直接系数之间的关系 $R=\hat{x}^{-1}A\hat{x}$，得到：

$$(I-\hat{x}^{-1}A\hat{x})G=I$$

$$(\hat{x}-A\hat{x})G=\hat{x}$$

$$(I-A)\hat{x}G=\hat{x}$$

得到：

$$(I-A)^{-1}=L=\hat{x}G\hat{x}^{-1}$$

进而同样有：

$$G=\hat{x}^{-1}L\hat{x} \tag{9.12}$$

因此，与直接消耗系数与分配系数之间的关系类似，在列昂惕夫逆阵与高希逆阵的完全系数之间存在同样的关系。

进一步我们还可以推导完全消耗系数与完全分配系数之间的关系。

从 $L=\hat{x}G\hat{x}^{-1}$ 出发，两边左乘 A，得到：

$$B=AL=A\hat{x}G\hat{x}^{-1}$$

因此，有

$$B=\hat{x}\hat{x}^{-1}A\hat{x}G\hat{x}^{-1}=\hat{x}RG\hat{x}^{-1}=\hat{x}D\hat{x}^{-1}$$

经变形，同样可以得到：

$$D=\hat{x}^{-1}B\hat{x} \tag{9.13}$$

表明在完全消耗系数与完全分配系数之间存在同样的关系。

此外，对于投入系数中的初始投入系数 A_v 与产出系数的关系：

$$A_v=v\hat{x}^{-1}$$

又因为

$$v=x'(I-R)$$

所以

$$A_v=x'(I-R)\hat{x}^{-1} \tag{9.14}$$

对于产出系数中的最终产出系数 R_y 与投入系数的关系：

$$R_y=\hat{x}^{-1}y$$

又因为

$$y = (I - A)x$$

所以

$$R_y = \hat{x}^{-1}(I - A)x \tag{9.15}$$

表明投入系数与产出系数的转换关系受到社会总产品 x 的规模和结构的影响。

上面所有分析的投入系数与产出系数之间的等价关系或替换关系都是以同一张投入产出表为前提的。但是，我们在进行经济规划或者是分析时，利用两个模型得出的结论则几乎不可能一致。因为对于需求拉动模型与供给推动模型：

$$x = (I - A)^{-1} y$$
$$x' = v(I - R)^{-1}$$

当我们利用投入系数的需求拉动模型研究外生的最终需求 y 对产出的影响时，实际上是假定了投入系数的稳定性，而并没有对分配系数做出任何规定；同样，当我们利用产出系数的供给推动模型研究外生的初始投入 v 对产出的影响时，实际上是假定了分配系数的稳定性，而对于投入系数则没有做任何规定。一般情况下，相对于基年的投入产出表，基于基年的直接消耗系数 A^0，计算变化了的最终需求 y^1 得到总产出 x^1，进而得到规划期中间产品流量矩阵 $A^0\hat{x}^1$。由这样的中间产品流量矩阵与产出得到的分配系数一般情况下将不等于基年的分配系数。只有当新的最终需求的结构与基年最终需求的结构相同时，分配系数不变。原因很简单，因为最终需求结构不变，意味着前后时期最终需求之间只是倍数关系，即 $y^1 = ty^0$，进而前后时期总产出也将是倍数关系。中间流量数值之间也是如此，进而分配系数不变。也就是说，当我们假定 A 与 R 其中之一不变进行分析时，另一个必然改变。只有在一种情形下不变，那就是所有数据均按同一个比例变化。

根据两类系数之间的关系：

$$A = \hat{x}R\hat{x}^{-1}, R = \hat{x}^{-1}A\hat{x}$$
$$B = \hat{x}D\hat{x}^{-1}, D = \hat{x}^{-1}B\hat{x}$$

可以看到，如果分配系数比较稳定，假定 $R_{t+1} = R_t$，那么有 $A_{t+1} = \hat{e}A_t\hat{e}^{-1}$，其中 $\hat{e} = \hat{x}_{t+1}\hat{x}_t^{-1}$，即产出增长率。如果直接消耗系数比较稳定，假定 $A_{t+1} = A_t$，那么有 $R_{t+1} = \hat{e}^{-1}R_t\hat{e}$。只有当各部门产出增长率完全相同的情况下，当 $R_{t+1} = R_t$ 时，有 $A_{t+1} = A_t$，或者 $A_{t+1} = A_t$ 时，有 $R_{t+1} = R_t$。

因此，当分配系数不变而初始投入改变时，列向投入系数必然改变。但是，列向投入系数的变化并不是完全无序的，而是要保持一定的关系。这种关系就是列向合计仍然为 1。推导过程如下：

$$x_{t+1}' = v_{t+1}(I - R)^{-1}$$
$$x_{t+1}' - x_{t+1}'R = v_{t+1}$$
$$x_{t+1}' - i'\hat{x}_{t+1}R = v_{t+1}$$
$$x_{t+1}' - i'Z_{t+1} = v_{t+1}$$

这意味着对于 $t+1$ 期：

$$\sum_i z_{ij} + v_j = x_j$$

也就是：$\sum_i a_{ij} + a_{vj} = 1$。

从上述结论推广开来，要同时保证直接消耗系数与分配系数之间的等价性，实际上最终需求结构、初始投入结构、总产出结构都保持不变，经济只是出现了不同规模的变化，而无任何结构变化。显然这并无现实意义。因此，在分析应用中我们需要在两者间做出选择。这显然取决于现实经济更倾向于何种假定。但是，在分配模型取得应有进展之前，必须对它所面对的理论质疑做出分析。这将是我们下面要说明的问题。

9.3 关于对称模型的争论

与列昂惕夫投入系数的需求拉动模型的广泛应用相比，自高希在 20 世纪 50 年代末提出分配系数模型以来，很长时间内并没有引起研究者的广泛注意。这中间有一项成果就是在推动力的分析中，不再利用原来的完全消耗系数计算感应度系数，而是采用完全分配系数。但是，分配模型受到了理论上的巨大挑战。最有代表性的是从 1988 年欧斯特哈芬（Jan Oosterhaven）在《区域科学杂志》上发表关于对供给驱动投入产出模型的质疑开始，以及随后在该杂志上掀起的关于这一问题的争论。

从之前的分析中我们看到，在外部冲击之下，外生变量改变的情况下，如果要维持投入系数不变，则分配系数往往要做出改变；相反，如果要维持分配系数不变，则投入系数要做出改变。在列昂惕夫需求拉动模型中，技术稳定从而投入系数不变，而分配系数改变，一般来说问题并不大。但是，在高希的供给驱动模型中，假定分配系数不变而投入系数改变，就会与人们的一般认识形成较大的出入。正如欧斯特哈芬所指出的："高希模型认为需求是能够保证的，也就是说，需求是完全弹性的。对于最终需求来说，这意味着消费与投资会完全随供给而改变，这种购买将会是买汽车而没有汽油、买工厂而没有机器。对于中间需求者意味着投入比率将会随供给的改变而随意变换。所以，生产的本质概念，例如生产函数实际上就被弃之不用了。"①

在需求拉动型的数量模型中，假定了固定比例的生产函数，投入之间完全不存在替代关系，表现为完全互补的生产函数，供给对于最终需求的变化具有完全的弹性。与之相反，在供给驱动型的数量模型中，供求关系被严格固定下来，而投入之间的比例关系则被放松了，表现为完全替代的生产函数，需求对于供给的反应具有完全的弹性。两者都可以看作是一般均衡模型的特例。

从技术角度来看，生产函数可以一般性地表示为：

$$f(x_1, \cdots, x_I, y_1, \cdots, y_J) = 0$$

① Oosterhaven，J. On the plausibility of the supply-driven input-output model，*Journal of Regional Science*，Vol. 28，No. 2，1988.

其中，x_i 是在 y_j 和其他 x_i 给定条件下所需的投入 i 的最低数量，y_j 则是在 x_i 和其他 y_j 给定条件下所能得到的产出 j 的最大数量。对于列昂惕夫模型而言，产出在各部门之间没有差异，可以完全替代，而投入在各部门之间存在差异，完全不可替代。因此对于上述模型，面对的是不同的投入，只存在唯一的产出 y。对于高希模型，情况正好相反。产出在各部门之间存在差异，而投入却完全可替代。因此，对于上述模型，面对的是唯一的投入 x 以及不同的产出。

企业在上述技术约束下，寻求利润最大化，遵循如下优化模型：

目标函数：

$$\max w=\sum_j p_j y_j-\sum_i p_i x_i$$

约束条件为：

$$f(x_1,\cdots,x_I,y_1,\cdots,y_J)=0$$

对于需求拉动模型，在单一的产出与价格外生给定的条件下，利润最大化转化为成本最小化。对于供给驱动模型，在单一的投入和价格外生给定的条件下，利润最大化转化为收入最大化。两者相互对立的假定见表 9-1：

表 9-1　高希模型与列昂惕夫模型的对称关系

需求拉动的投入产出模型	供给驱动的投入产出模型
对单个企业	
单一同质的产出，即产出间完全替代	单一同质的投入，即投入间完全替代
给定的需求	给定的供给
多个投入	多个产出
固定投入比例，即投入间完全互补	固定产出比例，即联合产出
给定投入价格	给定产出价格
成本最小化	收入最大化
对投入的引致需求，即后向联系	引致的产出供给，即前向联系
对区域或整体经济	
对每一部门外生的最终需求	对每一部门外生的初始投入供给
对每一部门内生的中间需求	对每一部门内生的中间产品供给
每一投入完全弹性供给，即无联合生产，无生产能力瓶颈	每一产出完全弹性需求，即无消费互补性，无收入约束

资料来源：Oosterhaven, J. The supply-driven input-output model: a new interpretation but still implausible, *Journal of Regional Science*, 29 (3), 1989: 459-465.

显然，供给驱动模型的极端假定带来了更多的质疑。但是，这些争论不管结论如何，都极大地推动了对投入产出体系的理解。对高希供给驱动模型的质疑也同样带来了我们对于列昂惕夫需求拉动模型种种假定及模型性质的思考。实际上，需求拉动模型与供给驱动模型的假定都是对现实的极端假定，需要根据现实经济的不同以及研究问题的不同来决定哪种假定更合理。

高希的分配系数模型思想虽然是他在剑桥大学应用经济系从事为英国经济建模分析期

间所提出的，但是如作者所指出的，很大程度上与作者在印度的计划工作密切相关。① 我国学者刘起运教授提出对称模型的基本背景也与我国当时的计划经济经验与实际密切相关。“社会主义经济是有计划的经济，各经济部门和生产单位是整个国民经济的组成部分。社会主义国家的经济管理职能要求，既要协调各个部门产品生产比例关系，又要对产出产品进行合理分配，满足综合平衡，达到有限资源的充分利用。因此，只从产品生产投入角度分析问题就不够了，有必要同时再从产品的产出分配去向来观察和分析国民经济的重大比例关系。”② 在计划实践中，综合平衡是整个计划工作的核心内容。经济发展中保持一种合理的经济结构与比例关系，是经济发展的一种内在要求，这一要求并不会因为采用市场经济而失去作用。投入产出表以结构系数为核心，既包括产品生产中所需的各种投入结构，也包括产品供求关系的产出结构。放弃对产出结构的研究显然是不全面的。两位学者这一共同的时代背景显然不能完全看作是一种巧合。

针对欧斯特哈芬对于供给驱动模型的质疑，迪森巴赫（Eric Dietzenbacher）提出了一种折中的解释。③ 这种解释的核心是把供给驱动模型解释为一种价格模型。正如我们在投入产出价格影响模型中所看到的，初始投入要素的增长会带来所有产品价格改变，原先的投入产出表成为一张全新的投入产出表，但是在剔除要素引起的价格上涨因素之后，仍然是原先的投入产出表，也就是说，实体经济没有发生任何改变，而仅仅是相对价格的改变。这样，对于高希的供给驱动模型，在初始投入的冲击之下，分配系数不变而投入系数改变，但是这种改变仅仅是价格的变化，而实际的投入结构及背后的技术关系仍然得以保持。迪森巴赫把供给驱动模型解释为价格模型之后，证明了与和列昂惕夫数量模型处于对偶关系的价格影响模型之间的一致性。

基期投入产出表见表 9－2：

表 9－2　　基期投入产出表

X_0	f_0	x_0
v_0		$v_0 i$
x_0'	$i' f_0$	

给定初始投入的外生变化从 v_0 变化为 v_1，假定分配系数不变，利用供给驱动模型，得到如表 9－3 所示的报告期投入产出表：

表 9－3　　报告期投入产出表

$X_1 = \hat{x}_1 R_0$	$f_1 = \hat{x}_1 (I - R_0) i$	x_1
v_1		$v_1 i$
x_1'	$i' f_1$	

① Ghosh，A. *Planning，programming and input-output models*，Cambridge：Cambridge University Press，1968.

② 刘起运．经济系统规划方法与模型．北京：中国计划出版社，1993.

③ Dietzenbacher，E. In vindication of the Ghosh model：a reinterpretation as a price model，*Journal of Regional Science*，Vol. 37，No. 4，1997：629－651.

其中，报告期的产出为：$x_1{}' = v_1(I-R_0)^{-1}$。

对于上述外生的初始投入改变，列昂惕夫价格模型给出了另一种解释。假定初始投入增长率为 v，新的价格比率为 π。那么价格模型可以表示为：

$$\pi = vA_v(I-A_0)^{-1} = v_1\hat{v}_0^{-1}\hat{v}_0\hat{x}_0^{-1}(I-A_0)^{-1} = v_1\hat{x}_0^{-1}(I-A_0)^{-1}$$

以上述得到的价格比率对原投入产出表作行向的价格调整，得到新的投入产出表（见表 9－4）：

表 9－4　　投入产出表的价格调整

$\hat{\pi}X_0 = \hat{\pi}A_0\hat{x}_0$	$\hat{\pi}f_0$	$\hat{\pi}x_0$
v_1		$v_1 i$
$\pi A_0\hat{x}_0 + v_1$	πf_0	

对于这一新的投入产出表，根据上述结论 $\pi = v_1\hat{x}_0^{-1}(I-A_0)^{-1}$，因此有：

$$v_1 = \pi(I-A_0)\hat{x}_0$$

所以：

$$\pi A_0\hat{x}_0 + v_1 = \pi\hat{x}_0$$

表明行和列相等，总投入等于总产出。可以证明供给驱动模型与价格影响模型得到的两张投入产出表具有一致性。

（1）对于总产出：$\pi\hat{x}_0 = v_1\hat{x}_0^{-1}(I-A_0)\hat{x}_0 = v_1(I-R_0)^{-1} = x_1{}'$。

（2）对于中间流量：$\hat{\pi} = \hat{x}_1\hat{x}_0^{-1}$，因此 $\hat{\pi}A_0\hat{x}_0 = \hat{x}_1\hat{x}_0^{-1}A_0\hat{x}_0 = \hat{x}_1R_0$。

（3）对于最终需求：根据表 9－2，$f_0 = \hat{x}_0(I-R_0)i$，利用 $\hat{\pi} = \hat{x}_1\hat{x}_0^{-1}$，得到 $\hat{\pi}f_0 = \hat{x}_1\hat{x}_0^{-1}\hat{x}_0(I-R_0)i = \hat{x}_1(I-R_0)i$。

上述分析还可以从价格影响模型角度出发，根据上述分析得到的价格指数为：

$$\pi = v_1\hat{x}_0^{-1}(I-A_0)^{-1}$$

那么新的产出为：

$$x_1 = \pi\hat{x}_0$$

将价格指数方程两边同时乘以 $\hat{x}_0$：

$$\pi\hat{x}_0 = v_1\hat{x}_0^{-1}(I-A_0)^{-1}\hat{x}_0$$

因为 $R_0 = \hat{x}_0^{-1}A_0\hat{x}_0$，得到：

$$x_1 = v_1(I-R_0)^{-1}$$

这正是供给驱动模型。

从迪森巴赫的观点来看，投入产出的两种模型正好构成了一般均衡模型的两个极端，作为市场经济中存在着的对外生冲击的两种反应模式：数量调节与价格调整。在需求拉动模型中，表现为最终需求的影响完全体现在产出的改变上，而没有任何价格的调整，而供给推动模型则相反，完全表现为价格调整，而无任何数量的调整。迪森巴赫把供给驱动模型解释为价格模型，尽管在很大程度上消除了之前的质疑，却使得供给驱动模型仅仅局限于价格影响，而实际经济并没有发生任何改变，表现出一种理论上的让步。

9.4 供给约束的模型分析

基于完全消耗系数将无法实现对经济推动作用的反映，这在理论上已经是十分清楚的了。同时，从直接分配系数到完全分配系数很好地表达了推动力的经济含义。但正是由于上面所介绍的关于分配系数与消耗系数假定的争论，使得分配系数模型的应用受到一定程度的局限。分配系数模型最初的应用是跨国和跨期的系数比较。在高希提出供给推动模型的10年后，在1968年的第四届投入产出技术国际会议上，奥古斯丁诺维奇（Maria Augustinovics）提交的一篇论文中利用分配系数进行了国际和跨期的经济结构比较。① 由于系数比较并不涉及关于系数的假定，因此这一应用并不受有关假定争论的影响。供给驱动模型另一个值得关注的应用领域就是研究供给冲击，如自然灾害、贸易壁垒、垄断供给与资源短缺等对经济系统的影响。

戴维斯和萨尔金（H. Craig Davis and E. Lawrence Salkin）提出了如下的供给约束分析模型。② 在模型中，把整个产业分为有约束的产业与无约束的产业，分别用下标 r 与 s 表示有约束产业与无约束产业的各个变量。

首先，在需求拉动模型下，也就是假定直接消耗系数不变的假定条件下，分块矩阵形式的行模型可以表示为：

$$\begin{bmatrix} x_r \\ x_s \end{bmatrix} = \begin{bmatrix} A^{rr} & A^{rs} \\ A^{sr} & A^{ss} \end{bmatrix} \begin{bmatrix} x_r \\ x_s \end{bmatrix} + \begin{bmatrix} y_r \\ y_s \end{bmatrix}$$

模型求解，得到：

$$x_s = (I - A^{ss})^{-1}(A^{sr}x_r + y_s) \tag{9.16}$$

$$y_r = (I - A^{rr})x_r - A^{rs}x_s \tag{9.17}$$

上述模型表明，在无约束最终需求 y_s 已知的情况下，无约束部门的产出 x_s 和受约束部门的最终需求 y_r 将如何受约束部门产出 x_r 的影响。

其次，在供给驱动模型下，也就是假定分配系数固定不变的条件下，分块矩阵形式的列模型可以表示为：

$$(x_r, x_s) = (x_r, x_s)\begin{bmatrix} R^{rr} & R^{rs} \\ R^{sr} & R^{ss} \end{bmatrix} + (v_r, v_s)$$

---

① Augustinovics, M. Methods of international and intertemporal comparison of structure, in Carter, A. P. and Brody, A. (ed.) *Contributions to input-output analysis*, Amsterdam: North-Holland Publishing Company, 1970.

② Davis and Salkin. Alternative approaches to the estimation of economic impacts resulting from supply constraints, *The Annals of Regional Science*, Vol. 18, No. 2, 1984: 25-34.

模型求解，得到：

$$x_s=(x_rR^{rs}+v_s)(I-R^{ss})^{-1} \tag{9.18}$$

$$v_r=x_r(I-R^{rr})-x_sR^{sr} \tag{9.19}$$

上述模型表明，在无约束初始投入 v_s 已知的情况下，无约束部门的产出 x_s 和受约束部门的收入 v_r 将如何受受约束部门产出 x_r 的影响。

对于上述两模型，首先我们举一个数值例子来说明两种模型结果产生差异的原因。供给约束的投入产出表见表 9-5。

表 9-5　供给约束的投入产出表

	受约束部门 r	无约束部门 s_1	无约束部门 s_2	最终需求	总产出
受约束部门 r	22	40	60	14	136
无约束部门 s_1	52	18	24	84	178
无约束部门 s_2	12	80	42	72	206
初始投入	50	40	80		
总投入	136	178	206		

计算得到直接消耗系数与分配系数（见表 9-6）：

表 9-6　直接消耗系数与分配系数

A			R		
0.161 8	0.224 7	0.291 3	0.161 8	0.294 1	0.441 2
0.382 4	0.101 1	0.116 5	0.292 1	0.101 1	0.134 8
0.088 2	0.449 4	0.203 9	0.058 3	0.388 4	0.203 9

现在假定受约束部门的产出减少 1 个单位，也就是 $\Delta x_r=-1$，利用上述两个模型计算无约束部门产出所受的影响。

对于需求拉动模型，$\Delta x_s=(I-A^{ss})^{-1}A^{sr}\Delta x_r$，计算得到：

$$\Delta x_s=\begin{pmatrix}-0.474\\-0.379\end{pmatrix}$$

对于供给驱动模型，$\Delta x_s=\Delta x_rR^{rs}(I-R^{ss})^{-1}$，计算得到：

$$\Delta x_s=(-0.611,-0.658)$$

以上两个模型都对受约束部门产出变化对无约束部门产出所带来的影响进行了计算，但结果并不相同。结果的差异来自两者不同的假定。需求拉动模型假定了投入系数不变，而供给驱动模型假定了分配系数不变。什么情况下两种模型得出的结论相同呢？只有当所有部门都按相同幅度变化时，两者的影响才是一致的。例如第一个部门下降 10%，也就是 $\Delta x_r=-13.6$，而所有其他部门都下降 10%，也就是各部门分别下降

13.6、17.8和20.6时，这时候直接消耗系数与分配系数将同时保持不变。当然，这时候需求拉动模型中被假定为不变的无约束部门的最终需求 y_s 以及供给驱动模型中被假定为不变的无约束部门的初始投入 v_s 也都不再是不变的了。实际上，正是这一点导致了两者的差异。

其次，我们注意到上述模型所设定的投入产出表与国家间投入产出表或区域间投入产出表的形式极为相似。实际上，从理论上来说，两者本质上是一样的。因此，上述把产业区分为受约束部门与无约束部门的分析，直接可以转化为对于区域间模型的分析。这时候，该模型就可用来分析两个国家之间，由于某一国的出口限制对另一国所产生的影响。

在需求拉动模型中，

$$\begin{bmatrix} x_r \\ x_s \end{bmatrix} = \begin{bmatrix} A^{rr} & A^{rs} \\ A^{sr} & A^{ss} \end{bmatrix} \begin{bmatrix} x_r \\ x_s \end{bmatrix} + \begin{bmatrix} y_r \\ y_s \end{bmatrix}$$

其中，A^{rr}，A^{ss} 对应的中间流量相当于 r 国与 s 国对本国产品的中间投入，而 A^{rs} 对应的中间流量则是 s 国生产中对 r 国进口品的中间投入，这一部分相当于 r 国出口品用于 s 国中间投入的部分，A^{sr} 对应的中间流量则是 r 国生产中对 s 国进口品的中间投入，相当于 s 国出口品用于 r 国中间投入的部分。在需求拉动模型中：

$$x_s = (I - A^{ss})^{-1}(A^{sr}x_r + y_s)$$

表明由于 r 国产出下降，带来 s 国出口 $A^{sr}x_r$ 的减少，进而引起 s 国产出下降。

同样在分配系数模型中：

$$x_s = (x_r R^{rs} + v_s)(I - R^{ss})^{-1}$$

表明由于 r 国产出下降，带来 r 国对 s 国出口 $x_r R^{rs}$ 的减少，进而引起 s 国产出下降。

9.5　基于分配系数测算理论价格

分配系数模型除了在经验研究中的应用之外，在理论经济学中也起到了重要作用，特别是对于价格与价值问题的分析。

9.5.1　列昂惕夫矩阵与劳动价值论

森岛通夫与西顿（F. Seton）利用分配系数，在一定的假定下，探讨了对马克思抽象“价值”概念进行度量的可行性。①

列昂惕夫的原模型为：

$$x_{11} + x_{12} + \cdots + x_{1n} + y_1 = x_1$$

① Morishima and Seton. Aggregation in Leontief matrices and the labour theory of value, *Econometrica*, 1961 (4).

$$x_{21}+x_{22}+\cdots+x_{2n}+y_2=x_2$$
$$\vdots$$
$$x_{n1}+x_{n2}+\cdots+x_{nn}+y_n=x_n$$
$$w_1+w_2+\cdots+w_n=w_0$$
$$s_1+s_2+\cdots+s_n=s_0$$

其中，w 为工资，而 s 为工资以外的要素收入。

列昂惕夫模型是现价模型。对于同一经济系统，理论上存在一个马克思的“价值系统”，在形式上与列昂惕夫现价模型一致，只不过是以马克思的“价值”概念来度量。

$$\alpha_{11}+\alpha_{12}+\cdots+\alpha_{1n}+\beta_1=\alpha_1$$
$$\alpha_{21}+\alpha_{22}+\cdots+\alpha_{2n}+\beta_2=\alpha_2$$
$$\vdots$$
$$\alpha_{n1}+\alpha_{n2}+\cdots+\alpha_{nn}+\beta_n=\alpha_n$$
$$\omega_1+\omega_2+\cdots+\omega_n=\omega_0$$
$$\sigma_1+\sigma_2+\cdots+\sigma_n=\sigma_0$$

把列昂惕夫原模型称为“价格系统”，是可以统计度量的，而把用马克思价值概念表达的模型称为“价值系统”，一般认为是抽象而无法量化和度量的。从理论上来说，价格系统与价值系统的分配系数是相同的。森岛通夫与西顿正是利用分配系数的这一特点，在一定的假定下，提出了对马克思抽象“价值系统”的度量。

在“价值系统”模型中引入分配系数矩阵，模型可表示为：

$$(\alpha_1,\alpha_2,\cdots,\alpha_n)\begin{bmatrix} r_{11} & r_{12} & \cdots & r_{1n} \\ r_{21} & r_{22} & \cdots & r_{2n} \\ \vdots & \vdots & & \vdots \\ r_{n1} & r_{n2} & \cdots & r_{nn} \end{bmatrix}+(\omega_1+\omega_2+\cdots+\omega_n)+(\sigma_1+\sigma_2+\cdots+\sigma_n)$$
$$=(\alpha_1,\alpha_2,\cdots,\alpha_n)$$

简记为：

$$\alpha R+\omega+\sigma=\alpha \tag{9.20}$$

其中，R 为分配系数。

为了对理论价值求解，需要对过多的未知参数做出进一步定义。

根据古典的生存工资假定，工资全部用于维持生计的消费品的购买，定义 d_{ij} 为第 i 部门产出中由第 j 部门工人购买的比例。因此有：

$$(\alpha_1,\alpha_2,\cdots,\alpha_n)\begin{bmatrix} d_{11} & d_{12} & \cdots & d_{1n} \\ d_{21} & d_{22} & \cdots & d_{2n} \\ \vdots & \vdots & & \vdots \\ d_{n1} & d_{n2} & \cdots & d_{nn} \end{bmatrix}=(\omega_1+\omega_2+\cdots+\omega_n)$$

简记为：

$$_{\alpha}D=\omega \tag{9.21}$$

另外，假定工资与工资以外的要素收入在所有部门保持一个固定的比例，森岛通夫与西顿进一步把各部门相同的这一比例 $\frac{\sigma_j}{\omega_j}$ 称为剥削率（rate of exploitation）。定义 $\rho=1+\frac{\sigma_j}{\omega_j}$，由此得到：

$$\omega_j+\sigma_j=\rho\omega_j$$

因此，在各部门剥削率相同的条件下，所有初始要素收入都可以简化为工资的某种倍数关系。

把这两个假定条件代入模型中，得到：

$$\alpha R+\rho\alpha D=\alpha$$

对上式变形，得到：

$$\rho\alpha D=\alpha(I-R)$$

$$\alpha D(I-R)^{-1}=\frac{1}{\rho}\alpha \tag{9.22}$$

因此，$\frac{1}{\rho}$ 为矩阵 $D(I-R)^{-1}$ 的特征值，而马克思"价值"概念的产出 α 成为该矩阵的特征向量。在分配系数如直接消耗系数一样为非负不可分解矩阵的情况下，可以保证有唯一正的特征根，且对应有经济意义的正的产出价值。森岛通夫与西顿正是利用分配系数探讨价值与价格转型问题。

9.5.2　西顿的特征价格分析

马克思的劳动价值论表明了所有商品的价值都等于在商品生产中直接和间接消耗的劳动量。正如前面章节所分析的，这在投入产出体系中可以用完全消耗系数很方便地表示出来：

$$\tilde{l}=l(I-A)^{-1}$$

其中，l 表示直接劳动投入系数行向量，$\tilde{l}$ 表示完全劳动投入系数行向量。由此把产品的价值还原为初始投入要素劳动的价值。

如果把直接劳动换作资本或土地等其他投入要素，那么就有所谓"完全资本价值"或"完全土地价值"，也就是把产品价值还原为该种投入要素的价值。

一般地，基于古典意义上的利润或剩余概念，产品的价格将由如下几个部分构成：

$$i'A+r'B+m'=i'$$

其中，i'为全为 1 的行向量，A 为直接消耗系数，B 为要素的直接投入系数，r 为要素价格，m 为利润或剩余项。也就是说，产品的价格包括物耗投入的价值、要素投入价值，以及利润或剩余项。剩余项包含了生产税与补贴、利润等内容，其向量中的元素可能既有正数，也有负数。

上述分析中分别考虑的只是完全劳动价值、完全资本价值或完全土地价值，如果同时考虑多个投入要素，我们就需要对这些投入要素的作用进行加权，这时就得到商品的特征成本（eigencost），用 c 表示，即有：

$$c' = r'C$$

其中，$C = B(I-A)^{-1}$ 表示各初始投入要素系数矩阵 B 经过列昂惕夫逆阵放大的完全投入要素系数矩阵，这里用作权数的 r' 表示各种要素的回报率。

进一步把剩余项考虑进来，价格就可以表示为：

$$p' = \frac{1}{\phi}r'C \tag{9.23}$$

其中，$\frac{1}{\phi}$ 为各部门相同的利润边际（uniform profit margin）。

由此也可以看出，上述价格模型是之前我们所介绍的效率价格模型的一般形式，各种多渠价格都可以由此转化而得到。

但是，对于上面的价格方程，各要素的回报率或要素的价格 r 又是如何确定的呢？这正是西顿所要分析的问题。西顿提出用各种产品在多大程度上对最终产品做出贡献来作为自身使用价值的度量，进而建立起要素价格与需求之间的联系。西顿正是从分配系数出发，按初始要素对最终产品所做的贡献对其价格进行度量，提出了特征价格（eigenprices）。①

利用完全劳动投入系数，我们可以把如表 9-7 所示的基本流量表转换为劳动价值的流量表。

表 9-7　　现价中间流量

	农业	建筑	服装	最终需求	产出
农业	0	57	18	30	105
建筑	74	0	9	60	143
服装	0	0	0	90	90
劳动	10	29	9		
资本	30	1	9		
税	−9	56	45		
产出	105	143	90		

利用列昂惕夫逆阵，把直接劳动投入系数行向量转换为完全劳动系数行向量：

① 数值例子及说明参见 Seton，F. *The economics of cost，use and values*，Oxford：Clarendon Press，1992。

$$A_v = v(I-A)^{-1} = (0.3312, 0.3348, 0.1997)$$

约等于 1/3、1/3、1/5。

用完全劳动系数行向量左乘中间流量矩阵，也就是用行向量中的系数对矩阵相应的行进行缩减，从而利用完全劳动系数把交易流量转换为完全劳动。例如从列上看，作为投入的各个中间流量，包含的完全劳动 x_{11} 为（1/3）x_{11}，x_{21} 为（1/3）x_{21}，x_{31} 为（1/5）x_{31}。其含义为，对于任意一种产品，其总的价值都可以还原为所包含的初始投入要素的价值。例如对于例子中的第一种产品农业产品，其所含的劳动价值占总价值的 1/3，而剩下的则是其他投入要素资本与税的要素价值（见表 9-8）。

表 9-8　　按单一劳动成本计算的中间流量

	单一劳动成本	农业	建筑	服装	最终需求	产出
农业	1/3	0	19	6	10	35
建筑	1/3	25	0	3	20	48
服装	1/5	0	0	0	18	18
间接劳动成本		25	19	9		
直接劳动成本		10	29	9		
产出		35	48	18		

在上面的分析中，我们将产品价值还原为要素价值。作为对称分析，我们可以把产品价值按最终需求或最终产品的贡献进行度量。例如，现在我们只是以第一种最终产品进行度量。首先计算出完全分配系数矩阵：

$$D = (I-R)^{-1}$$

并进一步利用完全分配系数矩阵乘以最终产品直接分配系数 R_y（当只研究某个部门时，其他部门为 0），计算某最终产品的完全最终产品系数，并利用这一系数把交易流量转换为新的流量表。

例子中第一种产品的完全最终产品系数为（其中 30/105≈0.28）：

$$(d_{11} \times 0.28, d_{21} \times 0.28, d_{31} \times 0.28)$$

其含义分别为：

第一个部门有 d_{11} 个产品分配给第一个部门，其中的 28%被用于最终消费；

第二个部门有 d_{21} 个产品分配给第一个部门，其中的 28%被用于最终消费；

第三个部门有 d_{31} 个产品分配给第一个部门，其中的 28%被用于最终消费。

如此（$d_{11} \times 0.28$，$d_{21} \times 0.28$，$d_{31} \times 0.28$）表示各部门对某种最终产品的贡献，即（0.389，0.205，0）。

利用上述系数对矩阵相应的列进行缩减，得到按第一种最终产品需求度量的流量价值表（见表 9-9）：

表 9-9　　按单一谷物度量标准度量的中间流量

	农业	建筑	服装	最终需求	产出
单一谷物度量标准	0.389	0.205	0		
农业	0	11.7	0	30	41.7
建筑	29.2	0	0		29.2
服装	0	0	0		0
要素与税	12.5	17.5	0		
产出	41.7	29.2	0		

在表 9-9 中，例如对于农业部门，其中 38.9%的投入及生产将服务于满足对第一种产品的最终需求，而剩下的投入部分则是服务于建筑业与服装业的最终需求。

西顿通过一组“完全使用系数”（full-use coefficients），把商品的产出分解为直接的最终产品或对最终产品的贡献，并且对各种最终产品也可以利用产品价格加权，这种价格将不再是成本价格，也不是市场价格，而是从其使用价值上看应该有的价格。通过它们把要素的价格表示为它们对最终产品生产中的分配上的贡献，因此这个过程看起来同成本价格的还原过程正好相反。

一般地，考虑一个有 n 个部门、m 种要素的经济。对于第 k 个最终产品 y_k，现在要用它来度量其他产品的价值。也就是在我们的眼里现在只有第 k 个最终产品 y_k 具有使用价值，其他产品的使用价值只是体现在间接对 y_k 分配上的贡献。仿照完全要素投入系数的公式 $B_v=A_v(I-A)^{-1}$，在对称的形式上有完全对最终使用的贡献系数（采用西顿的符号表示）$v_k=(I-R)^{-1}\hat{s}i_k$，其中 $\hat{s}$ 是以直接最终产品分配系数为对角元素的对角矩阵，i_k 表示第 k 个元素为 1、其余为 0 的列向量，直接最终产品分配系数 $\hat{s}i_k$ 通过完全供给系数 $(I-R)^{-1}$ 左乘后放大得到完全最终产品分配系数 $v_k=(v_k^1, v_k^2, \cdots, v_k^n)$。该向量以它的每个元素为各个部门提供了一个系数，对应于相应部门生产将以该系数的比例贡献于最终产品 y_k，即 $z_iv_k^i=x_{i1}v_k^1+x_{i2}v_k^2+\cdots+x_{in}v_k^n$，其中 z_i 为部门 i 的总产出。或者写作：

$$
\begin{aligned}
x_{11}v_k^1+x_{12}v_k^2+x_{13}v_k^3&=z_1v_k^1\\
x_{21}v_k^1+x_{22}v_k^2+x_{23}v_k^3&=z_2v_k^2\\
x_{31}v_k^1+x_{32}v_k^2+x_{33}v_k^3&=z_3v_k^3
\end{aligned}
$$

从行向上看，$x_{i1}v_k^1$ 表明第 i 种产品通过第一个部门完全分配给 y_k 的量，如此等等，那么 $z_iv_k^i$ 表示第 i 种产品通过所有部门完全分配给 y_k 的量；从列向上看，表现为每个部门都以一个固定的投入比例 $v_k=(v_k^1, v_k^2, \cdots, v_k^n)$ 贡献于最终产品 y_k。如此解释的完全最终产品分配系数只是关于 v_k 的公式的另一种写法，即完全最终产品分配系数等于直接最终产品分配系数加上分配系数左乘完全最终产品分配系数，$v_k=\hat{s}i_k+Rv_k$。

以上只考虑了存在一个有使用价值的最终产品，当同时考虑多个有使用价值的最终产品，如与多渠价格中以要素价格进行加权类似，对于选择不同的用来度量使用价值的最终产品，我们可以选择以相应的价格来加权，也就是：$v=(I-R)^{-1}\hat{s}p=Vp$。这样我们得到的列向量 v 是按最终产品贡献度量出来的各种要素的价值。

回到最初的问题，现在我们可以从最终使用贡献的角度来度量初始投入的价值。把要素的使用价值看作是它们对不同商品生产所作贡献的合计，即 $\hat{w}r=Wv$，其中 $\hat{w}$ 为以各要素总使用量为元素的对角矩阵，W 为要素各部门使用量的一个 $m\times n$ 矩阵。该式左边表示各要素所得到的回报，右边是以使用价值度量的、按对不同商品生产所做贡献的合计。

用 $E=\hat{w}^{-1}W$ 表示要素各部门的使用份额，有 $r=Ev=EVp=E(I-R)^{-1}\hat{s}p$。转置得到：$r'=p'V'E'=p'\hat{s}[(I-R)^{-1}]'E'=p'N$。其中 $N=\hat{s}[(I-R)^{-1}]'E'$，其中的第 k 行度量的是以 m 个初始投入要素对最终产品 y_k 生产所做的贡献来衡量的价值份额。

现在我们有：$p'=\frac{1}{\phi}r'C$，以及 $r'=p'N$。把两式相互代入，得到：

$$p'=\frac{1}{\phi}p'NC \tag{9.24}$$

$$r'=\frac{1}{\phi}r'CN \tag{9.25}$$

表明产品的价格 p 与要素的价格 r 以 ϕ 为特征值，分别是矩阵 NC 和矩阵 CN 的特征向量。

这样一种价格被称为“特征价格”，它表明的是在现有技术条件下，在竞争条件下为获得最优化结果所应该有的价格。通过用现实价格与这种理性价格进行比较，可以看到价格在多大程度上偏离了均衡体系。

参考文献

[1] 刘起运．经济系统规划方法与模型．北京：中国计划出版社，1993.

[2] Ghosh, A. Input-output approach in an allocation system, *Economica*, Vol. 25, No. 97, 1958: 58 - 64.

[3] Seton, F. *The economics of cost, use and value: the evaluation of performance, structure and prices across time, space and economic systems*, Oxford: Clarendon Press, 1992.

[4] Francis Seton. Price models based on input-output analysis: East and west, *Economic Systems Research*, Vol. 5, No. 2, 1993.

[5] Erik Dietzenbacher. Seton's eigenprices: further evidence, *Economic Systems Research*, Vol. 2, No. 2, 1990.

第十章

人口与教育投入产出模型

投入产出技术在人口问题和教育问题的分析中也得到应用，具体地，体现为人口投入产出模型和教育投入产出模型的建立。本章首先介绍人口投入产出模型，然后介绍教育投入产出模型。

10.1 人口投入产出模型

人口投入产出模型是投入产出技术在人口核算中的应用，是由诺贝尔经济学奖获得者、英国著名经济学家斯通（R. Stone）提出的，其基本思想在于通过投入产出矩阵反映人口结构的变迁。人口投入产出模型是以人口核算为基础建立的，既反映了人口系统的运动特点，又提供了人口核算信息。教育投入产出模型也借鉴了人口投入产出模型的做法。

10.1.1 简化的人口投入产出模型

斯通把投入产出技术的分析方法用于人口系统的建模分析中，研究了英格兰和威尔士的人口问题，在第四届国际投入产出技术会议上做了相关的报告。我国学者蒋萍也曾经研究过人口投入产出模型。本节中，我们将介绍人口投入产出模型的理论构建和应用实例。①

1. 基本概念的界定

首先，要建立人口投入产出模型，就需要界定相关的概念。

人口的总投入：反映某个国家或地区在某一个时期（通常为某一年度）所拥有的人口

① 钟契夫，陈锡康，刘起运．投入产出分析．北京：中国财政经济出版社，1993. 陈锡康，杨翠红，等．投入产出技术．北京：科学出版社，2011.

资源量。

人口的中间投入：表示某个国家或地区上一个时期（上一年度）投入（或转入）到本时期的人口数量。

人口的最初投入：表示某个国家或地区本期（本年度）新出生的人口和从其他国家或地区迁入的人口。

人口的总投入等于人口的中间投入与人口的最初投入的合计。

人口的总产出：反映某个国家或地区本期（本年度）人口资源的分配去向，包括转入下一时期、迁出、死亡等。

人口的中间需求：表示某个国家或地区本时期（本年度）末转移到下一时期的人口数量。

人口的最终需求：表示某个国家或地区本时期（本年度）转移到外部世界的人口数量，包括死亡与迁出等。

人口的总产出等于人口的中间需求与人口的最终需求的合计。

2. 简化的人口投入产出模型

在简化的人口投入产出表中，不对人口系统进行分组，而是作为一个整体对待。一个简化的人口投入产出表如表 10－1 所示。

表 10－1　　简化的人口投入产出表

投入 \ 产出		中间需求		最终需求		总产出
		$t+1$ 年	$t+2$ 年	死亡	迁出	
中间投入	t 年	$s(t)$		$d_1(t)$	$d_2(t)$	$p(t)$
	$t+1$ 年		$s(t+1)$	$d_1(t+1)$	$d_2(t+1)$	$p(t+1)$
最初投入	出生	$b_1(t+1)$	$b_1(t+2)$			
	迁入	$b_2(t+1)$	$b_2(t+2)$			
总投入		$p(t+1)$	$p(t+2)$			

水平方向的平衡关系式：

对于第 t 年度，有

$$s(t)+d_1(t)+d_2(t)=p(t) \tag{10.1}$$

同样对于第 $t+1$ 年度，有

$$s(t+1)+d_1(t+1)+d_2(t+1)=p(t+1) \tag{10.2}$$

其中，$s(t)$ 为第 t 年度人口转入下一年的数量，即第 t 年末或者第 $t+1$ 年初的人口数量，$d_1(t)$ 为第 t 年人口的死亡数量，$d_2(t)$ 为第 t 年人口的迁出数量，$p(t)$ 为第 t 年人口的总产出数量。

垂直方向的平衡关系式：

第 $t+1$ 年度垂直方向的关系式为：

$$s(t)+b_1(t+1)+b_2(t+1)=p(t+1) \tag{10.3}$$

第 $t+2$ 年度垂直方向的关系式为：

$$s(t+1)+b_1(t+2)+b_2(t+2)=p(t+2) \tag{10.4}$$

其中，$b_1(t+1)$ 为第 $t+1$ 年度人口的出生量，$b_2(t+1)$ 为第 $t+1$ 年度人口的迁入量。水平和垂直方向的关系式反映了人口的变迁情况。

3. 简化的人口投入产出模型实例

表 10-2 是一个简化的人口投入产出表实例。

表 10-2　　简化的人口投入产出表　　单位：万人

投入 \ 产出		中间需求 2007 年	中间需求 2008 年	最终需求 死亡	最终需求 迁出	总产出
中间投入	2006 年	121 535.29		8 951.61	961.10	131 448.00
	2007 年		121 950.08	9 156.54	1 022.38	132 129.00
初始投入	出生	1 598.76	1 612.22			
	迁入	8 994.95	9 239.71			
总投入		132 129.00	132 802.01			

注：表中的中间投入和中间需求等数字为推算数字，不是实际值。

由表 10-2 可以看出，2007 年我国人口总投入量为 132 129 万人，由 2006 年转入即中间投入为 121 535.29 万人，初始投入中新出生人口 1 598.76 万人，迁入 8 994.95 万人，中间投入＋初始投入＝总投入。从行向看，2007 年我国人口总产出量（分配量）也为 132 129 万人，其中用于中间需求即转入 2008 年的为 121 950.08 万人，最终需求中死亡人口 9 156.54 万人，迁出 1 022.38 万人，中间需求＋最终需求＝总产出。

10.1.2　一般的人口投入产出模型

简化的人口投入产出模型对人口没有进行分组。通常，根据研究的需要，要对人口系统进行分组，例如按照年龄、职业、地区等进行分组，如表 10-3 所示。假设人口分为 n 个组。

表 10-3　　一般性人口投入产出表

投入 \ 产出			中间需求 $t+1$ 年 $1, 2, \cdots, n$	中间需求 $t+2$ 年 $1, 2, \cdots, n$	最终需求 死亡	最终需求 迁出	总产出
中间投入	t 年	$1, 2, \vdots, n$	$S(t)$		$D_1(t)$	$D_2(t)$	$P(t)$
	$t+1$ 年	$1, 2, \vdots, n$		$S(t+1)$	$D_1(t+1)$	$D_2(t+1)$	$P(t+1)$

续前表

投入＼产出		中间需求 t+1 年 1，2，…，n	中间需求 t+2 年 1，2，…，n	最终需求 死亡	最终需求 迁出	总产出
最初投入	出生	$B_1'(t+1)$	$B_1'(t+2)$			
	迁入	$B_2'(t+1)$	$B_2'(t+2)$			
总投入		$P'(t+1)$	$P'(t+2)$			

表 10－3 中，n 表示人口的分组数；$S(t)$ 表示第 t 年度到第 $t+1$ 年度的人口转移矩阵（matrix of survivors），其元素 $s_{ij}(t)$ 表示第 t 年度在第 i 组而第 $t+1$ 年度转移到第 j 组的人口数；$D_1(t)$ 表示第 t 年度死亡人口向量；$D_2(t)$ 表示第 t 年度迁出人口向量；$P(t)$ 表示第 t 年度人口流量向量；$B_1'(t+1)$ 表示第 $t+1$ 年度出生人口向量；$B_2'(t+1)$ 表示第 $t+1$年度迁入人口向量。

1. 水平方向的平衡关系式

水平方向的含义是第 t 年或第 $t+1$ 年各组人口产出（人口流量）的分配情况，用于中间需求的部分是本年度到下一年度的人口转移数量，而最终需求是转移到本地区人口系统之外的人口数量，包括各组的死亡和迁出人口。中间需求与最终需求的合计就是本年度人口的总流量。即：人口总产出＝中间需求＋最终需求。

对第 t 年度，我们有

$$\sum_{j=1}^{n} s_{1j}(t) + d_{11}(t) + d_{12}(t) = p_1(t)$$
$$\sum_{j=1}^{n} s_{2j}(t) + d_{21}(t) + d_{22}(t) = p_2(t)$$
$$\vdots$$
$$\sum_{j=1}^{n} s_{nj}(t) + d_{n1}(t) + d_{n2}(t) = p_n(t)$$

相应的矩阵形式为

$$S(t)\mu + D_1(t) + D_2(t) = P(t) \tag{10.5}$$

对于第 $t+1$ 年度，我们有

$$S(t+1)\mu + D_1(t+1) + D_2(t+1) = P(t+1) \tag{10.6}$$

其中，μ 表示求和向量，为所有元素都为 1 的列向量。

2. 垂直方向的平衡关系式

垂直方向的含义是某个年度如第 $t+1$ 年人口流量的投入来源，包括中间投入和初始投入。中间投入指从第 t 年度转移到第 $t+1$ 年度的人口数量，初始投入是指从原人口系统之外投入本年度人口系统中的人口数量，包括新出生的人口和从本地区外迁入的人口，中间投入与初始投入的合计为本年度的人口总流量（即总投入），即：中间投入＋初始投入＝总投入。

对于第 $t+1$ 年度，我们有

$$\sum_{i=1}^{n} s_{i1}(t) + b_{11}(t+1) + b_{21}(t+1) = p_1(t+1)$$

$$\sum_{i=1}^{n} s_{i2}(t) + b_{12}(t+1) + b_{22}(t+1) = p_2(t+1)$$

$$\vdots$$

$$\sum_{i=1}^{n} s_{in}(t) + b_{1n}(t+1) + b_{2n}(t+1) = p_n(t+1)$$

相应的矩阵形式为

$$S'(t)\mu + B_1(t+1) + B_2(t+1) = P(t+1) \tag{10.7}$$

对于第 $t+2$ 年度，我们有

$$S'(t+1)\mu + B_1(t+2) + B_2(t+2) = P(t+2) \tag{10.8}$$

10.1.3 按年龄组划分的人口投入产出模型

编制按照年龄分组的人口投入产出模型时，年龄组的划分方法可以根据分析目的来确定，例如每隔 5 岁作为一组：0～4 岁、5～9 岁、10～14 岁，等等。或者按照人口的自然年龄 0，1，2，…分组。表 10－4 是一个按照年龄分组的人口投入产出表的例子。

表 10－4　　我国按年龄分组的人口投入产出表　　单位：万人

投入＼产出		中间需求						最终需求		总产出
		2007 年			2008 年					
		0～14 岁	15～64 岁	65 岁及以上	0～14 岁	15～64 岁	65 岁及以上	死亡	迁出	
中间投入	2006 年 0～14 岁	24 061.24	1 817.27	0.00				82.49	0.00	25 961
	2006 年 15～64 岁	0.00	88 413.24	1 901.36				3 802.72	950.68	95 068
	2006 年 65 岁及以上	0.00	0.00	5 342.18				5 066.40	10.42	10 419
	2007 年 0～14 岁				23 553.78	1 924.50	0.00	128.30	53.42	25 660
	2007 年 15～64 岁				0.00	89 124.69	1 916.66	3 833.32	958.33	95 833
	2007 年 65 岁及以上				0.00	0.00	5 430.44	5 194.92	10.64	10 636
初始投入	出生	1 598.76	0.00	0.00	1 612.22	0.00	0.00			
	迁入	0.00	5 602.49	3 392.46	0.00	5 630.81	3 608.90			
总投入		25 660	95 833	10 636	25 166	96 680	10 956			

注：表中中间流量、迁入迁出等数据为推算数，不是实际数。

表 10－4 中，我国人口被分成了三组，分别是 0～14 岁、15～64 岁、65 岁及以上，可用于研究我国的青少年人口和老年人口的变化情况，以及青少年抚养比和老年人抚养

比等。

水平方向说明了各年龄组人口的分配使用情况，如 2007 年人口中，0～14 岁组有 23 553.78 万人、1 924.50 万人分别转入 2008 年的 0～14 岁组和 15～64 岁组（中间需求），128.3 万人死亡，53.42 万人迁出，中间需求＋最终需求＝总产出。垂直方向反映了人口的投入情况，2007 年 0～14 岁组的总人口中来自 2006 年的部分为 24 061.24 万人，这是中间投入，初始投入包括出生和迁入，出生人口数为 1 598.76 万人，迁入人口数为 0，中间投入＋初始投入＝总投入。

10.1.4　人口转换系数与人口投入产出模型

1. 人口转换系数的定义

人口转换系数（changing coefficients）相当于经济系统投入产出模型中的分配系数。定义人口转换系数 $c_{ij}(t)$ 为：

$$c_{ij}(t)=\frac{s_{ji}(t)}{p_j(t)} \tag{10.9}$$

其中，$c_{ij}(t)$ 表示第 t 年度第 j 组人口中生存下来到第 $t+1$ 年转移到第 i 组的人口流量占第 j 组人口流量的比例。用矩阵形式表示为

$$C(t)=S'(t)\hat{P}(t)^{-1} \tag{10.10}$$

其中，$\hat{P}(t)$ 是由 $P(t)$ 生成的对角矩阵。

2. 用人口转换系数建立列模型

将人口转换系数矩阵代入垂直方向的平衡式（10.7）中，建立列向的人口投入产出模型，得到

$$C(t)P(t)+B_1(t+1)+B_2(t+1)=P(t+1) \tag{10.11}$$

进一步引入时滞算子∧。例如，如果以 t 年为基年，令 $\wedge B_1$ 表示第 $t+1$ 年出生的人口列向量，$\wedge^{-1}B_1$ 表示第 $t-1$ 年出生的人口列向量，$\wedge P$ 表示第 $t+1$ 年的人口流量列向量，$\wedge^{-1}P$ 表示第 $t-1$ 年的人口流量列向量。如果人口转换系数矩阵保持固定不变，则（10.11）式可改写为：

$$C\wedge^{-1}P+B_1+B_2=P \tag{10.12}$$

人口转换系数矩阵反映的是不同年度之间从一类人口转换为另一类人口的转换比例，在两个年度之间具有动态的联系，反映了人口系统的动态变化。人口转换矩阵也可以是可变的，或者是具有随机性。挪威经济学家索恩斯塔德（T. Thonstad）曾经利用马尔可夫链来研究人口的转换问题。

当 C 保持固定不变时，有

$$\wedge P=CP+\wedge B_1+\wedge B_2$$
$$\wedge^2P=C\wedge P+\wedge^2B_1+\wedge^2B_2=C^2P+C\wedge B_1+C\wedge B_2+\wedge^2B_1+\wedge^2B_2$$
$$\vdots$$

$$\wedge^m P = \sum_{k=0}^{m-1} C^k \wedge^{m-k}(B_1 + B_2) + C^m P$$

这个方程组表示 m 个年度人口的流量列向量，可用于预测 m 个年度各个人口组的人口流量。

当 C 不是固定不变时，不同年度的人口转换系数矩阵不同，则有

$$\begin{aligned}\wedge P &= CP + \wedge B_1 + \wedge B_2 \\ \wedge^2 P &= \wedge C \wedge P + \wedge^2 B_1 + \wedge^2 B_2 \\ &= \wedge CCP + \wedge C \wedge B_1 + \wedge C \wedge B_2 + \wedge^2 B'_1 + \wedge^2 B_2 \\ &\cdots\cdots\end{aligned}$$

3. 用人口转换系数建立行模型

把（10.10）式代入（10.5）式，得到：

$$\hat{P}(t)C'(t)\mu + D_1(t) + D_2(t) = P(t) \tag{10.13}$$

由此得出：

$$P(t) - \hat{P}(t)C'(t)\mu = D_1(t) + D_2(t)$$

$$(I - \hat{\Psi}(t))P(t) = D_1(t) + D_2(t)$$

其中，$\hat{\Psi}(t)$ 是向量 $(\sum_{i=1}^{n} c_{i1}(t), \cdots, \sum_{i=1}^{n} c_{in}(t))'$ 生成的对角矩阵。

如果 $(I - \hat{\Psi}(t))$ 为非奇异矩阵，则有：

$$P(t) = (I - \hat{\Psi}(t))^{-1}(D_1(t) + D_2(t)) \tag{10.14}$$

10.1.5 人口结构系数与人口投入产出模型

人口投入产出模型中人口结构系数的概念与通常的投入产出模型中直接消耗系数的概念相对应。人口结构系数 $g_{ij}(t+1)$ 表示在第 $t+1$ 年的第 j 组人口中，由第 t 年的第 i 类人口所转换的比例：

$$g_{ij}(t+1) = \frac{s_{ij}(t)}{p_j(t+1)} \qquad (i,j = 1,2,\cdots,n) \tag{10.15}$$

以矩阵形式表示为：

$$G(t+1) = S(t)\hat{P}(t+1)^{-1} \tag{10.16}$$

其中，$G(t+1) = (g_{ij}(t+1))_{n\times n}$ 表示第 $t+1$ 年的人口结构系数矩阵，由（10.16）式可得

$$S(t) = G(t+1)\hat{P}(t+1) \tag{10.17}$$

人口转换系数矩阵 $C(t)$ 和人口结构系数矩阵之间有如下关系：

$$\hat{P}(t)C'(t) = G(t+1)\hat{P}(t+1) \tag{10.18}$$

即：

$$G(t+1)=\hat{P}(t)C'(t)\hat{P}(t+1)^{-1} \tag{10.19}$$

或：

$$C(t)=\hat{P}(t+1)G'(t+1)\hat{P}(t)^{-1} \tag{10.20}$$

1. 用人口结构系数建立列模型

把（10.20）式代入（10.11）式，得到：

$$\hat{P}(t+1)G'(t+1)\mu+B_1(t+1)+B_2(t+1)=P(t+1) \tag{10.21}$$

由此得到：

$$\begin{aligned}B_1(t+1)+B_2(t+1)&=P(t+1)-\hat{P}(t+1)G'(t+1)\mu\\&=(I-\hat{\Phi}(t+1))P(t+1)\end{aligned}$$

其中，$\hat{\Phi}(t+1)$ 是向量 $(\sum_{i=1}^{n}g_{i1}(t+1),\cdots,\sum_{i=1}^{n}g_{in}(t+1))'$ 生成的对角矩阵。

若矩阵 $(I-\hat{\Phi}(t+1))$ 为非奇异矩阵，则

$$P(t+1)=(I-\hat{\Phi}(t+1))^{-1}(B_1(t+1)+B_2(t+1)) \tag{10.22}$$

由 $g_{ij}(t+1)=\dfrac{s_{ij}(t)}{p_j(t+1)}$ 得到：

$$\begin{aligned}1-\sum_{i=1}^{n}g_{ij}(t+1)&=1-\frac{\sum_{i=1}^{n}s_{ij}(t)}{p_j(t+1)}\\&=\frac{b_{1j}(t+1)+b_{2j}(t+1)}{p_j(t+1)}\\&=\rho_{1j}(t+1)+\rho_{2j}(t+1)\end{aligned}$$

其中，$\rho_{1j}(t+1)=b_{1j}(t+1)/p_j(t+1)$，$\rho_{2j}(t+1)=b_{2j}(t+1)/p_j(t+1)$，分别表示第$t+1$年第 j 组人口的出生系数和迁入系数。

2. 用人口结构系数建立行模型

把（10.20）式代入（10.13）式，得到：

$$G(t+1)P(t+1)+D_1(t)+D_2(t)=P(t) \tag{10.23}$$

假设 $G(t+1)$ 为非奇异矩阵，有

$$P(t+1)=G^{-1}(t+1)(P(t)-D_1(t)-D_1(t)) \tag{10.24}$$

如果人口结构系数为常数，即 $G(t+1)=G$，则有

$$\begin{aligned}\wedge P&=G^{-1}(P-D_1-D_2)\\\wedge^2 P&=G^{-1}\wedge P-G^{-1}\wedge D_1-G^{-1}\wedge D_2\\&=(G^{-1})^2P-(G^{-1})^2(D_1+D_2)-G^{-1}(\wedge D_1+\wedge D_2)\end{aligned}$$

$$\wedge^3 P = (G^{-1})^2 \wedge P - (G^{-1})^2 \wedge (D_1 + D_2) - G^{-1} \wedge^2 (D_1 + D_2)$$
$$= (G^{-1})^3 P - (G^{-1})^3 (D_1 + D_2) - (G^{-1})^2 \wedge (D_1 + D_2) - G^{-1} \wedge^2 (D_1 + D_2)$$

在一般情况下，我们有：

$$\wedge^m P = (G^{-1})^m P - \sum_{j=1}^{m} (G^{-1})^j \wedge^{m-j} (D_1 + D_2)$$

10.1.6 应用

人口投入产出表是反映某个国家或地区在某个时期人口的形成、结构、变动的矩阵模型，从人口投入产出表可以得到一系列有重要实用价值的指标，如出生系数 $b_{1j}(t)/p_j(t)$，各组人口的死亡系数 $d_{i1}(t)/p_i(t)$，各组人口的迁入系数 $b_{2j}(t)/p_j(t)$，各组人口的迁出系数 $d_{i2}(t)/p_i(t)$，各组人口的结构比例系数 $s_{ij}(t)/p_j(t+1)$，各组人口的转换比例系数 $s_{ji}(t)/p_j(t)$ 等。

当知道人口的出生系数、死亡系数、迁入和迁出系数后，就可以预测今后时期某个国家或地区人口的数量。如在转换系数 C 的基础上，当知道各组人口的出生和迁入资料后，利用公式（10.11）及其递推式，可以预测 $t+m$ 时期人口的数量。

在人口结构系数的基础上，如已知各组人口的死亡和迁出资料后，利用公式（10.24）及其递推式，可以预测 $t+m$ 时期的人口。

10.2 教育投入产出模型

教育投入产出模型的构建思想类似于人口投入产出模型，将学校教育的过程用投入产出框架描述出来，从而体现教育部门的系统运动特征。本节介绍教育投入产出模型的基本原理。①

10.2.1 教育系统投入产出模型

1. 总体建模思想

教育系统和生产系统一样，其活动结果有一定的产出。生产系统的产出是物质产品和劳务，教育系统的产出是所培养的达到一定质量的学生。这些产出一部分留在教育系统进行再培养，称为教育系统的中间产品；另一部分学生在教育系统的培养过程已经结束或暂时结束，分配到社会，称为教育系统的最终产品。最终产品是教育系统生产的目的，它可分为三部分：第一是就业（包括留在教育系统担任教师），第二是家务（包括从事家务、失业等），第三是其他，如移民国外、死亡、参军等。

教育系统的投入（占用）包括四部分：学生投入；占用的教职员工，特别是教师的投

---

① 黄银忠．教育系统投入产出模型及其应用．系统工程理论与实践，1991，11（2）：51-58. 钟契夫，陈锡康，刘起运．投入产出分析．北京：中国财政经济出版社，1993. 陈锡康，杨翠红，等．投入产出技术．北京：科学出版社，2011.

入；占用的固定资产；经费的投入（如表 10－5 所示）。

表 10－5　　教育系统投入产出表

投入＼产出			中间产品 $t+1$ 学年 $1,2,\cdots,n$	中间产品 $t+2$ 学年 $1,2,\cdots,n$	最终产品 家庭、就业、其他	最终产品 小计	总产品
学生投入	教育系统内	t 学年 1	$x_{1j}(t+1)$			$f_1(t)$	$q_1(t)$
		2	$x_{2j}(t+1)$			$f_2(t)$	$q_2(t)$
		⋮	⋮			⋮	⋮
		n	$x_{nj}(t+1)$			$f_n(t)$	$q_n(t)$
		$t+1$ 学年 1		$x_{1j}(t+2)$		$f_1(t+1)$	$q_1(t+1)$
		2		$x_{2j}(t+2)$		$f_2(t+1)$	$q_2(t+1)$
		⋮		⋮		⋮	⋮
		n		$x_{nj}(t+2)$		$f_n(t+1)$	$q_n(t+1)$
	非教育系统	家庭	$h_{1j}(t+1)$	$h_{1j}(t+2)$			
		就业	$h_{2j}(t+1)$	$h_{2j}(t+2)$			
		⋮	⋮	⋮			
		其他	$h_{dj}(t+1)$	$h_{dj}(t+2)$			
	学生投入合计		$q_j(t+1)$	$q_j(t+2)$			
教职工占用	1. 教授		$l_{1j}(t+1)$	$l_{1j}(t+2)$			
	⋮		⋮	⋮			
	m. 职员		$l_{mj}(t+1)$	$l_{mj}(t+2)$			
固定资产占用	1. 校舍		$u_{1j}(t+1)$	$u_{1j}(t+2)$			
	⋮		⋮	⋮			
	k. 其他		$u_{kj}(t+1)$	$u_{kj}(t+2)$			
经费投入	1. 教工工资		$w_{1j}(t+1)$	$w_{1j}(t+2)$			
	2. 助学金		$w_{2j}(t+1)$	$w_{2j}(t+2)$			
	⋮		⋮	⋮			
	s. 其他		$w_{sj}(t+1)$	$w_{sj}(t+2)$			

在物质产品的生产与使用中有时滞问题，如本年度生产的粮食供下年度食品工业使用以及用于居民消费。这一点在教育系统的生产中体现得尤为突出，本年度学生的产出量是与上一年度学生的投入量相联系的，而本年度所招收的学生数量决定了今后年度各种教育水平毕业生的供给数量。

2. 部门分类

在教育投入产出模型中，可以根据研究重点的需要来确定部门分类。例如，把教育系统的全部学校分为六大类，即小学、初中、高中、专科学校、大学及其他学校。每大类又可以按学年进行划分。如小学分为六个年级，初中分为三个年级。大学也可先按学科划分为工科、农林、医药、师范、文科、理科、财经、政法、体育、艺术等十类，再按年级划分。总之，在投入产出表中，为便于研究和分析，我们可以把每类学校的每个年级作为一个部门来处理，也可以把这些年级合并，作为一个部门来处理。

我国大部分学校的教学年度都从秋季开始到下一年夏季，在教育投入产出模型中，我们可以按此时间口径来计算教学年度。如果为了与一般投入产出模型结合起来分析，则可以忽略教学年度与自然年度的差异，按照自然年度来分析。

3. 学生的投入方程

学生的来源可分为两部分，即教育系统内学生投入与非教育系统学生投入。

教育系统内学生投入是指对上一教学年度教育系统已培养过的学生进行进一步的培养或重复培养。我们以 $x_{ij}(t+1)$ 表示教育系统内各部门之间的流量，它表示第 $t+1$ 年度第 j 教育部门吸收第 t 年度第 i 教育部门的学生数量，如 $x_{23}(t+1)$ 表示第 t 年度小学二年级学生在第 $t+1$ 年度进入小学三年级进行学习的学生数量，$x_{22}(t+1)$ 则表示第 t 年度小学二年级学生在第 $t+1$ 年度仍在小学二年级进行学习的学生数量。

非教育系统学生投入包括从家庭的投入（如儿童进入小学一年级学习）、从工作岗位进入学校学习和其他（如从军队招收的学员等）。我们以 $h_{ij}(t+1)$ 表示非教育系统对教育系统的学生投入，即第 $t+1$ 年度第 i 非教育系统部门对第 j 教育部门的学生投入数量。我们假设非教育系统分为 d 个部门，那么第 $t+1$ 年度学生的投入方程为：

$$q_j(t+1)=\sum_{i=1}^{n}x_{ij}(t+1)+\sum_{i=1}^{d}h_{ij}(t+1)\qquad(j=1,2,\cdots,n)\qquad(10.25\text{a})$$

也就是

$$Q'(t+1)=\mu'X(t+1)+\mu'H(t+1)\qquad(10.25\text{b})$$

(10.25b) 式中，Q 为学生产出量列向量 $Q=(q_1,q_2,\cdots,q_n)'$，μ 表示元素均为 1 的列向量；X 和 H 分别表示教育系统学生投入矩阵和非教育系统学生投入矩阵，即 $X=(x_{ij})_{n\times n}$，$H=(h_{ij})_{d\times n}$。

4. 学生的分配方程

表 10－5 从水平方向说明本教学年度培养的学生的分配流向情况，对于第 $t+1$ 年度，其方程如下：

$$\sum_{j=1}^{n}x_{ij}(t+2)+f_i(t+1)=q_i(t+1)\qquad(i=1,2,\cdots,n)$$

对于第 t 年度，其方程为：

$$\sum_{j=1}^{n}x_{ij}(t+1)+f_i(t)=q_i(t)\qquad(i=1,2,\cdots,n)\qquad(10.26)$$

写成矩阵形式如下：

$$X(t+1)\mu+F(t)=Q(t)$$

(10.26) 式中，$f_i(t)$ 表示第 t 年度教育系统第 i 部门向社会提供的最终产品数量。引入时滞算子 $\wedge$，则上式可写为：

$$\wedge X\mu+F=Q \tag{10.27}$$

10.2.2 以投入系数为基础的模型分析

以 $a_{ij}(t+1)$ 表示教育系统内第 t 年度第 i 部门对第 $t+1$ 年度第 j 部门的学生直接投入系数，即：

$$a_{ij}(t+1)=\frac{x_{ij}(t+1)}{q_j(t+1)} \qquad (i,j=1,2,\cdots,n)$$

亦即：

$$A(t+1)=X(t+1)\hat{Q}(t+1)^{-1} \tag{10.28}$$

其中，$\hat{Q}(t+1)$ 是由向量 $Q(t+1)$ 生成的对角矩阵。

以 $a_{ij}^H(t+1)$ 表示第 t 年度非教育系统中第 i 部门对第 $t+1$ 年度教育系统中第 j 部门的学生直接投入系数，即：

$$a_{ij}^H(t+1)=\frac{h_{ij}(t+1)}{q_j(t+1)} \qquad (i=1,2,\cdots,d;j=1,2,\cdots,n)$$

写成矩阵形式如下：

$$A^H(t+1)=H(t+1)\hat{Q}(t+1)^{-1} \tag{10.29}$$

假设 A 在短时间内不变，将 (10.28) 式代入 (10.27) 式，可得到：

$$\wedge (A\hat{Q})\mu+F=Q$$

也就是：

$$A\wedge Q+F=Q$$

即：

$$AQ(t+1)+F(t)=Q(t) \tag{10.30}$$

(10.30) 式说明本年度学生的产出量等于本年度教育系统的最终产出 $F(t)$（向社会提供所培养的学生）与继续上学的学生之和（等于下年度学生的培养量与教育系统学生直接投入系数的乘积 $AQ(t+1)$）。进一步可以得到

$$(I-A\wedge)Q=F$$

并可得到：

$$Q=(I-A\wedge)^{-1}F$$

上式可写为：

$$Q=(I+A\wedge+A^2\wedge^2+\cdots)F=F+A\wedge F+A^2\wedge^2F+\cdots=\sum_{k=0}^{\infty}(A\wedge)^kF \tag{10.31}$$

(10.31) 式说明，第 t 年度教育系统各部门的学生培养量（产出量），不仅取决于本年度对学生的最终需求量 F，而且取决于第 $t+1$ 年度的需求 $A\wedge F$、第 $t+2$ 年度的需求 $A^2\wedge^2F$，等等。$(I-A\wedge)^{-1}$ 即为教育系统中学生的完全需要系数矩阵，它具有动态逆的性质。

如果 A 随时间而变动，即：

$$A(t)=X(t)\hat{Q}(t)^{-1}$$

我们有：

$$A(t+1)Q(t+1)+F(t)=Q(t)$$

由此得出：

$$\wedge A\wedge Q+F=Q$$

$$Q=(I-\wedge A\wedge)^{-1}F$$

$$Q=F+\wedge A\wedge F+(\wedge A\wedge)^2F+(\wedge A\wedge)^3F+\cdots=\sum_{k=0}^{\infty}(\wedge A\wedge)^kF$$

10.2.3 以分配系数为基础的模型分析

令 $e_{ij}(t)$ 表示第 t 学年第 i 教育部门的学生产出中分配给第 $t+1$ 学年第 j 教育部门作为中间产品的比例，即继续上学的比例，如下式所示：

$$e_{ij}(t)=\frac{x_{ij}(t+1)}{q_i(t)} \qquad (i,j=1,2,\cdots,n)$$

$$E(t)=\hat{Q}^{-1}(t)X(t+1) \tag{10.32}$$

其中，$E(t)=(e_{ij}(t))_{n\times n}$ 为分配系数矩阵。代入（10.26）式，得到

$$\sum_{j=1}^{n}e_{ij}(t)q_i(t)+f_i(t)=q_i(t) \qquad (i=1,2,\cdots,n)$$

即：

$$(1-\sum_{j=1}^{n}e_{ij}(t))q_i(t)=f_i(t)$$

并可写成如下矩阵形式：

$$(I-\hat{E}^*(t))Q(t)=F(t) \tag{10.33}$$

其中，$\hat{E}^*(t)$ 表示 $(\sum_{j=1}^{n}e_{1j}(t),\sum_{j=1}^{n}e_{2j}(t),\cdots,\sum_{j=1}^{n}e_{nj}(t))'$ 生成的对角矩阵，$\sum_{j=1}^{n}e_{ij}(t)$ 为第 i 部门的中间产品比重系数，即第 i 部门培养的学生中在下年度继续在教育系统上学的比重，而 $1-\sum_{j=1}^{n}e_{ij}(t)$ 是第 i 部门的最终产品系数。由（10.33）式可以得到：

$$Q(t)=(I-\hat{E}^*(t))^{-1}F(t) \tag{10.34}$$

当已知各部门最终产品时，利用上式可以计算出各部门学生的总产量。

将分配系数的定义代入（10.25a）式，可得：

$$q_j(t+1)=\sum_{i=1}^{n}e_{ij}(t)q_i(t)+\sum_{i=1}^{d}h_{ij}(t+1)\qquad(j=1,2,\cdots,n)$$

并可写成如下矩阵形式：

$$Q'(t+1)=Q'(t)E(t)+\mu'H(t+1) \tag{10.35}$$

上式表明，第 $t+1$ 年度的学生总量等于第 t 年度学生继续留校学习的数量与第 $t+1$ 年度非教育系统进入教育系统学习的学生数量之和。

10.2.4 模型的应用

1. 计算教育系统学生培养量

教育系统学生的培养量取决于社会的需要。由公式（10.31），有

$$Q=\sum_{k=0}^{\infty}(A\wedge)^kF$$

可以看出，由于学生的培养需要一个较长的时期，如社会需要一个大学毕业生，在4～5年前就应开始大学阶段的培养，在10～11年前就应开始中学阶段的培养，在16～17年前就应开始小学阶段的培养，所以第 t 年度的学生产出量（培养量）不仅取决于本年度的最终需求 $F(t)$，而且取决于今后时期对学生的最终需求，$F(t)$，$F(t+1)$，…。

2. 计算各类教师等的需求量

以 l_{ij} 表示本教学年度在第 j 个教育部门工作的第 i 类教职工数量。令 a_{lij} 表示第 j 个教育部门中第 i 类教职工与第 j 个教育部门的学生之比，即：

$$a_{lij}=\frac{l_{ij}}{q_j}\qquad(i=1,2,\cdots,m;j=1,2,\cdots,n) \tag{10.36}$$

并令 $A_l=(a_{lij})_{m\times n}$ 表示对教职工的占用系数矩阵，则整个教育系统所需要的各类教职员工的数量为：

$$L=A_lQ=A_l(I-A\wedge)^{-1}F \tag{10.37}$$

其中，L 表示教育系统所需各类教职工数量列向量。

3. 计算固定资产的需求额

在教育投入产出表中，我们以 u_{ij} 表示第 j 个教育部门所占用的第 i 类固定资产数额，

a_{uij} 表示第 j 个教育部门一个学生所占用的第 i 类固定资产数额，即：

$$a_{uij}=\frac{u_{ij}}{q_j}\qquad (i=1,2,\cdots,k;\ j=1,2,\cdots,n)\tag{10.38}$$

令 $A_u=(a_{uij})_{k\times n}$ 表示固定资产占用系数矩阵，则教育系统所需要的各类固定资产数额为

$$U=A_uQ=A_u(I-A\wedge)^{-1}F\tag{10.39}$$

其中，U 表示教育系统所需要的各类固定资产数额列向量。

4. 计算教育经费需求额

在教育投入产出表中，教育经费支出划分为 s 类，如教职员工工资支出，学校的奖金、津贴、福利费支出，学生的助学金、日常费用支出（如电费、纸张费、粉笔费等支出），固定资产折旧费等。我们以 w_{ij} 表示第 j 个教育部门在本教学年度所支出的第 i 类费用数额，以 a_{wij} 表示第 j 个教育部门在本教学年度培养一个学生所支出的第 i 类费用数额，即：

$$a_{wij}=\frac{w_{ij}}{q_j}\qquad (i=1,2,\cdots,s;\ j=1,2,\cdots,n)\tag{10.40}$$

或写为：

$$A_w=W\hat{Q}^{-1}$$

其中，A_w 为直接教育费用系数矩阵，W 为教育费用流量矩阵。

教育系统在这个年度所支出的各类费用可写为：

$$W^*=W\mu=A_wQ\tag{10.41}$$

其中，W^* 为各类费用支出列向量。由（10.41）式可得到：

$$W^*=A_w(I-A\wedge)^{-1}F\tag{10.42}$$

其中，$A_w(I-A\wedge)^{-1}$ 即为对各类教育经费的完全需要系数矩阵，因而：

$$\begin{aligned}W^*&=A_w(I+A\wedge+A^2\wedge^2+A^3\wedge^3+\cdots)^{-1}F\\&=A_wF+A_wA\wedge F+A_wA^2\wedge^2F+A_wA^3\wedge^3F+\cdots\end{aligned}\tag{10.43}$$

即第 t 年度对各类教育经费的需要量不仅取决于本年度整个国民经济对教育系统最终产品的需要量 F，而且取决于第 $t+1$ 年度对学生的最终需要 $\wedge F$、第 $t+2$ 年度对学生的最终需要 $\wedge^2F$，等等。这是由学生的培养过程，特别是受过高等教育的学生培养过程的长期性决定的。

而某个教学年度教育系统所支出的费用总额 W^{**} 为：

$$\begin{aligned}W^{**}&=\mu'W^*=\mu'A_wQ=\mu'A_w(I-A\wedge)^{-1}F=\mu'A_w\sum_{k=0}^{\infty}A^k\wedge^kF\\&=\mu'(A_wF+A_wA\wedge F+A_wA^2\wedge^2F+A_wA^3\wedge^3F+\cdots)\end{aligned}\tag{10.44}$$

即本年度教育系统支出的费用不仅取决于本年度（第 t 年度）对教育系统最终产品（学生）的需求量，而且取决于下一年度（第 $t+1$ 年度）以及以后年度（第 $t+2$ 年度、第 $t+3$ 年度，…）所培养的学生的需要量。

除了教育投入产出模型之外，还可以建立反映教育系统和经济系统之间关联的教育—经济投入产出模型①，以及考虑多年时滞的教育—经济投入产出模型。此处从略，有兴趣的读者请参考相关文献。

参考文献

［1］黄银忠．教育系统投入产出模型及其应用．系统工程理论与实践．1991，11（2）：51－58.

［2］钟契夫，陈锡康，刘起运．投入产出分析．北京：中国财政经济出版社，1993.

［3］陈锡康，杨翠红，等．投入产出技术．北京：科学出版社，2011.

［4］付雪，陈锡康．考虑多年时滞的人力资本投入占用产出模型．系统科学与数学．2009，29（8）：1129－2241.

［5］Fu Xue，Chen Xikang. A multiyear lags input-holding-output model on education with excluding idle capital，*Journal of Systems Science and Complexity*，2009，22（1）：1－12.

［6］Zhang，H. and Chen，X. An extended input-output model on education and shortfall of human capital in China，*Economic Systems Research*，2008，20（2）：205－222.

① Zhang，H. and Chen，X. An extended input-output model on education and shortfall of human capital in China，*Economic Systems Research*，2008，20（2）：205－222. 付雪，陈锡康．考虑多年时滞的人力资本投入占用产出模型．系统科学与数学，2009，29（8）：1129－2241.

第十一章

可计算的一般均衡分析

一般均衡理论（general equilibrium，GE）是19世纪法国经济学家里昂·瓦尔拉斯在其著作《纯粹经济学要义》中提出的[①]，是从所有商品和生产要素市场的相互依存性出发研究一般均衡价格实现的可能性和条件，全面考察一个经济系统中各种商品和要素之间的供给和需求关系。一百多年以来，许多经济学家致力于一般均衡理论的研究。肯尼思·阿罗和杰拉德·德布鲁（Gerard Debreu）在20世纪50年代形成了关于一般均衡理论的一个比较完整的体系。[②] 列昂惕夫1941年出版的《美国经济结构》一书，以“均衡分析的经验应用”为副标题，表明了投入产出分析与一般均衡理论的联系。[③]

可计算一般均衡（computable general equilibrium，CGE）模型是建立在一般均衡理论基础上的一种经济模型。CGE模型以数学方程的形式反映整个社会的经济活动，刻画经济系统各种变量之间的关系。它能够全面地分析政策变量或外部环境变化所产生的影响，帮助政策制定者了解政策实施的潜在结果，或者提供应对外部环境变化的参考依据。近20年来，在世界银行、国际货币基金组织和世界劳工组织的大力推广之下，CGE模型被应用于许多政策问题的分析，例如能源政策、环境政策、贸易自由化、财政税收政策、收入分配和福利效应、农业发展和工业化等等。

CGE模型的经济理论基础是一般均衡理论，其数据基础则是从投入产出表扩展而来的社会核算矩阵。1960年挪威经济学家约翰森（Johansen）博士建立了第一个真正意义上的CGE模型——挪威多部门增长模型，这是第一个实用的CGE模型。[④] 之后随着大

---

① 里昂·瓦尔拉斯．纯粹经济学要义．北京：商务印书馆，1989.

② Arrow，K. J. An extension of the basic theorems of classical welfare economics，Proceedings of the second Berkeley symposium on mathematical statistics and probability. Ed. J. Neyman. California：University of California Press，1951：507－532. Arrow，K. J. and Debreu，G. Existence of an equilibrium for a competitive economy，*Econometrica*，22，1954：265－290.

③ W. Leontief. *The structure of the American economy*，*1919－1929*，New York：Oxford University Press，1941.

④ Johansen L. *A multisectoral study of economic growth*，Amsterdam：North Holland，1960.

规模计量经济模型的流行和计算机技术的限制，CGE 模型的发展停滞不前。直到 20 世纪 70 年代，经济大萧条和能源危机使得依靠数据说话的计量经济模型失去了其解释功能，也使得经济学家和政策制定者更加重视商品和要素价格变化影响的分析，CGE 模型又重新得到了高度关注。半个多世纪以来，CGE 模型在模型构建和应用等方面都获得了快速发展。

目前世界上越来越多的国家建立了自己的 CGE 模型，用于进行各种经济政策分析，包括环境政策、能源政策等的分析。世界银行的研究者们在 20 世纪 80 年代推出了一套名为“一般代数模型系统”（General Algebraic Modeling System，GAMS）的软件，GAMS 被用来建立和求解大型经济数学模型。1993 年开始，澳大利亚的莫纳什大学先后开发了基于澳大利亚经济的大型 CGE 模型 ORANI 和 MONASH，MONASH 是由澳大利亚国家政策中心牵头开发的动态可计算一般均衡模型，其目的主要是进行政策的预测和模拟分析。美国的国家国际商业委员会（USITC）与普渡大学合作开发的基于美国经济的 GTAP 系统，是全球最大的 CGE 模型系统。中国社会科学院曾开发了适用于中国的 CGE 模型（PRCGEM），该模型包括 118 个部门、30 个地区、186 类近万个方程。①

本章将首先介绍 CGE 模型建立的数据基础，即社会核算矩阵（SAM），然后介绍 CGE 模型的一个标准分析框架和各个模块的一般性数学描述。

11.1　社会核算矩阵简介

社会核算矩阵是 CGE 模型进行实际问题分析和应用的数据基础，本节将介绍社会核算矩阵的概念和基本原理，以及如何构建一个社会核算矩阵。

11.1.1　什么是社会核算矩阵

简单地说，社会核算矩阵（Social Accounting Matrix，SAM）可以看作是社会经济系统中交易的矩阵表述。这一概念源自理查德·斯通。具体地，它用矩阵的形式把不同的社会和机构群体之间通过生产、分配和再分配这样一个过程产生的相互关系完整地表示出来。编制 SAM 的一个主要目的就是通过尽可能详细地记录系统中各个主体之间的交易和转移，反映社会经济系统作为一个整体的内在联系。它的主要特点有：（1）该系统采用单式记账，（2）更多地从要素、住户和机构等主体的角度来考察经济，（3）整个框架是系统而完整的。

社会核算矩阵与国民核算账户有密切关系。国民核算的中心框架除了以账户的形式来表述以外，还有其他一些形式，包括图示法、等式法和矩阵表述形式，而以矩阵形式表示的 SNA 账户就是社会核算矩阵。它将各个账户中的收入来源和使用、负债和净值分列开来，在纵列中是使用或资产，在横行中是资源或负债，或者相反，从而使核算矩阵相应的行和列分别构成各个国民经济账户。因此，通过社会核算矩阵，把各个分散的账户汇总到

① 郑玉歆，樊明太．中国 CGE 模型及政策分析．香港：中国文献出版社，1999.

一起，从而便于观察出整个经济系统的结构特征。

SAM 是在一个矩阵中描述生产、收入、消费和资本积累相互关系的一种方式。它为在一个单个的分析框架中同时考察增长和分配问题提供了概念基础。SAM 通过对不同的要素和住户分类，可以对住户不同阶层收入不平等的产生原因和影响进行分析。该矩阵不仅描述了产品的供给和使用，而且描述了各种劳动力的供给和使用，从而提供了就业水平和结构的数据。

社会核算矩阵与投入产出表有密切的关系，可以看作是对投入产出表的扩展，它以投入产出表为基础，考虑了投入产出表未能反映的经济行为主体之间的收入和支出流量，因此为政策分析提供了比投入产出表更全面的数据基础。

投入产出表也是利用矩阵表形式，按产业对货物和服务的生产和使用进行详细描述，但是投入产出分析并没有给出收入和最终支出的相互关系，也就对增加值与最终支出的联系并没有加以描述。在投入产出表中，应该用来揭示收入分配和再分配关系的第四象限没有构造出来。SAM 利用灵活的分类原则，对中间环节的整个收入流量进行了描述，扩展了投入产出分析。另外，社会核算矩阵之所以要冠之以“社会”一词，原因在于通过对住户和要素账户的进一步分解，可以把握更高层次的机构特征及社会含义。所以，SAM 很重要的一个方面在于通过对居民部门的特殊分类、住户和劳动力调查以及劳动力市场的详细描述，反映出收入分配的社会差异等问题。投入产出表只记录经济交易而不管交易者的社会背景，而 SAM 则对各个机构单位按不同的社会经济背景进行分类。

另外，需要强调的是，SAM 自身既具有灵活性，也没有标准化的模式，通过分类原则的设计，可以有针对性地完成特定的分析任务，并作为建模和政策分析的框架。

11.1.2 SAM 的基本原理

首先，SAM 是在投入产出表的基础上扩展而来，我们先通过一个简单的例子，介绍投入产出表和 SAM 的联系。表 11－1 给出了一个简化的投入产出表（Miller & Blair），其中，部门设定改为第一产业、第二产业和第三产业。

表 11－1　　简化的投入产出表　　单位：百万美元

		第一产业	第二产业	第三产业	最终需求（居民）	总产出
第一产业		50	30	0	60	140
第二产业		60	40	40	40	180
第三产业		0	0	0	100	100
增加值	劳动	10	70	10		
	资本	20	40	50		
总投入		140	180	100		

资料来源：Ronald E. Miller，Peter D. Blair. *Input-output analysis：foundations and extensions*（2nd edition），Cambridge：Cambridge University Press，2009：506.

在表 11-1 给出的简化的投入产出表中，最终需求只考虑居民部门，增加值部分为要素收入，分为劳动所得和资本所得。投入产出表的构造要求总收入与总支出相当，体现在各个部门上，就是行向合计得到的总产出与列向合计得到的总投入相等；体现在国内生产总值（GDP）上，就是收入法得到的 GDP（劳动和资本所得合计）等于支出法得到的 GDP（最终需求合计）。

接下来我们将表 11-1 扩展为 SAM。表 11-1 是一个高度简化的投入产出表，没有考虑政府和国外部门，只需要扩展反映的行为主体是居民部门的收入来源和支出去向，见表 11-2。

表 11-2 **简化的 SAM** 单位：百万美元

		支出						合计
		第一产业	第二产业	第三产业	劳动	资本	居民	
收入	第一产业	50	30	0			60	140
	第二产业	60	40	40			40	180
	第三产业	0	0	0			100	100
	劳动	10	70	10				90
	资本	20	40	50				110
	居民				90	110		200
合计		140	180	100	90	110	200	

显然，虽然是一个简化表，但表 11-2 作为从投入产出表扩展而来的 SAM，不仅反映了产业部门之间的流量关系，也反映了与增加值部门（要素）和最终需求相联系的机构（行为主体）的收入和支出流量。这里增加值部门（要素）包括劳动和资本，机构为居民部门。从居民部门的行可以看到，居民的收入来源于劳动收入和资本收入，分别为 90 和 110，合计为 200。从居民部门的列可以看到其支出去向。作为增加值部门（要素）的劳动和资本，其行向表示收入来源，即劳动收入和资本收入来源于各部门的情况；列向表示支出去向，劳动收入归居民所有，资本收入也归居民所有。

如果经济主体更多，不仅有居民，还有企业、政府以及国外等，则 SAM 就可以反映收入在各机构主体之间再分配的情况，例如劳动收入有多少归居民所有，多少归政府所有；税收收入有多少归政府所有，有多少转移支付给居民和企业。

通常情况下，SAM 是基于投入产出模型的供给表和使用表扩展而来。下面我们将给出较为详细分类的 SAM 实例，就是以供给和使用表为基础得到的。

11.1.3 SAM 实例

表 11-3 给出了一个 SAM 的实例。

表 11-3 SAM 实例

账户(分类)/代码			货物和服务			生产			收入形成							收入初次分配				收入二次分配				收入使用				资本				固定资本形成			金融			国外		合计
									雇员报酬																															
			农业	制造业	服务业	农业	制造业	服务业	国内常住男性	国内常住女性	国内非常住	在国外常住	混合收入净额	营业盈余净额	其他产品税减补贴	雇员住户	其他住户	公司和非营利	政府	雇员住户	其他住户	公司和非营利	政府	雇员住户	其他住户	公司和非营利	政府	雇员住户	其他住户	公司和非营利	政府	农业	制造业	服务业	货币和存款	贷款	其他资产	经常	资本	
			1a	1b	1c	2a	2b	2c	3a	3b	3c	3d	3e	3f	3g	4a	4b	4c	4d	5a	5b	5c	5d	6a	6b	6c	6d	7a	7b	7c	7d	8a	8b	8c	9a	9b	9c	10	11	
货物和服务	农业	1a				3	71	14																16	12	0	2	0	1	0	0	2	0	0				7		128
	制造业	1b				31	969	246																339	269	0	3	2	4	28	3	9	109	223				435		2 685
	服务业	1c	2	76	−78	3	218	318																211	168	16	363	0	1	0	0	0	23	0				98		1 423
生产	农业	2a	87	2	0																																			89
	制造业	2b	0	211	211																																			2 123
	服务业	2c	0	391	353																																			1 392
收入形成	雇员报酬 国内常住男性	3a				8	311	153																																472
	雇员报酬 国内常住女性	3b				1	95	192																																288
	雇员报酬 国内非常住	3c				0	1	1																																2
	雇员报酬 在国外常住	3d																																				6		6
	混合收入净额	3e				17	264	161																																442
	营业盈余净额	3f				18	145	296																																459
	其他产品税减补贴	3g				−2	49	11																																58
收入初次分配	雇员住户	4a							452	278		6	17	0		0	0	18	11																			0		782
	其他住户	4b							20	10		0	425	92		0	0	65	24																			32		668
	公司和非营利	4c												321		3	26	193	7																			24		269
	政府	4d	2	111	20									46	58	0	0	25	0																			7		269

续前表

账户(分类)/代码			货物和服务			生产			收入形成							收入初次分配				收入二次分配				收入使用				资本				固定资本形成			金融			国外		合计
									雇员报酬																															
			农业	制造业	服务业	农业	制造业	服务业	国内常住男性	国内常住女性	国内非常住	在国外常住	混合收入净额	营业盈余净额	其他产品税减补贴	雇员住户	其他住户	公司和非营利	政府	雇员住户	其他住户	公司和非营利	政府	雇员住户	其他住户	公司和非营利	政府	雇员住户	其他住户	公司和非营利	政府	农业	制造业	服务业	货币和存款	贷款	其他资产	经常	资本	
			1a	1b	1c	2a	2b	2c	3a	3b	3c	3d	3e	3f	3g	4a	4b	4c	4d	5a	5b	5c	5d	6a	6b	6c	6d	7a	7b	7c	7d	8a	8b	8c	9a	9b	9c	10	11	
收入二次分配	雇员住户	5a											775				0	0	56	197																		0		1 028
	其他住户	5b												634			0	0	23	92																		0		749
	公司和非营利	5c													247		58	59	16	12																		4		396
	政府	5d														227	321	134	37	92																		6		816
收入使用	雇员住户	6a															650																							652
	其他住户	6b																556																						565
	公司和非营利	6c																	260																					260
	政府	6d																		388																				388
资本	雇员住户	7a																			86				0	0	0	0							0	0	1		0	87
	其他住户	7b																				116			0	0	16	7							0	28	4		0	171
	公司和非营利	7c																					233		0	4	4	25							130	95	175		0	666
	政府	7d																						20	1	4	0	0							2	94	74		1	196
固定资本形成	农业	8a																							1	7	3	0												11
	制造业	8b																							1	38	93	0												132
	服务业	8c																							0	14	182	37												233
金融	货币和存款	9a																							56	12	44	7											11	130
	贷款	9b																							0	5	194	45											10	254
	其他资产	9c																							26	82	102	68											29	307
国外	经常	10	37	345	117						2		0	4	0	4	8	26	0	0	0	4	35	0																578
	资本	11																							0	0	0	0			4				−2	37	53	−41		51
合计			128	2 685	1 423	89	2 123	1 392	472	288	2	6	442	459	59	782	668	574	269	1 028	749	396	816	652	565	260	388	87	171	666	196	11	132	233	130	254	307	578	51	

1. SAM 中的投入产出数据：作为 SAM 模块的供给表和使用表

表 11-3 的前两个行块和前两个列块来自投入产出数据，与供给表和使用表对应。第一个列块表示货物和服务的供给，与供给表对应，有国内生产和进口两部分。供给表的价格为基础价格，因此，为了做价格上的调整，在第一个行块中给出商业和运输费用，在初次分配的政府主体中给出税收，从而和使用表的购买者价格相一致。第二个列块表示生产过程中各部门的投入情况，与使用表对应，分为中间投入和初始投入，初始投入在表 11-3 中与收入形成对应，即各种要素收入来源于生产部门的情况。

第一个行块为货物和服务的使用去向（即收入来源），与使用表对应，分为国内生产用、国内最终使用和出口，国内最终使用对应于投入产出表的最终使用，体现在表 11-3 SAM 的收入使用上，出口与投入产出表的出口列一致，对应于 SAM 的国外部门。第二个行块为生产中各部门的产品构成，与供给表对应，是基本价产出，不包括产品税减产品补贴，以及进口，这两项分别在第 4 行的政府收入初次分配账户和第 10 行的国外经常账户中加以反映。

2. 收入形成

SAM 的第三个账户（表 11-3 的第三个行块）记录了收入形成，按初始投入类别进行了划分，包括雇员报酬、混合收入净额、营业盈余净额、其他产品税减补贴。

在 SNA 的中心框架中，收入形成账户只是一个用来推导出作为平衡项的营业盈余或混合收入的中介账户。除了支付给非常住者的雇员报酬，不登录交易的双方。被雇佣人员不是作为一个独立的单位，但是在 SAM 体系中，为了考察两种不同单位类别间的交易，进行了不同主体的分类，特别是对于被记录为机构单位（雇主）和个人（雇员）之间交易的雇员报酬，在 SAM 体系中把雇员看作一个独立的单位，它从收入形成账户中接受雇员报酬，并在收入初始分配账户中把这些收入分配到对应的居民部门。由此把雇员和自我雇佣划分为不同的类别，这些类别也同时构成了对初始投入的分类。通过这样的分类，使建立在被雇佣者分类基础上的劳动力市场分析同产业部门和机构部门分类的国民账户联系到一起了。把被雇佣人员从其所属的居民中划分出来，这种划分就如同把基层单位从其所属的机构单位中划分出来。在这种情况下，较小的单位类别在它所涉及的经济过程（收入形成和生产）中反而具有更好的同质性，同时也具备相当的自主独立性。

混合收入和营业盈余部分保留在生产单位中，而 SAM 中生产单位的分类并不需要同生产账户中的分类保持一致，实际上，可以对营业盈余和混合收入根据机构子部门进行分类。也就是说，在 SAM 中，可以根据产业和机构子部门对增加值要素进行交叉分类。

为了获得国内净增加值，初始投入的雇员报酬按照常住雇员和非常住雇员进行了分类。在第三个列块中，常住单位的非常住雇员的雇员报酬需要划分到国外。同时，这表明如果要得到一个有意义的国民概念的平衡项，就需要把在非常住企业的常住雇员的雇员报酬增加进来。这一过程是在第三个行块中加以反映的，为此，最好创建一个独立的分类——非常住企业的常住雇员。这样还有一个好处是便于估计得到通常意义的就业概念。

同来自国外的雇员报酬一样，SAM 表还记录了来自或支付国外的其他增加值项目，分别在（3，10）块和（10，3）块中加以反映。

这些结果使收入形成账户最终得出了一个处于净增加值合计和国民净收入之间的新的平衡项，称为基本价的净形成收入合计，作为常住机构单位从事生产而获得的收入合计。

3. 收入分配和使用

在第三个列块（列 3a～3g）形成的收入被分配到机构部门（行 4a～4d）和国外部门（行 10 和行 11），表 11-3 中的机构部门包括两个住户类（雇员住户和其他住户）、为住户服务的非营利机构和公司部门以及政府。

行 4a 和 4b 反映了两类住户的收入来源情况。可以看到不同类别的劳动收入数据。从表 11-3 中的行 4a～4b 和列 4a～4d 及列 10 来看，住户得到的大部分财产收入是来自公司，很少一部分是来自其他住户的租金（列 4a～4b）和在国外银行存款所得利息（列 10）。在这样的子矩阵中，反映出全部子部门从哪里得到财产收入，又支付给了谁。在表 11-3 的数据中，政府向公司部门支付财产收入，而很少向国外支付财产收入（行 4a～4d、行 10 和列 4d）。

在收入初次分配的第四列（4a～4d），同第五行（5a～5d）的交叉对角子矩阵包括了各部门的原始收入净额。

在第五列与第五行的交叉模块中（行 5a～5d 和列 5a～5d），揭示了谁向谁支付了所得、财产等经常税、社会缴款和其他经常转移。来自和向国外的经常转移（行 5a～5d 和列 10、行 10 和列 5a～5d）包括移民签证费（来自和向住户子部门）、非人寿的保险费和索赔（分别由非金融公司和金融公司在国外支付）以及与跨国公司有关的税和经常转移。第五列与第六行（行 6a～6d、列 5a～5d）交叉部分的对角子矩阵是各子部门的可支配净收入，这一可支配净收入用来支付第六列的最终消费支出和净储蓄。

在原始收入分配账户的第四个行块，净形成收入随产品税减补贴（4，1）以及来自国外的财产收入（4，10）而增加。本国的部门间财产收入流量只影响分配而不影响国民收入，被记录在对角块的位置（4，4）。国民净收入（NNI）就是从第四列的合计值中扣除这一对角的财产收入，以及支付国外财产收入，包括产品税、进口税减补贴。

国民净收入同时在收入二次分配账户中作为来源项目出现在第五个行块。此外，这一行块还包括来自国外的所得、财产等经常税及其他经常转移。部门间的所得、财产等经常税、社会缴款和其他经常转移记录在对角块（5，5）上。同样，向国外的经常转移记录在收入二次分配账户的使用方，同时在使用方的还包括作为收入使用账户平衡项的可支配净收入。

收入使用账户记录可支配净收入的支出：对货物和服务的最终消费支出和列在资本账户中的净储蓄。由于这里没有包括实物收入再分配账户，所以这里描述的是可支配收入的使用，而不是调整的可支配收入的使用。

4. 资本流量和金融流量

第七行（行 7a～7d）反映了通过储蓄（列 6a～6d）、应收资本转移以及土地和其他非生产资产的销售净额（列 7a～7d 和列 11）的资金净获得，以及各种债务的增加（列 9a～9c）。这些资金在第七列中被分配出去，在第八行（行 8a～8c）向产业部门的分配中，表明了投资的产业分布。

在 SAM 的设计中，资本账户与金融账户是交织在一起的，而且这里金融账户是按照资产类型而不是机构部门类型分类的。这样，SAM 的细化将反映出如下关系：各机构子部门各种金融资产的获得减处置得到借出（9，7），以及各种债务的负债减偿还得到借入（7，9）。资本和金融的两类交易在国外部门那里合并在一起，构成它们的总的平衡项——国外净借出（9，11）。

第七个行块描述了整个经济可获得的资金，包括借贷的净储蓄、借入、从国外获得的资本转移以及对角线上的部门间的应收资本转移。第七列则说明了资金是如何分配的，包括存货变化、部门间资本转移支付、固定资本形成净额、借出和向国外的资本转移。平衡项净借出可以通过借出减借入而得到。

在 SAM 中增加了固定资本形成账户，因为净值的物量变化的主要部分可能就是固定资本的形成，这样，通过固定资本形成账户我们可以考察哪些产业生产能力在扩大。通过细化的 SAM 表，我们可以看出，该账户的行说明哪些机构子部门投资了哪些产业部门（8，7），而列则说明投资的哪个产业部门将生产什么类别的产品（1，8）。通过这个固定资本形成账户，SAM 表明了在资本账户中机构部门的固定资本形成与供给和使用表中所包含的按产品和服务类别的固定资本形成之间所存在的在中观层次的关联。

在已经得到第八个列块的固定资本形成总额和第八个行块的固定资本折旧的情况下，作为余值将得到净资本形成（8，7）。进一步在辅助表中，可以把按产业分类的净资本形成分解为用最大产出量衡量的产业生产能力的增加这样一种物量效应，以及单位资本形成量的价格这样一种价格效应，这样就把投资的生产能力效应纳入国民核算框架的概念体系中去了。但在实践中，生产能力的数据也是很难收集的。

上面是对详细 SAM 的一个简单介绍，但是，即使是很详细的一张表，在这一张表上尽可能详细地表述所有的经济信息也是困难的，为此，可以针对某个子矩阵加以单独扩大，以便详细表述各个具体的细节。

此外，编制 SAM 的一个主要目的就是通过尽可能详细地记录系统中各个主体之间的交易和转移，以反映社会经济系统作为一个整体的内在联系。该矩阵不仅描述了产品的供给和使用，而且描述了各种劳动力的供给和使用，从而提供了就业水平和结构的数据。这样一些设计和安排体现了 SAM 作为其分析目的，对不同社会阶层收入不平等的产生原因和影响进行分析的需要。

在这一目的之下，进一步把 SAM 数据与来自各种渠道收集的相关数据结合起来，形成一整套卫星表，把这种扩展表称为“经济和社会核算矩阵及其扩展体系”（SESAME）。这种扩展包括：

SAM 流量下的各种存量，如按住户阶层划分的人口多少及构成（包括潜在劳动力）、按产业划分的生产能力和按子部门划分的资产拥有权（如农田、耐用消费品和金融资产）以及债务；

对产品以及服务，甚至按产业划分的固定资本形成，把价值量及其变化分解为物量和价格及相应的变化；

一些非价值形态的社会经济指标，如预期寿命、成人受教育率、营养摄取量、卫生教育设施及住房情况等；

一些改变流程的交易，如政府和非营利机构支付的各住户阶层的最终消费。

在 SESAME 体系中，从价值量中分解出价格和实物量资料，将有利于在微观经济基础上建立理论模型，规范地建模以及监控和预测政府政策对实物量的影响。

11.2　标准 CGE 模型的构建

一般来讲，我们需要针对所要研究的问题，构建 CGE 模型的基础框架。例如，要研究环境问题，就需要刻画环境与经济之间的相互关联，可建立如图 11－1 所示的基础框架：

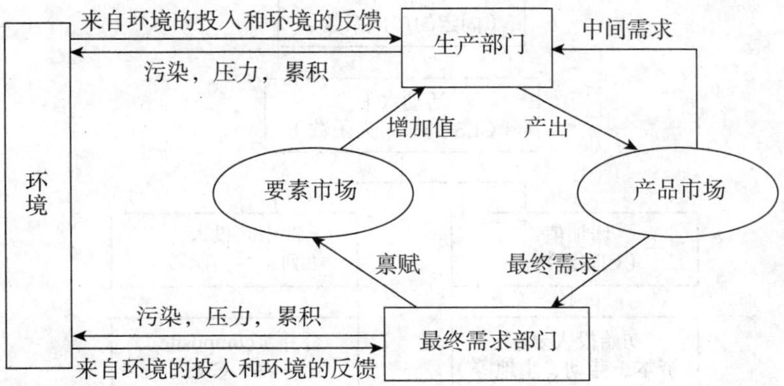

图 11－1　环境与经济关联的 CGE 框架

资料来源：Toshihiko Masui. CGE model development，concept of CGE model and simple CGE model based on IO data，National Institute for Environmental Studies，AIM training workshop，NIES，2005.

CGE 模型的基本组成部分包括：经济活动的行为主体（actors），包括生产者、居民、政府、国外等；经济主体的行为法则，如生产者在技术限制下追求利润最大化，消费者在预算约束下追求效用最大化；作为经济行为者作决策所依据的信号，例如价格信号；经济系统的制度结构（institutional structure）特征，例如市场是否为完全竞争的；作为经济系统约束的均衡条件。CGE 模型的建立步骤如下：

第一步：主要模块的要素界定。根据模型分析的需要设定产品种类、生产者、居民家庭、最终需求的产品、要素禀赋等。生产者最大化利润，居民最大化效用。

第二步：详细模型的构造。包括设定生产函数、效用函数、闭合条件等等。

第三步：参数设置。根据实际经济数据设定参数值。

第四步：模型的程序设计和模拟。设计模型的计算机程序，模拟基年的实际经济状况，分析某种政策的冲击效果。

通常，一个标准的可计算一般均衡模型可以解释 SAM 中的所有支付行为，因此其基本的模块构成与 SAM 一致，包括生产要素、活动、商品以及机构的分解。CGE 是一组包括许多非线性方程的方程式。这些方程式描述了不同经济参与者的行为。其中，部分行为活动遵循简单的准则，例如固定税率。而对于生产和消费决策行为，则遵循非线性的一阶最优条件，最大化生产利润，或者最大化效用。方程组也包括一些系统总体需要满足但单个参与者不一定要满足的约束条件，是模型的平衡和闭合条件，这些约束条件涵盖市场（生产要素和商品）和宏观经济总量指标（储蓄—投资的平衡，政府及国外账户的平衡等）。下面我们介绍标准 CGE 模型构建的基本特征。①

11.2.1 活动、生产和要素市场

假定每个生产者（由某一种活动所代表）最大化其利润，利润即收入和要素成本及中间投入成本的差。而利润最大化的约束条件是生产技术，在 CGE 模型中，其结构如图 11-2 所示。

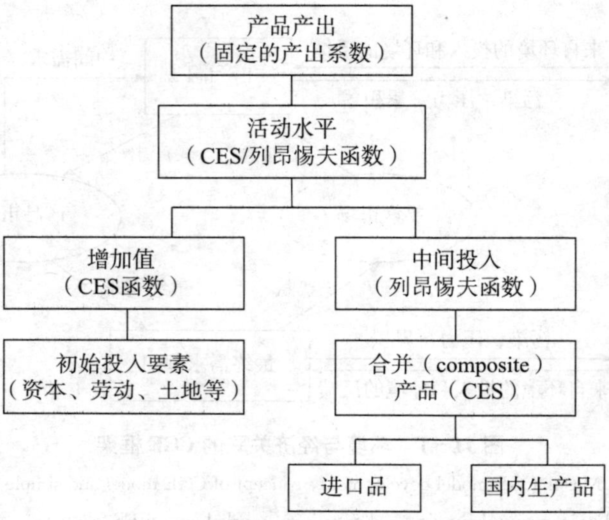

图 11-2 CGE 模型中的嵌套生产技术描述

某个生产者（或者某种活动）生产中需要的投入品包括增加值和综合的中间投入（为各种中间投入品的合计），生产的活动水平由这两类要素决定，采用的生产函数可以为不变替代弹性（CES）函数或者列昂惕夫生产函数。增加值中包括资本、劳动、土地等初始要素投入，其综合技术同样采用 CES 函数形式，如果某类初始投入类别超过两个，则可以同样采用多层嵌套的形式。中间投入包括多种投入品，每一种投入品都是进口和国内生产品的合并，合并的形式仍然是 CES 函数，称之为合并投入品。从各种投入品到综合的中间投入可采用列昂惕夫生产函数。

一种活动（或者一个生产者）可以生产多种产品，而一种产品可以由多种活动或多个生产者生产。这里简单假定每种活动根据固定的产出系数生产各种产品。也可以根据实际研究的需要按照不变转换弹性（CET）函数决定各种产品的产量。每种活动的收入水平由活动水平和产品的生产者价格决定。

作为利润最大化的条件，某一种活动使用的每种要素的最佳数量为每种要素的边际收

① Hans Lofgren, Rebecca Lee Harris, Sherman Robinson. A standard computable general equilibrium (CGE) in GAMS, *Microcomputers in Policy Research* 5, 2002. The International Food Policy Research Institute (IFPRI).

入产品等于相应的要素价格时的数量。要素价格在不同活动之间可能不同，原因不仅在于市场分割，也在于要素的流动。模型也可以包含由于外生原因导致的差异，例如由于状态、舒适度或者健康风险所带来的不同活动之间的工资差异。

可以根据需要选择不同类别的要素市场闭合条件，其基本的原理是要素市场的供求平衡关系。第一种类别，可以令要素供给固定，要素价格可变，从而可以使得整个经济范围的某种要素需求量等于供给量。而每种活动的要素价格水平可界定为经济总体的要素价格水平乘以该活动的要素价格特征项（activity-specific wage term），或价格扭曲项（distortion term），为简单起见，这些参数可以设定为固定的。第二种类别，假定要素没有被完全使用（如存在失业），而实际价格（实际工资）固定。这个假定适用于某种要素存在大量闲置（例如失业）的情况。此时，可以设定整个经济总的工资水平（或者某种要素价格水平）固定（或外生）。每种活动可以在固定的工资下雇佣任意数量的劳动力（或其他要素）。第三种类别描述的情况是要素市场分割，每种活动被迫使用基年的数量，即要素是按活动区分的（activity-specific）。这种情况对于短期分析，或者对于具有显著活动类别特性的要素种类比较适用，此时，具有活动特性的要素需求和经济总体的价格固定，每种活动的要素价格特征项和供给变量可变。

11.2.2　机构（主体）的收入和支出行为

在CGE模型中，机构主体包括居民、企业、政府和国外（rest of the world，ROW）。居民从生产要素获得收入，从其他机构获得转移支付。从ROW获得的转移支付可设定为固定的外币水平。实际上所有国内机构与国外（ROW）的转移支付都是固定的外币水平。居民用他们的收入支付直接税、储蓄、消费以及对其他机构的转移支付。在基本模型中，可以假定直接税和对其他部门的转移支付是居民收入的固定比例，而储蓄比例对于有些居民是可变的。直接税和储蓄比例的处理依赖于政府和储蓄—投资平衡的闭合规则。扣除税收、储蓄、对其他机构转移支付之后的收入用于消费。

居民消费包括市场产品（按照市场价格购买，包括产品税和运输成本）和家庭产品（按照活动分类的生产者价格衡量）。家庭消费按照线性支出系统需求函数在不同的商品间分配，线性支出系统需求函数从斯通-吉尔里（Stone-Geary）效用函数的最大化中推导得到。

公司的收入来自要素收入和其他机构的转移支付，用于直接税、储蓄和对其他机构的转移支付。除了不消费之外，公司与其他机构间的支付与居民用同样的模型处理。

政府向其他机构征税并从其他机构获得转移支付。在基本模型中可以将税收按照固定的从价税率处理。政府利用其收入购买消费品，并对其他机构转移支付。政府消费可设定为固定的实物数量，对其他机构的转移支付考虑了消费者价格指数。政府储蓄为其收支的差额。

国外为国内机构和要素与国外之间的支付，可假定为固定的外币水平。国外储蓄（或当前账户赤字）是外币支出和收入的差额。

11.2.3　产品市场

除了用于家庭产品的产出外，所有产品都进入市场。图11－3为市场产品的实物流向。

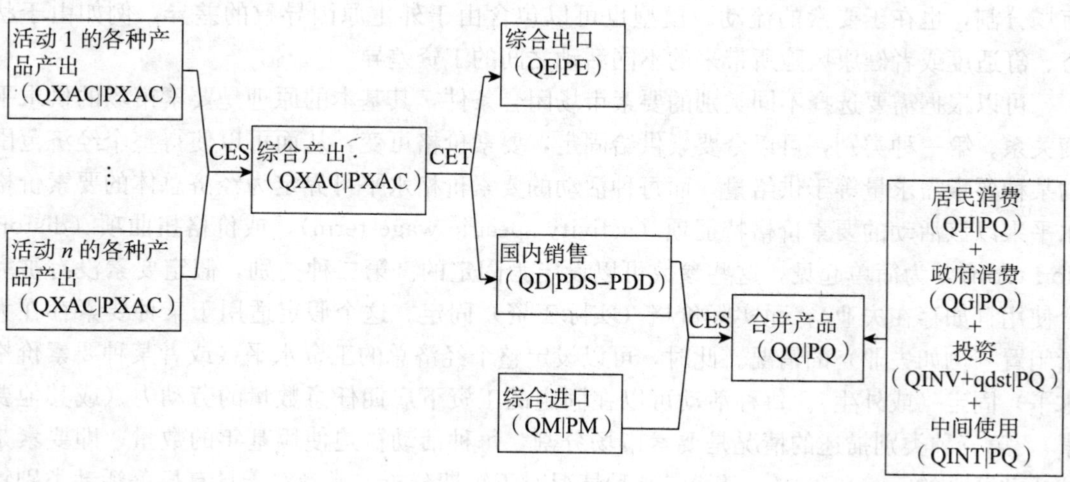

图 11-3　产品市场的关系图

对于用于市场销售的国内产品，由于一种产品由多种活动生产，因此对于每一种产品，第一步是从多个生产活动生产的该种产品产出得到其综合的产出。同种产品由于时间、质量、距离等因素的影响，来自不同活动的产出是不完全替代的，可以用不变替代弹性（CES）函数来进行综合。而对于某种活动产出的需求可通过最小化某个数量综合产出的成本来实现，其约束条件为 CES 函数。按活动种类区分的产品价格（activity-specific commodity prices）使得每种分解产品的市场出清。

接下来，综合的国内产出在出口和国内出售之间分配，假定供应者在给定的产出水平上最大化销售收入，约束条件为不变转换弹性（CET）函数。在国际市场上，出口需求价格弹性可假定为无穷大。国内供应者接受的出口品本币价格按照交易成本和出口税进行调整。国内销售的供应价等于国内需求方支付的价格减去国内市场单位销售量的交易成本。如果产品没有出口，则所有产出都在国内市场销售。国内需求为居民消费、政府消费、投资、中间投入和交易投入（贸易和交通）等项目的合计。

如果某种产品有进口，则国内市场需求为进口和国内产出品的合并。二者的需求量也根据成本最小化原则得到，即最小化国内需求者用于购买进口和国内品的成本，约束条件为进口品和国内品的不完全替代，用 CES 函数来描述。

对进口品的需求由具有无限价格弹性的国际市场供给满足。国内需求者支付的进口价格包括进口关税（按照固定的从价税率）和单位进口品固定数量的交易服务成本，涵盖了产品从边境到需求方所在地的成本。类似地，国内需求由国内供应者满足，需求者支付的价格包括了交易服务的成本，这种情况下产品从国内供应者流向国内需求者。国内供应者接受的价格不含交易成本。价格变量使得国内市场供求平衡。

与完全替代和完全转换的假设相比，不完全转换（国内产出的出口和国内销售之间）和不完全替代（进口和国内产品之间）的假定能够更好地反映多数国家的实际情况。这些假定给了国内市场价格体系一定程度的独立性，避免了模型中出口和进口对经济冲击的不现实的反应。在分解的产品水平上，这些假定允许可交易性和双向贸易（two-way trade）

的连续性，并且这一点在细分的水平上也是实际存在的。

11.2.4　宏观经济平衡

CGE 模型包括三类宏观经济平衡：政府平衡、外部平衡（当前账户平衡，包括贸易平衡）、储蓄—投资平衡。模型根据不同的闭合规则选择平衡条件。

对于政府平衡，可以设定不同的形式。例如，(1) 作为政府收入和支出之差的政府储蓄可变而所有税率固定不变。(2) 国内机构（居民和企业）的直接税率内生，而政府储蓄维持在给定的固定水平上。税率可以按照不同的规则变化，既可以按照同一百分比变化，也可以按照不同的幅度变化。在这些闭合条件中，政府消费都假定为固定的。

对于以外币表示的外部平衡，也可选择不同的类型。例如，实际汇率可变，而国外储蓄（当前账户赤字）固定。给定外部平衡（国外和国内机构之间的转移）的其他项固定，贸易余额也固定。如果其他条件相同，国外储蓄低于外生水平，实际汇率的降低可以通过同时减少进口支出和提高出口所得来修正这种情况。另外一类闭合可设定实际汇率固定，国外储蓄可变。

对于储蓄—投资平衡，闭合条件可以是投资驱动（储蓄价值可调整），或者是储蓄驱动（投资价值可调整）。投资驱动的闭合条件中，实际投资数量固定，为使得产生的储蓄等于投资的成本，非政府机构的储蓄率可变，可以设定它们按照统一的百分比变化。其隐含的意思是，假定政府能够实施政策从而促进产生能够支持固定数量的投资的私人储蓄。除此之外，也可以确定其他类型的闭合条件。通常，要根据分析目的的不同和实际的经济条件选择闭合条件。

11.3　CGE 模型的数学描述①

一般地，从数学模型的架构上，CGE 方程可以分为四个模块：价格模块、生产和贸易模块、机构模块、系统约束模块。为了描述的方便，这里，产品和要素数量变量统一用 q（或 Q）开头，产品价格用 p（或者 P）开头，要素价格用 w（或 W）开头。下面分别从四个模块介绍 GAMS 中一个一般性的 CGE 模型的方程构成。

11.3.1　价格模块

价格模块的方程描述了价格变量之间以及价格变量与其他变量之间的联系。

1. 进口价格

$$PM_c = pwm_c \cdot (1+tm_c) \cdot EXR + \sum_{c' \in CT} PQ_{c'} \cdot icm_{c'c} \tag{11.1}$$

$$\begin{bmatrix}\text{进口}\\\text{价格(LCU)}\end{bmatrix} = \begin{bmatrix}\text{进口}\\\text{价格(FCU)}\end{bmatrix} \cdot \begin{bmatrix}\text{关税}\\\text{调整}\end{bmatrix} \cdot \begin{bmatrix}\text{汇率}\\\text{(LCU/FCU)}\end{bmatrix} + \begin{bmatrix}\text{单位进口的}\\\text{贸易投入成本}\end{bmatrix}$$

---

① Hans Lofgren, Rebecca Lee Harris, Sherman Robinson. A standard computable general equilibrium (CGE) in GAMS, *Microcomputers in Policy Research* 5, 2002. The International Food Policy Research Institute (IFPRI).

其中，$c \in C$，C 为产品集；$c \in CM$（$\subset C$），CM 为进口产品集；$c \in CT$（$\subset C$），CT 为国内贸易投入集（分配集）；PM_c 为包含交易成本的本币单位的进口产品价格（LCU）；pwm_c 为外币单位表示的进口产品价格（FCU）；tm_c 为进口关税税率；EXR 为汇率（本币对外币）；$PQ_{c'}$ 为合并产品价格，包括销售税和交易成本；$icm_{c'c}$ 为一单位 c 进口品贸易投入 c' 的数量。

以本币表示的进口产品价格是进口产品的国内使用者所支付的价格（不包括销售税）。(11.1) 式表示这个价格是世界市场价格的转化，考虑了汇率和进口关税，加上了交易成本（商品从边境转到需求者所需要的贸易投入的成本）。对所有产品，国内产品需求者支付的市场价格是一个综合价格 PQ。式中，PQ 只用于贸易投入的支付，定义域是进口产品集合。每种进口产品都有一个类似于（11.1）式的方程。

2. 出口价格

$$PE_c = pwe_c \cdot (1 - te_c) \cdot EXR - \sum_{c' \in CT} PQ_{c'} \cdot ice_{c'c} \tag{11.2}$$

$$\begin{bmatrix}\text{出口}\\\text{价格(LCU)}\end{bmatrix}=\begin{bmatrix}\text{出口}\\\text{价格(FCU)}\end{bmatrix}\cdot\begin{bmatrix}\text{关税}\\\text{调整}\end{bmatrix}\cdot\begin{bmatrix}\text{汇率}\\\text{(LCU/FCU)}\end{bmatrix}+\begin{bmatrix}\text{单位出口的}\\\text{贸易投入成本}\end{bmatrix}$$

其中，$c \in CE$（$\subset C$），CE 为出口产品集；PE_c 为本币单位表示的出口产品价格（LCU）；pwe_c 为外币单位表示的出口产品价格（FCU）；te_c 为出口关税税率；$ice_{c'c}$ 为一单位 c 出口品贸易投入 c' 的数量。

本币单位表示的出口产品价格指国内生产者在出口品市场出售它们的产出时接受的价格。(11.2) 式的结构与进口价格定义的结构类似，主要区别在于，进口价格中关税和贸易投入成本削减了国内生产者出口的价格。定义域是出口产品集，其中所有产品都在国内生产。

3. 国内需求产品的需求价格

$$PDD_c = PDS_c + \sum_{c' \in CT} PQ_{c'} \cdot ice_{c'c} \tag{11.3}$$

$$\begin{bmatrix}\text{国内需求}\\\text{价格}\end{bmatrix}=\begin{bmatrix}\text{国内供给}\\\text{价格}\end{bmatrix}+\begin{bmatrix}\text{单位国内销售的}\\\text{贸易投入成本}\end{bmatrix}$$

其中，$c \in CD$（$\subset C$），CD 为国内产出用于国内销售的产品集；PDD_c 为国内生产并国内销售的产品的需求价格；PDS_c 为国内生产并国内销售的产品的供给价格；$ice_{c'c}$ 表示一单位 c 国内产品的贸易投入 c' 的数量。模型包括了用于国内的国内产出的不同价格。给出交易成本时，区分需求者支付的价格和供给者接受的价格是必要的。(11.3) 式定义需求价格为供给价格加上单位国内销售产品贸易投入的成本。

4. 支出（absorption，指国内用于商品和服务的支出）

$$PQ_c \cdot (1 - tq_c) \cdot QQ_c = PDD_c \cdot QD_c + PM_c \cdot QM_c \tag{11.4}$$

$$\begin{bmatrix}\text{不含销售税的需求}\\\text{价格乘以商品数量}\end{bmatrix}=\begin{bmatrix}\text{国内需求价格乘}\\\text{以国内销售数量}\end{bmatrix}+\begin{bmatrix}\text{进口价格乘}\\\text{以进口数量}\end{bmatrix}$$

其中，QQ_c 是供给到国内市场的商品数量（合并供给）；QD_c 是国内产出的国内销售数量；QM_c 是进口产品数量；tq_c 是销售税率（为包括销售税的合并价格的某一比率）。

支出是以国内需求价格用于某一产品的总支付。(11.4) 式对支出的定义中不包含销售税的支出，是国内产出和进口产品的总支付，价格为需求价格、*PDD* 和 *PM*。*PDD* 和 *PM* 包括了贸易投入成本，但是不包括产品的销售税（与（11.1）式和（11.3）式相比）。(11.4) 式适用于所有进口产品和国内生产且国内销售的产品（*CD* 和 *CM* 的并集），不用于所有产出都出口的产品。(11.4) 式右侧的两项只用于与它们相关的产品集（分别是 *CD* 和 *CM*）。

5. **市场产出价值**

$$PX_c \cdot QX_c = PDS_c \cdot QD_c + PE_c \cdot QE_c \tag{11.5}$$

$$\begin{bmatrix}\text{生产者价格}\\\text{乘以市场产出数量}\end{bmatrix}=\begin{bmatrix}\text{国内供给价格}\\\text{乘以国内销售数量}\end{bmatrix}+\begin{bmatrix}\text{出口价格}\\\text{乘以出口数量}\end{bmatrix}$$

其中，PX_c 表示产品的综合生产者价格；QX_c 表示产品国内产出的市场综合数量；QE_c 表示出口数量；$c \in CX$（$\subset C$）为有国内产出的产品集合。

对于每种国内生产的产品，以生产者价格表示的市场价值是国内销售价值和出口价值的合计。国内销售和出口用供给方接受的价格估价，分别为 *PDS* 和 *PE*，二者都因为贸易投入成本而向下调整（与（11.2）式和（11.3）式相比）。国内生产产品的范围限制（*CX* 中的元素）必须明确陈述，因为模型包括了一类国内没有生产的进口产品。国内部分只用于 *CD* 中的元素，出口部分只用于 *CE* 中的元素。

6. **活动价格**（activity price）

$$PA_a = \sum_{c \in C} PXAC_{ac} \cdot \theta_{ac} \tag{11.6}$$

$$[\text{活动价格}]=[\text{生产者价格乘以产量}]$$

其中，$a \in A$，A 为活动集合；PA_a 为活动价格［即单位活动的总收入（gross output）］；$PXAC_{ac}$ 为活动 a 生产的产品 c 的生产者价格；θ_{ac} 为单位活动 a 生产的产品 c 的产量。

单位活动的总收入（活动价格）是某种活动所生产的产品销售的回报，定义为单位活动的各种产品产量乘以与活动相关的产品价格。允许一种活动可以生产多种产品。

7. **综合中间投入价格**

$$PINTA_a = \sum_{c \in C} PQ_c \cdot ica_{ca} \tag{11.7}$$

$$\begin{bmatrix}\text{综合中间}\\\text{投入价格}\end{bmatrix}=\begin{bmatrix}\text{单位综合中间投入}\\\text{的中间投入成本}\end{bmatrix}$$

其中，$PINTA_a$ 为活动 a 的中间投入价格；ica_{ca} 为活动 a 单位中间投入中 c 的数量。某种活动的综合中间投入价格给出单位综合中间投入中每一种中间投入的成本。综合中间投入价格依赖于中间投入产品的价格和中间投入系数。

8. **活动收入和成本**

$$PA_a \cdot (1 - ta_a) \cdot QA_a = PVA_a \cdot QVA_a + PINTA_a \cdot QINTA_a \tag{11.8}$$

$$\begin{bmatrix}\text{不含税活动价格}\\\text{乘以活动水平}\end{bmatrix}=\begin{bmatrix}\text{综合增加值价格}\\\text{乘以其数量}\end{bmatrix}+\begin{bmatrix}\text{综合中间投入}\\\text{价格乘以其数量}\end{bmatrix}$$

其中，ta_a 为活动的税率；QA_a 为活动数量（水平）；QVA_a 表示综合增加值数量；*QIN-*

TA_a 表示综合中间投入数量；PVA_a 表示增加值价格。对于每种活动，不含税收入完全被增加值支付和中间投入支付所消耗。给定 PA 和 $PINTA$ 的定义，(11.8) 式隐含地界定了增加值价格，即 PVA。

9. 消费者价格指数

$$\overline{CPI} = \sum_{c\in C} PQ_c \cdot cwts_c \tag{11.9}$$

$$\begin{bmatrix}\text{消费者}\\\text{价格指数}\end{bmatrix}=\begin{bmatrix}\text{产品消费者价格的加权合计}\\\text{（产品价格乘以权重）}\end{bmatrix}$$

其中，$cwts_c$ 为产品 c 在消费者价格指数中的权重；$\overline{CPI}$为消费者价格指数（外生变量）。

10. 非贸易市场产出的生产者价格指数

$$DPI = \sum_{c\in C} PDS_c \cdot dwts_c \tag{11.10}$$

$$\begin{bmatrix}\text{生产者}\\\text{价格指数}\end{bmatrix}=\begin{bmatrix}\text{产品生产者价格的加权合计}\\\text{（产品价格乘以权重）}\end{bmatrix}$$

其中，$dwts_c$ 为商品 c 在生产者价格指数中的权重；DPI 为国内市场产出的生产者价格指数。

(11.9) 式和 (11.10) 式定义了国内市场产出的消费者价格指数和生产者价格指数。CPI 是固定的，作为基本模型中的记账单位（numeraire）；DPI 也可以固定。由于模型在价格上是零阶齐次的——记账单位加倍，则所有价格加倍，但实际数量不变。所有模拟价格和收入的改变应该被解释为记账单位价格指数的改变。

11.3.2 生产和贸易模块

生产和贸易模块包括四类：国内生产和投入使用；国内产出在家庭消费、国内市场和出口之间的分配；国内市场供给的综合（进口和国内销售的国内产出）；分配过程产生的贸易投入需求界定。

假定生产活动在完全竞争条件下进行。各种活动进行生产时，在技术约束条件下最大化利润，假定各种价格给定（包括产出、中间投入和要素）。CGE 模型包括生产者利润最大化的一阶条件。如前所述，在技术嵌套的上层有两种可行选择：活动水平是增加值数量和综合中间投入的 CES 函数，或者列昂惕夫函数。

1. CES 技术：活动（activity）的生产函数

$$QA_a = \alpha_a^a \cdot (\delta_a^a \cdot QVA_a^{-\rho_a^a} + (1-\delta_a^a) \cdot QINTA_a^{-\rho_a^a})^{-\frac{1}{\rho_a^a}} \tag{11.11}$$

[活动水平]=CES[综合增加值数量，综合中间投入数量]

2. CES 技术：增加值—中间投入数量比

$$\frac{QVA_a}{QINTA_a} = \left(\frac{PINTA_a}{PVA_a} \cdot \frac{\delta_a^a}{1-\delta_a^a}\right)^{\frac{1}{1-\rho_a^a}} \tag{11.12}$$

增加值—中间投入数量比$=f$(中间投入—增加值价格比)

其中，$a\in ACES$ ($\subset A$)，A 为具有 CES 函数类型的技术嵌套的活动集；α_a^a 为 CES 函数的效率参数；δ_a^a 为 CES 函数的比例参数；ρ_a^a 为 CES 函数的指数。

使用者从ACES集合中确定活动，而如果活动不在集合ACES中，则在ALEO（即具有列昂惕夫生产函数嵌套类型的活动集合）中。ACES中的活动在技术嵌套结构顶层具有CES技术，也就是说，活动水平是增加值与综合中间投入的CES函数。中间投入与增加值的最佳比例是增加值与综合中间投入价格的函数。在（11.18）式中，活动水平决定了由每种活动所生产的产品产出量。指数 ρ_a^a 是增加值和综合中间投入替代弹性的转换：弹性越高，ρ_a^a 的值越小，作为对它们相对价格变化的反应，增加值和中间投入综合最优比例的变化越大。

3. 列昂惕夫技术：对综合增加值的需求

$$QVA_a = iva_a \cdot QA_a \tag{11.13}$$

［对增加值的需求］$=f$［活动水平］

$$QINTA_a = inta_a \cdot QA_a \tag{11.14}$$

［对增加值的需求］$=f$［活动水平］

其中，$a \in ALEO$（$\subset A$），A 为嵌套技术具有列昂惕夫生产函数的活动的集合；iva_a 为单位活动的增加值数量；$inta_a$ 为单位活动的总和中间投入数量。

（11.13）式和（11.14）式所代表的列昂惕夫生产函数是除（11.11）式和（11.12）式所代表的CES生产函数之外的另外一种技术选择。每种活动或者是CES技术，或者是列昂惕夫技术。

4. 增加值和要素需求

$$QVA_a = \alpha_a^{va}\left(\sum_{f\in F}\delta_{fa}^{va} \cdot QF_{fa}^{-\rho_a^{va}}\right)^{-\frac{1}{\rho_a^{va}}} \tag{11.15}$$

［综合增加值数量］$=$CES［要素投入］

5. 要素需求

$$WF_f \cdot \overline{WFDIST}_{fa} = PVA_a(1-tva_a) \cdot QVA_a \cdot \left(\sum_{f\in F}\delta_{fa}^{va} \cdot QF_{fa}^{-\rho_a^{va}}\right)^{-1} \cdot \delta_{fa}^{va^{-1}} \cdot QF_{fa}^{-\rho_a^{va}} \tag{11.16}$$

［活动 a 中要素 f 的边际成本］$=$［活动 a 中要素 f 的边际收入］

其中，$f \in F$（$\subset F'$），为生产要素集合；tva_a 为活动 a 的增加值税率；α_a^{va} 为CES增加值函数的效率参数；δ_{fa}^{va} 为活动 a 中要素 f 在CES增加值函数中的比例参数；QF_{fa} 为活动 a 对要素 f 的需求数量；ρ_a^{va} 为CES增加值函数的指数；WF_f 是要素平均价格；$\overline{WPDIST}_{fa}$ 是活动 a 中要素 f 的价格扭曲项（外生变量）。

（11.15）式说明每种活动的增加值数量是关于各种要素数量的CES函数。根据（11.16）式，活动所需要的最优要素数量是在某种要素的边际成本等于其边际收入时的数量。指数 ρ_a^{va} 是要素替代弹性的转换：要素替代弹性越高，ρ_a^{va} 的值越小，作为对相对要素价格的反应，不同要素的最优数量之比的变化就越大。

6. 细分中间投入的需求

$$QINT_{ca} = ica_{ca} \cdot QINTA_a \tag{11.17}$$

［活动 a 对产品 c 的中间需求］$=f$［活动 a 的综合中间投入需求数量］

其中，$QINT_{ca}$ 为活动 a 中中间投入产品 c 的数量。对每种活动，其对细分中间投入的需求由综合中间投入和固定的中间投入系数决定，是标准的列昂惕夫函数形式。

7. 产品生产和分配

$$QXAC_{ac}+\sum_{h\in H}QHA_{ach}=\theta_{ac}\cdot QA_{a} \qquad (11.18)$$

$$\begin{bmatrix}\text{活动 } a \text{ 中产品}\\ c \text{ 的市场数量}\end{bmatrix}+\begin{bmatrix}\text{活动 } a \text{ 中产品 } c\\ \text{用于居民家庭消费的数量}\end{bmatrix}=\begin{bmatrix}\text{活动 } a \text{ 中}\\ \text{产品 } c \text{ 的生产量}\end{bmatrix}$$

其中，$QXAC_{ac}$ 表示活动 a 所生产的产品 c 的市场产出量；QHA_{ach} 为活动 a 生产的用于家庭消费的产品 c 的数量。等式右侧，活动 a 中产品 c 的生产量为活动 a 中产品 c 的比率乘以活动水平。等式左侧，产品 c 的数量被分配到市场销售和家庭消费。注意到这个方程允许任何一种产品由一种或多种活动生产，任何一种活动可以生产一种或多种产品。

8. 产出综合函数

$$QX_{c}=\alpha_{c}^{ac}\cdot\left(\sum_{a\in A}\delta_{ac}^{ac}\cdot QXAC_{ac}^{-\rho_{c}^{ac}}\right)^{-\frac{1}{\rho_{c}^{ac}-1}} \qquad (11.19)$$

［产品 c 的综合市场产出］=CES［产品 c 分活动种类的市场生产量］

上述产出综合函数的一阶条件为：

$$PXAC_{ac}=PC_{c}\cdot QX_{c}\left(\sum_{a\in A}\delta_{ac}^{ac}\cdot QXAC_{ac}^{-\rho_{c}^{ac}}\right)^{-1}\cdot\delta_{ac}^{ac}\cdot QXAC_{ac}^{-\rho_{c}^{ac}-1} \qquad (11.20)$$

［活动 a 生产产品 c 的边际成本］=［活动 a 生产产品 c 的边际收益产品］

任何一种产品的综合市场产出都被界定为生产这种产品的不同活动产出水平的 CES 综合。每种活动生产的这种产品的最佳产量与分活动种类的价格逆相关。QX 是以价格 PX 出售的产出，生产的投入为 $QXAC$（价格为 $PXAC$）。特别地，产品不同来源的选择是一个最优化问题。（11.19）式和（11.20）式为最大化以价格 PX 卖出综合产出 QX 的利润的一阶条件，约束条件为产出综合函数和细分的产品价格 $PXAC$。与其他活动相关的一种活动的价格的下降会改变其自身的需求，而不削减其他的需求。不同生产者之间的可替代性取决于 ρ_{c}^{ac} 的值，而 ρ_{c}^{ac} 为替代弹性的转化。它的值和弹性值要保证等产量线凸向原点。从经济学来看，等价于技术替代率下降。

需要注意的是，在一种给定的产品只有一个生产者的情况下，比例参数的值应该统一，结果就是 $QXAC=QX$ 和 $PXAC=PX$，与弹性和指数值无关。

9. 产出转化函数

$$QX_{c}=\alpha_{c}^{t}\cdot(\delta_{c}^{t}\cdot QE_{c}^{\rho_{c}^{t}}+(1-\delta_{c}^{t})\cdot QD_{c}^{\rho_{c}^{t}})^{\frac{1}{\rho_{c}^{t}}} \qquad (11.21)$$

［综合国内市场产出］=CET［出口数量，国内产出的国内销售］

其中，α_{c}^{t} 为 CET 函数的转换参数；δ_{c}^{t} 为 CET 函数的比例参数；ρ_{c}^{t} 为 CET 函数的指数。（11.21）式和（11.22）式给出了（11.19）式界定的国内市场产出在国内销售和出口之间的分配。（11.21）式反映了两种选择之间的不完全替代。既用于国内销售又出口的产品的 CET 函数除了具有负替代弹性之外，与 CES 函数相同。两种选择之间的转换弹性是 ρ_{c}^{t}（下限为 1）的转化。它们的值要保证与产出转化函数相对应的等产量线凹向原点。

出口—国内供给比为：

$$\frac{QE_c}{QD_c}=\left(\frac{PE_t}{PDS_c}\cdot\frac{1-\delta_c^t}{\delta_c^t}\right)^{\frac{1}{\rho_c^t-1}} \tag{11.22}$$

[出口—国内供给比]$=f$[出口—国内价格比]

(11.22) 式定义了出口与国内销售的最优组合。(11.5) 式、(11.21) 式和 (11.22) 式构成了给定两个价格下生产者收入最大化的一阶条件，约束条件为 CET 函数和固定的国内产出数量。(11.22) 式保证了出口—国内价格比的提高导致出口—国内供给比的提高（也就是目的地（出口或者国内）的改变是更高的收益)。

10. 只用于国内或只用于出口的产出转换

$$QX_c=QD_c+QE_c \tag{11.23}$$

[综合国内市场产出]=[国内市场销售的国内产出]+[出口]

其中，$c\in CEN$ ($\subset C$)，CEN 为非出口产品集合（CE 的补集）；$c\in CDN$ ($\subset C$)，CDN 为国内市场无销售的国内产出产品集合（CD 的补集）。这个方程代替了 CET 函数，用于不具有出口和国内销售的产品，将所有产出分配到两个目的地中的一个。

11. 合并供给 (Armington) 函数

$$QQ_c=\alpha_c^q\cdot(\delta_c^q\cdot QM_c^{-\rho_c^q}+(1-\delta_c^q)\cdot QD_c^{-\rho_c^q})^{-\frac{1}{\rho_c^q}} \tag{11.24}$$

[合并供给]$=f$[进口数量，国内生产的国内使用]

其中，α_c^q 为 Armington 函数的转移参数；δ_c^q 为 Armington 函数的比例参数；ρ_c^q 为 Armington 函数的指数。CES 函数反映了进口品和国内产品作为国内供给的不完全替代，其中进口和国内产品作为合并产品的“投入”。当 CES 函数的定义域为进口和国内生产产品时，通常被称为 Armington 函数，用这个思想的创始人的名字命名。两种来源的产品之间的替代弹性是 ρ_c^q（下限为-1）的转化。

进口—国内需求比为：

$$\frac{QM_c}{QD_c}=\left(\frac{PDD_c}{PM_c}\cdot\frac{\delta_c^q}{1-\delta_c^q}\right)^{\frac{1}{1+\rho_c^q}} \tag{11.25}$$

[进口—国内需求比]$=f$[国内—进口价格比]

(11.25) 式给出了进口和国内产出之间的最优组合。其定义域限制在进口和国内生产。该式保证了国内—进口价格比的提高会导致进口—国内需求比的提高（也就是说，从变贵的资源转移)。(11.4) 式、(11.24) 式和 (11.25) 式构成了给定两个价格情况下成本最小化的一阶条件，约束条件为 Armington 函数和固定的合并产品数量。

12. 无进口产品和非国内生产产品的合并供给

$$QQ_c=QD_c+QM_c \tag{11.26}$$

[合并供给]$=\left[\begin{array}{c}\text{国内市场产出的国内使用}\\ c\in(CD\cap CMN)\end{array}\right]+\left[\begin{array}{c}\text{进口}\\ c\in(CM\cap CDN)\end{array}\right]$

其中，$c\in CMC$ ($\subset C$)，CMN 为非进口产品集合。对于或者为进口或者为国内产出、国内销售但二者不会同时出现的产品组合，用 (11.26) 式代替 Armington 函数。对于这种类型的产品，合并供给与右侧的某一项是等价的。

13. 对交易服务的需求

$$QT_c = \sum_{c' \in C'} (icm_{cc'} \cdot QM_c + ice_{cc'} \cdot QE_{c'} + icd_{cc'} \cdot QD_{c'}) \tag{11.27}$$

［对交易服务的需求］=［对进口、出口和国内销售产品的服务需求合计］

其中，QT_c 为交易服务投入需求产品的数量。对贸易投入的总需求为进口（将产品从边界移至国内需求者）、出口（将产品从国内生产者移至边界）和国内市场销售（将产品从国内生产者移至国内需求者）所产生的这类投入需求的合计。在这三种情况下，假定每单位产品需要的交易成本固定。

11.3.3 机构模块（收入分配与使用模块）

1. 收入模块

要素收入：

$$YF_f = \sum_{a \in A} WF_f \cdot \overline{WFDIST}_{fa} \cdot QF_{fa} \tag{11.28}$$

［要素 f 的收入］=［活动支付的合计（分活动种类的要素价格乘以要素使用水平）］

其中，YF_f 为要素 f 的收入。

机构的要素收入：

$$YIF_{if} = shif_{if} \cdot [(1 - tf_f) \cdot YF_f - trnsfr_{rowf} \cdot EXR] \tag{11.29}$$

［机构 i 从要素 f 获得的收入］=［机构 i 在要素 f 的收入中的占比］·［要素 f 的收入（扣除税和对国外的转移）］

其中，$i \in$ INS，INS 为机构的集合（国内和国外）；$i \in$ INSD（$\subset$INS），INSD 为国内机构的集合；YIF_{if} 为国内机构从要素 f 得到的收入；$shif_{if}$ 为要素 f 的收入中国内机构 i 所占的比例；tf_f 为要素 f 的直接税率；$trnsfr_{if}$ 为从要素 f 到机构 i 的转移支付。

（11.28）式界定了每种要素的总收入。（11.29）式中，要素收入扣除税收和对国外的转移后按照固定比例在国内不同的机构之间分配。这里，对国外的转移支付假设为固定数量的外币按照汇率转换成本币。这个方程可用于不同的国内机构、居民家庭、企业、政府等。

国内非政府机构的收入：

$$YI_i = \sum_{f \in F} YIF_{if} + \sum_{i' \in INSDNG'} TRII_{ii'} + trnsfr_{igov} \cdot \overline{CPI} + tranfr_{irow} \cdot EXR \tag{11.30}$$

［机构 i 的收入］=［要素收入］+［从其他国内非政府机构的转移］+［从政府的转移］+［从国外的转移］

其中，$i \in$ INSDNG（=INSDNG′$\subset$INSD），INSDNG 为国内非政府机构集合；YI_i 为国内机构 i 的收入；$TRII_{ii'}$ 为从机构 i' 到 i 的转移（都为国内非政府机构）。任何一个国内非政府机构的总收入都是要素收入、从其他国内非政府机构的转移、从政府的转移和从国外的转移的合计。

机构内的转移：

$$TRII_{ii'} = shii_{ii'} \cdot (1 - MPS_{i'}) \cdot (1 - TINS_{i'}) \cdot YI_{i'} \tag{11.31}$$

$$\begin{bmatrix}\text{从机构 } i' \\ \text{到 } i \text{ 的转移}\end{bmatrix} = \begin{bmatrix}\text{机构 } i' \text{的净收入中} \\ \text{转移到 } i \text{ 的比例}\end{bmatrix} \cdot \begin{bmatrix}\text{机构 } i' \text{的收入} \\ \text{(扣除储蓄和直接税)}\end{bmatrix}$$

其中，$shii_{ii'}$为机构i'的净收入中转移到机构i的比例（都为国内非政府机构）；MPS_i为国内非政府机构的边际储蓄倾向（为外生变量）；$TINS_i$为机构i的直接税率。国内非政府机构之间的转移按照扣除直接税和储蓄之后净收入的固定比例支付。*MPS* 和 *TINS* 值的确定稍后介绍。

2. 支出

居民消费支出：

$$EH_h = (1 - \sum_{i \in INSDNG} shii_{ih}) \cdot (1 - MPS_h) \cdot (1 - TINS_h) \cdot YI_h \tag{11.32}$$

$$\begin{bmatrix}\text{可用于消费} \\ \text{的居民收入}\end{bmatrix} = \begin{bmatrix}\text{扣除直接税、储蓄和对其他} \\ \text{非政府机构转移后的居民收入}\end{bmatrix}$$

其中，$i \in H$（$\subset$INSDNG），H为居民集合；EH_h为居民消费支出。在所有的国内非政府机构中，只有居民对产品有需求。（11.32）式中，消费支付总值界定为扣除直接税、储蓄和对其他国内非政府机构转移支付后的剩余收入。

居民对市场产品的消费支出：

$$\begin{aligned} PQ_c \cdot QH_{ch} = {} & PQ_c \cdot \gamma_{ch}^m + \beta_{ch}^m \cdot (EH_h - \sum_{c' \in C} PQ_{c'} \cdot \gamma_{c'h}^m \\ & - \sum_{a \in A} \sum_{c' \in C} PXAC_{ac'} \cdot \gamma_{ac'h}^h) \end{aligned} \tag{11.33}$$

$$\begin{bmatrix}\text{用于市场产品 } c \\ \text{的居民消费支出}\end{bmatrix} = f\begin{bmatrix}\text{居民消费总支出、产品 } c \text{ 的价格、} \\ \text{其他产品价格(市场或者家庭)}\end{bmatrix}$$

其中，QH_{ch}为居民h对市场产品c的消费数量；$\gamma_{c'h}^m$为居民h对市场产品c的保留消费（生存必需消费）；$\gamma_{ac'h}^h$为居民h对活动a生产的产品c的保留消费；β_{ch}^m为居民h对产品c支出的边际比例。

居民对家庭产品的消费支出：

$$\begin{aligned} PXAC_{ac} \cdot QHA_{ach} = {} & PXAC_{ac} \cdot \gamma_{ach}^h + \beta_{ach}^h \\ & \cdot (EH_h - \sum_{c' \in C} PQ_{c'} \cdot \gamma_{c'h}^m - \sum_{a \in A} \sum_{c' \in C} PXAC_{ac'} \cdot \gamma_{ac'h}^h) \end{aligned} \tag{11.34}$$

$$\begin{bmatrix}\text{用于活动 } a \text{ 生产的} \\ \text{家庭产品 } c \\ \text{的居民消费支出}\end{bmatrix} = f\begin{bmatrix}\text{居民消费总支出、生产者价格、} \\ \text{其他产品价格(市场或者家庭)}\end{bmatrix}$$

其中，β_{ach}^h为居民用于活动a生产的家庭产品c消费的边际比例。假定居民在消费支出约束下最大化斯通-吉尔里效用函数。其一阶条件的结果，即（11.33）式和（11.34）式，是

LES 函数（线性支出系统），因为对单个产品的支出是总消费支出 EH 的线性函数。由于居民消费两种类型的产品，因此需要两个函数。这两种类型的产品为市场产品和家庭生产（按照机会成本评估，分活动种类的生产者价格没有包括市场成本）。等式两边同时除以相应的价格，就得到解析的需求函数。

投资需求：

$$QINV_c = \overline{IADJ} \cdot \overline{qlnv_c} \tag{11.35}$$

［对产品 c 的固定投资需求］=［调整因素乘以基年固定投资］

其中，$QINV_c$ 为对产品 c 的固定投资需求；$\overline{IADJ}$ 为投资调整项（外生）；$\overline{qlnv_c}$ 为基年固定投资需求量。固定投资需求为基年数量乘以调整项。调整项在基本模型中假定为外生的，从而使得投资数量外生。存货投资也被包含在模型中，但作为外生需求处理。

政府消费需求：

$$QG_c = \overline{GADJ} \cdot \overline{qg_c} \tag{11.36}$$

［政府对产品 c 的消费需求］=［调整项乘以基年政府消费］

其中，QG_c 为政府对产品 c 的消费需求；$\overline{GADJ}$ 为政府消费调整项；$\overline{qg_c}$ 为基年政府需求数量。与之前类似，政府消费也是基年数量乘以调整项。政府消费指政府劳动力提供的服务。调整项是外生的，因而政府消费也是外生的。

政府收入：

$$\begin{aligned} YG = & \sum_{i \in INSDNG} TINS_i \cdot YI_i + \sum_{f \in F} tf_f \cdot YF_f + \sum_{a \in A} tva_a \cdot PVA_a \\ & + \sum_{a \in A} t\alpha_a \cdot PA_a \cdot QA_a + \sum_{c \in CM} tm_c \cdot pwm_c \cdot QM_c \cdot EXR + \sum_{c \in CE} te_c \\ & \cdot pwe_c \cdot QE_c \cdot EXR + \sum_{c \in C} tq_c \cdot PQ_c \cdot QQ_c + \sum_{f \in F} YIF_{govf} + trnsfr_{govrow} \cdot EXR \end{aligned} \tag{11.37}$$

［政府收入］=［从机构获得的直接税］+［从要素获得的直接税］+［增加值税］+［活动税］+［进口关税］+［出口关税］+［销售税］+［要素收入］+［从国外的转移支付］

其中，YG 为政府收入。政府收入是从税收、要素和国外转移中获得收入的合计。

政府支出：

$$EG = \sum_{c \in C} PQ_c \cdot QG_c + \sum_{i \in INSDNG} trnsfr_{igov} \cdot \overline{CPI} \tag{11.38}$$

［政府支出］=［政府消费］+［对国内非政府机构的转移支付］

其中，EG 为政府支出。政府支出是政府用于消费和转移支付的支出的合计。

11.3.4　系统约束模块

1. 要素市场

$$\sum_{a\in A} QF_{fa} = \overline{QFS_f} \tag{11.39}$$

［对要素 f 的需求］=［对要素 f 的供给］

其中，$\overline{QFS_f}$为要素 f 的供给数量（为外生变量）。（11.39）式给出了要素市场的均衡条件，要素总供给等于要素总需求。在基本模型中，假定所有供给变量固定，而所有需求变量可变。要素价格 WF_f 为这个等式满足时的均衡价格。要素价格提高使得每种活动支付的价格提高，$WF_f \cdot \overline{WFDIST_{fa}}$ 与要素需求量 QF_{fa} 负相关。所有要素都在有需求的活动之间流动。

当然也可以采用其他闭合条件。例如，考虑给定工资（或其他要素）情况下的失业（或其他要素闲置），劳动力（或其他要素）供给量不固定，而整个经济范围内的工资（或其他要素）价格固定。

另外，考虑要素市场用固定的要素需求完全分割的情况（例如，短期非农业资本需求不变），要素需求和整个经济范围内的要素价格固定，而供给和要素价格扭曲项可变。分活动种类的要素价格可变，保证了分活动种类的就业水平与利润最大化条件相一致。在这种构建方式中，内生的综合要素供给变量就是总就业水平。

2. 合并产品市场

$$QQ_c = \sum_{a\in A} QINT_{ca} + \sum_{h\in H} QH_{ch} + QG_c + QINV_c + qdst_c + QT_c \tag{11.40}$$

$$\begin{bmatrix}合并\\供给\end{bmatrix}=\begin{bmatrix}中间\\使用\end{bmatrix}+\begin{bmatrix}居民\\消费\end{bmatrix}+\begin{bmatrix}政府\\消费\end{bmatrix}+\begin{bmatrix}固定\\投资\end{bmatrix}+\begin{bmatrix}存货\\变动\end{bmatrix}+\begin{bmatrix}贸易投\\入使用\end{bmatrix}$$

其中，$qdst_c$ 为存货变化量。（11.40）式给出了合并产品的供给等于其需求（从（11.24）式、（11.25）式和（11.26）式得到）。需求面包括内生项（从（11.17）式、（11.27）式、（11.33）式、（11.35）式和（11.36）式）和关于存货变化的新的外生项。内生项中，QG 和 $QINV$ 在基本模型中假设为固定（对比（11.35）式和（11.36）式）。合并产品供给 QQ 推动对国内市场产出 QD 和进口 QM 的需求。对于进口，市场出清变量为进口供给量；对于国内市场产出，则有国内价格 PDD 和 PDS 两个相关的变量。

3. 对国外的当前账户平衡（以外币表示）

$$\sum_{c\in CM} pwm_c \cdot QM_c + \sum_{f\in F} trnsfr_{rowf} = \sum_{c\in CE} pwe_c \cdot QE_c + \sum_{i\in INSD} trnsfr_{irow} + \overline{FSAV} \tag{11.41}$$

$$[进口支出]+\begin{bmatrix}国外的要素\\转移支付\end{bmatrix}=[出口收入]+\begin{bmatrix}从国外的\\机构转移支付\end{bmatrix}+[国外储蓄]$$

其中，$\overline{FSAV}$为国外储蓄（FCU）（外生变量）。用外币表示的当前账户平衡指一个国家获得的外币与支出的外币相等。对于基准模型，假设外币储蓄为固定；实际汇率使得当前账户达到均衡。除了进口和出口之外的所有项都固定，意味着贸易赤字也固定。也可以假设汇率固定，对外储蓄可变，这种情况下贸易赤字可变。

4. 政府平衡

$$YG = EG + GSAV \tag{11.42}$$

［政府收入］=［政府支出］+［政府储蓄］

其中，$GSAV$ 表示政府储蓄。政府平衡是指政府收入等于政府支出（不包括政府投资）与政府储蓄的合计。政府储蓄可能为负。另外一种保持这种平衡的机制与下面的（11.43）式有关联。

5. 机构的直接税税率

$$TINS_i = \overline{tlns_i} \cdot (1 + \overline{TINSADJ} \cdot tin01_i) + \overline{DTINS} \cdot t \tag{11.43}$$

［机构 i 的直接税税率］=［选定机构的基准税率调整］+［选定机构变化的百分点］

其中，$TINS_i$ 为国内机构 i 的直接税税率；$\overline{tlns_i}$ 为国内机构 i 的外生直接税率；$\overline{TINSADJ}$ 为直接税标度因子（等于 0 时为基准；外生变量）；$tin01_i$ 为 0 和 1 之间的参数，为 1 时，表示机构具有潜在的可变直接税税率；$\overline{DTINS}$ 为国内机构税比例的变化（等于 0 时为基准，为外生变量）。

（11.43）式界定了国内非政府机构的直接税税率。对于基准模型，右侧的所有变量都是固定的，其结果是所有机构的直接税税率取值都固定。在这种情况下，政府储蓄是内生变量，使得政府平衡方程成立。

对于政府平衡，也可以选择其他的闭合规则，令政府储蓄固定。第一种选择可以是 $DTINS$ 是可变变量，通过调节税负机构的基年税率使得政府平衡方程满足。在这种情况下，对所有机构，$tins01$ 取值都为 1，所有税率都以相同的百分比变化。因此，初始税率对税率变化没有影响。第二种选择可以是令 $TINSADJ$ 可变，而 $DTINS$ 固定。对于这种闭合，对于具有相对大的基年税率，机构直接税率（$TINS$）的变化相对大。

注意到对于两种闭合规则，当政府储蓄 $GSAV$ 固定时，其他变量为内生，从而维持模型的变量数和方程数相等。闭合规则的选择依赖于经验背景。例如，如果政府采用提高实际直接税率的政策，在削减其他收入或提高政府支出的情况下维持固定储蓄，那么应该提高所有非政府机构的税率还是只提高其中一部分机构的税率？对于目标机构，政府是按照统一百分点提高还是按照当前税率的一定比例提高？

6. 机构储蓄率

$$MPS_i = \overline{mps_i} \cdot (1 + \overline{MPSADJ} \cdot mps01_i) + DMPS \cdot mps01_i \tag{11.44}$$

$$\begin{bmatrix}\text{机构 } i \text{ 的}\\ \text{储蓄率}\end{bmatrix} = \begin{bmatrix}\text{选定机构基年}\\ \text{储蓄率按比例的调整}\end{bmatrix} + \begin{bmatrix}\text{选定机构}\\ \text{变化的百分点}\end{bmatrix}$$

其中，$\overline{mps_i}$ 为国内机构 i 的基准储蓄率；$\overline{MPSADJ}$ 为储蓄率调整因子（等于 0 时为基准）；$mps01_i$ 为 0 和 1 之间的参数，对于具有变化的直接税税率的机构，其值为 1；$DMPS$ 为国内机构储蓄率变化（等于 0 时为基准，为外生变量）。

方程（11.44）定义了国内非政府机构的储蓄率，其结构与（11.43）式相同。$MPSADJ$ 和 $DMPS$ 其中一个可变还是都不可变取决于储蓄—投资平衡的闭合规则。对于基准模型，*DMPS* 可变，允许选定非政府机构的 *MPS* 按照统一百分点调整。

7. 储蓄—投资平衡

$$\sum_{i\in INSDNG} MPS_i \cdot (1-TINS_i) \cdot YI_i + GSAV + EXR \cdot \overline{FSAV}$$

$$= \sum_{c\in C} PQ_c \cdot QINV_c + \sum_{c\in C} PQ_c \cdot qdst_c \tag{11.45}$$

［非政府储蓄］＋［政府储蓄］＋［国外储蓄］＝［固定投资］＋［存货变化］

（11.45）式说明总储蓄等于总投资。总储蓄为国内非政府机构、政府和国外等机构储蓄的合计。总投资为固定投资（总固定资本形成）和存货变化的合计。

在基准模型中，可变变量 *DMPS* 负责出清这个平衡方程。储蓄—投资平衡中的其他项都不可变，以保证平衡满足。给定平衡由储蓄方负责达到，这个闭合代表了“投资驱动”储蓄的情况。也可以设定“储蓄驱动”投资的闭合，此时 *IADJ* 可变而 *MPSADJ* 和 *DMPS* 都固定。

至此，模型的方程数量比变量数多 1。然而，模型满足瓦尔拉斯定律，其中一个方程依赖于其他方程，可以被剔除。储蓄—投资平衡或者当前账户平衡通常被剔除。剔除一个方程以后，模型的方程数和未知量个数相等，在不存在建模误差的情况下，存在唯一解。如果不剔除一个方程，也可以增加一个变量到宏观经济平衡方程组。这个变量的解应该为 0。否则，一个或者多个方程将不成立，一般均衡解找不到。这种方法是 *GAMS* 所使用的，将一个叫做 *WALRAS* 的变量加入储蓄—投资平衡方程中，不剔除任何方程。

在基本模型中，也可以增加三个方程，包含这三个方程的原因是允许平衡的储蓄—投资闭合 4 和 5 的构建。

8. 总支出（total absorption）

$$TABS = \sum_{h\in H}\sum_{c\in C} PQ_c \cdot QH_{ch} + \sum_{a\in A}\sum_{c\in C}\sum_{h\in H} PXAC_{ac} \cdot QHA_{ach}$$

$$+ \sum_{c\in C} PQ_c \cdot QG_c + \sum_{c\in C} PQ_c \cdot QINV_c + \sum_{c\in C} PQ_c \cdot qdst_c \tag{11.46}$$

［总支出］＝［居民市场消费］＋［居民家庭消费］＋［政府消费］
＋［固定投资］＋［存货变动］

其中，*TABS* 表示名义总支出。总支出是国内最终需求的总值，等于 GDP 的市场价格加上进口减去出口。

9. 投资—总支出比率

$$INVSHR \cdot TABS = \sum_{c\in C} PQ_c \cdot QINV_c + \sum_{c\in C} PQ_c \cdot qdst_c \tag{11.47}$$

［投资—总支出比率］·［总使用］＝［固定投资］＋［存货变化］

其中，*INVSHR* 为名义总支出中投资所占比率。方程右侧给定了总投资价值，方程左侧为总使用乘以一个新的变量 *INVSHR*。在均衡条件下，这个变量衡量投资与总支出的比率。

10. 政府消费—总支出比率

$$GOVSHR \cdot TABS = \sum_{c\in C} PC_c \cdot QG_c \tag{11.48}$$

［政府消费—总支出比率］·［总使用］=［政府消费］

其中，*GOVSHR* 为政府消费占名义总支出的比率。这个方程与（11.47）式类似，只是把投资替换成政府消费。方程右侧定义了政府消费，方程左侧为总使用乘以一个新的变量 *GOVSHR*，衡量政府消费与总吸收之比。

方程（11.46）式、（11.47）式、（11.48）式以及三个新变量使得模型可以考虑储蓄—投资闭合 4 和 5。这两个闭合代表了平衡的宏观经济调整，对于模型模拟对冲击产生更符合实际的反应来说，这两个闭合更可取。对于投资驱动，储蓄—投资闭合 1 和 2，对于需求冲击的调整假定完全落在家庭消费上。而在闭合 3 下，储蓄驱动投资，调整负担完全落在投资上。

在这两种闭合下，总需求的任何变化都会平均分散到需求的所有三个部分上。给定投资和政府消费的比例，居民消费的比例隐含给定。非政府储蓄值的调整出清储蓄—投资平衡方程。储蓄调整的幅度受投资和政府消费变化的影响，并决定居民消费来源的可行性。

参考文献

［1］里昂·瓦尔拉斯. 纯粹经济学要义. 北京：商务印书馆，1989.

［2］陈锡康，杨翠红，等. 投入产出技术. 北京：科学出版社，2011.

［3］郑玉歆，樊明太. 中国 CGE 模型及政策分析. 香港：中国文献出版社，1999.

［4］Arrow，K. J. An extension of the basic theorems of classical welfare economics，Proceedings of the second Berkeley symposium on mathematical statistics and probability. Ed. J. Neyman. California：University of California Press，1951：507－532.

［5］Arrow，K. J. and Debreu，G. Existence of an equilibrium for a competitive economy，*Econometrica*，22，1954：265－290.

［6］Ronald E. Miller，Peter D. Blair. *Input-output analysis：foundations and extensions* (2nd edition)，Cambridge：Cambridge University Press，2009.

［7］Johansen，L. *A multisectoral study of economic growth*，Amsterdam：North Holland，1960.

［8］Hans Lofgren，Rebecca Lee Harris，Sherman Robinson. A standard computable general equilibrium (CGE) in GAMS，*Microcomputers in policy research* 5，2002. The International Food Policy Research Institute (IFPRI).

［9］W. Leontief. *The structure of the American economy，1919－1929*，New York：Oxford University Press，1941.

第十二章

能源与环境的投入产出分析

在当今的社会经济发展中，以能源约束和污染物排放为代表的资源和环境问题引起了越来越多的关注。投入产出技术为分析相关问题提供了理想的框架。本章我们将介绍用于能源和环境问题分析的投入产出模型。第二节主要介绍能源投入产出分析模型，第三节介绍相关的环境投入产出分析模型。

12.1 概述

随着我国经济的快速发展，对能源和其他各种资源的需求量也快速增长，能源和资源约束成为制约社会经济发展的最重要的因素。而与此同时，伴随着工业化进程，环境污染问题也越来越严重，引起了广泛的关注。通过建立恰当的经济数学模型，可以对相关的能源和环境问题进行有效的分析。而投入产出技术就是一种在此类问题研究中应用非常广泛的理想的研究框架。

投入产出技术在能源和环境问题上的建模和分析由来已久。20 世纪 60 年代末期及 70 年代，美国经济的发展越来越依赖于国外石油资源，从而必须解决 70 年代由于欧佩克石油组织的禁运带来的供给短缺问题。同时，人们也越来越关注由于能源使用而带来的环境问题，特别是使用煤炭带来的空气污染问题。由于能源是许多地区大量产业生产的关键要素，政府的政策制定者和学者们开始集中研究能源在经济中的地位。特别地，集中于研究能源使用的投入产出模型在 20 世纪 70 年代的石油危机中得到了广泛的发展。近年来，这些模型又被用于研究能源使用和气候变化的关系。早期的能源投入产出分析文献包括 Cumberland (1966), Strout (1967), Ayres and Kneese (1969), Bullard and Herendeen (1975b), Griffin (1976), Blair (1979, 1980) 等学者的研究工作，此后，布拉德（Bullard）和赫伦丁（Herendeen）的早期工作在 20 世纪 80—90 年代的时候得到了进一步发展，特别是描述经济结构变化及其对于能源和污染排放的影响方面的研究，例如 Blair（1980），Wang and Chuang（1987），Blair and Wyckoff（1989），OTA（1990），Rose and Chen（1991），Han and Lakshmanan（1994），Casler（2001），Dietzenbacher and Sage（2006）等。

对于能源投入产出分析，最为简单和直接的扩展是在投入产出模型的基础上增加一系列能源消耗数量或者线性能耗系数，这些能耗系数的定义为各部门单位产出所使用的能源量。这种分析方法最初在 20 世纪 70 年代早期发展起来，虽然存在许多方法论和实际应用上的限制，但今天仍然被广泛使用，其原因在于我们往往难以获取额外的数据来保证整个经济中能源供给和使用的内在一致性。另一种用于能源问题分析的投入产出模型是基于实物型投入产出模型所建立的实物型能源投入产出模型，可以弥补前一种方法的缺陷。当前，能源投入产出分析的发展主要是混合单位能源投入产出模型，也是目前最常用的模型。这类模型中定义的能源系数满足“能量守恒条件”（energy conservation conditions）。而这些条件相当于保证了经济中能源物理流量的内在一致性。而之前提到的简单扩展方法只有在所有能源使用部门间能源价格相同时才符合这些条件。部门间能源价格统一性的条件在某些地区或者某些发展中国家是适用的，但是对于其他情况，特别是大的现代经济体则不是普遍适用的。

在环境投入产出分析方面，列昂惕夫在 1970 年就在投入产出框架的基础上进行了扩展，提出了环境投入产出模型，将环境部门（污染物排放部门和消除部门）纳入基础框架中，建立了分析环境和经济的关联的分析技术。在之后的发展中，学者们将投入产出技术与其他分析方法结合起来，或者与其他的核算账户如环境经济核算（SEEA）和自然资源账户等提供的信息相结合，分析环境和经济发展问题。环境经济核算体系从核算的角度提供了大量的环境数据。此外，可计算的一般均衡模型（CGE）也经常被用于分析环境和能源政策的实施效果。

12.2 能源投入产出分析

本节我们主要介绍基于价值型投入产出模型的能源分析方法、实物型能源投入产出模型和混合型能源投入产出模型，并介绍能源投入产出模型的若干实际应用。基于价值型投入产出模型的方法、能量守恒条件和实际应用部分参考 Miller & Blair（2009）。①

12.2.1 基于价值型投入产出模型的能源分析方法

在利用投入产出技术建立能源模型时，一种最简单的方法就是直接在价值型投入产出表和价值型投入产出模型的基础上建立。在价值型投入产出表中，所有部门的投入和产出流量都用价值单位计量，包括能源部门。能源投入产出分析想要研究各个产业的能耗情

① Ronald E. Miller, Peter D. Blair. *Input-output analysis: foundations and extensions* (2nd edition), Cambridge: Cambridge University Press, 2009.

况，特别是完全能耗情况。价值单位的投入和产出流量显然无法达到这一目的。解决的方法是在价值型投入产出表之外“独立”地引入各部门生产中消耗的各类能源数量。

能源投入产出分析期望给出一单位最终需求需要的完全能源使用量，既包括一个产业生产中直接消耗的能源量，也包括包含在这个产业其他投入中的间接能源使用量。用工程的说法，计算能源完全消耗量是所谓“过程分析”的结果：选定某种产品或者服务，然后列出一系列提供这种产品所需要的产品或者服务。这些投入中包括直接需要的能源和其他非能源产品或服务，而这些非能源产品或服务在其生产中又需要能源投入和非能源投入。这种过程分析可将投入品追溯到初始资源。第一轮的能源投入是直接能源需求，接下来一系列能源投入构成了间接能源需求。直接和间接能源投入的合计为完全能源需求。例如，在电子及通信设备制造业中直接使用的能源为能源直接投入，而包含在非能源的原材料等投入中的能源为间接能源投入。下面我们通过价值型方法达到这一目标（见表 12-1 和表 12-2）。为了不失一般性，假设前 m 个部门为能源部门。

表 12-1　　价值型投入产出表简表

		中间使用	最终使用			总产出
		1，2，…，n	消费	资本形成	净出口	
中间投入	1 2 ⋮ n					
初始投入						
总投入						

表 12-2　　能源流量表

	中间使用 1，2，…，n	最终使用	总产出
煤炭			
原油			
天然气			
成品油			
电力			
⋮			

设有 m 种能源，用 E 来表示表 12-2 中的能源中间使用矩阵，则 E 为 $m\times n$ 阶矩阵，q 表示能源最终使用向量，g 表示能源使用向量，有

$$Ei+q=g \tag{12.1}$$

其中，$i=(1,1,\cdots,1)^T$，为求和向量。

定义直接能源系数矩阵：

$$D = E\hat{X}^{-1} \tag{12.2}$$

即

$$d_{kj} = e_{kj}/x_j$$

表示 j 部门单位价值型产出消耗的第 k 种能源的数量。

根据价值型投入产出模型，有

$$X = (I - A)^{-1} f \tag{12.3}$$

其中，A 为直接消耗系数矩阵，f 为最终需求向量。根据直接能源系数矩阵的定义，又有 $Ei=DX$，因此

$$Ei = DX = D(I - A)^{-1} f \tag{12.4}$$

定义 $D(I-A)^{-1}$ 为部门间完全能源消耗系数矩阵。其第 k 行第 j 列元素的含义为在生产一单位第 j 种最终产品的过程中所需要使用的第 k 种能源数量。

至此，我们给出了单位最终产品在生产过程中完全消耗的各种能源数量，而能源使用方程中最终使用的能源还没有考虑。接下来我们考虑这部分能源。

令

$$p_{kf} = f_k/q_k \tag{12.5}$$

表示第 k 种能源最终使用的“隐含价格”（implied energy price）。它不是现实中的价格，是我们用价值型能源最终使用和实物型能源最终使用“推导”出的价格。用这个价格得到

$$\tilde{q}_k = 1/p_{kf}$$

进一步得到

$$q = \tilde{Q} f$$

其中，$\tilde{Q}$ 为 $m \times n$ 阶矩阵，其中 m 为能源产品的种类数，n 为经济系统部门数。

$$\tilde{q}_{kj} = \begin{cases} 1/p_{kf}, & \text{当 } k = j, \text{且 } q_k \neq 0 \text{ 时} \\ 0, & \text{其他} \end{cases}$$

例如：

$$\tilde{Q} = \begin{bmatrix} 0 & 0 & 0 \\ 0 & 2 & 0 \end{bmatrix}$$

表示有两类能源产品，其中第一类能源产品的最终需求为 0，第二类能源产品可用于最终需求，其隐含价格为 0.5。

将系数矩阵 $D(I-A)^{-1}$ 和 $\tilde{Q}$ 代入能源平衡方程，有

$$g = [D(I - A)^{-1} + \tilde{Q}] f \tag{12.6}$$

令

$$\varepsilon = D(I-A)^{-1} + \tilde{Q} \tag{12.7}$$

就是我们所寻找的完全能源系数矩阵。其第 k 行第 j 列的元素表示生产一单位第 j 种最终产品所完全使用的第 k 种能源的数量。

这种方法的好处是：不用对现有投入产出表做大的调整，直接将其他统计资料中的能源数据与投入产出表数据结合起来，因此在实际中应用广泛。

下面我们给出一个简单的例子。表 12－3 和表 12－4 是一个简化的三部门价值型投入产出表。

表 12－3　　**价值型投入产出表简表**　　单位：百万美元

		中间使用			最终需求	总产出
		煤炭	电力	汽车		
中间投入	煤炭	0	40	0	0	40
	电力	10	10	10	30	60
	汽车	0	0	0	100	100
初始投入		30	20	90		
总投入		40	60	100		

表 12－4　　**能源流量表**　　单位：10^{15} BTUs

	煤炭	电力	汽车	最终需求	能源总产出
煤炭	0	120	0	0	120
电力	20	20	30	50	120

求解完全能源系数矩阵如下。

$$\varepsilon = D(I-A)^{-1} + \tilde{Q}$$

$$= \begin{bmatrix} 0 & 2 & 0 \\ 0.5 & 0.333 & 0.3 \end{bmatrix} \begin{bmatrix} 1.25 & 1.00 & 0.10 \\ 0.38 & 1.50 & 0.15 \\ 0 & 0 & 1.00 \end{bmatrix} + \begin{bmatrix} 0 & 0 & 0 \\ 0 & 1.67 & 0 \end{bmatrix}$$

$$= \begin{bmatrix} 0.75 & 3 & 0.3 \\ 0.75 & 2.667 & 0.4 \end{bmatrix}$$

12.2.2　实物型能源投入产出模型

首先给出实物型能源投入产出表的表式，见表 12－5。实物型能源投入产出表的基础是实物型投入产出表，其部门分成两类，包括 m 种能源产品和 $n-m$ 种非能源产品。其中能源产品中既有一次能源，也有二次能源。

表 12-5　　实物型能源投入产出表的基本表式

<table>
<tr><td colspan="3" rowspan="2">产出
投入</td><td colspan="2">中间需求</td><td colspan="5">最终需求</td><td rowspan="2">其他</td><td rowspan="2">总产出</td></tr>
<tr><td>能源部门
1，…，m</td><td>非能源部门
m+1，…，n</td><td>消费</td><td>资本形成</td><td>出口</td><td>进口</td><td>合计</td></tr>
<tr><td rowspan="2">中间投入</td><td>能源产品</td><td>1
2
⋮
m</td><td>$\overline{Z}^{EE}$</td><td>$\overline{Z}^{EN}$</td><td colspan="5">$\overline{F}^{E}$</td><td>$\bar{\varepsilon}^{E}$</td><td>$\overline{X}^{E}$</td></tr>
<tr><td>非能源产品</td><td>m+1
m+2
⋮
n</td><td>$\overline{Z}^{NE}$</td><td>$\overline{Z}^{NN}$</td><td colspan="5">$\overline{F}^{N}$</td><td>$\bar{\varepsilon}^{N}$</td><td>$\overline{X}^{N}$</td></tr>
<tr><td>初始投入</td><td colspan="2">固定资产折旧
劳动者报酬
生产税净额
营业盈余</td><td>$\overline{V}^{E}$</td><td>$\overline{V}^{N}$</td><td colspan="5"></td><td></td><td></td></tr>
</table>

实物型能源投入产出表中，各种产品计量单位为相应的实物单位，如粮食用“万吨”、汽车用“万辆”等，各部门相应的初始投入用价值单位计量。由于各产品计量单位的差异，实物型能源投入产出模型只有行向平衡关系成立，列向模型不成立。根据表 12-5，得到行向模型为

$$\overline{Z}^{EE}i+\overline{Z}^{EN}i+\overline{F}^{E}i+\bar{\varepsilon}^{E}=\overline{X}^{E} \tag{12.8}$$

$$\overline{Z}^{NE}i+\overline{Z}^{NN}i+\overline{F}^{N}i+\bar{\varepsilon}^{N}=\overline{X}^{N} \tag{12.9}$$

定义直接消耗系数矩阵 A 如下：

$$A=\begin{bmatrix} A^{EE} & A^{EN} \\ A^{NE} & A^{NN} \end{bmatrix} \tag{12.10}$$

其中，$a_{ij}^{EE}=\overline{Z}_{ij}^{EE}/\overline{X}_{j}^{E}$，表示生产单位第 j 种能源产品需要消耗的第 i 种能源产品的数量；$a_{ij}^{EN}=\overline{Z}_{ij}^{EN}/\overline{X}_{j}^{N}$，表示生产单位第 j 种非能源产品需要消耗的第 i 种能源产品的数量；$a_{ij}^{NE}=\overline{Z}_{ij}^{NE}/\overline{X}_{j}^{E}$，表示生产单位第 j 种能源产品需要消耗的第 i 种非能源产品的数量；$a_{ij}^{NN}=\overline{Z}_{ij}^{NN}/\overline{X}_{j}^{N}$，表示生产单位第 j 种非能源产品需要消耗的第 i 种非能源产品的数量。将 A 代入行向模型，有

$$A\overline{X}+\overline{F}i+\bar{\varepsilon}=\overline{X} \tag{12.11}$$

进一步有

$$\overline{X}=(I-A)^{-1}(\overline{F}i+\bar{\varepsilon}) \tag{12.12}$$

完全消耗系数为

$$B=(I-A)^{-1}-I=\begin{bmatrix} B^{EE} & B^{EN} \\ B^{NE} & B^{NN} \end{bmatrix} \tag{12.13}$$

系数矩阵 A 和 B 给出了能源的直接消耗系数和完全消耗系数。令 $A^E=(A^{EE} \quad A^{EN})$，为能源的直接消耗系数矩阵，分别体现了能源产品和非能源产品对各种能源的直接消耗强度，A^E 的第 i 行表示各种能源和非能源产品的单位产出对第 i 种能源产品的直接消耗量。令 $B^E=(B^{EE} \quad B^{EN})$ 为能源的完全消耗系数矩阵，分别体现了能源产品和非能源产品对各种能源的完全消耗强度，B^E 的第 i 行表示各种能源和非能源产品单位最终产品对第 i 种能源产品的完全消耗量。

如果按照标准煤计算单位产品生产中对所有能源的直接消耗量合计，则称为直接综合能耗，计算公式为

$$D^E=\eta A^E \tag{12.14}$$

其中，$\eta=(\eta_1, \cdots, \eta_m)$，$\eta_i$ 表示第 i 种能源的折标煤系数。

根据完全能耗系数矩阵，可以计算完全综合能耗。但此时不能再使用与直接综合能耗类似的方法，否则就会出现大量的重复计算。因为二次能源在生产中会消耗一次能源，因此，某种产品对一次能源的完全消耗包含了该产品通过消耗二次能源而带来的对一次能源的消耗。例如，汽车对煤的完全消耗中已经包含了发电用煤和炼焦用煤，如果把汽车对原煤、电力和焦炭的完全能耗相加，就会大大高估汽车对能源的消耗量。由于二次能源是通过一次能源转换而来，最终可以归结为一次能源，因此，在计算完全综合能耗时，只包括对一次能源的完全能耗即可。假设 m 种能源产品中前 s 种为一次能源，则完全综合能耗系数为

$$T^E=\eta\hat{\omega}B^E \tag{12.15}$$

其中，$\hat{\omega}$ 为 m 阶对角矩阵，其前 s 个对角元素为 1，其余为 0。

12.2.3 混合型能源投入产出模型

目前常用的能源投入产出模型为混合型能源投入产出模型。在混合型能源投入产出模型中，经济中的能源流量使用实物的能源单位如 BTUs，而非能源流量使用价值单位如美元或人民币。在能源投入产出分析中，我们想要建立类似于部门间流量矩阵的能源流量矩阵，得到直接能源需求矩阵和完全能源需求矩阵，并给出完全能耗系数的计算方法。混合型能源投入产出表的基本表式见表 12-6。

表 12-6　混合型能源投入产出表的基本表式

投入＼产出			中间需求：能源部门 1，…，m	中间需求：非能源部门 $m+1$，…，n	最终需求：消费	资本形成	出口	进口	合计	总产出
中间投入	能源产品	1 2 ⋮ m								

续前表

投入＼产出			中间需求		最终需求					总产出
			能源部门 1，…，m	非能源部门 $m+1$，…，n	消费	资本形成	出口	进口	合计	
中间投入	非能源产品	$m+1$								
		$m+2$								
		⋮								
		n								
初始投入	固定资产折旧									
	劳动者报酬									
	生产税净额									
	营业盈余									
总投入										

混合型能源投入产出的行向模型如下：

能源部门的方程为：

$$Ei+q=g \tag{12.16}$$

其中，E 是从能源生产部门到所有部门（作为能源消耗者）的能源流量矩阵，为 $m\times n$ 阶矩阵。q 是最终需求的能源使用向量，g 是能源总消耗量向量。q 和 g 为 $m\times 1$ 阶向量。

非能源部门的方程为

$$Zi+f=X \tag{12.17}$$

其中，Z 是非能源部门到所有部门的中间流量，f 是非能源部门的最终需求向量，X 是非能源部门的总产出向量，都用价值单位计量。

定义新的部门间流量矩阵 Z^*，其中能源行为实物单位，非能源行为价值单位。相应的，需要重新定义总产出向量以及最终需求向量，对应的能源部门为实物单位，非能源部门为价值单位。

$$Z^*=[z_{ij}^*]=\begin{cases} z_{ij} & \text{非能源} \\ e_{kj} & \text{能源} \end{cases}$$

$$f^*=[f_i^*]=\begin{cases} f_i & \text{非能源} \\ q_k & \text{能源} \end{cases}$$

f^* 为 $n\times 1$ 阶向量。

$$X^*=[x_i^*]=\begin{cases} x_i & \text{非能源} \\ g_k & \text{能源} \end{cases}$$

X^* 为 $n\times 1$ 阶向量。最后我们定义 g^*：

$$g^* = [g_i^*] = \begin{cases} 0 & \text{非能源} \\ g_k & \text{能源} \end{cases}$$

g^* 为 $n \times 1$ 阶向量。

定义直接消耗系数矩阵为

$$A^* = Z^* (\hat{X}^*)^{-1}$$

与实物型投入产出模型一样，由于计量单位不同，列求和也没有意义。

代入直接消耗系数矩阵，有

$$A^* X^* + f = X^*$$

完全需要系数矩阵为

$$L^* = (I - A^*)^{-1}$$

矩阵 A^* 和矩阵 L^* 具有相同的单位：

$$\begin{bmatrix} \text{实物 / 实物} & \text{实物 / 价值} \\ \text{价值 / 实物} & \text{价值 / 价值} \end{bmatrix}$$

要得到之前所提到的直接能源需求矩阵和完全能源需求矩阵，我们只需要从 A^* 和 L^* 中分出能源部门的行即可。简便的方法是建立矩阵乘积 $G(\hat{X}^*)^{-1}$，由矩阵 G 和 X^* 的定义可知，这个矩阵乘积的元素对应能源部门的对角元素为 1，其他为 0。因此，直接能源系数矩阵和完全能源系数矩阵为

$$\delta = G(\hat{X}^*)^{-1} A^*$$

$$\alpha = G(\hat{X}^*)^{-1} L^*$$

这与实物型能源投入产出模型得到的结果是类似的，只是计量单位存在差异。

12.2.4 能量守恒条件

下面我们将说明能源投入产出模型中的能量守恒条件，即在能源投入产出模型中界定的体现一次和二次能源关系的能量守恒条件。j 部门产出中的能源和投入中的能源之间的关系可表示为如下条件：

$$\alpha_{kj} x_j = \sum_{i=1}^{n} \alpha_{ki} z_{ij} + g_{kj} \tag{12.18}$$

其中，α_{kj} 表示生产 j 部门价值表示的单位产出对第 k 种类型能源的完全需要量；x_j 表示 j 部门的价值型总产出；z_{ij} 表示 j 部门生产中使用的 i 部门以价值单位表示的产品量；g_{kj} 表示能源部门的能源产出量，当 $k=j$ 时，$g_{kj}=g_k$，否则 $g_{kj}=0$，令 $G_{m\times n}=[g_{kj}]$。除了对应能源部门的元素为能源总产出外，G 的大多数元素都为 0。为了描述的方便，设前 m 个部门为能源部门，后 $n-m$ 个部门为非能源部门。

对所有经济部门来说，能量守恒条件可以被描述为：某一部门产出中包含的能源量等于它所消耗的所有投入中包含的能源量再加上能源产出量。

用矩阵形式表示为

$$\alpha\hat{X}=\alpha Z+G \tag{12.19}$$

由于 $Z=A\hat{X}$，有

$$\alpha\hat{X}=\alpha A\hat{X}+G$$

得到

$$\alpha = G\hat{X}^{-1}(I-A)^{-1}$$

上式定义了完全能源需求矩阵。那么，完全能源需求矩阵具体在什么条件下满足能量守恒条件呢？接下来我们用混合单位定义部门间流量矩阵，使得这一条件清晰。用混合单位来描述部门间流量实际上是用实物单位的能源流量矩阵 E 来代替矩阵 Z 中对应能源部门的行，即用之前定义的 Z^* 代替 Z，相应的最终需求和总产出向量也做同样的替换。此时能量守恒条件为

$$\alpha_{kj}x_j^* = \sum\nolimits_{i=1}^{n}\alpha_{ki}z_{ij}^* + g_{kj} \tag{12.20}$$

其中，α_{kj} 表示生产单位 j 部门产出对第 k 种类型能源的完全需要量，x_j^* 表示部门 j 的总产出，z_{ij}^* 表示部门 j 生产中使用的 i 部门的产品量，其定义同上。g_{kj} 表示能源部门的能源产出量，当 $k=j$ 时，$g_{kj}=g_k$，否则 $g_{kj}=0$，令 $G_{m\times n}=[g_{kj}]$。

用矩阵形式表示为

$$\alpha\hat{X}^*=\alpha Z^*+G \tag{12.21}$$

由于 $Z^*=A^*\hat{X}^*$，有

$$\alpha\hat{X}^*=\alpha A^*\hat{X}^*+G \tag{12.22}$$

得到

$$\alpha = G\hat{X}^{*-1}(I-A^*)^{-1} \tag{12.23}$$

由此定义了完全能源需求矩阵，与之前混合型能源投入产出模型得到的结果一致。根据定义，我们知道 $G\hat{X}^{*-1}$ 是主对角元素为 1、其余元素为 0 的 $m\times n$ 阶矩阵。$G\hat{X}^{*-1}(I-A^*)^{-1}$ 就是把 $(I-A^*)^{-1}$ 中对应能源部门的前 m 行从矩阵中取出。

回过头来看之前由能量守恒条件定义的完全能源系数矩阵：$\alpha = G\hat{X}^{-1}(I-A)^{-1}$，$G$ 表示对应能源部门对角元素为能源实物产出量的矩阵，X 表示价值单位的产出向量；$G\hat{X}^{-1}$ 得到的矩阵的对角元素为能源部门的实物产出除以价值产出，即隐含价格的倒数，其余元素为 0。即

$$G\hat{X}^{-1}=\begin{bmatrix} \frac{g_1}{x_1} & 0 & \cdots & 0 & \cdots & 0 \\ 0 & \frac{g_2}{x_2} & \cdots & 0 & \cdots & 0 \\ \vdots & \vdots & & \vdots & & \vdots \\ 0 & 0 & \cdots & \frac{g_m}{x_m} & \cdots & 0 \end{bmatrix}=\hat{P} \tag{12.24}$$

$G\hat{X}^{-1}(I-A)^{-1}$ 表示对列昂惕夫逆矩阵中的能源行除以相应的统一的能源隐含价格，推出能源实物量消耗。即

$$G\hat{X}^{-1}(I-A)^{-1}=\begin{bmatrix}\frac{l_{11}}{p_1} & \frac{l_{12}}{p_1} & \cdots & \frac{l_{1m}}{p_1} & \cdots & \frac{l_{1n}}{p_1}\\ \frac{l_{21}}{p_2} & \frac{l_{22}}{p_2} & \cdots & \frac{l_{2m}}{p_2} & \cdots & \frac{l_{2n}}{p_2}\\ \vdots & \vdots & & \vdots & & \vdots\\ \frac{l_{m1}}{p_m} & \frac{l_{m2}}{p_m} & \cdots & \frac{l_{mm}}{p_m} & \cdots & \frac{l_{mn}}{p_m}\end{bmatrix} \tag{12.25}$$

注意到列昂惕夫逆中对应的某一个能源部门行所除的能源价格是统一的，也就是说，能量守恒条件推出的完全能源系数矩阵要求每种能源在各个部门的价格具有一致性。混合型能源投入产出模型得到的完全能源系数矩阵自然满足这个条件，因为能源价格没有进入列昂惕夫逆矩阵。实物型能源投入产出模型的所有产品的计量单位都为实物单位，不涉及价格问题，必然也满足能量守恒条件。那么，基于价值型投入产出模型得到的完全能源系数矩阵 $\varepsilon=D(I-A)^{-1}+\tilde{Q}$ 情况如何呢？

为了分析这个问题，我们定义

$$p_{kj}=z_{kj}/e_{kj}$$

表示部门 j 生产中使用的第 k 种能源的隐含价格，用 P 表示隐含价格矩阵。因此有

$$d_{kj}=e_{kj}/x_j=\frac{z_{kj}}{x_j}\cdot\frac{e_{kj}}{z_{kj}}=\frac{a_{kj}}{p_{kj}}$$

进一步有

$$D=\tilde{I}A/P$$

其中，$\tilde{I}$ 为 $m\times n$ 阶矩阵，其主对角元素为 1；“/”表示矩阵元素对应相除的运算。从而

$$\varepsilon=\tilde{I}A/P(I-A)^{-1}+\tilde{Q}$$

如果每种能源在各部门的价格（包括最终需求）一致，此时有

$$p_{kj}=z_{kj}/e_{kj}=f_k/q_k=x_k/g_k$$

如果所有能源部门都有最终需求消费，则

$$\begin{aligned}\varepsilon&=\tilde{I}A/P(I-A)^{-1}+\tilde{Q}\\&=G\hat{X}^{-1}(A(I-A)^{-1}+I)\\&=G\hat{X}^{-1}(I-A)^{-1}\end{aligned}$$

此时与通过能量守恒条件得到的完全能源系数矩阵等价。也就是说，当能源价格在各部门一致时，能量守恒条件满足。而如果能源价格在部门间不一致，则基于价值型的完全能源系数矩阵不满足能量守恒条件。而部门间能源价格的一致性是一个很严格的要求，通常情况下难以满足。因此基于价值型投入产出模型的完全能源系数矩阵实际上忽略了能量

守恒的问题。

能量守恒条件具体体现为：对非能源部门，某部门对二次能源的完全需求系数之和等于其对一次能源的完全需求系数；而对能源部门，某部门对二次能源的完全需求系数之和等于其对一次能源的完全需求系数减去1，减去的1为来自自然界的初始资源。

下面通过一个例子来说明混合型能源投入产出模型的能量守恒条件。假定经济体系中包含3个能源部门和1个非能源部门。能源部门为原油、成品油和电力，非能源部门为汽车制造。设部门间流量矩阵如表12-7和表12-8所示。

表12-7　混合单位能源投入产出表举例——价值流量表　　单位：百万美元

	原油	成品油	电力	汽车	最终需求	总产出
原油	0	5	5	0	0	10
成品油	2.5	2.5	0	2.5	12.5	20
电力	2.5	1.25	1.25	2.5	12.5	20
汽车	0	0	0	0	20	20

表12-8　混合单位能源投入产出表举例——能源流量矩阵　　单位：10^{15} BTUs

	原油	成品油	电力	汽车	最终需求	总产出
原油	0	20	20	0	0	40
成品油	1	3	0	1	15	20
电力	2.5	1.25	1.25	2.5	12.5	20

构建混合单位的矩阵

$$Z^{*}=\begin{bmatrix}0 & 20 & 20 & 0\\ 1 & 3 & 0 & 1\\ 2.5 & 1.25 & 1.25 & 2.5\\ 0 & 0 & 0 & 0\end{bmatrix},\ f^{*}=\begin{bmatrix}0\\ 15\\ 12.5\\ 20\end{bmatrix},\ X^{*}=\begin{bmatrix}40\\ 20\\ 20\\ 20\end{bmatrix}$$

得到

$$A^{*}=\begin{bmatrix}0 & 1 & 1 & 0\\ 0.0250 & 0.1500 & 0 & 0.0500\\ 0.0625 & 0.0625 & 0.0625 & 0.0125\\ 0 & 0 & 0 & 0\end{bmatrix}$$

$$L^{*}=\begin{bmatrix}1.109 & 1.391 & 1.183 & 0.217\\ 0.033 & 1.217 & 0.035 & 0.065\\ 0.076 & 0.174 & 1.148 & 0.152\\ 0 & 0 & 0 & 1\end{bmatrix}$$

构建 G，

$$G=\begin{bmatrix}x_1^* & 0 & 0 & 0\\ 0 & x_2^* & 0 & 0\\ 0 & 0 & x_3^* & 0\end{bmatrix}=\begin{bmatrix}40 & 0 & 0 & 0\\ 0 & 20 & 0 & 0\\ 0 & 0 & 20 & 0\end{bmatrix}$$

得到

$$G(\hat{X}^*)^{-1}=\begin{bmatrix}1 & 0 & 0 & 0\\ 0 & 1 & 0 & 0\\ 0 & 0 & 1 & 0\end{bmatrix}$$

$$\alpha=G(\hat{X}^*)^{-1}L^*=\begin{bmatrix}1 & 0 & 0 & 0\\ 0 & 1 & 0 & 0\\ 0 & 0 & 1 & 0\end{bmatrix}\begin{bmatrix}1.109 & 1.391 & 1.183 & 0.217\\ 0.033 & 1.217 & 0.035 & 0.065\\ 0.076 & 0.174 & 1.148 & 0.152\\ 0 & 0 & 0 & 1\end{bmatrix}$$

$$\alpha=\begin{bmatrix}1.109 & 1.391 & 1.183 & 0.217\\ 0.033 & 1.217 & 0.035 & 0.065\\ 0.076 & 0.174 & 1.148 & 0.152\end{bmatrix}$$

注意 α 的特征，除了第一列之外，第二行和第三行的合计等于第一行；而对应于第一列的为初次能源部门，其第二行和第三行元素的合计与其第一行元素相差 1。下面我们将对此作出说明。

α 矩阵中的第一个能源部门是初次能源部门，而另外两个则是二次能源部门。最后一列则对应汽车制造部门——唯一的非能源部门。$\alpha_{14}=0.217$ 是汽车制造的完全的初次能源强度，其含义是为得到汽车制造部门价值 1 美元的产出需要消耗 0.217×10^9 BTUs 的原油。类似地，$\alpha_{24}=0.065$，$\alpha_{34}=0.152$ 是汽车制造部门的二次能源完全消耗强度，其含义是生产汽车制造部门 1 美元的产出需要消耗 0.65 亿 BTU 和 1.52 亿 BTU 的成品油和电力。然而，由于成品油和电力最终都来源于原油，能量守恒要求二次能源强度的合计等于一次能源强度。实际上还应该减去能源转化过程中的损失，此处忽略。这个条件应该对一次能源部门之外的所有部门都适用。一次能源部门从经济系统之外取得能源。

也就是说，除一次能源部门之外，二次能源的完全强度合计应该等于一次能源强度。如果初次能源部门多于 1 个，则初次能源强度是所有初次能源强度的合计。对于初次能源部门对应的列，其二次能源强度合计与初次能源强度相差 1，可以解释为初次能源部门需要从经济系统之外取得能源。

对于基于价值型模型的完全能源系数矩阵，例如表 12－7 和表 12－8 中的价值型投入产出表和能源流量数据，得到

$$\varepsilon=D(I-A)^{-1}+\widetilde{Q}=\begin{bmatrix}0.75 & 3 & 0.3\\ 0.75 & 2.667 & 0.4\end{bmatrix}$$

显然电力和汽车的完全二次能源系数不等于其一次能源系数。计算其隐含价格矩阵和最终需求隐含价格，分别为

$$P=\begin{bmatrix}0 & 0.333 & 0\\0.5 & 0.5 & 0.333\end{bmatrix}$$

$$P_f=\begin{bmatrix}0\\0.60\end{bmatrix}$$

可以看到，二次能源电力的隐含价格在各部门以及最终需求之间不具有一致性，导致二次能源的完全使用系数不等于一次能源。

若其他条件不变，能源流量表改为表 12-9。

表 12-9　　更改后的能源流量表

	煤炭	电力	汽车	最终需求	能源总产出
煤炭	0	120	0	0	120
电力	20	20	20	60	120

计算隐含价格矩阵和最终需求隐含价格：

$$P=\begin{bmatrix}0 & 0.333 & 0\\0.5 & 0.5 & 0.5\end{bmatrix}$$

$$P_f=\begin{bmatrix}0\\0.5\end{bmatrix}$$

此时能源价格在各部门之间满足一致性。计算完全能源系数矩阵：

$$\varepsilon=D(I-A)^{-1}+\tilde{Q}=\begin{bmatrix}0.75 & 3 & 0.3\\0.75 & 3 & 0.3\end{bmatrix}$$

显然此时对二次能源的完全使用系数等于对一次能源的完全使用系数。一次能源部门的列之所以没有出现二次能源完全使用系数比一次能源系数少 1 的情况，是由于一次能源没有最终使用。

12.2.5　进一步的方法讨论

1. 调整能源转化效率

在上述能源投入产出模型中，我们没有考虑能源转化效率的影响。实际上一次能源在转化为二次能源时会有损失，例如煤炭发电，煤炭所包含的能源可能只有三分之一作为电力被各部门使用，而其余能量则作为废弃能量消散。前面我们假定二次能源部门生产的能源必须等于其生产中消耗的一次能源的合计。很容易将模型修正为考虑能源转化效率的模型。

首先需要意识到对于二次能源，$g_k^*\neq x_k^*$，这里 g_k^* 为第 k 种能源生产中的总能源投入量，x_k^* 为第 k 种能源的产出量，因此，二者的比例就是能源转化效率，也就是说，如果知道了某种二次能源的产出量，通过能源转化效率就可以得到能源的投入量。

2. 进口的核算

一般的投入产出模型在中间流量矩阵中没有区分进口和出口。而为了正确地计算国内生产的完全能耗强度，我们的完全能耗矩阵必须调整，只反映国内的产出。

3. 产品×部门能源模型

在 UV 表中，我们有 $X=Vi$。这个方程通过使用矩阵定义了部门总产出向量，另外一个方程则是 $q=Ui+e$。这个方程通过使用矩阵和最终需求向量定义了产品产出向量。基于 UV 表，要得到完全需要系数矩阵，可以通过两类技术假定：部门假定和产品假定。这里我们使用部门假定，有 $U=B\hat{X}$，$V=D\hat{q}$，很容易得到 $q=BX+e=BVi+e=BDq+e$，即 $q=(I-BD)^{-1}e$，$(I-BD)^{-1}$ 是产品×产品的完全需要系数矩阵。

回到我们的能源平衡方程式，对于产品×产品的模型，有 $\alpha\hat{q}=\alpha BD\hat{q}+G$，$\alpha$ 仍然表示完全能耗强度矩阵，而我们将其定义为产品完全能耗强度矩阵而不是部门能耗强度矩阵，此时 G 也必须与产品相对应。由此得到 $\alpha=G\hat{q}^{-1}(I-BD)^{-1}$。前面我们可以通过计算 $G\hat{X}^{-1}$ 来确认 L^* 的能源行，与此相同，如果 q 用混合单位衡量，我们就可以用 $G\hat{q}^{-1}$ 来确认 $(I-BD)^{-1}$ 的能源行。

12.2.6　能源投入产出模型的若干实际应用

接下来我们介绍一些能源投入产出分析框架的应用。

1. 净能源分析（net energy analysis）

许多研究者将净能源分析定义为一个或者一系列过程所生产的能源与这个过程或这些过程需要消耗的能源的比较。在这个意义上，净能源分析中，一种能源生产中待处理的能源是直接的能源需求，类似地，生产和处理过程中需要直接和间接消耗的能源合计是完全能源需求。关于净能源分析方法，请参见 Spreng（1988）。

20 世纪 70 年代，在能源投入产出分析框架得到发展的同一时期，许多学者从工程和化学的热力效率角度研究一些相同的问题，如 Berry（1972）。贝里及其合作者（Berry, Fels, and Makino, 1974）考察了汽车的能源成本。此后，Berry，Salmon 和 Heal（1978）更为正式地研究了经济效率和热力效率之间的关系。经济学和热力学关系之间的研究使得净能源分析的研究者建立了有争议的"能量价值论"（Hannon，1973；Gilliland，1975）以及可能更加具有争议性的"熵价值论"（entropy theory of value）（Georgescu-Roegen，1971），这个理论引用了热力学第二定律（"有用能源会有损耗"）来断言经济面临增长的限制。

研究"隐含的能量价值论"（embodied energy theory of value）的学者认为商品或服务中的价值可被假定为与其中包含的直接和间接的能量有关。但是，当前许多的能源分析者不认同能量价值论，其原因与许多经济学家不认同重农主义者建立的劳动价值论一样。尽管如此，很多学者发现，作为对更加标准的经济分析框架的补充，净能源分析所提出的追溯能源流的老方法仍然具有相当大的优点。这方面研究的实例很多，如 Proops（1977）；Bullard，Penner，and Pilati（1978）；Blair（1979，1980）；Treloar（1997）；Cleveland（1999）等，以及分析经济结构变化的研究。

下面看一个净能源分析实例。考虑如下混合单位的投入产出表，见表 12－10，其中有五个能源部门：煤炭、原油和天然气、成品油、电力、燃气。一次能源包括原油和天然气、煤炭以及水电和核电，由于水电和核电的比例相对很小，为了方便起见，这部分能源只是用对等的化石能源表示，并可以按照化石能源转化为电力的效率系数将其分出。

表 12-10　混合流量投入产出表

	煤炭	原油和天然气	成品油	电力	燃气	化学	农业	采掘和制造	运输及商业	其他	最终需求	总产出
1. 煤炭	96			7 750	14	551	71	4 702			2 740	15 924
2. 原油和天然气		1 113	23 326		17 737	148					499	42 823
3. 成品油	32	43	1 624	906	14	741	847	4 030	3 691	2 037	14 037	28 002
4. 电力	16	43	56	445		381	71	1 343	75	509	1 181	4 120
5. 燃气		86	896	3 148	977	868	212	1 343	151	1 528	4 948	14 157
6. 化学	48	171	616	41		4 025	2 540	10 075	75	1 018	2 672	21 281
7. 农业						763	19 898	36 270	75	3 055	10 498	70 559
8. 采掘和制造	350	1 328	868	943	283	3 008	6 562	255 235	4 897	49 902	348 295	671 671
9. 运输及商业	32	171	1 344	610	42	653	1 552	16 120	6 102	17 313	31 412	75 333
10. 其他	366	4 197	2 968	3 650	849	1 271	11 007	82 616	13 108	99 294	289 873	509 199

技术系数矩阵

1. 煤炭	0.006	0.000	0.000	1.881	0.001	0.026	0.001	0.007	0.000	0.000
2. 原油和天然气	0.000	0.026	0.833	0.000	1.253	0.007	0.000	0.000	0.000	0.000
3. 成品油	0.002	0.001	0.058	0.220	0.001	0.035	0.012	0.006	0.049	0.004
4. 电力	0.001	0.001	0.002	0.108	0.000	0.018	0.001	0.002	0.001	0.001
5. 燃气	0.000	0.002	0.032	0.764	0.069	0.041	0.003	0.002	0.002	0.003
6. 化学	0.003	0.004	0.022	0.010	0.000	0.189	0.036	0.015	0.001	0.002
7. 农业	0.000	0.000	0.000	0.000	0.000	0.036	0.282	0.054	0.001	0.006
8. 采掘和制造	0.022	0.031	0.031	0.229	0.020	0.141	0.093	0.380	0.065	0.098
9. 运输及商业	0.002	0.004	0.048	0.148	0.003	0.030	0.022	0.024	0.081	0.034
10. 其他	0.023	0.098	0.106	0.886	0.060	0.060	0.156	0.123	0.174	0.195

列昂惕夫逆矩阵

1. 煤炭	1.009	0.004	0.012	2.151	0.007	0.086	0.013	0.023	0.006	0.006
2. 原油和天然气	0.005	1.036	0.977	1.489	1.397	0.166	0.043	0.033	0.063	0.019
3. 成品油	0.003	0.004	1.072	0.305	0.007	0.061	0.028	0.020	0.061	0.011
4. 电力	0.001	0.002	0.005	1.132	0.003	0.027	0.004	0.005	0.002	0.002
5. 燃气	0.002	0.005	0.047	0.954	1.081	0.081	0.014	0.012	0.008	0.008
6. 化学	0.005	0.007	0.039	0.064	0.012	1.248	0.071	0.039	0.008	0.009
7. 农业	0.004	0.008	0.018	0.092	0.015	0.092	1.422	0.133	0.017	0.028
8. 采掘和制造	0.046	0.080	0.177	0.966	0.160	0.372	0.298	1.704	0.174	0.221
9. 运输及商业	0.006	0.013	0.079	0.310	0.026	0.070	0.060	0.063	1.108	0.056
10. 其他	0.041	0.146	0.320	1.837	0.288	0.249	0.354	0.317	0.289	1.301

我们可以将某个部门总的一次能源强度表示为 $\bar{\alpha}_j = \alpha_{1j} + \alpha_{2j} + (\beta/\rho)\alpha_{4j}$，由于一次能源

强度只考虑一次能源的完全消耗，因此成品油和除了核电、水电之外的电力不包含在内。β表示核电、水电的比例，ρ表示化石能源到电力的转化效率。

表 12-11 给出了从混合投入产出表得到完全一次能源强度。这里假定 $\beta=0.1$，$\rho=0.33$。假定考虑两种电站的设计方案，都具有 1 000 兆瓦每小时的电力生产能力，每年可以运行 7 000 小时，运行 30 年。这就意味着每个电站将生产 21×10^{10} kwh（或者 0.7×10^{15}BTUs）的电力，表 12-12 给出了建设、运行和维护（除了燃料之外）这两个电站所需要的材料。为了进行关联效应分析，我们将这些支出都作为经济中新的最终需求。

这两个电站的支出向量分别用 r^{I} 和 r^{II} 表示，则这两个电站的综合一次能源消耗为 $\alpha_r^{\mathrm{I}}=683$ 和 $\alpha_r^{\mathrm{II}}=962$，单位是 10^{12} BTU。作为衡量技术的总体能源效率的指标，定义能源比例（ER）为一个电站的总能源产出除以其总的一次能源消耗。由此，可以算出这两个电站的能源比例分别为 1.025 和 0.728，从净能源角度考虑，电站Ⅰ的设计比电站Ⅱ更有效率。当两个电站总产出相同时，则两个电站的一次能源消耗给出了相同的效率排序。

表 12-11　　完全一次能源强度

产业部门	完全一次能源强度
1. 煤炭	1.016
2. 原油和天然气	1.039
3. 成品油	0.980
4. 电力	3.985
5. 燃气	1.405
6. 化学	0.263
7. 农业	0.058
8. 采掘和制造	0.057
9. 运输及商业	0.069
10. 其他	0.028

表 12-12　　电站投入

产业部门	电站Ⅰ	电站Ⅱ
1. 煤炭	0	0
2. 原油和天然气	0	0
3. 成品油	0	0
4. 电力	100	200
5. 燃气	100	0
6. 化学	100	100
7. 农业	0	0
8. 采掘和制造	1 000	1 000
9. 运输及商业	500	1 000
10. 其他	1 000	500

2. 商品和服务的能源成本

我们可以利用能源投入产出框架来估计最终需求的完全能源成本，例如，家庭汽车的生产和使用中消费的燃料（直接能耗）和间接能耗。Bullard and Herendeen（1975a）证明了汽车使用的总能耗中只有30%是汽油，其余部分包括能源的能源成本（炼油中的损耗），汽车制造中的直接和间接能耗，维护、修路等的能耗，等等。自然，我们可以用这种计算方法来比较不同的交通方式的能源效率，例如私家车和公共交通。关于这个问题的详细研究，参见 Hannon and Puelo（1974）。

类似地，我们可以研究家庭支出的能耗强度关于收入的函数，参见 Herendeen（1974）。这项研究工作很有意思的一个结果是，直接的能源消费（例如汽油）随着收入的提高而下降，而当个人消费支出利用能源投入产出模型转化为间接能源消费时，结果则是完全能源消费不随收入的提高而降低。因此，Herendeen 认为只是基于直接能源消费来进行估计会有很大程度的误导。

这种研究最终需求变化对能源影响的方法当然不仅仅局限于居民消费，也可以用于研究最终需求其他部分的影响。例如，Bezdek and Hannon（1974）研究了多种联邦公共工程项目的影响；Blair（1979）研究了建造新的发电设施对区域的影响；Battjes，Noorman and Biesiot（1998）研究了进口产品的能源强度；Bezdek and Wendling（2005a，2005b）研究了汽车燃料标准的经济含义。

随着经济的发展，资源可持续利用受到广泛关注。各国学者也开始研究产品生命周期的成本，包括能源成本。投入产出分析是研究产品完全资源成本的合理方法，也得到了广泛应用。例如，Hendrickson，Lave and Matthews（2006）；以及 Duchin（1992）关于产业生态（industrial ecology）的研究。

3. 新能源技术的影响

Just（1974）利用投入产出模型研究了新能源技术对美国经济的影响，例如汽化煤炭、燃气—蒸汽循环联合电力设备。他的方法是估计技术系数的列，A_N，代表新技术。如果 A_j 是可能被 A_N 替代的技术，则构造新的列 A_j^{new}，反映新技术的使用，$A_j^{new}=gA_N+(1-g)A_j$，g 表示部门 j 的生产中期望使用新技术的比例。Gowdy and Miller（1968）利用类似的方法研究日本和美国的技术能源效率。其他利用投入产出分析研究能源技术影响的工作包括 Herendeen and Plant（1981），Blair（1979），Casler and Hannon（1989）。

4. 能源税

Bullard and Herendeen（1975）研究了对能源消费征税的影响。他们假定所有税收会直接由消费者承担，结果表明税收将以高能源强度产品价格的大幅度提高为分配方式。基于 Herendeen（1974）建立的367个部门的投入产出模型，估计了这种税收对美国经济的效应。最近，这方面的研究采用了投入产出技术与计量经济模型相结合的方法。

5. 能源与结构变化——结构分解分析的应用

分析能源使用与经济结构变化往往与结构分解分析（structural decomposition analysis，SDA）方法紧密相关。结构分解分析是一种比较静态分析，其基本思路与指数分解类似，被广泛应用于分析能源使用与部门间活动的关系。这方面有大量的研究文献，例如 Park（1982），Blair and Wyckoff（1989），Rose and Chen（1991），以及 Ang（1995），Lin and Polenske（1995），Casler（2001），Kagawa and Inamura（2001，2004）等等。这里给出 OTA（1990）或者 Casler and Blair（1997）使用的简单分析方法。

设两个不同年份 1972 年和 1985 年的完全能源系数矩阵分别为 α^{72} 和 α^{85}，定义完全能源消费向量 g，$g^{72}=\alpha^{72}f^{72}$，$g^{85}=\alpha^{85}f^{85}$，f 为最终需求向量。将 1972 年作为基年，分析从 1972 年到 1985 年能源消费变化来源于生产技术还是最终需求。可以将完全能源消费向量做如下分解：

$$
\begin{aligned}
g^{85}-g^{72}&=\alpha^{85}f^{85}-\alpha^{72}f^{72}\\
&=\alpha^{72}(f^{85}-f^{72})+(\alpha^{85}-\alpha^{72})f^{72}+(\alpha^{85}-\alpha^{72})(f^{85}-f^{72})
\end{aligned}
$$

其中，$\alpha^{72}(f^{85}-f^{72})$ 为最终需求变化的影响，$(\alpha^{85}-\alpha^{72})f^{72}$ 为生产函数变化的影响，$(\alpha^{85}-\alpha^{72})(f^{85}-f^{72})$ 为二者交叉变化的影响。

6. 能源投入产出分析与计量经济学模型

在进行政策问题的分析时，投入产出分析的简化特征既有优势又有限制。一方面，投入产出分析关于固定投入需求（固定投入系数）和相对价格不变的简化假定带来了应用上的方便。另一方面，这些假定使得这个分析框架在处理现代经济系统的基本特征时受到限制，例如价格或者弹性。然而，包含了这些特点的一些现代经济模型仍然与投入产出框架有着基本的联系。

此外，有些模型力图将投入产出系数定义为资本、劳动、能源及其他原材料等相对价格的函数。其中，Hudson and Jorgenson（1974）的模型用于长期能源政策评价，他们的后续工作既用于能源，也用于环境问题分析。这一模型也被进行了商业化的发展，用于数据资源公司（Data Resources Inc.）的长期部门间模型（LTIM）。接下来我们简要介绍 Hudson-Jorgenson（HJ）模型（见图 12-1）。

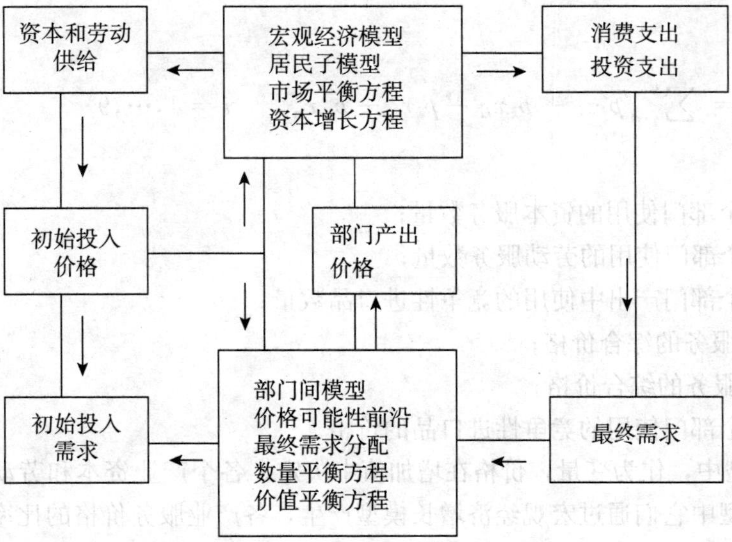

图 12-1 HJ 模型框架

简单来讲，HJ 模型的构建思路是宏观经济增长的计量经济模型与价格敏感的投入产出部门间模型之间的相互作用。宏观经济增长模型用于给出部门间模型所需要的总投入价格和最终需求。

最初的 HJ 模型中用的是 9 部门投入产出框架，包括 4 个高度综合的非能源部门和 5 个能源部门：(1) 农业、非能源矿物和建筑，(2) 制造业，(3) 运输业，(4) 通信、贸易和服务业，(5) 煤炭开采，(6) 原油和天然气开采，(7) 石油冶炼，(8) 电力，(9) 燃气。为了方便与模型的其他部分连接，增加值被分为三个部分：(1) 进口，(2) 资本服务，(3) 劳动服务。类似地，总最终需求被分为四个部分：(1) 个人消费支出，(2) 国内个人投资，(3) 政府的商品和服务购买，(4) 出口。

HJ 模型首先利用宏观经济增长模型计算所有部门的最终需求。对于 5 个能源部门，价格和进口水平外生，但这一点在后来的模型中做了改进，例如 Jorgenson and Wilcoxen (1990, 1993); Jorgenson, Slesnick, and Wilcoxen (1992), 或 Jorgenson and Stiroh (2000)。对于 4 个非能源部门，进口价格也是外生的（最初的模型中），但进口量和劳动及资本的服务量由部门间模型修正为内生决定。

资本和劳动服务的价格也通过宏观经济增长模型给出，而出口量和各部门政府购买量外生，总投资量由宏观经济增长模型给出，而总投资在所有部门的分配则外生给定。HJ 模型对经典投入产出框架的唯一改进也许在于它的部门间模型通过确定生产函数（技术系数矩阵的列）包含了生产者行为，这里生产函数是关于要素投入相对价格（部门产出价格、资本和劳动服务的价格）的函数。

这个模型框架仍然要求部门间行列识别关系成立。也就是说，部门间流量的行和加上最终需求等于总产出，部门间流量价值的列和加上增加值服务和进口价值也等于总产出。行和为

$$x_i = \sum_{j+1}^{9} z_{ij} + f_i \qquad i = 1,\cdots,9 \tag{12.26}$$

列和为

$$p_i x_i = \sum_{j=1}^{9} p_j z_{ji} + p_k x_{ki} + p_l x_{li} + p_{ri} x_{ri} \qquad i = 1,\cdots,9 \tag{12.27}$$

其中，

x_{ki} 为第 i 个部门使用的资本服务数量；

x_{li} 为第 i 个部门使用的劳动服务数量；

x_{ri} 为第 i 个部门产出中使用的竞争性进口品数量；

p_k 为资本服务的综合价格；

p_l 为劳动服务的综合价格；

p_{ri} 为第 i 个部门使用的竞争性进口品的价格。

在 HJ 模型中，作为变量，价格在增加值中决定。各个产业资本和劳动的价格实际上不同，但是模型中它们通过宏观经济增长模型产生，各产业服务价格的比率外生给定。因此，它们实际上完全由宏观经济增长模型决定，只是由外生的比例来调整。因此，为简便起见，这里我们只是用综合价格来表示。

HJ 模型采用了一系列所谓的价格可能性前沿，即从计量经济模型来看，将一个部门

的产出表示为部门间的相对价格、资本价格、劳动价格以及进口价格的函数。在 HJ 模型中，确定了以下三个关系：

(1) 一个部门产出的价格是四种综合投入——劳动、资本、能源和材料等的价格的函数。

(2) 每个部门综合能源投入的价格是模型中确定的 5 种类型能源价格的函数，包括煤炭、原油和天然气、成品油、电力和燃气。

(3) 各部门非能源投入的综合价格是 5 种非能源投入价格的函数，包括农业、制造业、交通、通信和竞争性进口。

关于价格可能性前沿的详细论述，参见 Christensen, Jorgenson, and Lau (1971, 1973)，其中，关于任意价格可能性前沿设定的二阶近似都可以表示为部门投入价格的对数二次函数。这就是所谓的超越对数价格可能性前沿，例如

$$\ln a_i + \ln p_i = \alpha_0^i + \alpha_K^i \ln p_k + \alpha_L^i \ln p_L + \alpha_E^i \ln p_E + \alpha_M^i \ln p_M + \frac{1}{2}[\beta_{KK}^I(\ln p_k)^2 + \beta_{KK}^I(\ln p_k \ln p_L) + \cdots]$$

其中，a_i 是投入 i 的相对比例，p_i 是产品 i 的价格，p_k、p_L、p_E 和 p_M 分别是资本、劳动、能源和原料的价格。超越对数生产函数使得价格特别是能源价格可以被包含在修正的部门间模型中。这样做的结果就是，与传统投入产出模型相比，可以在更多的经济条件下反映能源的供给和需求以及能源进口和出口。

HJ 模型用于研究能源税的潜在经济含义，这里能源税定义为所谓的“BTU 税”，因为税率是在所有能源热能价值基础上估计的，更特别地，“基于在能源生产部门之外使用时所有燃料含有的能量征收统一税率”(Hudson and Jorgenson, 1974)。

12.3　环境投入产出模型

投入产出扩展模型反映环境和经济之间的相互作用，国内外很多学者在这方面做了大量工作，其中，最早的研究是 Leotief (1970, 1973), Leontief and Ford (1972) 等。Forsund (1985) 曾经对相关文献做了综述和评价。

本节主要介绍目前利用投入产出模型研究环境问题的方法。总体来说，利用投入产出方法研究环境等可持续发展问题主要有三类方法：第一，投入产出模型的扩展，通过对经典投入产出模型进行扩展研究环境问题；第二，把投入产出模型与其他框架相结合，例如自然资源卫星账户等，或者基于环境经济综合核算 (SEEA) 建立环境—经济分析框架；第三，把投入产出分析与可计算的一般均衡模型 (CGE 模型) 相结合，进行政策效果分析和预测。下面将分别从这几个方面论述。

12.3.1　投入产出模型的扩展——环境—经济投入产出模型

1. 环境—经济投入产出模型之一

列昂惕夫在 1970 年《环境影响和经济结构：投入产出方法》中，在传统的投入产出

模型中将污染物的排放和治理包括进来，研究环境问题。① 环境污染和环境治理在这个扩展的投入产出表中，作为环境的对应部门，用于反映生产活动和最终需求造成的污染，以及污染治理带来的产品价格体系调整、居民收入和福利结构的改变。在这个扩展的投入产出框架中，整个系统分成生产部门和环境部门，环境部门的列向为消除污染部门，行向为污染部门。生产部门用价值单位计量，而环境部门用实物单位计量。环境部门的部门分类按照污染物种类划分，如废气、废水等。设有 n 个生产部门，m 个环境部门。具体表式见表 12-13。

表 12-13　　环境—经济投入产出表之一

		中间使用		最终产出	总产出
		生产部门	消除污染部门		
生产部门	1 2 ⋮ n	Q^{11}（A^{11}）	Q^{12}（A^{12}）	Y	X
消除污染部门	1 2 ⋮ m	Q^{21}（A^{21}）	Q_{22}（A^{22}）	Y^p	P
初始投入		V^1	V^2		
总投入		X^T	G^T		

表 12-13 中：

Q^{11} 为生产部门内部各产品的中间流量矩阵；

Q^{12} 为生产部门产品投入消除污染部门的中间流量矩阵；

Q^{21} 为生产部门各产品的污染物排放矩阵；

Q^{22} 为消除污染部门的污染物排放矩阵；

Y 为生产部门的最终产品向量；

Y^p 为最终需求领域的污染物排放向量；

X 为生产部门的总产出向量；

G 为消除污染部门的污染物消除总量向量；

P 为各种污染物的排放总量向量；

V^1 为生产部门的初始投入向量；

V^2 为消除污染部门的初始投入向量；

A^{11} 为生产部门对生产部门的直接消耗系数矩阵；

① Leontief, W. Environmental repercussions and the economic structure: an input-output approach, *Review of Economics and Statistics*, 52, 1970: 262-277.

A^{12}为消除污染部门对生产部门的直接消耗系数矩阵；

A^{21}为生产部门的污染物排放系数矩阵；

A^{22}为消除污染部门的污染物排放系数矩阵。

最终产品可细分为消费、资本形成、出口等项，初始投入可细分为固定资产折旧、劳动者报酬、生产税净额和营业盈余等项。

系数的定义如下：

生产部门对生产部门的直接消耗系数为：

$$a_{ij}^{11}=\frac{q_{ij}^{11}}{x_j}\qquad(i,j=1,2,\cdots,n)$$

其含义为生产部门 j 生产一单位产品需要消耗的第 i 部门产品的数量，对应的矩阵为 A^{11}。

消除污染部门对生产部门的直接消耗系数为：

$$a_{ij}^{12}=\frac{q_{ij}^{12}}{g_j}\qquad(i=1,2,\cdots,n;\ j=1,2,\cdots,m)$$

其含义为消除一单位的第 j 种污染物需要消耗的第 i 个部门产品的数量，例如处理 1 吨废水需要消耗的电力。对应的矩阵为 A^{12}。

生产部门污染物的排放系数为：

$$a_{ij}^{21}=\frac{q_{ij}^{21}}{x_j}\qquad(i=1,2,\cdots,m;\ j=1,2,\cdots,n)$$

其含义为第 j 个生产部门生产一单位产品所排放的第 i 种污染物的数量，例如生产 1 千瓦小时电力所排放的二氧化硫数量。对应的矩阵为 A^{21}。

消除污染部门的污染排放系数为：

$$a_{ij}^{22}=\frac{q_{ij}^{22}}{g_j}\qquad(i=1,2,\cdots,m;\ j=1,2,\cdots,n)$$

其含义为消除一单位的第 j 种污染物所排放的第 i 种污染物的数量，例如处理 1 吨垃圾所产生的废水数量。对应的矩阵为 A^{22}。

根据行向的平衡关系，我们可以得到行向的数学模型：

生产部门：

$$A^{11}X+A^{12}G+Y=X \tag{12.28}$$

消除污染部门：

$$A^{21}X+A^{22}G+Y^p=P \tag{12.29}$$

引入污染物的消除比例：

$$\alpha_i=\frac{g_i}{p_i}\qquad(i=1,2,\cdots,m)$$

显然，$0\leqslant\alpha_i\leqslant1$。令 $\hat{\alpha}=diag\{\alpha_1,\ \alpha_2,\ \cdots,\ \alpha_m\}$，有

$$G=\hat{\alpha}P$$

则平衡方程可改写为：

生产部门：

$$A^{11}X+A^{12}\hat{\alpha}P+Y=X \tag{12.30}$$

消除污染部门：

$$A^{21}X+A^{22}\hat{\alpha}P+Y^{p}=P \tag{12.31}$$

在这个扩展的投入产出框架下，我们可以分析污染物的完全排放系数，其含义类似于完全消耗系数，表示某个部门为了得到单位最终产品，在生产过程中所直接和间接产生的污染物总量。可以分为不考虑污染物消除和考虑污染物消除两种情况。

在不考虑污染物消除的情况下，第 i 种污染物的完全排放系数 b_{ij}^{p} 表示第 j 个生产部门为了得到一单位最终产品所排放的第 i 种污染物的数量，包括直接排放和间接排放。则

$$b_{ij}^{p}=a_{ij}^{21}+\sum_{k=1}^{n}b_{ik}^{p}a_{kj}^{11}\qquad(i=1,2,\cdots,m;\ j=1,2,\cdots,n)$$

以每吨钢对空气的灰粒污染为例，完全排放系数等于在炼钢过程中直接产生的灰粒排放，加上所消耗的生铁、电力、焦炭、原煤等这些原材料在生产中完全排放的灰粒污染物。上式中右侧第一项为直接排放，第二项为间接排放。用矩阵形式表述如下：

$$B^{p}=A^{21}+B^{p}A \tag{12.32}$$

得到

$$B^{p}=A^{21}(I-A)^{-1} \tag{12.33}$$

在考虑消除污染的情况下，将平衡方程（12.30）、（12.31）写为

$$\begin{bmatrix} I-A^{11} & -A^{12}\hat{\alpha} \\ -A^{21} & (I-A^{22}\hat{\alpha}) \end{bmatrix}\begin{bmatrix} X \\ P \end{bmatrix}=\begin{bmatrix} Y \\ Y^{P} \end{bmatrix} \tag{12.34}$$

得到

$$\begin{bmatrix} X \\ P \end{bmatrix}=\begin{bmatrix} I-A^{11} & -A^{12}\hat{\alpha} \\ -A^{21} & (I-A^{22}\hat{\alpha}) \end{bmatrix}\begin{bmatrix} Y \\ Y^{P} \end{bmatrix} \tag{12.35}$$

令 $\overline{B}=\begin{bmatrix} I-A^{11} & -A^{12}\hat{\alpha} \\ -A^{21} & (I-A^{22}\hat{\alpha}) \end{bmatrix}^{-1}=\begin{bmatrix} \overline{B}_{11} & \overline{B}_{12} \\ \overline{B}_{21} & \overline{B}_{22} \end{bmatrix}$，可证得

$$\overline{B}_{11}=(I-A^{11})^{-1}(I+A^{12}\hat{\alpha})$$
$$\overline{B}_{12}=(I-A^{11})^{-1}A^{12}\hat{\alpha}(I-A^{22}\hat{\alpha}-A^{21}(I-A^{11})^{-1}A^{12}\hat{\alpha})$$
$$\overline{B}_{21}=(I-A^{22}\hat{\alpha}-A^{21}(I-A^{11})^{-1}A^{12}\hat{\alpha})^{-1}A^{21}(I-A^{11})^{-1}$$
$$\overline{B}_{22}=(I-A^{22}\hat{\alpha}-A^{21}(I-A^{11})^{-1}A^{12}\hat{\alpha})^{-1}$$

其中，$\overline{B}_{21}$ 就是所求的污染物完全排放系数矩阵。

2. 环境—经济投入产出模型之二

除了上述扩展方式外，还可以直接在投入产出表的下方加上污染物排放象限，即没有将环境部门与其他部门分开，不考虑污染物的消除。还可以只讨论生产领域的污染物及其消除情况，此时环境部门的行向和列向是一致的，都是消除污染部门，而消除污染部门对应的最终产品部分为污染物的净产生量，这就是第二种环境—经济投入产出模型（见表 12-14）。①

表 12-14　环境—经济投入产出表之二

		中间使用		最终产出	总产出
		生产部门	消除污染部门		
生产部门	1 2 ⋮ n	Q^{11} （A^{11}）	Q^{12} （A^{12}）	Y	X
消除污染部门	1 2 ⋮ m	Q^{21} （A^{21}）	Q_{22} （A^{22}）	$-N^p$	G
初始投入		V^1	V^2		
总投入		X^T	G^T		

表 12-14 中：

Q^{11} 为生产部门内部各产品的中间流量矩阵；

Q^{12} 为生产部门产品投入消除污染部门的中间流量矩阵；

Q^{21} 为生产部门各产品的污染物排放矩阵；

Q^{22} 为消除污染部门的污染物排放矩阵；

Y 为生产部门的最终产品向量；

N^p 为污染物的净排放量向量，即污染物排放量扣除污染物消除量后的排放量；

X 为生产部门的总产出向量；

G 为消除污染部门的污染物消除总量向量；

V^1 为生产部门的初始投入向量；

V^2 为消除污染部门的初始投入向量；

A^{11} 为生产部门对生产部门的直接消耗系数矩阵；

A^{12} 为消除污染部门对生产部门的直接消耗系数矩阵；

A^{21} 为生产部门的污染物排放系数矩阵；

A^{22} 为消除污染部门的污染物排放系数矩阵。

---

① 陈锡康，杨翠红，等．投入产出技术．北京：科学出版社，2011.

此时，生产部门的平衡方程为

$$A^{11}X+A^{12}G+Y=X \tag{12.36}$$

消除污染部门的平衡方程为

$$A^{21}X+A^{22}G-N^{p}=G \tag{12.37}$$

可以得到

$$\begin{bmatrix} I-A^{11} & -A^{12} \\ A^{21} & -(I-A^{22}) \end{bmatrix}\begin{bmatrix} X \\ G \end{bmatrix}=\begin{bmatrix} Y \\ N^{p} \end{bmatrix} \tag{12.38}$$

从而

$$\begin{bmatrix} X \\ G \end{bmatrix}=\begin{bmatrix} I-A^{11} & -A^{12} \\ A^{21} & -(I-A^{22}) \end{bmatrix}^{-1}\begin{bmatrix} Y \\ N^{p} \end{bmatrix} \tag{12.39}$$

令 $\overline{B}=\begin{bmatrix} I-A^{11} & -A^{12} \\ A^{21} & -(I-A^{22}) \end{bmatrix}^{-1}=\begin{bmatrix} \overline{B}_{11} & \overline{B}_{12} \\ \overline{B}_{21} & \overline{B}_{22} \end{bmatrix}$，得出

$$\overline{B}_{11}=(I-A^{11})^{-1}(I+A^{12}((I-A^{22})-A^{21}(I-A^{11})^{-1}A^{12})^{-1}A^{21}(I-A^{11})^{-1}$$

$$\overline{B}_{12}=(I-A^{11})^{-1}A^{12}(A^{21}(I-A^{11})^{-1}A^{12}-(I-A^{22}))^{-1}$$

$$\overline{B}_{21}=(I-A^{22}-A^{21}(I-A^{11})^{-1}A^{12})^{-1}A^{21}(I-A^{11})^{-1}$$

$$\overline{B}_{22}=(A^{21}(I-A^{11})^{-1}A^{12}-(I-A^{22}))^{-1}$$

其中，$\overline{B}_{21}$就是所求的污染物完全排放系数矩阵。

12.3.2 自然资源账户与投入产出模型的结合

自然资源账户包括以货币和实物单位计量的自然资源流量以及存量。账户提供了生产和消费中的自然资源使用和环境服务、废物排放及对不同种类自然资源的数量和质量的其他影响。Glenn-Marie Lange 把自然资源账户与投入产出模型相结合来研究环境—经济问题，下面介绍他在这方面所做的工作。①

Lange 通过将自然资源账户和一个 30 部门的动态投入产出模型综合起来，建立了一个环境—经济模型，并考察了印度尼西亚第二个长期发展规划的环境与经济的内在联系，其中采用了 1985—2020 年的六种选择方案。这项工作最有意义的贡献在于：综合了自然资源账户和投入产出模型；给出了发展中国家的一个实证研究实例。并且，文章对于如何利用动态投入产出模型分析自然资源问题指出了一个有价值的方向。

自然资源账户（NRA）是国民核算体系（SNA）的一系列卫星账户，记录了与经济活动相关联的自然资源的使用、损耗和退化。与 SNA 相似，其形式更为完整，包括了存量和流量账户，既可以用货币单位，也可以用实物单位。存量账户记录了自然资源的水平

---

① Glenn-Marie Lange. Applying an integrated natural resource accounts and input-output model to development planning in Indonesia, *Economic Systems Research*, Vol. 10, No. 2, 1998: 113-134.

和变化，或者存量的质量。流量账户在结构上与投入产出表相似，对每个部门和居民都体现了生产中自然资源的使用和废物的排放以及对资源的其他影响。Lange 的模型建立在 Duchin 和 Szyld 的动态模型的基础上，其主要框架如下：

对时期 $t=t_0,\cdots,t_T$，有

$$c_i^*(t+\tau)=\min\left[1+\delta_i,\frac{x_i(t-1)+x_i(t-2)}{x_i(t-2)+x_i(t-3)}\right]^{\tau+1}x_i(t-1) \tag{12.40}$$

$$o(t+\tau)=\max[0,c^*(t+\tau)-c(t+\tau-1)] \tag{12.41}$$

$$c(t+\tau)=c(t+\tau-1)+o(t+\tau) \tag{12.42}$$

$$[I-A(t)-R(t)]x(t)=\sum_{\theta=1}^{\tau}B^{\theta}(t)o(t+\theta)+y(t) \tag{12.43}$$

$$L(t)x(t)=e(t) \tag{12.44}$$

$$N(t)x(t)=m(t) \tag{12.45}$$

其中：

c 为时期 t 开始时的部门生产能力向量；

c^* 为在时期 t 计划的 $t+\tau$ 时期的部门生产能力向量；

τ 为资本品从交付到使用的最长时滞；

o 为在时期 t 计划的 $t+\tau$ 时期的部门生产能力增加向量；

R 为现存生产能力的替代需求矩阵或损耗补偿系数矩阵；

δ 为容许的最大部门生产能力年扩张率向量；

A 为当前直接消耗系数矩阵；

x 为总产出向量；

y 为最终需求向量；

B^{θ} 为第 $t+\theta$ 时期提高单位产出需要在 t 时期生产的资本品的资本系数矩阵；

L 为按受教育水平分类的单位产出劳动力系数矩阵；

e 为按受教育水平分类的劳动总需求向量；

N 为各部门单位产出的自然资源投入或污染排放系数矩阵，为直接污染物排放系数矩阵；

m 为自然资源投入或污染排放总量向量。

初始条件为：

$$c(t_0)$$

$$c^*(t),t=1,\cdots,t+\tau-1$$

$$x(t),t=t_0-\tau,\cdots,t_0-1$$

从初始条件出发，可以分析在不同的发展规划方案下，各部门的产出变化和污染物排放或者自然资源使用情况。

12.3.3 CGE 与投入产出模型相结合在资源与环境问题研究中的应用

1. 分析资源环境问题的 CGE 模型简介

可计算的一般均衡分析（CGE）在资源与环境问题的研究中有很多成功的应用。关于

CGE 的原理和模型结构在本书的第十一章已经作了介绍。这里我们将给出资源与环境分析的 CGE 模型的几个代表性工作（Osmo Forssell，1998）。

（1）芬兰长期模型体系（FMS），由奥卢大学（University of Oulu）在 20 世纪 80 年代早期建立，用于研究芬兰经济未来增长的潜力，以及量化政策工具的福利效应。此模型的进一步发展是由奥卢大学的北部研究所完成的（Maenpaa，1993，1995）。

模型包含 30 个部门，中间投入具有不变投入产出系数。劳动和资本投入生产率的变化利用劳动和资本投资的龄级方法（vintage approach）来考虑，技术变化用于这些投入的确定中。对于价格，按照最近时期每个部门生产投入的结构，将国内价格视为单位成本最初投入的函数。居民消费分为 17 个支付种类，每种消费需求都由一个方程决定，方程的变量包括总消费水平和这种消费品的相对价格，商品需求根据消费支出的类别和部门之间的转化关系来估计。

出口和进口的价格外生给定。国内生产和进口是产品供给的来源，供给中进口产品的比例依赖于国内外产品的相对价格，国外价格为外生给定。

（2）一般均衡模型用于研究能源—经济—环境之间的相互作用，例如全球变暖问题，涉及全球的经济活动和全球变暖的环境后果的问题则需要采用对多个国家进行综合分析的方法。每个国家单独减少温室气体排放不如多国协作政策的办法节省成本。如果污染税用于减少劳动的成本，那么将获益更多。Conrad 和 Schmidt 在他们的文章《欧洲国家二氧化碳政策合作与非合作的经济效果比较：应用一般均衡分析》中对这些问题做了探讨。他们量化了欧盟对二氧化碳排放实施税收政策的经济效果。文章利用 11 个成员国的联合应用一般均衡模型分析了如下问题：

a. 国内产业竞争的变化；

b. 成员国的税收、增长、就业以及扩张效应；

c. 合作环境政策的成本有效性；

d. 促成欧洲空气污染排放的合作方法的成本与收益。

其主要贡献包括：将 11 个成员国连接在一个模型体系中，采用了复杂建模方法；把计量经济学方程与投入产出框架联系起来；考虑了更为广泛的范围内的经济效应。作者考虑到了不同国家的经济特征，并得出结论：协作政策对于解决环境问题是非常重要和有益的。

这个用于研究 11 个欧盟国家的经济—能源—环境相互作用的可计算一般均衡模型（GEM‐E3）是由欧盟的几个大学联合建立的（Capros et al.，1995；Conrad and Schmidt，1998）。模型用对偶的成本驱动方法模拟生产者行为。11 个部门中的每个部门都嵌入单位成本的不变替代弹性（CES）函数。综合的投入价格函数体现出价格递减、要素增加的技术变化，不同种类的投入都利用层次结构构造。

将居民作为综合部门来看，假设成具有代表性的消费者，其两阶段的预算过程包括：①一生财富在当前和未来的商品以及闲暇中进行时期间的分配，②时期内的消费在不同种类间的分配。耐用消费品按其自身种类分，包括存量和由于这些存量而引起的服务需求。而这个过程可以进行相关环境规范对耐用消费品例如汽车的影响的分析。模型中，决定欧盟成员国的各部门国外贸易时，假设国内生产的产品和从不同国家的进口产品之间是不完全替代的。11 个欧盟成员国以及其余国家的生产地的需求分为 11 种产品。不变替代弹性的单位成本函数用于决定产品供给中进口所占的比例和国家间的贸易流量矩阵。汇率外生给定。

（3）Jorgenson 和 Wilcoxen 建立了美国经济的动态（时期间）一般均衡模型（JW 模型），研究能源、环境和经济增长问题。其模型体系可以在时期间和时期内的不同层次使用。这些子模型迭代求解出动态（时期间）均衡。其最主要的优势在于它是分析能源和环境政策对美国经济影响的多部门、动态的计量经济学方法（Jorgenson and Wilcoxen，1993，1279 - 1300）。

模型中共有 35 个商业活动部门，每个部门的技术由描述生产者行为的计量经济学的方法来实现。这些方程的系数基于所编制的 1947—1985 年美国经济部门间交易表的年度时间序列数据估计得到。第一步，每个部门的产出为四类产品的函数：资本、劳动、能源和材料（KLEM 方法）。第二步，能源和材料的总量分配到单个不同的投入品中。因此，估计时采用了层次模型结构。依据超越对数价格函数把部门产出分配到各种投入中。

居民部门依据不同的特征，如家庭规模、年龄、居住地区、种族以及城乡等，分为不同的种类。总支出的水平根据代表性消费者在商品和闲暇、储蓄和消费之间的偏好在高一层的系统中决定。人力和非人力财富的总和依据时间偏好率和时期间的替代弹性在不同时期分配。给出了产品和服务的支出合计，以及在居民中的分配之后，模型就可以将个人消费支出在不同类商品之间进行分配，包括资本和劳动服务，以及非竞争性进口。在第一个阶段，每个居民群体的总支出在五类商品中分配：能源、食品、非耐用品、资本服务和其他服务。在第二个阶段，依据需求的层次结构，把这五类商品中的每一类支出都在劳动、资本服务和单个商品间分配。

（4）挪威经济的多部门增长模型（MSG - 5），它最初于 1960 年由约翰森建立（Johansen，1960），后来作了几次修改。这几次修改和发展都是由挪威统计部门的研究部（Research Department at Statistics）完成的（Holmoy，1992）。

模型有 28 个产业和 13 个其他部门，这 13 个部门主要与能源有关。每个产业的生产结构用 KLEM 方法建立。将这些投入进一步分配到各类产品的时候用到了层次结构。生产技术通过列昂剔夫生产函数、不变替代弹性生产函数和资本存量决定，由此也决定了价格。长期来看，均衡的国内生产者价格等于单位总成本。所有内生的国内价格都是最初成本构成的函数，例如产业的工资率、单位成本资本使用、进口价格、生产率参数、间接税税率和公共服务的国内价格。

居民按照社会经济和人口统计学特征分类。对不同种类消费的需求使用包括各类居民消费和价格水平的方程来决定。

进口结构外生给定，国内产品和进口都是商品供给的来源。每种商品的出口依赖于外生给定的国外收入和国内外产出的相对价格，而这些变量按照出口目的地国家的比重来决定。

一般地，这类模型的体系通常分解为五个子模型，分别解释生产者行为、消费者行为、投资和资本形成、政府支出和对外贸易，都是以经济为导向的模型，自然资源、经济增长和环境污染之间的联系通常不包含在其中。而 MSG-5 则不同，它可以用于环境问题的分析。该模型的描述中，重点在于时期间和时期内的解、生产者行为、价格形成的内生，以及消费者行为，因为这些都是环境与经济之间相互作用的最令人感兴趣的构成部分。

2. 排放税的宏观经济和部门效果：针对中国的一般均衡分析

针对中国的环境问题，有许多学者做了大量有益的探讨，这里我们主要介绍 Zhang Zhongxiang 等利用 CGE 模型与投入产出模型相结合所作的分析二氧化碳减排影响的工作。①

Zhang 利用递归动态的中国经济 CGE 来计算在 2010 年减少排放二氧化碳 20%和 30%对经济的影响。此外，他还估算了烟尘排放税收入用于减少间接税对其他方面发展的影响，比较了这一做法与没有二氧化碳排放限制的基准相比的经济意义。他在分析中最重要的贡献包括：二氧化碳排放对中国经济的影响（中国经济在不远的将来会成为世界上最大的经济体，从而对全球温室气体排放具有相当的影响）；利用 CGE 模型分析了中国经济的类型。这些研究工作很重要，因为关系到中国经济增长与污染的问题是全球化的。不论从中国还是世界的角度，分析排放限制对中国经济的可能影响都是重要的。

文章分析了为达到二氧化碳排放目标的碳税对宏观经济及各部门的效应。先给出了在一系列外生变量的假定下，对 2010 年中国经济的基准预期。然后，分析了在二氧化碳减排 20%和 30%的情况下，相对于基准而言，经济所受的影响，其中假设碳税收入由政府保留，并计算了效率上的改进。

这个递归动态 CGE 模型由要素市场、产品和对外贸易等驱动。模型是非线性的，包含所有市场的供求行为。并且，由于重点在于分析能源和环境问题，例如量化限制二氧化碳排放的政策对整个经济的影响，该模型特别注意刻画能源部门及其与其他经济部门的联系，因为能源系统中石化燃料燃烧带来的二氧化碳排放是人为带来二氧化碳排放的主要源头，反过来也是导致温室效应的主要原因。Zhang 认为这是他的 CGE 模型与其他 CGE 模型的不同之处。

模型包括 10 个部门（农业，重工业，轻工业，交通邮电通信，建筑，服务，煤炭，石油，天然气，电力），由以下板块构成：生产和要素，价格，收入，支出，投资和资本积累，对外贸易，能源和环境，福利，市场出清条件和宏观经济平衡。与资本、劳动、中间投入一样，四种能源投入也作为不变替代弹性—列昂剔夫生产函数的基本投入要素（见图 12-2）。模型具有自主的能源效率提高率（AEEI），与动态过程的能源价格提高无关。因而，自主能源效率系数的影响可以很容易地进行估计。这个 CGE 模型还能对对外贸易和居民消费进行建模，这都在各个部门以及整个宏观经济水平上使得能源投入和可选择的资源分配之间的替代可以内生，使得中国经济的对外贸易和居民消费也可以内生决定，以应对环境限制。

---

① Zhongxiang Zhang. Macro-economic and sectoral effects of carbon taxes: a general equilibrium analysis for China, *Economic Systems Research*, Vol. 10, No. 2, 1998: 135-160.

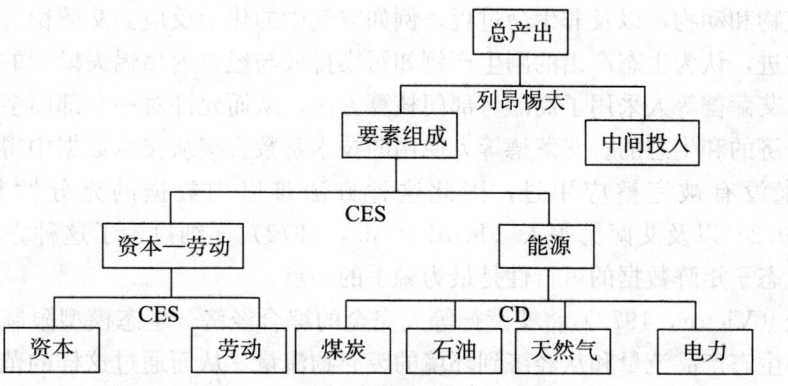

图 12-2 CGE 模型的生产函数：
CES——不变替代弹性函数；CD——柯布-道格拉斯生产函数

给定年度的均衡解包括了市场出清价格、GNP 值、各部门的生产率水平、各部门投资、每种商品最终消费水平、各部门劳动力、商品的进出口数量、以实物表示的各种燃料生产、能源消费方式以及二氧化碳排放。

模型的求解方法采用的是一般代数模型系统（GAMS）。数据基础是在投入产出表基础上扩展的社会核算矩阵（SAM）。在 SAM 中，每一行和每一列分别代表不同经济体的收入和支出核算。数据年度为 1987 年，有以下三类：(1) 社会核算矩阵的详细经济数据；(2) 结构参数；(3) 其他的补充数据。

要分析二氧化碳减排的宏观经济影响，其总体思路是：首先建立经济发展的基线预测，以及相应的能源消费和二氧化碳排放，这个基线假定没有二氧化碳限制排放政策的干涉，基线预测的方法采用的就是上述递归动态的 CGE 模型；然后在此基础上分析限制排放的影响。

12.3.4 其他的环境分析模型①

1. 经济—生态模型（economic-ecologic models）

经济—生态模型是一种基于产品×部门表，将环境行为包含进来的模型。生态产品是一种无法市场化的产品，或者作为一种生产中被“使用”的投入，或者作为生产过程中排放出来的产品。用经济—生态模型，我们通过建立与部门间经济流量相联系的生态子矩阵考察更为具体的环境流量，同样可以考察地区间相互联系的区域间环境问题。

戴利（Daly，1968）和艾萨德等人（Isard et al.，1972）建立了相似的方法，将环境行为包含到投入产出框架中。两种方法都采用了类似的处理方式，同时体现经济行为的内部联系和环境过程的内部联系，以及它们之间的流量矩阵，都包括四个基本矩阵：经济系统内部流量、生态系统内部流量、经济到生态的流量和生态到经济的流量。

戴利的方法采用了高度综合的部门×部门的经济系统子矩阵，生态系统包括了生命过

---

① Ronald E. Miller, Peter D. Blair. *Input-output analysis: foundations and extensions* (2nd edition), Cambridge: Cambridge University Press, 2009.

程，例如植物和动物，以及非生命过程，例如空气中的化学反应。艾萨德等人将这个基本框架作了改进，认为生态产出的副生产例如污染排放与经典列昂惕夫模型的单产品部门假定不相容。艾萨德等人采用了商品×部门核算方法，从而允许对一个部门多种产品进行核算，包括经济的和生态的。艾萨德等人使用的技术系数直接从技术数据中得到，但由于这个模型从来没有被完整应用过，因此这种方法难以用数据的充分性判断。维克托（Victor，1972）以及艾萨德等人（Isard et al.，1972）详细讨论了这种方法的优势和弱点，其中生态子矩阵数据的可行性是最为棘手的一点。

维克托（Victor，1972）将艾萨德等人完全的综合经济—生态模型限制在只描述从环境到经济的生态产品流量和从经济到环境的废弃物流量，从而通过这样的范围限定，使得数据具有可行性，且模型的使用没有太大困难，称之为有限经济—生态模型（limited economic-ecologic models）。

其基本框架见表 12-15。

表 12-15　有限商品×部门经济—生态模型

	经济子系统				生态子系统
	商品	部门	最终需求	总产出	生态产品
商品		U	e	q	R
部门	V			x	
增加值		v'	GNP		
总产出	q'	x'			
生态产品		T			

表 12-14 是经过扩展的商品×部门分析框架，扩展部分为生态投入的行（T）以及生态产出的列（R）。

经济子系统：

$U=[u_{ij}]$：使用矩阵，u_{ij} 表示部门 j 使用的经济商品 j 的数量。如果有 n 个部门、m 种商品，则 U 为 $m\times n$ 阶矩阵。

$V=[v_{ij}]$：制造矩阵，v_{ij} 表示第 i 个部门生产的第 j 种商品数量。V 为 $n\times m$ 阶矩阵。

$e=[e_i]$：商品最终需求向量。

$q=[q_i]$：商品总产出向量。q 为 $m\times 1$ 阶向量。

$v'=[v_j]$：部门增加值投入向量。

$x=[x_j]$：部门总产出向量。

生态系统：

$R=[r_{ik}]$：经济商品×生态商品产出矩阵。R_{ik} 表示经济商品 i 生产过程中排放的第 k 种生态商品的数量，如果只有一种生态商品，则 R 是 $m\times 1$ 阶矩阵。

$T=[t_{kj}]$：生态商品×部门投入矩阵。t_{kj} 表示第 j 个部门使用的生态商品数量，T 为 $l\times n$ 阶矩阵。

根据商品×部门模型，我们有

$$B=U\hat{x}^{-1}$$

其中，$B=[b_{ij}]$ 是经济的商品×部门直接需求矩阵，b_{ij} 表示 j 部门单位价值的产出需要的经济商品数量，B 是 $m\times n$ 阶矩阵。

$$C=V'\hat{x}^{-1}$$

其中，$C=[c_{ij}]$ 是部门产出比例矩阵，c_{ij} 是部门 j 产出中商品 i 所占的比例，C 是 $m\times n$ 阶矩阵。

类似地，定义

$$G=T\hat{x}^{-1}$$

其中，$G=[g_{kj}]$ 是生态商品投入系数矩阵，$g_{kj}=t_{kj}/x_j$ 表示 j 部门单位价值的产出使用的生态商品 k 的数量，G 是 $l\times n$ 阶矩阵。

表 12-16 给出了一个有限经济—生态模型的例子。

表 12-16　　有限经济—生态模型的例子

	商品		部门		最终需求	总产出	生态产品	
	A	B	A	B			SO_2	水
商品			U		f	q	R	
A			10	10	80	100	0	9
B			10	7	83	100	0	0
部门	V					x		
A	90	0				90		
B	10	100				110		
增加值			v'		GNP			
			70	93	163			
总投入	q'		x'					
	100	100	90	110		200		
生态产品			T					
SO_2			0	0				
水			10	20				

我们采用部门技术假定：同一个部门不论生产什么商品，所用技术都相同。在这种情况下，需要计算商品比例矩阵 D，以及商品×部门直接需求矩阵 B。根据表 12-16，

$$B=U\hat{x}^{-1}=\begin{bmatrix}0.111 & 0.091\\0.111 & 0.064\end{bmatrix}$$

$$D=V\hat{q}^{-1}=\begin{bmatrix}0.9 & 0\\0.1 & 1\end{bmatrix}$$

部门×商品完全需求矩阵为

$$D(I-BD)^{-1}=\begin{bmatrix}1.022 & 0.099\\0.243 & 1.092\end{bmatrix}$$

生态商品投入系数矩阵为

$$G=T\hat{x}^{-1}=\begin{bmatrix}0 & 0\\0.111 & 0.182\end{bmatrix}$$

我们可以通过 T 矩阵的行和，得到所有部门的总生态产品投入向量，

$$\bar{t}=Ti=\begin{bmatrix}0 & 0\\10 & 20\end{bmatrix}\begin{bmatrix}1\\1\end{bmatrix}=\begin{bmatrix}0\\30\end{bmatrix}$$

$$\bar{t}=Ti=Gx$$

$$x=D(I-BD)^{-1}e$$

$$\bar{t}=Ti=[GD(I-BD)^{-1}]e$$

其中，$GD(I-BD)^{-1}$就是生态投入强度，即经济商品对生态商品的完全需求矩阵。

同样，利用商品工艺假定，也可以得到相对应的结果，汉农、科斯坦赞和赫伦迪恩（Hannon，Costanza，and Herendeen，1983）给出了基于商品工艺假定和部门工艺假定的结果。

2. *污染扩散模型*

对于一个地区来讲，最终受到的污染除了受污染物排放量影响外，还受污染物扩散方式的影响。污染物在污染源周围的分布状态受技术、气候以及地理因素的影响，如烟囱高度、风向和风速、地形等。

（1）高斯扩散模型。

许多研究者将污染扩散模型和投入产出模型连接起来，例如，Berlinsky，Carter，and First（1973）。大多数方法假定从污染点源的空气污染物按照高斯烟羽模式扩散。在高斯烟羽模式中，假定污染物关于烟缕中心线（x 轴）在 y 方向和 z 方向（水平方向和垂直方向）对称扩散。烟缕相交处为椭圆，意味着水平方向的扩散速率高于垂直方向。帕斯奎尔（Pasquill，1962）、吉福德（Gifford，1961）、塞恩费尔德（Seinfeld，1975）等人导出了描述这种扩散的方程，可以给出某个接受点（x，y，z）（即污染源下风向的点）的污染物聚集量。x 轴为下风向的距离，y 轴为距 x 轴的水平距离，z 轴为距 x 轴的垂直距离。地面污染物的聚集方程为

$$C(x,y,0)=\frac{Q}{2\pi u\sigma_y\sigma_z}\exp\left\{-\frac{1}{2}\left[\left(\frac{y}{x_y}\right)^2+\left(\frac{H}{\sigma_y}\right)^2\right]\right\} \tag{12.46}$$

其中，$C(x,y,0)$ 为每立方米的污染物聚集量，单位为微克/立方米（micrograms per cubic meter）；

H 为污染源的高度（烟囱高度），单位为米；

Q 为污染排放速度，单位为微克/分钟（micrograms per minute）；

σ_y 和 σ_z 分别为水平和垂直扩散分布的标准差，通常为 x 的函数。

u 为风速，单位为米/分钟。

参数 σ_y，σ_z 是当地气象的函数，特别是空气的稳定性或空气湍流特征。关于如何得到 σ_y，σ_z，详细讨论参见 Seinfeld（1975）。

(2) 污染扩散与投入产出模型的连接。

对于污染扩散模型和投入产出模型的连接，霍迪吉克（Hordijk，1980）等对于污染排放（污染源）、初始聚集（污染接受点）以及污染累积水平（接受点所受污染随时间的累积量）作了区分。通常假定排放速度随部门的经济产出呈线性变化，从而我们能够决定污染源的位置，或者许多同类污染物排放源的位置。我们可以选择许多污染物接受点，记录它们的污染物聚集量，可以是几个重要点的集合，也可以是这个地区地图上的所有点。我们将所有污染源带来的污染聚集量相加，就得到某个点的总污染物聚集量。

假定某地区有两个产业，A和B，$Z=\begin{bmatrix}1 & 2\\3 & 4\end{bmatrix}$，$x=\begin{bmatrix}10\\10\end{bmatrix}$。地方政府决定用财政措施刺激产业发展，转化为投入产出模型的变量，就是提高最终需求水平。假定$\Delta f=\begin{bmatrix}\Delta f_1\\\Delta f_2\end{bmatrix}=\begin{bmatrix}4\\3\end{bmatrix}$。与经济行为相联系的污染排放为：产业A每百万元的产出每秒排放30.77克污染物，产业B每百万元的产出每秒排放27.59克污染物。假设风速$u=15$米/秒，风向为西风。$H=250$米，$\sigma_y=\sigma_z=ax^b$，$a=0.24$，$b=0.88$。我们想要得出地面接收点的污染物聚集水平，可以利用上面的高斯烟羽方程。首先利用投入产出模型得到新的部门产出水平。

$$x^{new}=x+(I-A)^{-1}\Delta f=\begin{bmatrix}10\\10\end{bmatrix}+\begin{bmatrix}1.250 & 0.416\\0.625 & 1.875\end{bmatrix}\begin{bmatrix}4\\3\end{bmatrix}=\begin{bmatrix}16.250\\18.125\end{bmatrix}$$

由于是西风，接受点3和4的污染聚集为0。利用污染扩散方程可以得到接受点1和接受点2的污染聚集水平，$C_1=4.31\times10^{-5}\,\mu g/m^3$，$C_2=4.16\times10^{-5}\,\mu g/m^3$，图12-3给出了污染扩散点示意图。

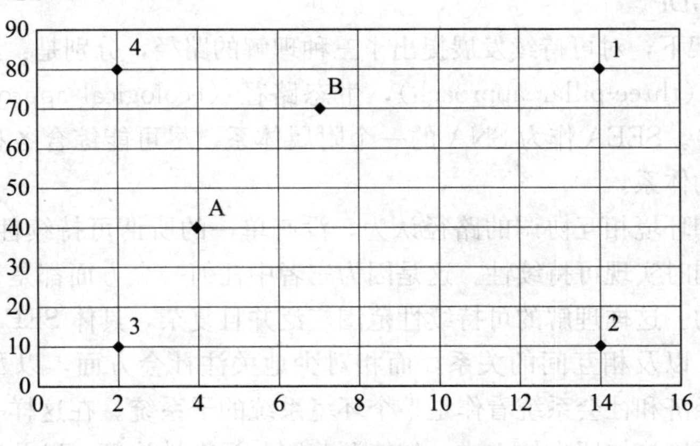

图12-3　污染扩散点示意图

12.3.5　环境经济综合核算（SEEA）

对于建立环境—经济模型来讲，环境经济综合核算可提供一个综合框架和需要的数据基础。下面我们简要介绍环境经济综合核算的基本概念和框架。①

① 刘起运，等．宏观经济系统的投入产出分析．北京：中国人民大学出版社，2006.

1. 环境经济综合核算与可持续发展

人类活动对环境的影响越来越成为一个重要的政策问题。我们对环境是否存在着滥用，以及环境是否在当前或者是将来对经济发展形成了威胁？这就要求我们努力寻求一种可持续的发展。

GDP 主要是计量人们经济活动的成果，但人们越来越注意到环境对经济发展的含义。人们在从事生产活动的时候往往会对环境产生破坏，特别是对于利用资源的生产性活动，在开发矿产资源、土地资源、水产资源和森林资源以获得收入的同时，也往往造成自然资源的枯竭和环境的恶化，最终影响人们的生活质量和整个经济的可持续发展。因而人们意识到单纯的 GDP 指标在反映经济增长质量方面并不全面，特别是单纯以 GDP 指标作为经济发展的目标存在极大的不足，而需要对 GDP 指标就其环境方面的影响进行调整，这种经过环境影响加以调整的 GDP 就是绿色 GDP 的概念。人们开始考虑用绿色 GDP 的概念来补充 GDP 的不足，以此作为经济发展的目标，实现社会经济的可持续发展。

要把经济发展和环境问题结合起来，避免由于经济发展所造成的自然资源匮乏和环境质量下降，影响人类的健康和福利，从而影响经济的可持续发展，就有必要把经济核算体系和环境的核算综合起来，建立环境和经济综合核算的体系。对于这种体系的建立，联合国专门发布了《环境和经济综合核算手册》(System of Environmental Economic Accounts，SEEA)。

在联合国环境和经济综合核算体系中，EDP 是核心指标。所谓 EDP 也就是指经过环境调整的国内生产净值（environmentally adjusted net domestic product，EDP），也称绿色国内生产净值。在国内生产总值中扣除生产资本的消耗，得到国内生产净值（NDP）。从国内生产总值中同时扣除生产资本消耗和自然资本消耗，得到经过环境调整的国内生产净值（EDP）。在国内生产总值中扣除自然资本的消耗，也就得到经过环境调整的国内生产总值，即绿色 GDP。

在 SEEA 框架下，对可持续发展提出了三种理解的路径，分别是：经济、社会和环境相互协调的路径（three-pillar approach），生态路径（ecological approach）和资本路径(capital approach)。SEEA 作为 SNA 的一个附属体系，尽可能综合各种方法，成为一个比较系统而全面的体系。

经济、社会和环境相互协调的路径认为，没有单一的所谓可持续性，而是整个经济、社会和环境系统同时实现可持续性。这是因为三者中任何一个方面都是重要的，同时三者间也是相互影响的。这样理解的可持续性范围广泛并且复杂，具体 SEEA 体系中比较多地关注经济和环境，以及相互间的关系，而相对少地关注社会方面，以及与社会方面的联系。生态路径把经济和社会系统看作是整个环境系统的子系统。在这样一种思路下，主要考察的是人类对环境施加压力的方式，如能源获取、污染排放等；以及环境对压力反应的方式。但是，只是单纯关注生态系统对于充分表述它所包含的内容是不够的，而必须把环境与经济数据结合起来，这就是资本路径所要阐述的内容。资本路径从经济学中借用了资本这一概念，却在多个方面进行了扩展，以包括可持续发展的种种问题。也就是在经济学之外还融合了包括生态学、地理学以及非经济社会科学的种种概念，从而形成了一种在资本概念基础上的新的框架。同时，在 SEEA 体系中的资本主要指自然资本，而不是经济学中所关注的生产资本。

自然资本一般包括三类：自然资源存量、土地和环境系统。按照资本路径的理解，长期的可持续发展被理解为自然资本的保持和维护。如果自然资本存量下降到无法提供先前所发挥的那些功能，建立在这些功能基础上的可持续发展就不存在了。

在上面三种理解的基础上，由于SEEA主要是利用宏观账户把环境和经济数据结合在一起，因此，从资本路径的理解对SEEA体系显得尤为重要。

2. SEEA账户体系及其与SNA的联系

作为环境经济综合核算的体系，SEEA同SNA一样，是以账户体系为核心的。从理论上说，完全可以建立一套独立于SNA的环境核算体系，但是与SNA保持一致的外部联系则成为SEEA考虑的首要原则。同时，也因为环境政策的实现离不开经济内容，从而也就离不开作为制定经济政策基础框架的SNA，所以环境和经济综合核算体系实际上成为SNA体系下的卫星账户。SEEA主要包括四类账户：

第一类是实物和混合流量账户。是将实物流量数据和实物与货币的混合流量数据根据SNA账户结构组织起来，其目的是考察经济对某种环境投入的依赖程度，以及环境对某种特定经济行为的敏感性。这一类账户主要是参照SNA体系中的供给和使用以及投入产出框架进行处理。

第二类是经济账户及环境交易。是把现存SNA中有关环境产品管理相关的部分独立出来，从而能更明确地反映与环境有关的交易，比如企业、政府和住户为保护环境的支出账户。这类账户就不能局限于供给和使用表，而需要从整个SNA的流量账户体系来考察，比如收入分配和再分配方面。

第三类是实物和货币形式的资产账户。主要包括以实物和货币形式计量的环境资产账户。在SEEA体系中重点考察的是自然资本，包括自然资源、土地和环境系统，所以实物和货币形式的资产账户就是关于这三类自然资本的账户。

第四类是扩展SNA总量，包括自然资本的耗减、降级以及对环境的保护性支出。首先对各种形式的自然资本进行估价，然后把自然资本价值和SNA体系中现有的生产和金融资本价值加以综合。这类账户主要是考虑如何使现存的SNA体系转变为能够反映经济对环境的影响，包括耗减、保护性支出以及降级。

3. SEEA的基本结构

表12－17列出了SEEA的基本结构。

表12－17　　　　SEEA的基本结构

		经济活动					环境
					经济资产		其他非生产自然资产
		生产	国外	最终消费	生产资产	非生产自然资产	
		1	2	3	4	5	6
期初资产存量	Ⅰ				$K0p.ec$	$K0np.ec$	
供给	Ⅱ	P	M				

续前表

		经济活动					环境
					经济资产		其他非生产自然资产
		生产	国外	最终消费	生产资产	非生产自然资产	
		1	2	3	4	5	6
经济使用	Ⅲ	Ci	X	C	Ig		
固定资本消耗	Ⅳ	CFC			$-CFC$		
国内生产净值	Ⅴ	NDP	$X-M$	C	I		
非生产自然资产的使用	Ⅵ	$Usenp$				$-Usenp.ec$	$-Usenp.env$
非生产自然资产的其他积累	Ⅶ					$Inp.ec$	$-Inp.env$
货币量形式的环境核算中的环境调整总量	Ⅷ	EDP	$X-M$	C	$Ap.ec$	$Anp.ec$	$-Anp.env$
持有损益	Ⅸ				$Revp.ec$	$Revnp.ec$	
资产物量的其他变化	Ⅹ				$Volp.ec$	$Volnp.ec$	
期末资产存量	Ⅺ				$K1p.ec$	$K1np.ec$	

SNA 流量和存量项在表 12-17 中以阴影部分表示。从具体的流量项目来看，在列的方向上包括：(1) 生产，包括产出 P 减中间消耗 Ci、减固定资本消耗 CFC，构成国内生产净值 NDP；(2) 国外，包括出口 X 减进口 M，构成净出口 $X-M$；(3) 最终消费。在行的方向上有：(Ⅱ) 供给，包括产出和进口，(Ⅲ) 经济使用，包括中间消耗、出口、最终消费和资本形成总额 Ig，(Ⅳ) 固定资本消耗，以及 (Ⅴ) 国内生产净值。第 4 列分别是反映生产资产平衡的生产资产期初存量 $K0p.ec$、期末存量变化 $K1p.ec$ 以及对这一变化加以说明的因素，即资本形成净额 $I=Ig-CFC$、生产资产的持有损益 $Revnp.ec$ 和生产资产的其他变化 $Volnp.ec$。

SNA 的资产平衡包括所有经济资产，因而也包括第 5 列的非生产自然资产，但是这一列的元素不记入国内生产净值的计算，因为非生产自然资产的期初存量 $K0np.ec$ 和期末存量 $K1np.ec$ 之间的所有变化都在 SNA 的框架内，被解释为持有损益 $Revnp.ec$ 和资产的其他变化 $Volnp.ec$。

在 SEEA 的基本结构表中，除 SNA 流量和存量项外，就是反映环境内容的项目。在第Ⅵ行非生产自然资产的使用中，在生产中增加了一个附加要素 $Usenp$，它表示生产中使用的非生产自然资产，它等于第 5 列和第 6 列相应项目的相加，其中第 5 列的项目 $-Usenp.ec$ 是 SNA 中属于经济资产的非生产自然资产的使用，包括矿物的耗减、属于经济资产的森林木材开采、水土流失和酸雨等对森林和农业用地等生产能力的损坏等。第 6 列的项目 $-Usenp.env$ 是 SNA 中不属于经济资产的其他自然资产的使用，包括对海洋渔业的过度捕捞、猎杀野生动物、从热带和其他原始森林中开采木材、污染排放及其他经济活动对生态系统和生存环境的影响。

在第Ⅶ行的非生产自然资产的其他积累中记录了自然资产向经济资产的转移，以及所引起的非生产经济资产的存量变化（$Inp.ec$）。其对应项是自然资产的减少（$-Inp.env$），而不是经济资产的减少。$Inp.ec$ 包括土地向经济使用的转移、探明矿藏的净增加、野生森林转变成林场等。如果在自然资产作为经济资产并入的同时发生退化，那么把这种退化作为自然资源使用的一部分，如果这一退化发生在转移之前，它将作为环境中一项资产的使用来记录（$-Usenp.env$）；如果是发生在转移之后，则作为属于经济资产的自然资源的使用来记录（$-Usenp.ec$）。

如果 SEEA 的基本结构中是以货币量来记入，我们就可以从国内生产净值调整得到新的经过环境调整的国内生产净值。就是将非生产自然资产的使用（$Usenp$）作为生产中的一项费用，用国内生产净值减去这项费用，就得到经过环境调整的国内生产净值，也就是第Ⅷ行生产列中所记录的 EDP。第Ⅶ行非生产自然资产的其他积累不影响环境调整的国内生产净值。同时，相对于 SNA 体系中的固定资本形成净额，在 SEEA 体系中有一个新的净积累的概念来取代。这一净积累包括第Ⅷ行的生产资产调整量 $Ap.ec$、非生产自然资产调整量 $Anp.ec$，以及其他非生产自然资产调整量 $-Anp.env$。对于生产资产调整量，实际上就是资本形成净额，即 $Ap.ec=I$。对于非生产自然资产调整量主要反映负的耗减、降级和正的转移到经济使用的自然资产的增加，即 $Anp.ec=-Usenp.ec+Inp.ec$。对于不属于经济资产的其他非生产自然资产 $-Anp.env$，可以看作经济活动对环境影响的经济估价，是耗减和降级的影响 $-Usenp.env$ 与其他非生产自然资产的减少 $-Inp.env$ 的合计，即 $-Anp.env=-Usenp.env+(-Inp.env)$。

如果以净积累代替资本形成净额，那么在国内生产净值和最终支出间的国民核算平衡关系也就发生了变化。在表中，第Ⅴ行反映的是 SNA 体系的平衡关系，即：

$$NDP=C+I+(X-M) \tag{12.47}$$

如果用经济资产中的资本积累净额（$Ap.ec+Anp.ec$）取代资本形成净额 I，那么在第Ⅷ行构成新的平衡关系：

$$EDP=C+(Ap.ec+Anp.ec)-Anp.env+(X-M) \tag{12.48}$$

为什么要加入其他非生产自然资产的变化 $-Anp.env$？这是因为在上面的关系中，支出和经济资产的资本积累净额只是部分来源于 EDP 中经济活动的净产值，还有一部分则来源于环境资产或其服务向经济活动的转移，也就是 $Anp.env$ 所反映的这部分内容，所以加入该项后，保持了新的平衡关系的成立。也可以把上式写成如下形式，以便更清楚地表明这种平衡关系：

$$EDP+Anp.env=C+(Ap.ec+Anp.ec)+(X-M) \tag{12.49}$$

在 SEEA 的基本结构是以实物量记入的情况下，将无法得到第Ⅷ行即经过环境调整的总量，不过这些实物量数据可以从实物的角度反映环境因素对单纯经济活动的调整。

参考文献

［1］陈锡康，杨翠红，等．投入产出技术．北京：科学出版社，2011.

［2］刘起运，等．宏观经济系统的投入产出分析．北京：中国人民大学出版社，2006.

［3］Ang，Beng Wah. Multilevel decomposition of industrial energy consumption，*Energy Economics*，17，1995：39－51.

［4］Ayres，Robert and Alan Kneese. Production，consumption and externalities，*American Economic Review*，59，1969：282－297.

［5］Battjes，J. J.，K. J. Noorman and W. Biesiot. Assessing the energy intensities of imports，*Energy Economics*，20，1998：67－83.

［6］Berry，Stephen. Recycling，thermodynamics and environmental thrift，*Bulletin of Atomic Scientists*，28，May，1972：8.

［7］Berry，Stephen R.，Margaret Fels and H. Makino. A thermodynamic valuation of resource use：making automobiles and other processes，in Macrakis（ed.），1974：113－127.

［8］Berry，Stephen R.，Peter Salmon and Geoffrey Heal. On a relation between economic and thermodynamic optima，*Resources and Energy*，1，1978：123－137.

［9］Bezdek，Roger and Bruce Hannon. Energy，manpower and the highway trust fund，*Science*，185，1974：669－675.

［10］Bezdek，Roger and Robert M. Wendling. Fuel efficiency and the economy，*American Scientist*，93，2005a：132－139. References 443.

［11］Bezdek，Roger and Robert M. Wendling. Potential long-term impacts of changes in the U. S. vehicle fuel efficiency standards，*Energy Policy*，33，2005b：407－419.

［12］Berlinsky，E.，Anne Carter and Michael First. National production，emissions control and local air pollution in the integration iron and steel industry：an input-output model，Third International Clean Air Congress，Dusseldorf，West Germany，1973.

［13］Blair，Peter. *Multiobjective regional energy planning*，Boston，MA：Martinus Nijhoff，1979. Hierarchies and priorities in regional energy planning，*Regional Science and Urban Economics*，10，1980：387－405.

［14］Blair，Peter and Andrew Wyckoff. The changing structure of the U.S. economy：an input-output analysis，in Ronald E. Miller，Karen R. Polenske and Adam Z. Rose（eds.），*Frontiers of input-output analysis*，New York：Oxford University Press，1989：293－307.

［15］Bullard，Clark and Robert Herendeen. Energy impact of consumption decisions，Proceedings of the IEEE，63，1975a：484－493. The energy costs of goods and services，*Energy Policy*，1，1975b：268－277.

［16］Bullard，Clark，Peter Penner and David Pilati. Net energy analysis：a handbook for combining process and input-output analysis，*Resources and Energy*，1，1978：267－313.

[17] Casler, Stephen D. Interaction terms and structural decomposition: An application to the defense cost of oil, in Michael L. Lahr and Erik Dietzenbacher (eds.), *Input-output analysis: frontiers and extensions*, New York: Palgrave, 2001: 143 - 160.

[18] Casler, Stephen D. and Peter D. Blair. Economic structure, fuel combustion, and pollution emissions, *Ecological Economics*, 22, 1997: 19 - 27.

[19] Casler, Stephen and Bruce Hannon. Readjustment potentials in industrial energy efficiency and structure, *Journal of Environmental Economics and Management*, 17, 1989: 93 - 108.

[20] Cleveland, Cutler J. Biophysical economics: from physiocracy to ecological economics and industry ecology, in John M. Gowdy and Kozo Mayumi (eds.), *Bieconomics and sustainability: essays in honor of Nicholas Georgescu-Roegen*, Cheltenham, UK: Edward Elgar, 1999: 125 - 154.

[21] Cumberland, John H. A regional interindustry model for analysis of development objectives, Papers of the regional science association, 17, 1966: 65 - 94.

[22] Daly, Herman. On economics as a life science, *Journal of Political Economy*, 76, 1968: 392 - 406.

[23] Dietzenbacher, Erik and Jesper Sage. Mixing oil and water? Using hybrid input-output tables in a structural decomposition analysis, *Economic Systems Research*, 18, 2006: 85 - 95.

[24] Duchin, Faye. Industrial input-output analysis: implications for industrial ecology, *Proceedings of the National Academy of Sciences*, 89, 1992: 851 - 855.

[25] Forsund, F. R. Input-output models, national economic models, and the environment, in A. V. Kneese &J. L. Sweeney (eds.), *Handbook of Natural Resource and Energy Economics*, Vol. 1 (Amsterdam, Elsevier), 1985: 325 - 341.

[26] Georgescu-Roegen, Nicholas. *The entropy law and the economic Process*, Cambridge, MA: Harvard University Press, 1971.

[27] Gifford, F. A. Uses of routine meteorological observations for estimating atmospheric dispersion, *Nuclear Safety*, 2, 1961: 47 - 51.

[28] Gilliland, Martha W. Energy analysis and public policy, *Science*, 189, 1975: 1051 - 1056.

[29] Glenn-Marie Lange. Applying an integrated natural resource accounts and input-output model to development planning in Indonesia, *Economic Systems Research*, Vol. 10, No. 2, 1998: 113 - 134.

[30] Gowdy, John M. and Jack L. Miller. An input-output approach to energy efficiency in the USA and Japan (1960 - 1980), *Energy*, 16, 1968: 897 - 902.

[31] Griffin, James. *Energy input-output modeling*, Palo Alto, CA: Electric Power Research Institute, November, 1976.

[32] Han, Xiaoli and T. K. Lakshmanan. Structural changes and energy consumption

in the Japanese economy 1975－1985：an input-output analysis，*The Energy Journal*，15，1994：165－188.

［33］Hannon，Bruce. An energy standard of value，*Annals of the American Academy for Political and Social Sciences*，410，1973：139－153.

［34］Hendrickson，Chris T.，Lester B. Lave and H. Scott Matthews. *Environmental life cycle assessment of goods and services*：*an input-output approach*，Baltimore，MD：Johns Hopkins University Press，2006.

［35］Herendeen，Robert and R. L. Plant. Energy analysis of four geothermal technologies，*Energy*，6，1981：73－82.

［36］Hordijk，L. Economic structure and the environment，in *Production and energy consumption in the netherlands 1973/1985*，Institute for Environmental Studies，Free University，Amsterdam，the Netherlands，1980.

［37］Isard，Walter. On the linkage of socio-economic and ecological systems，Papers of the regional science association，21，1968：79－99.

［38］Isard，Walter，Kenneth Bassett，Charles Choguill，John Furtado，Ronald Izumita，John Kissin，Eliahu Romanoff，Richard Seyfarth and Richard Tatlock. *Ecologic-economic analysis for regional development*，New York：The Free Press，1972.

［39］Jorgenson，Dale W.，Daniel T. Slesnick and Peter J. Wilcoxen. Carbon taxes and economic welfare，in Martin N. Baily and Clifford Winston (eds.)，*Brookings papers on economic activity*：*Microeconomics*，Washington，DC：The Brookings Institution，1992：393－454.

［40］Jorgenson，Dale W. and Kevin J. Stiroh. US economic growth at the industry level，*American Economic Review*，Papers and Proceedings of the American Economic Association，90，2000：161－167.

［41］Jorgenson，Dale W. and Peter J. Wilcoxen. Environmental regulation and U. S. economic growth，*RAND Journal of Economics*，21，1990：314－340.

［42］Jorgenson，Dale W. and Peter J. Wilcoxen. Reducing U. S. carbon emissions：an econometric general equilibrium assessment，*Resource and Energy Economics*，15，1993：7－25.

［43］Just，James. Impacts of new energy technology using generalized input-output analysis，in Michael Macrakis (ed.)，1974：113－127.

［44］Kagawa，Shigemi and Hajime Inamura. A structural decomposition of energy consumption based on a hybrid rectangular input-output framework：Japan's case，*Economic Systems Research*，13，2001：339－363.

［45］Kagawa，Shigemi and Hajime Inamura. A spatial structural decomposition analysis of Chinese and Japanese energy demand：1985－1990，*Economic Systems Research*，16，2004：279－299.

［46］Kagawa，Shigemi and Hajime Inamura. Input-output and technological change，

Economic Systems Research, 1, 1989: 287 - 295.

[47] Leontief, W. Environmental repercussions and the economic structure: an input-output approach, *Review of Economics and Statistics*, 52, 1970: 262 - 277.

[48] Leontief, W. National income, economic structure, and environmental externalities, in M. Moss (ed.), *The measurement of economic and social performance*, *studies in income and wealth*, Vol. 38 (New York, National Bureau of Economic Research), 1973: 565 - 576.

[49] Leontief, W. & Ford, D. Air pollution and the economic structure: empirical results of input-output computations, in A. Brody & A. P. Carter (eds.), *Input-output techniques* (Amsterdam, North-Holland), 1972: 9 - 30.

[50] Lin, Xiannuan and Karen Polenske. Input-output anatomy of China's energy use changes in the 1980s, *Economic Systems Research*, 7, 1995: 67 - 84.

[51] Osmo Forssell. Extending economy-wide models with environment-related parts, *Economic Systems Research*, Vol. 10, No. 2, 1998: 183 - 199.

[52] Office of Technology Assessment. *Technology and the American economic transition*: *Choices for the future*, US Congress, OTA-TET-284, May, 1988.

[53] Office of Technology Assessment. *Energy use and the US economy*, US Congress, OTA-BP-E-57, June, 1990.

[54] Park, Se-Hark. An input-output framework for analyzing energy consumption, *Energy Economics*, 4, 1982: 105 - 110.

[55] Pasquill, Frank. *Atmospheric diffusion*, London: Van Nostrand, 1962. Seinfeld, John. *Air pollution*, New York: McGraw-Hill, 1975.

[56] Peter Bartelmus, Carsten Stahmer and Jan Van Tongeren, 1991 Integrated environmental and economic accounting: framework for a SNA satellite system, *Review of Income and Wealth*, Series 37, No. 2, 1991.

[57] Proops, John, L. Input-output analysis and energy intensities: a comparison of some methodologies, *Applied mathematical modelling*, 1, 1977: 181 - 188. Modeling the energy-output ratio, *Energy Economics*, 6, 1984: 47 - 51. Energy intensities, input-output analysis and economic development, in Maurizio Ciaschini (ed.), *Input-output analysis—Current developments*, London: Chapman and Hall, 1988: 201 - 215.

[58] Ronald E. Miller, Peter D. Blair. *Input-output analysis*: *foundations and extensions* (2nd edition), Cambridge: Cambridge University Press, 2009.

[59] Rose, Adam and C. Y. Chen. Sources of change in energy use in the U. S. economy 1972 - 1982, *Resources and Energy*, 13, 1991: 1 - 21.

[60] Strout, Alan. Technological change and U. S. energy consumption, Ph. D. dissertation, University of Chicago, 1967.

[61] Spreng, Daniel T. *Net energy analysis and the energy requirements of energy systems*, New York: Praeger, 1988.

[62] Treloar，Graham J. Extracting embodied energy paths from input-output tables：towards an input-output-based hybrid energy analysis method，*Economic Systems Research*，9，1997：375－391.

[63] United Nations，EC，IMF，OECD，World Bank，*Integrated environmental and economic accounting 2003*.

[64] United Nations，EC，IMF，OECD，World Bank，*System of national accounts 1993*.

[65] Victor，Peter A. *Pollution*：*economy and environment*，London：George Allen and Unwin Ltd.，1972.

[66] Wang，Hsiao-Fan and Hih-Chyi Chuang. An input-output model for energy policy evaluation，*Energy Systems and Policy*，11，1987：21－38.

[67] Zhongxiang Zhang. Macro-economic and sectoral effects of carbon taxes：A general equilibrium analysis for China，*Economic Systems Research*，Vol. 10，No. 2，1998：135－160.

第十三章

核算框架与供给使用表

从1968年新SNA（System of National Accounts）起，投入产出核算正式成为国民核算体系的一个重要组成部分。随着SNA逐步成为经济数据的框架基础，它所提出的概念、定义、分类和账户准则对投入产出表的编制带来了重要的影响。投入产出核算的核心内容包括两个部分：一部分是供给使用表（Supply and Use Table，SUT），同完整的账户序列一起，成为SNA中心框架的重要组成部分；另一部分是由供给使用表推算得到的对称的投入产出表（Symmetric Input-Output Table，SIOT）。我们对投入产出核算的介绍也分为两部分，本章主要集中于投入产出核算概念框架和供给使用表的介绍，下一章则重点探讨如何在供给使用表的基础上得到对称的投入产出表。

13.1 国民核算体系的框架

我们首先来了解一下国民核算体系的基本框架，以及投入产出核算在其中的地位与作用。

13.1.1 SNA的基本概念与原则

联合国及相关国际组织所公布的SNA在其不同版本的引言部分都对SNA给出了明确的定义。[①] 归纳起来，主要是强调了两点：

一是为实现对经济活动的准确记录，所达成的国际公认的一系列标准的约定，具体表现为一套完整的概念、定义、分类准则，以及相互关联的一整套账户；

① 从SNA1993版本开始，由之前的联合国作为唯一的编写者，扩展到包括欧盟委员会、IMF、OECD和世界银行。

二是核算体系提供了对于经济中的复杂经济活动、不同经济主体之间交往的全面而详细的记录，因而可用于监测经济行为，进行宏观经济分析和国际比较，为经济分析、决策与政策制定提供帮助。

如何建立这样一套系统而又相互联系的核算框架呢？这取决于我们看待经济活动的方式。人类经济活动的核心是产品的生产与产品的使用。在市场经济条件下，产品的生产者往往并不是产品的使用者，因此从产品的生产到产品的使用，收入的分配活动要介入其中。核算所要关注的是人们的经济活动，其目的就是要对经济活动过程及其结果进行详细的记录。在国民核算体系看来，整个经济活动将是从产品的生产开始，经过收入的分配与再分配，再到产品的消费与积累的不断循环的过程。同时，人们的经济活动产生了新的经济流量，它改变了人们生产赖以进行的资产存量。

核算看待这一经济过程有两个重要的视角。第一个视角是“交易”，第二个视角则是“产品”。

“交易”强调的是两个法律主体之间相互协商的经济行为，是市场经济的基本经济活动。交易的概念反映了从市场角度对经济运行机制的一种理解，包括从法律角度确定交易主体，到权责发生制的记录时间和市场估价等核算原则都反映了对市场规则的遵从。按照交易概念对经济主体的分类得到的是机构单位与机构部门分类。交易不仅指的是两个不同机构单位之间相互协商的经济行为，而且由此推广开来，包括内部交易、转移、货币交易与非货币交易、产品与服务交易、分配交易、金融交易、其他积累交易等。“交易”是国民核算体系中的一个核心概念。

“产品”作为国民核算体系看待经济活动的另一个视角，强调的是产品的物质属性，以及围绕产品的供求及其平衡关系。按照产品性质对产品进行分类，进而对产品的生产单位和部门进行分类，得到基层单位与产业部门。核算体系中始终强调货物与服务生产的重要性，认为“货物与服务的生产是 SNA 的核心。”①

生产活动的重要性在于生产是任何社会赖以生存的基础。尽管核算体系发展到今天，对 GDP 的核算早就不再是核算的唯一内容，也不再是其唯一目的，但仍是最重要的内容。产品在生产出来的同时，通过分配与再分配形成收入，借助于收入分配进一步使产品进入消费过程，或者是进入投资活动进而改变资产存量。

从这两个角度出发，一方面关注价值收支关系的平衡，另一方面则关注货物与服务的可供量与使用量之间关系的平衡，且两种平衡关系之间也保持着密切的联系。

国民核算体系的概念框架及原则可以归纳为以下几个方面。

1. 单位与部门的分类

从交易的角度看，交易的主体是机构单位与部门（institutional units and sector）。机构单位强调的是能够拥有资产和承担负债的行为主体的法律含义。国民核算体系中涉及两类机构单位：住户（households）与法律实体（legal entities）。机构部门包括非金融公司（non-financial corporations）、金融公司（financial corporations）、政府（government units）、住户（households）、为住户服务的非营利机构（non-profit institutions serving

① 联合国，等．SNA2008，2.

households，NPISHs）五大类。这五大类都是常住单位（resident units），把经济活动中与常住单位产生联系的非常住单位（non-resident units）统一归为国外（rest of world）。

生产核算，特别是投入产出核算中既关注产品，从产品性质出发进行产品分类，也关注生产活动，对生产单位进行分类。SNA 的产品分类标准为联合国所公布的《产品总分类》（Central Product Classification，CPC）。现实中一个具有法律意义的独立生产单位往往会生产一个以上不同性质的产品，为此，在一个单位中需要把主要生产活动（principal activity）与次要生产活动（secondary activity）加以区别，并进行相应的归类。SNA 中把位于一个场所，从事一种生产活动，或由其主要活动产生大部分增加值的单位定义为基层单位（establishment units）。但是现实中要把所有的主要生产活动与次要生产活动完全分开是不可能的，基层单位中也或多或少包含了次要生产活动。从事相同主要生产活动的基层单位归类为产业部门。SNA 所采用的产业部门分类标准为联合国所公布的《国际标准产业分类》（International Standard Industrial Classification of All Economic Activities，ISIC）。

基层单位是整个核算的基础数据的来源。通过基层单位既可以按法律隶属关系汇总为机构单位，也可以按生产活动的性质汇总为产业部门。投入产出核算作为对货物与服务账户的进一步细化，重在从生产活动与产品视角看待经济过程，从而采用产品与产业分类，而整个核算账户序列中的各个账户基于对交易的记录，更主要采用的是机构部门分类。对于生产核算，则可以同时采用产业部门与机构部门分类。

2. 交易及其他流量

交易及其他流量反映经济活动的内容，具体可分为四个类型：

一是货物与服务交易（transactions in goods and services），用以表述货物与服务作为来源方的国内生产与进口，与作为使用方的中间消费、最终消费、资本形成和出口之间的平衡关系。

二是分配交易（distributive transactions），用来记录生产形成的增加值分配给劳动、资本和政府，以及收入和财富的再分配活动。

三是金融交易（financial transactions），也就是针对金融工具的交易，记录不同类型金融工具的金融资产净获得或负债净发生。交易所涉及的金融资产所有权的变化既包括作为实物交换的媒介，成为非金融交易对应登录的金融交易，也包括仅涉及金融工具的严格金融交易。

四是其他积累登录（other accumulation entries），指上述类型交易之外，引起资产与负债物量或价值变化的交易。包括非生产非金融资产的获得减处置，如地下资源（subsoil resources）的发现与耗减、自然资源向经济活动的转化等所引起的非生产资产的其他经济流量，以及巨灾损失和战争等政治事件的影响，等等。

3. 交易目的

核算体系中的交易不仅可以按照交易的性质进行分类，对于某些特定的部门，或者特定种类的交易，还需要对交易的目的（purpose）进行分析，进而以其最终用途来进行分类。这种基于“产品”视角的考察，主要体现在供给与使用表的编制上。作为生产结果的货物与服务（goods and services），根据生产目的的不同，分为消费、资本形成与出口。

从生产的角度看，最重要的平衡关系表现为作为总供给的产出与进口要与作为总使用的中间消耗、最终消费、资本形成与出口相一致。

4. 资产与负债

资产（assets）与负债（liabilities）涉及的是存量。在生产、分配、消费与积累整个经济过程中流量进行转换的同时，也带来了存量的变化。流量的产生必须以一定的生产条件为基础，特别是依赖于一定的存量条件，与此同时，流量也成为存量变化的原因。在所有引起存量变化的原因中，生产活动是其中最主要也是整个核算体系重点要关注的原因。核算体系所界定的资产范围限定于有明确的所有权，并能够为持有者带来经济利益。

5. 账户形式

国民核算借用了企业会计账户的形式，只不过账户中的内容不再是各种会计科目，而是经济核算中的各种总量指标。与会计记账方式相同，国民核算账户也采用复式记账。但是，由于大部分交易都涉及两个机构单位，对于同一笔交易，两个机构单位将分别进行两次复式记账，因此对于整体经济而言，一笔交易将是四式记账。

账户的基本形式通常右边为来源（resources），表示单位或部门获得收入，带来价值量的增加。例如，雇员报酬对于住户部门来说是其获得的收入，记为来源项。账户的左边则为使用（uses），表示一个单位和部门价值量的减少。例如对于非金融企业部门来说，雇员报酬则是一种支付，从而记为使用项。对于资产负债核算等资产存量核算所采用的平衡表来说，右边为负债与净值（liabilities and net worth），而左边则是资产（assets）。积累账户由于反映的是资产存量的变化，因此在积累账户的设置上，右边是负债与净值的变化（changes in liabilities and net worth），而左边是资产的变化（changes in assets）。

对于大多数账户而言，账户左右两边的项目通常并不平衡，为此引入平衡项，各个机构部门的这些平衡项经过加总，往往成为宏观经济中重要的总量指标。例如生产核算账户中增加值的平衡项，经过加总就成为 GDP。

在核算中，把不直接引起存量变化的账户称为经常账户，而把引起存量改变的账户称为积累账户，并对期初期末的存量状况也以账户的形式加以表现。

6. 记录与估价原则

核算记录的时间采用权责发生制（accrual basis）的原则。机构单位之间的交易是在权利和义务产生、转移或取消时记录。记录的价格为交易发生时的实际价格，对于市场交易可以直接以市场价格来记录，否则就需要进行估价。如果有相同产品的市场交易，可以参照市场价格估价；如果没有，则可以根据其成本或未来收益现值法等进行估价。

对于货物与服务，由于对于产品税和补贴，以及贸易和运输费用的不同处理，存在着三种价格：基本价格、生产者价格与购买者价格。生产者价格与购买者价格之间的区别在于产品从生产者到购买者之间所发生的贸易和运输费用，也就是说，生产者价格加上贸易和运输加价就是购买者价格。基本价格与生产者价格之间的区别则在于产品税和补贴。基本价格加上产品税和补贴，成为生产者价格。国民核算包括投入产出核算，倾向于采用基本价格，只是在基本价格不可行的情况下，才采用生产者价格。价格调整问题是投入产出核算的一项非常重要的内容，对此将在后面的内容中作进一步的介绍。

13.1.2　国民核算的账户体系

SNA 的账户体系主要由三个部分构成：

第一个部分是处于整个账户体系核心的“完整账户序列”(full sequence of accounts)。第二个部分是在账户序列所提供的各个账户的基础上，汇总建立起机构各部门之间的相互联系，就构成了“账户综合表述”(an integrated presentation of the accounts)。第三个部分是上述核算结构之外的其他部分 (other part of the accounting structure)。

完整的账户序列是针对机构部门活动从流量到存量的一个连续而完整的记录。在其中，所有账户都被分为三类：一是经常账户，包括生产账户、收入分配账户与收入使用账户；二是积累账户，包括资本账户、金融账户、资产物量其他变化账户、重估价账户；三是平衡表，包括期初期末资产负债表，以及资产负债变化表。

第二个部分“账户综合表述”是通过把所有账户汇总在一起，或者是采用图形的方式，提供对经济全貌的一个整体描述。所有账户的这种汇总并不是简单地堆砌在一起，而是要达到整体平衡与协调一致。为此需要引入两个方面新的内容：

一是为获得一国内部经济与外部经济的平衡，引入国外部门，并建立国外账户。

二是为了获得经济循环过程中产品流与收支流的统一，引入货物与服务账户。

第三个部分是上述核算结构之外的其他部分。SNA 为实现对经济的更为细致而完整的记录，除了完整的账户序列之外，核算体系的中心框架还包括了对更多内容的描述与记录。供给使用表及投入产出表就是其中的一项重要内容。其在核算上的意义在于，提供了对生产与收入形成按经济活动性质进行的产业分类进行考察，同时通过矩阵表的形式，对货物与服务的来源与使用提供了一个更深入的描述，以及提供了分产业的生产要素投入数据。核算结构的其他部分除供给使用表之外，还包括对金融机构子部门的进一步细分，以及人口与劳动投入表，等等。此外，对于例如环境保护等相关支出等难以准确加以区别的活动，则在中心框架之外，作为卫星账户进行记录。

13.1.3　账户的平衡关系

账户序列的综合表述作为对经济过程进行核算的系统描述，集中体现了四个方面的平衡关系：

一是交易过程中价值收支流量的平衡关系。不仅表现在账户本身来源与使用的平衡，还表现在经济过程的不同阶段，从生产、收入分配与使用，到资本账户，反映了交易过程中收入的不断转换，往往是前一个账户的平衡项成为下一个阶段账户的起点。尽管收入形态发生了变化，但是价值量始终保持一致。

二是流量与存量的平衡关系。生产活动改变资产存量，除交易活动外，资产物量其他变化以及价格变化都会对资产存量变化产生影响。在核算中通过积累账户，说明存量变化的原因，建立起期初期末存量账户之间的联系。

三是产品供给与使用的平衡关系。反映了与价值收支流对应的实际资源的流动。经济活动的主要内容是产品的生产，以及产品的消费或积累。但是产品从生产者手中最终进入使用者手中，却离不开货币，进而要通过收入分配活动来实现。但是不管收入分配活动多么复杂，最终在实现产品从生产进入最终使用的同时，必须保证产品的供给量与使用量之间的平衡，这就是货物服务账户所要反映的内容。

四是内外部经济的平衡。作为一个开放经济，经济的平衡必须在与外部经济的联系中来实现。在核算中，通过设立国外账户，来实现内外部经济账户之间的平衡关系。

下面我们利用账户序列的综合表述，对上述四个方面进行简要说明（见表 13－1）。

表 13－1　账户序列综合表述：经常账户

使用　　　　　　　　　　　　　　　　　　　　　　　　　　　　　　　　来源

经济总体	国外	货物与服务	合计	交易与平衡项	经济总体	国外	货物与服务	合计
		499	499	货物与服务的进口		499		499
		392	392	货物进口		392		392
		107	107	服务进口		107		107
	540		540	货物与服务的出口			540	540
	462		462	货物出口			462	462
	78		78	服务出口			78	78
				生产账户				
		3 604	3 604	产出	3 604			3 604
		3 077	3 077	市场产出	3 077			3 077
		147	147	为自己最终使用的产出	147			147
		380	380	非市场产品	380			380
1 883			1 883	中间消耗			1 883	1 883
		141	141	产品税	141			141
		−8	−8	产品补贴（一）	−8			−8
1 854			1 854	总增加值/GDP				
222			222	固定资本消耗				
1 632			1 632	净增加值/国内生产净值				
	−41		−41	货物和服务对外差额				
				收入形成账户				
				总增加值/GDP	1 854			1 854
				净增加值/国内生产净值	1 632			1 632
1 150			1 150	雇员报酬				
235			235	生产税和进口税				
141			141	产品税				

续前表

经济总体	国外	货物与服务	合计	交易与平衡项	经济总体	国外	货物与服务	合计
94			94	其他生产税				
－44			－44	补贴				
－8			－8	产品补贴				
－36			－36	其他生产补贴				
452			452	总营业盈余				
61			61	混合总收入				
214				总营业盈余中的固定资本消耗				
8				混合总收入中的固定资本消耗				
238			238	净营业盈余				
53			53	混合净收入				
				原始收入分配账户				
				总营业盈余	452			452
				混合总收入	61			61
				净营业盈余	238			238
				混合净收入	53			53
	6		6	雇员报酬	1 154	2		1 156
			0	生产税和进口税	235			235
			0	补贴	－44			－44
391	44		435	财产收入	397	38		435
1 864			1 864	原始总收入/国民总收入				
1 642			1 642	原始净收入/国民净收入				
				收入再分配账户				
				原始总收入/国民总收入	1 864			1 864
				原始净收入/国民净收入	1 642			1 642
1 212	17		1 229	经常转移	1 174	55		1 229
212	1		213	所得税、财产税等经常税	213	0		213
333	0		333	社会保障缴款净额	333	0		333

续前表

经济总体	国外	货物与服务	合计	交易与平衡项	经济总体	国外	货物与服务	合计
384	0		384	实物社会转移外的社会福利	384	0		384
283	16		299	其他经常转移	244	55		299
1 826			1 826	可支配总收入				
1 604			1 604	可支配净收入				
				可支配收入使用账户				
				可支配总收入	1 826			1 826
				可支配净收入	1 604			1 604
1 399			1 399	最终消费支出			1 399	1 399
11	0		11	养老金权益变化	11	0		11
427			427	总储蓄				
205			205	净储蓄				
	−13		−13	对外经常差额				

资料来源：联合国，等 . SNA2008.

账户序列的综合表述以账户形式来表现，包括了所有机构部门的完整的账户序列。SNA2008 中分两张表来表示：一张为经常账户的综合表述（表 13－1），另一张为积累账户与资产负债表的综合表述（表 13－9）。在账户的形式上，经常账户的右边为来源，左边为使用，积累账户的右边为负债与净值的变化，左边为资产变化，资产负债表的右边为负债与净值，左边为资产。账户综合表述的列向设置了四个项目：经济总体、国外、货物与服务，以及上述所有的合计项。经济总体是国内所有机构部门的合计，包括非金融公司、金融公司、一般政府、住户、为住户服务的非营利机构。通过分析这些账户之间的关系来考察上述四个方面的平衡关系。

价值收支流量之间的平衡关系主要是通过经常账户以及积累账户中的资本账户来反映的。经常账户中的第一个账户是生产账户（见表 13－2）。资源方为产出，使用方为中间消耗，增加值为生产账户的平衡项。所有机构部门总增加值①的合计就得到经济总体的 GDP，而净增加值合计就是国内生产净值。需要指出的是，从 SNA 账户综合表述中可以看到，整个生产税包括两个部分，即产品税 141 与其他生产税 94。其中的产品税 141 是购买者价格中间消耗 1 883 的组成部分，但不包含在基本价格产出 3 604 中。因此，为得到 GDP，需要在资源方加上这一项。产品补贴与此类似，只是表现为负的产品税。对这一问题将在投入产出核算的供给使用表部分再做进一步的说明。

① 核算中“总”与“净”的差别只在于固定资本消耗，总增加值（gross value added）包含固定资本消耗，而净增加值（net value added）则不包含固定资本消耗。通常所说的增加值指的就是总增加值。

表 13-2　　生产账户

使用		来源	
		产出	3 604
		产品税	141
中间消耗	1 883	产品补贴	−8
总增加值	1 854		
固定资本消耗	222		
净增加值	1 632		

收入分配过程包括收入形成账户、原始收入分配账户与收入再分配账户，此外，如果把实物转移单列出来，还包括实物收入再分配账户。

在收入形成账户中，增加值作为上一个账户，也就是生产账户的平衡项，在这里则成为收入分配的起点。收入形成账户以作为生产者的机构部门为主体，反映这些部门在生产的同时，把增加值在要素所有者之间进行分配。分配内容主要是雇员报酬、生产税和进口税减补贴，营业盈余作为平衡项（见表 13-3）。

表 13-3　　收入形成账户

使用		来源	
		总增加值	1 854
雇员报酬	1 150	净增加值	1 632
生产税和进口税	235		
补贴（一）	−44		
总营业盈余	452		
混合总收入	61		
净营业盈余	238		
混合净收入	53		

原始收入分配账户则是以作为收入接受者的机构部门为主体，获得的各项生产性收入（见表 13-4）。在收入形成账户中，表明国内机构部门共分配形成了雇员报酬 1 150、生产税和进口税减补贴 191，这中间既可能分配给国内，也可能有一部分分配给国外。现在，在原始收入分配账户中，从收入接受者的角度来说，雇员报酬 1 154 主要成为住户部门的收入，而生产税和进口税减补贴 191 则主要成为一般政府的收入。作为收入接受者的这两个机构部门，既可能获得来自国内机构部门分配的收入，也可能获得来自国外的收入。因此，雇员报酬、生产税和进口税减补贴这两个项目在收入形成账户与收入初次分配账户之间存在的差额主要源于国外收入分配对于国内机构部门账户的影响。此外，财产收入主要指金融资产和有形非生产资产使用权出让而获取的租金。主要包括利息、红利、外国直接

投资再投资收益（reinvested earnings on FDI）、属于投保人的财产收入（property income attributed to insurance policyholders）、地租等。收入初次分配的结果形成原始总收入，各机构部门原始总收入的合计就是国民总收入（gross national income，GNI），扣除固定资产折旧，就是国民净收入。GDP 是生产的结果，而 GNI 是收入初次分配的结果。从表 13-3 中的数字可以看出，增加值为 1 854，而原始总收入为 1 864。增加的 10 个单位收入，一部分是来自常住与非常住单位之间分配雇员报酬与获得雇员报酬的净增加 4 个单位，另一部分则是来自财产收入的净增加 6 个单位。

表 13-4　　原始收入分配账户

使用		来源	
		总营业盈余	452
		混合总收入	61
		净营业盈余	238
		混合净收入	53
		雇员报酬	1 154
		生产和进口税	235
		补贴（一）	—44
财产收入	391	财产收入	397
原始总收入	1 864		
原始净收入	1 642		

收入再分配的核心是经常转移。转移分为两类：资本转移和经常转移。资本转移的转移对象是资产，属于资本账户反映的内容。收入再分配以原始总收入为再分配的起点，接受经常转移作为来源方，而经常转移支出则作为使用方（见表 13-5）。

表 13-5　　收入再分配账户

使用		来源	
		国民总收入	1 864
		国民净收入	1 642
经常转移	1 212	经常转移	1 174
所得税和财产税等经常税	212	所得税和财产税等经常税	213
社会保障缴款净额	333	社会保障缴款净额	333
实物社会转移外的社会福利	384	实物社会转移外的社会福利	384
其他经常转移	283	其他经常转移	244
可支配总收入	1 826		
可支配净收入	1 604		

把实物社会转移这种再分配形式单列出来，专门设立一个实物收入再分配账户（见表13-6）。其目的是在收入上区分为可支配收入与调整后可支配收入，进而在收入的使用，也就是消费上区分为最终消费支出与实际最终消费。由于实物社会转移的存在，往往由政府进行消费支出，而住户获得实际最终消费。因此在住户的机构部门账户中，实物社会转移是其来源项，而在一般政府与为住户服务的非营利机构账户中，则是它们的使用项。由于实物社会转移主要表现为国内机构部门之间的转移，一般只影响机构部门的可支配收入与调整后可支配收入之间的差异，所以作为经济总体的调整后可支配收入与可支配收入之间在数值上往往并无差异。

表 13-6　　**实物收入再分配账户**

使用		来源	
		可支配总收入	1 826
		可支配净收入	1 604
实物社会转移	215	实物社会转移	215
调整后可支配总收入	1 826		
调整后可支配净收入	1 604		

收入的使用就是消费，对应于可支配收入的消费项目是最终消费支出，而对应于调整后可支配收入的消费项目是实际最终消费。非金融公司和金融公司没有最终消费支出，也没有实际最终消费。

在SNA的收入使用账户中出现了养老金权益变化这一项目。养老金是由雇主或雇员为雇员退休后向其提供养老金而建立的、基金组织持有的准备金。这些养老金是住户对养老基金的净权益。一方面，在收入分配阶段，养老金缴款，以及获得养老金收入，被看作是一种经常转移，从而对收入分配的结果——可支配收入产生影响；另一方面，养老金在性质上同保险准备金一样，其所有者为住户，被认为是住户的资产，因此在金融账户和资产负债表中，住户被看作是养老金的所有者。这样作为收入分配结果的储蓄，与之后资本与金融账户作为起点的储蓄之间就会存在不一致。为了使住户的储蓄与他们在保险准备金和养老金上净权益的变化一致，就需要把这一调整项加入可支配收入使用账户（见表13-7）与调整后可支配收入使用账户（见表13-8）中。在住户的来源方，以及对应的管理养老金的金融公司使用方做同样的调整。

表 13-7　　**可支配收入使用账户**

使用		来源	
		可支配总收入	1 826
最终消费支出	1 399	可支配净收入	1 604
养老金权益变化	11	养老金权益变化	11
总储蓄	427		
净储蓄	205		

表 13-8　　　　调整后可支配收入使用账户

使用		来源	
		调整后可支配总收入	1 826
实际最终消费	1 399	调整后可支配净收入	1 604
养老金权益变化	11	养老金权益变化	11
总储蓄	427		
净储蓄	205		

存量与流量之间的关系是通过积累账户来反映的，包括资本账户、金融账户、资产物量其他变化账户与重估价账户。储蓄转化为投资，形成各种资产，而投资资金余缺的调剂则通过金融账户来反映（见表 13-9）。

表 13-9　　　　积累账户与存量账户

经济总体	国外	货物与服务	合计	交易与平衡项	经济总体	国外	货物与服务	合计
				资本账户				
				净储蓄	205			205
				对外经常差额		−13		−13
414			414	资本形成总额			414	414
192			192	资本形成净额			192	192
376			376	固定资本形成总额			376	376
−222			−222	固定资本消耗			−222	−222
				不同资产类型的固定资本形成总额				
28			28	存货变化			28	28
10			10	贵重物品的获得减处置			10	10
0			0	非生产资产的获得减处置			0	0
				应收资本转移	62	4		66
				应付资本转移	−65	−1		−66
				储蓄与资本转移引起的净值变化	202	−10		192
10	−10		0	净贷出(＋)/净借入(－)				
				金融账户				

续前表

经济总体	国外	货物与服务	合计	交易与平衡项	经济总体	国外	货物与服务	合计
				净贷出(＋)/净借入(－)	10	－10		0
436	47		483	金融资产净获得/负债净发生	426	57		483
－1	1		0	货币黄金与特别提款权				
89	11		100	通货与存款	102	－2		100
86	9		95	债务性证券	74	21		95
78	4		82	贷款	47	35		82
107	12		119	股票与投资基金份额	105	14		119
48	0		48	保险、养老金和标准化担保计划	48	0		48
14	0		14	金融衍生工具和雇员股票期权	11	3		14
15	10		25	其他应收/应付款	39	－14		25
				资产物量其他变化账户				
13			13	物量其他变化合计	3			3
－7			－7	生产资产				
17			17	非生产资产				
3			3	金融资产	3			3
				资产其他物量变化引起的净值变化	10			
				重估价账户				
				名义持有损益				
280			280	非金融资产				
84	7		91	金融资产/负债	76	15		91
				名义持有损益引起的净值变化	288	－8		280
				中性持有损益				
198			198	非金融资产				
136	12		148	金融资产/负债	126	22		148

续前表

经济总体	国外	货物与服务	合计	交易与平衡项	经济总体	国外	货物与服务	合计
				中性持有损益引起的净值变化	208	−10		214
				实际持有损益				
82			82	非金融资产				
−52	−5		−57	金融资产/负债	−50	−7		−57
				实际持有损益引起的净值变化	80	2		66
				资产存量及变化				
				期初资产负债表				
4 621			4 621	非金融资产				
8 231	805		9 036	金融资产/负债	7 762	1 274		9 036
				净值	5 090	−469		4 621
				资产与负债变化合计				
482			482	非金融资产				
523	54		577	金融资产/负债	505	72		577
				净值变化合计	500	−18		482
				储蓄与资本转移	202	−10		192
				资产物量其他变化	10			10
				名义持有损益	288	−8		280
				中性持有损益	208	−10		198
				实际持有损益	80	2		82
				期末资产负债表				
5 103			5 103	非金融资产				
8 754	859		9 613	金融资产/负债	8 267	1 346		9 613
				净值	5 590	−487		5 103

资料来源：联合国，等．SNA2008.

资本账户以储蓄为起点，记入来源方，此外资本转移也记入来源方。核算的对象重点是各种非金融投资，包括资本形成与非生产资产投资两个部分，并形成非金融资产。资本形成又进一步被细分为固定资本形成、存货变化与贵重物品净获得。资金来源超过了投资的资金使用，形成资金结余（见表 13－10）。

表 13-10　　**资本账户**

资产变化		负债与净值变化	
		净储蓄	205
资本形成总额	414		
资本形成净额	192		
固定资本消耗（一）	−222	应收资本转移（+）	62
存货变化	28	应付资本转移（一）	−65
贵重物品的获得减处置	10		
非生产资产的获得减处置	0		
净贷出（+）/净借入（一）	10		

金融账户以资本账户的平衡项净贷出或净借入为起始项，反映投资活动的资金余缺如何通过金融活动来调剂。金融账户本身没有平衡项，也是整个交易账户的终结。资本账户的账户余额加上以各种金融负债方式筹集的资金，用于对金融资产的购买，使金融账户资产与负债达到平衡（见表 13-11）。

表 13-11　　**金融账户**

资产变化		负债与净值变化	
		净贷出（+）/净借入（一）	10
金融资产净获得	436	负债的净发生	426
货币黄金与 SDRs	−1	货币黄金与 SDRs	
通货和存款	89	通货和存款	102
债务性证券	86	债务性证券	74
贷款	78	贷款	47
股票与投资基金份额	107	股票与投资基金份额	105
保险、养老金和标准化担保计划	48	保险、养老金和标准化担保计划	48
金融衍生工具和雇员股票期权	14	金融衍生工具和雇员股票期权	11
其他应收/应付款	15	其他应收/应付款	39

积累账户中除了交易引起的资产与负债的变化之外，还有两类非交易原因引起的资产与负债的变化。其一为资产物量其他变化，反映由于非金融资产的经济出现、非培育生物资源的自然生长、非生产资产的经济消失、巨灾损失、无偿没收、固定资产的意外淘汰、存货的异常损失、坏账注销，以及分类与结构变化等所引起的资产物量变化，称为资产物量其他变化账户（见表 13-12）。其二是价格变化所带来的持有资产、负债与净值的损益，称为重估价账户（见表 13-13）。

表 13-12 资产物量其他变化账户

资产变化		负债与净值变化	
生产资产的经济出现	33	生产资产的经济出现	
非生产资产的经济消失	−11	非生产资产的经济消失	
灾害损失	−11	灾害损失	
无偿没收	0	无偿没收	
未归类的非金融资产物量其他变化	2	未归类的非金融资产物量其他变化	1
分类变化	0	分类变化	2
总其他物量变化	13	总其他物量变化	3
生产资产	−7	生产资产	
非生产资产	17	非生产资产	
金融资产	3	金融资产	3
		资产物量其他变化引起的净值变化	10

重估价账户中价格变化对资产与负债的影响以名义持有损益来反映，并进一步分解为与一般物价水平变化幅度相同的资产价格变化带来的中性持有损益，和不同于一般物价水平变化幅度的资产价格变化给资产持有者带来的实际持有损益。

表 13-13 重估价账户

资产变化		负债与净值变化	
名义持有损益		名义持有损益	
非金融资产	280	非金融资产	
生产资产	126	生产资产	
非生产资产	154	非生产资产	
金融资产/负债	84	金融资产/负债	76
		名义持有损益引起的净值变化	288
中性持有所得		中性持有所得	
非金融资产	198	非金融资产	
生产资产	121	生产资产	
非生产资产	77	非生产资产	
金融资产/负债	136	金融资产/负债	126
		中性持有所得引起的净值变化	208
实际持有损益		实际持有损益	
非金融资产	82	非金融资产	
生产资产	5	生产资产	
非生产资产	77	非生产资产	
金融资产/负债	−52	金融资产/负债	−50
		实际持有损益引起的净值变化	80

资本账户与金融账户反映的交易原因与非交易的资产物量其他变化和重估价都会带来资产存量的变化。这种变化通过期初期末的资产负债表来反映，而资产存量变化的原因则通过反映积累账户主要内容的资产负债变化表来说明（见表 13-14）。

表 13-14　　期初期末资产负债表与变化表

资产存量及变化		负债存量及变化	
期初平衡表		期初平衡表	
非金融资产	4 621	非金融资产	
生产资产	2 818	生产资产	
非生产资产	1 803	非生产资产	
金融资产	8 231	金融负债	7 762
		净值	5 090
交易与其他流量合计		交易与其他流量合计	
非金融资产	482	非金融资产	
生产资产	294	生产资产	
非生产资产	188	非生产资产	
金融资产	523	金融负债	505
		净值变化，合计	500
		储蓄和资本转移	202
		资产物量其他变化	10
		名义持有损益	288
期末平衡表		期末平衡表	
非金融资产	5 103	非金融资产	
生产资产	3 112	生产资产	
非生产资产	1 991	非生产资产	
金融资产	8 754	金融负债	8 267
		净值	5 590

在账户序列的综合表述中，产品供给与使用的平衡关系是通过分别在表格的左右两端增加两列来表现的。与机构部门账户设置不同的是，在表的右边，也就是在经常账户的来源方、资本账户的负债与净值变化方，记录的是货物与服务的使用；相反，在表的左边，也就是相应账户的使用方、资产变化方，记录的是货物与服务的来源。这样的设计可以实现货物与服务作为产品流与各项交易活动的收支流构成对应记录。综合经济账户中的货物

与服务的供给与使用平衡关系可以集中通过货物与服务账户来表现。该账户来源方是产出与进口，而作为使用方的是中间消耗、最终消费支出、资本形成总额和出口。其中，中间消耗属于生产账户的对应记录，最终消费支出属于收入使用账户的对应记录，资本形成总额则属于资本账户的对应记录（见表13-15）。

表13-15　　货物与服务账户

使用			来源
		产出	3 604
中间消耗	1 883	货物与服务进口	499
最终消费支出	1 399	产品税减产品补贴	133
资本形成总额	414		
固定资产形成总额	376		
存货变化	28		
贵重物品获得减处置	10		
货物与服务出口	540		
总使用	4 236	总来源	4 236

经济的循环过程最终是产品与服务的流转过程，收入分配等收支过程只是实现产品流转的重要手段。如SNA2008所说，“整个账户序列可以看作是围绕产品与服务账户，并加入有关收入的形成、分配与再分配，以及储蓄的交易而建立起来的。”① SNA认为货物服务账户提供了如果不是最重要的，也是最基本的等式关系。如果把这些有关收入形成、分配与再分配和储蓄的交易从整个账户序列中拿出来，剩下的将只有货物与服务账户。因此，经济循环过程表现为产品流与收支流的统一。通过引入货物与服务账户，与收支过程相联系，更为系统地表现整个经济循环过程。

在账户序列的综合表述中，在左右两边设置了国外部门的两列，由此反映内外部经济的平衡。对于账户序列综合表述例表中的国外项目，可以通过相应的国外账户来表示。把国外作为一个机构部门来看待，与国内部门的经济往来形成与国内部门的一种对应记录，从而使得整体经济所有活动的记录得以平衡。需要注意的是，国外账户的设置中，来源方与使用方是按照国外的角度来定义的。另外，国外账户设置的主要目的是反映其与国内经济的联系。因此，并不反映与国内经济无联系的方面，例如生产、收入使用等。

国外账户的第一部分是货物与服务对外账户，记录了进出口及其差额（见表13-16）。作为国外来源方的是常住单位从国外的进口所形成的国外的收入，而作为使用方的是常住单位对国外的出口，进而形成的国外的支出。货物与服务对外差额记录了货物与服务贸易项的顺差与逆差。

① 联合国，等.SNA2008，272.

表 13-16 货物与服务对外账户

使用		来源	
货物与服务出口	540	货物与服务进口	499
货物出口	462	货物进口	392
服务出口	78	服务进口	107
货物与服务对外交易差额	−41		
合计	499	合计	499

常住单位与非常住单位之间的收入分配通过原始收入与经常转移对外账户来记录。该账户以货物与服务对外交易差额为起点，来源方记录国外的应收额，而使用方记录国外的应付额，作为平衡项的是包括货物与服务贸易差额与收入分配差额在内的经常交易对外差额（见表 13-17）。

表 13-17 原始收入与经常转移对外账户

使用		来源	
		货物与服务对外交易差额	−41
雇员报酬	6	雇员报酬	2
财产收入	44	财产收入	38
经常转移	17	经常转移	55
所得税、财产税等经常税	1	所得税、财产税等经常税	0
社会保障缴款净额	0	社会保障缴款净额	0
实物社会转移外的社会福利	0	实物社会转移外的社会福利	0
其他经常转移	16	其他经常转移	55
经常交易对外差额	−13		
合计	54	合计	54

对外资本账户（见表 13-18）与对外金融账户（见表 13-19）分别记录常住单位与国外之间发生的非金融性资本交易与金融交易，从而反映对外经济交易引起的对外资产、负债和净值变化情况。以经常交易对外差额为起始项，账户的右方为负债和净值变化，反映资本筹集来源，应收（＋）、应付（－）资本转移，左方为资产变化方，反映资金使用。平衡项为国外净贷出（＋），表示国外资本账户盈余，或净借入（－），表示国外资本账户亏缺。

表 13-18 对外资本账户

资产变化		负债和净值变化	
非生产资产净购买	0	经常交易对外差额	−13
净贷出（＋）/净贷入（－）	−10	应收资本转移	4
		应付资本转移	−1
合计	−10	合计	−10

表 13－19 对外金融账户

资产变化		负债和净值变化	
		净贷出（＋）/净贷入（－）	－10
货币黄金与 SDRs	1	货币黄金与 SDRs	0
通货和存款	11	通货和存款	－2
债务性证券	9	债务性证券	21
贷款	4	贷款	35
股票与投资基金份额	12	股票与投资基金份额	14
保险、养老金和标准化担保计划	0	保险、养老金和标准化担保计划	0
金融衍生工具和雇员股票期权	0	金融衍生工具和雇员股票期权	3
其他应收/应付款	10	其他应收/应付款	－14
合计	47	合计	47

常住单位与非常住单位之间由于交易以外原因引起的存量变化由对外资产物量其他变化账户（见表 13－20）与对外重估价账户（见表 13－21）反映。账户的左方记录国外持有资产的价值增减，右方记录国外持有负债的价值增减。

表 13－20 对外资产物量其他变化账户

资产变化	负债和净值变化
生产资产的经济出现	生产资产的经济出现
非生产资产的经济消失	非生产资产的经济消失
灾害损失	灾害损失
无偿没收	无偿没收
未归类的非金融资产物量其他变化	未归类的非金融资产物量其他变化
分类变化总其他物量变化	分类变化总其他物量变化
生产资产	生产资产
非生产资产	非生产资产
金融资产	金融资产
合计	合计

表 13－21 对外重估价账户

资产变化		负债和净值变化	
名义持有资产损益	7	名义持有资产损益	15
中性持有资产损益	12	中性持有资产损益	22
实际持有资产损益	－5	实际持有资产损益	－7
		因名义持有资产损益引起的净值变化	－8
		因中性持有资产损益引起的净值变化	－10
		因实际持有资产损益引起的净值变化	2
合计	14	合计	14

国外资产负债存量及其变化则通过期初期末资产负债表以及资产负债变化表来反映（见表 13-22）。

表 13-22　　期末对外资产负债账户

资产变化		负债和净值变化	
金融资产	859	负债	1 346
		净值	−487
合计	859	合计	859

上述账户结合在一起，在保持四个方面重要平衡关系的同时，提供了对整体经济的系统描述。这些关系也可以用图形表示如下（见图 13-1）：

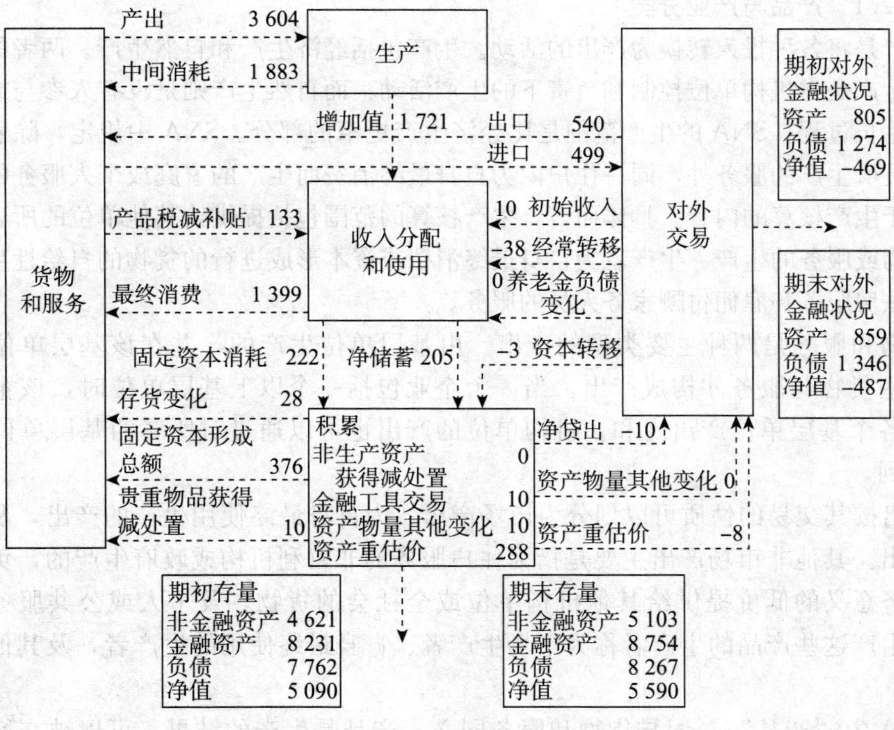

图 13-1　经济总体的综合经济账户图

资料来源：联合国，等 .SNA2008.

正是通过账户之间的联系与平衡，对经济活动进行完整的记录。例如雇员报酬，在收入形成账户中，国内生产分配的雇员报酬为 1 150，进一步从原始收入分配账户来看，国外部门雇员报酬的支付记录在使用方，为 6 个单位，而国外部门雇员报酬获得 2 个单位，意味着国内支付国外 2 个单位，而从国外获得 6 个单位，形成国内的雇员报酬净获得 4 个单位，那么收入形成的雇员报酬 1 150 经过调整就成为 1 154 个单位。

13.2 分类与估价

在综合经济账户中只包括了机构部门的生产账户，以及货物与服务交易的总体平衡，而无法对生产活动以及货物与服务的平衡作更为细化的表述，否则将使得综合账户表异常复杂和难以处理。投入产出核算是对生产账户与货物和服务账户的进一步细化。通过引入产品与产业分类，详细表述了产品的来源与使用去向，并扩展了生产账户的内容。在投入产出核算的分类上，主要是产品的分类，以及基层单位与产业部门分类。核算中也通常用“产品”（product）一词来替代之前所使用的“商品”（commodity），突出其关注产品性质，而非交换关系。

13.2.1 产品与产业分类

生产是将各种投入转换为产出的活动。生产包括经济生产和自然生产。两者的区别在于经济生产是在机构单位控制和负责下的生产活动，而自然生产则是没有人参与或管理的纯自然生长过程。SNA 的生产范围是比经济生产更窄的部分。SNA 中规定，除雇佣付酬家务人员所生产的服务外，同一住户内为自身最终消费而生产的家庭或个人服务的住户活动不属于生产核算的内容。具体而言，生产核算的范围包括提供给其他单位的所有个人或公共货物或服务的生产、生产者为自身最终消费或资本形成进行的货物的自给性生产，以及自有住房服务和雇佣付酬家务人员的服务。

货物和服务是两种主要类型的产出。由基层单位生产的，并在该基层单位之外使用的那些货物与服务才构成产出。当一个企业包括一个以上基层单位时，该企业的产出等于各个基层单位产出之和。机构单位的产出也可以通过对所属的基层单位产出加总而得到。

产出按其交易的性质可以划分为市场产出、为自身最终使用生产的产出，及其他非市场产出。其他非市场产出主要是指为住户服务的非营利机构或政府生产的，免费或按没有经济意义的低价提供给其他机构单位或全社会的货物，及个人或公共服务。相应地，把生产这些产品的生产者称为市场生产者、自身最终使用的生产者，及其他非市场生产者。

SNA 中“产品”一词与货物和服务同义。产品是生产的结果，可以被交换，并用于生产中的投入、最终消费或投资等各种目的。为了对所有的货物和服务根据产品的物理性质和固有性质进行分类，联合国发布了《产品总分类》（CPC），作为产品分类的统一标准。《产品总分类》的第一版是在 1998 年推出的，这之前在 1990 年发布的《暂定产品总分类》可以看作是《产品总分类》的前身，而目前的最新版本是 2008 年推出的第二版。

《产品总分类》的组成包括以下五个层级：第一个层级为部门（sections），对应代码中的第一位数；第二个层级为类（divisions），对应代码中的前两位数；第三个层级为组（groups），对应代码中的前三位数；第四个层级为级（classes），对应代码中的前四位数；

最后一个层级是次级（subclasses），包括所有的五位数。

《产品总分类》的 10 个部门及各级细分类的基本情况如表 13－23 所示：

表 13－23　　《产品总分类》的分类结构

	部门	类	组	级	次级
农业、林业和水产品	0	01～04	17	66	83
矿石和矿物；电、气和水	1	11～18	16	34	34
食品、饮料和烟草；纺织品、服装和皮革制品	2	21～29	44	185	239
其他可运输货物（金属制品、机械和设备除外）	3	31～39	59	252	339
金属制品、机械和设备	4	41～49	50	210	457
建筑服务	5	54	8	38	53
经销服务、住宿、食品和饮料服务、运输服务、公共事业分配服务	6	61～69	32	123	488
金融及相关服务、不动产服务、出租和租赁服务	7	71～73	11	39	72
商业和生产服务	8	81～89	38	136	212
社区、社会和个人服务	9	91～99	30	84	121

资料来源：根据联合国《产品总分类》整理。

产品的生产单位是“产业”（industries）。为对收集和提供生产性经济活动统计数据给出一个分类标准，联合国制定并公布了《国际标准产业分类》（ISIC）。至今已被大多数国家广泛采用，作为制定本国产业分类的基础。《国际标准产业分类》最早的一个版本是在 1958 年提出的，几经修改，目前最新的是联合国 2008 年公布的修订版第四版。由于《国际标准产业分类》受到越来越多国家的重视与采用，并被用于国际比较的基础，因此，在标准的制定中要求更多与不同国家统计惯例的协调，在标准的制定上，类目分得越来越细，特别是涉及服务活动的部分。此外，随着产品分类标准的提出与不断完善，产业分类标准也需要与之协调。受这些因素的影响，在行业分类标准的不同版本中，《国际标准产业分类》第三版和第四版改动尤为明显。

为核算生产领域范围内的经济活动，《国际标准产业分类》划分为四个层级。第一级为门类（sections），按字母顺序对各个类别进行编码；门类进一步划分为更小的类别，以数字编码：第二级为类（divisions），编码为两位数；第三级为大组（groups），编码为三位数；第四级为组（classes），划分最详细，编码为四位数。①

《国际标准产业分类》的 21 个门类及各级细分类情况如表 13－24 所示：

① CPC 中文版中产品分类的 class 译为“级”，而 ISIC 中文版中产业分类的 class 译为“组”，其他用词也有类似的差异，这里统一按国际网站公布的中文版译出。

表 13－24　　《国际标准产业分类》的分类结构

说明	门类	类	大组	组
农业、林业及渔业	A	01～03	13	38
采矿和采石	B	05～09	10	14
制造业	C	10～33	69	137
电、煤气、蒸汽和空调的供应	D	35	3	3
供水；污水处理、废物管理和补救活动	E	36～39	6	8
建筑业	F	41～43	8	11
批发和零售业；汽车和摩托车的修理	G	45～47	20	43
运输和储存	H	49～53	11	20
食宿服务活动	I	55～56	6	7
信息和通信	J	58～63	12	23
金融和保险活动	K	64～66	10	18
房地产活动	L	68	2	2
专业、科学和技术活动	M	69～75	14	14
行政和辅助活动	N	77～82	19	26
公共管理和国防；强制性社会保障	O	84	3	7
教育	P	85	5	8
人体健康和社会工作活动	Q	86～88	9	9
艺术、娱乐和文娱活动	R	90～93	4	10
其他服务活动	S	94～96	5	17
家庭作为雇主的活动；家庭自用、未加区分的物品生产和服务活动	T	97～98	3	3
国际组织和机构的活动	U	99	1	1

资料来源：根据联合国《国际标准产业分类》整理。

各国根据自身统计基础与制度条件，在联合国产品与产业分类标准的基础上，提出本国分类标准。例如美国的产业分类为北美产业分类体系（North American Industry Classification System，NAICS）；欧盟的产业分类为欧盟经济活动分类（European Classification of Economic Activities，NACE）①，而其产品分类为 CPA（Classification of Products by Activity）。我国也提出了基于联合国标准的产业分类，目前采用的是 2002 年发布的分类

① NACE 取自法语 Nomenclature générale des Activités économiques dans les Communautés Européennes 的首字母，含义为欧盟经济活动的统计分类。

标准。所有产业共分为 20 个门类、95 个大类、396 个中类和 913 个小类。具体可参考国家统计局网站。

13.2.2　其他分类

在产业与产品分类之外，在投入产出核算中还会涉及其他统计分类。在此做简要说明。

1. 进出口产品的分类

进出口产品的分类目前主要存在着两个分类体系，即联合国制定的国际贸易标准分类（Standard International Trade Classification，SITC）和世界海关组织（World Customs Organization，WCO）制定的《商品名称及编码协调制度》（Harmonized Commodity Description and Coding System），也就是通常所说的 HS 分类。

两者的区别在于，SITC 的主要目的在于经济分析，是一种统计分类，而 HS 则重点在于海关进出口商品的分类管理。SITC 不仅依据产品的物理性质，而且区分加工阶段以及经济功能。但是，SITC 又需要以海关的进出口数据为基础，从而需要与 HS 分类保持一定的联系。

SITC 的前身最早可追溯到 1938 年国际联盟公布的《国际贸易统计基本商品名称表》（Minimum List of Commodities for International Trade Statistics）。1950 年，联合国正是通过在它的基础上制定了《国际贸易标准分类》，成为《国际贸易标准分类》的最初版本。与此同时，海关进出口商品分类则采用的是 1955 年由海关合作理事会（Customs Cooperation Council）通过的《关税类目》，也称为《布鲁塞尔税则名目》（Brussels Tariff Nomenclature，BTN）。海关数据作为进出口商品的基础数据，要通过对它们的重新分组以得到统计目的的国际贸易标准分类，两种分类体系之间的差异使得这种转换工作变得异常困难。为此，联合国尝试努力协调《国际贸易标准分类》（SITC）与《布鲁塞尔税则名目》（BTN）之间的差异，在 1961 年编写了《国际贸易标准分类》的修订版，基本实现了两者之间的一一对应。之后，在 1975 年，联合国对其《国际贸易标准分类》进行了修订，推出了修订版第二版，而 1976 年 BTN 也进行了修订，推出了新的版本《海关合作理事会税则名目》（Customs Cooperation Council Nomenclature，CCCN）。两者在分类的子类之间仍保持了一一对应关系。但是，随着贸易活动的开展，人们认为子类很难满足需要，由此海关合作理事会 1985 年在 CCCN 的基础上推出了《商品名称及编码协调制度》，这就是 HS 的第一个版本。它在 CCCN 的基础上，把四位数的类别扩大为六位数的子目。随着 1988 年 HS 的正式生效实施，为保持与 HS 的一致性，联合国开始着手对 SITC 进行新的修订，从而推出了 SITC 修订版第三版。目前 HS 最新的版本为 2012 版，而 SITC 的最新版本是修订版第四版。联合国在它的 SITC 中提供 SITC 与 HS 两种分类之间的对应关系。我国自 1992 年 1 月 1 日起也正式实施了以《商品名称及编码协调制度》为基础编制的新的《海关进出口税则》和《海关统计商品目录》。

HS 将商品分为 21 个大类（sections），并采用六位数字编码。前两位数表示商品所在的章（chapters），共分 97 章，其中 1～24 章（1～4 类）为农副产品，25～97 章（5～21 类）为工业品，第 77 章留空作为备用。章以下为用四位数编码的项目号，共有 1 242 个项目（headings）。项目以下又有 5 019 个子目（subheadings）。4 位数字级的税目编号主要用于计税，5 位数字及 6 位数字级的子目号主要用于海关统计。2012 版 HS 代码的大类与章的结构如表 13－25 所示：

表 13－25　　HS 分类结构

大类	章	说明
1	1～5	活动物类
2	6～14	植物产品类
3	15	动、植物油脂及产品类
4	16～24	食品、饮料、烟酒类
5	25～27	矿产品类
6	28～38	化学工业及相关类
7	39～40	塑料、橡胶及制品类
8	41～43	皮革、毛皮及制品，箱包类
9	44～46	木材、木制品、稻秸柳类编织品
10	47～49	木浆及纤维类、纸类及其废碎品、纸板及其制品
11	50～63	纺织原料及纺织制品
12	64～67	鞋、帽、伞、杖、鞭类及零件；羽毛及加工制品；人造花、人发制品
13	68～70	石料、石膏、水泥、石棉、云母及类似材料制品；陶瓷类、玻璃类制品
14	71	天然及养殖珍珠、宝石、贵金属、包贵金属及制品；仿首饰；硬币
15	72～83	贱金属及制品
16	84～85	机器、机械器具、电气设备及零件；录放音机，电视、音响类及零附件
17	86～89	车辆、航空器、船舶及相关运输设备
18	90～92	光学、照相、电影、计量、检验、医疗器材设备、精密仪器，钟表、乐器等及零件附件
19	93	武器、弹药及零件、附件
20	94～96	杂项制品
21	97	艺术品、收藏品及古物类

资料来源：根据 HS 分类整理。

《国际贸易标准分类》（SITC）把商品分为 10 类（section）、67 章（division）、262 个组（groups）、1 023 个分组（subgroups）和 2 970 个基本目（basic headings）。SITC 以阿拉伯数字对产品进行编码：一位数表示类，两位数表示章，三位数表示组，四位数表示分组，五位数表示基本目。

《国际贸易标准分类》第四版的结构如表 13－26 所示：

表 13－26　《国际贸易标准分类》的分类结构

类	说明	章	组	分组	基本目
0	食品和活动物	00～09	36	132	335
1	饮料和烟草	11～12	4	11	21
2	燃料以外的非食品原料	21～29	36	115	239
3	矿物燃料、润滑油及相关原料	32～35	11	22	32
4	动植物油、脂和蜡	41～43	4	21	41
5	未另列明的化学品和有关产品	51～59	34	132	467
6	主要按原料分类的制成品	61～69	52	229	767
7	机械及运输设备	71～79	50	217	642
8	杂项制品	81～89	31	140	420
9	SITC 中其他商品与交易	91～97	4	4	6

资料来源：根据联合国的《国际贸易标准分类》整理。

2. 功能分类

核算体系中根据交易者从事某些交易的目的或目标所体现出的功能对生产者、机构部门中的住户、一般政府和为住户服务的非营利机构的交易进行分类。这些分类包括：政府职能分类（Classification of the Function of Government，COFOG）、按用途划分的个人消费分类（Classification of Individual Consumption by Purpose，COICOP）、为住户服务的非营利机构的目的分类（Classification of the Purposes of Non-profit Institutions Serving Households，COPNI）、按目的划分的生产者支出分类（Classification of Outlays of Producers According to Purpose，COPP）。

（1）按用途划分的个人消费分类（COICOP）。

COICOP 包括 14 个主要类别，构成住户的实际最终消费的全部内容。其中前 12 个加总就是住户的总个人消费支出。最后两个为 NPISHs 和一般政府实物社会转移这部分的消费支出。依据这一分类收集的住户支出信息成为供给使用表中最终消费的重要数据来源。

具体分类情况如下：

①食品与非酒精饮料；

②酒精饮料、烟草与麻醉剂；

③服装与鞋类；

④住房、水、电、煤气与其他燃料；

⑤用具、家用设备和房屋的日常修理；

⑥保健；

⑦运输；

⑧通信；

⑨娱乐与文化；

⑩教育；

⑪餐馆与旅馆；

⑫杂项物品与服务；

⑬ NPISHs 的个人消费支出；

⑭一般政府的个人消费支出。

（2）政府职能分类（COFOG）。

COFOG 提供了对于政府所提供的公共服务与个人消费品与服务的区分。对政府提供的个人消费品和消费服务，按实物社会转移处理。政府消费支出中扣除这部分支出，就得到政府的实际最终消费，也就是公共服务支出的部分。相应的，住户最终消费支出加上这部分，就成为住户的实际最终消费。

政府职能分类包括如下 10 个类别：

①一般公共服务；

②国防；

③公共秩序与安全；

④经济事务；

⑤环境保护；

⑥住房与公共设施；

⑦保健；

⑧娱乐、文化与宗教；

⑨教育；

⑩社会保障。

（3）为住户服务的非营利机构的目的分类（COPNI）。

为住户服务的非营利机构是非市场的生产者，而且不是由政府来资助。主要包括两大类：一类是各种协会和俱乐部，如工会、专业协会或学术协会、教会、社交文化与体育俱乐部等；另一类是由其他机构单位以现金或实物资助的慈善、救济和援助组织。为住户服务的非营利机构（NPISHs）的最终消费支出表现为以实物社会转移形式提供的货物或服务。由于在核算中 NPISHs 提供的服务全部视为个人消费服务，因此，经过向住户的转移之后，NPISHs 的实际最终消费为零。

COPNI 包括 7 个类别：

①住房；

②保健；

③娱乐与文化；

④教育；

⑤社会保障；

⑥宗教；

⑦政党、劳工及专业组织。

（4）按目的划分的生产者支出分类（COPP）。

COPP 尽管针对所有生产者，但主要是为了对市场生产者的交易进行分类。COPP 对有关人力资本、研发、环境保护等特定支出目的进行了分类。具体包括 6 个类别：

①基本建设支出；

②研发支出；

③环境保护支出；

④市场推广支出；

⑤人力资源提升支出；

⑥经常性生产项目、管理与经营支出。

13.2.3 产品的估价

货物与服务账户重在记录产品的实物流转过程，但是在一个经济社会，对实物的记录仍然要通过价值量来反映，因此就离不开价格。

SNA 中的价格主要有三种：购买者价格（purchaser's price）、生产者价格（producer's price）与基本价格（basic price）。造成不同价格之间差异的主要是三个方面的因素：贸易加价（trade margins）、运输加价（transport margins）和产品税减补贴（taxes less subsidies on products）。生产者价格与基本价格之间的差异在于税收与补贴，而购买者价格与生产者价格之间的区别在于产品从生产者最终到达购买者手中所需要花费的贸易与流通费用，此外还包括购买者承担的产品税。为了清楚了解不同价格之间的这种差异，首先要了解产品税。

针对国民经济核算的不同环节，税收被分为三个类别：生产税、收入税与资本税。生产税是围绕产品流转发生的税收，是初次分配的一个组成部分；收入税主要是各种所得税，是再分配中的内容；资本税则是针对资本转移所征的税，如遗产税，或对所拥有的资产或净值征收的财产税。在货物与服务账户以及供给使用表中，我们主要面对的是生产税。

生产税本质上是政府参与生产单位分配从而获得收入，是增加值的一个组成部分。生产税具体可定义为政府对生产单位从事生产、销售和经营活动，以及因从事生产活动使用某些生产要素，如固定资产、土地、劳动力所征收的各种税、附加费和规费。

投入产出框架中的税收包括全部的生产税和进口税（taxes on production and imports）。具体分为两个类别：产品税（taxes on products）与其他生产税（other taxes on production）。产品税又进一步包括增值税、进口税（不含增值税）、出口税，以及上述以外的产品税。当货物和服务由生产者生产、交付、销售、转移或以其他方式处置时，需要缴纳产品税；当货物跨越边界，进入或离开经济领土时，或当服务由非常住单位交付给常住单位，或由常住单位交付给非常住单位时，应缴纳进口税或出口税；其他生产税则是对生产过程中使用的土地、固定资产或劳动力，或者针对某类活动或交易征收的税。如工薪或劳力税、土地房屋或其他建筑物定期税、固定资产使用税和其他活动税、印花税等。从上面核算中税的分类中可以看出，生产税是在生产环节所征的税，而区别于收入税针对收入分配环节，因此不包括任何针对企业利润、盈余及其他收入所缴纳的税。

在我国，生产税一般包括主营业务税金及附加、增值税、管理费中列支的房产税、城镇土地使用税、车船税、印花税、应交纳的排污费、矿产资源补偿费、水电费附加、烟酒专卖上缴政府的专项收入等。生产补贴是政府为了影响生产单位的生产水平和产品价格水平，对生产单位单方面的转移支付，包括政策性亏损补贴、价格补贴等，作为负生产税处理。

投入产出框架中货物与服务估价采用的不同价格，很大程度上是由于对生产税与补贴的不同处理方式带来的。其中的重点是对增值税（value added tax，VAT）的处理。

增值税是在货物或服务上由企业分阶段收取的，但最后完全由最终购买者承担的税。增值税为众多国家所采用，且涉及面非常广，几乎覆盖所有货物与服务。之所以称为增值税，是因为允许生产者对自己购买用于中间消耗或固定资本形成已经缴纳增值税的部分给予抵扣，而生产者必须缴纳的金额只是销售额上的增值税与中间消耗或固定资本形成总值购买额上的增值税的差额。也就是说，增值税应纳税额＝销项税额－进项税额。在 SNA 体系中，对于一些比增值税狭窄，但生产者也可以抵扣的税种，都按增值税处理。

正是因为增值税存在扣减的问题，不同价格对于增值税的处理需要考虑三种形式：

一是发票单列增值税（invoiced VAT），是生产者销售额上应付的增值税，在生产者出具给购买者的销售发票中单独注明。例如，B 企业从 A 企业购买原材料，原材料实际价值为 1 000 元，但是作为购买者 B 实际要支付的在这 1 000 元之外，还要交例如以 17%税率计的增值税 170 元，A 企业开出的发票中会单列该项增值税，B 企业就清楚地知道自己在实际货款之外，还向政府交了多少增值税。

二是可抵扣增值税（deductible VAT），是购买用于中间消耗、固定资本形成总额或转手的货物与服务时应缴纳的增值税，允许生产者从其为政府征收的、在出具给顾客的发票上列出的增值税中扣除可抵扣增值税。例如，上例中的 B 企业用从 A 企业购买的原材料加工产品再出售给 C 企业，产品价值本身是 1 500 元，但 C 企业同样要在这 1 500 元之外，向 B 企业交 255 元的增值税。这时，B 企业可以从这 255 元中扣除原先向 A 企业支付的 170 元增值税。被扣除的 170 元增值税就是可抵扣增值税，也就是可抵扣的进项税。

三是不可抵扣增值税（non-deductible VAT），是购买者应缴纳的增值税，该项不能从购买者自己的增值税应收额（如果有的话）中扣除。当购买产品不再是用于生产经营目的时，这种购买的增值税就不可抵扣。住户为最终消费或住宅方面的固定资本形成缴纳的增值税，以及政府或为住户服务的非营利机构所属的非市场生产者缴纳的增值税，都不能抵扣。

在上述对增值税概念给予区分的基础上，可以对三种价格做出如下定义：

基本价格是生产者向购买者销售其作为产出而生产的一个单位货物或服务，而从购买者手中获得的金额，但是要扣除该单位货物或服务上的所有应付产品税，加上应收补贴。也不包含生产者单独付费的运输费。为什么要扣除应付产品税，是因为这部分产品税是购买者向生产者支付的，但是并不为生产者所有，而是要上缴政府。相反，补贴虽然不包括在购买者付款中，但是是企业应得的部分。所以购买者的支付经过这样的调整，就能更准确地表达为生产者应该得到的部分。当产出按基本价格记录时，产出上实际应付的任何产品税都可视作购买者对政府的直接支付，而不应视作价格的一个组成部分支付给生产者。

基本价格是归生产者所有的部分，反映了生产者实际可得的金额，同生产者的决策密切相关，因此是产出估计的理想价格。

生产者价格是作为生产者从购买者处所获得的，其作为产出而生产的一单位货物或服务的金额，但要扣减开给购买者的发票上列出的增值税或类似的可抵扣税。与基本价格不同的是，生产者价格需要扣除的只是发票单列的增值税，而基本价格则要扣除全部的产品税。因此，从生产者价格中扣除增值税以外的产品税，加上补贴，得到基本价格。生产者价格与基本价格一样，也不包括生产者单独支付的运输费与贸易费。生产者价格相对于基本价格等于是扣除了比较容易扣除的发票单列增值税，而保留了那些扣除相对困难的部分。此外，生产者价格不含产品补贴。

SNA 中，货物与服务的使用则采用购买者价格，它反映了使用者的实际成本。购买者价格是购买者为在要求的时间与地点获得交付的单位货物或服务而支付的金额。它不包括任何可抵扣增值税或类似可抵扣税，但包括购买者在其要求的时间与地点提取货物时单独支付的运输费用。因此，购买者价格与生产者价格的区别在于，生产者价格扣除了所有发票列出的增值税，而购买者价格只是扣除了任何可抵扣的增值税，而包含了不可抵扣的增值税，购买者价格还包括了生产者价格所排除的购买者单独支付的运输费。

在对购买者价格与生产者价格进行比较的时候，如果购买者直接从生产者手中购买，那么购买者价格与生产者价格之间的差额包括了购买者缴纳的任何不可抵扣增值税，以及单独支付的不包括在生产者价格中的运输费用。如果生产者的货物经过批发和零售环节才到达最终购买者手中，这时购买者价格在上述差额之外还要加上贸易费用。另外，对于服务而言，由于直接从生产者进入购买者手中，因此其购买者价格与生产者价格相同，但是对于服务同样存在生产税，因此基本价格与生产者价格并不相同。

购买者价格
－不可抵扣增值税
－购买者单独支付的运输加价
－贸易加价

＝生产者价格
－产品税(不含发票单列增值税)
＋产品补贴

＝基本价格

因此，简单来说，基本价格是产品税未附加、产品补贴未扣减时的价格。生产者价格则包含了增值税以外的所有产品税，但不含产品补贴。购买者价格则包含了不可抵扣增值税。在所有情形下均不含可抵扣增值税。

增值税是一种间接税，最终承担者是消费者。无论是基本价格还是生产者价格，产出的度量中均不包含任何发票单列增值税，中间消耗与总资本形成则不含可抵扣增值税，而最终消费则包括增值税。在供给使用表中，SNA 建议生产采用基本价格，而总使用采用购买者价格。具体而言，产出与进口采用基本价格，在无法得到的情况下采用生产者价格，而中间消耗与最终使用则采用购买者价格。对于税的问题来说，也就是说，产出与进口都不包括发票单列增值税；中间消耗与最终使用，也就是产品与服务的购买则包含不可抵扣增值税。对于贸易费或者是运输费的问题来说，基本价格与购买者价格反映了不同的处理方式，采用基本价格时，贸易费被看作产品之外的一项新交易，而采用购买者价格时，贸易费只是产品价值上的一个加价，是价格的组成部分。

基本价格的好处在于更好地反映产品的真实成本，而生产者价格会因为税制而产生产品价格上的差异，而购买者价格则会在税制之外，由于运输费和贸易费的差异带来产品价格上的差异。这些都与产品本身的价值无关。例如，同样是石油产品，个人消费用的汽油就会比工业用途的燃料油具有更高的税率，税制上对于个人消费和资本形成，以及个人消费与政府消费之间都会存在差异，而同一种产品经过不同的流通环节，价值量就会不同；运输费随着产品运输距离的改变，价值量也会改变。因此，在产出的核算与投入产出核算中，推荐采用基本价格。在基本价格无法得到的情况下，则采用生产者价格。这也是包括中国在内很多国家投入产出表所采用的价格。

对进出口的估价，SNA 采用了类似的价格概念。对出口与进口总额采用离岸价格（FOB，free on board），但是，来自外贸统计所计算的分产品进口数字则通常按到岸价格（CIF，cost-insurance-freight）估价。离岸价格则相当于一种购买者价格。离岸价格与到岸价格之差在于出口国国境和进口国国境中间发生的运输和保险费用。离岸价是进口商在出口国口岸装载，并支付出口税以后的价格。到岸价格是货物在进口国国境的交货价格，或者是向常住单位提供服务的价格，它不包括任何进口税或其他进口税，以及在进口国境内的商业与运输费用。到岸价格类似于国内产出的基本价格。与国内产出生产者价格相对应的进口货物与服务价值则需要在到岸价格的基础上加上进口税，以及对进口产品征收的消费税或特别税。

13.3 供给表与使用表

供给表与使用表是投入产出核算的核心内容，其在核算中主要有两个目的：一是表现为对生产核算的补充，以及对于货物与服务账户的进一步细化，其本身成为协调各种数据来源的一项重要工具；二是在供给表与使用表的基础上进一步推导对称的投入产出表。

13.3.1 供给与使用的平衡关系

在账户体系中，对产品流转过程的反映主要是通过货物与服务账户来实现的。货物与服务账户的核心是产品来源与产品使用之间的平衡关系。供给使用表则是对货物与服务账户的进一步细化的反映。在供给使用表的基础上，再推导出对称的投入产出表，进而可利用投入产出模型进行经济分析。

从产品与服务的视角看，产品供给来自生产的产出与进口，而产品的使用则包括中间消耗、最终消费、资本形成和出口。产品供给与使用的平衡关系是整个经济过程中最重要的平衡关系。①

一般而言，产出由生产企业提供，采用的是基本价格，而产品的使用则往往采用购买者价格，因此考虑所采用的价格的不同，产品平衡关系应该表示为：

产出(基本价格)＋进口＋贸易和运输费用＋产品税减补贴
＝中间消耗(购买者价格)＋最终消费(购买者价格)＋资本形成(购买者价格)＋出口

单个产品的平衡关系加总成为货物与服务账户的来源与使用之间的平衡。在总体经济中，由于贸易和运输费用本身也表示为贸易和运输部门的服务产出，在来源与使用两方获得平衡，因此对这部分加价无须单独在货物与服务账户中反映。货物与服务账户中的平衡关系可以表示为：

产出－中间消耗＋产品税减补贴＝最终消费＋资本形成＋出口－进口

式中，等式左边为生产法 GDP，等式右边为支出法 GDP。

供给使用表是对货物与服务账户的进一步细化。按照 SNA2008 的定义，使用表是由一组产品平衡关系组成的，采用购买者价格，经济中所有可获得的产品均以矩阵的形式出现在行和列中，表示产品如何配置到各种使用中。供给表采用基本价格，以矩阵形式表示，其行向为与使用表对应的同一种类的产品，而列项则对应于基本价格估价的国内生产的供给，此外还包括进口列，以及为与相应购买者价格总供给一致所需要进行的价格调整（见图 13－2）。

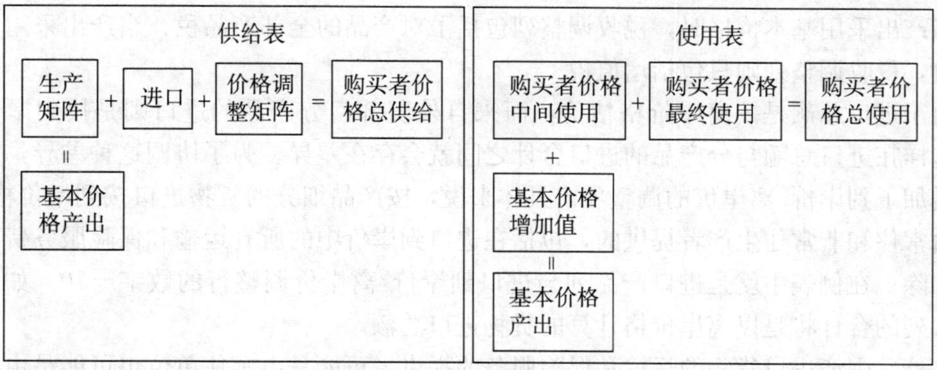

图 13－2　供给表与使用表结构

资料来源：联合国，等 . SNA2008.

供给表与使用表不仅可用于下一步编制投入产出表，而且本身也有重要的核算意义，例如利用来源与使用间的平衡关系，建立不同方法核算的 GDP 之间的一致性。

13.3.2　供给表

供给表主要是反映各个产业究竟生产从而供给了哪些产品，其核心数据生产矩阵（production matrix）的转置通常称为制造矩阵（make matrix）。

---

① 联合国，等 . SNA2008，272.

SNA中供给表与使用表统一以行表示产品，以列表示产业。产品的分类采用《主产品分类》(CPC)，产业的分类则采用《国际标准产业分类》(ISIC)。这样，对于供给表而言，从任何一列来看，都表示某个产业生产的所有产品，而从行来看，是任何一个产品究竟由哪些产业来生产。

供给表在所有产品行的最底下附加两行调整项。这两项调整项都是要对进口进行调整：一项是对于进口品的到岸价/离岸价调整；另一项是常住单位从国外的直接购买（见表13-27)。

供给表的任一行都被分成三个部分：其一是作为主要部分的分产业的产出，同时被进一步分为市场产出、自给性最终使用、非市场产出三个部分；其二是进口，区分为货物与服务，并附加到岸价/离岸价的调整；其三是调整项，包括贸易与运输费用、产品税与补贴，由此把基本价格的供给调整为购买者价格的供给，从而与使用表中各项购买者价格的使用合计相等。

自给性最终消费和固定资本形成而生产的产出，就是通常所说的“自产自用”，主要集中于农产品、建筑产品、房地产与个人住房服务。其估价原则按同类市场性产品或服务的基本价格来估价，只有当无法获得同类产品或服务的市场价格时，才采用生产成本进行估价。对于大部分自营建筑活动的产出，一般采用成本进行估价，而对于雇佣家务劳动，则以雇员报酬作为其产出。非市场产出则是政府以及为住户服务的非营利机构所提供的产出，主要集中于教育、健康与社会服务、公共管理等。由于其产出没有市场价格，或者说没有有经济意义的价格，对其产出采用生产成本进行估价。

当产出采用基本价格时，税收调整列包括了对产品的全部产品税；当产出采用生产者价格时，税收调整列则只包括增值税。

由于进口总额是按离岸价格估价，而来自外贸部门分产品的进口则是按到岸价格估价，这样在进口总额与分产品的进口合计之间就会存在差异。为了协调这种差异，在进口部分增加了到岸价/离岸价的调整项。具体来说，按产品细分的货物进口按到岸价格估价，因此由常住和非常住生产者提供的，包括在进口到岸价中的所有运输和保险服务费用需要全部扣除。在例表中就是进口产品列与进口到岸价/离岸价调整行的数字－10。如此，货物进口列的合计将是以离岸价格计算的货物进口总额。

另外，围绕进口货物的运输和保险服务的提供，可能是由常住单位也可能是由非常住单位提供。不管由谁提供，本身都表现为运输服务和工商服务的服务产出。这些产出既然已经包含在进口货物的到岸价中，因此需要在进口部分的到岸价/离岸价调整列中予以扣除。在例表中对应这部分的调整是进口中到岸价/离岸价调整列对应于运输服务和工商服务行的－6和－4。如此，围绕进口产品的运输服务和工商服务将从相应的行的总供给中被剥离出来，放到行向的到岸价/离岸价调整项中。最终有关这部分运输费与保险费，在到岸价/离岸价调整行和列的合计中都保持为0。

在基本价格难以得到的情况下，投入产出核算也采用生产者价格。对于进口产品，作为与常住单位生产者价格的对应，应该是海关交货价格，尽管SNA并不主张采用这种处理方式。

表 13-27

供给表

产品的供给	购买者价格总供给	贸易与运输费用	产品税	产品补贴(－)	总供给(基本价格)	分产业的产出(按 ISIC 的类别分组)																		进口			
						市场生产者										自给性生产者				非市场生产者							
						农业、林业和渔业(A)	制造业和其他工业(B～E)	建筑业(F)	贸易、运输、住宿、餐饮业(G～I)	信息及通信业(J)	金融和保险业(K)	房地产业(L)	商务服务业(M～N)	教育、卫生及社会服务业(P～Q)	其他服务业(R～T及U)	市场生产者小计	农业、林业和渔业(A)	建筑业(F)	房地产和私人住户服务(L+T)	自给性生产者小计	教育、卫生及社会服务业(P～Q)	公共管理(O)	非市场生产者小计	产业合计	经济总体	对进口的CIF/FOB调整	货物	服务
	(1)	(2)	(3)	(4)	(5)	(6)	(7)	(8)	(9)	(10)	(11)	(12)	(13)	(14)	(15)	(16)	(17)	(18)	(19)	(20)	(21)	(22)	(23)	(24)	(25)	(26)	(27)	(28)
产品(按 CPC 的部门分组)																												
1. 农业、林业和渔业产品(0)	128	2	5	−3	124	78	0	0	0	0	0	0	0	0	0	78	9	0	0	9	0	0	0	87			37	
2. 矿物和矿石、电、气、水(1)	263	2	5	0	256	0	195	0	0	0	0	0	0	0	0	195	0	0	0	0	0	0	0	195			61	
3. 制造业产品(2～4)	2 161	74	94	−5	1 998	0	1 650	6	24	18	0	0	9	0	0	1 707	2	5	0	7	0	0	0	1 714			284	
4. 建筑(5)	261	0	17	0	244	0	7	201	3	2	0	0	0	0	0	213	0	31	0	31	0	0	0	244				
5. 贸易、住宿、餐饮、运输服务(6)	216	−78	5	0	289	0	6	1	226		0	0	0	0	0	233	0	0	0	0	0	0	0	233		−6		62
6. 金融保险(7,不包含 72～73)	159	0	0	0	159	0	0	0	0	0	146	0	0	0	0	146	0	0	0	0	0	0	0	146		−4		17
7. 房地产、租赁服务(72～73)	195	0	0	0	195	0	2	0	4	0	0	94	0	0	0	100	0	0	95	95	0	0	0	195				
8. 商务和生产服务(8)	272	0	11	0	261	0	1	0	3	80	0	0	172	0	0	256	0	0	0	0	0	0	0	256				5
9. 社区和社会服务(92～93)	275	0	0	0	275	0	0	0	0	0	0	0	0	63	0	63	0	0	0	0	212	0	212	275				0
10. 其他服务(94～99)	95	0	4	0	91	0	0	0	2	0	0	0	2		82	86	0	0	5	5	0	0	0	91				0
11. 公共管理(91)	168				168																	168	168	168				
12. 对进口的 CIF/FOB 调整	0				0																					10	−10	
13. 居民在国外的直接购买	43				43																						20	23
14. 合计	4 236	0	141	−8	4 103	78	1 861	208	262	100	146	94	183	63	82	3 077	11	36	100	147	212	168	380	3 604		0	392	107

资料来源：联合国，等．SNA2008．

13.3.3 使用表

使用表的结构非常接近投入产出表，由中间使用象限、最终使用象限与增加值象限三个象限构成，但是在行和列的分类上是不对称的。在 SNA 中，使用表采用了与供给表相同的行与列的分类，也就是行向是产品分类，而列向则是产业分类。使用表的行向表示货物与服务如何被使用，列向则表示了各产业部门的生产成本。使用表位于中间产品象限的部分是消耗矩阵（use matrix），反映各产业生产过程中的中间投入情况。

使用表采用购买者价格，包括中间产品象限的中间消耗，最终使用象限的出口、最终消费和资本形成，都按购买者价格估价。出口则按离岸价，类似于常住单位产出的购买者价格。由于估价上与供给表不同，因而就无须贸易费用、产品税与补贴的价格调整项，以及到岸价/离岸价的调整项。

使用表的中间使用在行向与供给表一样，也可以细分为市场产出、自给性使用产出与非市场产出三个部分。

最终使用中有关进出口的部分需要注意两点：一是对于常住单位从国外的直接购买，这在供给表中表现为从国外的进口，但在使用表中则表现为最终消费的一个构成项目；二是非常住单位在国内市场的直接购买，在使用表中这首先被记录为是一项出口，与此同时，被购买的产品要从最终消费中扣除。实际上就是把这部分购买的产品从国内最终消费转而记录为出口。

最终使用中的最终消费支出则可以按机构部门进行细分类，包括住户、为住户服务的非营利机构、政府。政府与为住户服务的非营利机构的最终消费支出，既可以是其自身的非市场产出，也可以是对市场产出的直接购买。政府消费支出还可以进一步细分为个人消费支出（individual）与公共消费支出（collective）。个人消费支出主要的受益者是个人，因此政府或为住户服务的非营利机构对于个人消费支出，不仅要决定其总额，还必须考虑如何在社会成员间分配所提供的货物或服务。例如保健、教育、社会保障与福利、文化，以及提供住房服务等。公共消费支出则是为社会集体提供公共服务，社会所有成员都能从这类服务中受益。例如国防与安全、法律和秩序的维护、立法与规章条例的制定、环境保护等等。根据核算概念，上述分类可以转换为实际最终消费的项目。其中公共消费成为政府实际最终消费，为住户服务的非营利机构的最终消费支出与政府的个人消费支出被转移成为个人最终获得的消费，加上住户的最终消费支出，成为住户的实际最终消费。

最终使用中的资本形成包括三个部分：固定资本形成总额、存货变化与贵重物品的获得减处置。对资本形成需要注意以下方面：

一是资本形成按净额计算，也就是对于其中的任何一个部分都是按获得减处置的净额来计算。例如对于固定资本形成总额，按新的或现存固定资产的获得减处置来计算，存货变化则是核算期入库价值减出库价值，以及存货中的经常损失价值。

二是固定资本形成的记录时间按交付时间，而不是使用时间，这样才能保证固定资本形成与增加值价值量上的一致。

三是最终使用部分分产品的固定资本形成与增加值象限之下附加的分产业的固定资本形成，两者合计得到的固定资本形成总额是一致的。

四是现存固定资本形成的交易不改变固定资本形成总额，只是引起在不同用途之间或单位和部门之间的转移。其中售出的一方以负值计入，而买入的一方则以正值计入，但转移费用则被作为一种服务，计入当期固定资本形成总额中的相应的服务行。

在核算中，除现存固定资本形成的交易外，消费品或存货也可能作为二手品进行交易。其处理方式类似于固定资本形成的处理，只不过交易的价值量增减计在最终消费或存货变化中。

此外，固定资产的租赁获得的收入要做进一步的区分。如果是生产资产，其租赁收入作为资产所有者提供服务的产出，而承租方则被作为一种中间消耗；如果是非生产资产，则类似于金融资产的租赁进行处理，记录为一种财产收入，也就是说，不再作为一种生产活动，而是作为收入分配活动。

增加值部分主要包括雇员报酬、生产税与进口税减补贴、总营业盈余与混合收入，还包括固定资本消耗，只是由于计量的困难，被包括在营业盈余或混合收入中，统一作为一种余值进行处理。

雇员报酬既包括现金或实物形式的应付工资和薪金，也包括雇主应付的社会缴款。现金形式的工资和薪金，包括定期应付的工资或薪金，加班、外出等的津贴，给休假或因生产暂时离开工作的雇员支付的工资或薪金，等等；实物形式的工资和薪金例如向雇员提供膳食、工作服、上下班的交通等；雇主的社会缴款包括实际缴款和虚拟缴款。实际缴款如雇主为其雇员向第三方，如社会保障基金、保险企业或其他负责管理社会保险计划的机构单位支付的社会缴款。虚拟缴款则是雇主以其自有资源，对其雇员、前雇员或被赡养人直接提供社会福利。

产品税包括增值型税、不含增值税的进口税、出口税及上述之外的其他产品税。进口货物除缴纳进口关税、其他进口税外，还要缴纳增值税。增值税、进口税和出口税之外的产品税主要是由于生产、销售、转移、租赁、交付货物和服务，或用于自给消费或自给资本形成，而应在这些货物和服务上缴纳的税，包括一般销售，对交通、通信、保险、饮食、娱乐、彩票等征收的特定服务税，企业购买或出售非金融资产和金融资产应缴纳的金融和资本交易税，财政专营单位转移给政府的财政专营利润。产品补贴包括进口补贴、出口补贴以及其他产品补贴。其他产品补贴往往与补贴对象执行政府的经济社会政策有关，例如以低于购入价格出售货物的政府贸易组织、以低于成本价格销售货物的公营公司和准公司。其他生产税包括工薪或劳力税，土地、房屋或其他建筑物定期税，营业和职业执照税，固定资产使用税或其他活动税，印花税，污染税，国际交易税。其他生产补贴则包括工薪和劳力补贴、减少污染补贴。

需要注意的是，使用表中生产税与进口税减补贴分为两个部分，一部分分摊到各产业的其他产品税减补贴，另一部分也就是剩下的部分并未分摊到各产业。前者是基本价格总增加值的构成项目，基本价格的总增加值再加上后者就是 GDP。由此，生产税与进口税减补贴在使用表中得到了完整的表述。具体在使用表中，在产品税与补贴的列及生产税与进口税减补贴的行，给出了未分摊的产品税减补贴。由于使用表按购买者价格估价，那么这部分产品税与补贴实际上在其中间产品价值中已包含在内，但是在供给表按基本价格估价的中间产品价值中则并未包含在内。供给表与使用表的这部分产品税与补贴数额相等。在使用表中产品税与进口税减补贴行的其他部分，则列示了按产业细分的其他产品税减补贴（见表 13-28）。

表 13-28　　使用表

产品的使用	购买者价格总供给 (1)	(2)	产品税 (3)	产品补贴(一) (4)	(5)	分产业的中间消耗(按ISIC的类别分组)：市场生产者：农业、林业和渔业(A) (6)	制造业和其他工业(B～E) (7)	建筑业(F) (8)	贸易、运输、住宿、餐饮业(G～I) (9)	信息及通信业(J) (10)	金融和保险业(K) (11)	房地产业(L) (12)	商务服务业(M～N) (13)	教育、卫生及社会服务业(P～Q) (14)	其他服务业(R～T及U) (15)	市场生产者小计 (16)
产品(按CPC部门分组)																
1. 农业、林业和渔业产品(0)	128					2	71	0	3	1	2	1	2	0	0	82
2. 矿物和矿石、电、气、水(1)	263					3	190	1	6	3	2	1	2	0	0	208
3. 制造业产品(2～4)	2161					27	675	63	44	16	16	9	19	4	5	878
4. 建筑(5)	261					1	9	5	3	1	1	1	1	0	0	22
5. 贸易、住宿、餐饮、运输服务(6)	216					3	65	3	25	4	4	2	4	0	0	110
6. 金融保险(7,不包含72～73)	159					1	36	5	18	1	3	3	7	1	1	76
7. 房地产、租赁服务(72～73)	195					1	15	1	8	2	5	2	4	0	1	39
8. 商务和生产服务(8)	272					2	70	12	15	10	18	9	19	7	9	171
9. 社区和社会服务(92～93)	275					0	1	0	0	0		0	1	0	0	2
10. 其他服务(94～99)	95					1	1	0	1	1	1	0	1	0	0	6
11. 公共管理(91)	168					0	0	0	0	0	0	0	0	0	0	0
12. 居民在国外的直接购买	43															
13. 非居民在国内购买	0															
14. 合计	4236					41	1133	90	123	39	52	28	60	12	16	1594
15. 总增加值合计/GDP			141	−8		37	728	118	139	61	94	66	123	51	66	1483
16. 雇员报酬						19	547	79	102	32	44	49	79	43	47	1041
17. 产品税与进口税减补贴			141	−8		−2	43	5	−5	−1	4	6	4	1	1	56
18. 混合总收入						4	30	3	9	0	0	0	0	0	0	46
19. 总营业盈余						16	108	31	33	30	46	11	40	7	18	340
20. 固定资本消耗——混合收入						1	3	0	1	0	0	0	0	0	0	5
21. 固定资本消耗——其他						8	80	11	30	7	12	5	12	1	2	168
22. 总产出						78	1861	208	262	100	146	94	183	63	82	3077
23. 劳动投入(工作小时)						1840	31962	4244	8786	1332	1290	920	1562	494	642	53072
24. 固定资本形成总额						10	122	8	49	14	7	5	7	1	2	225
25. 期末固定资产存量						142	1861	143	731	208	143	102	147	22	29	3528

产品的使用	自给性生产者：农业、林业和渔业(A) (17)	建筑业(F) (18)	房地产和私人住户服务(L+T) (19)	自给性生产者小计 (20)	非市场生产者：教育、卫生及社会服务业(P～Q) (21)	公共管理(O) (22)	非市场生产者小计 (23)	产业合计 (24)	经济总体合计 (25)	出口 (26)	出口：货物 (27)	出口：服务 (28)	最终消费支出：最终消费支出小计 (29)	住户 (30)	NPISHs (31)	一般政府：小计 (32)	一般政府：公共消费 (33)	一般政府：个人消费 (34)	资本形成总额：资本形成总额小计 (35)	固定资本形成总额 (36)	存货变化 (37)	贵重物品获得减处置 (38)
产品(按CPC部门分组)																						
1. 农业、林业和渔业产品(0)	1	0	0	1	3	2	5	88			7	0	30	28	0	2	0	2	3	2	1	
2. 矿物和矿石、电、气、水(1)	0	0	0	0	5	4	9	217			7	0	40	40	0	0	0	0	−1	0	−1	
3. 制造业产品(2～4)	5	17	10	32	42	38	80	990			422	0	573	570	0	3	0	3	176	161	5	10
4. 建筑(5)	0	0	0	0	11	7	18	40			6	0	2	2	0	0	0	0	213	190	23	
5. 贸易、住宿、餐饮、运输服务(6)	0	0	0	0	4	5	9	119			0	55	42	42	0	0	0	0				
6. 金融保险(7,不包含72～73)	0	2	3	5	6	17	23	104			0	2	53	53	0	0	0	0				
7. 房地产、租赁服务(72～73)	0	0	0	0	8	10	18	57			0	1	115	115	0	0	0	0	22	22	0	
8. 商务和生产服务(8)	0	5	7	12	15	24	39	222			0	9	40	40	0	0	0	0	1	1	0	
9. 社区和社会服务(92～93)	0	0	0	0	24	8	32	34			0	2	239	21	14	204	0	204				
10. 其他服务(94～99)	0	0	0	0	2	2	4	10			0	0	85	85	0	0	0	0				
11. 公共管理(91)	0	0	0	0	1	1	2	2				0	166	5	2	159	156	3				
12. 居民在国外的直接购买													43	43								
13. 非居民在国内购买											20	9	−29	−29								
14. 合计	6	24	20	50	121	118	239	1883			462	78	1399	1015	16	368	156	212	414	376	28	10
15. 总增加值合计/GDP	5	12	80	97	91	50	141	1721	1854													
16. 雇员报酬	0	0	0		70	39	109	1150	1150													
17. 产品税与进口税减补贴	0	0	0	0	1	1	2	58	191													
18. 混合总收入	3	12	0	15				61	61													
19. 总营业盈余	2	0	80	82	20	10	30	452	452													
20. 固定资本消耗——混合收入	3	0	0	3				8	8													
21. 固定资本消耗——其他	1	0	15	16	20	10	30	214	214													
22. 总产出	11	36	100	147	212	168	380	3604														
23. 劳动投入(工作小时)	218	780	0	998	7299	8000	15299	69369														
24. 固定资本形成总额	1	1	124	126	13	12	25	376														
25. 期末固定资产存量	17	17	1851	1885	201	169	370	5783														

资料来源：联合国，等．SNA2008.

雇员报酬、其他生产税与营业盈余的合计得到基本价格总增加值。在基本价格总增加值的基础上，再加上产品税减补贴，得到 GDP。

在使用表增加值象限之外，在行向上还附加了分产业的固定资本形成总额、固定资产存量以及劳动投入数据。其中的分产业固定资本形成总额与最终使用象限分产品的固定资本形成总额数据在总量上相等，而分产业的固定资产存量与劳动力数据是经济分析中的重要数据，使得投入产出流量分析扩展到与存量分析相结合。

13.3.4 供给表与使用表的平衡

协调供给与使用平衡的一种常用方法是商品流方法（commodity flow method）。商品流方法可以通过下面的表 13－29 的形式来进行。表的行向为不同的产品，而列向则是购买者价格的供给与使用及其各个构成部分。其中的供给部分，通过由国内产出、到岸价的进口、国内的贸易与运输费用以及产品税加总得到购买者价格的产品总供给。商品流方法的第一步就是要确定总供给，并以此作为产品分配使用的总控制数。使用部分则包括分产业的中间消耗，以及按机构部门划分的最终需求。所谓商品流方法就是区分不同的产品，使得对该产品的各项使用与其总供给相等。

表 13－29　商品流方法

	货物与服务供给				购买者价格总供给	购买者价格使用				总使用
	基本价格国内产出	CIF进口品	贸易与运输费用	产品税减补贴		中间使用	最终消费支出	资本形成总额	出口	
	(1)	(2)	(3)	(4)	(5)＝(1)＋…＋(4)	(6)	(7)	(8)	(9)	(10)＝(6)＋…＋(9)
产品(CPC)										
(1)										
(2)										
⋮										
(k)										

资料来源：United Nations. *Handbook of input-output table compilation and analysis*，1999：184.

对某项产品的中间消耗部分数据的调整主要考虑三个方面的因素：一是投入系数，二是相应产业的产出，三是该产品的产出。由第一和第二个因素，可以估计该类产品的中间使用，给定该产品的最终使用，就可以估计得到该产品的总使用。利用该产品的产出或供给控制数，就可以在行的方向上对该产品的总供给与总使用进行平衡。对于最终使用部分的数据来源及核算方法，在联合国公布的投入产出核算方法中都有详细的说明。在总使用与总供给不平衡的情况下，就需要对数据来源进行进一步的甄别，包括统计口径的一致性，以及本身的统计误差等。在利用商品流方法平衡供给与使用的过程中，可以利用各种统计或技术信息来调整使用表中的中间需求矩阵，利用家庭支出调查，以及有关资本形成、存货、政府支出和外贸方面的调查信息来调整使用表的最终需求部分。

对数据的调整可以立足于数据来源的可靠性，以及编表人员对于产业与产品性质的某些常识。因此在这种情形下，产品的分类越细越好，这样就比较容易对分配用途进行界定，进而对数据的调整将更为准确。例如，把机器与金属制品分开，机器很明显将成为固定资本形成，而金属制品中的一些将会用于中间消耗。收集得到的产品行向分配比例信息也可以用于对使用矩阵数据的调整，但是分配比例远不如技术投入系数稳定、可靠。产品供给与使用之间小的误差可以简单地进行分摊，否则需要对产生误差的各种可能原因进行彻底的调查，包括对基础数据的再审查。通过供给与使用表的编制并实现表的平衡以后，我们看到供给与使用表提供了对于产品世界的完整描述，从而最终完成了对于货物与服务账户中产品平衡关系的更为具体而细化的表述。

经过平衡的供给与使用表一方面提供了一些相互平衡的重要的总量指标，另一方面则提供了对 GDP 核算结果的一个验证。

首先从供给与使用的平衡关系来看，供给表分产业的产出尽管按基本价格估价，但是通过调整项，得到购买者价格的分产品的总供给，这与使用表上购买者价格的总供给完全一致。

国内基本价格的产出 3 604＋进口 499＝基本价格总供给 4 103
＋价格调整项 133
＝购买者价格总供给 4 236

购买者价格中间消耗 1 883＋出口 540＋最终消费 1 399＋资本形成 414
＝购买者价格总供给 4 236

从使用表的投入结构上看，购买者价格中间消耗与基本价格的增加值的合计构成基本价格的产业总产出，这与供给表中的基本价格产业总产出相等。其在总量上的关系可以表示为：

购买者价格中间消耗 1 883＋基本价格增加值 1 721＝基本价格总产出 3 604

此外，可以基于使用表对 GDP 进行计算。也就是：

基本价格增加值 1 721＋价格调整项 133＝GDP1 854

其中的价格调整项主要是未分摊到产业部门的产品税减补贴。

最后我们把 GDP 与产出计算汇总如下：

生产法 GDP＝供给表的国内产出 3 604＋供给表调整项 141－8
－使用表中间消耗 1 883＝1 854

收入法 GDP＝使用表雇员报酬 1 150＋产品税与进口税减补贴 191
＋混合收入 61＋营业盈余 452＝1 854

支出法 GDP＝使用表出口 462＋78＋最终消费支出 1 399＋资本形成总额 414
－供给表进口 392－107＝1 854

需要注意的是，当产出以生产者价格度量时，GDP 就等于生产者价格的产出价值扣除中间消耗，加上进口税（减进口补贴）以及不可抵扣 VAT。加上进口税的原因是：支出法 GDP 核算对于离岸价进口未同时扣除进口税，因此，为保持生产法与支出法核算结果的一致性，需要做该项调整。当产出以基本价格度量时，GDP 就等于基本价格的产出减去中间消耗，加上产品税减产品补贴。

参考文献

[1] 联合国，等. SNA2008.

[2] 联合国，等. 国民经济核算体系（SNA1993）. 北京：中国统计出版社，1995.

[3] United Nations. *Handbook of input-output table compilation and analysis*，1999.

[4] Eurostat. *Manual of supply，use and input-output tables*（2008 edition）.

[5] Miller R. E. and Blair，P. D. *Input-output analysis：foundations and extensions*（2nd edition），Cambridge：Cambridge University Press，2009.

[6] 高敏雪，李静平，许健. 国民经济核算原理与中国实践. 2 版. 北京：中国人民大学出版社，2007.

第十四章

投入产出编表方法

投入产出表的编表方法和数据更新，包括调查法编表（survey-based tables）与非调查法（nonsurvey methods）的数据更新。调查法编表尽管比较准确，但是往往费时费力，因此就出现了在已有的投入产出表的基础上，根据各种变化的信息，对已有投入产出数据进行更新调整，并得到新的投入产出表的各种非调查法的编表与数据更新方法。投入产出编表中的一个核心问题是次要产品的处理。在早期的编表中往往采用对次要产品投入与产出的直接分解方法。随着国民核算体系的建立与完善，以及供给使用表在核算中所起的重要作用，利用供给使用表来推导对称的投入产出表的间接推导法逐渐成为一种重要的编表方法。

14.1　次要产品问题的产生及其处理

14.1.1　次要产品问题的产生

对于任何投入产出编表方法来说，次要产品（secondary product）及其处理都是其中的核心问题。因为投入产出方法的核心数据是直接消耗系数，其分析的基础依赖于“纯部门”的技术假定，只有非常细的产品分类保证了产品的同质性，才能使技术系数不受其他因素的影响。

但是从统计与核算的角度看，产品与生产活动之间并不是一一对应的。同一种产品可以由不同的生产单位进行生产，而同一生产单位也可能同时生产多种产品。核算中把生产单位的生产活动分为三种：主要生产活动（primary production）、次要生产活动（secondary production）与辅助生产活动（ancillary production）。

在特定企业中，如果某项生产活动的增加值占最大比重，该生产活动就是该企业的主要生产活动。该企业那些不属于主要生产活动、增加值占的比重小，但也是以对外提供产品为目的的生产活动被称为次要生产活动。大多数生产单位都生产一些数量的次要产品。与主要生产活动和次要生产活动不同的是，辅助生产活动并不对外提供产出，而是一种为企业主要或次要生产活动顺利进行创造条件的生产活动。主要与次要生产活动，属于生产核算的对象，计算其产出，而通常情况下，辅助生产的投入作为主要或次要活动投入的一部分，不单独核算。

从理论上来说，可以直接由企业对其不同产品的投入结构进行分解，这也就是通过调查直接分解编表的做法。但是，很多企业不愿提供其技术，乃至其投入结构的细节，而必须通过专门的调查得到，从而使得数据的收集异常昂贵。总体上来说，对次要产品的处理方法可以分为两类：一是统计方法，二是数学推导。方法的选择则要依据次要产品产生的原因来综合确定。

国民核算体系中，基层单位被定义为在某一地点仅从事一种生产活动，或其主要生产活动的增加值占绝大部分的一个企业或企业的一部分。因此，即使是基层单位，其内部也可以包括一种或一种以上的次要活动，尽管这些活动的规模必须小于主要活动，否则这些活动就应该从其主要活动中独立出来，作为一个单独的基层单位来处理。核算中规定辅助生产活动不能构成一个独立的基层单位。因此，基层单位虽然是一种更具有同质性的生产单位，但是次要产品的问题不仅存在于企业的层次，也存在于基层单位的层次。即使严格按照 SNA 的规定，以基层单位为统计单位，这样做尽管可以大大减少次要产品的情形，但是基层单位中也可能仍会存在多个产品，那么次要产品问题同样无法避免。

现代企业中，存在纵向整合（vertically integrated enterprise）与横向整合（horizontally integrated enterprise）的企业组织形式。横向整合是指一个企业在某一地域经营，同时从事几种不同的活动，生产用于销售的不同产品。通常将每一种不同的活动作为一个单独的基层单位来处理。纵向整合是围绕某个产品的生产，不同环节的生产活动整合在一起，只有最后阶段的产出才在市场上销售。例如石油企业往往同时从事原油开采和石油冶炼活动。现实中，这两种企业组织形式生产数据的收集往往都是在企业整体，或者说是在总公司层次上开展的。因此，需要对企业整体的投入与产出数据向基层单位进行分摊。此外，如采购、销售、财会、维修等辅助生产活动也往往采取集中管理，也需要把所有这些活动的成本在基层单位之间进行分摊。

以上主要是由于统计实践中所面临的次要产品问题。除实践之外，我们还经常面对生产技术原因导致的次要产品问题。生产技术带来的次要产品主要是副产品（by-product）的问题。副产品可以分为三种情形：第一种情形是某个产品的生产，在技术上会出现另一种或几种副产品，而这些副产品同时是某些产业的主产品，这种情形的副产品被称为普通副产品（ordinary by-products）。第二种是主产品生产中出现的这种副产品，不是任何产业的主产品，这种情形的副产品被称为绝对副产品（exclusive by-products）。第三种情形被称为联产品（joint products）。例如养羊会得到羊毛和羊肉。这一生产过程被称为联合生产。

14.1.2 次要产品的处理方法

次要产品处理的核心问题是其产出与投入的分解，并将其归入一个新的产业，或者是以该次要产品为主产品的产业。这种分解的难点主要不在于产出，而在于投入的分解。处理的方法尽管多种多样，但是主要问题在于如何选择最为可靠的投入结构的信息，进行次要产品投入的分解。对次要产品处理的统计方法，最好也是最直接的办法是让企业按同质生产单位对产出与投入进行直接分解。再定义方法（redefinition method）作为次要产品问题的一种处理方法，就是投入产出表的编制者利用各种外部信息，对次要产品的产出与投入进行分派，从而将次要产品投入与产出从主产品中分离出来。但是，在次要产品投入结构数据不充分的情况下，假定就不可避免。例如，如果存在以该次要产品为主产品的产业，那么该主产品的投入结构就可用来近似次要产品的投入结构，这就是产品技术假定；如果次要产品的生产技术主要受它所在产业影响，那么就可以用它所在产业的投入结构来近似，这就是产业技术假定。数学推导方法就是依据这种假定来转移次要产品的产出与投入，从而由供给表与使用表推导对称的投入产出表。但是，直接采用数学推导对各种复杂情形的处理可能过于简单化。在投入产出编表实践中，往往根据实际情况综合利用两种方法。例如美国表的编制过程中，把次要产品投入结构与所在的主产品产业投入结构差异较大的情形挑选出来，对该部门的次要产品进行再定义的处理，从而提供了再定义之前与再定义之后两套供给使用表。

针对上述次要产品问题产生的不同原因，可以采用不同的处理方式。

首先，我们看到 SNA 定义的基层单位允许次要活动并生产次要产品。对次要活动的产出，以及所需的相应投入必须分解出来。这一工作由企业会计人员来承担将更为可靠。大部分基层单位的产出及所需投入都可以很好地分解。对于次要产品与所在产业的主产品的产品性质差异较大、投入结构有着明显不同的次要产品，可以利用各种相对可靠的投入结构信息进行再定义的处理。

在下面的例子中，产品 3 是产业 1 的一个次要产品，其产出为 5 个单位，并全部作为第二个部门的中间投入。我们需要把产业 1 的次要产品分离出来。产品 1 的产出为 110 个单位，而产业 1 的投入却有 115 个单位，其中存在生产次要产品的投入（见表 14-1）。

表 14-1　　存在次要产品的例子

使用表	中间使用		最终需求	产品产出
产品 1	10	20	80	110
产品 2	30	10	60	100
产品 3		5	0	0
增加值	75	65		
产业产出	115	100		
供给表				
产品 1	110			110
产品 2		100		100
产品 3	5			5
产业产出	115	100		

资料来源：United Nations. *Handbook of input-output table compilation and analysis*，1999：82.

假定我们得到产品 3 的生产的投入结构如下：

产品 1	1
产品 2	2
产品 3	0
增加值	2
总产出	5

那么我们就可以把产品 3 生产所需的投入从第一列中分离出来，使得次要产品 3 成为一个独立的生产过程。得到新的供给表与使用表如下（见表 14－2）：

表 14－2　　次要产品的处理

使用表	中间使用			最终需求	产品产出
产品 1	9	20	1	80	110
产品 2	28	10	2	60	100
产品 3		5		0	0
增加值	73	65	2		
产业产出	110	100			
供给表					
产品 1	110				110
产品 2		100			100
产品 3			5		5
产业产出	110	100	5		

对于辅助生产活动，如果辅助生产活动对外销售其一半或一半以上的产出，这时辅助生产活动单位将作为独立的基层单位来处理。如果辅助生产单位不是作为一个独立的基层单位来处理，辅助生产活动的产出将只能作为次要产品来处理。可以考虑把辅助生产活动的市场产出归于新设立的基层单位，而把非市场产出留在原来的基层单位中。这时同一种辅助生产活动单位的产出被作为不同的产品来对待。

但是有很多辅助生产活动例如市场推广、销售、购买、会计、数据处理、运输等，这些活动提供的服务是企业内所有基层单位共享，并作为内部中间消耗。这些辅助生产活动一般不直接作为一个独立的基层单位，而是直接归并到接受这些服务的主产品生产活动的基层单位中去。因此，辅助生产活动的成本需要在各个基层单位之间进行分派。但是很多情况下缺乏辅助生产活动用于各个基层单位的详细成本记录，这时可以根据每个基层单位产出减去不含辅助生产活动成本的中间消耗的份额来分派成本。或者在数据不足的情况下，更为简单地按基层单位的产出份额来分派。

对于生产技术所导致的次要产品问题，往往缺乏可靠的投入结构信息，至今仍没有一种理想的解决办法，但好在技术所导致的副产品与联产品问题在经济中占的比例很小。如果经济中存在与副产品和联产品近似的产品，那么我们就可以利用这一近似产品的投入结构信息，采用再定义方法把副产品或联产品的产出与投入从生产它们的产业中转移出来。在我们对副产品的投入结构无任何信息的情况下，投入产出研究中提出了两种解决技术导致的次要产品问题的方法，即负值转移法（negative transfer method）以及总量或正值转移法（aggregation or positive transfer method）。我们仍以上述例表中的例子进行说明。

负值转移法最初是由斯通提出用来解决绝对副产品问题的。对于绝对副产品，负值转移方法把副产品作为一个新的产业，但这仅是一个虚拟的产业。其产出为 0，投入也全为 0。但是在副产品的分配上，在产业 1 的投入中，把产品 3 的投入以−5 代入，行和列的平衡关系得以保持（见表 14－3）。

表 14－3　对绝对副产品的负值转移法

	中间使用			最终需求	产品产出
产品 1	10	20	0	80	110
产品 2	30	10	0	60	100
产品 3	−5	5	0	0	0
增加值	75	65	0		
产品产出	110	100	0		

资料来源：United Nations. *Handbook of input-output table compilation and analysis*，1999：83.

如果上述例子中的副产品是普通副产品，那么这种转移过程不再是设立一个新的产品生产部门，而是将剥离出来的副产品的投入与以该副产品为主产品生产的投入列合并。具体的转移结果见表 14－4。这一转移过程与绝对副产品的结果相比，相当于是将绝对副产品的产业 3 的投入与分配的列与行，与相应的产业 2 的列和行合并。

表 14－4　把副产品归入类似产业的负值转移法

	中间使用		最终需求	产品产出
产品 1	10	20	80	110
产品 2	30−5	10＋5	60	100
增加值	75	65		
产品产出	110	100		

资料来源：United Nations. *Handbook of input-output table compilation and analysis*，1999：84.

总量或正值转移法主要是针对绝对副产品，是把副产品与生产它们的产业的主产品同等看待。同样对于上述例子，正值转移法的处理结果见表 14－5。表 14－5 中，因为副产品与生产它们的产业 1 等同，那么产业 1 的列向无须调整，但是在行向产业 1 的分配活动要与副产品的产业 3 的分配活动相加。其含义在于产业 1 的副产品产出被销售给产业 2，就像是主产品一样。因此，产业 2 生产中的产品 1 的投入就是 20＋5。同负值转移法相比，正值转移法相当于副产品产业与生产它们的产业合并。正值转移法与以合并方式处理副产品的负值转移法都因为副产品被合并掉，从而无法反映更多副产品的信息。

表 14-5　　对绝对副产品的正值转移法

	中间使用		最终需求	产品产出
产品 1	10	20+5	80	115
产品 2	30	10	60	100
增加值	75	65		
产业产出	115	100		

资料来源：United Nations. *Handbook of input-output table compilation and analysis*，1999：85.

14.2　使用表价格的调整

由于投入产出表一般采用基本价格或生产者价格，而不用购买者价格，因此从供给使用表（SUT）推导对称的投入产出表（SIOT），首先需要对购买者价格的使用表进行价格调整。把购买者价格的使用表调整为基本价格的使用表。

我们以 1999 年联合国《投入产出表编制与分析手册》中的例子来说明对称的投入产出表编表前的价格调整，以及之后的对称的投入产出表的推导过程。

首先我们来看《投入产出表编制与分析手册》中所给出的价格调整前的供给表与使用表（见表 14-6 和表 14-7）。从表的结构上看，经济中有三种产品，即产品 1、产品 2，以及第三种产品——直接购买的运输服务。相应地，列向上则为三个相应的产业。这里的第三种产品——直接购买的运输服务，其含义比较容易引起误解。从表中的数据看，该部门的基本价格产出为 62 个单位。在第（8）列的贸易与运输服务费用的调整项中我们可以看到，62 个单位的运输服务产出中有 60 个单位是生产中使用，其价值会转移到购买者价格的产品中。从表中数据看，其中 33 个单位成为产品 1 最终到达消费者手中的运输附加费用，27 个单位成为产品 2 的运输附加费用，而剩下的 2 个单位从使用表中可以看到，直接为消费者所购买。因此我们看到直接购买的运输服务的基本价格为 62 个单位，而购买者价格的产出价值只有 2 个单位。贸易与运输费调整列所起的作用只是把中间使用的贸易运输费从基本价格产出中扣除，并加到使用它们的部门，使这些部门的基本价格产出转化为购买者的价格产出。与此同时，运输部门基本价格产出经扣除后，只剩下消费者直接购买的运输服务。

此外，给出的数值例子具备之前我们所介绍的供给表与使用表的各种平衡关系。从表中我们可以看出，行向合计的购买者价格的产品供给等于购买者价格的总使用。列向合计的供给表与使用表中的基本价格产业产出也是相等的。使用表中的成本表示的是生产者或消费者的实际成本，使用表中购买者价格的使用，不包括可抵扣增值税，但是包括所有其他不可抵扣产品税。使用表中的基本价格总增加值是雇员报酬、其他产品税减补贴、固定资本消耗和混合收入的合计。再加上未分摊的产品税减补贴 20，就等于 GDP216。最终需求等于住户最终支出、政府最终支出、总资本形成与离岸价的出口合计，再减去离岸价进口合计 25 之后，也将等于 GDP216。

表 14-6　　基本价格供给表

		产业产出			经济总体	CIF 进口（总额 FOB）	CIF/FOB 调整	基本价格产品供给	贸易与运输费用	产品税减补贴		购买者价格总供给
										进口关税	其他产品税减补贴	
		(1)	(2)	(3)	(4)＝(1)＋(2)＋(3)	(5)	(6)	(7)＝(4)＋(5)＋(6)	(8)	(9)	(10)	(11)＝(7)＋(8)＋(9)＋(10)
(1)	产品 1	156	24	0	180	15		195	33	2	11	241
(2)	产品 2	9	80	0	89	8	−1	96	27	1	6	130
(3)	直接购买的运输服务	0	0	62	62	1	−1	62	−60	0	0	2
(4)	CIF/FOB 调整					−2	2	0				0
(5)	居民海外直接购买					3		3				3
(6)	基本价格产业产出合计	165	104	62	331							
(7)	其他合计					25	0	356	0	3	17	376

资料来源：United Nations. *Handbook of input-output table compilation and analysis*，1999：65.

表 14-7　　购买者价格使用表

		产业中间使用			经济总体	FOB 出口	住户最终支出	政府最终支出	资本形成总额	购买者价格产品总使用
		(1)	(2)	(3)	(4)	(5)	(6)	(7)	(8)	(9)＝(1)＋…＋(8)
(1)	产品 1	25	35	13	73	28	100		40	241
(2)	产品 2	32	20	10	62	9	49	10	0	130
(3)	直接购买的运输服务					0	2		0	2
(5)	居民海外直接购买						3			3
(6)	非居民国内直接购买					1	−1			0
(7)	购买者价格使用合计，(1)＋…＋(6)	57	55	23		38	153	10	40	376
(8)	增加值合计/GDP				216					
(9)	基本价格总增加值，(11)－(7)	108	49	39	196					
(10)	产品税与进口税减补贴				20					
(11)	基本价格产业产出	165	104	62	331					

资料来源：United Nations. *Handbook of input-output table compilation and analysis*，1999：66.

进出口产品的CIF/FOB调整也采取了联合国SNA与《投入产出表编制与分析手册》中所推荐的方式，就是只对供给表进行CIF/FOB调整，而对使用表不做任何调整。具体是在供给表的行向设置CIF/FOB调整项，也就是在进口列与调整行的交叉位置扣除运输与保险费，使得分进口产品的到岸价与进口合计的离岸价能够一致，避免重复计算。同时在列向设置同样的CIF/FOB调整项，把CIF进口中已经包含的运输与保险费从提供这些服务的部门产出中扣除，以免重复计算。另外在行向和列向调整项的交叉位置设置一个正值，使得调整项行和列的合计都等于0。

使用表从购买者价格到基本价格的调整，核心问题是从产品交易的购买者价格价值量中分离出贸易与运输费用，以及产品税减补贴。实际调整过程中一般是通过分别编制对应于交易矩阵的贸易与运输费，以及产品税减补贴的矩阵表，从而将这两类费用从使用表的交易价值量中扣除，获得基本价格的使用表。我们接着以联合国《投入产出表编制与分析手册》中的例子进行简要说明。

在表14-8中，首先是把贸易与运输费和产品税减补贴从使用表产品价值中分离出来。原来的使用表的产品的使用行被分离为三个部分，表中第（1）行到第（3）行为基本价格的产品使用，第（1′）行到第（2′）行为贸易与运输费用，第（1″）行到第（3″）行为产品税减补贴的部分。这样分离之后，尽管第（7）行所表示的购买者价格的各产业的使用合计仍然不变，但是，第（1）行到第（3）行为基本价格的产品使用，其行向合计则为各产品基本价格的总使用。其次是把分离出的贸易与运输费用行与原有的运输服务行第（3）行合并，就得到基本价格使用表（见表14-9）。最后，为了与投入产出表在形式上保持一致，需要在使用表中引入进口。方法是在各项使用之外，再增加一列进口，且取负值。这样行向合计得到的第（11）列，表示的是国内产品的使用合计，与供给表中的第（4）列相等（见表14-10）。

经过价格调整之后，基本价格使用表与基本价格供给表一起，可以用于推导得到对称的投入产出表（SIOT）。

14.3 次要产品转移的数学方法

使用表虽然在形式上同对称的产品—产品投入产出表很接近，其行向为产品分类，但列向则是产业分类，是一种不对称的结构。在这种形式上差异的背后，实质的问题是使用表的列向是混部门的产业，而非纯部门的产品。一个产业可能同时生产多种产品。为了从已知的产业部门j的投入结构中去估算产品j的投入结构，就必须在产出转移的同时，从产业部门j的投入中减去产业部门j用于生产主要产品（产品j）以外产品的投入，同时加入其他产业部门用于生产产品j的投入。

14.3.1 产品技术假定与产业技术假定

利用供给表和使用表中的数据推算对称的投入产出表，实际上就是利用供给表的信息对使用表进行投入分解。这一分解过程中有两个重要的数据：一个是供给表中的制造矩阵

表 14-8　　使用表的价格调整

基本价格产品	产业中间使用 (1)	(2)	(3)	经济总体 (4)	FOB 出口 (5)	住户最终支出 (6)	政府最终支出 (7)	资本形成总额 (8)	基本价格产品总使用 (9)=(1)+…+(8)
(1) 产品 1	19	28	10	57	27	71		40	195
(2) 产品 2	29	18	8	55	8	23	10		96
(3) 直接购买的运输服务						2		0	2
(1′) 产品 1 的贸易与运输费	5	5	2	12	1	20		0	33
(2′) 产品 2 的贸易与运输费	2	2	1	5	1	21		0	27
(1″) 产品 1 的产品税减补贴	1	2	1	4	0	9		0	13
(2″) 产品 2 的产品税减补贴	1	0	1	2	0	5		0	7
(3″) 产品 3 的产品税减补贴						0			0
(5) 居民海外直接购买						3			3
(6) 非居民国内直接购买					1	−1			0
(7) 购买者价格使用合计，(1)+…+(6)	57	55	23		38	153	10	40	376
(8) 增加值合计/GDP				216					
(9) 基本价格总增加值，(11)−(7)	108	49	39	196					
(10) 产品税与进口税减补贴				20					
(11) 基本价格产业总产出	165	104	62	331					

资料来源：United Nations. *Handbook of input-output table compilation and analysis*，1999:67.

表 14-9 **基本价格使用表**

基本价格产品	产业中间使用 (1)	(2)	(3)	经济总体 (4)	FOB 出口 (5)	住户最终支出 (6)	政府最终支出 (7)	资本形成总额 (8)	基本价格产品总使用 (9)＝(1)＋…＋(8)
(1) 产品 1	19	28	10	57	27	71		40	195
(2) 产品 2	29	18	8	55	8	23	10		96
(3) 贸易与运输服务	7	7	3	17	2	43		0	62
(4) 产品税减补贴	2	2	2	6	0	14		0	20
(5) 居民海外直接购买						3			3
(6) 非居民国内直接购买					1	−1			0
(7) 购买者价格使用合计，(1)＋…＋(6)	57	55	23		38	153	10	40	376
(8) 增加值合计/GDP				216					
(9) 基本价格总增加值，(11)－(7)	108	49	39	196					
(10) 产品税与进口税减补贴				20					
(11) 基本价格产业总产出	165	104	62	331					

资料来源：United Nations. *Handbook of input-output table compilation and analysis*，1999：68.

表 14-10 **通常形式的基本价格使用表**

	产业中间使用 (1)	(2)	(3)	经济总体 (4)	住户最终支出 (5)	政府最终支出 (6)	资本形成总额 (7)	FOB 出口 (8)	CIF 进口（总额 FOB） (9)	CIF/FOB 调整 (10)	基本价格国内产品总使用 (11)＝(1)＋…＋(10)
(1) 产品 1	19	28	10		71		40	27	−15		180
(2) 产品 2	29	18	8		23	10		8	−8	1	89
(3) 贸易与运输服务	7	7	3		43		0	2	−1	1	62
(4) 产品税减补贴	2	2	2		14		0	0			20
(5) 居民海外直接购买					3				−3		0
(6) 非居民国内直接购买					−1			1			0
(7) CIF/FOB 调整									2	−2	0
(8) 购买者价格使用合计，(1)＋…＋(7)	57	55	23		153	10	40	38	−25	0	351
(9) 增加值合计/GDP				216							
(10) 基本价格总增加值，(12)－(8)	108	49	39	196							
(11) 产品税与进口税减补贴				20							
(12) 基本价格产业总产出	165	104	62	331							

资料来源：United Nations. *Handbook of input-output table compilation and analysis*，1999：69.

(make matrix)；另一个是使用表中的使用矩阵（use matrix)。投入产出研究中，习惯用 V 表示制造矩阵，用 U 表示使用矩阵，也因此把利用供给使用表推算对称投入产出表的方法称为 UV 表推算方法。

在推算过程中，可以采用两种假定，即产品技术假定（commodity-based technology assumption，CTA）和产业技术假定（industry-based technology assumption，ITA）。[①] 产业技术假定指的是一个产业部门所生产的所有产品是用相同的投入结构生产的。这意味着在同一个产业的主产品与次要产品将按照同一技术来生产，拥有同样的投入结构。因此，随着产品生产的产业部门的不同，这些产品就有不同的投入结构。产品技术假定是指无论在哪个产业部门中生产，同一种产品都有相同的投入结构。比较起来看，产品技术假定在经济意义上更合理。

用 x 表示产品总产出或总投入；y 表示产品的最终需求；q 表示产业总产出或总投入；f 表示产业的最终需求。供给表（见表 14-11）与使用表（见表 14-12）用字母符号可简略表示如下：

表 14-11　　供给表

	产业	产品产出
产品	V	x
产业产出	q'	

表 14-12　　使用表

	产业	最终需求	产品产出
产品	U	y	x
产品税减补贴	tx		
增加值	v		
产业产出	q'		

根据原供给使用表中的数字，就有：

$$U=\begin{bmatrix}19 & 28 & 10\\29 & 18 & 8\\7 & 7 & 3\end{bmatrix}, V=\begin{bmatrix}156 & 24 & 0\\9 & 80 & 0\\0 & 0 & 62\end{bmatrix}$$

$$x=(180,89,62)',\ q=(165,104,62)'$$

$$tx=(2,2,2),\ v=(108,49,39)$$

利用上述数据，可以计算以下三个重要的系数矩阵：

(1) 产品—产业直接消耗系数矩阵 B：

$$B=U\hat{q}^{-1}=\begin{bmatrix}19 & 28 & 10\\29 & 18 & 8\\7 & 7 & 3\end{bmatrix}\begin{bmatrix}1/165 & & \\ & 1/104 & \\ & & 1/62\end{bmatrix}=\begin{bmatrix}0.115 & 0.269 & 0.161\\0.176 & 0.173 & 0.129\\0.042 & 0.067 & 0.048\end{bmatrix}$$

① 核算体系中认为产品要比商品概念更为准确，为此，我们在很多使用“商品”概念的情况下都改称“产品”。

表示各产业生产中的投入结构。

（2）市场份额系数矩阵 D：

$$D = V'\hat{x}^{-1} = \begin{bmatrix} 156 & 9 & 0 \\ 24 & 80 & 0 \\ 0 & 0 & 62 \end{bmatrix} \begin{bmatrix} 1/180 & & \\ & 1/89 & \\ & & 1/62 \end{bmatrix} = \begin{bmatrix} 0.867 & 0.101 & 0.000 \\ 0.133 & 0.899 & 0.000 \\ 0.000 & 0.000 & 1.000 \end{bmatrix}$$

表示同一产品的产出，不同产业所占的市场份额。

（3）产品比例系数 C：

$$C = V\hat{q}^{-1} = \begin{bmatrix} 156 & 24 & 0 \\ 9 & 80 & 0 \\ 0 & 0 & 62 \end{bmatrix} \begin{bmatrix} 1/165 & & \\ & 1/104 & \\ & & 1/62 \end{bmatrix} = \begin{bmatrix} 0.945 & 0.231 & 0.000 \\ 0.055 & 0.769 & 0.000 \\ 0.000 & 0.000 & 1.000 \end{bmatrix}$$

表示各产业生产的不同产品所占的比例。

在开始向对称的投入产出表转换之前，首先考察一下基于使用表现有的关于产品使用的平衡关系：

$$x_i = u_{i1} + u_{i2} + \cdots + u_{in} + y_i$$

表示成矩阵形式为：

$$x = Ui + y \tag{14.1}$$

其中，i 表示元素全为 1 的列向量。

引入产品—产业的直接消耗系数矩阵，产品平衡方程变为：

$$x = B\hat{q}i + y$$
$$x = Bq + y \tag{14.2}$$

产品—产业账户是不对称的，我们无法直接通过公式的变换得到完全消耗系数或完全需求系数（列昂惕夫逆阵）。只要把产品—产业直接消耗系数矩阵 B 转换为产品—产品直接消耗系数矩阵 A，就可以把 Bq 转换为 Ax。代入公式中，就可以得到完全消耗系数矩阵或列昂惕夫逆阵。

为实现这种剖分归并，我们首先采用产品工艺假定进行转换。也就是不管在什么部门生产，产品的投入系数都是相同的。我们假定产品 1、2 和 3 的投入系数分别为：$\begin{bmatrix} a_{11} \\ a_{21} \\ a_{31} \end{bmatrix}$、$\begin{bmatrix} a_{12} \\ a_{22} \\ a_{32} \end{bmatrix}$ 和 $\begin{bmatrix} a_{13} \\ a_{23} \\ a_{33} \end{bmatrix}$。

实际上，这三个产品投入系数合并起来正是我们想要得到的直接消耗系数矩阵 A。

显然在产品技术假定下，产业 1 生产三种产品的产量分别是 156、9、0。那么在已知直接消耗系数矩阵 A 的情况下，分别用投入系数与相应的产品量相乘，就可以得到每种产品生产所需的投入，而这些投入加总起来正是产业 1 的全部投入。即：

$$\begin{bmatrix}a_{11}\\a_{21}\\a_{31}\end{bmatrix}\times 156+\begin{bmatrix}a_{12}\\a_{22}\\a_{32}\end{bmatrix}\times 9+\begin{bmatrix}a_{13}\\a_{23}\\a_{33}\end{bmatrix}\times 0=\begin{bmatrix}a_{11}&a_{12}&a_{13}\\a_{21}&a_{22}&a_{23}\\a_{31}&a_{23}&a_{33}\end{bmatrix}\begin{bmatrix}156\\9\\0\end{bmatrix}=\begin{bmatrix}b_{11}\\b_{21}\\b_{31}\end{bmatrix}\times 165$$

进一步同时考虑三个产业，我们就得到产品的直接消耗系数矩阵 A 与产业直接消耗系数矩阵 B 之间的关系：

$$\begin{bmatrix}a_{11}&a_{12}&a_{13}\\a_{21}&a_{22}&a_{23}\\a_{31}&a_{23}&a_{33}\end{bmatrix}\begin{bmatrix}156&24&0\\9&80&0\\0&0&62\end{bmatrix}=\begin{bmatrix}b_{11}&b_{12}&b_{13}\\b_{21}&b_{22}&b_{23}\\b_{31}&b_{23}&b_{33}\end{bmatrix}\times\begin{bmatrix}165&&\\&104&\\&&62\end{bmatrix}$$

也就是：

$$AC=B$$

或表示为：

$$A=BC^{-1} \tag{14.3}$$

根据上式，可以利用产业的投入系数矩阵 B 和产品比例系数矩阵 C 推导产品的投入系数矩阵，或者直接消耗系数矩阵 A。

其次，我们采用产业技术假定进行表的转换。

产业技术假定是假定产品的技术及相应的投入结构取决于该产品所处的产业。从一般情形看，任一产品都可能由三个产业来生产。这就意味着任一产品的投入系数是三个产业投入系数的一种组合。

从产品 1 的生产情况看，三个产业对产品 1 的生产量分别为 156、24、0，因此有如下等式关系：

$$\begin{bmatrix}b_{11}\\b_{21}\\b_{31}\end{bmatrix}\times 156+\begin{bmatrix}b_{12}\\b_{22}\\b_{32}\end{bmatrix}\times 24+\begin{bmatrix}b_{13}\\b_{23}\\b_{33}\end{bmatrix}\times 0=\begin{bmatrix}b_{11}&b_{12}&b_{13}\\b_{21}&b_{22}&b_{23}\\b_{31}&b_{32}&b_{33}\end{bmatrix}\begin{bmatrix}156\\24\\0\end{bmatrix}=\begin{bmatrix}a_{11}\\a_{21}\\a_{31}\end{bmatrix}\times 180$$

同时考虑三种产品，得到生产 A 产品和 B 产品的投入系数的关系式：

$$\begin{bmatrix}b_{11}&b_{12}&b_{13}\\b_{21}&b_{22}&b_{23}\\b_{31}&b_{32}&b_{33}\end{bmatrix}\begin{bmatrix}156&9&0\\24&80&0\\0&0&62\end{bmatrix}=\begin{bmatrix}a_{11}&a_{12}&a_{13}\\a_{21}&a_{22}&a_{23}\\a_{31}&a_{32}&a_{33}\end{bmatrix}\begin{bmatrix}180&&\\&89&\\&&62\end{bmatrix}$$

表示成矩阵形式为：

$$A=BD \tag{14.4}$$

以上按照两种技术假定都得到了产品—产品的直接消耗系数。在产品技术假定下，不同产品的投入系数是不同的，而同一产业生产不同的产品，因此，产业的投入系数是生产的不同产品的投入系数的加权平均，即 $AC=B$。其中的权数正是产品比例系数 C。相应地，产品技术假定意味着我们假定同一产业生产不同种类产品，这种不同种类产品之间的产出比例是固定的。在产业技术假定下，同一产品的投入系数根据生产它们的产业的不同而不同，并且就是生产它们的产业的投入系数，因此同一产品的投入系数是生产它们的不同产业投入系数的加权平均，即 $A=BD$。其中的权数正是产品市场份额系数 D。相应地，产业技术假定也意味着假定同一产品由不同产业来生产，这种由不同产业生产的比例是固定的。

14.3.2　两种技术假定下的完全需求模型

这部分我们基于两种技术假定进行模型推导，并得到不同形式的完全需求系数模型。

1. 基于产品技术假定的推导

首先，我们基于产品技术假定讨论如何建立完全需求系数的模型。仍然从行向关系开始：

$$x = Bq + y$$

对于上述模型，我们需要把其中的产业产出 q 转换为产品产出 x，并且利用的是产品技术假定。

根据产品比例系数矩阵 C，有：

$$C\hat{q} = V$$
$$C\hat{q}i = Cq = Vi = x$$

因此有：

$$Cq = x$$

我们看到，正是利用每一产业固定的产品比例，把产业的产出转换为产品的产出。同样，我们可以利用 C，把产业的最终需求转换为产品的最终需求，即 $Cf=y$。

利用 $q = C^{-1}x$，代入开始的产品平衡方程：

$$x = BC^{-1}x + y$$

实际上，这时的 BC^{-1} 正是产品—产品的直接消耗系数矩阵 A。进一步有：

$$x = (I - BC^{-1})^{-1}y \tag{14.5}$$

其中，$(I - BC^{-1})^{-1}$ 正是产品—产品的完全需求矩阵，或列昂惕夫逆阵。其第 ij 个元素的含义为第 j 种产品单位最终需求带来的第 i 种产品产出的增长。

在我们的例子中，有：

$$(I - BC^{-1})^{-1} = \begin{bmatrix} 1.225 & 0.497 & 0.275 \\ 0.272 & 1.333 & 0.227 \\ 0.074 & 0.127 & 1.081 \end{bmatrix}$$

在上述变换的基础上，我们还可以推导产业—产品完全需求矩阵、产品—产业完全需求矩阵，以及产业—产业需求矩阵。

将上述关系 $Cq=x$ 代入刚刚得到的产品—产品需求矩阵的模型中：

$$Cq = (I - BC^{-1})^{-1} y$$

进一步有：

$$q = C^{-1}(I - BC^{-1})^{-1} y \tag{14.6}$$

其中，$C^{-1}(I-BC^{-1})^{-1}$ 为产业—产品完全需求矩阵。其第 ij 个元素的含义为第 j 种产品单位最终需求带来的第 i 产业产出的增长。

根据我们的数值例子，可以得到：

$$C^{-1}(I - BC^{-1})^{-1} = \begin{bmatrix} 1.231 & 0.105 & 0.223 \\ 0.266 & 1.726 & 0.279 \\ 0.074 & 0.127 & 1.081 \end{bmatrix}$$

上述结果的含义，例如第一列表示的是对产品 1 的单位最终需求，带来产业 1、产业 2、产业 3 产出的增长分别为 1.231、0.266 和 0.074。

如果我们把产品的最终需求转换为产业的最终需求，就可以得到产业—产业完全需求矩阵，以及产品—产业完全需求矩阵。

利用 $Cf=y$，分别代入产业—产品完全需求矩阵模型与产品—产品完全需求矩阵模型，得到：

$$q = C^{-1}(I - BC^{-1})^{-1} Cf$$

$$q = (I - C^{-1}B)^{-1} f \tag{14.7}$$

其中，$(I-C^{-1}B)^{-1}$ 为产业—产业完全需求矩阵。其第 ij 个元素的含义为第 j 产业单位最终需求带来的第 i 产业产出的增长。

$$x = (I - BC^{-1})^{-1} Cf \tag{14.8}$$

其中，$(I-BC^{-1})^{-1}C$ 为产品—产业完全需求矩阵。其第 ij 个元素的含义为第 j 产业单位最终需求带来的第 i 种产品产出的增长。

2. 基于产业技术假定的推导

其次，与上述转换关系类似，我们可以讨论如何基于产业技术假定建立完全需求模型。

对于模型

$$x = Bq + y$$

由市场份额系数 $D = V'\hat{x}^{-1}$，得到：

$$D\hat{x} = V'$$

$$D\hat{x}i = V'i \Rightarrow Dx = q$$

我们看到，正是利用每一产品不同产业固定的市场份额，把产品的产出转换为产业的产出。同样，我们可以利用 D，把产品的最终需求转换为产业的最终需求，即 $Dy=f$。

把 $Dx = q$ 代入行向关系模型：

$$x = BDx + y$$

$$x = (I - BD)^{-1} y \tag{14.9}$$

矩阵 $(I-BD)^{-1}$ 就是基于产业技术假定得到的产品—产品完全需求矩阵。矩阵中元素的含义与产品技术假定得到的完全需求矩阵的含义相同。

在上述结果的基础上，利用 $Dx=q$，得到产业—产品完全需求矩阵模型：

$$q = Dx = D(I - BD)^{-1} y \tag{14.10}$$

其中，$D(I-BD)^{-1}$ 就是产业—产品完全需求矩阵。

此外，从 $Dy=f$ 得到 $y=D^{-1}f$，并分别代入产品—产品完全需求矩阵模型与产业—产品完全需求矩阵模型，得到产品—产业完全需求矩阵模型与产业—产业完全需求矩阵模型：

$$x = (I - BD)^{-1} D^{-1} f \tag{14.11}$$

其中，$(I-BD)^{-1}D^{-1}$ 为产品—产业完全需求矩阵。

$$q = D(I - BD)^{-1} D^{-1} f = (I - DB)^{-1} f \tag{14.12}$$

其中，$(I-DB)^{-1}$ 为产业—产业完全需求矩阵。

在实际分析中，产品—产业完全需求系数经济意义上稍弱。美国 BEA 所公布的完全需求系数中，就没有提供产品—产业完全需求系数。

14.3.3 两种假定的取舍

1968 年 SNA 推荐的对称的投入产出表推导方法是产业技术假定，该方法为很多国家所采用。SNA 推荐的原因主要有两个：一是不会出现负值问题；二是对于矩形而不是方阵的供给使用表同样适用，而产品技术假定正好不具备这两个条件。但是，产业技术假定在经济意义上存在的问题更大。它假定不同产品在同一产业生产，将具有相同的投入结构。如果是这样，两种产品将具有相同的成本，当价格由单位产品的成本来决定时，这意味着两种不同产品具有相同的价格。此外，产业技术假定也要求市场份额随时间变化是稳定不变的。这些都与现实不符。

斯通提出根据次要产品具体情况的不同，采用更为合适的假定。米勒与布莱尔（Miller，R. E. and Blair，P. D.）在对此问题的介绍中进一步把次要产品分为以下三种情形①：

一是附属产品（subsidiary products）。例如，一个汽车厂在工厂中生产很多军用坦克，这种生产与主产品的汽车生产并不相关。如果汽车厂制造坦克的生产过程与以坦克为主产品的坦克生产厂没有差别，那么坦克就是附属产品。如果一个产业生产次要产品，该产品是另一个产业的主产品，而且这个产品的技术是类似于以该次要产品为主产品的产业的技术，这一次要产品就归类为附属产品。这种产品就比较符合产业固定产出比例的产品技术假定，产品具有同一投入结构，而不管由哪个产业来生产。

① Miller，R. E. and Blair，P. D. *Input-output analysis：foundations and extensions*，New Jersey：Prentice-Hall，Inc. 1985：166.

二是副产品（by-product）。不同于附属产品，如果一个产业生产一个次要产品，在技术上同自己的主产品是相关的，被归类为副产品。例如，汽车厂在生产完整装配的汽车的同时，还生产汽车配件，这些部件就可以看作是副产品。这些产品更适合产业技术假定，因为这些产品直接与主产品生产相关，也就是说，一个产业所生产的所有的产品都具有相同的投入结构。

三是联产品（joint products）。布尔默-托马斯指出，至少有五种类型的次要产品，并进一步讨论了副产品的一些区别，例如副产品中，没有某个产业以它为主产品，常被称为联产品。① 如果引入联产品，投入产出账户中将会出现产品数大于产业数的情形。产品技术假定将无法处理。

产品技术假定的好处除了经济意义上更为合理之外，相比于产业技术假定，还具备另外一些性质。詹森和拉（Pieter K. Jansen and Thijsten Raa）提出了投入产出的系数矩阵应该具备四个方面的性质，而且用数理方法证明了产业技术假定并不满足其中的很多性质②：

一是物质产品平衡，也就是在实物量上，产品的总产出要等于产品的中间消耗加最终需求。对于这一点，产品技术假定与产业技术假定得到的产品—产品直接消耗系数矩阵都能成立。

二是价值上的平衡（financial balance），也就是对每个产业，厂商的收益要与它的成本相等。对此，产品技术假定得到的技术系数能够满足，而产业技术假定得到的技术系数则不能满足。

因为对于价值表来说，$p=pA+v$，价格向量元素全为 1，而 v 为增加值系数行向量。现在设第 k 个产业或者理解为厂商，它所有的收益为 pV_{*k}，其中 V_{*k} 表示制造矩阵的第 k 列，也就是第 k 个厂商生产的所有产品，而它的成本则是 $pAV_{*k}+vV_{*k}$。收益应该等于成本，即：

$$pV_{*k}=pAV_{*k}+vV_{*k}$$

从另一个角度看，该厂商的成本应该等于使用表中该产业的所有投入，因此该厂商增加值的部分应该可以从供给表与使用表中的数据进行推算：

$$vV_{*k}=i'V_{*k}-i'U_{*k}$$

因此

$$i'V_{*k}=i'AV_{*k}+i'V_{*k}-i'U_{*k}$$

进而有：

$$i'U_{*k}=i'AV_{*k}$$

对于所有厂商，即：

① Bulmer-Thomas，V. *Input-output analysis in less-developed countries*，New York：Wiley，1982：140－146.

② 说明及例子参见 Pieter K. Jansen and Thijsten Raa. The choice of model in the construction of input-output coefficients matrices，*International Economic Review*，Vol. 31，No. 1，Feb. 1990。

$$i'U = i'AV$$

从一个简单的例子出发，假定：

$$U = \begin{bmatrix} 1/2 & 0 \\ 1 & 1/2 \end{bmatrix}, V = \begin{bmatrix} 1 & 0 \\ 1 & 1 \end{bmatrix}$$

因此得到：

$$B = \begin{bmatrix} 1/4 & 0 \\ 1/2 & 1/2 \end{bmatrix}, D = \begin{bmatrix} 1 & 1/2 \\ 0 & 1/2 \end{bmatrix}$$

利用产业技术假定得到：

$$A = BD = \begin{bmatrix} 1/4 & 1/8 \\ 1/2 & 1/2 \end{bmatrix}$$

把利用产业技术假定得到的直接消耗系数矩阵 A 以及 U 和 V 代入上述等价关系式的两边，可以发现等式并不成立。相反，可以验证产品技术假定满足上述等价关系。

三是规模不变（scale invariance），也就是投入与产出增加相同的倍数，直接消耗系数应该不变。同样以上述数值例子来说明。

假定第一个部门投入与产出增加两倍，而第二个部门不变。那么这意味着 U 与 V 矩阵变为：

$$U = \begin{bmatrix} 1 & 0 \\ 2 & 1/2 \end{bmatrix}, V = \begin{bmatrix} 2 & 0 \\ 2 & 1 \end{bmatrix}$$

得到新的 B 和 D 矩阵：

$$B = \begin{bmatrix} 1/4 & 0 \\ 1/2 & 1/2 \end{bmatrix}, D = \begin{bmatrix} 1 & 2/3 \\ 0 & 1/3 \end{bmatrix}$$

这时利用产业技术假定得到的直接消耗系数矩阵为：

$$A = \begin{bmatrix} 1/4 & 1/6 \\ 1/2 & 1/2 \end{bmatrix}$$

这显然与之前的直接消耗系数相比发生了变化。同样可以验证在产品技术假定下满足这一关系。

四是价格不变。如果采用新的价格，推导得到的对称的投入产出系数矩阵不变。

假定第一种产品价格上升为原来的两倍，而第二种产品价格不变，相应的价格指数为：

$$p = \begin{bmatrix} 2 & 0 \\ 0 & 1 \end{bmatrix}$$

得到新的 B 矩阵与 D 矩阵：

$$B=\begin{bmatrix}1/3 & 0\\1/3 & 1/2\end{bmatrix},\ D=\begin{bmatrix}1 & 1/2\\0 & 1/2\end{bmatrix}$$

进一步按产业技术假定得到直接消耗系数为：

$$A=\begin{bmatrix}1/3 & 1/6\\1/3 & 5/12\end{bmatrix}$$

与之前相比也发生了变化。

对于产品技术假定存在的问题，首先对于矩形矩阵的情况，也就是产品数不等于产业数的情况，实际上在现实中它并不像想象的那样严重。因为只是要求对于需要转移的次要产品，一定有一个生产者主要生产这种产品，其投入结构可用来分离次要产品的投入。对于那些量上不大且实在无法找到对应主产品的次要产品，把它们与所在部门主产品同样看待就可以了。

其次对于负数的问题。可以用两种产品的情形来分析产生负数的原因。假定有两个产业，其中第一个产业存在次要产品生产。产业的直接消耗系数矩阵与制造矩阵可以表示如下：

$$U=\begin{bmatrix}u_{11} & u_{12}\\u_{21} & u_{22}\end{bmatrix},V=\begin{bmatrix}v_{11} & 0\\v_{21} & v_{22}\end{bmatrix}$$

据此在产品技术假定下计算产品—产品的直接消耗系数，得到：

$$A=\begin{bmatrix}\dfrac{u_{11}-\dfrac{u_{12}}{v_{22}}v_{21}}{v_{11}} & \dfrac{u_{12}}{v_{22}}\\[2ex]\dfrac{u_{21}-\dfrac{u_{22}}{v_{22}}v_{21}}{v_{11}} & \dfrac{u_{22}}{v_{22}}\end{bmatrix}$$

从结果中可以看到，产业 2 的投入系数与“混部门”的投入系数相比，并没有发生变化。但是产业 1 的投入系数则变为：

$$a_{11}=\frac{u_{11}-\dfrac{u_{12}}{v_{22}}v_{21}}{v_{11}}=\frac{u_{11}-a_{12}v_{21}}{v_{11}}$$

$$a_{21}=\frac{u_{21}-\dfrac{u_{22}}{v_{22}}v_{21}}{v_{11}}=\frac{u_{21}-a_{22}v_{21}}{v_{11}}$$

对于上述结果，如果出现负值，那么显然是 $a_{12}v_{21}$ 或者 $a_{22}v_{21}$ 被高估了。进一步分析其原因，或者是副产品的过度识别（over-specification），也就是次要产品的错误分类导致制造矩阵中次要产品的产出 v_{21} 过大，或者是次要产品与其应该属于的主产品部门技术并不完全相同，实际上的投入要比相应的主产品部门少，也就是用 a_{12} 和 a_{22} 作为估计存在高估。当然，除此之外，还有数据本身的错误。

对于系数矩阵中的负值，如果在它所处的列中比其他系数值要小很多，具体操作中我们可以把它设为0，并用RAS方法进行表的平衡。目前世界各国中，德国是少数采用产品技术假定的国家。美国则是对有额外数据信息的次要产品采用再定义的方法来分解，而剩下的次要产品则采用产业技术假定来进行数学处理。联合国1999年《投入产出表编制与分析手册》建议对于绝对性质的副产品采用负值转移方法，而用再定义方法结合产品技术假定来处理一般形式的次要产品。在有足够信息的条件下，应该尽量应用再定义方法，特别是对存在大的负值的产品。对于产品数大于产业数而又想用产品技术假定的情况，就需要采用再定义方法。

14.4　投入产出数据更新

投入产出表的另一大类编表方法就是数据更新的各种方法，特别是对于采用非调查法的年度表或延长表的编制来说，这些数据更新方法尤为重要。

14.4.1　对RAS的进一步阐述——带约束的最小化信息距离问题

RAS法是投入产出数据更新的一种常用方法，很多投入产出教材都有对这一方法的介绍。下面，主要从最小化已知直接消耗系数矩阵和待估计的直接消耗系数矩阵之间的信息距离的角度来对这一方法作进一步的分析。

构建如下问题：选择$\widetilde{A}(1)$，最小化$A(0)$和$\widetilde{A}(1)$之间的信息距离：

$$D[A(0):\widetilde{A}(1)]=\sum_{i=1}^{n}\sum_{j=1}^{n}\tilde{a}_{ij}(1)\ln\left[\frac{\tilde{a}_{ij}(1)}{a_{ij}(0)}\right]$$

约束条件为：

$$\sum_{j=1}^{n}\tilde{a}_{ij}(1)x_j(1)=u_i(1)\qquad(i=1,\cdots,n)$$

$$\sum_{i=1}^{n}\tilde{a}_{ij}(1)x_j(1)=v_i(1)\qquad(i=1,\cdots,n)$$

注意到$a_{ij}(0)\neq0$。拉格朗日函数为

$$L=\sum_{i=1}^{n}\sum_{j=1}^{n}\tilde{a}_{ij}(1)\ln\left[\frac{\tilde{a}_{ij}(1)}{a_{ij}(0)}\right]-\sum_{i=1}^{n}\lambda_i\left[\sum_{j=1}^{n}\tilde{a}_{ij}(1)x_j(1)-u_i(1)\right]$$
$$-\sum_{j=1}^{n}\mu_j\left[\sum_{i=1}^{n}\tilde{a}_{ij}(1)x_j(1)-v_j(1)\right]$$

求一阶偏导数，得到

$$\frac{\partial L}{\partial\tilde{a}_{ij}(1)}=1+\ln\tilde{a}_{ij}(1)-\ln a_{ij}(0)-\lambda_i x_j(1)-\mu_j x_j(1)$$

令一阶偏导数等于0，得到

$$\ln\tilde{a}_{ij}(1)=\ln\tilde{a}_{ij}(0)-1+\lambda_i x_j(1)+\mu_j x_j(1)$$

$$\tilde{a}_{ij}(1)=a_{ij}(0)\mathrm{e}^{[-1+\lambda_i x_j(1)+\mu_j x_j(1)]}$$

$$\tilde{a}_{ij}(1)=\mathrm{e}^{[\lambda_i x_j(1)-\frac{1}{2}]}a_{ij}(0)\mathrm{e}^{[\mu_j x_j(1)-\frac{1}{2}]}$$

令 $r_i=\mathrm{e}^{[\lambda_i x_j(1)-\frac{1}{2}]}$，$s_j=\mathrm{e}^{[\mu_j x_j(1)-\frac{1}{2}]}$，分别是 λ_i，μ_i 的函数，则

$$\tilde{a}_{ij}(1)=r_i a_{ij}(0)s_j$$

新的技术系数 $\tilde{a}_{ij}(1)$ 通过行控制数 r_i 和列控制数 s_j 以及原来的技术系数 $a_{ij}(0)$ 得到。

进一步由一阶偏导数 $\frac{\partial L}{\partial \lambda_i}=0$，$\frac{\partial L}{\partial \mu_j}=0$，得到

$$r_i=u_i(1)/\sum_{j=1}^{n}a_{ij}(0)s_j x_j(1)$$

$$s_j=v_j(1)/\sum_{i=1}^{n}r_i a_{ij}(0)x_j(1)$$

r_i 和 s_i 的值可通过以上两式的迭代得到，就是我们之前所述的 RAS 法。

14.4.2 利用数学规划方法估计产品—产品投入产出矩阵

从供给使用表推导对称的投入产出表可以采用两类假定，即产业技术假定（ITA）和产品技术假定（CTA）。尽管产品技术假定更为合理，但是容易出现负系数，且计算中要求产品数和部门数一致。本节介绍拉斯·博林（Lars Bohlin）和拉斯·M. 怀德尔（Lars M. Widell）提出的利用数学规划得到产品—产品投入产出矩阵的方法。他们的方法可以解决产品工艺假定所存在的缺陷，并且既可以使用产品工艺假定，也可以使用部门工艺假定，或者将两类假定综合。

令 b_{ijk} 为部门 k 生产产品 j 对产品 i 的部门技术系数，可以称为特定部门技术系数（industry-specific technical coefficients），以区别于针对整个经济的“一般的”技术系数 a_{ij}。所谓针对整个经济，指的是当我们有产品 j 生产过程中消耗的产品 i 的数量 z_{ij} 时，就可以计算整个经济中生产一单位产品 j 所消耗的产品 i 的数量，即一般意义上的技术系数。而 b_{ijk} 则特指某个部门 k 生产单位 j 产品需要使用的产品 i 的数量。

基于 b_{ijk}，可以界定使用表（use table）和制造表（make table）之间的两个关系。第一个关系是：整个经济中生产产品 j 所使用的产品 i 的数量必须等于所有生产产品 j 的部门在生产产品 j 过程中使用的产品 i 的数量的合计。也就是

$$W_{ij}\equiv\sum_{k=1}^{K}b_{ijk}V_{jk}\qquad(i=1,2,\cdots,I;\ j=1,2,\cdots,J)\tag{14.13}$$

其中，V_{jk} 表示部门 k 生产产品 j 的数量（由制造表可知）。

第二个关系是：部门 k 所使用的产品 i 的数量必须等于部门 k 在生产其所有产品过程中使用的产品 i 数量的合计。也就是

$$U_{ik}\equiv\sum_{j=1}^{J}b_{ijk}V_{jk}\qquad(i=1,2,\cdots,I;\ k=1,2,\cdots,K)\tag{14.14}$$

第一个关系的含义是：如果知道了所有的 b 系数 b_{ijk}，就可以从制造表计算出对称形式的产品—产品的投入产出表。而通常 b 系数未知。第二个关系给出了关于 b 系数的信息，但是还不能从中求解出 b 系数。原因在于变量 b_{ijk} 的个数为 $I\times J\times K$，而（14.14）式的方程个数为 $I\times K$ 个。

拉斯·博林和拉斯·M. 怀德尔的方法就是利用第二个关系构建数学规划从而求解出 b 系数。其思想为：产品技术假定假设 b_{ijk} 与 k 无关，产业技术假定则假设 b_{ijk} 与 j 无关。基于这两个假定计算各个年度的技术系数矩阵问题可归结为求变量 b_{ijk} 的方差达到最小的问题。

产品工艺假定下：由于产品 j 不论在哪个产业生产，其单位产品所消耗的产品 i 的数量都相等，因此

$$b_{ijk}=a_{ij}$$

如果方程（14.14）中的部门数 K 与产品数一致，则其未知变量与方程个数相等，问题就解决了。这时 b_{ijk} 对 k 的方差 $\mathrm{Var}(b_{ij})=0$。即使方程数和未知量个数不同，也可以通过极小化 b_{ijk} 对 k 的方差即求 $\mathrm{Var}(b_{ij})$ 尽可能小的方法来得到 b 系数的解。

部门工艺假定下：同一部门无论生产哪种产品，其投入系数都一样，也就是说，同一部门在生产不同产品时其投入系数的偏差为 0。如果部门工艺假定成立，则 b_{ijk} 对 j 的方差 $\mathrm{Var}(b_{ik})=0$。虽然方程个数和未知量个数不同，但应可以求 b_{ijk} 对 j 的方差即 $\mathrm{Var}(b_{ik})$ 尽可能小时的值。

由于两种工艺假定都涉及 b 系数的零偏差，因此，可以利用最小化其偏差的方法求解 b 系数，其中的关键约束条件就是方程（14.14）。并且，通过增加非负约束，可以保证技术系数的非负性，从而解决了基于产品工艺假定计算技术系数矩阵时的负系数问题。并且，也不存在要求产品数和部门数一致的问题。

构建模型如下：

目标函数为：

$$\min\left(\mu\sum_{j=1}^{J}\mathrm{var}(b_{ij})+\omega\sum_{k=1}^{K}\mathrm{var}(b_{ik})\right)\quad(i=1,2,\cdots,I)$$

约束条件为：

$$b_{ijk}\geqslant 0\qquad(i=1,2,\cdots,I;\ j=1,2,\cdots,J;\ k=1,2,\cdots,K)$$

$$U_{ik}\equiv\sum_{j=1}^{J}b_{ijk}V_{jk}\qquad(i=1,2,\cdots,I;\ k=1,2,\cdots,K)$$

其中，μ 是 CTA 的权数，ω 是 ITA 的权数。

这种方法的优点有：①CTA 公认为比较合理，但由于出现负系数和部门数与产品数不相等而无法使用，此方法一方面不出现负系数，另一方面在部门数与产品数不相等时也能使用；②此方法可混合使用两种假定。

拉斯·博林和拉斯·M. 怀德尔在瑞典基于公布的制造表和使用表的数据，构造四种类型的具体模型，并给出了模拟结果，主要有：

(a) ITA；

(b) CTA；

(c) MIX（混合模型，ITA 和 CTA 权数相等）；

(d) MIC（混合模型，ITA 权数很小）。

逐年计算结果表明，采用不同的假定和不同的权数，计算结果会有不同，但差别相对较小。利用 ITA 的计算结果与公布的 1995 年、2000 年实际技术系数相比，在商业部门的误差较大。

14.4.3 利用数学规划方法进行投入产出表的更新——ANAIS 模型

由于利用调查方法编制投入产出表的高成本和长时滞，采用数学方法来估计和更新投入产出表引起了许多投入产出技术领域研究者的兴趣。除了我们之前介绍的 RAS 法之外，许多学者尝试用数学规划的方法来更新投入产出表。这一节我们介绍 Miguel Angel Tarancon and Padlo del Rio（2005）提出的方法——ANAIS 模型。①

1. 问题的提出

目前普遍使用 RAS 法对投入产出表和技术系数进行调整和更新。如前所述，利用 RAS 法进行迭代计算等价于进行如下优化计算：

$$\min \sum_{ij} x_{ij}^{*} \log\left(\frac{x_{ij}^{*}}{x_{ij}^{0}}\right)$$

其中，x_{ij}^{*} 为所求的部门间流量，x_{ij}^{0} 为基年流量或参考流量。

约束条件为：

$$\sum_{i} x_{ij}^{*} = u_j \qquad (j = 1,2,\cdots,J)$$

$$\sum_{j} x_{ij}^{*} = V_i \qquad (i = 1,2,\cdots,I)$$

其中，u_j，v_i 分别是给定的所求中间流量矩阵的列和及行和。所求的技术系数为

$$a_{ij}^{*} = \frac{x_{ij}^{*}}{q_j} \qquad (i = 1,2,\cdots,I;\ j = 1,2,\cdots,J)$$

其中，q_j 为第 j 产品部门的产量。

虽然应用普遍，但 RAS 法的使用也存在如下问题。

问题之一是，利用 RAS 法进行矩阵的迭代调整所需要的已知量 u_j，v_i 涉及各部门产量、最终需求和增加值等，而这些变量的发布往往较迟，不能及时得到。

问题之二是，RAS 法无法考虑上述所需变量的区间估计和区间变化，只能进行点估计，从而会隐含误差。而技术系数往往是在一定区间内变化的（Martinez A. T. 就研究过西班牙技术系数的变动区间问题），而且变化有很多特性等，这两种方法都不能考虑，另外也不能充分考虑经济和技术专家的意见。在 RAS 法计算结果下，部分流量和系数往往

① Tarancón，Miguel ángel and Río，Pablo Del. Projection of input-output tables by means of mathematical programming based on the hypothesis of stable structural evolution，*Economic Systems Research*，17：1，2005：1-23.

超出区间。

问题之三是，RAS法调整过程所需要的各部门产出、增加值、最终需求等信息可能无法获得，而这些都在RAS法之外。

2. ANAIS模型

西班牙投入产出专家 Miguel Angel Tarancon and Padlo del Rio（2005）研究利用数学规划方法编制投入产出表，称为ANAIS模型。模型建立的假定条件是稳定的结构演变过程（hypothesis of a stable structural evolution）。

许多实证研究考察了以投入产出表的技术系数变化为代表的生产结构变化。总体而言，这些研究表明了技术系数的相对稳定性，从而隐含着投入产出表更新所需要的一些边缘变量（增加值、最终需求等）的稳定演进。最近，Azid（2002）认为投入产出表技术系数的变化体现了技术革新。这样的技术革新带来了新的生产资本的积累。然而这种新的生产资本不可能一下子替代原有的生产资本，而是一个较缓慢的过程，与现有生产技术共存。因此，技术系数的变化是一个持续的、渐进的过程。Antonelli（1999）认为技术是一个积累的过程，因此，同一个产业会存在几种生产技术。这使得技术系数在产业技术路径的基础上演化。Dosi（2000）认为这些路径隐含了一个相对连贯和稳定的技术系数变化模式。从这些研究可以总结出，技术系数的变化是缓慢和稳定的过程，这就是稳定的结构演进假设。

构建如下数学规划模型：

目标函数：求以下调整的投入产出表和参考的投入产出表元素之间的相对偏差达到最小值（也可转化为求多目标函数的问题）。

$$\min \sum_{ij}\left\{\left|\frac{x_{ij}^0-x_{ij}^*}{x_{ij}^0}\right|\right\}+\sum_{ik}\left\{\left|\frac{y_{ik}^0-y_{ik}^*}{y_{ik}^0}\right|\right\}+\sum_{dj}\left\{\left|\frac{z_{dj}^0-z_{dj}^*}{z_{dj}^0}\right|\right\}$$

其中，x_{ij}^0 为参考的投入产出中间流量表元素，x_{ij}^* 为所求的调整的投入产出中间流量表元素，y_{ik}^0 和 z_{dj}^0 分别表示最终需求和最初投入元素。

这个目标函数是非线性的，可转化为线性的。其办法是令

$$\begin{aligned}&x_{ij}^0=x_{ij}^*+pox_{ij}-nex_{ij}\\&pox_{ij}\geqslant 0\\&nex_{ij}\geqslant 0\end{aligned}$$

并给出其上界

$$\begin{aligned}&pox_{ij}\leqslant r_{ij}^x x_{ij}^0\\&nex_{ij}\leqslant r_{ij}^x x_{ij}^0\end{aligned}$$

由此，得到如下不等式

$$x_{ij}^0(1-\gamma_{ij}^x)\leqslant x_{ij}^*\leqslant x_{ij}^0(1+\gamma_{ij}^x)$$

对于最终需求 y_{ik} 和初始投入 z_{dj}，可作同样的处理。因此，模型可以重新定义为如下形式

$$\min\left(\sum_{i,j}\gamma_{ij}^{x}x_{ij}^{0}+\sum_{i,k}\gamma_{ik}^{y}y_{ik}^{0}+\sum_{d,j}\gamma_{dj}^{z}z_{dj}^{0}\right)$$

约束条件为：

$$x_{ij}^{0}(1-\gamma_{ij}^{x})\leqslant x_{ij}^{*}\leqslant x_{ij}^{0}(1+\gamma_{ij}^{x})\quad\forall i,j$$
$$y_{ik}^{0}(1-\gamma_{ik}^{y})\leqslant y_{ik}^{*}\leqslant y_{ik}^{0}(1+\gamma_{ik}^{y})\quad\forall i,k$$
$$z_{dj}^{0}(1-\gamma_{dj}^{z})\leqslant z_{dj}^{*}\leqslant z_{dj}^{0}(1+\gamma_{dj}^{z})\quad\forall d,j$$

至此，这个模型还没有考虑单个的相对偏差，而是考虑其加权合计。接下来，考虑相对偏差小于某个特定水平 $rmax$ 的可能性，由此得到如下分层多目标线性规划问题：

$$\min rmax$$
$$\min\left(\sum_{i,j}\gamma_{ij}^{x}x_{ij}^{0}+\sum_{i,k}\gamma_{ik}^{y}y_{ik}^{0}+\sum_{d,j}\gamma_{dj}^{z}z_{dj}^{0}\right)$$

约束条件为：

$$x_{ij}^{0}(1-\gamma_{ij}^{x})\leqslant x_{ij}^{*}\leqslant x_{ij}^{0}(1+\gamma_{ij}^{x})\quad\forall i,j$$
$$y_{ik}^{0}(1-\gamma_{ik}^{y})\leqslant y_{ik}^{*}\leqslant y_{ik}^{0}(1+\gamma_{ik}^{y})\quad\forall i,k$$
$$z_{dj}^{0}(1-\gamma_{dj}^{z})\leqslant z_{dj}^{*}\leqslant z_{dj}^{0}(1+\gamma_{dj}^{z})\quad\forall d,j$$
$$x_{ij}x_{ij}^{0}\leqslant rmax\quad\forall i,j$$
$$y_{ik}y_{ik}^{0}\leqslant rmax\quad\forall i,k$$
$$z_{dj}z_{dj}^{0}\leqslant rmax\quad\forall d,j$$

其他约束条件包括：

（1）一致性方程（consistency equations），即投入产出表的核算结构。

$$\sum_{i,k}y_{ik}^{*}=\sum_{d,j}z_{dj}^{*}$$
$$\sum_{j}x_{ij}^{*}+\sum_{k}y_{ik}^{*}=w_{i}^{*}$$
$$\sum_{i}x_{ij}^{*}+\sum_{d}z_{dj}^{*}=w_{j}^{*}$$

（2）连贯性方程（coherence equations），用于避免数学上可能但是生产角度难以接受的系数变化。

$$a_{j}^{-}\leqslant\frac{x_{ij}^{*}}{w_{j}^{*}}\leqslant a_{j}^{+}$$

（3）投入产出表流量的变化区间，用于保证与可预见的演进路径一致。

$$x_{ij}^{-}\leqslant x_{ij}^{*}\leqslant x_{ij}^{+}$$
$$y_{ik}^{-}\leqslant y_{ik}^{*}\leqslant y_{ik}^{+}$$
$$z_{dj}^{-}\leqslant z_{di}^{*}\leqslant z_{dj}^{+}$$

（4）经济综合量的变化区间。投入产出表的经济综合变量可能可以从已知数据中得到，或者从宏观经济模型中预测得到。

$$\left[\sum_k y_{ik}^*\right]^- \leqslant \sum_k y_{ik}^* \leqslant \left[\sum_k y_{ik}^*\right]^+$$

$$\left[\sum_j z_{dj}^*\right]^- \leqslant \sum_j z_{dj}^* \leqslant \left[\sum_j z_{dj}^*\right]^+$$

$$\left[\sum_j w_j^*\right]^- \leqslant \sum_j w_j^* \leqslant \left[\sum_j w_j^*\right]^+$$

此外，还可以在基本框架的基础上增加其他关于各个元素（包括流量和系数）及其关系的信息。

模型的构建过程是一个给出信息并进行修正的过程。第一步是数学模型的初始描述，包括基本优化模型的设计，并给出所有可得到的信息，包括核算和结构约束、区间约束等。第二步是对不相容性的处理，由于初始信息的来源不同，可能会导致信息的不相容和冲突，从而使得模型无解，因此需要消除不相容性。其方法是通过引入补充变量，放宽约束条件，使目标函数式的补充变量的合计值达到最小。第三步是通过多目标模型的构建将所有的信息包含进模型，并且满足所有标准，从而可得到调整的具有一致性的投入产出表。第四步是反馈阶段，一些初始信息可能会同时发生变化，可将新的信息包含进数据表。

3. ANALIS 计算结果

以 1993 年为参考表，用 ANALIS 计算西班牙 1994 年投入产出表，并与 1994 年实际投入产出表比较。同样地用 RAS 进行计算，计算结果表明，如果已确切知道调整矩阵的行和及列和，则 RAS 的平均绝对误差较小，ANALIS 的加权绝对误差较小，如果要对主系数进行比较，则 ANALIS 较好。如果无法确切知道调整矩阵的行和及列和等，ANALIS 计算结果就较 RAS 法好。如果仅知道变动的范围，则 ANALIS 法有很大的优越性。西班牙已应用 ANALIS 法计算了 1995—1998 年的投入产出表。

14.4.4　更新和估计社会核算矩阵的叉熵法

社会核算矩阵（Social Accounting Matrix，SAM）可以看作是投入产出矩阵的扩展，包含了投入产出核算数据和国民收入、生产账户等信息。SAM 为进行多部门经济分析和建立 CGE 等经济模型提供了基础框架和数据。而如何估计和更新 SAM 则是一个具有挑战性的问题。SAM 从投入产出表扩展得到，而投入产出表的编制通常具有较长的时滞和时间间隔，国民收入和生产的相关数据虽然每年都有，但也有一定的滞后。若要编制更为详细的社会核算矩阵，所需的补充数据常常需要从其他数据源得到，如经济普查、劳动调查数据、农业调查数据、国际贸易账户、居民调查等等。在编制和更新社会核算矩阵时，如何将不同数据源的数据有效地进行整合利用，是一个很大的问题。

标准的方法是从之前年度的某个满足一致性的 SAM 开始，给定目标年度关于行和及列和的新信息（但是没有矩阵流量的信息），将其更新为目标年度的 SAM。传统的 RAS 法就是这样一种方法。然而，实际中，初始的 SAM 常常是不一致的，而关于行和、列和以及 SAM 内部流量的信息也是不完全的。带来不一致性的可能是测量误差、不相容的数据源以及数据的缺乏等等。因此，需要一种估计 SAM 的方法，不仅可以有效地利用现有信息，而且具备足够的灵活性，从而能涵盖 SAM 的不同部分。

Sherman Robinson，Andrea Cattaneo and Moataz Elsaid（2001）提出了更新和估计SAM的叉熵法①，下面我们将介绍这种方法。

1. 社会核算矩阵（SAM）简介

社会核算矩阵是一个方阵，其行和列代表了不同经济主体的收入和支出核算。矩阵中的每个单元格代表了从列向账户到行向账户的支付。设 T 为 SAM 矩阵流量，t_{ij} 表示从第 j 列到第 i 行的支付。一个账户的收支必须平衡，因此，SAM 的列和必须等于相应的行和。即

$$y_i = \sum_j t_{ij} = \sum_j t_{ji}$$

其中，y_i 表示账户 i 的总收入和总支出。定义 SAM 的系数矩阵 A，

$$a_{ij} = \frac{t_{ij}}{y_j}$$

根据这个定义，系数矩阵 A 的列和应该等于 1，是奇异矩阵。由于列和等于行和，从而有

$$y = Ay$$

一个典型的全国社会核算矩阵 SAM 包括生产（行为）账户、产品账户、生产要素账户以及不同的机构（institutions），可以获得收入并有商品需求。表 14－13 给出了一个简单的 SAM 结构。

表 14－13　　一个简单的 SAM 结构

		支出				
		活动	产品	要素	机构	ROW
收入	活动		国内出售			
	产品	中间投入			最终需求	出口
	要素	增加值（工资/租金）		要素收入		
	机构	间接税	关税			资本流入
	ROW		进口			
总计		总成本	总支出（absorption）	总要素收入	总国内收入	对外交易流入

活动账户（生产者）支付中间投入、生产要素以及间接税，从它们的产出销售中得到收入。产品账户从活动（生产者）和国外购买商品，并对进口产品支付关税，向生产者和

① Sherman Robinson，Andrea Cattaneo and Moataz Elsaid. Updating and estimating a social accounting matrix using cross entropy methods，*Economic Systems Research*，Vol. 13，2001：47－64.

最终需求（居民、政府、投资、出口等）出售商品。

在这个 SAM 中，国内生产总值（GDP）作为要素成本等于生产者对要素的支出，或增加值。市场价格的 GDP 等于要素成本加上间接税和关税，同时等于国内最终需求加出口减进口。

SAM 的系数矩阵 A 给出了进行经济分析和建模的很多初始信息。例如中间投入系数、增加值率等等。数据也为估计非线性新古典生产函数、要素需求函数、居民支出函数等提供了初始值。

从原理上讲，SAM 流量可以出现负值，从而出现负系数，但负元素会给估计方法带来麻烦，并且也存在解释上的问题。一个简单的处理方法是：将负支出看作正收入，或者将负收入看作正支出。也就是说，若 t_{ij} 为负，则相应元素设为 0，将其绝对值加到 t_{ji} 上。这个过程会改变行和列的和，但行和仍然等于列和。

可以用 RAS 法来更新 SAM。在更新矩阵时，我们有 n^2 个未知量，但只有 $2n-1$ 个独立的行列加总约束。RAS 法通过双比例的条件将未知量个数降低到 $2n-1$ 个，从而得到唯一解。归结为一般性的问题就是利用有限的信息来估计一系列参数。戈兰等人（Golan et al.，1996）提出了极大熵计量经济学处理类似的“病态条件”（ill-conditioned）问题的估计，戈兰等人（Golan et al.，1994）将这种方法用于在已知行和及列和的情况下估计投入产出表——也就是传统 RAS 法。下面将这种方法扩展到除了行和及列和外有多种不同信息的情况。

2. 更新 SAM 的叉熵法

叉熵法起始于香农（Shannon，1948）所建立的信息理论，泰尔（Theil，1967）将这种方法应用于经济学。

考虑 n 个事件的集合，E_1，E_2，…，E_n，具有先验概率 q_1，q_2，…，q_n。由于某个信息的影响，使得概率发生改变，从先验概率转变为后验概率，p_1，p_2，…，p_n。事件 E_i 接收到的信息等于 $\ln p_i$，而事件 E_i 原本的先验概率为 q_i，因此从 p_i 获取的额外信息为

$$-\ln\frac{p_i}{q_i}=-[\ln p_i-\ln q_i]$$

一个消息或者数据的期望信息值为

$$-I(p:q)=-\sum_{i=1}^{n}p_i\ln\frac{p_i}{q_i}$$

其中，$I(p:q)$ 就是 Kullback and Leibler（1951）给出的叉熵。Kapur and Kesavan（1992）描述了定义叉熵为信息合理度量的不同公理化方法。而作为估计方法，这种方法则是寻找 p 来最小化 p 与 q 之间的叉熵。

戈兰等人（Golan et al.，1994）用这种方法来估计投入产出表的系数矩阵。方法是求解新的 a_{ij} 来最小化新矩阵 A 与原矩阵 $\overline{A}$ 之间的熵距离。

$$\min\left[\sum_i\sum_j a_{ij}\ln\frac{a_{ij}}{\overline{a}_{ij}}\right]$$

约束条件为：

$$\sum_j a_{ij} y_j^* = y_i^*$$

$$\sum_j a_{ji} = 1$$

$$0 \leqslant a_{ji} \leqslant 1$$

构建拉格朗日函数求解上述问题，得到

$$a_{ij} = \frac{\bar{a}_{ij} \exp(\lambda_i y_j^*)}{\sum_i \sum_j \bar{a}_{ij} \exp(\lambda_i y_j^*)}$$

其中，λ_i 为拉格朗日乘子。

在 SAM 的估计中可以用到的信息有多种：

（1）已有的先前年度的 SAM。

（2）矩约束。最一般的信息是新的 SAM 中的某些行和及列和，或者所有行和及列和。将列系数作类似于概率的处理，假定知道列和与知道以系数为权重的列平均值是等价的，也就是知道分布的一阶矩。RAS 法的过程则是基于知道所有的行和及列和，因此是叉熵（CE）估计中几种可能信息源中的一种。

（3）经济综合。除了行和及列和外，我们可能还知道关于新的 SAM 的其他额外信息。例如，综合核算的国民账户数据会有增加值、消费、投资、政府、出口和进口等信息。也可能会有其他关于 SAM 的信息，如政府收支。这些信息在模型中可以用线性约束给出。定义 $n \times n$ 矩阵，其中涉及的元素值为 1，否则为 0，假设有 k 个类似的约束，以如下方式给出：

$$\sum_i \sum_j g_{ij}^{(k)} t_{ij} = \gamma^{(k)}$$

（4）不等式约束。我们可能不知道某些综合指标的确切信息，包括行和和列和，但可以给出其界限。此时可以用不等式约束描述这类信息。

（5）零值。通常，SAM 中某些单元格为空，没有流量。RAS 法能够保证更新后的 SAM 的这些单元格仍然为零。在叉熵（CE）中，可以通过约束设定某些元素为零。实际操作中，将目标函数中的 a_{ij} 和 $\bar{a}_{ij}$ 替换为 $a_{ij}+\delta$ 和 $\bar{a}_{ij}+\delta$，其中 δ 为很小的正数，这样 a_{ij} 的估计值就可以为零。我们也可以对元素不加任何约束，即使其先前的值为零，此时允许非零值的出现。

3. 随机方法：误差的衡量

许多经济模型应用于实际分析时需要考虑噪声的影响，即随机项的影响，对于 SAM，其来源可能为：行和及列和不是固定的参数，而受测量误差的影响；初始估计不是基于平衡的 SAM。而经济模型中，计量经济学方法是一种包含随机误差项的常用方法，但无法应用于 SAM 的误差处理中。

这里将叉熵法扩展为包含变量误差的方法，假定自变量包含误差影响。将 SAM 方程写为

$$y = A[\bar{x} + e] = A\bar{x} + Ae$$

$$y = \bar{x} + e$$

其中，y 为行和向量，用误差 e 衡量的 $\bar{x}$ 为列和，都是已知量。我们假定初始列和数据为最佳的先验估计，当然也可以用初始行和作同样的假定。上式要求行和及列和必须相等。利用戈兰等人（Golan et al.，1996，Chap. 6）的方法，将误差表述为已知常数的加权平均：

$$e_i = \sum_h w_{ih} \bar{v}_{ih}$$

$$\sum_h w_{ih} = 1,\ 0 \leqslant w_{ih} \leqslant 1$$

权重看作是待估计的概率，常数 $\bar{v}$ 定义为误差的支持集（support set）。支持集的常数通常选择为可产生具有依赖于 W 中元素个数的矩的对称分布。一般地，可以增加更多的 v 和 W 来涵盖更多关于误差分布的信息，例如更多的矩条件，包括方差、偏度、峰度等。这里设定支持集中有三个元素，并且其权重服从均匀分布。设 $\bar{v}_2 = 0$，$\bar{v}_1 = -\bar{v}_3$，误差的先验分布为均值为 0、方差为 $\sigma^2 = \sum_h W_h \bar{v}_h^2$ 的对称分布。也可以对每个误差设定先验分布，但只是先验分布，而不是对误差分布的保留（maintained）假定。

给定误差边界，然后将考虑误差项的 SAM 方程替换到模型中，将与误差相关的约束加到模型的约束条件中。此时，由于 SAM 方程为非线性，使得模型比原来复杂。最小化问题为：寻找 a_{ij} 和 w_{ih}，以最小化包括误差项的叉熵：

$$I(A,W:\bar{A}) = \left[\sum_i \sum_j a_{ij} \ln a_{ij} - \sum_i \sum_j a_{ij} \ln \bar{a_{ij}}\right] + \left[\sum_i \sum_h w_{ih} \ln w_{ih} - \sum_i \sum_h w_{ih} \ln \frac{1}{n}\right]$$

约束条件为上面所提及的行和、列和、经济综合的等式或不等式约束等。目标函数中关于 a_{ij} 的项和关于 w_{ih} 的项具有相同的权重，体现了对于精确度（与先验 a_{ij} 的接近程度）和可预测［prediction，行和及列和方程的拟合优良性（goodness of fit）］的同等偏好。戈兰等人（Golan et al.，1996）给出了关于权重改变的影响的蒙特卡罗实验，结论是：赋予精确度与可预测性同等权重是合理的。

Sherman Robinson，Andrea Cattaneo and Moataz Elsaid（2001）通过实验对 RAS 法和叉熵法作了比较。他们的结论是：如果分析的关注点为系数（列系数），则叉熵法优于 RAS 法，而如果分析的重点在于 SAM 的流量，则两种方法非常接近，RAS 法略优于叉熵法。

参考文献

［1］联合国，等 . SNA2008.

［2］联合国，等 . 国民经济核算体系（SNA1993）. 北京：中国统计出版社，1995.

［3］United Nations（1999）. *Handbook of input-output table compilation and analysis*.

［4］Eurostat. *Manual of supply, use and input-output tables*（2008 edition）.

［5］Ronald E. Miller，Peter D. Blair. *Input-output analysis: foundations and exten-*

sions. New Jersey：Prentic-Hall，Inc. 1985.

［6］Lars Bohlin，Lars M. Widell. Estimation of commodity-by-commodity input-output matrices，*Economic Systems Research*，18：2，2006：205－215.

［7］Tarancón，Miguel ángel and Río，Pablo Del. Projection of input-output tables by means of mathematical programming based on the hypothesis of stable structural evolution，*Economic Systems Research*，17：1，2005：1－23.

［8］Sherman Robinson，Andrea Cattaneo and Moataz Elsaid. Updating and estimating a social accounting matrix using cross entropy methods，*Economic Systems Research*，Vol. 13：2001：47－64.

第十五章

部分国家和国际组织投入产出数据

在介绍投入产出编表方法的基础上，我们对部分国家和国际组织的投入产出表及其编制情况进行简要介绍。通过这些介绍，增加对这些国家和国际组织投入产出数据的了解，以便能够很好地利用这些数据资料，开展所需要的分析。在各国和国际组织数据中，我们选择了美国、日本、欧盟以及OECD的投入产出数据进行介绍。这些国家和国际组织不仅是当今世界最重要的经济体，也同我国具有比较密切的经济联系。最后部分我们对中国投入产出研究的历史以及表的编制情况作简要介绍。

15.1 美国的投入产出数据

美国的国民核算体系也称为国民收入与生产账户（National Income and Product Accounts, NIPAs），实际上只是包括国内生产核算和收入分配与使用核算，由美国商务部经济分析局（Bureau of Economic Analysis, BEA）来进行，而金融交易和非金融投资的核算工作则由美国联邦储备系统（Board of Governors of the Federal Reserve System）来开展。BEA的NIPAs数据分为四个部分：国内（national）、国际（international）、区域（regional）与产业（industry）。投入产出数据是BEA产业账户的核心。我们参考BEA所公布的编制方法与数据说明对美国投入产出数据作简要介绍。

15.1.1 美国投入产出表编制的历史

美国的投入产出核算是BEA国民收入与生产账户（NIPAs）的一个组成部分，对于GDP的估计具有重要作用，同时投入产出账户本身对于经济过程和经济联系提供了详细的统计数据，被称为美国经济核算的“不可或缺的和基本的要素”（integral and essential element）。

美国投入产出账户的核心由制造表和使用表（make and use table）、直接需求系数

(direct requirements coefficients)，以及由制造与使用表推导而得到的完全需求系数表构成。其中的完全系数表又分为商品×商品完全需求系数表（Commodity-by-Commodity Total Requirements）、产业×商品完全需求系数表（Industry-by-Commodity Total Requirements），以及产业×产业完全需求系数表（Industry-by-Industry Total Requirements）三种形式。① 其中，直接需求系数表是不同产业对商品的直接投入需求，产业×商品完全需求系数则是单位商品的最终需求对不同产业的直接与间接消耗。比较而言，产业×商品完全需求系数反映了最终产品对不同产业产出的需求，要比商品×产业完全需求系数具有更强的经济意义。

美国制造表的结构是行表示产业，列表示商品，与SNA供给表的格式不同。美国制造与使用表一个重要的特色是提供了两组表，分别称为“标准”的制造与使用表（“featured”, or“standard” make and use tables）和“补充”的制造与使用表（“supplementary” make and use tables）。两者的区别主要是对于次要产品的再定义处理。补充的制造与使用表是经过再定义处理后（after redefinition）的表，而标准的制造与使用表则是再定义之前（before redefinition）的表。这种区分与美国投入产出账户对于次要产品的处理方式密切相关。通过再定义把标准表转换为补充表，通常再利用产业技术假定由补充的制造与使用表推导而得到对称的投入产出表。

在2006年BEA公布的《投入产出核算概念与方法》这份报告中，对美国投入产出研究的历史进行了回顾。从中我们可以看到美国投入产出表如何被用于解决各种实际的经济问题，也可以看到美国投入产出在20世纪50年代受政治影响导致研究工作停止，以及短暂中断后研究的继续。

从这份报告材料中我们知道，美国最早从事投入产出表编制工作的政府机构是美国劳工统计局（Bureau of Labor Statistics，BLS）。1941年BLS聘请列昂惕夫为顾问，于1944年公布了第一张美国官方投入产出表。美国劳工统计局以这张1939年度95个部门的投入产出表为基础，研究战后达到充分就业所需要的各种条件。在美国劳工统计局之后，美国空军开始利用投入产出分析框架来研究它们的运作和资源配置。美国劳工统计局1947年度表的编制得到了美国空军和国家安全资源委员会（National Security Resources Board）的资助，并于1952年公布，甚至被用于朝鲜战争中的分析与计划。到了20世纪50年代，政治形势的变化给投入产出研究带来了重大影响。美国的政治家与经济学家们注意到苏联利用投入产出工具来编制经济计划，美国政府开始限制对投入产出编表进行资助，进而到1954年彻底停止了美国的投入产出项目。“具有讽刺意味的是，在美国批评投入产出分析存在社会主义危险倾向的同时，中国也放弃了投入产出分析，认为这是一个西方资本主义的分析工具。”②

在美国放弃投入产出的同时，世界其他国家仍在继续投入产出的分析和运用，特别是英国。正是在英国的推动与发展之下，联合国建立了一个包括投入产出在内的国民核算框架，就是现在的SNA。联合国第一个SNA版本就是1953年的旧SNA。鉴于这种形势的变化，美国政府又恢复了对于投入产出的兴趣。1959年，预算局（Bureau of Budget），也

---

① 对各国表的介绍部分，将根据原文使用的是商品还是产品，按原文译出。

② Horowitz，K. J. and Planting，M. A. *Concepts and methods of the input-output accounts*，BEA，2006.

就是现在的管理与预算办公室（Office of Management and Budget），建立了一个国民核算评估委员会（National Accounts Review Committee，NARC）来对美国的国民核算工作进行评估。NARC 提出以投入产出账户作为规范的基础，来提高国民核算数据的准确性。同时建议由商业经济办公室（Office of Business Economics，OBE），也就是现在商务部的经济分析局（Bureau of Economic Analysis，BEA）来具体编制投入产出表。BEA 利用 1958 年经济普查数据编制了 BEA 的第一张投入产出表，包括 85 个产业、6 个最终需求项。BEA 的 1958 年表与之前的投入产出表相比，不同之处在于它的概念框架与美国核算体系 NIPAs 保持了一致。自此以后，BEA 按照经济普查的年度，也就是五年编制一次。[①]

在这以后，美国投入产出核算框架的内容逐步丰富与细化。主要进展包括：

在 1967 年基准表中，BEA 第一次增加了分产业的就业（employment）及相关数据和职工报酬（employee compensation）数据。1963 年和 1967 年表中，引入资本流量表扩展了投入产出交易矩阵。此后，大部分基础表中同时编制了资本流量表。

1972 年 BEA 提出对"基准"投入产出表（"benchmark" I-O tables）进行年度更新，也就是在"基准"投入产出表之外，同时编制年度投入产出表（annual I-O table），第一张公布的年度投入产出表为 1966 年表。这样就形成了美国投入产出数据中基准表与年度表两个系列。

1979 年公布的 1972 年"基准"投入产出表首次采用了制造与使用表的框架。在对次要产品的处理上，采用了再定义的方法，也就是将次要产品及相应的投入从生产它们的产业扣除，并归属到以该产品为主产品的产业。再定义方法适用于次要产出的投入与它所在的产业差异很大，并且要分离的投入与接受它们的产业投入结构一致的情形。1972—1992 年间，制造与使用表都是经过再定义的表。但从 1997 年度开始，在再定义的表之外，同时提供了未经再定义的表，并称之为标准的制造与使用表，同时把再定义之后的表称为补充的制造与使用表。其原因主要是为了与分产业的 GDP 核算数据及 NIPAs 保持一致，以及与更多其他类型数据保持一致。

15.1.2　分类

BEA 的产业分类体系目前采用的是 1997 年发布的北美产业分类体系（North American Industry Classification System，NAICS）。投入产出核算作为 BEA 核算体系的一个组成部分，同样采用这一分类标准。

NAICS 是美国、加拿大和墨西哥签署了《北美自由贸易协定》(North American Free Trade Agreement，NAFTA）后建立起来的。之前采用的是 1937 年建立的标准产业分类(Standard Industrial Classification，SIC)。1992 年美国成立了一个由 BEA 任主席、成员来自普查局（U. S. Bureau of the Census）、BLS 等单位的经济分类政策委员会（Economic Classification Policy Committee，ECPC）来专门负责制定一个新的产业分类体系。在 BEA 看来，SIC 分类体系主要存在两个问题：一是 SIC 过度关注制造业，而现代经济中服

① 实际上，1958 年与 1963 年基准表之后，紧接着的年份是 1967 年表，这之后继续延续五年一次的编表规定，也就是逢 2、7 年份编制。

务业的作用已经超过了制造业；二是制造业发展过程中技术不断变化，出现了一些新的产业，而 SIC 对此也反映不足。NAICS 提供了对服务业的更细的分类，并改进了对于高技术产业的分类。此外，NAICS 与 SIC 的概念基础也存在差异。NAICS 采取的是以供给为基础的方法，根据生产方法来组织基层单位，而 SIC 采取的则是以市场为基础的方法，基于所生产的产品来对经济活动进行分类。因此，NAICS 在产业所需投入上提供了更加同质的数据。

NAICS 代码由六位数字组成。前两位数为部门（sector），第三位数表示子部门（sub-sector），第四位数为产业组（industry group），第五位数为 NAICS 产业（NAICS industry），第六位数表示国别的产业（country-specific industry），它们在北美自由贸易区三国之间不可比。

2012 年版 NAICS 的 20 个主要部门和两位数代码如表 15－1 所示：

表 15－1　　NAICS 中的部门

代码	产业
11	农业、林业、渔业、狩猎业（Agriculture，forestry，fishing and hunting）
21	采矿业（Mining，quarrying，and oil and gas extraction）
22	公用事业（Utilities）
23	建筑业（Construction）
31～33	制造业（Manufacturing）
42	批发（Wholesale trade）
44～45	零售（Retail trade）
48～49	交通仓储（Transportation and warehousing）
51	信息（Information）
52	金融保险（Finance and insurance）
53	房地产与租赁（Real estate，rental and leasing）
54	专业、科学与技术服务（Professional，scientific，and technical services）
55	公司与企业经营（Management of companies and enterprise）
56	行政管理与支持及废物管理与整治服务（Administrative and support and waste management and remediation services）
61	教育（Educational services）
62	保健与社会工作（Health care and social assistance）
71	艺术、娱乐与休闲（Arts，entertainment，and recreation）
72	住宿餐饮（Accommodation and food services）
81	公共管理外的其他服务（Other services（except public administration））
92	公共管理（Public administration）

资料来源：美国普查局，http：//www. census. gov/：2012 NAICS Structure.

投入产出表中的产业代码与 NAICS 代码密切对应，但是也存在差异，主要是投入产出分类中包括了特殊产业（special industries）和政府产业（government industries）。这在 NAICS 中是没有的（见表 15－2）。此外，由于数据的限制，投入产出的产业中有三个是按活动而不是基层单位来定义的，分别是农业、建筑业和房地产。

表 15－2　　美国经济分析局投入产出分类中的政府产业与特殊产业

代码	产业名称
	政府产业（GOVERNMENT INDUSTRIES）
S001	联邦政府企业（Federal government enterprises）
491000	邮政（Postal service）
S00101	联邦电力（Federal electric utilities）
S00102	其他联邦政府企业（Other federal government enterprise）
S002	州和地方政府企业（State and local government enterprise）
S00201	州和地方政府客运（State and local government passenger transit）
S00202	州和地方政府电力（State and local government electric utilities）
S00203	其他州和地方政府企业（Other state and local government enterprise）
S005	一般政府产业（General government industry）
S00500	一般政府产业（General government industry）
	特殊产业（SPECIAL INDUSTRIES）
S003	非可比进口（Noncomparable imports）
S00300	非可比进口（Noncomparable imports）
S004	废品、使用过与二手物品（Scrap，used and secondhand goods）
S00401	废品（Scrap）
S00402	使用过与二手物品（Used and secondhand goods）
S006	最终需求的国外调整（Rest of the world adjustment to final uses）
S00600	最终需求的国外调整（Rest of the world adjustment to final uses）
S007	存货价值调整（Inventory valuation adjustment）
S00700	存货价值调整（Inventory valuation adjustment）

资料来源：BEA.

根据基层单位主要生产活动，依据 NAICS 分类为不同的产业。产业就是由具有类似生产过程的一组基层单位构成。但是，由于基层单位往往不止生产一种产品，由此构成的产业也会同时包括主产品与次要产品。

美国统计体系没有一个专门的商品分类体系。北美自由贸易区国家正在讨论建立一个与 NAICS 相对应的北美产品分类体系（North American Product Classification System，NAPCS）。目前，投入产出的商品分类采用以所调查产品为主产品的产业代码。以 NAICS 六位数代码为商品分类体系的基础，附加两位数，代表经济普查中的产品线，从而构成商品代码。进一步，按商品代码把所有商品的产出分别汇总，而不管在生产它们的产业中该产品是主产品还是次要产品。少数情况下还要辅之以分类上的调整。

15.1.3 次要产品的处理

美国 BEA 投入产出编表中的数据来源于各种美国现有统计体系下的统计调查数据。例如基准表数据的一个主要来源是美国普查局每五年进行一次的普查。由于普查数据以及来自不同统计来源的调查数据与投入产出所要求的数据之间存在差异，特别是普查数据往往不是纯部门分类，因此在编表过程中对各种来源统计数据分类口径的调整成为一个重要阶段。在具体编表中，美国经济分析局把次要产品分为三种情况，针对这三种情况进行分类处理。第一种是需重新分类（reclassified）的次要产品，第二种是需要再定义（redefined）的次要产品，第三种是其他次要产品（other secondary products）。再定义之前的标准制造与使用表经过再定义成为补充的制造与使用表。

对于个别产品，在经济普查中作为主产品，但美国经济分析局根据投入产出核算的需要，调整为次要产品。这种情形就被称为再分类（reclassifications）。例如报纸广告在普查中是作为报纸业的主产品来看待的，但是在投入产出中，报纸广告不同于报纸，前者主要用于最终使用目的，而后者则主要是企业的中间投入。这时，就把报纸广告重新分类为报纸产业的一个次要产品。再分类不影响产业的定义，因为不管是主产品还是次要产品都是同一产业的产出。但是会影响商品产出。再分类会对标准表与补充表同时带来影响。

再定义则主要针对投入。当次要产品的投入结构与该产业主产品的投入结构存在较大差异时，就需要把次要产品的产出再定义到以该次要产品为主产品的产业中去。在产出再定义的同时，相应的投入也要被转移，做相应的再配置（reallocated）的调整。投入产出核算中，标准表的产出是再定义之前的 NAICS 产业产出，而再定义之后的产业产出，通常称为“投入产出的产业产出”（I-O industry output）。

例如，产业 A 同时生产商品 A 与 B。产业 B 只生产商品 B。在 BEA 制造表中，再定义就是要在行之间转移次要产品。表 15-3 和表 15-4 分别给出了再定义前的制造表（Make Table before Redefinitions）和再定义后的制造表（Make Table after Redefinitions）。

表 15-3　再定义前的制造表

	产品 A	产品 B	产业产出
产业 A	90	10	100
产业 B		100	100
产品产出	90	110	

表 15-4　再定义后的制造表

	产品 A	产品 B	产业产出
产业 A	90		90
产业 B		110	110
产品产出	90	110	

与再分类不同的是，再定义之后产业的产出变化了，而产品的产出则没有改变。在使用表中，产出则是要在列之间移动。与此同时，随着产出的移动，投入也要做相应的转移。对投入的调整可以采用两种假定，即产品技术假定和产业技术假定。美国经济分析局认为产品技术假定更为现实，但是具体可能根据实际情况作不同的考量。经过再定义之后的补充投入产出表更符合同质性假定，却偏离了与NAICS之间的密切联系，离一致性原则更远了。

最后一类其他次要产品指的是与主产品投入结构类似的次要产品。正因为其与主产品投入结构类似，符合运用产业技术假定的情形，因此，对于来自调查数据的这类情形，无须进行分类上的调整。

15.1.4　制造与使用表的结构

以美国经济分析局2002年基准表为例，它提供了三个分类级别的制造与使用表，分别是部门级（sector level）、简要级（summary level）和详细级（detailed level）。其中部门级的产业部门为15个，简要级的产业部门为133个，详细级则包括417个NACIS产业加上9个政府产业（见表15-5）。产品部门在产业部门之外，还要加上废品、使用过与二手物品。

表15-5　　美国经济分析局2002年基准表部门级产业分类

代码	产业
1	农业、林业、渔业与狩猎（Agriculture，forestry，fishing and hunting）
2	采掘业（Mining）
3	公用事业（Utilities）
4	建筑业（Construction）
5	制造业（Manufacturing）
6	批发贸易（Wholesale trade）
7	零售贸易（Retail trade）
8	交通仓储（Transportation and warehousing）
9	信息（Information）
10	金融、保险、房地产与租赁（Finance，insurance，real estate and rental and leasing）
11	专业、科学与技术服务（Professional，scientific，and technical services）
12	教育、保健与社会工作（Educational services，health care and social assistance）
13	艺术、娱乐、住宿、餐饮（Arts，entertainment，and recreation，accommodation and food services）
14	政府外的其他服务（Other services，except government）
15	政府（Government）

资料来源：美国经济分析局2002年基准表。

美国经济分析局2002年基准表中包括了再定义之前的标准制造表与使用表（Standard Make and Use Table before Redefinitions）、再定义之后的补充制造表与使用表（Supplementary Make and Use Table after Redefinitions）、直接需求系数，以及商品×商品完全需求系数、产业×商品完全需求系数、产业×产业完全需求系数三类完全需求系数表。此外还包括进口矩阵（Import Matrix）、对个人消费支出（Personal Consumption Expenditures，PCE）和设备软件的私人固定投资（Private Fixed Investment in Equipment and Software，PES）的连接表（Bridge tables to PCE and PES）等附属表。

使用表的基本结构见表 15－6：

表 15－6　　　　使用表的基本结构

	产业	最终使用						产品产出
产品	中间投入（中间使用）	PCE	PFI	存货	出口	进口	政府	
总增加值	雇员报酬							
	生产税与进口税减补贴							
	总营业盈余							
产业产出								

使用表的最终使用部分对应于支出法 GDP，包括个人消费支出 PCE、私人固定投资 PFI、私人存货变化、出口、进口和政府。大部分最终使用的交易项是正的，但进口、二手物品和废弃物品的销售等少数项目为负数。个人消费支出中通常包括为住户服务的非营利机构的支出。PFI 则包括私人企业、非营利机构和住户的常住与非常住投资。政府消费支出和总投资主要由一般政府（general government）的经常账户支出（current-account expenditures）以及一般政府和政府企业的总投资构成。

投入产出核算与 NIPAs 的货物与服务的对外贸易数据来自 BEA 的国际交易账户（international transactions accounts，ITAs），但是由于口径的不同，需要做一些调整。它与 NIPAs 和投入产出账户的主要区别在于非货币黄金贸易和贸易国界界定上的差异。扣除 ITAs 的黄金进出口，并增加对于国内生产中使用黄金的净出口估计。这样做的目的是在对非货币黄金的调整中扣除用于投资的黄金购买，它不属于 GDP。另外，ITAs 的地理范围比 NIPAs 和投入产出账户要广，也需要作出调整。

此外，NIPAs 与投入产出账户在货物与服务进出口上也存在差异。尽管净值一样，但是总值不同。主要存在两个方面的差异。一是投入产出账户把再进口与再出口排除在外，二是把美国政府机构的一些海外活动排除在外。再进口是国内生产出口到别的国家加工或装配，再回到美国用于进一步加工或销售，投入产出账户排除它的目的是为了避免夸大国内产品供给量。再出口则是一个相反的过程。实际上，我国 2007 年投入产出表中也存在类似的问题，为了扣除来料加工产品出口中非中国生产的部分，只计算其中的加工装配费用，在出口数据中扣除来料加工装配出口，再加上加工装配费。美国政府机构的海外活动，例如美国陆军工兵部队为外国政府进行的建筑活动，或者是提供的产品服务，实际上是一种出口，而建筑或生产中的投入则是一种进口，由于这些海外活动并未对美国本国产生任何影响，因此加以扣除。美国经济分析局投入产出核算中通过这些调整使得总的进口与出口反映实际输入和输出国内用于美国生产的货物与服务。但是，NIPAs关注的是最终消费，因而不需要这种调整。所以，投入产出的总出口与进口要小于 NIPAs，但净值相等。

在使用表中的商品出口与国内产品一样，采用生产者价格，出口商品在国内的交通和贸易费用则被包括在使用表的交通与贸易费用那一行。这种处理方式与国内产品的处理完全相同。对于进口，分商品的进口采用国内海关价值（domestic port value)，它等于国外海关价值（foreign port value)，加上从国外海关到本国海关的运费和保险，以及在本国海关缴纳的关税。但是总进口则采用国外海关价值（foreign port value)。正是因为单个商品包括了关税、运费和保险，而总进口不包括这些项目，因此在使用表中，在对单个进口商品价值加总以得到总进口的过程中，需要对单个商品中所包含的关税、运输费与保险费进行扣除。其中关税作为批发贸易进行扣除，而运费与保险则作为进口中所包含的运费进行扣除。因为进口本身是负数，这种扣除则相反，为正数（见表 15-7)。

表 15-7　美国经济分析局使用表中的进口与出口

产品	中间使用	出口	进口			
			合计（A)，B+C+D	国外海关价值（B)	关税（C)	运费（D)
A		48	－33	－30	－1	－2
B		94	－169	－150	－3	－16
C		76	－103	－100	－1	－2
运费：进口中包含的运费			20			20
运费：ITA 运费进口			－13	－13		
运费：出口成本		4				
批发业：关税			5		5	
批发业：出口费用		8				
合计		220	－293	－293	0	0

资料来源：Horowitz，K. J. and Planting，M. A. *Concepts and methods of the input-output accounts*，BEA，2006.

例如，根据表 15-7 中的数据，单个进口商品国外海关价值的合计为－280（＝－30－150－100)，而国内海关价值为－305（＝－33－169－103)，来自 ITA 数据的运费进口为－13。那么按国外海关价值计算，总的进口为－293，但是按国内海关价值计算则为－318（＝－305－13)。因此在使用表进口这一列，在以国内海关价值计算的单个商品价值之外，要加上关税 5 个单位，以及运费 20 个单位，作为对进口的扣除。其中关税作为批发贸易，而运费则同运费的进口合计在一起。也就是说，在 BEA 使用表的运费进口中，包含了实际的运费进口以及价格调整项的运费部分。

BEA 使用表中还包括有关进出口的两个调整行：一个是非可比进口（non-comparable imports)，也就是非竞争性进口，二是对最终使用的国外调整项（rest of the world adjustment)。非可比进口由三类服务组成：第一类是在海外生产和消费的服务。例如美国航空公司在国外机场的支出。第二类是独一无二服务的进口，例如对专利、版权的支付等等。第三类是无法识别类型的服务进口。这些进口直接分配给使用它们的产业和最终使用项目。在下面的例子中，非可比进口总额为33，按照其使用目的，中间使用为5个单位和2个单位，而个人消费支出为23个单位，政府支出为3个单位。设置对最终使用的国外调整项的目的是为了协调投入产出使用表与进出口来源数据ITAs之间的一致性。具体是对个人消费支出（PCE）和总出口之间，以及联邦政府非国防购买和进出口之间进行调整。例如，ITAs记录的国外旅游者的旅游价值是美国的一项出口，而外国旅游者在美国所消费的产品与服务则包括在PCE数据中。因此，在下面的例子中就需要从PCE数据中进行扣减，并加到出口中。非可比进口与对最终使用的国外调整项这两个调整行，所有调整项目的最终结果在行向上是平衡的（见表15-8）。

表15-8　　美国经济分析局使用表中的非可比进口与最终使用的国外调整项

产品/产业	A	B	PCE	出口	进口	政府	合计
A							
B							
非可比进口	5	2	23		−33	3	0
国外调整项			−46	50	−1	−3	0
增加值							
合计							

资料来源：Horowitz，K. J. and Planting，M. A. *Concepts and methods of the input-output accounts*，BEA，2006.

此外还有两种类型的最终使用交易需要特殊处理，即二手物品和废弃品。二手物品不是当期活动的成果，围绕它的交易带来的是一个部门正的交易项，同时对应另一个部门负的交易项。废弃品本身也不是经济的产出，但是同样会成为一种供给。它们也以与二手物品类似的方式进行处理。

BEA使用表的增加值部分则对应于NIPAs中的国内总支出（GDI），包括雇员报酬、产品税与进口税减补贴和总营业盈余。对此读者可参考美国BEA的说明，这里不再做更多的说明。

15.2　日本投入产出表介绍

15.2.1　日本全国投入产出表的编制历史

在日本政府层面，编制投入产出表的尝试始于通产省、经济企划厅和农林省对1951年表的试编。值得注意的是，这三个部门独立地从各自的视角出发编制投入产出表。通产省的投入产出表相对较为庞大，包含200个部门，而经济企划厅所编制的是一张仅包含9个部门的投入产出表。农林省则根据自己的需要，在它们的投入产出表中对农林部门做了细分。与这些具有实验性的投入产出表相比，从1955年表起，投入产出表的编制工作走向了制度化。1955年投入产出表的编制工作由当时的总理府统计局、经济企划厅、农林省、通产省和建设省共同负责。从编制1955年投入产出表至今，负责这一工作的部门因日本行政机构及其分工的调整有所变化，以最新的2011年投入产出表为例，它是由以总务省为首的10个省厅共同完成的。截至2017年，如果不考虑具有实验性质的1951年表，日本政府每五年编制一次投入产出表，共编制了12张全国表。日本投入产出表的编制工作一般始于目标表年度，历时五年。如2011年投入产出表的编制准备工作始于2010年，2014年公布初步结果，最终结果于2015年公布（总务省，2017)。

15.2.2　全国表的构成

日本投入产出表由主要的流量表和附属的商业利润表、国内货物运价表、进口表、废金属·副产品产生及使用表、实物表、雇佣表、雇佣矩阵、固定资本矩阵、产业×商品生产矩阵（*V*表）和企业内运输矩阵构成。从1955年编制投入产出表开始至今，日本一直沿用先直接编制商品×商品流量表，再编制产业×商品生产矩阵（*V*表）的模式（总务省，2009)。而商品×产业使用表（*U*表）是由上述两表推算而得。流量表的编制过程共分为五步。

步骤1：设定部门分类。以日本2005年投入产出表为例，基本部门分类表共分520个行部门和407个列部门。行部门不仅包含国内商品，甚至包含外国商品，如小麦（进口）和大豆（进口）。在基本部门分类表之外，还有190个部门、108个部门和34个部门等合并之后的流量表。

步骤2：使用经济普查和生产动态统计调查等数据推算各部门的国内生产总值。

步骤3：使用生产费调查和特别调查等数据推算每个部门的投入品构成。

步骤4：使用产品供给调查等数据推算行部门的产品去向。

步骤5：调整投入额和产出额。

流量表分为生产者价格表和消费者价格表，附属的商业利润表和国内货物运价表被用于连接生产者价格表和消费者价格表。如果不考虑单列的进口部门（如小麦（进口)），流量表在本质上是一个竞争型投入产出表。而进口表以部门×部门矩阵的形式将进口商品从国产商品中单列出来，从而形成了一个非竞争型投入产出表。

日本投入产出表流量表中对废金属·副产品的处理方式沿袭负值计入法的原则。假设部门A以副产品的形式生产产品B。部门B以主产品的形式生产产品B。部门A所生产的副产品B被以负值的形式记在行部门B和列部门A的交叉点上。而这个副产品的分配被以正值的形式记在行部门B和购买这部分产品的部门的交叉点上。2000年表在继续沿袭负值计入法的基础上增加了再生资源回收加工部门。对副产品产生的计入方法依然遵守负值计入法。如表15-9所示，部门A所生产的20单位副产品B以负值的方式计入行部门B和列部门A的交叉点上。然而，副产品的分配不再以正值的形式记在行部门B和购买这部分产品的部门的交叉点上，而是以再生资源回收加工部门作为中介计入。这20单位的副产品首先被记成B部门对再生资源回收加工部门的投入，然后从再生资源回收加工部门分配至购买它的部门C。值得注意的是，再生资源回收加工部门也是产生价值的部门，它不仅购买这20单位的副产品，还购买5单位C部门的产品作为处理的投入，并且会产生5单位的附加价值。因此，从再生资源回收加工部门到C部门的投入是20+10，这个10表示的是回收处理的费用和附加价值。然而，这种计入方法的缺陷在于，由于一律通过再生资源回收加工部门作为中介，不同来源副产品的分配信息被丢失了。因此，从2005年表开始，对副产品的处理又回到了传统的负值计入方式。如表15-10所示，20单位副产品的分配被直接计入部门B对部门C的投入。再生资源回收加工部门的作用在于记录其回收处理的费用和附加价值的分配。由于在最终发布的流量表中，表15-9和表15-10括号中的信息不会被显示，表15-11所示的废金属·副产品产生及使用表则被用来记录这一信息。

表15-9　　2000年生产者价格流量表对副产品的处理方式

	A	B	C	再生资源	最终需求	进口	总产出
A	2	10			20	−5	27
B	−10 (−20)	20	10	20 【20】	5		45
C	30	5		5	5		45
再生资源			30 【20】				30
附加价值	5	10	5	5			
总投入	27	45	45	30			

说明：( )中的值表示副产品的产生量。【】中的值表示副产品的去向（被再生资源加工之前的价值）。再生资源表示再生资源回收加工部门。

资料来源：根据总务省（2009）中的图7-3改编。

表15-10　　2005年生产者价格流量表对副产品的处理方式

	A	B	C	再生资源	最终需求	进口	总产出
A	2	10			20	−5	27
B	−10 (−20)	20	30 【20】		5		45
C	30	5		5	5		45
再生资源			10				10
附加价值	5	10	5	5			
总投入	27	45	50	10			

说明：( )中的值表示副产品的产生量。【】中的值表示副产品的去向（被再生资源加工之前的价值）。

资料来源：根据总务省（2009）中的图7-3改编。

表 15-11　　2005 年废金属·副产品产生及使用表对副产品的处理方式

副产品所属的主部门	副产品生产部门	产生量	分配去向	分配数量
B	A	−20	C	20

资料来源：根据总务省（2009）中的图 7-3 改编。

在价值表之外，日本投入产出表还包含了一张实物表。日本投入产出表实物表是以价值表为基础，通过掌握进口品和国产品平均价格而导出的。这一实物表并不包含价值表中所涵盖的所有行部门，产品单位不易把握的服务业部门和由多种类型商品组合而成的部门（如其他某某类部门）均不在编制之列。在劳动统计方面，日本投入产出表所附带的雇佣表和雇佣矩阵记录了分部门劳动力雇佣数据。两者的不同之处在于劳动力的分类方式，也就是说，雇佣表将劳动力按从业人员类型分类，如按雇员、个体从业人员和家庭从业人员等分类，而雇佣矩阵将劳动力按职业种类分类，如按科研人员、技术人员和医疗保健人员等分类。与其他国家的投入产出表一样，日本投入产出表的最终需求部门中包含有固定资本形成。在基本部门分类的流量表中，它被分为两个列部门：国内总固定资本形成（公有）和国内总固定资本形成（民间）。它们被用来记录耐用年限超过一年、单价超过 10 万日元的建筑物和机械设备等可以被再生产的资本品的流量。在流量表中人们仅仅能读出固定资本的来源部门，而不能读出固定资本的去向。例如，我们可以从国内总固定资本形成列部门中了解到作为固定资本的机械产品来源于机械生产和制造部门，但是不知道这些产品被哪个部门购买而作为它这个部门的固定资产，而日本投入产出表中的固定资本矩阵则给出所有固定资本流量的来源部门和去向部门。固定资本矩阵中的第 ij 个元素表示的是从部门 i 到部门 j 的固定资本投入量。在 2005 年表中，与流量表中国内总固定资本形成（公有）和国内总固定资本形成（民间）两个列部门对应的是公有和民间两个固定资本矩阵。固定资本矩阵的编制使动态模型的计算成为可能。前面我们提到，日本投入产出表流量表的编制采用直接编制商品×商品表的模式。虽然联合国在 1968 年 SNA 体系中推荐使用先编制供给使用表，再间接推算商品×商品表的模式，但和中国投入产出表一样，日本仍然采用直接编制商品×商品表的模式。在商品×商品表的基础上，作为附属表，日本也编制了 V 表。因此，经过换算，我们也可以通过商品×商品表和 V 表间接推算 U 表。

在每五年编制一张投入产出表的基础上，从 1965 年开始，日本在过去编制的投入产出表的基础上，通过协调不同年份表的部门分类和处理不同年份物价指数的差异，编制部门分类相同的以时间序列方式排列的接续投入产出表（总务省，2011）。截至 2017 年，最新的接续投入产出表是 2000—2005—2011 接续投入产出表。日本的 2000—2005—2011 接续投入产出表分为名义表和实际表。在名义表的编制过程中，编制者不改变原表的价格，原则上以 2011 表的部门分类为基准调整 2005 年表和 2000 年表的部门分类。个别特困难的情况下，也会按 2005 年表或 2000 年表的部门分类调整 2011 年表的部门分类。实际表对价格的处理方式则不同于名义表。在部门整合的基础上，编制者使用价格指数，以 2011 年价格为基准，调整 2005 年表及 2000 年表的数值。

15.2.3　区域投入产出表

除了中央政府对全国表的编制，日本各个地方政府和研究机构还编制了不同类型的区域投入产出表。其中值得一提的是由东京都政府统计局编制的东京都投入产出表。以2005年东京都投入产出表为例，它是一张非竞争型区域间投入产出表。它将日本经济分为东京和其他地区两个区域，不仅记录了东京和其他地区两个部分的区域内投入，还记录了两个部分的区域间投入产出关系。东京部分共有597个行部门和482个列部门。其他地区部分共有586个行部门和471个列部门。考虑到大量设置于东京的公司总部，东京都投入产出表的最大特点在于设置了总部部门。以农业为例，在东京都投入产出表中不仅有一般意义上的农业部门，还设有农业部门（总部）。它们被用来计量设在本区域内的总部的经济活动。在各个政府统计机关之外，值得一提的是日本贸易振兴机构——亚洲经济研究所。它编制了一系列国家间和区域间投入产出表，其中最著名的是亚洲区域间投入产出表，共有1985年、1990年、1995年、2000年四个版本。以2000年表为例，它包含了印度尼西亚、马来西亚、菲律宾、新加坡、泰国、中国、中国台湾、韩国、日本和美国等十个国家和地区。每个国家或地区共分76个部门。此外，它还编制了2000年中国和日本多区域间投入产出表。2000年中国和日本多区域间投入产出表也是采用非竞争型区域间投入产出表的模式，共包含7个中国区域和8个日本区域。这7个中国区域分别为：东北、华北、华东、华南、华中、西北和西南，而8个日本区域分别为：北海道、东北、关东、中部、近畿、四国、九州、冲绳，每个区域均被划分为10个部门。

15.3 欧盟的投入产出数据

欧盟的统计工作是由位于卢森堡的欧盟统计事务处（Statistical Office of the European Union，Eurostat）承担的。Eurostat的历史由来已久，其最早成立于1953年，以满足当时作为欧共体前身的煤炭钢铁共同体（Coal and Steel Community）的统计工作需要。1958年欧共体（European Community）成立，Eurostat成为欧共体负责数据统计工作的一个专门机构。直到今天，Eurostat致力于不断完善欧盟统计制度，并通过与欧盟各国统计机构的协调，为欧盟提供统计数据。

15.3.1 欧盟投入产出核算框架

欧盟的核算框架为欧盟国民与区域核算体系（European System of National and Regional Accounts，ESA）。ESA的第一个版本发布于1970年，简称ESA1970。1978年有一次小的修订，目前采用的是ESA2010。ESA保持了与SNA的一致性，在SNA的概念框架下，与欧盟的现实条件相协调，并满足欧盟的数据需求。ESA已成为欧盟及其成员国社会经济统计的中心框架。ESA在内容上主要包括两类表或账户：一类是机构部门账户，另一类就是投入产出账户与产业账户。此外，还包括人口与就业等方面的数据。

ESA中投入产出核算的核心数据同样包括两个部分：供给使用表与对称的投入产出表。具体涉及三张表，即供给表、使用表和对称的投入产出表。

供给表和使用表集中反映了产业的经济活动和产品的供给与使用。在分类上，供给表和使用表针对产业的经济活动采用的产业分类为欧盟经济活动分类NACE；针对产品供给与使用的产品分类则是欧盟根据活动的产品分类 CPA。

欧盟的 NACE 与 CPA 是欧盟核算整个分类体系中的重要组成部分。欧盟的分类体系与联合国 SNA 分类体系保持了比较好的一致性。NACE 来自 ISIC，两者在基本概念与框架上是一致的，在大类上保持了一致，而且 NACE 分类更细。

欧盟内以及欧盟与国家间主要分类体系之间的关系可以用图 15－1 表示。图中分类体系的英文缩写含义如下：

CN：Combined Nomenclature-European Classification of Goods

HS：Harmonized Commodity Description and Coding System of the World Customs Organization

SITC：Standard International Trade Classification of the United Nations

ISIC：International Standard Industrial Classification of all Economic Activities of the United Nations

CPC：Central Product Classification of the United Nations

CPA：European Classification of Products by Activity

NACE：European Classification of Economic Activities

PRODCOM：European System of Production Statistics for Mining and Manufacturing

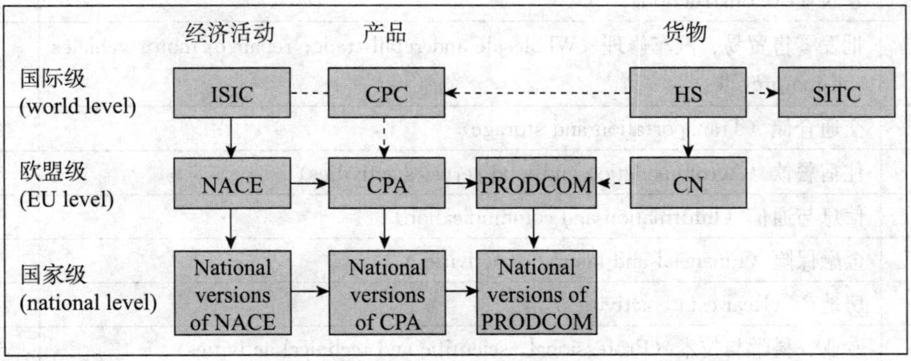

图 15－1 欧盟与国际分类体系

资料来源：Eurostat. *NACE Rev2*：*Statistical classification of economic activities in the European Community*，13.

需要说明的是，在欧盟的分类体系中，国际分类包括三个类别：参照分类（reference classifications）、派生分类（derived classifications）和关联分类（related classifications）。参照分类就像一个参照的标准，为国际所公认。图 15－1 中实线表示两者是公认的参照分类关系，且具有一致的分类结构，虚线箭头表示的同样是参照分类关系，但两者的关系需要通过转换表建立联系，没有箭头的虚线则表示没有参照分类关系，且需要通过转换表联系。

与 ISIC 分类一样，NACE 第一级为门类（sections），按字母编号，第二级为类（divisions），由两位数代码表示，第三级为大组（groups），由三位数代码表示，第四级为组（classes），由四位数代码表示。如果需要，会在大组与组的代码中加上数字 9，来表示未分类的其他项（"others" and/or "n. e. c. "）①，例如：大组 group 08. 9 表示"未另分类的矿业与采掘业（Mining and quarrying n. e. c.）"，组 class 08. 99 表示"其他未另分类的矿业与采掘业（Other mining and quarrying n. e. c.）"（见表 15 - 12）。

自 1970 年推出 NACE 的第一个版本以来，经过了多次修订。其中 1990 年推出的修订版第一版与标准产业分类 ISIC 的修订版第三版相对应。目前最新的版本是 2006 年发布、2008 年开始实施的修订版第二版，这一最新版本的提出受到 ISIC 修订版第四版修订工作的很大影响，两者间有着较好的一致性。

表 15 - 12　　欧盟 NACE 产业分类结构

门类（sections）	产业	类（divisions）
A	农业、林业、渔业和狩猎（Agriculture，forestry，fishing and hunting）	01～03
B	采掘业（Mining and quarrying）	05～09
C	制造业（Manufacturing）	10～33
D	电力、燃气、蒸汽和空调（Electricity，gas，steam and air conditioning supply）	35
E	供排水、清洁（Water supply；sewerage，waste management and remediation activities）	36～39
F	建筑业（Construction）	41～43
G	批发零售贸易、汽车修理（Wholesale and retail trade；repair of motor vehicles and motorcycles）	45～47
H	交通仓储（Transportation and storage）	49～53
I	住宿餐饮（Accommodation and food services activities）	55～56
J	信息与通信（Information and communication）	58～63
K	金融保险（Financial and insurance activities）	64～66
L	房地产（Real estate activities）	68
M	专业、科学与技术（Professional，scientific and technical activities）	69～75
N	行政管理与支持服务（Administrative and support service activities）	77～82
O	公共管理、国防（Public administration and defence；compulsory social security）	84
P	教育（Education）	85
Q	保健与社会工作（Human health and social work activities）	86～88
R	艺术娱乐（Arts，entertainment and recreation）	90～93
S	其他服务（Other service activities）	94～96
T	雇佣、自产自用的制造活动（Activities of households as employers；undifferentiated goods-and-producing activities of households for own use）	97～98
U	海外组织与机构的活动（Activities of extraterritorial organizations and bodies）	99

资料来源：Eurostat. *NACE Rev2：Statistical classification of economic activities in the European Community*，57.

① n. e. c. 是英文 not elsewhere classified 的缩写，即未分类的其他项。

CPA是在联合国CPC的基础上，针对欧盟而设计的产品分类标准。CPA在1993年提出，1996年与2002年进行了更新，目前的最新版是随着NACE修订版第二版的提出而新修改的CPA2008版。

CPA的第一级为字母代码表示的21个部门（sections），第二级为两位数代码表示的88个类（divisions），第三级为三位数代码表示的261个大组（groups），第四级为四位数代码表示的575个级（classes），第五级为五位数代码表示的1 342个小类（categories），第六级为六位数代码表示的3 142个子类（subcategories）。

CPA作为一种产品分类，其每一个产品将对应于NACE的产业分类中相应的产业的活动，因此CPA与NACE之间存在密切的联系。CPA2008与NACE修订版第二版具有类似的分类结构，并采用NACE修订版第二版的代码体系，两者的前四位数也是相同的。

在采用的价格上，欧盟的供给表采用基本价格，但是提供了向购买者价格的转换。使用表则采用购买者价格。欧盟的供给表和使用表一方面可用于GDP核算，并进一步与机构部门账户建立联系；另一方面可以把使用表转换为基本价格，依据供给表与使用表推导对称的投入产出表。在具体的推导方法上，对于产品×产品表，可以采用产品技术假定（被称为模型A）与产业技术假定（被称为模型B）；对于产业×产业表，可以采用固定产业销售结构假定（fixed industry sales structure assumption，被称为模型C）与固定产品销售结构假定（fixed product sales structure assumption，被称为模型D）。① 欧盟编表方法中认为基于产品的假定要更好，也就是说，产品技术假定要优于产业技术假定，而固定产品销售结构假定要优于固定产业销售结构假定。

欧盟的Eurostat数据库中提供了欧盟成员国的投入产出数据，从2002年起，这些成员国的投入产出数据是成员国强制性所必须提供的。包括年度供给使用表，以及五年间隔的对称的投入产出表，而且要求把进口与本国生产分开。从2011年起，开始公开发布欧盟整体的年度基本价格供给与使用表，以及年度产品×产品的对称的投入产出表。目前在Eurostat的网站中公布的投入产出数据包括欧元区17国（EA17）和欧盟27国（EU27）整体投入产出数据、27个成员国的投入产出数据，以及候选国马其顿、土耳其和挪威的数据。

15.3.2　供给使用表的结构

在ESA的供给表中，区分了国内生产与进口，并提供基本价格供给表向购买者价格的转换。为此，供给表中包括三个方面的内容：生产矩阵（production matrix）、进口矩阵（import matrix）和价格调整矩阵（valuation adjustment matrix）。供给表列向为产业分类，行向为产品分类。因此，行向合计为产品的产出，而列向合计为产业的产出（见表15－13）。

---

① 关于这些假定的推导方法，参见Eurostat网站公布的Eurostat：《供给使用与投入产出表手册》（*Manual of supply, use and input-output tables*, 2008 edition）等编表相关资料。

表 15-13　　　　基本价格供给表

<table>
<tr><td colspan="2" rowspan="2">产业（NACE）
产品（CPA）</td><td colspan="7">产业产出（NACE）</td><td colspan="4">进口</td><td colspan="2">价格调整</td><td rowspan="2">购买者价格总供给</td></tr>
<tr><td>农业</td><td>工业</td><td>建筑业</td><td>贸易、住宿、运输服务</td><td>金融、房地产、商务</td><td>其他服务业</td><td>基本价格国内产出合计</td><td>欧盟内CIF进口</td><td>欧盟外CIF进口</td><td>CIF进口</td><td>基本价格总供给</td><td>贸易与运输费用</td><td>产品税减补贴</td></tr>
<tr><td>序号</td><td></td><td>1</td><td>2</td><td>3</td><td>4</td><td>5</td><td>6</td><td>7</td><td>8</td><td>9</td><td>10</td><td>11</td><td>12</td><td>13</td><td>14</td></tr>
<tr><td>1</td><td>农产品</td><td colspan="6" rowspan="6">生产矩阵</td><td rowspan="6">国内产出</td><td colspan="2" rowspan="6">进口矩阵</td><td rowspan="6">CIF进口</td><td rowspan="6">基本价格总供给</td><td colspan="2" rowspan="6">价格调整矩阵</td><td rowspan="6">购买者价格总供给</td></tr>
<tr><td>2</td><td>工业品</td></tr>
<tr><td>3</td><td>建筑活动</td></tr>
<tr><td>4</td><td>贸易、住宿、运输服务</td></tr>
<tr><td>5</td><td>金融、房地产、商务</td></tr>
<tr><td>6</td><td>其他服务业</td></tr>
<tr><td>7</td><td>合计</td><td colspan="7">基本价格产业产出</td><td colspan="3">CIF进口</td><td></td><td colspan="2">合计</td><td></td></tr>
<tr><td>8</td><td>对进口的CIF/FOB调整</td><td colspan="7"></td><td colspan="3"></td><td></td><td colspan="2"></td><td></td></tr>
<tr><td>9</td><td>居民海外直接购买</td><td colspan="7"></td><td colspan="3"></td><td></td><td colspan="2"></td><td></td></tr>
<tr><td>10</td><td>合计</td><td colspan="7">基本价格产业产出</td><td colspan="3">FOB进口</td><td></td><td colspan="2">合计</td><td></td></tr>
<tr><td>11</td><td>市场产出</td><td colspan="7"></td><td colspan="3"></td><td></td><td colspan="2"></td><td></td></tr>
<tr><td>12</td><td>自己用产出</td><td colspan="7"></td><td colspan="3"></td><td></td><td colspan="2"></td><td></td></tr>
<tr><td>13</td><td>其他非市场产出</td><td colspan="7"></td><td colspan="3"></td><td></td><td colspan="2"></td><td></td></tr>
</table>

资料来源：Eurostat. 供给使用与投入产出表手册，69.

从供给表的行向上看，生产矩阵行向合计得到基本价格的国内产品产出。加上到岸价（CIF）进口，得到基本价格总供给。实际上，在前面章节基本概念的介绍中，我们知道核算中进口品的到岸价相当于国内产品的基本价格。为了得到购买者价格总供给，需要附加价格调整项。主要包括贸易加价与运输加价，以及产品税减补贴。在欧盟的供给表中，一国的进口被细分为从欧盟内的进口和从欧盟外的进口。同时，在供给表的最下面附加了三行，把欧盟的供给表的各产业产出进一步细分为市场产出、自给性产出和其他非市场产出。

使用表列向表示各个产业的投入结构，行向表示不同产品的使用去向。欧盟的使用表主要由四个部分构成：购买者价格中间消耗矩阵、购买者价格最终需求矩阵、基本价格增加值矩阵，以及针对进出口的调整项矩阵（见表 15-14）。

表 15－14　　购买者价格使用表

产业（NACE）/ 产品（CPA）	产业投入（NACE）							最终使用									
	农业	工业	建筑业	贸易、住宿、运输服务	个人服务业	其他服务业	合计	住户最终消费支出	非营利机构最终消费支出	政府最终消费支出	固定资本形成总额	贵重物品净获得	存货变化	欧盟内FOB出口	欧盟外FOB出口	合计	购买者价格总使用
序号	1	2	3	4	5	6	7	8	9	10	11	12	13	14	15	16	17
1 农产品																	
2 工业品																	
3 建筑活动																	
4 贸易、住宿、运输服务	购买者价格中间消耗							购买者价格最终需求									
5 个人服务																	
6 其他服务																	
7 合计																	
8 对出口的CIF/FOB调整																	
9 居民国外直接购买								调整项									
10 非居民国内购买																	
11 合计																	
12 雇员报酬																	
13 其他产品税净额	基本价格增加值																
14 固定资本消耗																	
15 净营业盈余																	
16 基本价格增加值																	
17 基本价格产出																	

资料来源：Eurostat. 供给使用与投入产出表手册，121.

使用表中所有产品都采用购买者价格，行向的合计就等于所有产品购买者价格的总使用。最终使用部分包括消费、资本形成和出口。其中，消费又进一步细分为住户、为住户服务的非营利机构和政府的消费，资本形成则进一步细分为固定资本形成、贵重物品与存货变化，出口则被分为对欧盟外与对欧盟内的出口。

在列向上，增加值部分列出了各项初始投入，主要包括雇员报酬、其他产品税净额、固定资本消耗和净营业盈余。其中其他产品税净额是指除某些特定产品税如增值税、汽油税、烟酒税之外的其他产品税与补贴。列向上，各产业的购买者价格中间投入加上基本价格总增加值等于各产业的基本价格总产出。

此外，围绕使用表还可以进一步扩展和细化。例如增加产业生产中的各种存量投入数据如资本存量、劳动等，增加投资矩阵，以及按目的细分的住户最终消费支出（COICOP）和细分的政府最终消费支出（COFOG），等等。

15.3.3 价格调整与平衡关系

在对 CIF/FOB 的价格调整方面，欧盟的供给表与使用表在行向上都设置了 CIF/FOB 的调整项，与联合国推荐的处理方式存在不同。由于进口总价值量一般按离岸价计算，而来自外贸统计的分产品的进口则采用到岸价计算，因此，通过增加对于进口的到岸价/离岸价调整项（CIF/FOB adjustments on imports），实现进口总量与进口分量价格的一致。同时，进出口产品中的到岸价格已经包含了运输与贸易费用，因此通过 CIF/FOB 调整以避免重复计算。对于欧盟的 ESA1995 框架，同 SNA1993 框架在 CIF/FOB 调整项的设置上所存在的不同，Eurostat 的《供给使用与投入产出表手册》提供了一个数值例子来说明两者的差异。

在这个例子中假设产品的 FOB 出口为 200 单位，CIF 进口为 250 单位。出口的运输与保险费在本国之内的部分，由常住单位提供的为 3 个单位，由非常住单位提供的为 1 个单位；本国之外的部分，由常住单位提供的为 6 个单位，由非常住单位提供的为 9 个单位。进口的运输与保险费在本国之内的部分，由常住单位提供的为 4 个单位，由非常住单位提供的为 2 个单位；在出口国到本国之内的部分，由常住单位提供的为 5 个单位，由非常住单位提供的为 8 个单位；在出口国国内的部分，由常住单位提供的为 0，而由非常住单位提供的为 7 个单位（见表 15－15）。

表 15－15　　进口价格调整的例子

	常住单位	非常住单位
贸易		
货物 FOB 出口	200	
货物 CIF 进口	250	
出口货物的运输与保险服务		
经济区域内	3	1
经济区域外	6	9
进口货物的运输与保险服务		
经济区域内	4	2
国界之间	5	8
出口国国内	0	7

资料来源：Eurostat. 供给使用与投入产出表手册，114.

在上述数据中，由非常住单位提供的有关本国出口品的海外运输 9 个单位，以及本国进口品在出口国内的运输保险费 7 个单位，既不是本国的服务产出，也与进出口产品计价无关，因此无须考虑。

SNA1993 对于上述数据的处理方式是：首先，在供给表中 FOB 出口的 200 个单位中，包括 3 个单位的本国企业承担的国内运输，记入运输业产出，另外 1 个单位国外企业承担的国内运输则属于运输服务进口，这样本国基本价格产出为 200－4＝196。需要注意的是，在这个例子中，《供给使用与投入产出表手册》特别说明，只是记录与进出口相关的产品与服务交易，其他交易价值量被剔除了，所以本国基本价格产出与进出口相关的仅仅是 196。

此外，对于与进出口相关的其他项还包括：本国企业承担的出口所需的海外运输 6 个单位，以及本国企业承担的与进口相关的国内运输 4 个单位与海外运输 5 个单位，这些都记入本国运输服务的产出；外国企业承担的与进口相关的在我国的运输 2 个单位和海外运输 8 个单位则属于运输服务进口。250 个单位的 CIF 进口直接记录为货物进口。这就是供给表对于与进出口相关的产出的记录。

在使用表中，由于把与进口无关的量剔除了，因此出口部分包括基本价格货物出口 196 个单位，以及服务出口 3＋1 个单位。出口以外的总使用包括 CIF 进口货物的 250，以及货物在国内的运输服务 4＋2 个单位。这两部分使用加总起来，得到总使用的货物与服务分别为 446 与 10 个单位。

在上述供给使用表结构的基础上，SNA1993 对于 CIF/FOB 调整的基本原则是：只调整供给表，而对使用表则不作任何扣除。在供给表调整中同时增加 CIF/FOB 调整列与调整行，对于调整行来说，以负数的形式把 CIF 进口中包含的运输费和保险费扣除，使得在进口列的合计中得到 FOB 进口。对于调整列来说，对运输与保险服务部门做同样的扣除，因为这部分价值已经包含在 CIF 进口价格中了。最后在调整行与列的交叉位置设置一个正项，使得调整行与列关系平衡。

因此在上述例子中，通过设置 CIF/FOB 调整行，把常住单位和非常住单位提供的进口运输和保险费全部从 CIF 进口价值中扣除（＝－5－8），同时扣除常住单位承担的出口品的海外运费 6 个单位，也就是扣除常住单位提供的海外运费与非常住单位提供的进口运费与保险费，从而得到 FOB 进口 242 个单位。同时设置一个 CIF/FOB 调整列，对运输与保险服务行做同样的扣除，对已经包含在产品价值中的这部分服务价值予以扣除，以消除重复计算。在 CIF/FOB 调整行与列的交叉位置设置一个正值的调整项，以获得表的平衡(见表 15－16)。

表 15－16　　SNA1993 中供给与使用表的 CIF/FOB 调整

供给表

	基本价格产出	进口	CIF/FOB 调整	总供给
货物	196	250	—	446
运输与保险服务	3＋6＋5＋4	1＋2＋8	－5－8－6	10
CIF/FOB 调整	—	－5－8－6	＋5＋8＋6	0
合计	214	242	0	456

使用表

	除出口外的总使用	出口	总使用
货物	250	196	446
运输与保险服务	4+2	3+1	10
CIF/FOB 调整	—	—	—
合计	256	200	456

资料来源：Eurostat. 供给使用与投入产出表手册，114.

ESA1995 对 CIF/FOB 的调整不同之处在于只调整净变化，同时在供给表与使用表中设置相同的调整行，而不设置调整列。

在供给表中，进口列中的运输与保险费只包括针对本国出口品、由非常住单位提供的在本国的运输与保险费（1 个单位），针对本国进口品、由非常住单位提供的在本国的运输与保险费（2 个单位），而不包括针对本国进口品、由非常住单位提供的海外运费（8 个单位）。相应地，CIF/FOB 调整行只扣除常住单位提供的海外运费，即常住单位承担的进口品海外运费 5 个单位，以及出口品的海外运费与保险费 6 个单位，并在 CIF/FOB 调整行的总供给部分增加同样的扣除项，以达到扣除项的平衡，而不设置 CIF/FOB 调整列。

在使用表的运输与保险服务出口中，除了 SNA1993 中已经包含的出口产品中由常住单位与非常住单位所提供的国内费用（3+1）之外，还包括由常住单位提供的出口品的海外运输与保险费（6），以及进口品从出口国到进口国之间的运输与保险费（5）。因此，在 CIF/FOB 调整行中，出口部分相应剔除这两部分新增的费用，使得供给表与使用表采用了相同的调整项设置（见表 15-17）。

表 15-17　ESA1995 中的供给表与使用表 CIF/FOB 调整

供给表

	基本价格产出	进口	总供给
货物	196	250	446
运输与保险服务	3+6+5+4	1+2	21
CIF/FOB 调整	—	−5−6	−11
合计	214	242	456

使用表

	除出口外的总使用	出口	总使用
货物	250	196	446
运输与保险服务	4+2	3+6+1+5	21
CIF/FOB 调整	—	−5−6	−11
合计	256	200	456

资料来源：Eurostat. 供给使用与投入产出表手册，115.

此外，对于常住单位的海外直接购买要作为进口来处理，相应地，非常住单位对国内产品的购买则要作为出口来处理。因此，在欧盟的使用表中针对进出口的调整项实际上包括三个部分：对出口的 CIF/FOB 调整、常住单位的海外直接购买和非常住单位的国内购买。

下面以 Eurostat《供给使用与投入产出表手册》提供的具体数值例子来说明供给表与使用表的平衡关系。

在下面具体数值的供给表中，首先，从行向上看，我们看到生产矩阵的行向合计得到基本价格国内总产出，加上到岸价进口，得到基本价格总供给，再加上基本价格到购买者价格的调整项、贸易加价与运输加价，以及产品税减补贴，得到分产品的购买者价格总供给。其合计数为 470 043（见表 15-18）。

表 15-18　　供给表例表　　单位：百万欧元

产业（NACE）/ 产品（CPA）		产业产出（NACE）							进口				价格调整		
		农业	工业	建筑业	贸易、住宿、运输服务	金融、房地产、商务	其他服务业	基本价格国内产出合计	欧盟内CIF进口	欧盟外CIF进口	CIF进口	基本价格总供给	贸易与运输加价	产品税减补贴	购买者价格总供给
序号		1	2	3	4	5	6	7	8	9	10	11	12	13	14
1	农产品	6 467						6 467	1 039	874	1 913	8 380	1 903	−262	10 021
2	工业品	889	111 350	626	2 749	62	248	115 924	48 544	24 269	72 813	188 737	36 181	15 988	240 906
3	建筑活动	140	1 132	27 357	429	36	67	29 161	217	143	360	29 521		1 704	31 225
4	贸易、住宿、运输服务	150	3 375	399	79 356	447	439	84 166	2 044	1 512	3 556	87 722	−38 084	1 695	51 333
5	金融、房地产、商务	13	1 428	211	1 953	66 939	416	70 960	3 581	1 494	5 074	76 034		2 722	78 756
6	其他服务业	4	58	5	200	2	55 843	56 112	559	281	840	56 952		850	57 802
7	合计	7 663	117 343	28 598	84 687	67 486	57 013	362 790	55 984	28 572	84 556	447 346	0	22 697	470 043
8	对进口的 CIF/FOB 调整								−133	−30	−163	−163			−163
9	居民海外直接购买								4 997	3 160	8 157	8 157			8 157
10	合计	7 663	117 343	28 598	84 687	67 486	57 013	362 790	60 848	31 702	92 550	455 340	0	22 697	478 037
11	市场产出	7 315	116 859	26 748	84 093	55 010	20 461	310 486							
12	自给性产出	164	478	1 850	560	12 260	758	16 070							
13	其他非市场产出	184	6		34	216	35 794	36 234							

资料来源：Eurostat. 供给使用与投入产出表手册，70.

其次，从列向上看，生产矩阵的列向合计得到分产业的产出合计。这部分加总起来就是基本价格国内总产出，在表中这一数值为 362 790。同时，对于进口品经过从到岸价到离岸价的价格调整，以及加上常住单位在海外的直接购买，得到离岸价的进口合计。我们注意到，贸易加价与运输加价的调整实际上是从贸易与运输部门的产出中扣除进口产品的贸易费与运输费，并加到相应产品的基本价格供给中。对于贸易与运输部门来说是价值量的减少，而对于产品来说则是价值量的增加，两者合计等于 0。

在下面使用表的具体数值例子中，根据使用表的结构，最左上角为购买者价格的中间消耗矩阵，而右上角为购买者价格的最终需求矩阵。行向合计得到购买者价格的产品总使用。其合计数等于 470 043。与供给表中的购买者价格总使用相等（见表 15－19）。

表 15－19　　购买者价格使用表例表　　单位：百万欧元

产业（NACE）/ 产品（CPA）		产业投入（NACE）							最终使用									
		农业	工业	建筑业	贸易、住宿、运输服务	金融、房地产、商务	其他服务业	合计	住户最终消费支出	非营利机构最终消费支出	政府最终消费支出	固定资本形式总额	贵重物品获得减处置	存货变化	欧盟内FOB出口	欧盟外FOB出口	合计	购买者价格总使用
序号		1	2	3	4	5	6	7	8	9	10	11	12	13	14	15	16	17
1	农产品	1 703	4 104	30	482	11	95	6 425	2 561		176	108		242	397	112	3 596	10 021
2	工业品	1 678	55 018	9 212	14 043	3 701	7 730	91 382	55 434		2 111	22 231	163	792	42 232	26 561	149 524	240 906
3	建筑活动	99	542	1 992	950	3 695	1 445	8 723	1 032			20 761			429	280	22 502	31 225
4	贸易、住宿、运输服务	83	4 417	401	11 129	1 321	1 493	18 844	26 586		328	67			3 285	2 223	32 489	51 333
5	金融、房地产、商务	171	7 400	1 732	10 490	21 813	4 618	46 224	22 156		195	4 254		−24	3 606	2 345	32 532	78 756
6	其他服务业	102	1 323	77	813	1 681	3 052	7 048	9 507	3 670	36 988	251	61		187	90	50 754	57 802
7	合计	3 836	72 804	13 444	37 907	32 222	18 433	178 646	117 276	3 670	39 798	47 672	224	1 010	50 136	31 611	291 397	470 043
8	对出口的 CIF/FOB 调整														−133	−30	−163	−163
9	居民海外直接购买								8 157								8 157	8 157
10	非居民国内购买								−12 360						9 528	2 832		
11	合计	3 836	72 804	13 444	37 907	32 222	18 433	178 646	113 073	3 670	39 798	47 672	224	1 010	59 531	34 413	299 391	478 037
12	雇员报酬	504	25 517	8 298	26 129	14 458	32 269	107 175										
13	其他生产税净额	−906	908	345	981	883	810	3 021										
14	固定资本消耗	1 520	6 407	1 007	6 634	9 363	4 642	29 573										
15	净营业盈余	2 709	11 707	5 504	13 036	10 560	859	44 375										
16	基本价格增加值	3 827	44 539	15 154	46 780	35 264	38 580	184 144										
17	基本价格产出	7 663	117 343	28 598	84 687	67 486	57 013	362 790										

资料来源：Eurostat. 供给使用与投入产出表手册，122.

从列向上看，购买者价格的中间消耗矩阵与左下角的基本价格增加值矩阵给出了各产业的投入结构。列项合计得到各产业的基本价格总产出。从数值表的例子中可以看出，使用表中的基本价格的各产业产出与供给表中生产矩阵列向合计得到的产业的基本价格产出是相等的。两者的合计数都等于 362 790。

上述供给表与使用表中对于 CIF/FOB 调整采用了相同的处理，都是设置一个调整行，扣除 CIF 中常住单位提供的运输与保险费。

最后，基于供给表与使用表可以进行 GDP 核算，这也是供给表与使用表的一项重要作用。基于上述数据按生产法、收入法和支出法进行的 GDP 核算，结果见表 15－20：

表 15-20　　利用供给使用表核算 GDP

生产法		收入法		支出法	
基本价格产出	362 790	雇员报酬	107 175	住户最终消费支出	113 073
一中间消耗	178 646	＋其他生产税净额	3 021	＋非营利机构最终消费支出	3 670
		＋固定资本消耗	29 573	＋政府最终消费支出	39 798
		＋净营业盈余	44 375	＋总资本形成	47 672
		＝基本价格增加值	184 144	＋贵重物品获得减处置	224
＝基本价格增加值	184 144	＋产品税减补贴	22 697	＋存货变化	1 010
＋产品税减补贴	22 697			＋货物与服务出口	93 943
				一货物与服务进口	92 549
＝GDP206 841		＝GDP206 841		＝GDP206 841	

资料来源：Eurostat. 供给使用与投入产出表手册，61.

15.4　OECD 投入产出数据

15.4.1　OECD 投入产出数据的由来

OECD 的投入产出数据是其结构分析数据库（structural analysis，STAN）的一个组成部分，由 OECD 科学技术与产业理事会经济分析和统计处（Economics Analysis and Statistics Division of OECD Directorate for Science，Technology and Industry，EAS）负责编制。OECD 的投入产出数据库最早源于 20 世纪 90 年代中期，OECD 产业委员会为开展一项产业结构调整的国际比较研究项目而编制的。该项目利用投入产出表来度量产品中所包含的技术扩散，并形成了《结构转变和产业绩效：7 国增长分解研究》的研究报告。①

自此，经济分析和统计署在成员国统计官员与专家的配合下，持续开展了对 OECD 的投入产出数据的更新和扩展。

OECD 第一个版本的投入产出表为 1995 版，包括 10 个 OECD 国家，即澳大利亚、加拿大、丹麦、法国、德国、意大利、日本、荷兰、英国、美国。当时 OECD 要求成员国至少提供三年的数据：第一个是 1973 年第一次石油危机之前，第二个是在 20 世纪 70 年代后期，第三个是 20 世纪 80 年代尽可能最新的年度。因此，这个版本的各国投入产出表年度跨度从 1968 年到 1990 年。数据的第一次更新形成了 2002 版，包括 18 个 OECD 国家和 2 个非 OECD 国家。新增加的 8 个国家为捷克、芬兰、希腊、匈牙利、韩国、挪威、波兰、西班牙。2 个非 OECD 国家是巴西和中国。时间跨度从 1992 年到 1997 年。2006 版包括 28 个 OECD 国家，非 OECD 国家也增加到 9 个。2010 版更是增加到 44 个国家。

但是，OECD 投入产出数据很大程度上依赖自愿的资金资助，这也导致 OECD 投入产

① *Structural change and industrial performance: a seven country growth decomposition study*, OECD documents series, Paris.

出数据的整理和更新往往都与特定的研究目的相关。除第一次我们所介绍的原因之外，第二次主要是为了测量产品中包含的二氧化碳排放，而2006版则主要是OECD的全球价值链的研究项目，以及为了把二氧化碳排放项目的研究延续到2003年。

15.4.2 分类与估价

OECD的投入产出数据库的各国表本身并不是由OECD编制的，而是在各成员国投入产出表的基础上，按照尽可能一致的格式与口径调整得到的。各国编表情况差异很大，不仅分类标准存在差异，表的形式也各种各样。有些国家有投入产出表，而有些国家则只有供给使用表。因此，各国表之间的一致性始终是一个有待不断努力去解决的问题。

OECD统一的投入产出表格式是产业×产业表。分类标准则要求按联合国国际标准产业分类（ISIC）进行分类。这样，OECD投入产出表的产业分类就与OECD整个统计指标的分类体系，例如OECD的结构分析数据库（STAN）、双边贸易数据库（BTD）及OECD的其他产业数据库保持了分类上的一致。OECD采用产业×产业表，而不是通常的商品×商品表，其中一个很重要的原因就是能够更好地与OECD其他数据库保持相同的产业分类。

1995版对应的产业分类为ISIC修订版第二版，2002版与2006版对应的产业分类都是ISIC修订版第三版。1995版的OECD投入产出数据包括35个产业，2002版包括42个产业，而2006版直到2010版增加到48个产业。这48个产业以及与ISIC修订版第三版的对应关系如表15-21所示：

表15-21　　OECD投入产出表的产业分类

ISIC修订版第三版代码	投入产出产业	内容
1+2+5	1	农、林、渔与狩猎业（Agriculture，forestry，fishing and hunting）
10+11+12	2	能源采掘（Mining and quarrying（energy））
13+14	3	非能源采掘（Mining and quarrying（non-energy））
15+16	4	食品饮料与烟草（Food products，beverages and tobacco）
17+18+19	5	纺织、皮革与鞋（Textiles，textile products，leather and footwear）
20	6	木材加工制造（Wood and products of wood and cork）
21+22	7	造纸、印刷、出版（Pulp，paper，paper products，printing and publishing）
23	8	石油冶炼与核燃料（Coke，refined petroleum products and nuclear fuel）
24ex2423	9	制药外的化学工业（Chemicals excluding pharmaceuticals）
2423	10	制药（Pharmaceuticals）
25	11	橡胶与塑料制品（Rubber and plastics products）
26	12	其他非金属矿制品（Other non-metallic mineral products）
271+2731	13	黑色金属冶炼（Iron & steel）

续前表

ISIC 修订版第三版代码	投入产出产业	内容
272+273	14	有色金属冶炼（Non-ferrous metals）
28	15	机械设备外的金属制品（Fabricated metal products，except machinery and equipment）
29	16	机械设备（Machinery and equipment，nec）
30	17	办公机器与计算机（Office，accounting and computing machinery）
31	18	电力机器与设备（Electrical machinery and apparatus，nec）
32	19	广播电视与通信设备（Radio，television and communication equipment）
33	20	医疗与光学器材（Medical，precision and optical instruments）
34	21	汽车（Motor vehicles，trailers and semi-trailers）
351	22	造船（Building & repairing of ships and boats）
353	23	航空航天器（Aircraft and spacecraft）
352+359	24	铁路与其他运输设备（Railroad equipment and transport equipment n. e. c.）
36+37	25	其他制造业（Manufacturing nec；recycling（including Furniture））
401	26	电力生产与供应（Production，collection and distribution of electricity）
402	27	管道燃气生产与供应（Manufacture of gas；distribution of gaseous fuels through mains）
403	28	蒸汽热水供应（Steam and hot water supply）
41	29	水的生产与供应（Collection，purification and distribution of water）
45	30	建筑业（Construction）
50+51+52	31	批发零售（Wholesale and retail trade；repairs）
55	32	住宿餐饮（Hotels and restaurants）
60	33	公路与管道运输（Land transport；transport via pipelines）
61	34	水运（Water transport）
62	35	航空运输（Air transport）
63	36	支持与辅助运输（Supporting & auxiliary transport activities；activities of travel agencies）
64	37	邮政电信（Post and telecommunications）
65+66+67	38	金融保险（Finance and insurance）
70	39	房地产（Real estate activities）
71	40	设备租赁（Renting of machinery and equipment）

续前表

ISIC 修订版第三版代码	投入产出产业	内容
72	41	计算机服务（Computer and related activities）
73	42	研发（Research and development）
74	43	其他商务活动（Other business activities）
75	44	公共管理与国防（Public administration and defence；compulsory social security）
80	45	教育（Education）
85	46	保健与社会工作（Health and social work）
90—93	47	其他社会与个人服务（Other community，social and personal services）
95+99	48	雇佣、海外组织与机构（Private households with employed persons & extra-territorial organizations & bodies）

资料来源：OECD 2010 版投入产出数据说明。

OECD 投入产出表采用本国货币单位，按生产者价格或基本价格编制，在尽可能的情况下按基本价格编制。大多数欧洲国家按基本价格编制对称的投入产出表。对于部分国家仅提供的供给使用表，就需要进行表的转换，而且供给使用表中的交易价格往往是购买者价格，因此价格也需要调整。

对于间接测算的金融中介费用（financial intermediation services indirectly measured，FISIM），不同国家的处理方式存在差异。OECD 数据库对于 FISIM 的处理方式是：把它作为接受这一服务的产业的金融服务中间消耗，并统一按每个产业的总增加值份额来分摊。尽管 SNA 建议 FISIM 要根据所有消费者来分摊，包括最终需求，但是由于数据信息的缺乏，OECD 投入产出数据库不包括对住户和政府部门的分摊。

在到岸价/离岸价的调整方面，个别国家需要对进口估值进行特别的调整。例如，美国、法国与巴西，产品的进口按到岸价估计，但是对于常住单位所提供的保险和运输服务，就需要对这些项的进口做负数调整。在这种情况下，如果按比例扣除的方法，得到的进口使用矩阵可能会出现这些服务项的负数进口，为消除这些负值，采用从出口中扣除的方式并进行再调整。

15.4.3 表的转换与平衡关系

当成员国提供的投入产出数据为供给使用表时，就需要把它们转换为对称的产业×产业投入产出表，转换过程主要包括以下几个方面：

（1）把购买者价格的使用表转换为基本价格的使用表。

把中间消耗和最终需求中包含的产品税与补贴分离成为独立的一行。把贸易加价从中间消耗和最终需求中分离出来，放到相应的产业，例如批发与零售贸易产业。在没有补充信息的情况下，最简单的处理方式是假定所有的交易按相同的产品税的税率与贸易加价的费率来扣除。

（2）把全部经济的基本价格的供给使用表分离为国内使用表和进口使用表。

对于进口使用从全部经济交易中分离，可以直接利用比例的假定，或者利用可以得到的以前年份的进口使用结构，并以最近年份总数为控制数，利用 RAS 方法平衡，或者利用产品×产品进口表提供的信息“逆向推算”（reverse engineered）。

（3）采用产业技术假定把基本价格的供给与国内使用表转换为对称的产业×产业表。

有些国家例如韩国，只提供了商品×商品表，没有任何其他信息，这样就无法转换为产业×产业表。日本尽管提供的也是商品×商品表，但同时提供了供给表，就可以利用产品技术假定反推最先的使用表。

（4）把得到的供给使用表进行产业合并，得到统一的 48 个产业的对称的产业×产业表。

OECD 产业×产业投入产出表在结构上主要包括以下部分：

①国内中间流量子矩阵（domestic intermediate goods flows sub-matrix）；

②进口中间流量子矩阵（imported intermediate goods flows sub-matrix）；

③最终需求子矩阵（sub-matrices of final demand vectors for expenditures on both domestic and foreign products）；

④增加值子矩阵（the sub-matrix of value-added sectors）。

OECD 投入产出表的基本结构见表 15－22：

表 15－22　　OECD 投入产出表的基本结构

	产业（1～48）	最终使用				产出
产业（1～48）	中间投入（中间使用）	住户、NPISHs与政府最终消费支出	固定资本形成与存货变化	出口	进口	
	分最终需求的销售调整（sales by final demand，SBFD）及其他调整项（包括实物工资薪金调整、非常住单位的国内购买）					
					非可比进口（CIF/FOB 调整项、居民海外直接购买）	
	基本价格中间使用	基本价格最终使用				
	产品税净额					
	购买者价格中间使用	购买者价格最终使用				
增加值	雇员报酬					
	生产税净额					
	总营业盈余					
产业产出						

OECD 投入产出表的增加值部分包括雇员报酬、生产税减补贴、总营业盈余，而最终

使用部分则包括住户的最终消费支出（HHFC）、为住户服务的非营利机构（NPISHs）的最终消费支出、政府的最终消费支出、总固定资本形成（GFCF）、存货变化、贵重物品、出口、进口与误差项。

此外在行向上还设置了若干调整项。如对最终需求中进出口的调整项，包括两项：一是非常住单位的国内购买，相当于出口；二是非可比进口，具体包括常住单位在国外的直接购买，这相当于进口，以及 CIF/FOB 的调整项。

通过对中间消耗与最终使用部分合计项的上述调整，得到基本价格的中间消耗与最终使用。再加上产品税减补贴，得到购买者价格的中间消耗与最终使用。购买者价格中间消耗加上基本价格的增加值，得到产业的总产出。

由此，投入产出表具有如下的基本平衡关系：

基本价格中间需求＋产品税(销售税、消费税、不可抵扣 VAT)－产品补贴
＝购买者价格中间需求

基本价格总产出＋产品税(不包括 VAT 和进口税)－产品补贴
＝生产者价格总产出

基本价格增加值＋购买者价格中间消耗＝基本价格总产出

基本价格增加值＋产品税(不包括 VAT 和进口税)－产品补贴
＝生产者价格增加值

15.5　我国的投入产出表及其编制

15.5.1　我国的投入产出编表简况

我国的投入产出研究工作开展得很早。早在 20 世纪 50 年代末、60 年代初，中国科学院数学研究所和经济研究所最早开始了对投入产出技术的研究。“文化大革命”开始后，投入产出研究和应用受到严重阻碍。尽管如此，在国家计委和统计局的组织下，中国科学院、国家计委计算中心等单位在 1974—1976 年期间成功编制了包括 61 类主要产品的 1973 年实物型投入产出表。这是我国第一个投入产出表。

改革开放以后，我国投入产出研究得到了更大的发展。在投入产出表的编制方面，1982 年，国家统计局和国家计委组织有关部委编制了 1981 年价值型投入产出表和实物型投入产出表。1981 年价值型投入产出表将物质生产活动划分为 26 个产品部门，表的规模较小。1981 年实物型投入产出表包括 146 种实物产品，是我国编制的第二张实物型投入产出表。国际上大部分国家的投入产出表都是价值型的，而我国是少数编制过实物型投入产出表的国家。在 1981 年投入产出表的基础上，国家统计局编制了 1983 年投入产出延长表。这段时间前后，中科院系统所在 1973 年投入产出表的基础上，编制了 1979 年投入产出延长表，而当时的中国社科院工业经济所则采用了生产者价格同时编制了 1979 年全国价值型投入产出表。

1987 年 3 月，国务院办公厅印发了《关于进行全国投入产出调查的通知》，决定在全国范围内进行第一次投入产出专项调查，编制 1987 年全国投入产出表，而且规定以后每五年进行一次。这标志着我国投入产出表编制工作的制度化和经常化。自此，由国家统计局逢 2、逢 7 年度编制投入产出基本表，逢 0、逢 5 年度编制投入产出延长表。

除全国投入产出表外，部门投入产出表与企业投入产出表是我国投入产出编表工作的一大特色。我国较早的部门表是化工系统的 1978 年 16 种产品的实物表，之后机械电子、船舶制造、能源、军工、农业等部门都编制了部门投入产出表。其中中科院系统所编制的农业投入产出表颇具特色，为后来以该研究为背景提出的投入占用产出技术提供了条件。企业表方面，鞍钢在完成了 1964 年以金属物料平衡为主线的投入产出表后，还编制了 1977—1981 年份的实物表和部分年份的价值表。

在地区与地区间投入产出表的编制方面，我国第一套地区表是山西省 1979 年 88 种产品的实物表和 27 个部门的价值表。1987 年后，除个别省份因为条件不足未编表外，全国绝大多数省、市、自治区都与国家投入产出表同步编制同一年度的本地区投入产出表。此外，通过研究项目的资助和国际合作的推动，20 世纪 90 年代后期及 2000 年以后，我国还陆续编制了一些区域间投入产出表。如国务院发展研究中心、国家统计局等单位编制的 1987 年我国 7 地区和 1997 年我国 8 地区的地区间投入产出表；国家信息中心与日本亚洲经济研究所（IDE）合作编制的 1997 年我国 8 地区的地区间投入产出表，并推出了后续若干年份的区域间投入产出表；清华大学、国家信息研究中心、国家统计局等单位编制的我国 2002 年、2007 年 8 地区的地区间投入产出表。

此外，我国还编制了可比价序列表。如国家统计局与香港中文大学 20 世纪 90 年代末编制了 1981—1995 年共六个年份的可比价投入产出序列表，国家统计局与中国人民大学 2008 年合作编制了 1992—2005 年共四个年份的可比价投入产出序列表。

15.5.2 全社会产出表

我们重点以 2007 年投入产出表的编制情况来介绍我国编表中的一些具体规定与做法，至于延长表的编制方法及相关问题，读者可参考国家统计局编辑出版的相关编表资料。①

在我国的编表中，供给表也称为全社会产出表。因为我国的投入产出编表中的主要方法不是通常的根据供给使用表来推导对称的投入产出表，而是通过直接分解法来得到产品×产品的投入产出表。直接分解法中的第一步就是要确定各产品部门的总产出。编制供给表的目的，主要是为了得到各产品部门的总产出，也就是总投入。实际上，我国已经有了供给表，在采用直接分解法编制出产品×产品的基本表之后，就可以推导出使用表。

全社会产出表从列向看，反映各产业部门生产了哪些货物与服务，既包括主产品，也包括次要产品；从行向看，反映各种货物或服务是由哪些产业部门来生产的。产业部门总产出与产品部门总产出，两者的合计是相等的。我国在具体编制全社会产出表的过程中，农业、建筑业和服务业都采用纯部门假设，也就是假定所有这些部门的产出都是主产品产

① 本节对 2007 年编表方法的介绍主要参见国家统计局国民经济核算司．中国 2007 年投入产出表编制方法．北京：中国统计出版社，2009.

出。只是对于工业进行了主产品与次要产品的区分。

以2007年表为例，在2007年投入产出部门分类中，工业共89个部门。其中，采矿业3个部门，制造业81个部门，电力燃气及水的生产与供应3个部门。

工业部门总产出按照企业规模的不同，采用不同的处理方法。工业企业的规模按照从业人员、销售额和资产总额进行分类。从销售额来说，30 000万元及以上的为大型企业，3 000万～30 000万元的为中型企业，3 000万元以下的为小型企业。另外，全部国有及年产品销售收入在500万元以上的非国有工业企业，称为规模以上工业企业，而把年产品销售收入在500万元以下的非国有工业企业，称为规模以下工业企业。① 目前，工业企业中只对规模以上大中型工业区分主产品与次要产品，规模以上小型工业企业与规模以下工业企业其产出全部作为主产品，即采用纯部门假定，假定产业部门等于产品部门。

规模以上工业产出表数据利用国家统计局工业司提供的分投入产出部门数据，按投入产出部门汇总计算，得到规模以上大中型工业企业产出表。

规模以上小型工业则把行业总产值视为产品部门总产出，把规模以上小型工业企业分行业总产值按投入产出部门合并，对角化直接得到规模以上小型工业产出表。

规模以下工业企业则根据规模以下工业抽样调查中企业分行业大类总产值，按规模以上小型工业分投入产出部门总产值结构，对规模以下工业企业总产值进行拆分，得到规模以下工业分投入产出部门数据，并对角化得到规模以下工业产出表。

把大中型、小型与规模以下三张工业产出表合并，按照增值税率，调整为含销项税的工业总产值，得到工业各产品部门总产出。

15.5.3 中间投入与增加值的编制

中间投入构成是投入产出调查最重要的内容，也是直接分解法与间接推导方法不同编制方法的区别所在。中间投入也按购买者价格计算。

工业产品部门中间投入的推算主要包括三个步骤：首先是在投入产出调查数据的基础上，推算全口径工业成本费用构成。需要根据有关调查资料，分别推算规模以上大型、中型、小型和规模以下工业成本费用调查数据。其次是按投入产出部门对成本费用会计科目数据进行归并，得到按投入产出部门分类的中间投入构成。最后根据各部门增值税税率，把不含增值税的中间投入转换为含增值税进项税额的中间投入。

工业部门增加值部分的计算也包括三个步骤：首先，按照生产法分别计算规模以上大、中、小型工业企业和规模以下工业企业各产品部门的增加值合计，并根据成本费用构成，在扣除劳动者报酬、不含增值税的生产税净额和固定资产折旧后，得到营业盈余；其次，用工业各投入产出部门含销项税的总产出减含进项税的中间投入合计，得到含增值税的增加值，含增值税与不含增值税增加值的差额，记入生产税净额；最后，对计算出的工业增加值与年度GDP核算数据进行协调。调整工作主要包括三个方面：

首先，以年度GDP核实资料中工业企业“间接计算的金融中介服务”（FISIM）分摊前的增加值合计为总控制数，利用工业各产品部门增加值占工业增加值的比重，推算各工

① 国家统计局．统计上大中小型企业划分办法（暂行），2003.

业产品部门新的增加值。工业各产品部门增加值构成比重则根据投入产出调查已获得的推算数据、年度 GDP 核算中增加值构成比重以及往年工业增加值构成比重来综合确定。

在投入产出表中，FISIM 属于中间消耗，应该反映在银行业的行方向上，表示各部门使用的银行服务和最终使用接受的银行服务。但是从企业来说，无法从企业的成本费用调查中获得，只能是一种虚拟。因此，投入产出表中需要利用 GDP 核算的有关资料来对 FISIM 进行调整。

其次，利用 GDP 核算数调整增加值、总投入与中间投入。对已计算的各产品部门增加值率，结合 GDP 核算有关行业增加值率和往年增加值率，综合确定各产品部门增加值率，反推得到新的总投入，进而得到新的中间投入。

最后，利用先前所得到的含增值税的中间投入构成，分解得到新的中间投入构成。

农林牧渔业中间投入数据的获得是通过投入产出调查数据，计算得到各部门中间投入构成比重，然后用来自国家统计局农村司"农林牧渔中间消耗表"的中间投入总量，两者相乘，得到中间投入构成。在得到中间投入构成的基础上，以总产出减中间投入得到农林牧渔业的增加值。在增加值的构成项目中，由于我国自 2006 年起全面取消农业税和除烟叶外的农业特产税，因此，农林牧渔业生产税净额只包含烟叶税，且记入农业生产税净额中。农林牧渔业各部门固定资产折旧的计算利用农村住户抽样调查的农村居民家庭户均拥有农林牧渔业生产性固定资产进行推算，劳动者报酬则根据投入产出调查数据计算。营业盈余为增加值扣除劳动者报酬、生产税净额和固定资产折旧后的剩余项。

建筑业与服务业中间投入同样采用中间投入总量与中间投入构成比重两者相乘而得到。但是，中间投入总量是通过总产出减去收入法增加值而得到。

15.5.4　最终使用的编制

最终使用包括最终消费支出、资本形成总额、货物与服务的进口与出口三个部分。

最终消费包括居民消费和政府消费，而居民消费又包括城镇居民消费和农村居民消费。

城镇居民消费分 13 项计算，分别为食品、衣着、居住、家庭设备用品及服务、医疗保健、公共医疗、交通和通信、教育文化娱乐服务、金融中介服务、保险服务、自有住房服务虚拟消费、实物收入消费、其他商品和服务。农村居民消费所含项目与城镇居民消费大致相同。

上述项目中，居住包括住房与水电燃料等方面的支出。租赁房房租归入房地产开发经营业和物业管理业，住房装潢支出归入建筑装饰业，维修用建筑材料按所用材料性质归入非金属制品或其他相关行业。物业管理费、住房维修服务费等全部归入物业管理业。

交通包括购置交通工具及零配件，支付各种交通费、修理服务费、油料费等支出。其中家庭购买的交通工具不包括经营用交通工具。

金融中介服务包括城镇居民消费的间接计算的金融中介服务和直接付费的金融服务。这部分间接计算的金融中介服务是指居民消费，但没有直接付费的金融中介服务虚拟支出。

自有住房服务虚拟消费是对居民自己拥有住房而虚拟计算的住房服务消费支出，以自有住房的虚拟租金计算，在无法获得虚拟租金的情况下，按住房成本计算，包括住房修理维护费、虚拟折旧，城镇居民还包括住房物业管理费。

农村居民消费支出中没有实物收入消费，城镇居民的实物收入消费主要是城镇居民从工作单位和个人等处免费或低价得到的各种商品与服务，以及自产的各种农副产品。对于低价商品与服务中个人所支出的费用要加以扣除。

政府消费是政府部门为全社会提供的公共服务的消费支出，以及免费或以较低价格向住户提供的货物和服务的净支出。这两部分的计算方法不同。其中政府提供的公共服务的消费支出，用政府服务产出减去政府的经营收入来计算，而政府服务的产出则根据其经常性业务支出加上固定资产折旧来计算。免费或以较低价格提供货物与服务的净支出则按提供货物与服务的市场价值扣除收取的价值而得到。为什么政府部门产出价值中要单独加上固定资产折旧？是因为企业的折旧是实提的，其价值包含在所消费的产品价值中了，而政府部门的固定资产折旧是虚提的，不包含在公共服务的消费价值中，从平衡的角度考虑，这一部分的价值只能放在政府消费中。

资本形成总额包括固定资本形成总额和存货增加两个部分。固定资本形成总额包括有形与无形固定资本，都按获得减处置的净值计算。有形固定资本形成总额为一定时期完成的建筑工程、安装工程和设备工器具购置减处置价值，商品房销售增值，土地改良形成的固定资产，新增役、种、奶、毛、娱乐用牲畜和新增经济林木价值。无形固定资本形成总额包括矿藏勘探、计算机软件、娱乐和文学艺术品原件等获得减处置的价值。资本形成总额的部门构成按五个部分计算。第一部分为全社会固定资产投资形成的固定资本，根据投资规模的不同，分别计算固定资产投资的详细构成，将建筑工程对应到房屋和土木工程建筑业，安装工程记入建筑安装业，设备工器具购置按其类别分别归入相应的投入产出部门，旧设备购置、旧建筑物购置、土地购置费用等投资中不与固定资本形成相对应的部门需要进行剔除。第二部分为新产品试制形成的固定资本，根据财政收支决算资料推算新产品试制费，并进一步计算新产品试制增加的固定资产，记入研究与试验发展业。第三部分为商品房销售增值，指的是商品房销售价值与投资完成额，即出售前的工程造价之间的差额，记入房地产开发经营业。第四部分为无形固定资产，在实际计算中由于资料的缺乏，只计算矿藏勘探和购买计算机软件的价值。其中矿藏勘探形成的固定资产利用财政收支决算中的地质勘探费计算，记入地质勘查业，购买计算机软件的价值利用信息产业部软件产品销售资料计算，记入软件业。第五部分为未经正式立项的土地改良费用，由于缺乏资料，暂不计算。存货增加包括单位购入和拨入的原材料、燃料和储备物资，以及产成品、在制品和半成品等存货。以期末价值减期初价值，扣除当期价格变动的持有收益和损失。

出口与进口根据国际收支平衡表、海关进出口数据，以及其他进出口相关资料计算。在海关统计中，海关出口商品按离岸价格计算，因此在编制生产者价格投入产出表时，需要将海关分类商品的出口额扣除流通费用，转换成国内生产者价格的出口额。进口商品则采用的是到岸价格，相当于常住单位的基本价格，而生产者价格的商品进口则需要在到岸价格的基础上，再加上进口商品关税和消费税或特别税。出口按三个类别统计，除经海关出口的商品外，还包括外国居民在中国境内直接购买的商品，以及外国居民在中国境内或境外的服务消费。相应地，进口也按三个类别统计，即经海关进口的商品、中国居民在中国境外直接购买的商品，以及中国居民在境内、境外向外国居民购买的服务。

15.5.5　价格调整

通过投入产出调查计算得到的投入与产出数据都是按购买者价格计算的。由购买者价格投入产出表转换为生产者价格投入产出表，就需要进行价格调整。价格调整的核心是商业流通费用与运输费用，统称为流通费用。商业流通费用包括批发业流通费用和零售业流通费用，而运输费用则分为铁路、公路、水上、航空、管道运输等的运输费用。通过编制与投入产出表中间使用和最终使用行列结构相同的流通费用矩阵，然后从购买者价格投入产出表扣除流通费用矩阵，就得到生产者价格投入产出表。

商品的流通费用需要区分为两类：一类是生产者在出售商品时自行支付的流通费用，这部分流通费用属于中间投入，包括在生产成本中；另一类是购买者负担的外购流通费用。生产者自行支付的流通费用明确由生产者所属产品部门消耗，而价格调整时需要从购买者价格中扣除的只是外购流通费用。实际上，建筑业与服务业部门产品的生产者与消费者直接交易，不存在流通费用，因此生产者价格与购买者价格是相同的。这样，在流通费用矩阵中，行方向只有农业和工业部门有数据，而建筑业和服务业部门全为零。

从购买者价格中剔除流通费用，第一步需要确定所要扣除的外购流通费用的总控制数。全社会支付的各类流通费用总额可以用各个流通部门的总产出和进口之和表示。从中扣除中间使用与最终使用中生产者自行支付的流通费用，就得到各流通部门外购总流通费用。以这部分外购总流通费用作为流通费用矩阵中所有数据合计的控制数。流通费用的扣除具体是通过计算各部门流通费率来实现的。流通费率就是单位购买者价格货物中包含的流通费用，包括商业流通费率和运输流通费率。批发与零售业的流通费率即为单位商品销售收入中的毛利额，运输流通费率即为商品购买者对外支付的运输费占购进商品总额的比率。根据投入产出调查数据计算商业流通费率和运输流通费率。

各部门的流通费用通过各部门包含流通费用的产出乘以相应的流通费率求得。但是有些产出数据中是不含流通费用的，例如农村居民的自给性消费，在计算流通费时所用的产出数据中应该把这些产出流量予以扣除。某一给定部门的总流通费用是该部门各种流通费用的合计，以不同部门流通费计算不同部门占总流通费的一个比率，把外购总流通费用控制数分到各部门。这样，对于每一种类的流通费用，就有一列各部门控制数，例如对于两类流通费，即贸易费与运输费，就得到如下的两列各部门控制数列向量：$\begin{bmatrix} z_{11} & z_{12} \\ \vdots & \vdots \\ z_{n1} & z_{n2} \end{bmatrix}$。

对于上述控制数，可以采用多种方法，最终确保实现两个方面的平衡：一是各产品部门外购的流通费用合计不变，也就是上述向量的行向平衡；二是所有部门外购的某一流通部门的流通费用合计等于该流通部门的外购总流通费用控制数，也就是上述向量的列向平衡。

最后，将得到的各部门对某一流通部门的外购流通费用作为控制数，采用平均流通费率假设，分别根据购买者价格投入产出表中该部门所在行中含流通费的各中间使用和最终使用项之间的比例分配外购流通费用。也就是把上述向量中的某一列表示的某类各部门流通费用控制数在各生产部门间进行分摊，这样就从向量中的一列扩展为关于该流通费用的流通费用矩阵。购买者价格投入产出表，减去所有流通费用的流通费用矩阵之后，就得到生产者价格投入产出表。

参考文献

[1] Eurostat. *Manual of supply, use and input-output tables* (2008 edition).

[2] Horowitz, K. J. and Planting, M. A. *Concepts and methods of the input-output accounts*, BEA, 2006.

[3] Locke, G. etc. *A primer on BEA's industry accounts*, *2009*, BEA.

[4] Yamano, N. and Ahmad, N. Statistical analysis of science, technology and industry, 2006, OECD working paper.

[5] OECD. The OECD input-output database.

[6] 国家统计局核算司．中国 2007 年投入产出表编制方法．北京：中国统计出版社，2009.

[7] 通商産業省調査総計部（1956). 日本経済の産業巡閲分析．通産省.

[8] 経済企画庁調査部統計課（1956). 昭和 26 年総合産業連関表の試算に関する報告，経済企画庁.

[9] 経済企画庁経済研究所（1960). 昭和 30 年産業連関表，経済企画庁.

[10] 行政管理庁統計基準局（1964). 昭和 35 年産業連関表作成作業報告，http://www.stat.go.jp/data/io/960index.htm 2011 年 10 月查阅.

[11] 総務省（2009). 平成 17 年（2005 年）産業連関表，http://www.stat.go.jp/data/io/005index.htm 2011 年 10 月查阅.

[12] 総務省（2017a). 平成 12－17－23 年接続産業連関表総合解説編，http://www.soumu.go.jp/toukei_toukatsu/data/io/121723index.html 2017 年 9 月查阅.

[13] 総務省（2017b). 平成 23 年（2011）年産業連関表，http://www.soumu.go.jp/toukei_toukatsu/data/io/011index.htm 2017 年 9 月查阅.

[14] 東京都統計局（2011). 東京都産業連関表について.

关键词索引

图书在版编目（CIP）数据

投入产出分析：理论、方法与数据/夏明，张红霞编著．—2版．—北京：中国人民大学出版社，2019.4
新编21世纪经济学系列教材
ISBN 978-7-300-26830-9

Ⅰ.①投… Ⅱ.①夏… ②张… Ⅲ.①投入产出分析-高等学校-教材 Ⅳ.①F223

中国版本图书馆CIP数据核字（2019）第051848号

新编21世纪经济学系列教材
投入产出分析：理论、方法与数据（第二版）
夏　明　张红霞　编著
刘起运　审校
Touru Chanchu Fenxi：Lilun，Fangfa yu Shuju

出版发行	中国人民大学出版社		
社　　址	北京中关村大街31号	**邮政编码**	100080
电　　话	010－62511242（总编室）		010－62511770（质管部）
	010－82501766（邮购部）		010－62514148（门市部）
	010－62515195（发行公司）		010－62515275（盗版举报）
网　　址	http://www.crup.com.cn		
	http://www.ttrnet.com（人大教研网）		
经　　销	新华书店		
印　　刷	北京密兴印刷有限公司	**版　　次**	2013年4月第1版
规　　格	185 mm×260 mm　16开本		2019年4月第2版
印　　张	30.5	**印　　次**	2019年4月第1次印刷
字　　数	709 000	**定　　价**	65.00元

版权所有　侵权必究　　印装差错　负责调换

教学支持说明

中国人民大学出版社经济分社与人大经济论坛(www. pinggu. org)于 2007 年结成战略合作伙伴后，一直以来都以种种方式服务、回馈广大读者。

为了更好地服务于教学一线的任课教师与广大学子，现中国人民大学出版社经济分社与人大经济论坛做出决定，凡使用中国人民大学出版社经济分社教材的读者，填写以下信息调查表后，发送电子邮件、邮寄或者传真给我们，经过认证后，我们将会向教师读者赠送人大经济论坛论坛币 200 个，向学生读者赠送人大经济论坛论坛币 50 个。

教师信息表	学生信息表
姓名：	姓名：
大学：	所读大学：
院系：	所读院系：
教授课程：	所读专业：
联系电话：	入学年：
Email：	QQ 等联系方式：
论坛 id：	Email：
使用教材：	论坛 id：
论坛识别码（请抄下面的识别码）：	使用教材：
	论坛识别码（请抄下面的识别码）：

我们的联系方式：

Email：gaoxiaofei11111@sina. com

邮寄地址：北京市中关村大街甲 59 号文化大厦 1506 室经济分社，100872

传真号：010－62514775

附：人大经济论坛(www. pinggu. org)简介

人大经济论坛依托中国人民大学经济学院，于 2003 年成立，致力于推动经济学科的进步，传播优秀教育资源。目前已经发展成为国内最大的经济、管理、金融、统计类在线教育和咨询网站，也是国内最活跃和最具影响力的经济类网站：

• 拥有国内经济类教育网站最多的关注人数，注册用户以百万计，日均数十万经济相关人士访问本站

• 是国内最丰富的经管类教育资源共享数据库和发布平台

• 提供学术交流与讨论的平台、经管类在线辞典、数据定制和数据处理分析服务、免费的经济金融数据库、完善的经管统计类培训和教学相关软件

论坛识别码：pinggu_com_1545967_4210768